# 장기려
# 평전

**장기려 어록**

"사랑은 다른 사람을 위한 죽음이다. 그리고 영원한 생명은 사랑이다. 그러므로 참 생명은 죽음에 있다고 하는 것을 알 수 있다. 죽음을 두려워하거나 목숨을 아끼는 자에게는 생명이 없다. 잘 죽는 자가 잘 사는 자다. 다른 사람을 위해서 자기의 목숨을 버리는 자만이 영원한 생명을 소유한 사람이다. 다시 말하면 생명은 죽음에 있다. 사랑의 죽음은 생명을 얻는 유일한 길이다. 그래서 사도 요한의 사랑의 철학은 생명철학의 일대 혁명이다. 이제부터 다시는 죽음을 두려워하지 아니하리라. 도리어 열심히 이 죽음의 길을 찾을 것이다."

'유물론자들에게 전하고 싶은 요한의 사랑의 철학', 《부산모임》 제43호(1974년 8월호), 13쪽

# 장기려 평전

지강유철

사람을
사람으로 대했던
의사

꽃자리

## 목차

## 3부 평양 기홀병원 시대



## 4부 공산 치하의 평양생활



## 5부 한국전쟁과 장기려

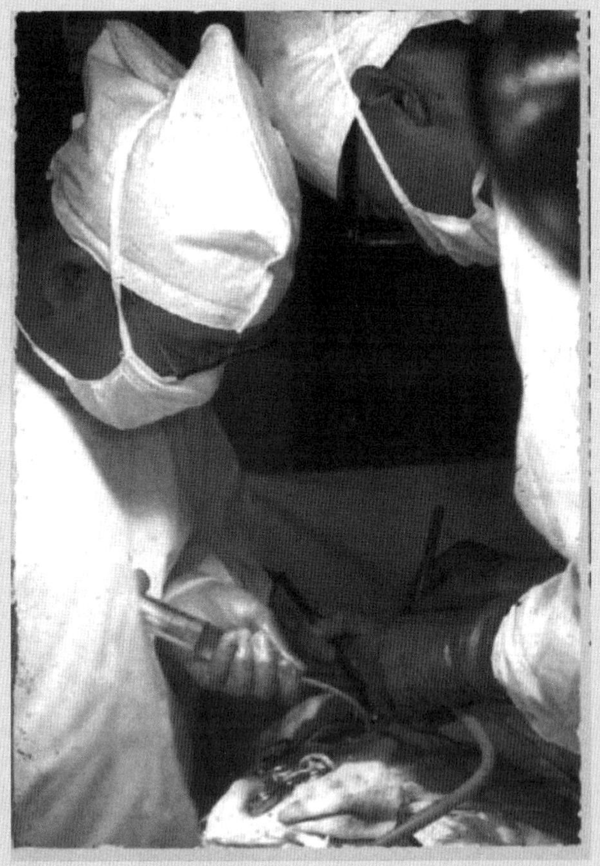

장기려는 1943년에 우리나라 외과 의사로는 처음으로 간암의 설상 절제술에 성공했다. 간 수술은 당시 우리나라 최고 외과 의사였던 오가와 교수가 1940년에 도전했으나 실패한 수술이었다. 그래서 모두가 말렸다. 그러나 의사 면허를 받은 지 겨우 2년 차 의사였던 32살의 장기려는 불가능한 수술로 여기고 있던 장벽 하나를 무너뜨렸다. 1959년에도 또다시 '간암대량절제 수술'에 성공했다. 이 역시 대한민국 외과 수술 역사상 최초 기록이다. 그 공적을 인정받아 1961년에 대통령상인 대학의학회 학술상을 수상했다.

장기려는 1956년부터 1961년까지 부산의대 교수로 지냈는데, 이 시기가 의학적으로 가장 중요한 업적을 남겼다고 회고했다. 그도 그럴 것이 부산의대 시절 우리나라 최초로 간의 대량 절제 수술에 성공한 쾌거를 이뤄냈기 때문이다. 부산의대 시절을 떠올리며 빠뜨릴 수 없는 이야기가 있다. 박정희 정권이 모양은 직선제 총장제를 실시하면서 사실은 정보기관을 통해 자기들이 원하는 총장을 만장일치로 옹립하였다. 이런 사실을 안 장기려는 홀로 반대표를 던졌다. 부산 의대 교수들과 찍은 이 사진은 장기려가 남긴 사진 중 거의 유일하게 여유와 낭만이 느껴진다. 오른쪽에서 세 번째가 장기려.

장기려는 남한에 내려와 근무하던 제3육군병원을 그만두고 1951년 7월 2일부터 복음병원 병원장이 되었다. 복음병원은 초기에 천막을 치고 무료병원으로 시작했다. 장기려는 가난한 이들을 위해 봉사했던 이 시기에 의사로서 가장 보람을 많이 느꼈다.

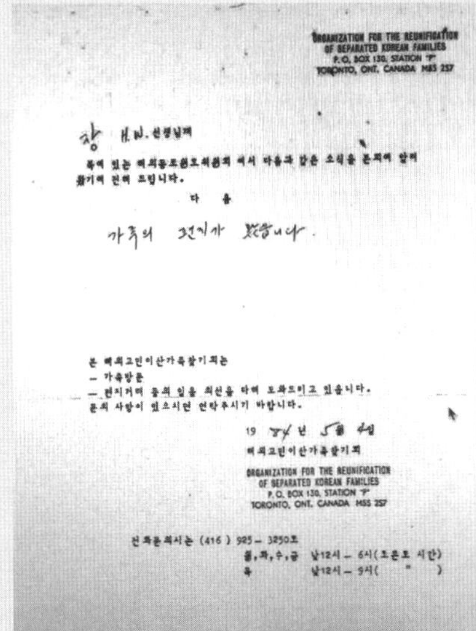

ORGANIZATION FOR THE REUNIFICATION
OF SEPARATED KOREAN FAMILIES
P. O. BOX 130, STATION "F"
TORONTO, ONT. CANADA M5S 2S7

장 H.W. 선생님께

북에 있는 [illegible] 에서 다음과 같은 소식을 본회에 알려 왔기에 전해 드립니다.

다 음

가족의 편지가 왔습니다.

본 해외고련이산가족찾기회는
— 가족방문
— 편지거래 등의 일을 최선을 다해 도와드리고 있습니다.
문의 사항이 있으시면 연락주시기 바랍니다.

19 84년 5월 4일
해외고련이산가족찾기회

ORGANIZATION FOR THE REUNIFICATION
OF SEPARATED KOREAN FAMILIES
P. O. BOX 130, STATION "F"
TORONTO, ONT. CANADA M5S 2S7

전화문의시는 (416) 925-3250로
월,화,수,금 낮12시 – 6시(토론토 시간)
목 낮12시 – 9시( " )

북한에 장기려 가족이 살아 있다는 사실을 최초로 확인할 수 있는 증명서와 그의 조카 장혜원(전 컬럼비아 의대 교수)이 북한에 있는 장기려의 아내 김봉숙에게 보낸 편지. 아내 김봉숙이 남편 장기려에게 절절한 편지를 보냈다.

"기도 속에서 언제나 당신을 만나고 있습니다. 부모님과 아이들이 힘든 일을 당할 때마다 저는 마음속의 당신에게 물었습니다. 그때마다 당신은 이렇게 하면 어떠냐고 응답해 주셨고, 저는 그대로 따랐습니다. 잘 자란 우리 아이들, 몸은 헤어져 있었지만 저 혼자서 키운 것이 아닙니다. 꿈속의 당신이 무의촌에 갔다 오면서 주머니 속에서 쌀 봉투를 꺼내 주시면 저는 하루 종일 기뻤습니다. 당신이 거기에서도 당신답게 사신다는 것을 혜원의 편지를 받기 전부터 저는 알았습니다. 이산가족들의 만남이 하루 빨리 이루어진다면 얼마나 좋을까요? 팔십이 넘도록 살아 있음이 어쩌면 우리가 만나게 될 약속이 아직 남아 있기 때문인 것 같습니다."

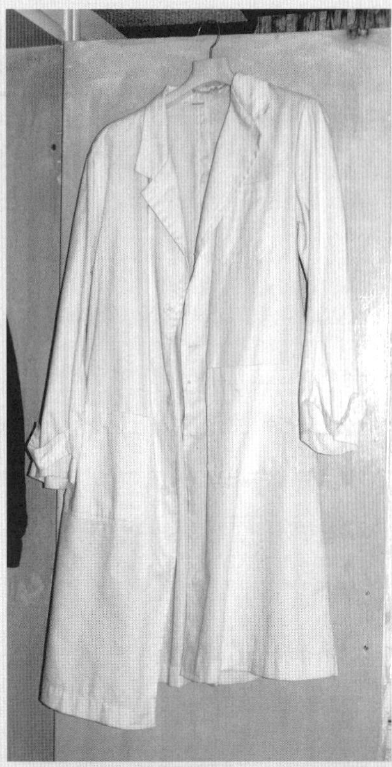

고신대 복음병원이나 장기려 기념관 등에 걸려 있거나 홈페이지에 올려놓은 장기려 선생 가운은 이름도 있고 깨끗하다. 사진 속의 의사 가운은 고신대 복음병원 옥탑방 유택에 걸려 있었다. 이름도 새겨져 있지 않고 많이 낡았다. 이 가운을 어떤 시기에 입었던 것인지는 알 수 없으나, 옷장 한 구석에 놓여 있는 낡은 진료 가방은 가난한 자를 위한 무료병원을 고집하며 병원이 비대해지는 걸 좋아하지 않았던 그의 정신을 담고 있는 듯하여 애착이 간다.

서문

# 장기려를 다시 쓰며 묻고 또 물었다

2004년 가을 성산 장기려 기념사업회의 평전 의뢰를 수락했다. 첫 목표는 장기려가 우리 시대를 살다 간 성인이라는 이들의 주장을 눈으로 보고, 손으로 만지고, 입으로 깨물어 사실이 그러한지 느껴보는 것이었다. 그 기대로 잠시 부풀기도 했다. 작업이 중반을 넘어서면서 생각을 바꿨다. 알아갈수록 그가 성인인지 아닌지, 한국 슈바이처가 맞는지 틀리는지에 대한 저간의 분분한 의견에 시큰둥해졌으므로. 2019년 말부터 전면 개정에 들어갔다. 『장기려, 그 사람』을 낸 홍성사의 출판 계약 해지 상황도 한몫했다. 9쇄를 찍으며 사소한 오류를 바로잡기는 했으나 근본적인 한계가 여전했고 장기려가 말년에 선택한 개신교 공동체 '종들의 모임'의 기원을 찾은 감격에 개정을 서둘렀다.

사람들은 장기려를 '장 박사님'이라 부른다. 장기려는 박사란 호칭을 좋아하지 않아서 선생으로 불러달라고 했다. 우리나라 인물로 평전을 쓰려면 작가는 문장 주어에 '주체 높임법'[1]을 적용할 것인지

1 "한국어에서는 크게 세 종류의 높임법이 사용된다. 첫째는 문장의 주어가 되는 주체를 높이는 주체 높임법이고, 둘째는 말을 듣는 상대방을 높이는 상대 높임법이며, 셋째는 어

결정해야 한다. 한국말 경어체계가 복잡하고 까다로워 실수하면 답이 없다. 그 문제가 얼마나 예민하면 21세기에 이름 대신 아호를 주어로 평전을 출간했을까.[2] 『장기려, 그 사람』은 주체 높임법을 적용해 '선생'으로 호칭했다. 장기려가 원했으므로 그렇게 했지만 정중한 태도로 사실(fact)에 다가가고 싶은 마음이 더 컸다.

12년 걸려 전면 개정에 착수하며 호칭부터 손댔다. 2007년에 출간한 책과 2023년 개정판의 주목할 차이는 '장기려 선생'을 '장기려'로 바꾼 것이다. 독자는 이 변화에 둔감할 수 있으나 작가는 그럴 수 없다. 선정한 인물을 어떤 관점과 태도로 서술할지는 이 지점에서 정해지고 나눠진다. 평전 작가의 기본은 대상 인물과 거리두기이다. 2004년에는 기회를 놓치고 싶지 않아 의뢰부터 덥석 수락했다. 부끄러워할 과욕이다. 주체 높임법 호칭을 떼어내고 한 걸음 물러나 장기려를 서술하기까지 16년이나 걸린 이유다.

『한국 근현대 의료문화사』[3]는 장기려를 두 군데서 언급했다. 본문이 아니고 두 장의 사진 아래 몇 줄 설명 캡션에 등장시켰다. 그게 전부였다. 대량 간 절제 수술에 성공한 10월 20일을 '간의

---

휘 자체를 높이는 어휘 높임법이다."; 남영신, 『나의 한국어 바로 쓰기 노트』, 까치, 2002, 267-268쪽.

2 2019년에 최영묵과 김창남이 공저한 『신영복 평전』(돌베개)의 주어는 '쇠귀'다.

3 서울대학교병원 병원역사문화센터, 『한국 근현대 의료문화사』, 웅진지식하우스, 2009.

날'(Liver Day)로 지정한 지 9년 뒤 나온 책인데 그랬다.[4] 『한국의학 인물사』[5]에 52명 의학 인물로 선정되어 그나마 다행이다. 『한국 기독교 의료사』[6]는 복음 전래부터 해방까지 역사를 충실하게 담아낸 방대한 분량의 연구서다. 색인에 비의료인을 포함해 750여 명의 이름이 나오지만 장기려는 빠졌다. 『한국 기독교의 역사』(총3권)[7]도 사정은 별반 다르지 않다. "한국 기독교의 대표적인 통사로 자리잡은" 이 세 권의 책은 장기려를 한 차례 서술했다. 1987년 6월 항쟁 이후 새롭게 등장한 대표적 기독교 시민단체인 기독교윤리실천운동의 38명 창립 발기인으로 이름 올린 사실만 기록했다. 동 연구소가 낸 『북한교회사』에도 장기려는 없다. "한국 최초 간의 설상절제 수술은 평양 기홀병원에서 이뤄낸 쾌거였다. 일제와 김일성 치하에서 자기 피를 뽑아 환자에게 수혈하고, 월급을 털어서 병원을 운영하고, 신사참배와 공산당 박해에 끝까지 무릎 꿇지 않았다. 그런데도 김일성이 가장 신뢰했던 의사 장기려 이름은 없다." 반면에 동만주 선교를 했던 작은 아버지(목사, 독립운동가)의 이름과 활동은 기록됐다. 남북한 개신교 역사는 "실제적이고 헌신적인 그리스도적 사랑과 한국 부산 청십자 의료보험조합 설립에 관한 공적을 인정"[8]받아 막사이사이상을 수상한 장기려의 서술에 매우 인색하다. 역사에

---

4 '간의 날' 지정은 대한간학회가 2000년에 지정하여 매년 기념하고 있다.

5 서울대학교 한국의학인물사편찬위원회, 『한국의학 인물사』, 태학사, 2008.

6 이만열, 『한국기독교의료사』, 아카넷, 2003.

7 한국기독교역사학회, 『한국 기독교의 역사 3』, 한국기독교역사연구소, 2012.

8 여운학 엮음, 『장기려 회고록』, 규장문화사, 1985, 396쪽.

무지하기 때문인가. 나로서는 이해하기 힘든 기준이다. 우리 근현대 의료사와 개신교 역사에서 장기려가 서 있어야 할 위치는 어디인가. 현재 장기려가 있는 본문 밖 사진 아래나 기독교윤리실천운동은 장기려 자리로 온당한가. 지난 4년간 장기려를 다시 쓰며 묻고 또 물었다.

좋아하는 작가가 개정판을 내면 묻고 따지지 않고 샀다. 출판사를 옮기고 책 표지만 바꾼 책, 개정판이라고 표기는 했으나 뭐가 달라졌는지 알기 어려운 책, 오타를 수정하거나 페이지가 흐트러지지 않는 선에서 개정 시늉만 한 책이 대다수였다. 한두 장을 추가하면 그나마 괜찮은 개정판이었다. 『장기려, 그 사람』에서 무엇이 어떻게 달라졌는지는 프롤로그에 상세히 밝혔고, 처음부터 끝까지 문장을 고쳐 썼다. 암초를 만날 때마다 장기려에게 물었기에 역사학자, 신학자, 비평가, 심지어 유족으로부터 자유할 수 있었다. 귀를 쫑긋 세운 대상은 독자가 유일했다. 책을 덮으며 '본전 생각나지 않게 개정했네'라는 한마디를 들을 수 있다면 더 바랄 게 없겠다. 『장기려 평전』이 나올 수 있도록 도움을 준 이들 이름은 가슴에 새기고 고마워하며 살아가겠다.

2023년 5월

지강유철

프롤로그

# 사람을 사람으로 대했던 의사

'한국의 슈바이처', '살아있는 성자', '바보 의사', '작은 예수' 등으로 불리며 우리 곁을 살다 간 성산 장기려(1911-1995)는[1] 이면과 표면의 경계를 허문 사람이었다. '거짓은 저주받을 짓'이라 여겼고, 정직을 최고의 미덕으로 알았다. 1950년대 초반, 수술 중에 과실로 환자가 사망하는 일이 있었다. 수사기관의 처분에 따라 병원장에서 물러나거나 감옥에 갈 수 있는 상황이었다. 장기려는 절박한 순간에 아무것도 계산하지 않았다. 위선을 가장 혐오했고, 진실이 목숨보다 중하다는 믿음 때문이었다. 다른 의사라면 어떻게든 발뺌을 했겠지만 실수로 환자가 죽었음을 경찰 앞에서 솔직하게 인정했다. 그러니 경찰도 "면허증 있는 의사가 환자를 수술하다가 죽었는데 그걸 어떻게 하겠소. 할 수 없지 뭐"하고 풀어주었다.[2] 이런 고백은 생애 내내 반복됐다. 장기려가 평생을 바쳐 이룬 의학적 업적이나 의사로서의 성과, 그리고 가난한 자들에게 베풀었던 사랑도 소중하다. 그러나 큰 위험에 직면하면서까지 자신의 과오를 인정함으로써

1 장기려의 호칭은 '장 박사님', '성산', '장기려 장로님' 등 다양하다. 장기려는 박사 호칭을 싫어했다. 가장 좋아하는 호칭은 '선생'이었다. 이 책에서는 '장기려'로 표기한다.

2 "오·육십년대의 부산외과계 회고", 〈부산외과학회지〉 1988년 12월; 서재관, 『인술과 산술 사이-서재관의 창만평』, 빛남, 2004, 357쪽.

고양된 사람됨의 가치만큼 귀할까.

### 차별과 경계를 허물다

장기려는 어떤 사람을 거지, 대통령, 행려병자 등 그가 가진 권력·돈·신분에 따라 다르게 대하지 않았다. 40년 만에 남편 장기려 사진을 받아 든 김봉숙은 자식들에게 말했다. "두 개 가지면 벌 받는 줄 아시는지 번번이 거지에게 옷 벗어주고 퍼렇게 얼어서 들어오셨어. 내가 부엌에서 굶는 것도 모르시곤 길가는 거지들을 불러와서 겸상 차려 먹이신 양반"[3]이라고 말이다. 하루는 길에서 거지를 만났다. 지갑을 두고 나온 터라 그냥 지나치다가 가톨릭 병원에서 월급으로 받은 수표가 안주머니에 있다는 생각이 나자 다시 돌아가 거지 손에 수표를 쥐여준 적도 있다.[4] 복음병원장 사택에 숨어들었던 도둑은 훔쳐 갈 게 없자 책을 보자기에 싸다가 들켰다. "젊은이, 그 책 가져가면 고물값밖에 더 받겠소? 그러나 나에겐 아주 소중한 것이라오. 내가 그 책값을 쳐줄 테니……"하며 돈을 줘 돌려보냈다.[5] 서울에 있는 차남 장가용의 집에 머물 때는 가정일을 돕는

---

3 한수연, 『할아버지 손은 약손-사랑의 의사 장기려 박사 이야기』, 영언문화사, 2004, 196-198쪽.

4 이기환, 『성산 장기려』, 한걸음, 2000, 29쪽.

5 한수연, 위의 책, 173쪽.

아주머니와 함께 밥상을 차려야지, 그렇지 않으면 웬 차별이냐며 불호령이 떨어졌다.[6]

6·25전쟁 이후 무료 병원을 고집하고, 부산대학교 뒤편 창고에 방치된 행려병자들에게 지속적으로 의료봉사를 했던 건 그들과 자신을 동일하게 생각했기 때문이다. 부산 뇌전증 환자 모임인 장미회 초대 회장이 되어 죽을 때까지 그 자리를 지킨 이유도 별반 다르지 않다. 장기려에게는 대통령이든 거지든 행려병자든 모두 같은 사람이었다. 장기려의 어떤 점이 가장 훌륭하냐고 묻는다면 서슴없이 '신분이 높든 낮든 사람을 사람으로 대한 것'이라고 대답하겠다. 하나님이 역사를 통해 이루고자 하는 목적은 창조 당시의 인간과 하나님 나라의 회복이다. 장기려는 하나님 나라에서 만나게 될 회복된 인간의 이정표로 살다 갔다.

### 시대를 앞서간 사람

장기려는 자신에게 영향을 끼친 이들을 따라 살지 않고 동시대 가난한 이웃이 겪고 있는 의료 문제를 가슴에 품고 시대를 앞서갔

---

6 이병혜, "아들 장가용 박사의 눈으로 본 장기려 박사-장기려 박사의 '참 그리스도인'으로서의 삶", 〈업코리아〉 2003년 9월 13일. 네이버 블로그 〈정연이네 집〉https://m.blog.naver.com/kjyoun24/220608865888

다. 1943년에 우리나라 외과 의사로는 처음으로 간암의 설상 절제술에 성공했다. 간 수술은 당시 우리나라 최고 외과 의사였던 오가와 교수가 1940년에 도전했으나 실패한 수술이었다. 그래서 모두가 말렸다.[7] 그러나 의사 면허를 받은 지 겨우 2년 차 의사였던 서른두 살의 장기려는 불가능한 수술로 여기고 있던 장벽 하나를 무너뜨렸다. 1959년에도 또다시 '간암대량절제 수술'에 성공했기 때문이다. 이 역시 대한민국 외과 수술 역사상 최초 기록이다. 그 공적을 인정받아 1961년에 대통령상인 대학의학회 학술상을 받았다.[8]

장기려는 복음병원을 시작하면서 직책이나 나이가 아니라 필요에 따라 월급을 지급하여 복지 분야에서도 시대를 앞서 나갔다. 그 결과로 병원장과 식구 수가 같은 앰뷸런스 운전기사와 월급이 같았고, 식구가 열 명이던 친구 의사 전종휘가 가장 많은 월급을 받았다.[9] 장기려는 1950년대 초부터 성서에서 배운 복음의 정신과 평양에서 출석했던 산정현교회 목회자들이 경험한 동일 임금 지급 방식을 재연했다.[10] 장기려의 개척정신은 대한민국 정부보다 12년이

---

7 장기려, "12일간의 구류-나의 이력서12", 「한국일보」, 1976년 6월 27일, 4면.

8 장기려, "부산모임-나의 이력서20", 「한국일보」, 1976년 7월 9일, 4면.

9 장기려, "한 늙은 의사 이야기", 1989년 다이어리 8월 첫 주 스케줄 지면.

10 평양 산정현교회도 남성 목회자와 여성 목회자의 월급에는 차등을 두었다. "그때에 특이한 것은 남교역자(개척교회 전도사 및 사찰까지)들은 사례금 책정을 동일하게 지급하고 여교역자는 여교역자대로 동일하게 지급한 것은 한국교회 역사상 처음으로 되어진 일이다. 이것도 역시 이기선 목사와 방계성 장로가 얼마나 훌륭한 하나님의 사람이었는가를 입증해 준다. 그러기에 산정현교회는 날로 부흥되었고 산정현교회를 중심으로 진실한 주

나 앞서서 가난한 환자들을 위한 민간의료보험을 실시한 사실에서도 빛이 났다. 보사부 장관이 영세사업자를 위한 의료보험 포기를 선언했음에도 장기려는 끝내 23만 명의 회원을 둔 의료보험 조합으로 키워냈다.[11] 장기려가 21년 동안 축적한 민간의료보험의 데이터와 노하우는 정부에 인계했다.[12] 정부는 청십자의 사례와 자료, 특히 의료수가 체계를 정책에 많이 반영했고, 그 영향은 현재까지도 남아 있다.

### 전문가 주의를 경계했던 의학도

사람됨에 매료된 나머지 의학 공부에 평생 매진했던 장기려를 놓친다면 그 또한 안타까운 일일 테다. 차남 장가용은 아버지가 평생 공부밖에 몰랐던 분이라고 했다. 없는 사람을 위해 봉사하더라도 실력 있는 의사가 되어야 한다며 의학 공부에 철저했다.[13] 자기 인생의 주치의라고 치켜세웠던 전종휘 역시 봉사와 신앙 실천 생활에 가려서 그렇지, 장기려의 학구열은 의학계에서 널리 인정받았다고 했다. 부산의대, 서울의대, 가톨릭의대 등에서 교수로 모셔가려고

---

의 종들이 이기선 목사의 감화를 받기 위하여 모여 들었다."; 김정덕, 『폭풍속의 별 이기선 목사 생애』, 그리심, 2005, 185-186쪽

11 장기려, "회원 여러분에게", 《청십자소식》, 제64호, 1978년 6월 23일.

12 장기려, "청십자 운동의 새로운 출발", 《청십자소식》, 제381호, 1989년 7월 17일.

13 이병혜, 위의 글.

했으나 복음병원을 포기할 수 없다는 장기려의 의지에 막혀 뜻을 이루지 못했다.[14] 북한에서 김일성 대학교수가 되었을 때 장기려만 영어원서로 가르쳐 학생들에게 인기가 높았고, 1947년에 러시아어를 배우지 못하고 김일성 대학 교수가 되었지만 한국전쟁 직전에는 소련의 첨단 외과학 저서 번역을 위해 대학 당국이 휴가를 내줄 정도로 인정받았다. 부산으로 내려와 제3 육군병원에 근무할 때는 오가와(小川) 교수의 〈외과학〉을 암기하고 있었기에 군의관 교육을 수월하게 했다.[15]

70이 넘어 자신의 전문지식이 크게 뒤지고, 수술도 예전만 못하다며 은퇴를 고려하던 장기려는 '우리나라 도규계(刀圭界)의 일인자라는 명성에 얽매이지 않고 대학원생과 함께 강의를 들으며 새로운 의학지식 습득에 나서 주변 사람을 놀라게 했다. 수술 직전에는 기도만 한 게 아니라 반드시 해당 의학서적을 다시 한번 점검하고 수술실로 들어갔다. 장기려가 어떤 태도를 가진 의학도였는지는 뇌혈관 장애로 쓰러졌던 1992년에 선명하게 드러났다. 3개월 동안 병원에 있으면서 장기려는 60년대에 공저한 외과학 교과서에서 오류를 발견했다. 오른쪽 손에 마비가 와서 글씨를 쓸 수 없었기에 손동길에게 타이핑을 부탁하여 이렇게 편지했다.

---

14 전종휘, "장기려 형님과의 만남", 『성산자료집 II 선생이 함께하신 발자취』(성산 장기려 선생 기념사업회), 125쪽.

15 장기려, "한 늙은 의사의 이야기", 1989년 다이어리 7월 24일 주간스케줄 지면.

병상에서 생각한 것은 지난 시절 저의 적은 지식의 결과로 오류를 범한 것을 마음 아프게 생각하여 용서를 비오니 바로잡아주시기를 바라는 마음으로 몇 자 올리게 되었습니다. 널리 이해하시고 관용하여 주시기를 바랍니다.

1992년 12월 17일 장기려 드림

1969년 8월 20일 한국외과학연구소 발행 외과학 각론 356 page 아래에서 열 번째 줄 (최근에는 Trimetazan의 이용을 권하는 사람도 있다)[16]

장기려는 '전문'이라는 단어를 싫어했다. 제자 서재관 박사는 장기려가 '전문가'가 되기를 원치 않아서 끝내 전문의 자격증을 거부하고 대한외과학회의 명예 회원으로 남았다고 회고했다.[17] "의사가 되려고 공부했지 전문가가 되려고 공부한 것은 아니"라는 그의 말에서 전문가 주의에 대한 거부감을 읽는다. 그런 점에서 장기려는 역사학자 필립 아리에스(Philippe Aries, 1914-1984)와 닮았다. 아리에스는 소르본 대학을 나왔으나 니체나 쇼펜하우어처럼 평생을 대학 밖에서 아마추어로 살았다.[18] 무료 병원으로 시작한 복음병원이 현대식 시설과 규모를 갖추면서 점점 '전문화'되는 것을 장기려는 온몸으로 막다가 조기 퇴직을 당했다.

16 전 청십자 병원 마취과장 손동길이 대필하고 보관해둔 편지.

17 서재관 전 고신 의과대학 교수와 2006년 8월 인터뷰.

18 지유철, 『안티 혹은 마이너』, 우물이있는집, 2004, 226쪽.

복음병원은 전재민(戰災民)과 가난한 환자들의 치료를 위하여 출발한 것이며, 처음에 천막 셋(1951년 7월)과 직원 7명으로 시작한 것이 지금은 건평 약 2111평의 4층 건물과 직원 210명의 큰 병원으로 되었다. 겉모양을 볼 때 근사하게 되었다. 그러나 나는 현실에 도저히 만족할 수 없다. 그것은 처음에 충만하였던 긍휼히 여기는 자비심이 벌써 사라지고 자기 중심주의로 되는 경향이 많아지는 것을 느끼는 까닭이며, 또 하나의 건물과 규모가 커짐에 따라 유지비가 많이 필요하게 되므로 수입을 올려야만 되게 되었다. 수입을 올려야만 되게 되므로 기업적으로 되게 되고 그래서 큰 건물과 시설을 갖추도록 힘쓰게 된 것이다. [중략] 사업확장은 과연 하나님의 축복일까? 아니면 맘몬의 장난일까? 우리는 자기의 신앙생활에서 반성하여야 한다. 나는 우리 복음병원의 발전과 한국 기독교의 외모를 보고서 나 스스로를 반성해 본다. 나도 아지 못하는 사이에 맘몬과 타협한 것이 아닌가 하여 회개하는 바이다.[19]

기독교 전통이란 많이 알고 순간순간 정확한 판단을 할 수 있는 능력을 갖춘 사람이 아니라 올바르게 사는 사람, 올바르게 사는 것이 체질화된 사람, 매일 경건을 훈련하는 인격자를 길러내는 것이지만 한국기독교는 정반대로 가고 있다.[20] 그런 점에서 '전문가 주의'를 경계하는 장기려의 태도는 우리 시대에 시사하는 바가 크다.

---

19 장기려, "하나님이냐 맘몬이냐",《부산모임》, 제50호, 1975년 10월, 12-13쪽.

20 손봉호 성산 장기려 기념사업회 이사장과 2006년 8월 인터뷰.

## 평생 간직한 교회 개혁 열망

교회 개혁은 일평생 장기려의 중요 관심사였다. 오죽 간절했으면 인자하기로 소문난 그가 "한국 개신교는 새 혁명을 요구하고 있다"는 과격한 주장을 했겠는가. 그것도 한국 개신교 성장세가 정점을 찍고 있던 1974년에 말이다.

> 현재의 기독교로서는 인류를 구원하지 못하겠다는 것이 소위 뜻있는 사람들의 말이다. 이 형식과 타산 효용에 치중하고 위선과 허식을 용납하는 불진실의 기독교는 생명이 없는 까닭이다. 기독교는 새 혁명을 요구하고 있다.[21]

장기려는 1940년에 김교신과 함석헌을 만나면서부터 개인 구원 차원의 신앙을 극복하는 데 매진했다. 김교신, 우치무라 간조, 함석헌, 퀘이커 등을 통해 사회 구원에 필요한 영감을 얻었고, 1958년부터 30년 동안은 격주로 일요일 오후에 〈부산 모임〉이라는 작은 성서 연구 모임을 이끌었다. '부산 모임'은 장기려에게 사실상 교회였다. 그렇게 생각하지 않았다면 10월 유신 선포 당시 부산 계엄 분국이 주일 모임을 금지했을 때 일제 치하에서 목숨을 내놓고 신사참배 강요에 저항했던 선배 신앙인들처럼 행동하지 못했음을 그렇게 통렬하게 회개하지는 않았을 테다. 이는 부산 모임을 교회로 인

---

21 장기려, "8·15의소감", 《부산모임》, 제43호, 1974년 8월, 3쪽.

식했다는 전제하에서만 이해가 가능하다.[22] 장기려는 1980년대 중반부터 더욱 근원적인 교회 개혁의 가능성을 '종들의 모임'에서 발견했다. 루터와 칼뱅의 종교개혁이 한계를 뛰어넘지 못한 불완전한 것이었다고 주장했고, 30년을 계속해 온 '부산모임'을 해산했다. 제도권 교회도 떠났다. '종들의 모임'의 생활과 복음 전도 방식이 예수가 의도했던 교회이며 그렇게 믿고 사는 게 진정한 교회 개혁이라 확신했기 때문이다.

## 장기려와 함석헌의 아름다운 공존

장기려는 가장 보수적인 고신 교단이 운영하는 고신대 복음병원에서 수십 년 동안 병원장이나 명예 병원장으로 일했다. 주기철과 조만식을 배출한 산정현교회 장로로 40년 이상 봉사했고, 한국교회가 거의 이단시하던 무교회주의 색채를 지닌 부산 모임을 32년이나 이끌었다. 서울대 교수와 명성 자자한 의사가 아니었다면 십중팔구 소속 교단이나 교회에서 쫓겨났으리라. 이에 더해 장기려는 대표적인 반정부인사였던 함석헌과 평생 친분을 유지했다. 1958년 이후 함석헌이 세상을 떠날 때까지 매월 부산 모임 강사로 초청했다. 함석헌이 일으킨 '분홍색 스캔들'로 스승 유영모조차 한때 외면했지만, 장기려는 그가 죽는 날까지 곁을 지켰다.[23] 그런 점에서 장기려

---

22 장기려, "회개", 《부산모임》, 제33호, 1972년 12월, 1쪽.

는 지금 이 땅의 지식인이나 정치인, 심지어 여느 종교인과 달랐다. 함석헌 주변의 진보 인사들은 민주화 운동에 투신하지 않을 뿐 아니라 지나치게 반공적이란 이유로 장기려를 꺼렸다. 그 점은 장기려 제자나 친구도 마찬가지여서 함석헌과 가까이하는 것을 많은 이들이 말렸다.[23] 두 사람은 걷는 길이 달랐지만 평생을 동지로 살았다. 더 중요한 점은 함석헌과 장기려가 자신들의 주장이나 취향을 숨기거나 포기하지 않은 것이다. 우리 사회에서 이제는 자기 생각과 이념을 간직한 채 서로에 대한 기본적인 신뢰를 유지하는 일이 매우 어려워졌다. 정치적인 이념이나 의견 차이 앞에서 너무 쉽게 이성을 잃기 때문이다. 아수라로 변해버린 정치판과 지엽적인 차이로 상대의 인격까지 부정하는 작금의 우리 사회가 장기려에게 배워야 할 덕목이다.

공산정권 치하에서 장기려의 5년은 승승장구한 측면이 없지 않다. 그러나 겉으로 드러난 모습일 뿐, 1940년대 말에 장기려는 끊임없이 감시에 시달렸다. 공산당의 감시와 사찰 탓에 너무 긴장하여 종종 구토할 정도였다.[25] 1968년부터 민족 통일과 세계 평화를 위한 기도를 시작했다.[26] 1973년 부산 복음병원 내부의 폭력 사태를

23 박영훈 전 고신 의료원장과 2006년 8월 인터뷰.

24 김용준 학술협의회 이사장과 2005년 9월 인터뷰.

25 손동길 전 청십자병원 마취과장과 2006년 8월 인터뷰.

26 장기려, "열 명의 믿는 사람", 《부산모임》, 제1호, 1968년 2월, 1쪽.

겪고 난 뒤부터는 병을 고치는 것보다 민족의 통일과 세계 평화를 더 중요한 사명으로 받아들였고, 기회가 있을 때마다 평화와 통일에 헌신할 것을 다짐했다.[27] 장기려의 평화와 통일은 공산당을 향한 섣부른 환상을 경계했다는 점에서 학자나 정치권의 주장과 결이 달랐다. 북한 동포를 위한 기도는 월남 이후 계속했지만 김일성 일당을 위한 기도는 1983년의 아웅 산 테러 이후부터 매일 실천했다. 김일성을 생각하며 장기려가 드린 기도는 형식적이거나 정치적 제스처가 아니었다. 통일은 김일성 일당이 전쟁 책임을 지게 될 때 비로소 시작될 수 있다고 확신했다.[28] 장기려는 '사랑이 없다면 이념은 쓰레기'라고 했다. 장기려의 이런 신념은 통일의 실마리를 풀 수 있는 또 하나의 열쇠라고 믿는다.

## 비기독교인을 위한 삶

의학 관련 내용을 뺀 장기려의 거의 모든 글은 기독교 정신과 표현으로 넘친다. 기독교인이 아니라면 암호에 가깝다. 장기려는 이 문제로 고민하며 따로 글을 남겼다. 원고를 쓸 때마다 다른 신앙을 가진 사람이거나 무신론자들이 함께 공감할 수 있으면서도 진리를

---

27 장기려, "성령님과 나", 《부산모임》, 84호, 1982년 2월, 11쪽과 여운학 엮음, 『장기려 고록』, 규장문화사, 1985년, 371쪽을 참고하라.

28 "너희 원수를 사랑하며 너희를 핍박하는 자를 위하여 기도하라", 《부산모임》, 제95호, 1983년 12월호, 2쪽.

표현할 수 있는 술어를 찾기 위해 고심했다.

> 나는 그리스도를 믿는 신도로서 어떻게 하면 유물론(무신론)자들에게 같이 이해될 수 있는 술어(단어)는 없을까 하고 생각해 보았다. 왜냐하면, 무신론자들에게 하나님, 예수 그리스도, 성령이라고 말을 하면, 알아볼 생각을 하지 아니할 뿐 아니라, 곧 적개심을 가지고 대하기 때문이다.[29]

장기려는 진실과 사랑과 성실이라는 세 단어를 찾아냈다. 장기려의 실천과 업적에 많은 이들이 감동하는 것은 끊임없이 비기독교인과 소통을 시도했기 때문이라 생각한다. 오직 "주님만을 섬기다 간 사람"이라는 그의 묘비명은 교파나 종파를 따지지 않고 "이웃만을 섬기다 간 사람"이라 읽어도 무방할 듯하다.[30]

### 장기려 미담 논란과 왜곡 사례

2000년대 중반부터 첫째, 장기려에 관한 사실과 다른 내용이 회자되고 둘째, 특정 미담의 왜곡을 바로잡겠다는 주장이 제기됐다. 우선 장기려가 쓰지 않은 〈송도 앞바다를 바라보며〉[31]란 시가 현재

29 장기려, "공동체적 삶", 《부산모임》, 제113호, 1986년 12월, 3쪽.

30 이상규, "장기려 박사의 신앙과 사상", 〈고신신학〉 5호, 2003년 9월, 83쪽.

까지도 버젓이 그의 이름으로 회자되고 있음을 지적하자.[32] 이 시는 안철홍 기자가 2007년 4월 6일 〈한국기독공보〉에 보도하며 알려지기 시작했다. 권순진 시인은 「대구일보」에 2014년부터 2018년까지 총 3회에 걸쳐 장기려 작품이라며 〈송도 앞바다를 바라보며〉를 해설했다. 권순진은 이 시의 인용 근거로 1994년 「한국일보」에 연재됐던 '사랑의 의사 장기려 박사 이야기'(한수연)를 제시했다. 그러나 한수연 작가는 이런 시를 처음 본다고 했다.[33] 장기려는 평생 시를 쓰거나 발표하지 않았다. 장기려는 고신대 복음병원 옥탑방으로 1985년 2월 이사했다. 권순진이 시를 쓴 장소로 옥탑방을 특정했

---

31 이 시의 전문은 다음과 같다: "수도꼭지엔 언제나 시원한 물이 나온다/지난 겨울엔 연탄이 떨어지지 않았다/쌀독에 쌀을 걱정하지 않는다/나는 오늘도 세끼 밥을 먹었다/사랑하는 부모님이 계신다/언제나 그리운 이가 있다/고양이 한마리 정도는 더 키울 수 있다/그 놈이 새끼를 낳아도 걱정할 일이 못 된다/보고 듣고 말함에 불편함이 없다/슬픔에 울고 기쁨에 웃을 수 있다/사진첩에 추억이 있다/거울속의 내 모습이 그리 밉지만은 않다/기쁠 때 볼 사람이 있다/슬플 때볼 바다가 있다/밤 하늘에 별이 있다/그리고…… 세상에 사랑이 있다."

32 2006년에 『장기려, 우리 곁에 살다 간 성자』를 출간한 김은식은 2020년 출간한 『장기려 리더십』 속표지 바로 뒤에 〈송도 앞바다를 바라보며〉란 시 전문을 장기려 이름으로 실었다.

33 한수연 작가는 2020년 9월 3일 저자에게 보낸 이메일 답변 중 해당 부분은 다음과 같다: "92년도 「소년한국일보」에서 기획한 현대 인물전에 장 박사님을 인터뷰해서 연재하라는 말을 듣고 처음으로 박사님께 전화를 했을때, '아이들에게 알릴만 한 일을 한 사람이 아니니 인터뷰하러 오지 마시오.' 이런 거절의 말을 듣고 난감했던 일이 떠오릅니다. 박사님과 많이 친해졌을 때 송도 앞바다를 가끔 바라보며 많은 이야기를 나누었어도 〈송도 앞 바다를 바라보면서〉 이 시에 대해선 왜 말씀을 안 하셨을까요? 신문 연재 중에는 한 달에 두 번 토요일마다 송도에 갔었고, 연재가 끝나고는 한 달에 한 번을 찾아 뵈었습니다. 박사님의 건강이 점점 나빠지시고 사람을 그리워 하셨거든요. 돌아가실 때도 박사님 곁에 있었는데 이 시는 처음 봅니다."

기 때문에 이 시는 1985년 이후부터 1995년 사이에 쓴 시일 수밖에 없다. 장기려 부모는 1950-1960년대 사이에 모두 작고했다. 따라서 "사랑하는 부모님이 계신다"는 두 번째 연은 사실 왜곡이다.[34] 권순진은 유혜정 시인의 시를 법정 스님 시로 둔갑시켜 지면에 소개했다가 해당 신문사가 독자와 원작가에게 공식 사과한 일이 있었다.[35]

다음으로는 교회 역사학자 이상규가 제기한 왜곡된 미담 바로잡기를 살펴 보자. 이상규는 36년 넘게 고신대 교수를 역임했고 현재는 백석대 석좌교수로 재직하고 있는 대표적 개신교 역사학자 중 한 분이다. 돈 없어 퇴원하지 못하는 환자에게 "오늘 저녁에 이 담을 넘어 도망가시오"라고 했다는 미담 주인공으로 이상규는 장기려의 '수제자' 박영훈 전 복음병원장을 특정하여 기독 언론에 발표했다. 그 미담 주인공이 장기려라고 알려진 건 사실이 아니라고 선언한 셈이다. 그러면서 이상규는 돈 없는 환자에게 월담(越壁)[36]을 권

34 그 바쁜 장기려가 병원 옥탑방에서 고양이를 키우고 있는 데 한 마리를 더 키울 수 있다는 얘기도 말이 안 되긴 마찬가지다.

35 「대구일보」는 2016년 9월 6일 연예면 지면을 통해 다음과 같이 사과했다. "바로잡습니다=지난 7월 18일 본보 27면 '권순진의 맛있게 읽는 시'에 법정 스님의 시로 소개된 '귀한 인연이길' 제목의 시는 유혜정 씨의 시이므로 바로잡습니다. 독자 여러분과 원작자에게 혼란을 드린 점 사과드립니다."

36 이상규가 이 기고문을 발표한 2015년 이전 기록에서 장기려가 입원비를 못 낼 지경의 어려운 환자에게 뒷문을 열어 도망치게 했다는 내용을 '월담'이란 단어로 서술한 기록은 없었다. 대개는 '뒷문'을 열어 주고 도망하게 했다고 썼다. 이상규에게 확인 했더니 '월담'이란 단어에 특별한 의미를 부여하지 않았고, 제목으로 선택한 단어일 뿐이라며 '뒷문'이라는 단어 선택에 동의했다.

했느냐, 아니냐의 여부에 따라 장기려를 향한 존경이 줄어들거나 늘어나지는 않을 것이기에 "사실(fact)이 어떠한가"가 중요하다고 했다. "팩트를 확인한 이상 그것을 밝혀 두는 것이 역사학도의 의무"라는 말까지 곁들였다. 이상규는 이런 사실을 장기려 20주기에 발표했다.[37] 다음은 이상규가 바로 잡았다고 주장하는 내용이다.

> 우측 골수염으로 고생하던 환자가 있었다. 이 병원 저 병원 다니며 치료했으나 별 차도가 없었고 재산만 탕진했다. 그러던 중 복음병원으로 와 입원하였고 당시 외과과장 이상기 선생의 치료를 받았다. 다행히 치료가 잘 되어 완치되었으나 퇴원하지 않고 있었다. 이유는 단 한 가지. 치료비를 낼 형편이 못 되었기 때문이다. 딱한 사정을 안 병실 간호사 김경애 씨는 이상기 의사의 조수이자 외과 수련의였던 박영훈 의사에게 말했다. "치료비를 낼 형편은 못되고 밥만 축내고 있으니 차라리 오늘 저녁에 도망가라고 합시다." "박영훈 의사 생각도 동일했다. 치료비를 받을 형편이 못 되니 차라리 그게 좋겠다는 생각이 들어 "그렇게 합시다"고 답했다. 그리고는 박영훈 의사는 환자에게 여비까지 챙겨주면서 "오늘 저녁에 그냥 도망가시오"라고 말했다. …그는 병원을 빠져나와 당시 거주지였던 경남 산청군 척지리로 돌아갔다. 그가 1934년생인 정명헌이라는 환자였다. 1961년에 있었

37 이상규는 2006년 출간한 『한상동과 그의 시대』(SFC)에서 한 장으로 장기려 론을 썼을 뿐 아니라 기독 언론 기고와 성산 생명윤리연구소(2007), 한국순교자기념사업회 세미나(2013), 한국목회자윤리위원회(2016) 등등에서 장기려를 주제로 강연했다.

던 일이다."[38]

이상규의 이런 주장에 박영훈과 함께 장기려를 보필했던 의사, 간호사 등 병원과 고신대 전직 관련자 6명[39]의 의견을 들어봤다. 취재에 협조한 이들은 '미담 주인공 박영훈은 말이 안 되는 애기'라고 했다.[40] "병원이란 조직은 군대 만큼 질서가 확고한 조직인데 당시 수련의(修鍊醫) 신분의 박영훈이 외과 과장 이상기 교수와 병원장에게 보고나 재가를 얻지 않고 독단적으로 환자를 도망치게 했다"[41]는 주장은 병원 조직을 모르고 하는 이야기라는 것이다.[42] 장기려의 양아들로 불렸던 또다른 제자도 "당시 수련의가 환자를 가라, 마라 할 수 없었다"며 박영훈의 월담 권유 주장은 "상식적으로 말이 안 된다"고 수차례 강조했다.[43] 돈 없이 퇴원하면서 벌어서 갚겠다고

---

38 이상규, "장기려 박사는 월담(越壁)을 권했는가?", 「한국기독신문」, 2015년 10월 7일.

39 2023년 5월 다양한 방법으로 취재에 협조한 이들은 양덕호 부산 성신항문외과 원장, 손봉호 성산 장기려 기념사업회 이사장, 강영안 전 고려학원 이사장, 송길원 하이패밀리 공동대표 목사, 고신 간호대 1회 졸업생으로 간호대학에서 오래 가르친 이영희 권사 등이다. 복음병원 교목을 지낸 황수섭 목사는 페이스북 댓글을 통해 자기가 경험한 정명헌 환자와 박영훈 관련 일화를 알려주었다.

40 손봉호 성산 장기려 기념사업회 이사장은 공식 서면 인터뷰 요청에 "역사적 사실을 가능한 한 정확하게 전달하려고 노력하는 것에 대해서 경의를 표합니다"라며 "소신대로 발표하세요"라고 입장을 밝혔음을 부연해 둔다.

41 2023년 5월 당시 복음간호전문대학 교목을 역임한 하이패밀리 대표 송길원 목사 전화 인터뷰.

42 이상규는 2023년 5월 저자에게 보낸 이메일에서 1960년대 초반 복음병원은 여러모로 허술했고, 취재에 협조한 이들은 오늘의 시각에서 1960년대 병원 상황을 말하는 것 같다는 의견을 보내왔다.

약속한 환자가 어렵게 일수(日收)로 돈을 빌려 치료비를 가지고 오자 장 박사는 "병원비 갚으려다 한 가족이 불행해지면 되겠느냐"며 만류하는 걸 봤다는 목격담도 들려주었다. 복음병원에서 근무했던 다른 제자 의사는 자신이 경험한 사례를 이렇게 말했다.

퇴원해야 할 환자들이 장기려 박사님이 (회진) 오셨을 때 얼굴을 안 쳐다 보고 벽으로 돌아누워 계세요. 장 박사님이 "어떠세요?"라고 묻는데 별 대답이 없으면 "또 돈 병 걸렸구먼" 그러고는 우리를 야단치셨어요. "빨리 퇴원시키라고 했는데 왜 아직 안 보냈냐"고 하면서요. 언젠가 제가 장기려 선생님께 이렇게 말씀드린 적 있어요. "오더를 냈는데 원무과에서 치료비 납부가 되지 않았다며 퇴원을 안 시킵니다." 그랬더니 "야, 이 병원에서 의사가 주인이야, 원무과가 주인이야. 의사가 가라면 가는 거지"라고 야단치셨어요. 저는 두 가지 기억을 안 잊어버렸어요. 환자가 자꾸 밤에 도망을 가니까 총무과에서 송도로 내려가는 언덕길에 울타리를 치겠다고 결재를 올린 일이 있었습니다. 그러자 장기려 선생님은 "야, 그 돈이 있으면 돈 없는 환자를 도와줘라"고 말씀하셔서 울타리 치는 일을 그만두었어요. 제 환자에게 있었던 일도 기억납니다. 유방암을 치료한 50대 후반 여성이었어요. 그때 50대 후반이면 할머니처럼 보였어요. 이 환자가 장 박사님을 찾아가 "나를 내 보내주면 나가서 매일매일 장사를 해서 그 돈을 값겠다"고 했어요. 그 분은 퇴원 후 하루 종일 행상을 해서 번 돈으

43 양덕호 부산 성신항문외과 원장과 2023년 5월 전화 인터뷰.

로 원무과에 갚기 시작했어요. 그 환자만 보고 있을 수는 없어서 얼마동안 병원비를 갚았는지는 모릅니다. 당시 박영훈 수련의가 환자를 월담시켰다? 박영훈 전 원장을 미화하려고 좀 과장한 거 같습니다. 원칙적으로는 과장이나 원장이라야 그런 오더를 내릴 수 있습니다. 완치된 환자가 퇴원을 못하면 주치의가 장 박사님께 야단을 맞으니까요.[44]

취재에 응한 전직 병원 관계자 가운데는 고신교단 일각에서 벌어지고 있는 '장기려 지우기와 박영훈 띄우기[45] 또는 한상동 지우기와 송상석 살리기'[46]가 영향을 끼친 게 아닌가 싶다는 주장을 내놓기도 했다.

이제까지 나온 관련 기록을 검토하는 과정에서 이상규가 박영훈을 돈 없는 환자의 월담 권유 주인공으로 발표하기 8년 전인 2007년에 신이건 장로가 「한국기독신문」에 다음과 같이 보도했음을 확인했다.

장 박사의 일화 가운데 돈이 없어 어려움을 겪고 있는 환자를 병

44 이건오 의왕 시티병원 부이사장과 2023년 5월 전화 인터뷰.

45 신이건은 2010년대에 들어서서 장기려를 비판하고 박영훈을 띄우는 글을 써왔고, 2015년부터는 고신교단 산하 사회복지위원회에서 장기려 관련된 복음병원 역사가 왜곡됐다는 주장을 제기했다. 이 문제는 2022년 고신 총회에 헌의안으로 제출돼 1년간 연구하기로 결의한 바 있다.

46 이상규 백석대 석좌교수는 한상동과 송상석을 가장 많이 연구한 학자이다. 이 문제는 이상규의 『한상동과 그의 시대』(2006)와 『송상석과 그의 시대』(2013)를 참조하라.

원 뒷문으로 몰래 나가라며 도피처를 제공해 줬다는 이야기가 있다. 그의 수제자 박영훈 원장 역시 골수염을 앓는 정명헌(76) 씨가 입원비와 수술비가 없다는 사정을 알고 그를 도피시킨 일은 스승인 장 박사와 닮았다고 할 수 있다. 정명헌 씨는 그 후 지금까지 40년 넘게 농촌에서 농사를 짓고 살고 있으며, 추수기가 되거나 김장철이 되면 그때의 빚을 갚는다는 뜻에서 박 원장과 고신대병원에 김장을 제공하거나 쌀을 제공하는 등 그 은혜를 잊지 않고 있다.(-굵은 글씨는 저자 강조)[47]

신이건은 2007년에 이미 환자의 병명, 이름, 직업을 특정했을 뿐 아니라 40년 넘도록 고신대 복음병원에 김장이나 쌀을 제공한 사실까지 보도했다. 이상규의 연구를 통해 정명헌의 골수염이 우측 골수염이었고, 도망한 환자 이름에 더해 나이, 주소, 그 사건의 발생이 1961년에 있었다는 사실이 추가로 확인됐다. 신이건의 2007년 보도에서 장기려가 "돈이 없어 어려움을 겪고 있는 환자를 병원 뒷문으로 몰래 나가라며 도피처를 제공해 줬다"는 사실을 부정하지 않은 점을 주목한다. 이런 해석이 가능한 것은 신이건이 그 다음 문장에서 "박영훈 원장 역시 골수염을 앓는 정명헌(76) 씨가 입원비와 수술비가 없다는 사정을 알고 그를 도피"시킨 행위가 "스승인 장 박사와 닮았다"고 썼기 때문이다. 더 중요한 점은 박영훈도 스승의 그런 선행을 인정했다는 사실이다. 1999년에 「국민일보」에 박영훈

47 신이건, '성산 장기려 박사의 제자들', 「한국기독신문」, 2007년 3월 9일.

은 이렇게 구술했다.

> 박사님은 다른 사람의 어려운 이야기를 들으면 가만있지 못하셨다. 늘 퍼주기 바빴다. 그래서 병원은 무료진료를 원하는 가난한 환자들이 많았다. 선생님은 그들을 치료하고 직원들이 한소리 할까봐 남 모르게 뒷문으로 내보내시곤 했다.[48]

고신대출판부에서 2001년 발행한 『고신의료원 50년』 역시 장기려가 환자들을 뒷문으로 내보내거나 선뜻 치료비를 깎아 주어 직원들을 당황하게 만들었다는 이야기를 공식 기록으로 남겼다.

> 가난한 환자들이 찾아오자 병원은 어쩔 수 없이 접수비와 최소한의 진료비만을 받고 치료해 주었다. 그러나 최소한의 진료비도 이들에게는 부담스러웠던 모양이다. 환자들은 치료가 끝난 후에 직원의 눈을 피하여 도망하기 일쑤였다. 무턱대고 원장실로 찾아가 장 박사에게 주머니를 뒤집어 보이며 병원비가 없다고 하소연하기도 했다. 장 박사는 이런 환자들(-굵은 글씨 저자 강조)을 직원들 몰래 뒷문으로 내보내거나 선뜻 치료비를 깎아 주어 직원들을 당황하게 만들기도 했다.[49]

---

48 유연옥, '[역경의 열매] 고신의료원 박영훈 명예원장(4)', 「국민일보」, 1999년 11월 11일.

49 고신대학교출판부, '장기려 선생과 고신 의료원', 『고신의료원 50년』, 고신대학교출판부, 2001; 성산 장기려 선생 기념사업회, 『선생이 함께 하신 발자취』, 25쪽에서 재인용.

이 논란을 정리해 보자. 이상규는 사실 확인을 요청하자 이메일로 이렇게 답했다.

> …장기려와 만났고 대화했고 그를 존경합니다. 그의 사고 구조를 압니다. 그는 도망가라고 말할 수 있는 그런 분입니다. 그러나 뒷문으로 도망가라는 이 건은 이상규가 100% 맞습니다. 면밀히 관찰했고 확인한 것입니다. 팩트(fact)보다 강한 것 없습니다.[50]

이상규 기고문의 핵심은 '정명헌 환자를 뒷문으로 도망할 수 있게 여비까지 챙겨 준 의사는 장기려가 아니라 박영훈이 팩트다'로 요약된다. 만약 장기려가 돈 없는 환자를 숱하게 뒷문으로 도망가게 했다는 사실을 인정하고 나서, 정명헌 환자 건은 박영훈이 한 일이 맞다라고 썼다면 상황은 많이 달랐을 터이다. 이상규는 모 출판사[51]의 책에 "오늘 저녁에 이 담을 넘어 도망가시오"라고 쓴 잘못된 내용이 확대 재생산되다가 "장기려 박사의 주된 담론이 되었다"고 썼다. 규장문화사도 그런 비판을 알았다고 봐야 한다. 규장문화사는 1980년에 낸 장기려 수상집 『생명과 사랑』, 『평화와 사랑』을 묶어 『장기려 회고록』이란 이름으로 개정증보판을 냈기 때문이다. 『장기려 회고록』 의 발행인은 두 권의 책을 한 권으로 묶어 재출간한 이

---

50 2023년 5월 이상규가 서면 확인 요청 이메일로 답한 내용.

51 규장문화사는 1980년에 발행인 이름으로 엮은 『생명과 사랑』과 『평화와 사랑』을 출간했다.

유로 "꽤 많던 제3자들의 증언"을 언급했다. 이로써 이상규가 지적한 장기려 미담 사례는 이미 1985년에 용도 폐기됐다고 보는 게 맞다. 현재 『생명과 사랑』과 『평화와 사랑』은 온, 오프라인 중고 장터에도 매물이 나오지 않는다. 이상규는 38년 전에 사실상 절판된 책에 나온 이야기의 영향력이 지금도 계속되고 있다고 주장하는 것인가? 그보다는 청십자의료보험조합과 복음병원 역사를 기록한 『청십자통감』(1989)과 『고신의료원 50년』(2001), 그 이후 연구 결과로 나온 책들이 독자들에게 알려지면서 가난한 환자를 뒷문으로 나가게 한 장기려의 미담이 담론으로까지 발전됐다고 보는 게 더 합리적이지 않을까. 한가지 짚어야 할 점이 있다. 1970년대 초반에 복음병원에 근무했던 장기려 제자 이건오 박사에 따르면 그때까지도 고신대학과 병원 사이에는 담이 없었다고 한다. 1961년에는 담이 있었는데 없어졌다는 말인가? 퇴원한 환자에게 병원장이 완치됐다고 하지만 그 몸으로 담을 넘어가라는 말도 상식적이지 않다.

이 문제로 취재에 응한 이들은 환자를 몰래 도망치게 만든 의사가 박영훈이란 주장 못지 않게 그런 내용이 신이건 장로가 창간한 언론에 발표된 점에 예민한 반응을 보였다. 이 기고문에 혹시 다른 의도가 있는 건 아닌지 따져보지 않을 수 없는 매체를 선택해 스스로 오해를 자처한 게 아니냐는 이야기다. 여기서 고신 교단이나 복음병원 내에 존재하는 신이건 장로 세평은 생략한다. 다만 그가 기독 언론인으로서 복음병원과 고신대학교에 끼친 박영훈의 중대 과오는 기사에서 한두 줄 언급한 채 박영훈 띄우기에 올인했고, 장기려를 그 누구보다 강한 톤으로 비난에 가까운 비판을 여러 차례 했다는 점은 지적해 두기로 하자.

### 전면 개정으로 바뀌거나 추가한 내용

『장기려, 그 사람』을 전면 개정 증보하여 『장기려 평전』이라는 새 이름을 붙였다. 2007년에 출간한 『장기려, 그 사람』은 오류와 보완해야 할 점이 적지 않았다. 9쇄를 찍는 동안 발견된 오류를 바로잡기는 했으나 근본적 한계는 어찌할 수 없었다.

1부 '어린 시절'에서는 장기려가 어린 시절 다녔던 교회와 송도고보 시절 받았던 세례와 관련한 새로운 사실을 추가했다. 류관지 목사 연구에 따르면 장기려가 다녔던 교회는 입암교회였고, 장로교 소속이었으며 인근의 신창교회에서 1904년에 개척했다.[52] '건축 헌금을 많이 해서 머릿돌에 할머니 이경심의 이름을 새겼던 교회를 이제라도 찾게 되어 기뻤다. 장기려가 14살에 받은 세례와 관련해서는 '1920년대 개성과 기독교'라는 장을 새로 써넣었다. 장기려 입학 4년 전에 송도고보는 최신식 보일러를 갖춘 570평 규모의 학교 본관을 신축했는데 그 위용이 일본 와세다 대학보다 웅대하였다는

---

52 유관지, "유관지 박사의 북한의 옛 교회들 이야기-신창교회", 21세기인터넷선교방송, http://www.21tv.org/bbs/zboard.php?id=column17&page=1&sn1=&divpage=1&sn=off&ss=on&sc=on&keyword=%BF%EB%C3%B5%B1%BA&select_arrange=headnum&des

내용을 사진과 함께 추가했다. 조금이나마 사실에 가깝게 장기려의 학창 시절을 보여주고 싶었기 때문이다.

2부 '의사 수련기'에서 시선을 끌 내용은 최근에 확인된 장기려의 창씨개명이다. 조선 총독부는 1940년 2월 11일부터 6개월간 창씨개명을 실시했다. 바로 이 시기에 장기려는 인생에서 가장 중요한 선택을 했다. 출세가 보장된 도민관 자리를 뿌리치고 가난한 이들의 의사가 되려고 평양행을 확정 지었고, 의사 면허를 받기 위해 창씨 개명을 받아들였다. 손자 장여구 박사는 2020년 6월 18일에 있었던 고신대복음병원 개원 69주년 기념식에서 장기려의 경의전 졸업장, 의사 면허증, 박사 학위증을 기증하였다. 1932년의 졸업장과 1940년의 박사 학위증 이름은 장기려인데 1941년 2월에 발급된 의사 면허증에는 '張村起呂'(장촌기려)이다. 두 선택을 놓고 장기려의 고민이 얼마나 깊었을지 짐작조차 어렵다. 장기려가 유독 1940년 무렵에 발생한 중요한 사건들에 왜 침묵했는지 이제야 좀 알겠다.

3부 '평양 기홀 병원 시대'에서는 1940년대 평양 기홀 병원과 그의 자택이 있던 신양리에 선교사들이 많이 살고 있어서 양촌이라 불렸던 사실을 추가했다. 1940년에 재귀열이 법정 전염병으로 지정되고, 6월부터 10월까지 전국적으로 장티푸스가 대유행하여 1796명이 사망했으며, 1941년에는 두창(천연두)의 전국 대유행(발생 4702명)으로 천 명 넘게 죽었다는 내용도 서술했다.[53] 일제 시대 의료진과 의학 전공자들의 국적, 성비 구성, 세브란스 출신과 경성제대 출신 간의 지독한 파벌 싸움도 추가했다. 당시 우리나라의 의료 현실을 보여줌으로 장기려를 입체적으로 바라보게 하고 싶었기 때문이다.

4부 '공산 치하의 평양 생활'에서는 '해방 이후의 보건의료'란 장을 추가했다. 해방 당시 북한의 병원과 의료진 현황이 김일성 공산 정권에서 5년간 어떻게 달라졌는지가 궁금했다. 이제까지 알려지지 않았던 내용 중 귀감이 될 만한 장기려의 일화도 추가했다. 한국전쟁 직전 징집영장을 받은 17살 소년 장남 택용은 어디선가 진단서를 제출하면 징집 면제를 받을 수 있다는 얘기를 듣고 아버지에게 부탁했다. 이때 장기려는 "이놈아, 아프지도 않은데, 내가 어떻게 진단서를 끊느냐!"[54]라면서 거절했다.

김일성은 죽을 때까지 장기려를 놓친 사실을 애석해하면서 자신의 신장결석과 목뒤에 난 혹 제거 수술 때 장기려에게 수술받겠다고 고집을 부렸다. 초판에서도 세계 여러 나라로 여행을 떠나려는 장기려에게 안기부가 북한이 작성한 블랙리스트를 보여주며 외국에서 모르는 사람이 접근하면 절대 상대하지 말라고 당부했던 일화를 소개하였다. 하지만 그 하나만으로는 김일성이 수십 년 전에 헤

53 전종휘, 『우리나라 현대의학 그 첫 세기』, 최신의학사, 1987, 132-133쪽.

54 이영란, "산정현교회서 장기려-함석헌 선생과도 인연/ 오재식", 「한겨레신문」, 2013년 1월 16일.

어진 장기려를 절대 신임했다는 사실을 보여주기엔 근거가 약하다고 생각했다. 다행스럽게도 김일성과 그 가족 주치의로 지내다 90년대 초반에 탈북한 김현식 조지 메이슨대 교수의 증언이 2014년에 언론을 통해 알려졌다. 김현식은 고신대 복음병원 옥탑방에 있던 장기려 유택을 찾아갔을 때 방명록에 이렇게 썼다.

> "장기려 박사님, 김일성 주석이 정말 존경하셨습니다. '장기려한테서 수술받고 싶다. 데려올 수 없겠나? 가족들 남아있다던데, 잘 돌봐주라고. 좋은 사람 뺏겼어! 분해, 분하단 말이야!'"[55]

이와 비슷한 내용이 김두식의 『법률가들』에도 나온다. 북한은 장기려를 포함한 남한의 몇몇 인사를 포섭하기 위해 1960년대 초반에 간첩을 남파했다. 비전향장기수로 북한에 송환된 뒤에 나온 김석형의 구술 자료집 『나는 조선노동당원이오』에는 남파 간첩이었던 그의 임무 가운데 하나가 장기려를 비롯해 월남한 의사 박건수, 송정원, 이준철 등을 포섭하는 것이었음을 적시했다.[56]

5부 '한국전쟁과 장기려'는 초판 4부에 있던 내용을 따로 떼어내어 새롭게 확장했다. 이제까지의 거의 모든 한국 현대사 교과서는

---

55 디지털미디어국, "이곳이 바로 장기려 박사가 계시던 곳입니까?", 「부산일보」, 2014년 5월 16일.

56 김두식, 『법률가들』, 창작과비평사, 2017, 535-546쪽.

북한군이 전쟁 발발 3일 만에 서울을 함락시키고 승승장구 남한을 점령해 나갔다고 서술했다. 그러나 김태우의 『폭격-미 공군의 공중 폭격 기록으로 읽는 한국전쟁』을 비롯한 최근의 연구는 초기의 압도적 승리에도 김일성 정권 수뇌부가 패닉 상태에 빠져있었음을 밝혀냈다. 전쟁 초기부터 미 공군이 북한 상공을 제집처럼 넘나들며 평양 인근 비행장을 시작으로 주요 도시들에 회복 불능의 타격을 입혔다는 내용이다.[57] 이런 사실을 추가한 이유는 장기려가 두 차례 직접 겪은 1950년 9월과 10월에 있던 미 공군의 평양 폭격을 객관적으로 입증하려는 시도였다. 이흥환이 2012년 출간한 『조선인민군 우편함 4640호』에는 장기려가 목격한 8월 16일 평양 폭격으로 아버지를 잃은 평양 주민 백인하가 여동생 정숙에게 보낸 편지가 실려있다. 장기려의 기억이 정확한 사실임을 뒷받침하는 자료이기에 이번 개정에 포함했다.[58]

6부 '복음병원 시대'에서는 장기려가 1950년 성탄절 전날 국군기무사령부의 전신인 특무부대(CIC)에 연행되던 사건을 상세히 다뤘다. 사건의 의미와 심각성을 드러내기 위해 당시의 객관적 정황을 추가했다. 전면 개정을 하는 내내 장기려가 특무대에 끌려가 겪었던 일주일 동안의 고초가 자주 생각났다. 그러나 그의 인생 최대 위

57 김태우, 『폭격, 미 공군의 공중 폭격 기록으로 읽는 한국전쟁』, 창작과비평사, 2013, 162쪽.

58 이흥환 엮음, 『조선 인민군 우편함 4640호-1950년 받지 못한 편지들』, 삼인, 2012, 210쪽.

기 중 하나였던 이 사건을 자기 글이나 설교에서 거론하는 이를 아직 보지 못했다. 그 사건으로 장기려가 목숨을 잃거나 빨갱이로 낙인찍힐 수 있는 절체절명의 위기에 직면했었는데 말이다. 이승만이 한국전쟁 발발 이틀 후에 특무대에 내린, 남로당 계열이나 보도연맹 관계자를 처형하라는 특명[59]으로 한국전쟁 초기 3개월 동안 10만 명이 집단학살을 당했다.[60] 그때 상황으로 보자면 장기려도 보도연맹원들처럼 억울하게 처형될 수 있었다. 장기려가 특무대에 잡혀간 날 서울의대 교수로 있다가 당시 부산 경찰병원 외과 과장을 맡고 있던 한격부의 경험담을 찾아내 추가했다.[61] 장기려 인생에서 가장 길고 힘겨운 한 주간이었을 뿐 아니라 더 이상 의사로 활동할 수 없을지 모를 사건이었기에 자세히 다뤘다.

6부에 새로 추가한 또 다른 내용은 복음병원 '역사 바로 세우기' 논쟁이다. 2015년 4월 고신교단 산하 사회복지위원회는 고신대 복음병원이 설립자, 설립일, 초대 원장 서술에서 역사적 사실을 왜곡했다고 주장했다. 사회복지위원회는 복음병원 설립자가 장기려가 아니라 전영창이고, 초대 원장 또한 장기려가 아니라 차봉숙이며 병원 설립일도 1951년 6월 21일이 아니라 그해 1월 15일이라고

---

59 임영태, "누가 보도연맹 학살을 주도했나?", 「통일뉴스」, 2016년 8월 23일 https://www.tongilnews.com/news/articleView.html?idxno=117886

60 김동춘, 『이것은 기억과의 전쟁이다』, 사계절, 2013, 333-334쪽.

61 한격부, 『그래도 남은 게 있는 사석90성상』, 중앙문화사, 2002, 85쪽.

주장했다.[62] 사회복지위원회는 "왜곡된 역사 앞에 억울했던 분들과 그 후손들에게 정당한 역사적 평가와 함께 명예 회복"을 위해 복음병원 역사 바로 세우기에 나섰다고 했다. 하지만 장기려든 고신대 복음병원이든 전영창이 설립자가 아니라고 주장하지 않았음을 장기려가 1953년부터 1966년에 이어 복음병원 원장에서 물러나기 전인 1976년까지 쓴 다수의 원고, '청십자'를 해산하면서 발간한 『청십자 통감』, 그리고 설립 50주년 기념으로 출판한 『고신의료원 50년』을 통해 반박했다. 단순 표기 실수 정도를 제외하면 고신대 사회복지위원회가 주장한 복음병원의 역사 왜곡 주장은 사실과 다르다. 이들이 제기한 고신교단 역사 바로 세우기 논쟁은 함석헌과 친하고, 무교회주의자와 어울리며, 에큐메니컬한 성격 때문에 고신 신학과 신앙과 본질적으로 맞지 않는 장기려를 고신교단 역사에서 지우려는 불순한 의도로 시도한 게 아닌가 싶다.

초판에서는 장기려의 첫 세계 일주 때 미국 비자를 얻는 데 결정적 역할을 했던 사람이 누군지 끝내 밝히지 못했다. 그런데 미국 대사관에 직접 가서 장기려의 스폰서가 되겠다고 선서함으로 비자를 얻을 수 있게 큰 도움을 준 사람이 의료 선교사 랄프 텐 해브(RalphTen Have, 1930-2019)였음을 이번에 밝힐 수 있어서 다행이다. 텐 해브는 1958년부터 1962년까지 한국에 체류하면서 홀트 아동

62 고명길, "복음병원 설립자 전영창", 「고신 사회복지 역사포럼 및 세미나 2015. 4. 27-28」 자료집, 54쪽.

복지회(Holt Adoption Program)와 보육 병원(BoYook Hospital, 아동병원)에서 의료 책임자(medicaldirector)로 일했다. 그의 주된 업무가 해외 입양과 가족계획이었기 때문에 일의 성격상 정부와 연관이 많아 장기려 비자 발급에 영향력을 미칠 수 있었던 것 같다. 장기려는 이 여행을 위해 하나님께서 텐 해브씨를 예비해 두셨다며 감격했다.[63]

초판에서도 장기려가 30년 동안 성서연구를 위해 이끈 '부산모임'을 꽤나 비중있게 서술했다. 장기려에 대해 더 알수록 장기려에게 '부산모임'이 내가 생각했던 것보다 훨씬 중요했구나 하는 확신이 들었다. 그래서 이 장의 소제목을 '장기려의 교회 실험'이라고 붙였다. 장기려 연구자들은 '부산모임'을 주로 '청십자'와 관련시키거나 장기려가 무교회주의자라는 사실의 근거로 제시한다. 그러나 장기려에게 '부산모임'은 교회였다. 부산모임에 당회를 구성하거나 직분을 임명하여 교회로서의 모양새를 갖추지는 않았다. 그에게 교회는 예배하는 공동체였고, 그것으로 충분했다.[64]

7부 '청십자 의료보험 시대'는 네 개 장을 새로 썼다. 1883년 독일에서 시작된 최초의 공적 건강보험(Health Insurance)으로부터 서술을 시작했다. 그 이후 영국, 프랑스, 대공황 이후의 미국과 일본을 거쳐 우리나라까지 역사를 개관했다. 우리나라는 의료보험법이 제정된 1963년부터 따지면 26년, 임의가입에서 강제가입으로 법을

---

63 장기려, "미국을 다녀온 소감", 《부산모임》, 제63호, 1978년 2월, 9쪽.

64 장기려, "회개", 《부산모임》, 제33호, 1972년 12월, 1쪽.

개정해 실시한 직장 의료보험부터 따지면 불과 12년 만에 전 국민 의료보험으로 발전했음을 서술했다.[65]

두 번째로 추가한 장은 우리의 국민건강보험이 세계적으로 조명을 받기 시작하면서 박정희 전 대통령을 '건강보험의 아버지'라고 하는 사람들의 주장을 반박하는데 할애했다. 그렇다고 장기려가 건강보험의 아버지라고 주장하지는 않았다. 기독교인들은 그렇게 주장하고 싶겠지만 그 역시 사실이 아니다. 군사 독재에 맞서 의료보험 투쟁을 벌인 민중이 건강보험의 아버지라는 진보 쪽 주장 또한 마찬가지다. 장기려는 건강보험의 아버지가 아니어도 그가 우리나라 건강보험 역사에서 이룩한 업적은 찬란하다. 아무도 부정하지 못한다.

세 번째로 추가한 '법정 의료보험 시대의 개막' 장에서는 1963년에 의료보험법 제정부터 1979년 7월 1일 시행된 공무원과 교직원 및 300인 이상의 직장의료보험 강제가입을 거쳐 1982년 16인 이상 사업장으로 직장의료보험 강제가입확대까지를 다뤘다.[66]

네 번째로 추가한 '기나긴 의료보험 통합 논쟁'은 의료보험을 조합방식의 현 제도로 유지하느냐, 아니면 건강보험 확대에 맞춰 통합하느냐를 사이에 두고 시민사회와 국가가 벌였던 긴 싸움을 소개

---

65 신영수, "의료보험 도입 30년의 성과와 한계, 그리고 새로운 과제", 《대한의사협회지》, 2007년 12월호, 569쪽

66 이상이, 『복지국가는 삶이다』, 도서출판 밈, 2019, 90쪽.

했다. 조합방식과 통합방식이 내세우는 장단점 비교는 물론 박정희가 그랬듯 전두환과 노태우 정부도 고조되던 반독재 투쟁을 무마시키기 위해 의료보험 카드를 꺼내 들었음을 살폈다.[67] 정부 주도의 건강보험은 도리어 계층 간 불평등을 심화하였고, 의료 재정 손해를 80퍼센트의 비의료보험환자 치료비에 떠넘긴 역사도 찾아 기록했다.[68]

8부 '평화운동 시대'는 미국에 있는 장기려의 조카 장혜원 박사로부터 받은 자료로 내용을 보강했다. 장기려의 아내와 자녀들이 남한과 미국에 보낸 여러 통의 편지로 장기려가 북한에 사는 가족들과 어떻게 소통하며 왕래했는지가 조금 더 선명해졌다.

9부 '장기려와 교회 개혁'은 이 평전을 전면 개정하지 않으면 안 되게 만든 장이다. 초판에서 '종들의 모임'에 참석하여 인터뷰한 내용을 책에 썼지만 해소하지 못한 궁금증이 많았다. 종들의 모임에 공식 기록과 역사가 없다지만 언제 어디서 누구로부터 그 신앙 공동체가 시작됐는지를 알고 싶었다. 마침내 이 신앙 공동체의 기원과 역사의 실마리를 찾게 되어 개정에 착수할 수 있었다. 이 과정에서 역사에 존재했던 모든 기독교 신앙 공동체가 피해 갈 수 없었던 어두운 그림자가 '종들의 모임'에도 있었음을 알게 됐다. 사

---

67 송영훈, "누가 현재의 '전 국민 건강보험'을 만들었나?", 「뉴스톱」, 2018년 12월 15일.

68 이상이, 위의 책, 92쪽.

실 확인을 위해 25년 동안 '종들의 모임' 한국 대표를 지낸 어네스트 로빈슨 선교사를 만나기 위해 목포에 다녀오기도 했다. 어네스트는 장기려에게 복음을 전했을 뿐 아니라 세례를 베푼 선교사이기도 했다. 2019년에 수면 위로 드러난 호주 종들의 모임 내부에서 벌어진 아동 성적 학대 사건은 장기려와 직접적 관련이 없다. 그러나 호주 종들의 모임에서 벌어진 성적 범죄는 수십 년간 지속하여 여러 건이 발생했고, 불미스러운 성적 범죄는 로빈슨의 조국인 남아공, 미국, 그리고 한국도 피해 가지 못했다. 이런 현실을 외면하고 장기려가 최종 선택한 공동체라 하여 장점과 미덕만으로 평전을 서술하는 건 옳지 않다고 판단했다. 지상의 교회는 아무리 아름답고 완전해 보이더라도 성자와 죄인들로 가득한 '혼합된 몸'(corpus permixtum)일 수밖에 없음을 이 사례를 통해 다시 깨달았다.[69] 성 아우구스티누스의 말처럼 지상 교회는 신앙과 불신앙을 넘어 '적그리스도'(anti-Christ)의 요소를 벗어날 수 없다.[70] 지상의 어떤 교회도 완전할 수 없다는 진리에 굳건히 설 때 오늘 여기서 겪게 되는 우리 신앙 공동체의 온갖 악행에서 요동하지 않고 중심을 잡게 되리라 믿는다. 장기려 이후에 드러난 종들의 모임의 불미스런 역사도 어떤 관점으로 보느냐에 따라 얼마든지 좋은 반면교사가 될 수 있다.

---

69 피터M. 스콧, 『정치신학연구』, CLC, 2022, 589쪽.

70 William T. Cavanaugh.(2011). "The Church as Political", in *Migrations of the Holy: God, State, and the Political Meaning of the Church*. Eerdmans. 140쪽; 손민석, '야전병원으로서의 교회'를 마음에 그린 정치신학자, 〈뉴스앤조이〉, 2020. 12. 16에서 재인용.

그렇기에 역사를 배우고 전기나 평전을 읽는 것이리라.

10부 '말년의 나날들'은 장기려의 별세 소식이 어떻게 북한의 가족들에게 전달됐는지를 추가했다. 미국에 살던 장기려의 조카 장혜원 박사는 성탄 시즌이라 비행기표를 구하지 못해 장례식에 참석하지 못했다. 장혜원은 해외동포 원호회를 통해 북한에 삼촌 사망 소식을 전하는 한편 1996년 1월 6일 장기려의 장녀 성용에게 편지를 보냈다. 장성용은 장혜원의 편지를 2월 2일에 받았다. 북한 가족은 1월 24일에 장기려 사망 소식을 이미 알았다고 한다. 장혜원에게 보낸 장성용의 답신은 두 달이 더 지난 1996년 4월에야 도착했다.

에필로그에는 2000년대 중반 우리 사회에 엄청난 충격을 던진 황우석의 줄기세포 논문 조작 사건 제보자 류영준 강원대 교수를 비중 있게 소개하였다. 장기려 때문에 고신대 의대를 선택했던 류영준은 '진실과 국익'이라는 다윗과 골리앗의 싸움터에서 장기려의 정신으로 진실을 택하였고, 끝까지 버텼다. 장기려가 이 땅에 심은 씨앗이 여전히 생명력이 있음을 보여주는 사례라 판단하여 에필로그에 추가했다.

## | 1부 |

# 어린 시절

"십자가는 다른 사람에게 보이기 위하여 세워 두거나 달아 놓거나 달고 다닐 것이 아니라 악의 세력과 싸우는 십자가를 져야 한다. 유형적 십자가를 표방하는 것은 자기는 십자가를 지지 않는 답답한 표정이다. 희생적 사랑은 세계평화를 이룩하고야 말 것이다. 너희는 대접을 받고자 하는 대로 먼저 남을 대접하라."

# 선친과 가족

장기려의 할아버지 장정식은 고향 용천에서 농장이나 소작지를 관리하던 '마름'이었다. 서울 사람의 논을 관리하면서 당대에 4백 석을 타작하던 부자였다. 이경심(1851-1922)을 아내로 맞아 운섭, 학섭, 일섭, 죽섭과 딸을 낳았다.[1] 4백 석 지기 땅을 장남에게 물려주고 쉰일곱에 눈을 감았다. 장기려는 그때 너무 어려 할아버지를 기억하지 못했다.

아버지 장운섭(1986?-1953)은 한학과 신학문에 모두 능통했다. 이웃 사람들은 이름 대신 '장 향유사'(鄕有司)라고 불렀다. 향유사는 향교의 중책을 맡은 사람을 부르는 호칭이다. 향교와 관련이 없는 장운섭을 향유사로 부른 걸 보면 동네 사람들이 마을 지도자로 여겼던 듯하다.[2] 이경심은 자녀 중에서 성격이 원만하고 순종 잘하는 장운섭을 특별히 아꼈다. 장기려가 12살 때 향유사가 자던 방에 벼락이 떨어졌는데 다행히 재봉틀을 타고 땅 밑으로 들어가 왼쪽 팔만 살짝 감전됐다. 이경심은 '우리 향유사가 효자여서 하나님이 구해 주셨다'며 기뻐했다. 장운섭은 아내와 사별하고 10살 아래 최윤

---

1 장기려, 1989년 다이어리 1월 2일 주간 스케줄 지면.

2 한수연, 『할아버지 손은 약손-사랑의 의사 장기려 박사 이야기』, 영언문화사, 2004, 16쪽.

경(1870-1969?)[3]과 재혼했다. 최윤경은 출산한 아이가 자꾸 죽어 슬픔에 빠져 있을 때 선교사를 통해 예수를 믿기 시작했다. 장운섭은 아들이 서울에서 의사가 될 무렵 고향 교회에서 장로 임직을 받았다. 그 이후 아들 내외가 서울로 모셨다. 장기려가 1940년에 평양연합병원(이하 기홀병원, The Hall Memorial Hospital) 외과과장 자리를 얻었을 때 아들과 함께 평양으로 올라갔다. 장운섭은 한국전쟁 때 헤어진 후 아들을 다시 보지 못했다. 장기려는 1953년에 예언적인 꿈을 꾸었다. 아버지 친구 김광환(金光煥)이 비몽사몽간에 나타나, "너의 아버님이 오신다"고 하였다. 그래서 마중을 나가려는데 5-6명의 낯익은 사람들이 검은 옷을 입고 앉아 있었다.[4] 꿈에서 깬 뒤 아버지가 돌아가셨음을 직감했다. 어머니가 돌아가셨을 때도 장기려는 비슷한 꿈을 꾸었다. 세 분의 작은 아버지들이 어머니 영정을 들고 나타났던 것이다. 이때도 장기려는 어머니가 돌아가셨음을 알았다.[5]

---

3 윤사무엘, 『한국 교회의 경건 인물들-경건 신학과 경건 훈련 지침서』, 보이스사, 2002, 318쪽.

4 선생은 어머니가 돌아가신 날짜는 분명하게 기억한다. 그러나 연도는 1968년이었는지 1969년이었는지 자신 없어 한다.

5 장기려, "지주의 아들로…-나의 이력서 1", 4면.

# 고향 평북 용천

장기려는 평안북도 신의주와 경계를 이루는 용천군 양하면 입암동 739번지에서 태어났다. 용천군은 평안북도에서 작은 군(郡)에 속하나 옛날부터 땅이 평평하고 기름져 자작농이 많고 부유했다. 만주와 인접한 지리적 조건 때문에 교육열이 높아 1915년 현재 서당이 104개로 평안북도에서 가장 많았다. 1903년부터 신식 교육을 하는 입암·입성·양시·보명·협창·덕일·정칙·구세·명신·보신학교 등의 사립학교가 설립되었다. 해방 후에는 좋은 쌀이 많이 나는 고장이라서 김일성 부자가 현지 지도를 자주 나오기도 한 곳이다.

입암동은 300호 정도가 모여 살던 동네였다.[6] 현재 지명은 신암리(新巖里)인데 김일성 정권이 행정 구역을 개편하면서 얻은 이름이다. 신창리와 입암리를 병합해서 만들었는데 신창리에서 '신'을 따고 입암리에서 '암'을 땄다. 입암동은 장기려가 29살에 만나 작고할 때까지 49년간 친밀한 교제를 나누었던 함석헌의 고향 부라면 원성리와 불과 12킬로미터 떨어져 있다. 고향 용천에 대한 두 사람의 생각은 크게 달랐다. 장기려는 용천이라는 지역에 별다른 의미를 두지 않았으나 함석헌은 용천이라는 지역과 그곳에 산 사람들의 과거

---

6 장기려, "한 늙은 의사의 이야기", 1989년 다이어리 1월 23일 주간 스케줄 지면.

와 현재를 깊게 생각했다. 『성서적 입장에서 본 조선 역사』를[7] 쓴 사람답게 민족과 성서적 관점에서 용천을 생각하며 다음과 같은 글을 썼다.

> 나는 1901년 3월 13일 평안북도 용천군의 서해 바닷가 조그만 농촌에서 태어났습니다. [중략] 본래 평안도는 한국의 '이방 갈릴리'여서 여러 백 년을 두고 '상놈'이라 차별대우를 받아 왔습니다. [중략] '바닷가 감탕물 먹는 놈들'이라 해서 머리도 못 들고 살았습니다. 그런데 그 불행이 도리어 복이 됐습니다. 밑바닥인 만큼 그 심한 정치적 혼란의 망국 시기에도 거기는 탐낼 것 없는 곳이니 평화가 있었습니다. 너도나도 다 상놈이니 계급싸움이 있을 리 없습니다. 나는 양반 상놈이란 말은 들었지만, 양반도 상놈도 보지는 못했습니다. 종이 어떤 것인지 몰랐습니다. 이리해서 나는 타고난 민주주의자가 됐습니다. [중략] 열세 살까지 나는 우리 동리 안에서 술집을 못 보았고, 갈보란 것은 열다섯이 지난 후 장거리에 가서야 보았습니다. 가난하고 업신여김을 받았으니만큼 새로워지는 데는 앞장을 섰습니다. 그것이 둘째 조건인 기독교의 들어옴입니다. 이 '죽음의 그늘진 땅에 앉은 사람들' 속에 일찍부터 '큰 빛'이 들어왔습니다.[8]

---

7 1934년까지 《성서조선》에 총 29차례 연재되었던 이 글은 1950년 『성서적 입장에서 본 조선 역사』라는 단행본으로 출간되었다가 1961년 『뜻으로 본 한국역사』라는 제목으로 개정·증보되었다.

8 함석헌, "하나님의 발길에 채어서", 『함석헌 선집5 죽을 때까지 이 걸음으로』(한길사, 1996)를 노명식, 『함석헌 다시 읽기』, 인간과 자연사, 1997, 136-138쪽에서 재인용.

## 일제의 민족 말살정책에 저항한 개신교 사립학교

한국에 처음 발을 디딘 개신교 선교사들이 제일 먼저 한 일은 병원과 학교 설립이었다. 첫 의료 선교사 알렌의 입국에 뒤이어 들어온 호주와 캐나다 장로교, 남감리교, 성공회, 구세군 등 군소 교단에 이르기까지 모두 학교 설립에 주력했다.[9] 1918년에 장로교에서 전국에 세운 소학교만 하더라도 479개나 되었다. 일본도 식민 통치를 시작하자마자 교육부터 손을 댔다. 1911년에 공포한 제1차 조선교육령은 군국주의 정신에 '충량(忠良)한 국민' 양성을 위해 조선인들의 문화적·정신적 독립성을 말살시키기 위한 조치였다.[10] 조선의 교육을 보통교육·실업교육·전문교육으로 한정했고, 학제도 일본의 보통학교 6년제와 차별화하여 4-5년제로 개편했다.[11] 중등교육(고등보통학교) 역시 일본은 5년제인데 조선은 4년제였다. 일제가 단행한 이런 교육 개편의 목표는 교육구국운동과 애국계몽운동의 중심인 사립학교의 철폐였다. 일제는 1908년에 공포한 '사립학교령'

9 이만열, 『한국기독교문화운동사』, 대한기독교출판사, 1989, 184쪽.

10 강만길, 『고쳐 쓴 한국 현대사』, 창작과비평사, 2005, 174쪽.

11 의성소학교는 설립 초기에 4년제였다가 6년제로, 또다시 5년제로 바뀌었다. 장기려는 5년제를 졸업했다.

을 앞세워 외국 선교사들이 세운 사립학교를 탄압했다. 장로교 계통의 학교가 가장 큰 타격을 입었다. 일제의 교육정책 기조에 아랑곳하지 않고 서구학문, 기독교정신, 한국 전통문화를 가르쳤기 때문이다.[12] 1912년에 1362개에 달하던 사립학교는 1919년에 이르자 742개나 문을 닫았다. 5만 7천 명이었던 학생 수는 3만 8천 명으로 줄었다.[13] 이런 시기에 장기려의 아버지 장운섭은 1916년, 입암동에 의성소학교를 세웠다. 미국이나 구미 선교기관에서 세운 학교도 여기저기서 폐교가 되고 있을 때 시골 부자에 불과한 장운섭이 동남쪽으로 4킬로미터 떨어진 양시에 공립보통학교가 있었음에도 소학교를 세운 것이다. 그가 학교를 설립한 목적은 성서와 배일사상 교육이었다. 그렇기 때문에 의성소학교는 일본어를 가르치지 않았다. 반면에 주변의 보통학교는 한 주간에 일본어를 10시간 교육했다.[14] 의성소학교에서는 이과 공부도 제대로 할 수 없었다. 하지만 성서는 비중 있게 가르쳤다. '인격과 도덕'을 더 중시했고, 특히 성서 구절 암송을 장려했다. 의성소학교는 설립 당시 4년제였으나 6년제로 개편되었다가 5년제 학교가 되었다.

12 이만열, 위의 책, 208쪽.

13 강만길, 위의 책, 175쪽.

14 강만길, 위의 책, 175쪽.

# 유년 시절

장기려는 1911년 8월 14일에 태어났다.[15] 당시엔 민적[16]을 늦게 올리는 경우가 허다했다. 그래서 실제보다 호적 나이가 높은 사람이 많았다. 그러나 동장이었던 둘째 작은아버지 장일섭은 조카의 생년월일을 1909년 7월 15일로 신고했다.[17] 일제가 새 호적을 만들면서 우리의 조혼 풍습을 경멸하는 이야기를 듣고 조카를 빨리 장가보내기 위한 조치였다. 호적에 처음 올린 이름은 '기창'이었다. 친족 중에 같은 이름을 가진 사람이 있어 한자 모양이 비슷한 '기려'(起呂)로 바꿨다.[18] 그렇지만 동네 사람들은 '기네'라 불렀고, 할머니는 '금강석'이란 아명을 지어 주었다. 송도고등보통학교(이하 송도고보) 선생과 아이들은 '기여'라 불렀다. 본인은 '기려'를 좋아했다.

---

15 장기려, 1989년 다이어리 1월 22일 지면.

16 일제는 1915년에 민적법을 공포하고 전제적 통치 구조 확립과 조선인 징병 자원 확보를 위해 호적제를 실시했다. 일본은 근대 국민국가를 수립하면서 정치적 도구로 천황제와 율령제를 채택했다. 호적제도는 율령제에 따른 것인데 일본은 이를 통해 '국민'의 법적 편성과 통치기구 정비하여 국민 통합의 이념과 실체를 창출하였다. 일제 말기에 창씨와 일본식 개명을 강요한 것도 모든 조선인을 일본식 호적 체계에 편입해 징병자원을 관리하고 통일적 규율을 유지하기 위함이었다.

17 장기려, "지주의 아들로…–나의 이력서 1", 4면.

18 여운학 엮음, 『평화와 사랑』, 규장문화사, 1980, 236쪽.

경성의학전문학교(경의전)에 다닐 때부터 '장기려'가 그의 공식 이름이 되었다.

장기려는 두 살 때까지 설사를 많이 해서 배꼽에 뜸을 자주 떴다. 종종 까무러치기도 해서 숨구멍과 쌍가마에도 뜸을 떠서 머리에 뜸자리가 남았다. 세 살부터 일곱 살까지는 할머니 품에서 자랐다. 경기도 자주 일으켜서 쌍가마 머리와 숨구멍에도 뜸을 떴다. 자주 아팠기 때문에 이웃 권사[19]에게 안수기도를 받았다. 그러면 병이 잘 나았다.

커 가면서는 딱지치기, 땅 따먹기, 팽이 돌리기를 비롯해 아이들이 즐기는 장난이란 장난은 다 좋아했다. 승부욕이 강해서 놀이를 하다가 지면 억울해서 곧잘 울었다. 한 번은 교회 신발장에서 돌을 갈아서 만든 친구 팽이를 훔쳤다. 지름 3센티미터가 넘는 크고 잘 만든 팽이였다. 나무로 깎아 만든 자기 팽이는 가벼워서 싸움에서 늘 졌는데, 훔친 팽이로는 연전연승을 했다. 팽이 주인이 돌려 달라고 사정해도 자기 것이라 우겼다. 그러던 중 교회 부흥회에 참석했다가 도둑질을 회개하라는 부흥사 설교를 듣고 마음에 찔렸다.

> 나는 팽이의 주인 아이에게 당시 2전짜리 동전 하나를 갖다 주고 내가 도둑질했다고 자복하고 용서해 달라고 빌었다. 그런데 그 팽이

19 권사는 신교에서 공식적 절차를 거쳐 임명된다. 여신도 중 일정 나이 이상이 되어야 자격이 주어진다. 그러나 감리교 등에선 남자도 권사로 임명한다. 정년은 70세이다. 성도 중에 아프거나 어려움을 당한 이들을 돌보아 권면하는 것이 권사의 역할이다.

를 돌려 준 생각이 나지 아니한다. 아마도 증거 인멸을 꾀해서 시궁창에 버렸던 것 같다. 5, 6세의 나이었는데 솔직하지 못하고 증거인멸을 꾀했다고 하는 것은 내가 다만 약해서 그런 것이 아니고 비겁했던 것이다.[20]

장기려는 6살 때 의성소학교에 입학했다. 총기가 좋아 7살 때 천자문[21]을 다 외웠다. 하지만 소학교에 들어가서도 장난은 여전했다. 자전거를 타고 가며 연실 방귀를 뀌던 나이 많은 동창에게 '방귀 선생'이라 놀렸고, 동네 아이들은 코를 많이 흘리는 그를 '코주부'라 불렀다. 소학교 2학년 때는 시험에 "예수 당시 분봉왕 헤롯이 어떤 범죄를 하여 세례 요한에게 책망을 들었는가?"라는 문제가 나왔다. 너무 어렸던 장기려는 헤로디아가 남동생의 아내라는 걸 몰라서 헤롯이 자기 동생과 결혼해 책망을 들었다고 답안지에 썼다. 아버지 친구들은 '어린아이가 어떻게 동생의 아내를 알 수 있겠느냐'며 두둔했다.[22] 한 번은 친구들이 담배를 말아 피우는 게 근사해 보여 따라했다가 사촌형 장기원에게 들켜 손바닥을 맞았다. 당시 장기원은 의성소학교 선생으로 근무하고 있었다. 그 일이 계기가 되어 평생 담배를 피우지 않았다.[23]

---

20 장기려, 위의 글, 1월 15일 지면.

21 장기려, "한 늙은 의사의 이야기", 1989년 다이어리 1월 29일 지면.

22 헤로디아는 예수가 태어날 당시 로마가 임명한 분봉왕 헤로데 안티파스(B.C 73-A.D 4)의 동생 빌립보의 아내다.

23 여운학 역음, 『장기려 회고록』, 규장문화사, 1985, 17쪽.

어린 시절을 회상할 때 장기려는 거의 자책으로 일관한다. 하나님 앞에서 자신이 얼마나 죄인이고 비겁한 아이였는지를 거듭 확인한다.[24] 그러나 아버지에게 들었던 성서 인물 이야기를 할 때는 해맑다. 아버지에게 들은 성서의 인물 이야기가 평생 기억될 만큼 재미있고 교훈적이었기 때문이다.

> 7-8세 때에 아버지께서 창세기에 있는 야곱의 아들 요셉의 이야기를 들려주셨다. 나는 요셉이 형님들을 잘 섬기고, 애굽[이집트]으로 팔려 갔어도 정절을 지키고 하나님만을 믿고 의지하다가 애굽의 바로 왕 앞에서 수상이 되어, 7년 풍년 때에 곡물을 저축하였다가 7년 흉년 때에 그 곡물을 팔아서 애굽 사람을 구했을 뿐 아니라 부모님과 형제들을 구원했다는 이야기에 도취됐다. 그래서 나는 자라서 요셉과 같이 되기를 바랐다. 그다음 10-11세 때에는 아버님께서 다윗 왕의 이야기를 해 주셨다. 다윗은 용감한 사람으로 원수 골리앗을 물맷돌 다섯 개로 쳐부수고, 또 사울 왕이 자기를 죽이려고 추격했지만, 자기는 하나님께서 기름 부으신 사울 왕에게 손을 댈 수 없다고 하여 사울 왕을 죽일 수 있는 기회에도 도리어 피해 다녔고, 마침내 하나님께서 사무엘 선지자를 통해 왕으로 삼으셨다. 사울 왕의 아들 요나단과는 끝까지 사랑하여서 그들의 우애는 나를 감동케 하였다. 그래서 나는 다윗 왕처럼 되기를 원했다.[25]

---

24 장기려, 위의 글, 1월 15일 지면.

25 장기려, "예수님의 생애와 나의 회고", 《부산모임》 1988년, 10·12월호, 21-25쪽.

장기려는 소학교 때 외웠던, "자녀들아, 너희 부모를 주 안에서 순종하라. 이것이 옳으니라"(에베소서 6:1-2), "하나님이 세상을 이처럼 사랑하사 독생자를 주셨으니……"로 시작하는 요한복음 3장 16절 등의 성경 구절을 늙어서까지 기억했다.

9살 때 3·1만세운동이 일어나자 봄부터 여름까지 거의 매일 저녁 동무들과 뒷동산에 올라가 "조선독립 만세"를 불렀다. 나이 많은 동급생들은 어디선가 듣고 와서 국제 정세를 들려주었지만 너무 어려서 무슨 의미인지 알아듣지 못했다. 3·1운동에 참여했다는 자의식 역시 평생 지니고 살았다. 양반 계층에서 이 운동에 참여한 사람이 적다는 사실을 마음에 담아 두었다.[26]

의성소학교 입학 당시 한 학년은 7-8명이었는데 성서, 언문(국어), 산술(산수) 과목을 배웠다. 공립보통학교와 달리 의성소학교에서는 이과를 제대로 배울 수 없어 자연 과목 성적이 나빴고, 체조, 그림, 습자도 중 이하였다. 산수와 국어는 중 이상이었다. 4학년 때는 성적이 좋아서 6학년으로 월반했다. 하지만 학제가 바뀌면서 5학년으로 내려와서 1등으로 졸업했다. 기대와 달리 신의주고등보통학교 시험에 떨어졌다.[27] 이과 시험에 '물고기 지느러미 이름을 쓰라'는 문제가 나왔는데 손도 대지 못했기 때문이다. 그래서 막내 작은아버지 장죽섭의 아들 장기수 형이 다니던 개성 송도고등보통학

26 장기려, "3·1절", 《부산모임》, 제41호, 1974년 4월, 9쪽.

27 함석헌도 비슷한 일을 겪었다. 1914년에 덕일학교 4학년 과정을 마치고 양시고등보통학교 5학년이 아니라 4학년에 편입했다. 이유는 덕일학교에서는 일본어를 배우지 않았기 때문이다. 이치석, 『씨알 함석헌 평전』, 시대의창, 2005, 35쪽.

교[28]를 선택했다.

의성소학교 동기 동창으로는 YMCA 회장을 지낸 김치묵 목사와 장기려가 「한국일보」에 "나의 회고록"을 쓰던 1976년 당시 가족처럼 지내던 김병화 전 대법원 행정처장, 그리고 70년대 교계에서 이름을 날렸던 3년 후배 테너 성악가 이인범(1914-1973)[29] 등이 있다.

---

28 윤치호(1865-1945)는 남감리회 선교부의 후원을 얻어 1906년 10월 개성에 한영서원을 설립하였다. 한영서원은 개성교회에서 영어와 산술을 가르치던 야학이 모체가 되었고, 설립 뒤에는 석조 기숙사를 지으면서 실업 교육도 병행했다. 1917년 고등보통학교로 승격되면서 이름을 송도고등보통학교로 바꾸게 된다. 그러나 알찬 교육이 시작되기 시작한 것은 장기려 선생이 입학하기 2년 전인 1921년이었다. 학교가 본관 교사를 완공하고 많은 실습, 실험기재, 도서, 운동시설 등을 마련했기 때문이다. 그러나 선생이 2학년이 되던 1924년에는 일본인 교사의 퇴임, 미자격 교사 퇴진 요구 등의 문제로 학생들의 동맹휴업이 잦았고, 좌익계의 침투도 있었다. 송도고등보통학교는 한국전쟁 중인 1951년 인천에 송도중고등학교를 재건하였다. 이만열, 『한국기독교문화운동사』, 대한기독교출판사, 1989년, 196-197쪽.

29 이인범은 평북 용천에서 태어나 평양 숭실중학교를 졸업하고 오산중학교 음악 선생을 지냈다. 그 이후 연희전문을 졸업하고 일본 도쿄로 유학을 떠나 구니다치 고등음악학원 성악부를 졸업했다. 전 일본음악 콩쿠르를 비롯하여 여러 차례 입상했고 1940년 국민총력조선연맹 주최 음악회에 출연했다. 1942년에는 라디오 출연으로 전시가정가요를 지도했고 국민음악 정신대 활동에 참여했다. 1943년 징병제 축하행사 전국 순회공연에 참가했다. 해방 후에는 서울대 교수, 이대 음악대학 강사를 역임했다. 1958년 한국 오페라 연구회를 창설했고, 국립 오페라단 초대 단장을 지냈다. 그 이후 연세대 음대 교수와 학장을 역임하였고, 국민훈장 동백장을 받았다. 다수의 친일 행위가 인정되어 『친일인명사전』에 등재되었다.

## 장기려를 있게 한 사람, 이경심

장기려는 회갑이던 1971년부터 거듭해서 자신의 생애를 돌아보기 시작했다. 그 과정에서 자기 삶에 "가장 큰 영향을 끼친 사람"이 바로 할머니였음을 깨달았다. 이경심의 기도가 자신의 오늘을 있게 했을 뿐 아니라 수십 년 전 고인이 된 할머니가 지금도 자기를 위해 기도하고 있다고 거듭 확신했다. 그래서 할머니에게서 배운 걸 제일 앞에 놓고 남은 생을 살다 갔다.

할머니는 장기려가 12살 때까지 사셨다. 손자가 젖을 뗀 3살 이후부터 돌아가실 때까지 줄곧 가슴에 품고 잠자리에 드셨다. 교회에 나갈 때마다 등에 업고 다니셨고, 아침저녁 가정예배를 인도하면서 "이 금강석이 자라나 하나님의 나라와 현실 나라에서 크게 쓰여지는 일꾼이 되게 하소서"라고 기도했다. 태어났을 때부터 오른쪽 볼에 있던 밤알만 한 연한 혹을 없애 달라고 할머니는 매일 기도했다. 주변 사람들은 그 덕분에 얼굴에 있던 혹이 없어졌다고 믿었다.[30] 의학 공부를 하면서 그 물혹이 림프종(lymphoma)이었기에 선

30 이 부분에 대한 장기려 선생의 기억은 일치하지 않는다. 물혹에 대한 이야기는 1971년 8월에 쓴 "나는 이렇게 믿는다"라는 글에 언급되는데 이 글에서는 어머니가 물혹을 없애 달라고 기도하였다고 한다. 그러나 그 이후 글들에서는 일관되게 할머니가 그 기도를 하고 있다고 진술한다. 이 부분은 선생의 착오일 수도 있고, 아니면 할머니와 어머니 모두

천적으로 발생했다가 자연히 없어진다는 사실을 알았다. 할머니는 마지막 나날을 병마와 싸웠다. 그가 10살 때 할머니가 구강암 진단을 받고 난 이후엔 떨어져 지내야 했다. 2년간 암과 싸우던 할머니는 1922년, 72세의 나이로 작고했다.

용천군은 개신교 중에서 장로교가 크게 부흥했던 지역이다. 1938년 작성된 장로교 주소록에 의하면 용천노회엔 57개 교회가 있었다. 남산교회에 출석하던 조학룡(趙學龍)이 용천군 양하면 신창리 359번지에 집을 한 채 사서 예배당으로 사용한 것이 용천군의 첫 교회인 신창교회의 시작이다.[31] 6년 뒤인 1904년에 신창교회는 용천군 내에 입암교회를 개척했다. 장기려의 회고에 따르면 입암교회가 개척을 끝내고 교회 건물을 건축하면서 머릿돌에 이경심의 이름을 새겼다.

입암교회 머릿돌에 이름이 올랐다면 교회 건축 때 많은 헌금을 드렸다는 의미다. 장기려는 그렇게 해석했다. 입암교회 건축 이전부터 이경심은 믿음이 좋았을 뿐 아니라 교회 건축에 큰 기여를 했다. 유교적 질서가 강고했던 1900년대 초반에 남편 장정식을 제치고 아내 이경심의 이름이 머릿돌에 새겨졌다는 점은 놀랍다. 물론 입암교회 건축이 장정식 사망 이후였을 가능성을 배제할 수 없긴 하

---

가 기도를 했다는 의미일 수도 있겠다.

31 유관지, "유관지 박사의 북한의 옛교회들 이야기-신창교회", 21세기인터넷선교방송, http://www.21tv.org/bbs/zboard.php?id=column17&page=1&sn1=&divpage=1&sn=off&ss=on&sc=on&keyword=%BF%EB%C3%B5%B1%BA&select_arrange=headnum&des

다. 그렇더라도 1900년대 초반에 교회 머릿돌에서 중년 여성 신자의 이름을 발견한다는 것은 가볍게 넘길 사안이 아니다.

이경심은 가정에서는 물론 교회에서도 영향력 있는 여성으로 인정받고 있었다. 이런 관점에서 봐야 온 동네가 향유사라고 부를 만큼 지도력을 갖춘 아들이 있음에도 아침저녁으로 드리는 가정예배를 어머니가 인도했다는 사실이 자연스럽다. 기독교 신자들은 단순히 집안 어른이란 이유로 가정예배 인도를 맡기지 않는다. 자녀가 목사나 장로면 예배 인도는 그의 차지가 된다. 장운섭은 한문과 신지식에 두루 능했을 뿐 아니라 아들에게 틈만 나면 요셉이나 다윗 이야기를 해 줄 만큼 성서에도 해박했다. 언제 가정예배를 인도해도 조금도 이상하거나 어색하지 않다. 그런데도 이경심이 매일 가정예배를 인도했다. 그만큼 이경심이 가정에서 특별한 존재였다는 의미다.

이보다 주목해야 할 점은 손자를 위해 아침저녁으로 드렸다는 기도 내용이다. 1910년대에 손자를 위해 "이 세상 나라와 하나님 나라에서 크게 쓰임 받는 일꾼"이 되게 해 달라는 기도는 지금 시점에서 봐도 예사롭지 않다. 물론 이경심이 분명하게 밝히지 않은 이상 그 기도가 개인 구원과 사회 구원 모두를 아우른다고 단정할 수는 없다. 그러나 장기려가 사회 구원과 개인 구원[32] 모두를 동시에 붙

32 기독교 복음의 본질이 개인의 영혼 구원에 있느냐, 아니면 사회 정의와 공동체 구원에 있느냐를 두고 기독교는 오랜 동안 논쟁을 했다. 보수 기독교에서는 개인 구원에 우선 순위를, 진보 기독교는 사회 정의와 공동체까지 구원해야 한다고 주장한다. 이 논쟁은 아직도 현재 진행형이다.

잡으려고 평생 노력했고, 할머니의 기도가 오늘의 자신을 만들었다고 고백한 걸 보면 그 기도가 단순히 기복적이거나 출세 지향적이었다고 보긴 어렵다.

이경심이 그런 기도를 하던 당시 입암리에서 멀리 떨어지지 않은 선천, 정주, 평양 등에서는 일제가 민족주의자 말살을 위해 105인사건을 조작했다. 이 사건으로 전국에서 600명이 검거됐다. 일경은 고문으로 허위 자백을 받아 냈고, 이를 통해 항일 사상을 고취하는 기독교와 신민회를 말살하려고 했다. 1910년 12월부터 1913년 2월 말까지 51회에 걸쳐 진행된 105인사건 재판은 윤치호 등 주모자급 6명에게만 억지 죄를 씌워서 4-6년의 징역형을 내렸을 뿐, 나머지 99명은 무죄 방면했다.[33] 가벼이 볼 수 없는 점은 105인 중 89명이 기독교인, 그것도 1명을 제외한 97명이 모두 용천과 가까운 선천과 평양 출신의 장로교인들이었다는 점이다. 당시 너무 유명한 사건이었기 때문에 이경심도 105인사건을 알았다고 보는 게 자연스럽다. 그래서 그런 기도를 했던 것일까. 섣부른 단정은 곤란하겠지만 그럴 가능성을 굳이 배제할 필요도 없을 듯하다.[34] 이경심의 매일 기도에는 사회와 역사의 책임을 의식하면서도 내세를 소홀히 하지 않는 신앙의 균형이 돋보인다.

---

33 박용규, 『한국기독교회사 2 1910-1960』, 생명의말씀사, 2005, 150쪽.

34 Arthur Judson Brown, *The Korean Conspiracy Case*, 13을 박용규, 『한국기독교회사 2』 1910-1960, 생명의말씀사, 2005, 146쪽에서 재인용.

## 1920년대 개성과 기독교

개성은 우리 역사에서 행정구역 변천 과정이 복잡하고 명칭도 다양했다. 『삼국사기』에는 효소왕이 694년에 송악에 성을 쌓았다는 기록이 나온다. 송악은 지금의 개성이다. 궁예에 이어 고려 태조도 송악을 수도로 정했다. 조선 시대에 들어와서는 개성의 이름과 행정 구역이 많이 바뀌었다. 일제 때 개성은 송도면이었는데, 해방 후에는 개성시, 휴전 이후에는 인근 지역을 편입해 개성지구, 1955년에는 개성직할시가 되었다. 2003년에 황해북도에 속한 개성특급시로 승격하였다가 현재는 판문군 일부를 흡수하여 개성공업지구가 되었다.

개신교 선교 역사에서 개성의 의미는 특별하다. 거의 모든 나라는 서울에 선교본부를 두고 포교 활동을 했다. 그러나 미국 남감리회는 개성을 선택했다. 남감리회를 한국 선교에 뛰어들게 만드는 데는 좌옹 윤치호(1865-1945)의 기여가 상당했다. 윤치호는 중서서원에서 3년간 신학문을 배우며 본넬 교수의 영향으로 예수를 믿고 남감리회에서 세례를 받았다.[35] 윤치호는 1893년 3월 에모리대 캔

35 이근복, "하늘과 땅 잇는 다리 된 민족 교회", 「뉴스앤조이」, 2019년 9월 4일. https://www.newsnjoy.or.kr/news/articleView.html?idxno=225036.

들러(W. A. Candler) 총장을 찾아가 200달러를 헌금하며 한국 선교를 요청했다.[36] 미국 남감리회는 2년 뒤인 1895년 10월 리드 목사를 초대 선교사로 파송했다. 그로부터 4년 후 개성에는 개신교 첫 교회가 탄생했다. 당시 「동아일보」 보도에 따르면 장기려가 송도고보를 다니던 1920년대 중반 개성에는 5개의 교회가 있었고, 교인 총수는 3000여 명이었다.

> 1903년에 미국인 선교사 이덕 박사가 미국감리교회의 파송을 받아 도래하여 조선 내의 선교구역은 북감리교회와 분정하고 개성을 중심으로 하여 24개 년간 누만(屢萬)의 거금을 들여 각 방면으로 선교사업에 분투한 결과 개성군 내에 현 신도수가 3천여 명에 달하는데 동교회에서는 사회사업으로 송도고등보통학교와 위생기관으로 남성병원 등이 있으며 또 동교회 내 여 선교부 사업으로 호수돈여자고등보통학교와 호수돈보통학교와 동, 남, 북, 중앙의 4곳 유아원과 미리흠여학교와 고려여자관 등 교육방면과 위생사업에까지 실로 적지 아니한 사업을 하여 왔다. 시내에는 북부, 중앙, 남부, 동문내, 한천동 등 5개소에 예배당이 있어 2천여 명의 신도를 포용하고 있으며 북부와 중앙, 남부의 세 예배당은 어느 것이나 화강암으로 축조한 상당한 건물이 되어 시가의 위관을 더욱 돕는데 시내 각 예배당의 신도 수와 군내 예배당 분포상황은 좌기와 같은 바 시내 각 예배당에는 엡윗 청년회가 각각 있으나 현금의 상태로는 별도로 하는 사업도

36 한국기독교역사학회편, 『한국기독교의 역사 1』, 기독교문사, 2011, 139쪽.

수면상태에 있다 하며 유년주일학교는 군내에 27개 교가 1300여 명의 아동을 교육하고 있다고 한다.[37]

윤치호는 1906년 10월 3일 남감리회의 후원으로 개성에 한영서원을 설립하여 초대 원장이 되었다. 일제가 사립학교 설립이나 명칭, 학교 위치, 설립자 등등의 변경을 총독부 인가로 바꾸면서 한영서원은 송도고등보통학교로 개명했다. 장기려 입학 2년 전 일이다. 송도고보는 1921년에 최신식 보일러 시설을 갖춘 570평 규모의 학교 본관을 지었다. 4대 교장으로 취임한 윤치호는 1922년에 전천후 체조장과 이화학 실험실을 신축했다.[38] 송도고보는 당시 고등보통학교 수준에선 "세계 제일을 자처한 웅대한 캠퍼스와 시설을 갖추고 있었다. 송도고보를 둘러본 많은 사람, 특히 일본인들은 와세다 대학보다 더 웅대한 캠퍼스"[39]에 기겁했다.

37 "순회탐방475-인삼으로 유명한 고려의 고도", 「동아일보」, 1927년 11월 5일, 4면.

38 학교법인 송도학원, 『송도학원 100년사』, 동아사, 2006, 67쪽.

39 학교법인 송도학원, 위의 책, 72쪽.

## 송도고보 시절

장기려는 개성 생활을 시작하며 인생의 첫 번째 전환점을 맞았다. 입암동에서 개성을 가려면 열차를 타야 하는데 기차역이 없어 가까운 석하역을 이용해야만 했다. 송도고보에 입학하기 위해 기차를 처음 탔다. 부친이 하숙집을 정해 주고 돌아갈 때 장기려는 헤어지는 게 아쉬워 눈물을 흘렸다. 집의 가세가 기울고 있었기에 단독 하숙은 할 수 없었다. 월 6원 50전에 사촌형, 고향 친구와 방을 같이 썼다.

입학하고 얼마 지나지 않아 순종이 붕어(崩御)했다. 각 지방은 제단을 쌓아 망곡을 하고, 각 학교는 애도를 위해 휴학했으며 가무는 금지되었다. 1926년 4월 27일부터 5월 1일까지 돈화문 앞에는 봉조자가 2만 5000명, 망곡자가 4만 명에 달했다.[40] 장기려는 순종의 인산(因山) 때 "형언할 수 없이 애절했었다"고 썼다.[41]

장기려는 민족의 장래를 눈물로 걱정하며 개성 생활을 시작했지만 얼마 후 친구의 꾐에 빠졌다. 여름과 가을에는 방과 후 테니스에 매달렸고, 저녁에는 3, 4명이 친구들과 거의 매일 밤 화투놀이를 즐

---

40 송건호, 『한국 현대사』, 두레, 1986, 133쪽.

41 장기려, "3·1절", 《부산모임》, 제41호, 1974년 4월, 9쪽.

졌다.[42] 4백, 6백 등을 탐닉하며 "화투 대학"을 다녔다.[43] 예습과 복습은 생각도 못했고, 시험 때는 벼락치기를 했다. 성적은 110명 중에 11등을 했다. 방학이 되면 귀향하여 목판에 구멍을 뚫은 라켓을 들고 테니스 대장 노릇을 했다.

3학년이 되어서야 부친이 매달 20-30원의 학비를 보내기 위해 얼마나 고생을 하는지 알게 되었다. 효자였던 부친을 떠올리며 자신이 얼마나 불효 자식인지 깨달았다. 세월을 헛되게 보냈고, 하나님 앞에 설 수 없는 죄인이라는 생각이 들어 여러 번 통회자복(痛悔自服)하는 가운데 진정한 크리스천으로 거듭났다. 훗날 이때 인생관이 세워졌다고 고백했다. 십 대에 누구나 저지를 법한 탈선이었으나 커다란 불효라고 자책했다. 그런 뉘우침으로 장기려는 절망했다. 바로 그때 하나님의 음성을 들었다.

> 그때에 귓속말로 음성이 들리기를 "너의 죄는 예수 그리스도께서 십자가에서 대속해 주셨는데 왜 너는 그것을 믿지 않고 낙망하고 있는가. 일어나라. 너의 의무를 알고 배우는 일에 정진하여라"고 하시는 것이었다. 나는 나의 죄가 대속된 것을 믿게 되었고, 전 시간에 괴롭던 죄의 짐이 풀리는 것 같았다. "죄악 벗은 나의 영혼은 기뻐 뛰며 주를 보겠네……"라고 하는 기쁨의 노래가 속에서 울려 나왔다. 그리고 예수님이 나의 구주이심을 새삼스럽게 느끼게 되었다. 이제

---

42 장기려, "한 늙은 의사의 이야기", 1989년 다이어리 2월 12일 지면.

43 장기려, "방황의 학창-나의 이력서 3", 「한국일보」, 1976년 6월 13일, 4면.

> 내 죄를 대속하시고 나를 거듭나게 하셔서 영생을 주셨사오니 내가 주님을 버리고 어디로 가오리까 하고 결심했다. 예수 그리스도 이외에 나의 생명을 바칠 분은 없다고 생각되고 예수 그리스도만을 숭배할 것을 서약했다.[44]

이 거듭남을 경험하고 장기려는 누구에게도 머리를 숙이지 않기로 결심했다. 그리스도께서 죄를 속해 주시고 하나님의 자녀로 삼아 주셨으니 "나의 전 인격을 그리스도에게 바치고 그의 뜻대로 살겠다"고 다짐했다. 그 이후 세례를 받았다. 1925년, 그의 나이 14살 때의 일이다. 거듭남과 세례가 그렇게 중요한 사건이었음에도 장기려는 개성의 어느 교회를 다녔는지, 누구에게 세례를 받았는지는 말하지 않았다. 그의 탁월한 기억력에 비춰볼 때 50-60년 전의 일이어서 잊었다고 보기는 어렵다. 그보다는 세례로 생긴 자신의 변화나 결심의 내용을 더 중시했기 때문에 지엽적인 정보는 생략한 듯하다.

박해의 시대였기에 예수를 믿기 위해서는 목숨을 걸어야 했다. 기독교인임을 공식화하는 세례는 저들의 삶과 죽음을 결정짓는 선택이었다. 하지만 평화로운 시대에는 세례 때문에 누구도 목숨을 걸지 않는다. 1920년대 후반은 일제강점기라고는 하지만 장기려가 세례를 받기 위해 어떤 위험도 감수할 필요가 없었다. 우리 시대의 많은 신앙인처럼 세례를 하나의 통과의례로 받아넘길 수 있었다.

---

44 장기려, 위의 글.

그러나 장기려는 그렇게 하지 않았다. 14살에 세례를 받으며 했던 결심과 선택을 평생 지켰다. 세례는 그의 신앙과 인생관 형성에 중대한 영향을 끼쳤다.

그 이후 자기가 어떤 일을 하는 사람이 되어야 할지, 즉 어떻게 살아야 할지를 놓고 고민을 시작했다. 그 고민은 3학년과 4학년 내내 이어졌다. 화투놀이를 중단했고 항상 손에 책을 들고 다녔다. 2년을 빈둥거렸음에도 송도고보를 1등으로 졸업했다. 그러나 당당한 1등은 아니었다. 커닝을 하진 않았으나 커다란 영예를 안겨 준 1등도 아니었다는 뜻이다. 그때에는 나이를 더 먹고 입학한 학생들이 많아서 5학년 때 결혼한 동창이 있었다. 1-6등 한 친구들이 모두 동창 결혼식에 참석했다가 음주가 발각되어 1년 정학 처분을 받았다. 송도고보는 의성소학교처럼 장로교가 아니라 감리교라 비교적 자유로웠지만 음주 문제만큼은 엄격했다. 2등을 한 김종인[45]과 3등을 한 정준택[46]이 장기려보다 실력이 좋았지만 수학 4개 문제 중 어려운 응용문제를 몰라 25점을 잃어 둘은 1등을 놓쳤다. 졸업 두 주 전에 성홍열(scarlet fever)에 걸려 크게 앓았으나 2월 졸업식에는 겨우 참석할 수 있었다.

45 성균관대 의학부를 나와 미국으로 이민.

46 1970년대 중반까지 북한에서 부수상을 지냈다.

## | 2부 |

# 의사 수련기

"나는 의학도가 되려고 지원할 때에 치료비가 없어서 의사의 진찰을 받지 못하고 죽는 환자가 불쌍하다고 생각이 되어 그러한 환자를 위하여 의사 일을 하려고 결심하였다. 그래서 의사가 된 날부터 지금까지 치료비가 없는 환자를 위한 책임감이 증대될 뿐 아니라 잊어버린 날은 없었다. 나는 이 결심을 잊지 않고 살(일하)면, 나의 생애는 성공이요, 이 생각을 잊고 살면 실패라고 생각하고 있다."

# 의사 되기를 결심할 당시의 의료계

현대 서양 의학은 비슷한 시기에 두 갈래로 이 땅에 들어왔다. 일본은 식민주의 팽창 수단으로 서양 의학을, 구미 여러 나라는 선교를 목적으로 서양 의술을 이용했다.[1] 일본 패망 때까지 우리나라에는 경성제대, 경의전, 세브란스의전, 경성여의전, 평양과 대구의 의학전문학교 등 총 6개 의학교가 있었다. 5개 의학교는 독일 의학을 전수받은 일본식 교육을, 세브란스는 미국식 의학 교육을 했다. 장기려의 절친으로 서울의대 교수와 인제대 학장을 역임한 전종휘는 일본식(독일식)과 미국식 의학 풍토를 이렇게 정리했다(아래 인용에서 대학은 경성제대를, 의전은 나머지 5개 의학전문학교를 의미한다).

> 독일 의학이 다분히 이론적이고 교조적이었다는 것을 나 자신은 느끼었던 것이다. 우연하게도 필자는 경의전을 나온 후 성대(경성제대-저자 주) 의학부에서 임상수련을 받고 계속하여 기초교실에서 연구생활을 하였기에 두 의학기관에서 이 시절의 상황을 좀 안다고 볼 수 있겠는데, 확실히 대학 의학부에서의 의학교육은 합리적이라는 느낌을 받았다. 의전 교육의 주입식 실효주의보다는, 대학의 의학교

1 전종휘, 『우리나라 현대의학 그 첫 세기』, 최신의학사, 1987, 2쪽.

육에서는 여유를 가지고 자율적 학구적인 자세에로 유도하는 것으로 인지되었다. 대학의 교육적 분위기는 학자 양성이라는 데 기울어져 있었다. 의전 교육이나 수련에서처럼 타율적이나 강제성이 대단치 않았기 때문에, 학창 시절에 열심히 공부나 실습을 하지 않았을 때에는, 졸업 후 어떻게 1선 진료를 감당할 수 있을까 하는 우려마저 가질 형편이었다. 이 시절 세브란스를 나온 분들은 일반적으로 환자를 비교적 잘 다룬다는 평이 있는 것으로 알고 있다.[2]

일본은 조일수호조약(1876년)을 체결하고 1년 뒤에 거류민 의료를 구실로 해군 군의관을 영도에 파견하여 우리나라 최초의 현대식 서양 병원인 관립 제생병원을 설립했다. 내걸었던 구실과 달리 제생병원은 한국인 치료를 병행했다. 한국인의 환심을 사고 싶었기 때문이다. 당시 조선 사람은 일본인을 싫어해서 거류지를 한발만 벗어나도 안전을 장담할 수 없었다. 실제로 거류지 바깥으로 여행하던 일본인이 살해 당한 일이 있었다.[3] 이런 반일 감정 해소에 제생병원은 큰 기여를 했다. 그러나 일본은 더 큰 목적을 갖고 있었다. 한 일본인 관리는 "한국인을 회유하여 일본을 존경하고 의뢰하며 우러러 보는 마음을 불러일으켜 개화의 단서를 만드는 데 의학은 첩경"이 될 수 있다고 말했다. 제생병원을 설립한 의도가 저 한마디에서 잘 드러난다. 학계 일각에서는 한국 사람이 설립하지 않았고

---

2 전종휘, 위의 책, 44-45쪽.

3 박형우, "한국 최초의 서양 병원은 '제생의원?'", 「프레시안」, 2009년 9월 2일.

한국인을 위한 병원도 아니란 점을 들어 제생병원이 우리나라 최초의 현대식 서양 병원이란 사실을 부정한다.[4] 서양 의학의 효능에 눈을 떴을 뿐 아니라 병원과 의학 교육에 조선 정부가 나서게 만든 건 미국 의학이었다.

1884년 12월의 갑신정변(우정국 사건) 때 민형익은 급진 개화파 공격으로 일곱 군데에 깊은 자상(刺傷)을 입고 빈사상태에 빠졌다. 급하게 부름을 받은 미국 의사 알렌(Horace N. Allen)은 지혈을 위해 동맥을 결찰하고 벌어진 상처를 명주실로 봉합했다. 석탄산과 요도포름을 소독제로 사용하고 고무고약을 붙였는데 봉합 부위가 며칠 뒤에 벌어지고 환자의 통증이 심해지자 모르핀 주사[5]를 놓았다. 죽을 수밖에 없다고 판단한 민영익은 3개월 치료 끝에 살아났다. 이를 계기로 조정은 서양 의술을 달리 보기 시작했다. 알렌은 공을 인정받아 고종으로부터 1885년 4월 10일 서구식 의료기관인 제중원 설치를 허락받았다. 조정이 제중원을 외아문(외교부) 산하로 설립한 이유는 단순히 백성의 질병 치료에서 한걸음 더 나아가 새로운 의학 지식 학습 기관으로 육성하기 위함이었다.

이런 과정을 거치며 우리나라 역사상 최초의 서양의학 기관인 제중원 의학당은 1886년 3월 29일 급진 개화파 수괴 중 한 명인 홍영식 집에서 문을 열었다.[6] 선발된 학생들은 정부가 제공한 건물에

---

4 박형우, 위의 글.

5 서울대학교병원 병원역사문화센터, 『한국근현대의료문화사-1879-1960』, 웅진지식하우스, 2009, 20쪽.

서 오전 7시부터 오후 4시까지 영어, 물리, 화학 등 기초과목과 의료기구 다루는 법, 약 조제, 환자 간호법 등을 배웠다. 그러나 재정난과 청나라의 내정 간섭, 내부 현안 등으로 문제가 많았다. 1893년에 내한하여 제중원 의사로 부임한 에비슨(O. R. Avison)은 정부로부터 1899년 4월에 운영권을 넘겨받았다. 고종이 일본군에 사실상 연금 상태에 빠지면서 제중원 운영권은 일본에 넘어갔다. 1900년에 대한제국은 제중원이란 이름을 광제원으로 바꿨다. 1902년 7월에는 우리나라 최초로 19명의 의사가 탄생했다. 한편 에비슨은 1904년에 미국 갑부 L. H. 세브란스로부터 거액을 기부받아 세브란스 병원을 세웠다. 대한제국은 그 이후 제중원 부지와 건물을 회수했다.[7] 1904년에 일어난 러·일전쟁으로 광제원은 일본 군대 주둔지로 사용되다가 1905년 2월부터 서양식 병원으로 바뀌었다. 이 시기에 광제원은 서울 시민을 상대로 방역 및 위생 업무를 수행했다. 이때 처음으로 아이들에게 우두(牛痘, cowpox)를 무료 접종했다.

1907년 4월에 '대한의원관제'가 공포되면서 광제원은 대한의원이 되었다. 대한의원은 의정부 산하에 설치했고 광제원의 인력과 시설을 흡수했다. 위생, 의육, 치병 등 국가의 보건위생사무 전반을 관장케 하기 위함이었다.[8] 대한제국 황실은 대한의원 부지로 창경궁 옆 옛 경모궁을 허락했다. 대한의원은 11월에 완공했는데 당시

6 서울대학교병원 병원역사문화센터, 위의 책, 26쪽.

7 서울대학교병원 병원역사문화센터, 위의 책, 31쪽.

8 서울대학교병원 병원역사문화센터, 위의 책, 40쪽.

동아시아 전역에서 손꼽을 만한 규모와 시설을 자랑했다. 병원은 17명의 의사와 7명의 교관, 9명의 약제사 등 총 30명의 의료진으로 문을 열었다.[9] 이 무렵부터 각 지방에는 자혜의원이 생겼고,[10] 기독교 선교기관도 전국에서 병원 문을 열었다. 1916년에는 대한의원 내에서 의학교육을 담당하던 대한의원 의육부(醫育部)가 강제로 경성의학전문학교로 바뀌었다.

제중원 의학부로 출발한 세브란스의학교는 1917년 세브란스연합의학전문학교로 개명했다. 일제는 1942년에 강제로 세브란스의원을 아사히의학전문학교 및 부속병원으로 변경했다. 한국 사람이나 민간단체의 병원 설립은 1930년대부터 나타나기 시작했다. 민중병원이 1931년에 첫 민간병원으로 출발했고, 4년 뒤에는 서울 명동에 성모병원이, 다시 5년 뒤에는 백인제(1898-?) 외과의원[11]과 차남수 의원(목포)이 개원했다.

장기려가 경의전을 입학한 1928년 조선총독부 통계에 의하면 우리나라에 사립병원 71개와 관립병원 43개를 합쳐 114개의 병원과 1622명의 의사가 있었다.[12] 한국인이 운영하는 병원은 전국 8개에

---

9 서울대학교병원 병원역사문화센터, 위의 책, 42쪽.

10 일제강점기에 각 도에 설치된 관립 병원을 말한다. 1909년 8월 21일 칙령 제75호로 반포된 관제(官制)에 의해서 전주·청주·함흥 3개 지방에 자혜병원을 설립했다. 1910년에는 수원·공주·광주·대구·진주·해주·춘천·평양·의주·경성 10곳에 자혜의원을 설치했다. 이후 계속 증가하여 1937년에는 41개소, 1942년에는 46개소를 설치했다.

11 인제대학교 백병원 홈페이지(http://www.paik.ac.kr/pmc/main.asp)

12 이만열, 『한국기독교의료사』, 아카넷, 2003, 249쪽.

불과한 데 비해 일본인이 운영하는 병원은 42개, 외국인(주로 선교사)이 운영하는 병원은 20여 개나 되었다. 1910년 이후 일본 병원은 급격하게 증가했으나 한국 병원은 감소, 선교사가 운영하던 병원은 정체되었다. 한국인 의사가 세브란스의전과 경의전에서 많이 배출되면서 1927년부터는 한국인 의사가 일본 의사 숫자를 앞질렀다. 1928년에 한국인 의사는 806명이었는데 일본인 의사는 786명이었다. 그러나 전국에 한국 병원은 9개뿐이었기 때문에 나머지 797명의 한국인 의사는 일본인 소유 병원에 고용되었다.

1927년 현재 조선인은 1900만 명이었는데 이 중에 농민이 1600만 명이었고 노동자는 100만 명이었다.[13] 일제 강점 초기에는 36.8퍼센트에 불과했던 소작농이 1932년에는 54퍼센트로 증가했다. 800만 이상이 빈핍한 농민이었다. 많은 농민들이 피폐해졌을 뿐 아니라 파산하여 농촌을 떠났다. 1927년에 이농(離農)한 조선인이 약 15만이었는데, 1932년 1-4월 사이에만 3만 3000명이 증가했다.[14] 1928년 현재 화전민은 120만 명으로 전 국민의 6퍼센트나 차지했다. 이런 통계들은 일제 강점의 시간이 길어지면서 조선인들이 점점 몰락해 가고 있음을 보여 준다. 국민들의 삶의 환경이 점점 더 열악해지면서 질병에 노출될 가능성은 더 증가하였다.

장기려는 가족 중에 긴급한 상황에서 의료 도움을 받지 못하고 죽은 사람 때문에 의사가 된 경우가 아니다. 자의 반 타의 반, 그러

---

13 강만길, 『고쳐 쓴 한국 현대사』, 창작과비평사, 2005, 60쪽.

14 강만길, 『20세기 우리 역사-강만길 교수의 현대사 강의』, 창작과비평사, 1999, 73쪽.

니까 이웃의 가난이 그를 의사로 만들었다.[15] 1925년의 회심 사건 이후 장기려는 사명을 다하는 삶을 생각하기 시작했다. 제일 먼저 떠오른 직업은 교사였다. "교육자의 인격이 가장 고상하고도 유익한 인물을 길러낸다"고 믿었기 때문이다. 교사가 되려면 일본 동경에 있는 고등사범학교나 히로시마의 고등사범학교에 가야 했다. 실력이 모자랄 뿐 아니라 학비도 문제여서 그 꿈은 어렵지 않게 포기했다. 4학년 2학기부터는 공업이 국가 사회를 유익하게 하는 데 가장 크게 이바지한다고 생각해 엔지니어를 꿈꿨다. 그러나 5학년 때 부친이 고향 전답을 정리하고 김포에 수십만 평 땅을 구입했다가 일이 잘못되는 바람에 저당 잡혔던 농장을 수리조합에 빼앗겼다.

만주에서 이틀갈이[16] 땅을 샀지만 그 또한 잘못되었다. 옛 서울대 문리대 자리에도 5000평 땅이 있었지만 사업이 잘 안 돼 헐값에 처분했다. 한마디로 당시 장기려는 공대를 갈 처지가 아니었다. 공대 진학 꿈을 버렸다. 고향으로 돌아가 의성소학교 교사가 될까 잠시 생각했으나 너무 소극적인 태도라 생각해 포기했다. 이도저도 되지 않자 학비가 가장 적게 드는 학교를 알아보기 시작했다. 경의전이 눈에 들어왔다. 마음은 세브란스의전을 더 원했다. 기독교 학교이고 선배들이 매해 다섯 명 정도 합격했고, 잘 아는 1년 선배 7명이 세브란스의전에 다니고 있었기 때문이다. 문제는 돈이었다. 사립인 세

---

15 장기려, "나는 이렇게 믿는다", 《부산모임》, 제25호, 1971년 8월호, 3쪽.

16 옛날 사람들은 논밭의 넓이를 나타내는 말로 '갈이'를 사용하였다. '갈이'는 한 바퀴 도는 데 걸리는 넓이를 말하는데 논과 밭의 갈이는 약간 차이가 난다. 논의 하루갈이는 1500평이고, 밭의 하루갈이는 2000평이다.

브란스의전은 1년 학비가 100원인데 총독부 부설 경의전은 35원이었다. 경의전도 마냥 안심할 수는 없었다. 입학생 3분의 2를 일본인으로 뽑아야 한다는 규정 때문이었다.[17] 등록금은 싸지만 입학 조건이 크게 불리해 하나님께 기도를 시작했다.

> 5학년 졸업할 때는 입학시험 합격할 자신도 없었을 뿐 아니라 가산이 부채로 몰락하게 되므로 학비가 큰 문제가 되어 경성의전을 택했고, 만일 입학하게 되어 의사가 된다면 의사를 보지 못하고 죽는 가련한 사람들을 위해 열심히 일하겠다고 서원하고 기도했다.[18]

---

17 서울대학교 의과대학 홈페이지(https://medicine.snu.ac.kr/)를 참고하라.

18 장기려, 위의 글, 3쪽.

## 진료 과목 선택 과정

경의전 졸업이 가깝던 1931년 말에 안과 지도교수 사다케(勸竹)를 찾아갔다. 졸업 후 안과 교실 조수(조교)를 허락받기 위함이었다. 사다케는 성적이 좋으니 받아 주겠지만 조그마한 안과를 왜 택하려고 하는지 물었다. 마음이 변해 내과나 외과를 선택할 것을 우려한 질문이었다. 그 예상은 적중했다. 얼마 지나지 않아 장기려는 내과를 공부해야 의사다운 의사가 될 것 같다며 생각을 바꿨기 때문이다. 나리타(成田) 교수를 찾아가 내과 교실에 남을 수 있게 허락을 요청했다. 3학년 실습 때 좋은 인상을 받았던 나리타는 환영했다. 당시 독일에서 나온 클렘페러(Klemperer)의 신간 『진단학』에는 새로운 의학 전문 용어가 더러 있었다.

> 이를테면 체표면(體表面)의 부위를 지적하는 선을 말할 때 종래의 '마밀라르 리니에'(유선乳腺)는 이동을 하니 '메디오클라리쿨라르 리니에'(쇄골중앙선鎖骨中央線)라고 하는 것이 타당하다는 따위였는데 나리타 교수가 학생들에게 질문을 했을 때 마침 그 책을 읽고 있었던 내가 과분한 칭찬을 받은 일이 있었던 것이다.[19]

---

19 여운학 역음, 『장기려 회고록』, 규장문화사, 1985, 25쪽.

내과 교실은 조수에게 봉급을 줄 형편이 되지 못했다. 내과 교실의 포기가 불가피했다. 그런 상황에서 장기려는 외과를 맡아 개업하자는 제안을 받았다. 그 제안을 한 사람은 스승 백인제와 동기동창으로 이미 신의주에서 내과 개업을 한 의사 김하식이었다. 그는 한국인 의학 박사가 4-5명밖에 안 되던 시기에 경성제대의 스기하라 교수 밑에서 약리학 박사 과정을 하기 위해 서울에 와 있었다. 김하식의 제안으로 장기려는 외과 교실을 선택할 수 있었다.

## “내 눈동자요 내 손과 발이었던 여자”

경의전 졸업이 가까워지자 혼담이 들어왔다. 장기원은 최이순(1911-1987)을 만나보라고 권했다. 최이순은 황해도 안압 사람으로 이화여자전문학교와 미국 오리건 대학교 대학원을 졸업했다. 훗날 연세대학교 가정대학장을 거쳐 애광학원 이사장과 대한적십자사 부총재를 역임했다. 1930년대 초반부터 서울 장안에서 유명했던 천하의 재원에게 장기려는 청혼할 용기가 나질 않았다. 생김새가 볼품이 없는데 집안까지 영락(零落)해서 내세울 게 성적밖에 없었기 때문이다. 동기생 백기호[20]에게 의사가 되려면 학교에 남아 공부를 더 해야 하지만 결혼할 수밖에 없는 처지를 털어놓았다. 그러자 옆집에 사는 김하식 선배의 딸이 배우자를 구한다며 중매를 자처하고 나섰다.

교회에서 피아노 반주하는 김하식의 딸 봉숙을 먼발치에서 봤는데 느낌이 별로였다. “제 꼴은 생각지도 않고 미스코리아 같은 규수를 마음속에 원하고” 있었다.[21] 김봉숙은 영변 개천 근방에서 내과 의사 김하식의 딸로 태어나 평양고녀(平壤高女)를 졸업했다. 음악과

---

20 훗날 국가재건최고회의 의장을 지낸 장도영의 장인이 되었다.

21 장기려, “3가지 결혼 조건-나의 이력서 6”, 「한국일보」, 1976년 6월 17일, 4면.

미술에 두루 소질이 많았으나 피아노를 전공하려고 했다. 김봉숙이 어땠냐는 백기호의 물음에 장기려는 "그저 그렇더라"고 했다. 처음 본 사람을 나쁘게 평할 수 없어서 돌려 말했던 것이다. 그러나 백기호는 "승락의 뜻으로" 이해하여 곧바로 만남을 추진했다.[22] 처음엔 탐탁지 않았으나 시간이 지나며 장기려도 생각을 바꿨다.

> 만일 나의 마음에 드는 체격이 날씬하고 얼굴이 아름다운 사람이 있어서 내가 청혼을 하면 내가 합격할 수 있을까 생각해 보았다. 그렇게 생각하니까 합격할 수 없을 것이 아닐까 하는 생각이 우세하였다. 그래서 다음으로 생각하게 된 것은 하나님이 지으신 사람이 제가 잘났으면 얼마나 잘났고, 못났으면 얼마나 못났겠는가. 하나님이 짝지어 주어 같이 살라고 하면 서로 믿고 살면 그만이지 하는 생각으로 변했다.[23]

신부 측 허락을 받았다며 백기호는 빨리 결정하라고 성화였다. 장기려는 김봉숙에게 보낸 구혼 편지에 세 가지 조건을 걸었다. 첫째는 예수를 믿어야 하고, 둘째는 부모님을 섬겨야 하고, 셋째는 공부하는 동안 생활비를 대지 못해도 살림을 꾸려 나갈 수 있겠느냐는 물음이었다. 그렇게 하겠다는 회답이 왔다.

결혼 추진은 급물살을 타서 1932년 3월 20일 약혼식을 치렀다.

---

22 장기려, 위의 글.

23 장기려, "한 늙은 의사의 이야기", 1989년 다이어리 4월 1일 주간 스케줄 지면.

졸업 때가 가까워 오자 부친은 김포에 남아 있던 3만여 평의 임야를 처분해 아들에게 주었다. 그 땅을 평당 2전 5리를 받고 780원에 되팔아 180원만 쓰고 나머지를 부친에게 돌려드렸다. 30원으로 양복을 해 입었으나 30원 앨범 대금은 내지 못했다. 90명의 동기생 중 유일하게 앨범을 사지 못한 졸업생으로 남았다.

결혼식은 4월 9일 새문안교회에서 있었다. 김봉숙 때문에 장안의 화제가 된 결혼이었다. 의사가 귀했던 시절, 더군다나 박사 학위를 가진 의사가 4-5명밖에 안 되던 시절, 박사 학위를 곧 받게 될 개업 의사의 딸 결혼 아닌가.

두 사람 결혼엔 '첫날밤'이 없었다. 초야는 그다음 날도 없었다. 허니문을 치르지 못할 불가피한 사정이 있지도 않았다. 처녀 총각의 순수성을 지키는 것이 매우 중요하다는 생각으로 장기려가 이틀간 초야를 미뤘기 때문이다.

> 또 성에 관한 문제에 관해서도 나는 처녀 총각의 순수성을 귀히 여기고 높이 평가하고 살았다. 결혼식을 거행한 후에도 1, 2일간 처녀 총각의 순수성을 지키었던 것이다.[24]

이틀 동안 지킨 동정을 일단 존중하기로 하자. 성을 대하는 생각이 성서보다는 기독교 금욕주의 전통에 더 가깝고, 영혼과 육체를 위험하게 나누는 이분법적 사고를 잘못 적용한 결과라는 점은 지

24 장기려, "대학생 그리스도인으로서의 생활", 《부산모임》, 제115호, 1987년 4월호, 20쪽.

적하지 않을 수 없다. 성서는 어디에서도 결혼한 부부가 처녀 총각의 순수성을 더 지키라고 요구하지 않는다. 왜 동정이 결혼한 부부에게 미덕이어야 하는가. 요즘도 결혼식을 끝내고 곧바로 기도원으로 신혼여행을 떠나는 커플이 더러 있다. 다른 사람에게 해를 끼치지 않는 그들 선택에 남들이 뭐라 할 수는 없다. 그러나 처녀 총각의 순수성을 지키기 위해 이틀 동안 합방을 미룬 사실에 입을 닫아야 하는지는 의문이다.

의학 교육을 끝내고 근무를 시작한 경의전 조수 초임은 10원이었다. 서너 달 후부터는 40원으로 인상이 되었으나 강사가 될 때까지는 오르지 않았다. 1938년에 강사 자리를 얻었으니 근 6년 동안을 월 40원으로 부모님과 처자식을 먹여 살렸다. 강사 월급은 80원이었고, 6개월마다 15원씩 올랐다. 장인이 박사 학위를 받고 지방에서 개업을 하자 장기려는 부모님께 용천의 2층 기와집을 처분케 하고 서울로 모셨다. 이때부터 월급은 아버님에게 갖다 드렸다. 효심 때문에 그랬겠지만 한 달에 외상 찬값이 12-13원이나 되다 보니 어쩔 수 없는 측면도 있었으리라.[25] 김봉숙은 남부럽지 않게 자랐으나 결혼 후에는 콩나물 외상값 걱정을 해야 했다. 시아버지가 주는 턱없이 모자란 생활비로 살림을 꾸렸다. 어디 그 뿐인가. 아들을 젊은 며느리에게 빼앗겼다고 생각한 시어머니의 등쌀에 시달렸고, 남편이 최고 봉급을 타던 시절에도 삯바느질과 잡일을 해야 밥을 먹을 수 있었다. 그런 탓에 손은 늘 터 있었다.

---

25 이기환, 『성산 장기려』, 한걸음, 2000, 98쪽.

김봉숙의 취미는 집 안 장식을 위해 몇 개의 자수에 몰두하는 정도였다. 남편이 공부하고 밤늦게 돌아와 문을 두드리면 늘 첫 번째 소리에 달려 나와 문을 열었다. 남편의 어떤 심부름도 싫다고 내색하지 않고 다 들어주었다. 남편 역시 절대 사랑으로 순종한 아내에게 죽도록 충성하는 사랑을 주었다.[26] 그래서 1950년 12월에 한국전쟁으로 두 사람이 헤어져 남한에 내려온 이후에도 장기려는 결혼서약을 지켜 재혼하지 않았다. 재혼하라는 유혹은 끈질겼다. 수양아들로 삼은 손동길은 늘 재킷 안주머니에 어느 전직 간호사의 진단서를 넣고 다녔다. 병적으로 집착하던 간호사가 시도 때도 없이 사택으로 밀고 들어왔기 때문이다. 그럴 때마다 정신병원까지 데려다 주었다. 이 이야기는 부산 시내에 꽤나 알려진 일이어서 기자들이 취재 나올 정도였다.[27] 가난한 사람들을 위해 할 만큼 했으니 미국으로 건너와 여생을 편하게 지내자는 돈 많은 여성의 청혼도 뿌리쳤다.

김봉숙은 남편의 월남 이후에는 빈동의 아내로 다섯 아이를 키우며 연로한 시부모를 모셨다. 2004년 4월 16일 타계할 때까지 용천을 떠나지 못했다. 남편 고향이기 때문이 아니라 반동분자의 아내였기 때문이다. 평생을 고단하게 살았으나 남편의 조카며느리가 1991년에 북한에 들어가 받아 온 편지와 육성 테이프에서 만나는 김봉숙은 단아하다. 팔십이 넘었음에도 발음이 또렷해서 흐트러

---

26 장기려, 위의 글.

27 손동길 전 청십자병원 마취과장과 2006년 8월 인터뷰.

짐 없는 삶을 살았음을 짐작하게 한다. 남편과 같이 살던 일제치하에서도 김봉숙은 위기의 순간에 당당했다. 자신이 당했던 어려움을 함부로 발설하여 남편을 궁지로 몰아넣지 않았다.

> 1941년 내가 평양 연합기독병원에서 일하고 있을 때에 나는 사면초가의 입장에 서게 된 일이 있었습니다. 모든 직원들이 나와 우리 집이 나가게 되기를 바랐습니다. 나는 그곳에서 더 일하기를 원했고, 또 사명을 느끼고 있었기 때문에 마음이 흔들리지 아니하고 외과의사로서 일했습니다. 어느 날 순경이 우리 사택에 들어와서 아직 이 집에서 나가지 아니하였네 하고 비웃는 태도이었다고 하는 것은 후에야 듣고 알게 되었는데, 그때에 나의 아내는 성도 아니 내고 또 나에게 그것을 들려주지 않았으며 다만 하나님에게 판단해 주시기를 기도했던 것입니다.[28]

김봉숙에게서 두드러졌던 미덕은 희생과 절대 순종의 삶이었다. 장기려는 결혼하며 자신과 했던 모든 약속을 아내가 지켰다고 말했다. 그런 희생과 순종이 감정 표현에 인색한 장기려를 시인으로 만들었다.

> 그 여자는 내 눈동자요 내 손과 발이었다.[29]

---

28 장기려, 위의 글, 4쪽.

29 장기려, "나는 이렇게 믿는다",《부산모임》, 제25호, 1971년 8월호, 5쪽.

이 대목에서 나오는 '절대 순종'이니 '죽도록 충성'이니 하는 표현들이 어떤 이들에겐 거슬릴 테다. 21세기 사람들에게 '절대 순종'은 철지난 옷이다. 아니 그 정도가 아니라 매우 불편한 주장이다. 그러나 '목욕물이 더럽다고 목욕물과 아이를 함께 버리'는 어리석음은 범하지 말기로 하자.[30] '절대'나 '순종'이란 단어가 오염되고 훼손되어 본래의 뜻을 많이 잃었음을 인정하자. 그러나 모든 '순종'을 적폐로 단정 짓지는 말자. 장기려 부부 사이에 오고 간 '절대 순종'과 '죽도록 충성'을 마초 근성의 발현이라거나, 전 근대적인 악습으로 폄하하지도 말자. 그렇다면 이들 부부를 어떻게 봐야 하나. 특히 가사 분담은커녕 사소한 물심부름까지 요구했던 장기려의 행동을 어떻게 봐야 하나.

그 시대 대다수 남편들은 거의 모든 결정과 명령을 자신이 하면서 아내에게는 순종만 요구했다. 남편은 아내의 성숙한 자아실현을 불가능하게 만드는 존재였다. 크리스천 남편들도 예외는 아니었다. 신앙 좋다는 남편들 가운데는 잘못된 성서 이해를 근기로 무리한 복종을 강요했다. 잘못이다. 성서가 주장하는 남편의 머리됨이란 모든 결정과 명령을 자기가 내리고, 무조건의 순종을 강요하는 전근대적 권위주의가 아니다. 남편의 머리됨은 예수 그리스도가 자기 신부인 교회를 위해 기꺼이 죽은 것처럼 아내를 위해 죽는다. 죽을 만큼 자신을 희생한다. 복종이 '힘'을 의미한다면 "짓밟는 것이 아니라 돌보는 힘, 지배하는 것이 아니라 섬기는 힘, 자기 성취를 좌

30 티모시 더들리, 『존 스토트 진정한 기독교』, IVP, 1997, 481쪽에서 재인용.

절시키거나 파괴하는 힘이 아니라 촉진하는 힘"이다.[31] 성서가 말하는 남편의 머리됨은 반드시 평등과 양립해야 한다. 그리스도의 머리가 하나님이고 '여자의 머리가 남자'라면 성부와 성자가 평등하듯 남자와 여자 또한 그래야 하기 때문이다. 따라서 남편의 머리됨이 어느 정도의 지도력을 의미할 때조차 그것은 '권위'가 아니라 '책임'이다.

장기려는 성서가 요구하는 책임과 자기희생으로서의 진정한 머리됨을 실천했을까. 김봉숙에게 요구했던 결혼의 세 가지 조건은 문제다. 결혼하려면 예수를 믿어야 한다는 조건을 뺀 나머지 두 가지 요구는 매우 이기적이기 때문이다. 아내에게 "죽도록 충성하는 사랑을 주려고 결심"했다고 하지만 피아니스트로서의 꿈과 부유한 생활을 포기한 김봉숙을 위해 장기려는 어떤 희생을 했나. 아내가 아니라 한 인간으로 부여받은 김봉숙의 달란트 계발을 위해 장기려는 무슨 일을 했나. 이 점에 관한 한 장기려는 유교적인 가부장 전통과 기독교를 구분하지 못했다.

차남[32] 장가용은 부친이 그토록 철저하게 무소유와 가난한 이웃을 위해 살 수 있었던 이유로 한국전쟁을 꼽았다. 우리 시대에 장기려처럼 의료 행위를 하려면 남미나 아프리카와 같이 난민이 있는

---

31 티모시 더들리, 위의 책 481쪽.

32 뒤에서 자세히 다루겠지만 장기려는 중공군의 한국전쟁 참전으로 국군과 유엔군이 평양에서 철수할 때 당시 14살이던 차남 가용만을 데리고 월남했다. 장기려는 부모님과 아내, 그리고 인민군에 끌려 간 장남 택용, 막내 아들 인용, 세 딸 신용, 성용, 진용은 월남에 실패하여 평생을 떨어져 살았다.

곳으로 가야 하지만, 부친은 한국전쟁 때문에 무료 병원도 하고 의료보험조합도 만들 수 있었다는 주장이다. 성공 비결은 찬스와 노력인데 한국전쟁이라는 기회가 주어졌을 때 부친은 성실하게 노력해 성공했다는 이야기다.[33]

장가용의 말은 역사학자나 신학자의 평가가 아니기 때문에 귀를 기울이게 된다. 한국전쟁으로 어머니를 비롯한 동생들과 떨어져 살아야 했고, 가난한 이웃에게 아버지를 내어주고 친척집을 전전하며 학교를 다녀야 했던 한 많은 분단의 아들 말이기 때문이다.

그러나 장기려의 삶에서 어찌 한국전쟁만이 하나님의 섭리였겠나. 신의주고보를 원했고, 교사나 엔지니어가 되고 싶었고, 사범학교나 여순공과대학을 희망했다. 날씬하고 미스코리아 같은 최이순과 결혼하고 싶었고, 전공 또한 안과나 내과를 기웃거렸다. 사촌형이 다닌다는 이유 때문에 어쩔 수 없이 송도고보를 선택했고, 공부하고 싶다는 꿈을 포기할 수가 없어서 학비가 가장 적게 드는 경의전을 지원했다. 키도 작고 그리 잘나지 않은 김봉숙을 어정쩡하게 아내로 맞았다. 장인 될 분이 하자고 하니 엉거주춤 외과를 선택했다. 뭔가 그럴 듯하고 멋진 동기가 있었을 것이라 기대했던 사람들에게 장기려의 선택은 뜻밖이다. 대개의 위인전기나 영웅 이야기와 달리 선택의 순간이 전혀 다이나믹하지도 감동을 주지도 않는다. 선택 과정이나 결과가 너무 싱거워 허탈하기까지 하다. 출발이나 동기 면에서는 우리와 별반 달라 보이지 않는다. 그런데도 결과

33 이병혜, 위의 글.

는 빛났다. 하나님이 그의 삶을 찬란하게 만들었기 때문은 아닐까. 마치 하나님의 가장 나쁜 선택이 인간의 가장 좋은 선택보다 탁월하다는 점을 입증이라도 하듯 말이다.

# 전문의 수련과정

장기려는 외과 3년차 조수였던 1935년에 첫 수술을 했다. 그로부터 50년도 더 지난 시점에 첫 수술의 상세 기록을 남겼다. 그런데 몇 개월 전 수술처럼 생생하다. 일요일에 교회 갔다가 결혼식 날 입었던 코트 하나 걸치고 월남했던 터라 15년 전 수술 기록을 챙겼을 리 만무한 데 말이다. 고신대 의대 신동훈 교수는 외과의사 사이의 우스갯소리를 들려주었다. 의사와 담당 간호사가 수술이 끝나고 나면 모든 과정을 기록으로 남기지만 첫 집도로 수술한 의사는 신혼 첫날밤보다 더 생생하게 전 과정을 기억한다고.

> 36세 여자로 황달 심하고(약 5일간) 우상 복동통과 발열을 호소하여 내원 환자로서 담낭부에 압통[tenderness]이 심하여 척보와 급성담낭염 및 담도결석이란 진단이 확실하다. 그날 백 선생님은 교수회에 가시고 안 계셨으므로 수술할 기회를 얻었다. 국소마취하 우측 늑골하부절개로 담낭부에 도달, 6×3×2cm의 담낭을 절개하니 3×2×2.2×1.5×1cm, 2.5×2×1cm의 적갈색의 담석이 나오다. 담즙은 12지장으로 잘 내려가는 것을 확인한 후 담관 내에 T-관을 넣고 담관을 봉합했다. 그리고 모리슨 파우치(Morrison's pouch)에[34] 배농 관을 넣고 수술을 봉합했다. 수술 후 경과는 합병증 없이 잘 나

았다.[35]

장기려는 1932년 4월부터 1938년 4월까지 백인제 교수의 조수로, 1940년 2월까지는 강사로 경의전에서 가르쳤다. 1933년까지는 주로 외래환자의 치료와 병실환자를 진료했다. 농양이나 근염 절개, 농양 절제, 유방 농양 절개나 창상 등의 치료였다. 3년차가 되자 대수술을 집도하고 싶었다. 그러나 대수술은 4년차가 되어야 자격이 주어졌다. 백인제 교수가 출장이나 교수회의 등으로 자리를 비워야 오래된 조수에게 구급 수술 기회가 생겼다. 처음 두 수술은 성공적으로 끝냈다. 장기려의 두 차례 수술 보고를 받은 백인제는 "너 대담하게 잘 해냈다"고 칭찬했다. 제자 실력을 확인하자 골수염 환자 임상강의를 맡겼다. 그러나 실수를 해서 스승에게 누가 되는 게 두려워 강의를 사양했다. 나이들어서는 젊어서 스승에게 한 불순종과 소극적 태도를 후회했다.

1930년대 경의전 부속병원에는 맹장이라고 부르는 급성충수염 환자가 많았다. 즉 천공충수염에 의한 범발성, 화농성 복막염 및 충수주위 농양, 맹장주위 농양 환자가 많았다. 당시에는 충수염 환자들의 사망률은 꽤나 높았다. 항생제가 신통치 않았기 때문이다.

장기려는 경의전에 있을 때 "후복막 봉와직염과 패혈증에 관한

---

34 고신의대 신동훈 교수에 의하면 모리슨 파우치는 외국의사 모리슨 씨의 수술법을 설명하는 것으로, 환자가 누운 자세일 때 복강 내 가장 낮은 부위로 복강 내 액체가 고일 수 있는 부분을 말하며 일반적으로 양측 옆구리 쪽에 위치한다.

35 장기려, "한 늙은 의사의 이야기", 1989년 다이어리 5월 8일 주간 스케줄 지면.

연구”(Study of retroperitoneal cellulitis and sepsis)라는 제목의 논문을 일본 외과 학회지에 게재하였다. 이 연구는 도산 안창호의 비서이자 양자로 불렸던 유상규(劉相奎, 1897-1936) 때문이었다. 1916년에 경의전에 입학한 유상규는 3·1운동으로 퇴학당한 후 중국으로 건너가 대한민국 임시정부와 흥사단에서 활동했다. 그후 상하이에서 돌아와 복학했다. 1927년의 일이다. 그러나 경성제대 오자와 외과 교실에서 연구 중에 무좀균 때문에 ‘후복막 봉와직염’으로 ‘패혈증’에 걸려 사망했다. 유상규 시체 해부는 장기려가 맡았다. 그것이 계기가 되어 ‘후복막 봉와직염’ 7례(例)를 더 실험하여 일본 외과 학회지에 보고했다. 장기려는 박사 학위 논문 완성을 위하여 절제된 충수염 표본과 복강 내 농즙으로부터 호기성 배양과 혐기성 배양을 실시했다. 약 2년 반에 걸친 실험을 통해 세균배양을 해 본 결과 대장균으로 인정되는 그람음성간균이 90퍼센트 증명되었다. 60퍼센트에서는 장구균이 발견되었는데 그중 약 40퍼센트는 그람양성대간균이었다. 다음 단계로는 충수 조직 내에 들어가 있는 세균을 그람염색법으로 염색하여 그 종류를 형태학적으로 살폈다. 그 결과 충수염 초기에 점막층과 점막하층이 파괴된, 소위 원발성 병소 내에는 그람양성구균과 그람음성간균이 많이 보였다. 염증이 진전되어 천공(穿孔)된 부분에서는 온 그람양성구균이 많았다. 이것은 궁켈이 관찰한 결과와 같아서 그람양성구균이 원인균과 같다는 결론을 내렸다. 그러나 괴저(壞疽)가 심한 층에서는 그람양성대간균이 대단히 많아서 클로스트리디움(Clostridium) 균주[36] 감염으로 보였다. 거기에 멈추지 않고 조직 내 균을 배양해서 원인균 천명을 시도

했으나 배양결과는 공기 중에서 흔히 보는, 백색포도상구균의 소수 집락이 발견되었을 뿐 조직 내의 균 배양은 실패했다. 이 논문은 충수 조직 내 세균을 그람염색으로 관찰함으로 신지식을 제공한 점이 성과였다. 그러나 급성충수염 환자에게 실제적인 유익을 가져다주지 못했다며 장기려는 부끄러워했다.

백인제는 1936년 5월 11일부터 만 1년 6개월 동안 프랑스, 독일, 미국 미네소타 주 로체스터에 있는 메이오 클리닉(Mayo Clinic) 등 외과기관을 시찰하였다. 국내로 돌아오자 장기려에게 '급성화농성 충수염에 대한 세균학적 연구'(The bacteriological study of appendicitis and appendiceal peritonitis)[37]라는 테마를 주었다.[38] 273례(例)의 실험을 토대로 장기려는 나고야 대학에 논문을 제출해 1940년 11월 14일 박사 학위를 받았다.

의사와 교수로서 수련을 차근차근 쌓아갈 무렵, 세계 의학계에는 많은 의학적 진보가 이루어졌다. 무엇보다 중요한 업적은 항생제의 발견이었다. 1928년 알렉산더 플레밍은 페니실리움 노타툼(Penicillium notatum)이라는 곰팡이가 포도상구균(Staphylococcus)을

---

36 클로스트리디움 균주는 여러 종류의 형이 있으며 이를 총칭하여 '클로스트리디움 균주'라고 한다.

37 장기려는 1976년 「한국일보」에 연재한 나의 회고록에서 백인제 교수가 자신에게 준 논문의 테마를 "충수염 및 충수염성 복막염의 세균학적 연구"라고 소개한다. 그러나 선생은 1991년 「큐티다이어리」에는 "급성 화농성 충수염에 대한 세균학적 연구"라고 정정한다.

38 전종휘, "메이요 클리닉을 꿈꾼 백인제 교수-망백의 노(老) 의학자가 회고하는 근대 한국 의학 뒤안길", 「메디컬 업저버」, 217호, 2003년 12월 15일, 29면.

억제하는 기능을 한다는 사실을 발견했고, 10년 뒤 하워드 등의 의학자들은 순수한 형태로 페니실린을 분리하는 데 성공했다. 1932년 게르하르트 도막은 프론토질이라는 붉은색 염료가 연쇄상구균 감염증에 효과가 있음을 입증했는데 이 또한 중요한 발견이었다. 넓게 보자면 1차 세계대전과 2차 세계대전 사이, 좁게 보자면 장기려가 의학을 전문적으로 공부하고 박사 학위를 받던 바로 그 시기에 외과 분야는 두 가지 커다란 진보를 이뤘다.

이 시기의 가장 중요한 의학적 발견은 소위 링거주사로 알려진 비경구액 수액이 가능케 된 일이다. 이전의 수액공급은 주사액을 강제로 대퇴부 피하에 주입함으로 극심한 고통과 퉁퉁 부어오른 다리를 하루 종일 찜질하고 주물러야 했으므로 공급이 제한되었다. 그 때문에 비경구액 수액은 그동안 미비했던 수혈을 촉진시켰다. 하지만 수혈의 부작용으로 사망 사고가 빈번하게 발생하는 부작용도 적지 않았다.

이 시기에 또 하나의 중요한 발견은 쇼크 해결을 위한 혈액 연구가 활발해졌다는 점이다. 랠프 워터스가 전신마취제인 사이클로프로판을 도입한 것이 1933년이었다. 이로써 마취사들은 환자의 호흡을 조절할 수 있었다. 이러한 발견들로 인해 20세기 의학은 한층 더 진보했다.[39]

장기려는 경의전 조교 생활을 끝내고 이용설(1895-1993) 박사 소개로 기홀병원 외과과장으로 갔다. 1940년 3월 20일 평양으로 갔

39 이기환, 위의 책, 103쪽.

다고 썼지만 출석하던 숭2동교회(현 명륜중앙교회) 교인들과 함께 찍은 사진에는 3월 24일이란 날짜가 적혀 있다. 3월 20일은 수요일이었고 24일은 일요일이었다. 평일 낮에 교인들이 장기려와 기념 촬영을 했다? 뭔가 어색하다. 그렇기 때문에 장기려의 평양행은 3월 24일 이후로 보는 게 합리적이다.[40] 백인제는 장기려가 자기 후계자로 학교에 남기를 바랐다. 그러나 가난한 환자 치료가 중요했던 장기려는 정중히 거절했다. 백인제는 대전도립병원 외과과장(고등관) 자리를 추천했다. 스승의 두 번째 제안을 놓고는 고민했다. 제자로서 따르는 게 도리였으나 일본 사람이 운영하는 병원에서 관료가 되어 그들과 근무하기가 싫었다. 고민이 길어졌던 건 경제적 사정도 한몫했다. 출세가 보장되는 도립병원 외과과장 자리에 초연하기 어려웠던 듯하다. 오죽하면 스승의 제안을 사단의 심각한 유혹이자 도전이었노라고 고백했을까.[41] 장기려는 의사 되기로 결심했을 때 하나님께 서약한 대로 시골 의사가 되기로 결정했다.

---

40 고춘섭, 『명륜중앙교회 60년사』, 명륜중앙교회, 1987, 18쪽.

41 장기려, "성령님과 나", 《부산모임》, 제84호, 1982년 2월, 9-10쪽.

## 이광수 소설 주인공 해프닝

인터넷 검색창에 '장기려'를 입력하면 춘원 소설의 주인공 '안빈'의 실제 모델이었다는 이야기가 많이 뜬다. 춘원이 "당신은 천재요, 아니면 바보요?"라고 물었다는 이야기도 마찬가지다. 춘원의 소설 『사랑』의 모델이냐 아니냐를 놓고 여러 차례 논란이 있었다. 경의전 후배 김희규 박사의 1970년 고희연에서 이 이야기를 꺼낸 사람은 친구 전종휘 박사다. 경의전 의국(醫局)에서 함께 지냈던 후배 김희규와 나세진도 거들었다. 「부산일보」는 1973년 11월 9일에 "안빈의 모델은 장기려 박사가 틀림없다"는 제목으로 보도했다. 장기려의 '안빈' 실제 모델설은 일파만파로 펴졌다. 장기려는 3년 뒤 「한국일보」에 쓴 회고록에서 이 사실을 뒤집었다.

> 나를 두고 『사랑』의 주인공 안빈의 모델이라는 사람들이 있지만 그것은 사실과 좀 어긋나는 이야기가 아닌가 한다. 다만 6개월 동안 주치의 노릇을 했던 덕분으로 춘원과 직접 대화를 나눌 기회는 많이 있었다. ……춘원이 입원하고 있었을 때 나는 김희규(金熙圭)의 연구를 도와 개를 대상으로 위와 알레르기에 대한 동물 실험을 하고 있었는데 『사랑』 속에 안빈(安賓)이 개, 토끼, 고양이를 대상으로 해서 공포의 감정실험으로 '안피노톡신 제1호'를 발견했다는 구절이 있다

든가, 안빈의 인간상에서 나를 연상케 하는 점이 많다는 등의 이유로 동료들 중에는 내가 안빈의 모델이라고 하는 이도 있지만 『사랑』은 춘원 자신도 밝혔듯이 '내 인생관을 솔직히 고백한 예술작품'이며 작품 인물들도 저자가 창조해 낸 인물이라고 봐야 할 것이다.[42]

그런데도 사람들은 계속 장기려의 '안빈 모델설'을 믿고 싶어했다. 『사랑』 속 안빈과 많이 닮았을 뿐 아니라 정황 또한 유사했기 때문이다. 1938년에 춘원이 두 번째 입원했을 때 장기려는 6개월 간 주치의였다. 춘원은 "내가 구상 중인 소설에 인간 감정의 교차를 실험하는 결과를 쓰고자 하는데 가능한가?", "내 소설의 주인공을 찾고 있다"는 등등의 이야기를 자주했고, 장기려는 김희규의 연구를 도와 동물실험을 했다. 그런데 『사랑』의 주인공 안빈도 개, 토끼, 고양이를 대상으로 공포의 감정실험을 한다. 전종휘를 비롯한 동료 의사들이 안빈의 모델이었음을 확신하는 근거다. 장기려 제자인 이건오 박사도 직접 들은 이야기를 들려주었다.

언젠가 수술 끝나고 직접 여쭤 본 적이 있습니다. 왜냐하면 제가 볼 때 그 이야기가 맞거든요. 선생님이 과거에 회진하면서 또는 수술하면서 "이광수 선생이 이런 질문을 했었어" 하면서 여러 이야기를 들려주셨습니다. 그 이야기들을 종합하면 소설의 모델이 장 박사님 맞습니다. 그래서 제가 선생님을 두고 사람들이 『사랑』의 주인공

42 장기려, "정주의 3재사-나의 이력서 8", 「한국일보」, 1976년 6월 22일, 4면.

> 안빈의 모델이라고 한다고 그랬더니 정색을 하시면서, "내가 이광수 소설의 주인공 안빈의 모델이라는 것이 그렇게 중요하냐? 내가 하나님의 백성으로서 구원받은 존재인데 안빈의 모델이라는 것이 뭐 그리 자랑스럽겠느냐"고 하시더군요.[43]

'안빈 모델설'은 당사자가 아니라고 했음에도 확대 재생산되었다. 왜 그럴까. 우선은 이광수의 자발적 친일이 매우 구체적으로 드러났음에도 아직도 많은 사람들이 춘원을 대단하다고 치켜세우는 분위기가 작용을 하고 있는 듯하다. 안빈 모델설이 사실이면 장기려가 더 위대한 의사가 되나. 이광수보다 장기려가 더 훌륭하다고 믿는 사람들도 많다. 뭐가 부족해 아직도 '안빈 모델설'에 목을 맬까.

장기려는 경의전 조수 4년차(1935년) 때, 태어나 처음으로 일본인 여자 간호원의 빰을 때린 일이 있었다. 조선인 후배 조수들과 축구를 하고 의무실로 들어가면서 한 후배가 소독해 놓은 거즈로 코를 풀었다. 이를 본 일본인 주임 간호사 하노(羽野)는, "마아 이야라시이 와네, 센세이"(아이 난 싫어요, 선생님)라며 짜증을 냈다. 그 이야기를 장기려는 "조선 사람이 저렇게 야만스럽다"고 말한다고 느꼈다. 언젠가 꼬투리만 잡히면 혼을 내주리라 마음먹었다. 며칠 후 일본인 간호사가 대든다고 오해할 만한 사건이 생겼다. 장티푸스에 걸린 간호사는 얼굴을 찌푸리고 레저 깔개를 꿰매고 있었다. 장기려가 진료를 위해 깔개를 폈는데 간호원이 하던 일을 계속하기 위해 레저

43 이건오 전 한동대학교 선린병원장과 2006년 8월 인터뷰.

깔개 한 자락을 들어올렸다. 그걸 반항의 표시로 오해하고는 분을 참지 못하고 따귀를 때렸다. 그리고는 주임 간호사 하노에게, "도대체 어떻게 교육시켰기에 의사가 환자를 보기 위해 깔개를 펴는데 간호원이 개켜 버리느냐?"고 면박을 주었다. 자신이 큰 실수를 했다는 생각이 드는 데는 많은 시간이 필요치 않았다. 백인제 교수를 찾아가 사표를 냈다. "너답지 않은 일을 했구나"라며 스승은 사표를 반려했다.[44] "형제를 미워하면 살인을 하게 된다"는[45] 말씀을 곱씹으며 회개하고, 다음날 입원해 있는 간호사를 찾아가 사과했다. 그러나 간호사는 1주일 후에 죽었다. 그 일을 계기로 "누가 무슨 짓을 해도 원한을 품지 않기로 하나님께 서약"했다.

얼마나 어렵게 들어갔던 경의전이었나. 부친 또한 얼마나 어려운 가운데 학비를 댔던가. 그런데 덜컥 사표부터 냈다. 앞서 살폈듯 장기려가 기억하는 어린 시절의 많은 이야기는 저지른 실수와 잘못, 그리고 반복적인 뉘우침이 공식처럼 이어진다. "예수님의 생애와 나의 회고"라는 《부산모임》[46] 종간호 원고에도 후회와 회개로 도배하다시피 했다. 생애 후반으로 갈수록 죄에 더 민감하게 반응했던 사도 바울과 구약성서의 선지자가 떠오를 정도다.

---

44 장기려, "정주의 3재사—나의 이력서 8", 「한국일보」, 1976년 6월 22일, 4면.

45 요한일서 3장 15절, "그 형제를 미워하는 자마다 살인하는 자니 살인하는 자마다 영생이 그 속에 거하지 아니하는 것을 너희가 아는 바라."

46 《부산모임》 지는 장기려가 1957년 부산대 의대 내에서 시작한 성경공부 모임이 1968년에 창간한 소식지다.

나의 의사생활을 회고할 때에 진료에 있어서 실패한 것이 주로 기억에 남아 있고, 성공한 것은 별로 없다. 혹시 있다고 하면, 성령의 역사로 생각되는 것 뿐이다. 외과의사로서 가장 중요한 기본적 기술은 혈관 결찰법인데, 견사로 하던 기술을 장선(腸線, Cat gut)으로 할 때에도 같은 기술로 했다가 결찰한 것이 풀려져서 다시 수술을 한 때가 있었다. 이와 같은 과실을 생각할 때에 나는 죄인이다, 나 행한 것 죄뿐이다라고 하는 생각으로 나는 우울해진다.

나의 생애를 회고하면, 나의 십자가를 지고 주님을 따랐다고 장담할 수 없고 지금도 죄인의 괴수라는 자책을 금할 수 없는 자이지만 예수 그리스도는 나와 같은 죄인을 버리시지 아니하시고 구원하여 주시고, 또 앞으로도 자기를 구주로 믿고 따르는 진실한 인격자를 버리시지 않으실 것을 확신하고 기도하며 사는 바이다.[47]

---

**47** 장기려, "예수님의 생애와 나의 회고", 《부산모임》, 124호, 1988년 10-12월호, 7-27쪽.

# 스승 백인제

고신대학 복음병원 옥상에 있던 장기려 유택에는 몇 장의 사진 액자가 놓여 있었다.(현재는 초량동에 개관한 더 나눔센터 내 장기려 기념관으로 유품을 옮겨 전시) 생애 마지막 10년의 일상이 고스란히 담겼던 그 공간에는 즐겨 신었던 '빽구두', 자주 불렀던 악보 스크랩 등 이력서나 공식 프로필에 담기지 않았던 흔적을 만날 수 있었다. 복음병원은 1985년에 전화 교환원을 위해 마련했던 병원 옥탑방을 장기려의 거처로 제공했다. 엘리베이터를 7층까지만 설치했던 터라 거기부터는 가파른 계단을 걸어 올라갈 수밖에 없었다. 현관을 들어서면 4인용 식탁과 주방이 한눈에 들어왔다. 현관문 왼편이 침실이고, 옆면에는 벽시계와 책장이 놓여 있었다. 책장에는 장준하의 『사상계』, 함석헌의 『씨알의 소리』 영인본, 『우치무라 간조 전집』과 몇 개의 사전, 이태리와 독일 가곡집 등이 꽂혀 있었다. 거실에는 장기려가 마지막 신앙생활을 했던 '종들의 모임'[48]과 복음병원 의사들의

---

48 이 모임은 이름이 없다. 역사도 없고, 단체명도, 단체의 사무실도 없다. 그야말로 이름도 빛도 없이 몇십 년 전에 이 땅에 들어와 조용히 복음을 전도하면서 무소유의 삶을 실천하고 있다. '종들의 모임'이란 명칭은 공식 명칭이 아니다. 장기려가 지면으로 발표하는 글에 이 모임을 소개하려다 보니 '종들의 모임'이란 명칭을 사용했을 뿐이다. 자세한 논의는 뒤에서 하기로 하되, 한 가지만 이야기해 두자. '종들의 모임'은 말로 "예수 믿으세

단체 사진이 걸려 있었다. 주방 옆 도우미 방에는 낡은 풍금과 아동용 장기려 저서들이 꽂혀 있고, 욕조 딸린 작은 화장실에는 세탁기, 양은 세숫대야, 세탁 건조대가 보였다. 침실엔 부친 장운섭 옹의 흑백 사진이, 침대 머리에는 젊었을 때와 80이 넘은 아내 모습이 담긴 두 개의 액자가 보였다. 삶과 믿음에 지속적인 영향을 주었던 할머니 이경심의 사진을 가지고 있었다면, 아버지 액자 자리는 할머니 차지가 되었을 듯싶다.[49] 철제 책상에는 스승 백인제 박사의 조그만 액자가 놓여 있었다.

벼루함에는 1992년에 결혼하는 신혼부부를 위해 쓴 붓글씨 한지가 들어 있었다. 책장 서랍에는 "한 늙은 의사의 이야기"란 제목의 손으로 쓴 회고록, 후손에게 전하기 위해 평생 영향을 받은 글을 옮겨 적어 놓은 노트를 넣어두었다. '마가복음 강해', '기독교 이상주의', '이상과 현실', '의학과 신앙', '하늘나라와 의료 전도', '사랑이란 무엇인가', '평화통일' 등의 원고였다. 일기가 적힌 여러 권의 다이어리도 있었다. 책상 위에는 의학 서적을 꽂아 두었고, 탁자에는 앨범과 노트 등 잡동사니가 널려 있었다. 옷장에는 이름이 새겨지지 않은 빛바랜 의사 가운, 여름용 반팔 남방, 추리닝, 모자, 가방, 넥

---

요"라든지 "예수 믿고 구원 얻으세요"라고 전도하지 않는다. 그들은 생활 속에서 몸으로 전도한다.

49 1976년 6월 23일에 「한국일보」에 연재한 "안빈 모델설-나의 회고록 9"에는 이경심 할머니와 작은할머니가 함께 찍은 사진이 실려 있다. 그러나 이 사진은 장기려기념사업회가 보관 중인 사진자료집에 빠져 있다. 그렇다면 「한국일보」에 보낸 사진이 할머니의 유일한 사진이었고, 그 사진을 돌려받지 못했던 것일까.

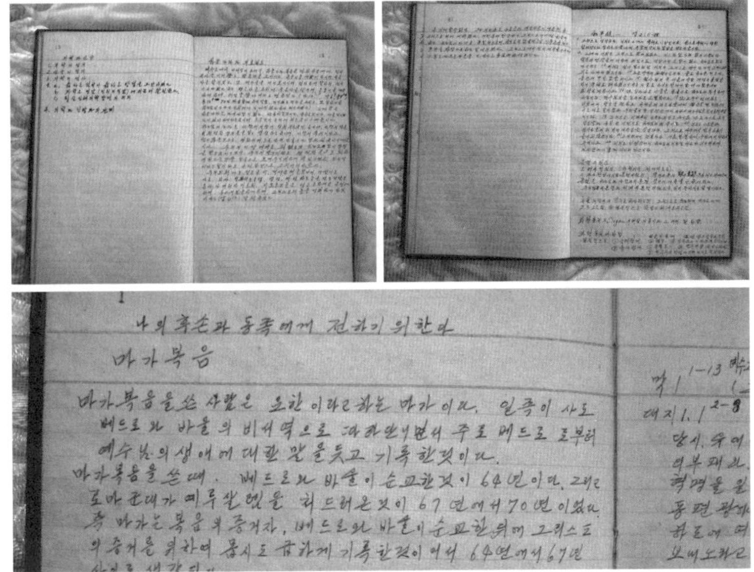


책장 서랍에는 "한 늙은 의사의 이야기"란 제목의 손으로 쓴 회고록, 후손에게 전하기 위해 평생 영향을 받은 글을 옮겨 적어 놓은 노트를 넣어두었다. '마가복음 강해', '기독교 이상주의', '이상과 현실', '의학과 신앙', '하늘나라와 의료 전도', '사랑이란 무엇인가', '평화통일' 등의 원고였다.

타이 등을 걸어 놓았다. 양복은 총 여덟 벌이었다. 장롱 안의 옷들은 너무 볼품이 없어서 민망할 정도였다. 디자인이나 패션을 고려하지 않고 산 옷들이 분명하다. 그 공간은 장기려가 평생을 어떻게 살았는지를 보여 주고 있었다.

신발장에는 '빽구두'가 두 켤레나 보였다. 유택 안내를 맡았던 신동훈 교수는 빽구두 신은 장기려 이야기를 해 주었다. 당시에는 스승의 빽구두를 이해할 수 없었노라고 했다. 날라리들이나 신는 신발이라 생각했기 때문이다. 앨범에는 빽구두를 신고 찍은 사진이 남아 있다. 평생을 무소유와 봉사의 삶으로 일관했으나 빽구두 정

신발장에는 '빽구두'가 두 켤레나 보였다. 유택 안내를 맡았던 신동훈 교수는 빽구두 신은 장기려 이야기를 해 주었다. 당시에는 스승의 빽구두를 이해할 수 없었노라고 했다. 날라리들이나 신는 신발이라 생각했기 때문이다. 앨범에는 빽구두를 신고 찍은 사진이 남아 있다. 평생을 무소유와 봉사의 삶으로 일관했으나 빽구두 정도의 낭만은 포기할 수 없었나 보다.

도의 낭만은 포기할 수 없었나 보다.

「한국일보」의 "나의 회고록"에 썼듯 장기려가 "두 번이나 마음을 바꾼 끝에 백인제 교수 조수로 들어간 것은 큰 행운이었다."[50] 백인제는 민족의식이 분명했던 당대의 지성인이었다. 3·1운동 당시 경의전 3학년 학생으로 운동에 적극 가담해 10개월 옥고를 치렀고 퇴학까지 당했다. 주모자급 최고 형기가 3년이었는데 학생 신분에 10개월 옥살이를 했으니 어느 정도로 3·1운동에 적극 가담했는지 짐작이 간다. 국가보훈처가 펴낸 『독립운동사』는 1919년 3월 1일 서울 시내에서 가두시위 주도, 선전 활동 등에 맹렬한 활동을 전개한 지도급 학생 130명의 체포 사실을 기록하면서 백인제를 언급했다.[51] 장기려에 의하면 백인제는 수석으로 경의전을 졸업했음에도

50 장기려, "세 가지 결혼조건-나의 이력서 6", 「한국일보」, 1976년 6월 17일, 4면.

51 백인제 박사 전기간행위원회, 『선각자 백인제』, 창작과비평사, 1999, 72-74쪽.

'독립만세 사건' 주동자로 낙인이 찍혀 2년 동안이나 의사면허를 못 받았다. 일제가 2년간 총독부 병원 근무를 해야 의사면허를 주겠다는 조건을 내세웠기 때문이다.

일제 강점기에는 정주 출신으로 날리던 세 사람이 있었다. 춘원 이광수와 「조선일보」 주필을 지냈던 서춘(1894-1943), 《폐허》와 《창조》 동인으로 한국전쟁 때 북으로 끌려간 문학평론가 김억(1896-?). 사람들은 이 세 사람을 정주 출신 3재사라 불렀다. 이들에 관한 재미있는 일화가 있다. 정주 3재사가 주역(周易) 외우기 시합을 했다. 이광수는 한 번 읽고 외웠고, 서춘은 세 번 읽고도 못 외운 반면 김억은 "난 못 외워"라 말하며 기권했다. 장기려는 정주 3재사에 스승 백인제가 빠진 게 불만이다. 스승은 뛰어난 외과의사였을 뿐 아니라 비범했고 대단히 노력하는 사람이었기 때문이다.

> 얼마나 열심히 공부하셨던지 요나 침구를 개는 일이 별로 없었으며, 변소에 갈 때에도 독일어 의학술어 사전을 가지고 가서 외도록 힘썼다는 것이었습니다. 또 한 번은 임상실습에 나가서 환자의 병력을 문진(問診)하고 시진(視診), 청진(聽診), 타진(打診) 그리고 간단한 실험실 검사를 통하여 임상진단을 붙여 가지고 초진(初診)하시는 이와이(岩井) 교수 앞에 가지고 가면 당시 진단 잘한다고 유명했던 이와이 교수의 진단과 꼭 같더라고, 자랑삼아 당시 공부를 어떻게 열심히 하였다는 것을 자랑으로 회상하시는 것이었습니다.[52]

오산학교 스승 이광수를 살리면서 백인제의 명성은 치솟았다. 당시 이광수의 좌신결핵(左腎結核)을 진단한 백인제는 국내 최초로 좌신적출(左腎摘出) 수술에 성공했다. 좌신적출 수술이 국내 최초였다면 1937년에 실시한 유착성 장폐색증 환자의 폐색부 상부 위관에 공장루를 만들어 환자가 기력을 회복했을 때 장폐색의 근치술을 실시하여 그 유효성을 입증한 수술은 세계 최초의 쾌거였다. 1940년 미국 의사 왕겐스틴(O. H. Wangensteen) 교수의 '위관 삽입술에 의한 감압법' 실시 수술보다 3년 전에 수술을 성공했기 때문이다.[53] 백인제가 당시 국내외적으로 얼마나 신임을 받았는지 장기려의 이야기를 조금 더 들어보자.

> 내가 모시고 있을 때에 받은 인상입니다만 선생의 수술에 대한 호평과 일반인의 신임도는 여간 두터운 것이 아니었습니다. 특히 각종 질환의 감별진단에는 어느 누구의 추종을 불허할 정도로 정확했습니다. 당시의 대수술은 선생님의 독무대 같은 인상을 줄 정도였으며, 한·일인 할 것 없이 서울 장안뿐 아니라 전국 각지에서 심지어 일본이나 만주에서까지도 환자가 선생님의 수술을 받기 위하여 찾아왔던 것입니다. 위장(胃腸), 특히 위궤양, 위암, 간담관(肝膽管), 유암(乳癌), 갑상선 등의 수술을 받기 위하여 오는 환자들이 많았습니다.[54]

52 백인제 박사 전기간행위원회, 위의 책, 58쪽.

53 김상태, "외과 백인제", 서울대학교 한국의학인물사편찬위원회, 『한국의학 인물사』, 태학사, 2008, 343쪽.

백인제는 1915년에 오산학교를 졸업하고 그다음 해에 경의전에 입학했다. 졸업을 한 달 앞두고 3·1운동에 적극 가담했다. 경의전 학생들은 우발적으로 거리로 몰려나간 게 아니었다. 두 차례의 회의를 통해 뜻을 모았다. 이때 강경파는 동맹휴학을 주장했다. 3월 5일에도 학생들 주도로 약 1만 명이 모이는 집회가 열렸다. 3·1독립만세운동과 3·5학생운동으로 경성에서만 학생 171명이 체포 당했다. 경의전이 31명으로 가장 많았다. 백인제는 6개월 옥살이를 하고 퇴학을 당했다가 복학하여 1921년에 수석 졸업했다.[55] 그러나 일제는 졸업과 동시에 자동 부여되는 의사면허증을 주지 않고 총독부 의원에 2년 근무를 해야 한다는 조건을 내걸었다. 참을 수 없는 모욕이었으나 2년을 채웠다. 백인제는 그 기간 동안 마취를 주로 했다. 당시는 현재처럼 마취와 외과 수술이 분리되기 전이었다. 따라서 외과의사는 마취까지 담당해야 했다. 의사 면허가 없다 보니 그 궂은 일은 백인제의 몫이었다. 훗날 백인제가 뛰어난 외과의사가 될 수 있던 비결은 2년 동안 뛰어난 마취 기술을 습득했기 때문이었다.[56] 전화위복이었다. 1928년에는 동경제대에서 의학 박사 학위를 취득하고 경의전 외과 주임교수로 청빙받았다. 1936년부터는 독일 베를린대학교를 비롯해 프랑스, 미국 등에 1년 6개월간 연구

---

54 백인제 박사 전기간행위원회, 위의 책, 93쪽.

55 최규진·황상익·김수연, "식민시대 지식인, 유상규(劉相奎)의 삶의 궤적", 《의사학》, 제18권 제2호, 2009년 12월, 159-160쪽.

56 김상태, "외과 백인제", 서울대학교 한국의학 인물사편찬위원회, 『한국의학 인물사』, 태학사, 2008, 340쪽.

시찰을 다녀왔다. 경의전 교수로 있으면서 이룬 의학적 성과를 서울대병원 역사문화센터 김상태 교수는 다음과 같이 정리했다.

외과 주임교수 재직 중 '수혈에 대하여' 등 2편의 논문을 발표했고, 이재복(李在馥) · 장기려 · 유상규(劉相奎) · 김희규(金熙圭) 등 의국원의 논문 33편을 지도했다. 특히 1931년부터 수술환자에게 수혈의 필요성을 강조한 것이나, 1938년 혈액은행 설립의 필요성을 강조한 것을 볼 때 그의 연구는 미국 의학이나 다른 선진국에 비해 결코 떨어지지 않았다.[57]

백인제는 1932년부터 위탁·경영해 오던 우에무라 외과병원 자리에 백외과병원(현재의 인제대학교 부속 서울백병원)을 1940년에 설립했고, 해방 후에는 서울대 의대 초대 외과 주임교수가 되었다. 장기려는 앞서 언급한 백인제의 세계 최초 수술 성공 사례를 자신을 포함한 제자들이 못나서 미국 의사에게 빼앗긴 점을 늘 송구스럽게 생각했다.

사실 나의 은사 백인제 교수는 뛰어난 두뇌를 가졌을 뿐 아니라 의학자로서도 세계적인 업적을 남긴 사람이다. '내장외과(內臟外科) 발전의 기초적인 10대 기여(寄與) 중 하나'로 꼽히고 있는 연구를 세계 최초로 보고했는데도 우리 제자들이 어리석어 그 명예를 미국의

57 김상태, 위의 책, 343쪽.

왕게스틴에게 뺏겼다. 영어실력이 부족하고 세계 의학계 정보에 어두웠기 때문이다. 1935-6년, 의학계에서는 장폐색증 연구가 붐을 이루고 있었다. ……성대(城大)의 오가와(小川) 교실 팀은 장폐색으로 사람이 죽는 원인을 '하부장관(下部腸管)에 독소가 발생, 인체에 대량으로 흡수되기 때문'이라는 주장을 하고 있었고, 도쿄대에서는 '상부장관(上部腸管) 발생설'을 취하고 있었는데 어느 쪽도 이렇다 할 치료 방법이나 치료 성공 사례를 보고하지 못하고 있었다. 그런데 백인제 교수가 지도하는 우리 경의전(京醫專) 팀(이재복李在馥, 김희규金熙圭 씨 등이 같이 있었다)이 상부장관을 복벽(腹壁)에 유착시켜서 폐색된 부분을 통하게 한 성공 사례 7례(例)를 보고한 것이다. 백 교수의 보고가 있은 지 3년 후에 악스너 교수와 더불어 미국의 2대 의학교수로 쳤던 미네소타 대학의 왕게스틴 교수가 위 안에 고무관을 넣어 장관을 감압시켜 줌으로써 다시 장관을 개통시킬 수 있다는 보고를 했다. 3년 전에 백인제 교수가 성공 사례를 보고한 것과 같은 원리였다. 왕게스틴 교수의 이 보고는 앞서 말했듯이 의학사상 '內臟外科(내장외과) 발전의 기초적인 10대 寄與(기여) 중 하나'로 꼽히고 있으니, 한국 사람으로서는 생각할수록 애석한 일이다. 우리 제자들이 못나 백 교수의 업적을 세계 의학계에 발표하지 못한 것이 그저 송구스러울 따름이다.[58]

위의 인용은 "나의 회고록"에 나오지만 3년 후배 전종휘 글에서도 확인된다. 백인제는 장기려를 아꼈다. 자신이 가장 어려울 때 찾

58 여운학 엮음, 『장기려 회고록』, 규장문화사, 1985, 34-35쪽.

은 제자가 아니던가. 1932년 8월 12일, 경의전의 두 조선인 교수 중 한 사람이던 유일준(1895-1932)이 한강에서 수영을 하다 37세의 나이로 익사했다. 미생물학의 선구자로 백인제 2년 선배였고, 독일 프라이부르크 대학에서 혈청학으로 세계적인 명성을 떨치던 미생물학 교수 우렌후트를 사사한 실력파였다.[59] 유일준 사망에 경의전 의료인들은 큰 충격을 받았다. 가장 실의에 빠진 사람은 백인제였다. 거의 한 달간 말을 잊고 살았다. 슬픔을 달래기 위해 경의전 신입생 장기려를 다방으로 불러냈다. "의학밖에 모르는 무미건조한 제자를 데리고 다닐 정도로 친구의 죽음을 비통히" 여겼다. 장기려는 평생 20번 정도 다방 출입을 했는데 그 중 절반이 그 시절 스승과 함께 갔던 것이라고 회고했다.[60]

경의전 후계자와 대전도립병원 외과과장 천거를 모두 거절했을 때도 백인제는 「동아일보」 특별 기고를 통하여 평양으로 떠나는 제자가 "초지를 잃지 않은 사람"이라고 추켜세웠다.[61] 장기려가 평양에 근무할 때 백인제 박사를 위해 제자들이 함께 모이는 자리를 마련했다. 장기려는 "환자를 돕는 게 참된 제자의 도리"라면서 불참했다. 스승은 그 이야기를 전해 듣고 "그 친구 좀 묘한 구석이 있는 녀석"이라며 껄껄 웃고 넘겼다고 한다. 환자를 더 위하는 제자를 인정하겠다는 의미일 테다.[62] 해방 후에도 백인제는 장기려의 월남을 기

59 백인제 박사 전기간행위원회, 위의 책, 121-122쪽.

60 이기환, 위의 책, 102쪽.

61 장기려가 착오했는지 네이버 뉴스라이브러리에서는 관련 글을 찾을 수 없었다.

다렸다. 그랬기에 남한에 내려와 스승이 자신을 그렇게 기다리다가 북으로 끌려갔다는 이야기를 듣고 스승을 위해 눈물로 기도했다.[63] 전종휘는 2003년에 "일본인들의 시범적인 대상으로 경의전 교수가 되어 조선 학생들로부터 추앙을 받았던 고 백인제 박사의 수제자는 고 장기려 박사가 틀림없다"[64]고 썼다. 백인제의 장녀 백향주와 차남 백낙헌도 부친의 장기려 사랑을 잘 알고 있었다. 백향주는 어릴 때 찾아갔던 명륜동의 "장미꽃들이 핀 자그마한 양옥집"을 기억할 뿐 아니라 "아버지의 수제자이셨던 장 박사가 서울에 안 계신 것을 아버지가 몇 번이나 애석해하시던 생각이 난다"라고 회고했다. 백낙헌의 회고는 사제지간의 애정을 확인해 줄 뿐 아니라 장기려 인생을 푸는 중요 단서를 제공한다.

> 특히 장기려 박사님께서는 내가 5, 6년 동안 부산을 다니게 되면서 가끔 점심을 사 드릴 때면 내 손을 꼭 잡으시고 아버님 얘기를 들려주곤 하셨다. 그분을 통해 의사로서의 아버님보다 인간 백인제에 대한 얘기들을 들을 수 있었던 것을 소중하게 생각한다. 우리들 대부분은 장기려 박사의 예수님에 대한 사랑, 인자하심, 희생정신 등을 잘 알고 있다. 장 박사님 말씀을 듣노라면 아버님과 장기려 박사 두

---

62 이기환, 위의 책, 106쪽.

63 여운학, 위의 책, 29쪽.

64 전종휘, "'참 사랑 인술'의 사표 장기려 박사—망백의 노(老) 의학자가 회고하는 근대 한국 의학 뒤안길", 「메디컬 업저버」, 제217호, 2003년 12월 15일, 29쪽.

분이 살아가는 모습은 사뭇 달랐지만 서로 많이 통하고 사랑하셨다는 것을 느낄 수 있었다. 또한 그런 이야기를 듣다 보면 아버님에 대한 존경심과 그리움이 더해지곤 했다. 아버님이 가지고 계셨던 우리 민족에 대한 사랑, 또 일본인들에게 아니 누구에게나 굴하지 않고 사셨던 두둑한 배짱은 이 시대 우리 모두가 배울 점이라 하겠다. 장 박사님의 말씀 중에 나에게 몇 번씩 되풀이하신 말씀이 있다. 아버님은 기독교 신자가 아니었는데(우리가 잘 알듯이 장 박사님은 누구보다도 진실한 기독교인이셨다) 한 번도 남의 종교에 대해 싫은 소리를 한 적이 없으셨다고 한다. 그저 한 번 무슨 소설을 읽었느냐고 물으시기에 못 읽었다 하니 "기려는 그 성경책 보느라 다른 책을 읽을 시간이 없어" 이렇게 너그럽게 말씀하셨단다. 또한 아버님께서는 시골에 사냥 가시면 시골 노인이든 누구든 가리지 않고 대좌하고 같이 마시고 잡수셨다 한다. 이런 점들로 보면 장 박사님과 마찬가지로 아버님도 인간에 대한 평등 정신과 인도주의 정신이 뿌리 깊으셨던 것 같다.[65]

해방 공간에서 백인제는 정치 활동도 적극적으로 했다. 정부 수립을 위한 5·10총선 때는 서울 중구 선거구에 무소속 출마했다.[66] 6·25전쟁으로 서울이 함락되자 공산당은 백인제를 잡아들였다. '조선 정판사(精版社) 사건'에 관여했다는 게 이유였다. 이 사건은 1946년 5월, 남한의 혼란기를 틈타 경제를 교란시키고 당의 경비를

65 백인제 박사 전기간행위원회, 위의 책, 254-255쪽.

66 백인제 박사 전기간행위원회, 위의 책, 202쪽.

조달할 목적으로 북한이 일으켰다. 쟁점은 경찰의 고문에 의한 허위자백 여부였다. 당시 최고의 외과의사인 백인제와 공병우는 고문의 흔적을 발견할 수 없다는 소견의 감정서를 법원에 제출했다.[67]

1945년 11월 28일의 선고공판에서 이관술·박낙종·송언필·김창선 등 주범에게는 무기징역, 이광범·박상근·정명환은 징역 15년, 김상선·홍계훈·김우용에게는 징역 10년 형이 선고되었다. 인민군은 서울 점령 20여 일 만인 1950년 7월 19일 박현환의 집에서 백인제와 동생 백붕제를 체포했다. 조선 정판사 사건 감정서 제출이 중요 이유였다. 국군의 9·28서울 수복으로 퇴각할 때 공산당은 백인제와 20명 가량의 다른 피억류자들과 함께 '단장의 미아리 고개'를 넘어 의정부와 동두천을 거쳐 철원 쪽으로 끌고갔다. 다른 피랍 의사들과 달리 정치범으로 검거된 백인제는 1951년 4월에 잠시 소련 적십자병원 외과에서 허드렛일을 한 것을 빼면 의사와 무관한 일에 종사했다. 1953년 봄까지 감흥리 임시수용소에서 농사일을 하다 숙청당했다. 장기려는 85세로 생을 마감할 때까지 침실 책상에 사진을 놓고 은사를 기렸다. 45년 전에 헤어지고 다시 만나지 못한 스승을 죽는 날까지 책상에서 밀어내지 않았다. 죽을 때까지 제자의 태도를 잃지 않았다. 장기려는 그런 사람이었다.

67 「동아일보」, 1946년 10월 5일 기사 본문은 다음과 같다. "정판사위폐사건 피고들의 고문 주장에 감정 결과 사실 아님 판명. 공판 중에 있는 공당원위폐사건 관계자와 피고들은 공판정에서 이구동성으로 경찰에서 고문을 했다는 사실을 진술한 바 있어, 梁元一 재판장은 앞서 白麟濟 公炳禹 두 의사로 하여금 고문사실 여부를 감정케 하였는데, 3일 제출된 전기 양씨의 감정서에 의하면 아무런 고문을 하지 않았다는 사실이 명백히 되었다."

## 장기려와 노래

장기려는 평생 노래를 좋아했고 부를 기회가 생기면 사양치 않았다. 당시 경의전 학생 4분의 3은 일본인이었다. 학교에서 조선 학생끼리 모일 수 있는 곳이 YMCA(기독학생회) 서클뿐이어서 4년 내내 활동했다. YMCA는 토요일 오후 2시에 모여 1시간 정도 찬송가 연습을 하고 4시까지는 성경 공부를 했다. 그리고 당대의 지식인들을 초청하여 강의를 들었다. 성경 강사는 연희전문학교 문학부 과장 빌링스(B. W. Billings, 1881-1961) 목사가 담당했고 사상 강사는 조병옥과 여러 선생들이 맡았다. 특히 조병옥은 곧 "꼭 민족운동이 일어난다"고 했는데 일주일 뒤 광주학생운동(1929)이 일어나 학생들을 놀라게 했다.

기회가 있을 때마다 즐겨 부른 노래는 "산타 루치아"였다. KBS 〈인물현대사〉 장기려 편에는 "낙조"를 부르는 장면이 나온다. 마지막 거처였던 고신대복음병원 옥탑방을 찾았을 때 장롱에 처박힌 서류 가방에서 '나의 애창곡집'이라고 쓴 악보집을 발견했다. 누군가가 장기려의 부탁을 받고 만든 악보집이 분명했다. 화려하지도 특별하지도 않은 복사본 악보였다. 표지를 넘기니 26곡 제목이 나온다.

1. 낙조

2. 아이 아이 아이

3. 오, 내 사랑 오 내 기쁨

4. 희망의 나라로

5. 먼 산타 루치아

6. 한 송이 흰 백합화

7. 사공의 노래

8. 아 목동아

9. 언덕 위의 집

10. 목련화

11. 봄처녀

12. 여호와는 나의 목자시니

15. 봉선화

16. 푸니쿨리 푸니쿨라

17. 아침

18. 순례자의 노래

19. 사랑의 송가

20. 사랑의 종소리

21. 희망의 속삭임

22. 등대지기

24. 동무 생각

26. 서로 사랑하게 하소서

장기려의 둘째 아들은 종종 고지식한 신앙 때문에 아버지와 대화하며 속이 터진다고 했다. 무슨 진지한 이야기를 할라 치면 세 마디 건너 하나님 이야기가 튀어나왔기 때문이다.[68] 그런데 애창곡 목록 중 절반 이상이 우리 가곡과 서양 민요다. 즐겨 부르는 애창곡목만 놓고 본다면 앞뒤 콱 막힌 근본주의 신앙과는 거리가 멀다.

'낙조'는 장기려가 즐겨 부른 노래 중의 하나이다. KBS 〈인물현대사〉 장기려 편에는 '낙조'를 부르는 장면이 나온다.

요즘 많이 완화되긴 했지만 장기려가 저 애창곡을 즐겨 부르던

68 장가용, "신앙 간증 동영상", 명륜중앙교회 홈페이지(http://www.mrcc.or.kr), 2002년 8월 14일.

당시 한국 개신교, 특히 몸담고 있던 복음병원이나 고신교단[69]은 가요나 가곡은 물론 가스펠송(복음송)도 못 부르게 했다. 어떻게 복음송 따위를 예배에서 부를 수 있느냐고 핏대를 올렸다. 일요일에는 버스도 못 타고, 가게에서 물건도 사지 못하게 했다. 드럼은 말할 것도 없고 기타도 일요일에는 못 치게 했다. 그 시대에 장기려는 찬송가, 복음송, 가곡, 서양 각 나라 민요, 아내에게 배운 "낙조" 등 노래라면 가리지 않고 즐겼다. 작사와 작곡도 했고 경의전 4학년 때부터는 YMCA 성가대 지휘를 했다.[70]

졸업 후에는 당시 출석하던 숭2동교회[71]에서 1932년부터 1940년까지, 그러니까 평양 기홀병원 외과과장으로 서울을 떠날 때까지 성가대 지휘자로 봉사했다.[72] 숭2동교회는 김봉숙을 반주자로 임명해서 9년간 함께 성가대를 이끌도록 했다. 같은 교회에 출석했던 전종휘 박사의 증언에 의하면, 당시 담임목사가 고령이라 그가 거의 목사 역할까지 감당했다. 평양으로 떠나게 되자 당대의 바이올리니스트이자 지휘자였던 김생려(1912-1995)[73]가 성가대 지휘를 맡았다.

69 장기려 선생은 부산에서는 부산 산정현교회에 출석했고, 서울에 오면 이태원에 있다가 훗날 서초동으로 옮긴 산정현교회에 출석했다.

70 "장기려 선생과 의료봉사", 『청십자통감』, 청십자의료보험조합(1989)을 『선생이 함께하신 발자취-성산자료집 II』(성산 장기려 선생기념사업회, 2001), 47쪽에서 재인용.

71 장기려는 자신이 다녔던 교회를 영선동교회라고 적었으나 이는 착오다.

72 고춘섭 편저, 『명륜중앙교회 60년사』, 명륜중앙교회, 1987년, 196-200쪽.

73 연희전문학교에서 바이올린을 전공했다. 제1기 경성후생악단의 대표와 지휘를 맡았다(제2기 대표 현제명). 8·15해방 직후 서울교향악단(1947) 대표를 지냈으며, 한국전쟁 중에는 해군정훈음악대(1951년 10월 1일) 대장으로 문화선전대 활동을 했다. 또한 김성태와

규모는 작았으나 성가대는 장안에서 꽤 유명해서 성탄절이나 부활절에는 방송국에서 나와 전국에 중계를 하기도 했다.[74] 노래와 관련하여 가장 놀라운 점은 말년에 쓴 찬양 시편들이다.

최초의 찬양 시라 할 수 있는 "인생들아 여호와를 찬양하라"(1971년 12월)는 구약성서의 시편 형식을 차용했는데 창세기부터 요한계시록까지 열거하는 서사시다. 1987년에는 구약성서의 창세기, 출애굽기, 레위기, 민수기를 가지고 네 편의 "찬양하라"를 썼다. 이 네 편은 곡을 붙이기에 매우 부적절하다. 길이가 너무 길고 노래로 만들 수 있는 리듬을 갖고 있지 않기 때문이다.

독실한 기독교 신앙인에게도 구약성서 레위기는 재미없고 이해하기도 어렵다. 제사에 관한 내용이 지루하게 반복된다. 지금 우리와 아무런 상관없어 보이는 내용이다. 장기려는 이 레위기로 "여호와를 찬양하라"는 매우 긴 시를 썼다. 민수기 역시 마찬가지다. 조금 투박하게 이야기하자면 독자를 생각하면 쓰지 못하고 발표할 수도 없는 시다.

다른 사람이 어떻게 느끼든 천지를 지으신 하나님, 이스라엘을 이집트에서 구출하신 하나님, 자기 백성이 범죄를 했을 때 속죄의 제사(또는 예배)를 통해 회개하고 하나님의 평화와 사랑을 획득하도록 그 길을 알려 주신 하나님, 싸움에서 승리할 수 있도록 이런저런

---

함께 월간 음악잡지《교향악》을 발간하였다. 휴전 후 서울교향악단으로 복귀했다가 사직하고 미국으로 갔다.

74 전종휘, "'참 사랑 인술'의 사표 장기려 박사", 「메디컬 온라인」, 2003년 12월 15일, 2면.

훈련을 시켜 주시는 하나님을 찬양하고 싶은 억누를 수 없는 열망을 장기려의 시에서 느끼는 건 그리 어렵지 않다. 하나님이 하신 창조, 구출, 예배, 훈련, 섭리, 십자가, 부활, 승천, 재림 등등의 일들을 노래하지 않으면 견딜 수 없는 감격이 있었던 모양이다. 많은 한국 크리스천의 노래가 자기 주변과 사소한 일상에 머물러 있을 때 장기려는 역사와 온 우주를 대상으로 찬양했다.

## 장기려와 스포츠

말년 일기에는 스포츠 중계를 시청한 기록이 적지 않다. 88서울 올림픽 때는 종목에 관계없이 메달을 딴 우리 선수 이름을 일기장에 적었다. 응원한다는 뜻일 테다. 다음은 몇 개 추려 본 스포츠와 관련된 1987-1988년의 일기다.

> 1987년 7월 19일: 한국 대 소련 축구[75]
>
> 1987년 9월 5일: TV 야구시합
>
> - 우중에 벌어진 야구 시합 청룡과 해태가 2:2로 비기다.
>
> 1988년 4월 5일: 야구 구경으로 허송세월하다.
>
> 1988년 5월 18일: 아세아 탁구대회 한국 우승
>
> 1988년 9월 17일: 올림픽 개막
>
> - 주님보다 스포츠를 좋아함을 회개하다.
>
> 1988년 9월 20일: 52kg 역도 은메달, 소총 사격 은메달
>
> 1988년 9월 21일: 김영남 금메달(레스링에서)
>
> 1988년 9월 26일: 유도 이정근 금메달[76]

---

75 하계 유니버시아드 대회 디나모 경기장에서 소련에게 5:0으로 패한 경기를 말함.

76 모든 일기를 다 공개할 필요는 없는 것 같아 관련 내용만을 인용한다.

테니스 사랑은 경의전 시절까지 거슬러 올라간다. 만약 일본어가 서투르지 않았다면 경성제대 테니스부에 들어가 선수가 되었을지 모른다. 마음은 간절했으나 말이 서툴러서, 그러니까 일본 학생과 친구가 될 자신이 없어서 선수의 꿈을 포기했다니 말이다.[77]

다음으로 끌린 종목은 축구다. 경의전 축구부는 한국 학생들로만 팀을 꾸렸다. 흥미로운 사실은 축구를 잘하기 때문에 지원한 게 아니라 연습 때 공을 주어다 줄 후보 선수가 필요하겠다 싶어 지원하였다는 점이다. 당시 경의전 축구부는 관립전문학교 대항 시합에서 매년 우승했다. 지도 교수는 백인제였다. 스승은 시합에서 우승하면 좋은 요리를 사 주며 선수를 격려했다. 3학년 때는 후쿠오카 원정을 다녀왔다. 야하다 제철소 부속병원 식당에서 식사 대접을 받았는데 축구부 학생들이 밥을 너무 많이 먹어 음식이 떨어졌다. 그 광경을 보고 하녀들은 놀라서 웃기만 했다. 장기려는 축구부를 2학년 때까지만 나갔다. 모처럼 연습 경기에 출전했는데 연희전문 레프트 풀백이었던 송도고보 선배가 "너도 축구하냐"고 빈정거려 속이 상했기 때문이다. 그러던 차에 친구까지 연희전문 선배와 뛰는 모습을 비교하며 "군함에 보트가 따라다니는 것 같더라"는 놀림을 받고는 축구부를 그만뒀다.[78]

그 이후 다시 테니스에 취미를 붙였다. 복음병원에 근무할 때는 점심시간을 이용해 제자들과 테니스를 종종 쳤다. 어느 날 점심시

---

77 장기려, "한 늙은 의사의 이야기", 1989년 다이어리 3월 5일.

78 이기환 편, 『성산 장기려』, 한걸음, 2000, 91쪽.

간에는 팀이 게임에서 지고 있었다. 승부욕이 발동해서 한 게임 더 하자고 했다. 점심시간이 지나고 10분쯤 더하다가 미끄러져 무릎이 까졌다.

> 야, 그만하자 우리가 욕심이 차 가지고 시간도 모르고 테니스하니까 하나님이 벌주셨어.[79]

이처럼 매사를 신앙과 결부시켰다. 예수를 천진난만하게 믿었다. 스포츠를 대하는 장기려 시각엔 문제가 있다. 장기려는 음악과 스포츠, 영화를 각기 다른 기준으로 바라본다. 실력이 빼어난 성가대 지휘를 하거나 피아노 연주를 하려면 꽤나 많은 시간을 투자해야 한다. 그런데 여기에 더해 장기려는 작곡이나 편곡까지 가능했다. 성가대가 수준 높은 노래를 하려면 또 얼마나 많은 시간과 공을 들여야 하나. 그런데 이렇게 투자하는 시간은 아까워하지 않은 듯하다. 그런 기록을 찾을 수 없으니 하는 말이다. 그런데 스포츠나 활동사진(영화)을 위해 쓰는 시간에는 엄격한 잣대를 들이댄다. 야구 관람이 허송세월이면 클래식 음악을 듣는 시간도 허송세월이어야 맞다. 스포츠도 지나치게 탐닉하면 절제해야 한다. 과도한 탐닉의 문제가 어디 스포츠뿐일까. 그런데 장기려는 유독 스포츠나 영화에 투자하는 시간만 과도하냐 아니냐의 잣대를 들이민다.

장기려의 이런 스포츠관은 사도 바울과 다르다. 바울은 운동경기

---

79 이건오 전 한동대학교 선린병원장과 2006년 8월 인터뷰.

를 보거나 생각하면서 그것으로부터도 신앙의 교훈이나 영감을 지속적으로 얻었다.[80] 운동 자체를 나쁘게 평가하는 이야기를 하지 않았다. 오히려 바울은 달리기의 여러 가지 측면, 이를 테면, 규칙, 승리, 상 등의 다양한 측면들을 묵상하면서 신앙을 배웠다. 그렇게 배운 신앙을 여러 교회에 보내는 편지에 기록하여 저들을 가르쳤다. 이게 가능하려면 스포츠(바울이 쓴 편지에서는 달리기) 자체에 선입견이 없어야 한다. 그러나 장기려는 스포츠에 대한 부정적인 시각 때문인지 그걸 즐기는 순간조차도 자유롭지 못했다. 주님보다 스포츠를 좋아하는 것을 회개하는 것이야 언제나 옳지만, 주님보다 음악을 더 좋아해서, 주님보다 공부를 더 좋아해서, 심지어는 주님보다 수술을 더 좋아해서 회개하진 않았다.

---

80 고린도전서 9장 24절이나 디모데후서 2장 5절, 빌립보서 3장 14절을 위시한 많은 성경에서 사도 바울은 운동경기와 관련된 비유나 교훈을 하고 있다. 바울은 달리기 내지 달리기로 표상되는 스포츠를 통해 신앙적인 교훈을 끌어내는 데 익숙하다. 특히 그는 달리기에 대해서는 여러 가지 측면을 살피면서 그 교훈을 신앙에 적용하고 있다.

# | 3부 |

# 평양 기홀병원 시대

"교회는 모름지기 환난과 핍박을 당할 때에
그리스도의 믿음 위에 굳게 서서
이 세상 정치와 타협하지 않는 것이
올바른 교회라고 믿게 되었다."

## 이해할 수 없는 침묵

장기려는 30대를 평양에서 보냈다. 청년 의사로서 그 시대 누구도 해내지 못한 간의 부분 절제 수술에 성공했고, 아내와 나눴던 사랑의 경험과 기홀병원에서 경험한 사면초가의 위기로부터 큰 깨달음을 얻었다. 직업, 가정, 신앙 모두에서 소중한 경험과 괄목할 만한 진보를 이뤘다. 그래서인지 신앙 간증을 할 기회가 생길 때마다 30대의 경험을 소개했다.[1] 광복의 기쁨도 30대를 회고할 때마다 빼놓지 않았다. 그런데 뭔가 허전하고 찜찜하다. 기홀병원 외과과장으로 일을 시작하던 그 언저리는 우리 역사에서 가장 어두운 터널을 통과하던 중이었다. 개인적인 실수나 과오에 대해서는 그토록 예민한 반응을 보였으면서 조선인들에게 불어닥쳤던 심각한 문제들엔 극도로 말을 아낀다. 반면에 호주 출신의 의료 선교사 닥터 홀은 끝을 향해 내달리던 일제의 전시 동원 체제와 그로 인한 우리 민족의 고민과 불안을 생생하게 남겼다는 점에서 장기려와 비교가 된다.

1 1971년에 쓴 "나는 이렇게 믿는다"와 1976년에 「한국일보」에 쓴 "나의 회고록"을 통해 평양 생활은 자세하게 소개되었다. 그럼에도 그 이후 그때와 관련한 몇 편의 긴 글을 썼다. '평양 생활 10년간'이라는 부제가 붙은 "하나님은 사랑이다"라는 글은 중요하다. "8·15에서 6·25까지의 평양 산정현교회", "순교자 주기철 목사님"이라는 글도 2백자 원고지 100여 매를 넘나드는 글로서 역사적인 가치를 갖는 기록들이다.

우리는 예정대로 1939년 3월 11일 미국을 떠났다. 그러나 서울에 도착하고 보니 조선에는 1939년이란 해는 오지 않고 있었다. 아니, 오지 않은 것이 아니라 그런 해는 없었다. 조선의 달력은 그 사이에 일본 달력으로 바뀌어 있었다. 일본 달력이란 일본의 첫 황제인 메이지로 시작하는 연호를 말한다. 모든 공문서에는 서양 달력의 1939년이 기원 2599년으로 표시되어 있었다. 조선 사람들도 이러한 일본식 연호를 쓰도록 강요당하고 있었다.[2)]

전쟁의 바람은 서서히 해주까지 불어왔다. 일본 육군은 우리의 단파 무선 라디오를 빼앗아갔다. 이때부터 우리는 국제 뉴스를 듣지 못하게 되었다. 장파 라디오를 들으면 선전만 나올 뿐이었다. ……장파 라디오 선전에 나오는 '일본의 승리'는 수많은 인명 손실을 지불한 대가임을 알 수 있었다. 해주에 있는 일본인 가족들 중에도 전사자가 없는 집은 거의 없었다. 아들을 모두 잃은 집도 있었다. 학생들과 유지들에게도 전몰장병을 위한 의식을 올리라는 지시가 내려왔다. 나는 남학교 교장이었으므로 전사자가 화장되어 한 줌의 재로 돌아올 때마다 학생들을 인솔하여 역에 마중을 나가는 고역을 치러야 했다. ……날이 갈수록 흰 상자의 수는 많아졌고 이 슬픈 마중도 더욱 빈번해졌다. 또한 신병들이 전선으로 떠날 때도 학생들은 역에 모여 그들을 환송해야 했다. ……공립병원에는 일본 부상병을 수용하기 위해 임시 병동을 짓느라 부산스러웠다. 우리 병원의 의사와 간호사들도 부상병 치료 요원으로 차출되었다. ……해주 같은 작은 곳까지 부

2 셔우드 홀 지음, 김동열 옮김, 『닥터 홀의 조선회상』, 좋은씨앗, 2005, 653쪽.

상병들이 속속 증가되어 들어오는 것을 보고 나는 라디오와 신문에서 들은 '빛나는 전투의 승리'들은 사실과 다르다는 것을 짐작할 수 있었다. 우편물은 샅샅이 검열되었고, 우리에게 오던 편지들은 모두 압수되었다. 친지들에 대한 소식은 물론, 우리 자신에게 닥쳐오고 있는 일들까지도 전혀 예측할 수 없게 되자 우리는 좌절감에 휩싸였다.[3]

시대의 흐름에 민감했던 닥터 홀은 단파 라디오를 빼앗겼으나 굴복하지 않았다. 혹시 믿을 만한 상하이 방송을 들을 수 있을까 싶어 청진기를 장파 라디오에 들이댔다.

'필요는 발명의 어머니'라는 말이 있다. 청진기는 보통 귀로는 들을 수 없는 가슴속의 아주 미세한 소리까지 들려준다. 그렇다면 나의 청진기는 우리가 가진 장파 라디오에서 남들이 듣지 못하는 소리를 청취할 수 있지 않을까? 혹시 상해에서 보내는 미국 방송을 들을 수는 없을까? 나의 생각은 여기에까지 미쳤다. 그 방송은 선전이 아니고 정확한 뉴스를 보낸다는 정평이 있었다. 어느 날 밤, 나는 우선 집 주위를 돌아보고 수상한 자가 있는가를 확인한 다음, 등화관제용 검은 장막을 내리고, 유리창을 가렸다. 불을 끄기 전에 문들을 다 잠그고 실험에 들어갔다. 차근차근히 다이얼을 돌리며 주의해 들었지만 현지 방송만 크게 들릴 뿐 상해 방송은 청취되지 않았다. 거의 포기

---

3 셔우드 홀 지음, 위의 책, 656-658쪽.

하려고 하는데 갑자기 속삭이는 듯한 여린 목소리, 귀에 익은 아나운서 케롤 알고트의 목소리가 상해로부터 들려오는 것이 아닌가! …… 외부 세계에서 어떤 사태가 벌어지고 있는가를 알 수 있게 되자 우리들은 다시 활기를 되찾았다.[4]

닥터 홀의 서술은 1939년 가을의 조선이 손에 잡힐 듯하다. 반면에 장기려가 남긴 기록 –그 기록은 60대 이후에 쓴 회고– 속에서 일제가 우리의 정신과 혼을 말살하기 위해 얼마나 악랄하게 굴었는지, 그 상황에서 장기려가 무슨 생각을 했는지를 읽어 내기란 거의 불가능에 가깝다. 이런 일은 미군의 평양 폭격으로 북한 주민들의 터전과 생명이 무참하게 짓밟힐 때도 반복된다.

1937년 중·일전쟁을 도발한 일본은 '황국신민화'와 '내선일체'를 근간으로 하는 조선의 민족말살정책을 추진했다. 1면(面) 1신사(神社) 정책을 시행했고, "매달 6일을 '애국의 날'로 정해 일장기 게양, 기미가요 봉창, 조서(詔書) 봉독, 동방요배, 신사참배를 강요했다. 10월에는 '황국신민의 서사' 제정과 일왕의 사진을 전국 각급학교에 배포하고 이에 절을 하도록"[5] 강압 정책을 시행했다. 1938년이 되자 '육군특별지원병'과 '국가총동원법', 그리고 '근로보국대'를 조직하고 각급 학교에서는 조선어를 가르칠 수 없도록 '조선교육령 개

4 셔우드 홀 지음, 위의 책, 658-659쪽.

5 정운현 외, 『일제 침략사 65장면–운요 호 사건에서 일왕의 항복 선언까지』, 가람기획, 2005, 302쪽.

정안'을 통과시켰다. 조선 사람 '씨말리기' 정책의 절정은 창씨개명이었다. 조선총독부는 1940년 2월 11일부터 6개월간 실시된 '창씨개명'에 각종 수단을 총동원하여 80퍼센트 가까운 조선인 이름을 바꾸게 만들었다. 창씨개명을 하지 않는 사람의 자녀는 입학과 진학이 허용되지 않았고, 공·사 기관 채용도 할 수 없었다. 이렇게 '비국민·불령선인(不逞鮮人)'으로 낙인찍힌 사람들을 총독부는 사찰하고, 노무징용 우선 대상자로 지명했다. 식량 및 물자 배급 대상에서도 제외시켰다.

장기려는 조선이 '창씨개명'으로 난리가 났을 때 평양행을 확정했다. 출석하던 교회는 2년 전부터 일제에 협조하고 있었다. 목사와 장로로 구성된 제164회 당회회의록(당의록)에 의하면 숭2동교회는 1938년 7월 7일, 당시 경성 시장 지시에 따라 교회에 모여 대일본의 무운장구 기원 행사와 국민정신총동원 조선연맹 및 경성연맹 결성식에 참여를 결의했다. 그해 12월 18일은 국민정신총동원 총후보국(銃後報國) 강조 주일로 지켰고, 일지사변(중·일전쟁) 1주년 기념행사 참석을 결의(170회 당의록)했다. 1939년 12월에는 국민정신총동원 총회연맹 지시에 따라 12월 3일 주일 오전 예배 후에 숭2동교회 애국반 결성을 가결했다(제183회 당의록). 장기려의 평양행 준비가 한창이던 1940년 2월 19일에는 소속 노회 지시에 순응하여 장로교를 탈퇴하고 일본 교회와 연락할 것을 결의(제186회 당회록)했다.[6] 즉 전쟁에 적극 협력하는 일본 개신교단에 가입했다. 숭2동교회는 일제

6 고춘섭, 『명륜중앙교회 60년사』, 명륜중앙교회, 1987, 90-91쪽.

가 시키는 대로 고분고분 말을 잘 들었다.

고신대복음병원은 2020년 6월 18일 병원 개원 69주년 기념식을 가졌다.[7] 이날 행사에서 손자 장여구 박사는 장기려의 경의전 졸업장, 의사면허증, 박사 학위증을 기증했다. 졸업장과 박사 학위증은 이름이 같은데 의사면허증은 달랐다. 경의전 졸업은 1932년이었으니까 아직 민족정신을 말살하고 국민을 총동원하려는 일본의 광기가 들어나기 전이니 논외로 치자. 1940년 11월 14일 일본 나고야 대학에서 수여한 박사 학위증 이름은 장기려였다. 1940년 8월은 일본이 조선 사람들에게 창씨개명을 끝내라고 정한 기한이었다. 이때까진 장기려가 잘 버텼음이 박사 학위증으로 입증된다. 그러나 그 다음 해 2월 5일자로 발급된 의사면허증에는 이름이 '張村起呂'(장촌기려)였다. 창씨개명을 수락했다는 증거다.

경의전 출신은 졸업과 함께 의사면허가 나왔다. 따로 시험을 치르거나 면접에 합격할 필요가 없었다. 예외가 없지는 않았다. 앞서도 언급했지만 백인제는 경의전에 수석 입학해 3학년까지 1등을 놓친 적이 없었다. 3·1운동에 적극 가담했다가 옥살이를 하고 나서 복학을 했을 때는 갖은 수모를 당했다. 장학금 지급이 중단됐고 졸업 후 의사면허도 총독부 의원에서 2년간 부수(副手)로 일해야만 발급해 주겠다는 조건을 달았다.[8] 장기려도 의사면허를 줄 때 총독부

---

7 김영균, "고신대복음병원 개원 69주년기념식", 「부산일보」, 2020년 6월 24일.

8 서울대학교병원 병원역사문화센터, 『한국근현대의료문화사—1879-1960』, 웅진지식하우스, 2009, 182쪽.

가 창씨개명을 하지 않으면 줄 수 없다고 조건을 달았을까? 이 부분은 아직 밝혀진 바가 없다. 2008년에 출간된 손홍규의 소설 『청년의사 장기려』는 창씨개명 부분을 실감나게 묘사했다. 창씨개명을 한 아들을 만들지 않으려고 부친이 창씨개명 서류를 내려고 한다는 이야기를 아내에게 전해 듣고 함석헌을 찾아가 고민을 털어놓는 장면이다. 소설 속 함석헌은 고민을 다 듣고 이렇게 조언한다.

> 창씨개명을 한 장 선생이 여전히 사람을 살리는 의사인 한 장기려는 나의 친구입니다. 하지만 창씨개명을 하지 않았더라도 사람을 살리지 못하는 의사라면 장기려는 나의 친구가 아닙니다. 마찬가지로 창씨개명을 거부하더라도 하나님의 뜻에 충실하지 못한 함석헌은 장기려의 친구일 수 없습니다. 내게 가장 중요한 것은 창씨개명을 거부하는 것이 아닙니다. 학생들과 함께 이 농토에서 땀의 소중함을 알고 실천하는 것입니다. 장 선생, 냉혹한 현실에서 살아남기 위해서는 뱀같이 지혜로울 필요도 있습니다. 잠깐 욕됨을 참고 더 많은 사람들을 구하는 길을 택하세요.[9]

국민의 80퍼센트가 창씨개명을 기한 안에 끝낼 때 그 과정에서 장기려가 무슨 생각을 했는지 우리는 모른다. 사적으로 주변 친지나 제자들에게 어떤 말을 남겼는지도 알 수 없다. 장기려는 자신의 창씨개명을 말이나 글로 공개 언급한 적이 없다. 너무 치욕적이라

9 손홍규, 『청년의사 장기려』, 다산책방, 2008, 181쪽.

끝내 입을 다물었을까. 우리는 그 또한 알 수 없다. 장기려는 죽을 때까지 입을 꾹 다물었다. 그래서였을까. 중·일전쟁의 발발과 신사참배 거부로 평양 숭실학교 등 많은 기독교 학교가 폐교되고, 모든 학교에서 조선어 시간이 없어졌던 사건에도 말이 없다. 조선총독부가 신사참배 거부를 빌미로 선교사들을 모두 강제 추방한 일에 대해선 무슨 말이든 해야 할 텐데 이때도 기자처럼 사실만을 간략히 언급한다.

일제가 병원 시설까지 신사참배를 강요한 것은 1940년 가을부터다. 병원 내에 소형 신사를 만들어 놓고 참배를 강요했다. 이만열에 의하면 조선총독부가 이렇게 한 의도는 의료 선교사들이 의료사업에서 손을 떼게 하기 위함이었다.[10] 선교사와 한국 의료진이 강력하게 저항하자 의료사업을 할 수 없도록 간첩죄를 뒤집어씌워 선교사를 체포, 투옥, 국외 추방했다. 출국 행렬은 1939년에 시작되었다. 기홀병원 원장이었던 앤더슨을 포함, 당시 선교사들의 대부분인 160명을 강제로 내쫓은 1940년 11월 16일 절정에 달했다. 우리가 아는 장기려라면 조선총독부의 이런 부당한 의료 선교사 탄압에 뭐라 한마디 해야 한다. 그때가 어려웠다면 후일에 변명이라도 해야 맞다. 그러나 아무 말이 없다. 자신이 졸지에 기홀병원 원장이 된 게 무슨 이유 때문이었나. 선교사들이 일제로부터 추방명령을 받았기 때문이 아닌가.

10 이만열, 『한국기독교의료사』, 아카넷, 2003, 856쪽.

## '대전'을 등지다

장기려는 일본 나고야 대학으로부터 의학 박사 학위 내정을 통고받자 경의전 강사 생활을 끝내기로 마음먹었다. 공자의 '삼십이립'(三十而立)을 생각하며, 의사가 되게 해 주신다면 가난한 환자를 위해 평생을 바치겠다던 13년 전 하나님과의 약속을 떠올렸다. 스승은 개업을 하고 교수 자리를 장기려에게 물려줄 계획이었다. 마침 대전도립병원에 고등관인 외과과장 자리가 나자 제안했다. 그러나 제자가 경의전을 왜 떠나려고 하는지 자세한 이야기를 듣고는 뜻을 접었다.

1940년대의 고등관은 대체로 고등문관시험을 합격해야 앉을 수 있는 자리였다. 고등관은 행정 관료를 지원했다면 군수로, 법조인이라면 판·검사로, 경찰이라면 경찰서장급인 경시로, 군인이라면 위관급 장교 이상을 맡을 수 있었다.[11] 고등관은 매우 적었는데 한국인에게는 더욱 그랬다. 3·1운동 이전 총독부 고등관 114명 중 한국인은 단 한 명뿐이었다. 3·1운동 이후 한국인 고등관 숫자를 늘렸음에도 총독부에 6명, 각 도에 2명씩이었다. 고등관 그 아래 자리인

---

11 홍준철, "박정희 전문가 박한용 '박정희, 친일파도 과분, 일본 군인이다'", 「폴리뉴스」, 2004년 7월 30일.

판임관[12]도 크게 다르지 않아서 700명 중에 한국인은 30명에 불과했다.[13] 모든 고등관이 고시를 반드시 합격해야 할 필요는 없었다. 총독부는 1917년 1월 22일 발표한 문부성령 제4호를 통해 경의전과 경성공업학교를 문관임용령 학교로 인정했다.[14] 이 두 학교를 졸업하면 총독부 산하 기관 고등관으로 갈 수 있었다. 일제 때 고등관의 위세가 얼마나 대단했는지는 2005년 1월에 개정된 일제강점하반민족행위진상규명에관한특별법에 잘 드러난다. 친일진상규명법 제2조 16항은 "고등문관 이상의 관리"를 친일반민족행위자로 규정한다. 자발적이고 의식적으로 일본제국에 충성 서약을 하지 않고는 고등관이 될 수 없었기 때문이다.[15]

장기려는 고등관 자리인 대전도립병원 외과과장을 고사했다. 고등관 자리를 좋게 보지 않았고,[16] 일본인들과 교제를 잘할 자신도 없었다.[17] 그들과 일하는 것이 싫었고,[18] 당시 의대생들처럼 "도립병원에 취직해서 경험을 얻어 가지고 개업해서 돈을 벌어 안정된

---

12 판임관은 대체적으로 요즘 일반공무원 6-7급에 해당된다.

13 서울특별시 시사편찬위원회, "한국인의 관리 임용 상황", 『서울 600년사』, 서울 600년사 홈페이지(www. history.seoul.go.kr).

14 서울특별시 시사편찬위원회, "일반 임용제도", 『서울 600년사』, 서울 600년사 홈페이지(www. history.seoul.go.kr).

15 홍준철, 위의 글.

16 장기려, "하나님은 사랑이다-나의 평양생활 10년간", 《부산모임》, 제122호, 1988년 6월호, 14쪽.

17 장기려, "한 늙은 의사의 이야기", 1989년 다이어리 5월 15일 주간 스케줄 지면.

18 장기려, "스승 백인제 교수-나의 이력서 7", 「한국일보」, 1976년 6월 19일, 4면.

생활"[19]을 꿈꾸는 진취성 없는 삶도 원치 않았다. 일제 치하에서, 특히 농, 어촌 환자들은 일본말을 잘 모르는 데다 진료 시에 괄시를 당해서 일본인이나 총독부가 운영하는 도립병원에 가는 걸 꺼렸다. 지식인들도 관립병원 가는 걸 싫어하긴 마찬가지였다. 일본 통치도 못마땅한데 그들에게 치료까지 받고 싶지 않았기 때문이리라. 반면에 선교사들이 운영하는 병원은 서민들로부터 환영을 받았다. 서양인들은 조선 도착 즉시 조선 말부터 배웠다. 일본인들과는 태도가 달랐다. 무엇보다 친절하고 환자를 잘 대해줬다.[20] 그렇다고 고등관 자리를 쉽게 뿌리칠 수도 없었다. 부모님과 처자식 부양 의무를 외면할 수 없었기 때문이다. 경의전 교수와 대전도립병원 외과과장을 거절하면 세 가지 선택이 가능했다. 우선은 백인제처럼 개인병원을 설립할 수 있었다.

우리나라 개업의(開業醫) 역사는 그때 이미 40년이었다.[21] 안상호, 유한성 등은 1900년 일본에서 서양의학을 배우고 돌아와 서울에서 병원을 차렸다. 본격적인 개업의 시대는 1910년대부터다. 의학교 제2회 졸업을 한 최국현은 1911년에 개인병원을 개업하고 산부인과 전문 진료를 시작했다. 박계양은 1915년에 이비인후과를, 김태진은 1917년에 내과 전문 중앙의원을 열었다. 1920년대에는 서울

19 장기려, "나는 이렇게 믿는다", 《부산모임》, 제25호, 1971년 8월호, 3쪽.

20 전종휘, 『우리나라 현대의학 그 첫 세기』, 최신의학사, 1987, 17쪽.

21 서울대학교병원 병원역사문화센터, 『한국근현대의료문화사-1879-1960』, 웅진지식하우스, 2009, 186쪽.

종로 인근에서 개업하는 의사들이 많았다. 1930년대에는 의학을 가르치던 교수들이 개인병원 설립에 합류했다.[22] 1935년에 세브란스의전에서 내과와 정신과를 가르치던 심호섭이 개인병원을 열었다. 1930년대 후반부터는 경성제대 의대 졸업생들도 병원 개업을 시작했다. 1회 졸업생 명주완, 공병우 타자기로 유명한 공병우도 서울 종로에 공안과를 설립했다. 이때쯤에는 벌써 신문 사회면에 돈만 밝히는 의사를 비판하는 고발 기사들이 실렸다. 의사들이 환자의 병명을 진단하기 전에 빈부부터 진단한다는 비판을 받았다. 돈 없는 환자에게 진찰과 투약을 거부하고 돈 있는 환자에겐 입원 기간을 늘리는 수법을 쓰는 의사들이 생겨났다.[23]

장기려는 단순히 의대 졸업자가 아니라 나고야 대학 박사 학위 소지자였기 때문에 당장 개업해도 하등 이상할 게 없었다. 총독부 통계에 의하면 조선에는 1940년에 105개의 사립병원이 있었는데 이 중에서 개인병원은 83개였다. 63개는 일본 의사가 개업한 병원이었고 한국인 의사는 20개 개인병원을 운영 중이었다.[24] 돈 많은 장인 덕을 보기로 마음을 먹었다면 개인병원을 개원하면 그만이었다. 이미 살펴보았듯 내과냐 안과냐를 놓고 고심하던 경의전 시절부터 장인 김하식과 개업을 약속한 상태였다. 그랬기에 박사 학위를 받기 전후에 자연스럽게 병원 개업 이야기를 나눴지 싶다. 그러

22 서울대학교병원 병원역사문화센터, 위의 책, 188쪽.

23 서울대학교병원 병원역사문화센터, 위의책, 189쪽.

24 송규진·변은진·김윤희·김승은, 『통계로 본 한국근현대사』, 아연출판사, 2004, 332쪽.

나 그 약속은 지켜지지 못했다. 왜 그랬는지 모른다. 장기려가 아무런 설명을 남기지 않았기 때문이다.

두 번째 가능성은 대전이 아닌 다른 지방 병원 취직이었다. 1940년 현재 조선에서 의사면허를 가진 사람은 3197명(일본 의사 1918명 외국인 10명 포함)이었고 그중에 박사 학위 소지자는 극소수였다. 따라서 의학 박사 장기려가 지방의 개인병원장 밑으로 들어가 취직할 가능성은 없다고 보는 게 맞다. 그게 아니라면 지방 소재 종합병원을 지원할 수 있었다. 규모가 큰 병원은 모두 총독부가 운영하는 관립병원(도립과 관립병원을 나누기도 한다)이거나 선교사들이 운영하는 기독교 종합병원이었다. 관립병원은 전국에 56개, 기독교 계통은 전국에 22개가 있었다. 고등관을 좋게 보지 않았고 일본인들과 같이 일하는 것이 싫어서 대전도립병원을 포기했었기에 일본인 의사가 운영하던 63개의 개인병원과 56개의 관립병원은 일찌감치 지원에서 제외했으리라.

마지막 남은 가능성은 지방 소재 기독교 계통의 병원 지원이다. 하지만 그 선택 또한 모험이 아닐 수 없었다. 1920년대 중반 이후 시작된 일제의 의료사업 규제와 압력은 1940년에 이르러 극에 달했다. 일제는 미국 의사면허가 있더라도 총독부가 치르는 자격시험에 합격해서 새 면허를 받아야 선교를 할 수 있게 했다. 그런 제제만으로도 의료 선교는 적지 않은 타격을 받고 있었다. 꽤 많은 숫자의 의료 선교사를 일제가 면허 시험에서 탈락시켰다. 의사면허를 구실로 일제는 의료 선교를 교묘하게 방해했다.[25]

일제가 일으킨 1937년 7월의 중·일전쟁은 의료 선교에 결정타였다. 신사참배를 앞세워 조선 사람들의 민족운동과 신앙을 노골적으로 탄압하기 시작했다. 1939년에 들어서자 일제는 병원까지 신사참배를 강요했고 저항하는 선교사들은 강제 출국 당했다. 선교기관들은 존폐의 위기에 놓였다. 세브란스의전을 예로 들자면, 소아과 에비슨(D. B. Avison), 내과 마틴(S. H. Martin), 안과 앤더슨(E. W. Anderson) 교수 등이 1939년과 1940년에 강제 추방당했고, 조선인 의사로는 장기려를 기홀병원에 추천한 이용설과 심호섭 의사가 흥사단과 홍업구락부 사건으로 쫓겨났다.[26] 병원이 신사참배로 짓밟히자 1940년부터는 일본인 장교가 군사훈련을 실시했다. 창씨개명 여파는 세브란스의전을 아사히의학전문학교로 바꿔 놓았다.

앞서 이야기했지만 경의전 출신이었기 때문에 장기려는 고등관 자리인 대전도립병원 외과과장 후보에 오를 수 있었다. 경의전 출신이라는 점을 이용하려 들기로 마음먹자면 출세의 지름길이었다. 그러나 신앙에 따라 하나님께 서원한 대로 가난한 환자들을 위하여 살려 했기에 경의전 출신은 걸림돌이 될 뿐이었다.

이제까지는 왜 대전으로 가지 않았느냐는 물음에 합리적 추론을 하였다. 장기려는 송도고보 시절의 서약을 왜 평양에서 이행하려고 했을까. 가난한 환자들이 평양에 가장 많았기 때문인가, 아니면 일제 수탈로 빈핍해지긴 전국 어디나 마찬가지여서 그냥 평양을 선택했기 때문인가.

---

25 이만열, 『한국기독교의료사』, 아카넷, 2003, 532쪽.

26 이만열, 위의 책, 533쪽.

## 무의촌 진료와 이용설 박사

많은 사람들은 가난한 이웃을 위해 복음병원과 청십자병원을 열고 청십자의료보험을 만든 의사로 장기려를 기억한다. 무의촌 진료나 간질 환자에게 평생 애정을 쏟았으나 그건 잘 모르거나 대수롭지 않게 여기는 듯하다. 장기려의 무의촌 진료는 최소 1942년까지 거슬러 올라간다. 평양 기홀병원에 재직하면서 반바지 차림으로 무의촌 진료를 다녀오다《성서조선》사건으로 체포를 당해 12일 동안 평양 경찰서 유치장에 갇혔던 사건이 그 증거다.[27] 남한에 내려와서 무의촌 진료를 다닌 기록과 사진도 어렵지 않게 확인 가능하다. 심지어 전쟁이 끝나지 않은 복음병원 초기에도 무의촌 진료를 다녔다(상세한 이야기는 복음병원 초창기 부분에서 다룬다). 복음병원이 어느 정도 자리를 잡게 되자 무의촌 진료를 매월 한 차례 정례화했다. 복음병원장에서 물러난 1976년 이후, 그러니까 65세 이후에도 무의촌 진료를 멈추지 않았다.[28] 평생을 계속할 만큼 중요하게 생각했다는 의미다. 무의촌 진료는 가난한 환자들을 위해 살겠노라는 다짐이 한때의 치기가 아니었음을 보여준다. 성산 장기려 기념사업회는 블루

---

27 장기려, "12일간의 구류–나의 회고록 12",「한국일보」, 1976년 6월 27일, 4면.

28 장기려, "나의 생애와 확신",《부산모임》, 제59호, 1977년 6월호, 38쪽.

크로스 의료봉사단을 만들어 현재까지 국내외 무의촌 진료를 계속하고 있다. 장기려 정신을 이어가는 가장 확실한 방법이 무의촌 진료라 생각하는 듯하다.

무엇이 장기려로 하여금 평생 무의촌 진료에 나서게 만들었을까. 우치무라 간조(内村鑑三, 1861-1930)나 후지이 다케시(藤井 武, 1888-1930)의 빈민 구제에서 힌트를 얻었을까. 그럴 수도 있겠다. 그러나 직접적인 영향은 이용설 박사에게 받았을 개연성이 높다. 이용설은 1930년대부터 기독교 의료계에 무료 진료를 강력히 주장했던 인물이다. 당시 기독교 병원들은 본국 선교 본부의 재정 지원이 줄어 병원 경영이 어려워지자 무료 진료를 줄여 나갔다. 그러나 이 시기에 이용설은 오히려 무료 진료를 확대하고, 시골과 농촌 지역의 병원 증설을 강력하게 촉구했다. 몇몇 기독교 병원이 흑자를 내고 자랑스러워하자 개탄했던 의사가 이용설이었다.[29]

장기려를 기홀병원에 추천한 이가 이용설 박사였다. 그가 무슨 이유로 장기려를 기홀병원에 소개했고, 두 사람의 관계가 어땠는지는 잘 알려지지 않았지만 말이다. 백인제는 춘원의 신장 결핵 수술이 위험에 처했을 때 이용설 박사에게 도움을 청했다. 그런데 이용설은 소독도 하지 않은 손으로 수축된 동맥을 다급하게 잡아 피를 멈추게 했다. 당시만 해도 항생제가 별로 없었기에 춘원은 사망할 수 있는 급박한 상황이 벌어졌다.

병을 일으키는 병원균을 잡는 약을 항생제 또는 마이신이라고 한

29 이만열, 위의 책, 556-560쪽

다. 두 종류의 미생물이 함께 있을 때 한쪽에서 분비하는 물질이 다른 쪽 발육을 방해하는데 이를 항생(抗生)이라 부른다. 미생물은 생존을 위해 항생물질을 만들기 때문에 항생제는 천연 항생물질에서 나온다. 현대 의학에서는 미생물이 아니라 인공으로 합성하거나 개량해서 항생제를 만들지만 말이다('항균제'라고 표기함이 더 정확하지만 의료계에서는 익숙한 항생제란 용어를 통용하고 있다). 미생물 감염증을 치료하는 화학요법은 19세기 파스퇴르와 코흐가 시작했다. 두 과학자를 통해 전염병의 원인이 세균에 의해 생긴다는 것이 알려지면서 미생물을 죽이는 물질을 찾기 시작했다. 20세기 초 파울 에를리히(Paul Ehrlich, 1854-1915)는 화학요법으로 큰 공헌을 남겼다. 살아 있는 숙주에게 심각한 해를 주지 않으면서 병을 일으키는 미생물만 제거하는 살균제 개발에 성공했기 때문이다.[30]

다시 춘원의 다급했던 수술 이야기를 이어가자. 수술을 끝낸 저녁 술자리에서 백인제는 자기의 부주의 때문에 스승이 죽을 수도 있었다며 땅을 치며 통곡했다.[31] 장기려가 경의전에 갓 입학한 새내기 때 일이다. 당시 백인제는 가장 힘들 때 장기려를 다방으로 불러낼 만큼 총애했다. 춘원의 주치의 자리를 장기려에게 물려주지 않았던가. 독실한 크리스천이었던 이용설은 장기려를 주목할 충분한 이유가 있었다. 그렇기 때문에 이용설 박사에게 진로 문제로 상담

30 정승규, 『인류를 구한 12가지 약 이야기』, 반니, 2019, 25쪽 이하.

31 백인제 박사 전기간행위원회, 『선각자 백인제-한국 현대 의학의 개척자』, 창작과비평사, 1999, 111쪽.

을 했더라도 부자연스러워 보이지는 않는다.

이런 관계 때문인지 이용설은 기홀병원에 장기려 소개로 만족하지 않았다. 기홀병원은 직원만 120명이 넘는 조선의 대표적인 병원 가운데 하나였다. 장기려가 외과과장으로 근무를 시작할 때 이미 의사가 12명을 넘었고, 간호원도 견습생을 포함 61명이나 됐다. 병원 운영도 3개 교단 선교회의 대표자로 구성된 관리위원회가 맡았다. 이런 병원에서 원장이나 이사장 선출도 아닌 외과과장을 뽑기 위해 세 차례나 실행위원회가 열렸다. 병원장이나 교단의 무시할 수 없는 고위급 인사가 천거했다면 그럴 수 있을지 모른다. 그러나 이용설은 기홀병원이 눈치를 봐야 할 인물이 아니다. 그런데도 앤더슨 원장은 장기려 외과과장의 승낙을 병원관리위원회에 거듭 요청하였다.

이를 어떻게 해석해야 할까. 병원이 대단히 민주적으로 운영되고 있어서 한 사람의 인사를 놓고 그렇게 신중했을까. 아니면 병원 측이 결코 무시할 수 없는 인사의 추천이었기에 반발이 심했던 것일까. 진실은 후자에 가깝다. 그렇지 않고서야 어떻게 장기려가, "우선 내가 병원 실행위에서 두 번이나 비토를 당한 끝에 이용설 박사에 대한 체면 때문에 세 번째야 OK를 받았다는 사실을 부임한 후에야 알았다"[32]고 했겠는가.

장기려의 인사가 파격이었음을 입증하는 사례는 또 있다. 이용설은 병원 결제 라인에 있지 않았음에도 불구하고, 선생의 월급 책정

32 장기려, "30(이립而立)-나의 이력서10", 「한국일보」, 1976년 6월 24일, 4면.

에 구체적으로 관여하였다. 기홀병원 측에, '의학 박사 학위 소유자에게는 매월 300원을 주어야 한다. 장기려 선생은 박사 학위가 내정되어 있으니 일단 250원을, 학위를 받으면 300원으로 인상해 달라'고 요청했다.[33]

당시 기홀병원에는 장기려보다 세브란스를 1년 먼저 졸업한 유기원 의사가[34] 215원 월급을 받고 있었다. 박사 학위 예정자였다고 할지라도 병원 측으로서는 이용설 박사의 요구를 수용하기가 쉽지 않았으리라. 그래서 외과과장의 초봉 250원 요구는 받아들여지지 않았다. 세브란스 출신이 아니라는 이유만으로 실행위원회에서 두 번이나 퇴짜를 놓았던 터였는데 무리한 월급 책정 요구까지 했으니 기존 의사들의 반발은 불을 보듯 뻔하지 않겠는가. 장기려는 이런 사실을 6개월 동안 몰랐다가 원장 자리에서 쫓겨나서야 알게 되었다. 만약 부임 전에 그런 사실을 알았다면 평양행을 거절했을지 모른다.

> 나 자신은 학위라는 것은 공부를 하는 데 있어 한 이정표에 지나지 않으니 학위를 따건 말건 250원이면 생활할 수 있다고 했던 것인데 이 박사의 친절이 또 하나의 불씨가 된 셈이다.[35]

---

33 장기려, 위의 글.

34 유기원 박사는 장기려가 평양 산정현교회에서 함께 장로로 봉사했던 유계준의 장남이다. 그의 동생 가운데는 전 서울대 총장 유기천 박사와 선생이 기홀병원 시절 그 실력을 인정했던 제자 유기준 박사가 있다.

35 여운학 역음, 『장기려 회고록』, 규장문화사, 1985, 37쪽.

그렇다면 이용설 박사는 왜 제자도 아닌 장기려 취직 문제에 이처럼 상식을 넘어서는 요구를 했을까. 이용설의 적극적 개입이 친구 백인제 박사의 요청 때문이었을 가능성을 배제할 수는 없다. 그러나 기홀병원이 세 번이나 실행위원회로 모이도록 만들었고, 병원 측이 수용할 수 없는 급여 조건을 구체적으로 제시한 정황을 보면 그 설명은 설득력이 좀 떨어진다. 그보다는 장기려를 아끼는 마음이 이용설 박사로 하여금 적극적인 개입을 가능하게 했던 것 같다. 과정이 매끄럽지는 않았으나 이용설의 기홀병원 추천은 장기려 인생에 결정적 나이테 하나를 보탰다.

장기려에게 이용설은 잊을 수 없는 은인이 분명하다. 그러나 이용설도 친일 문제를 피해갈 수는 없었다. 민족문제연구소는 반민족행위특별조사위원회 와해 60년이 되는 2009년, 8년의 작업 끝에 『친일인명사전』을 출간했다. 황상익에 의하면 수록한 총 4776명 중 의사나 의료와 관련된 사람은 16명이다. 4776명은, 관료 1207명, 경찰 880명, 친일단체 484명, 군인 387명, 중추원 335명, 사법 228명, 종교 202명, 문화예술 174명, 수작/습작(작위를 받거나 세습한 사람) 138명이었다. 16명의 의사 및 의료 관련 인물이 『친일인명사전』에 등재된 이유는 의술과 직접 관련된 행위가 아니라 친일적 사회 활동이 대부분이다.[36] 16명의 의료인 중에 장기려와 인연이 있는 사람은 김명학(1901-1969)과 이용설이다. 김명학은 장기려의 경의전 7

---

36 황상익, "'친일파 의사들의 생존법…' 학도여 성전에 나서라!", 「프레시안」, 2010년 3월 8일.

년 선배다. 경의전 졸업 후 일본 도호쿠 제국대학에서 의학 박사 학위를 받고 함흥에서 개원했다. 1942년에 촉탁보호사, 즉 사상범들이 출옥 후 다시 항일 운동에 나서지 못하게 "사상적 과오를 청산하고 황도(皇道)정신을 자각하여 충량한 황국신민이라는 본연의 자세로 복귀하도록 전향시키는 임무"를 담당했다. 1943년 11월에 최남선, 이광수 등과 함께 선배격려대의 일원으로 전국을 순회하며 지원병 입대를 독려했다. 1945년 7월에는 조선국민의용대 함경남도 차장을 맡았다. 제3육군병원에서 장기려와 근무하다가 의무감 직책을 맡았다. 그 이후 대한승마협회장, 대한올림픽위원회 위원, 대한축구협회장 등을 지냈다.[37]

이용설의 『친일인명사전』 등재는 개신교인들과 의료인들 사이에서 다소 충격이었다. 해방 이후 여러 언론 기사나 인터뷰 등을 통해 항일 투사로 알려졌기 때문이었다. 이용설은 세브란스 학생 대표로 3·1운동에 참여했기 때문에 졸업식에 참석하지 못했다. 1922년 9월에 귀국하여 세브란스의전 교수가 되었고 1937년 경성제대에서 의학 박사 학위를 받았다. 1938년 12월 동우회사건에 연루되어 학교에서 쫓겨났고, 1940년 8월 치안유지법 위반으로 징역 2년에 집행유예 3년을 선고받았다. 그러나 1940년 12월 전향자들의 교화단체인 대화숙(大和塾)에 참여했고, 1941년 조선장로교신도애국기헌납기성회 회계를 맡았다. 그해 12월에는 동양지광사에서 주최한 미영타도좌담회에 참석하여 이런 연설을 남겼다.

37 편집부, 『친일인명사전』, 민족문제연구소, 2009, "김명학" 항목.

美國(미국)은 건국의 역사 그 자체가 약탈에서 시작되어 횡폭과 잔인한 피(血)로 세운 나라인 만치 그 국가의 의가 있을 리 없으며…… 이런 나라를 조국으로 가진 美國人(미국인)의 본성이 잔인할 것은 당연한 일입니다…… 문명하다는 그놈들은 오늘날 조금도 주저하지 아니하고 감행하고 있습니다. 이놈들이야말로 元(원)의 대군과 같이 太平洋(태평양) 바다 속에 몰살하지 아니하면 東洋(동양)의 평화는 영원히 바랄 수 없을 것입니다.[38]

이용설은 1945년 7월에는 일본기독교 조선교단 재무국장을 맡았다. 해방 후 세브란스의대 학장, 1955년부터 1962년까지 세브란스병원 원장을 지냈다.

38 「매일신보」, 1944년 8월 6일.

## 평양 기홀병원

기홀병원은 "평양 중심에 자리 잡은 남산의 북쪽 기슭에 완만하게 펼쳐진 지역"[39]인 대찰리에 있었다. 대찰리 서북쪽에 인접한 신양리와 경창리를 당시 사람들은 양촌(洋村)이라 불렀다. 이 두 지역에는 외국인들, 특히 선교사와 기독교인들이 많이 모여 살았다. 평양의 어떤 동네보다 서양풍 건축물과 주택이 많았고 교회와 기독교 단체들이 운영하는 학교들도 이 지역에 몰려 있었다. 평양을 조선의 예루살렘이라 불렀던 데는 이 지역에 기독교가 세운 학교, 병원, 교회 등이 만들어 내는 색다른 분위기도 한몫했다.[40] 손홍규는 소설 형식을 빌려 당시 평양, 특히 대찰리와 신양리 등의 양촌 문화를 이렇게 묘사했다.

> ……기려는 이 지역에 들어설 때마다 외딴 섬을 떠올렸다. 평양을 처음 찾은 선교사들은 조선인들에게 반감을 살 수 있다는 조심스러운 생각으로 서양식 건물을 짓지 않았다. 평양 사람들의 집에 조용히 깃들어 평양 사람들과 어우러져 살았다. 수십 년의 세월 동안 평양은

39 손홍규, 『청년의사 장기려』, 다산책방, 2008, 167쪽.

40 손홍규, 위의 책, 168쪽.

근대적인 도시로 거듭났다. 그동안 교회는 초라한 여염집을 나와 신식 벽돌건물로 재탄생했고 웅장하다고 표현할 수밖에 없을 만큼 거대한 학교와 병원들이 들어서게 되었다. 재정이 좋아지면 우선 목사 사택부터 거대하게 지었고 교회업무 재직자들의 월급을 높여 주었다. 교회 건물을 얼마나 아름답게 지었느냐가 최대의 관심사가 되고 은퇴한 목회자에게는 퇴직금 명목으로 거금을 줄 수도 있게 되었다. 교회는 평양을 잠식해 들어갔고 그만큼 몸집을 불려갔다. 그러나 그 놀랄 만한 교회의 성장도 조선이 지금과 같은 나락으로 떨어지는 걸 막지는 못했다. 기려는 그 점이 안타깝고 쓸쓸했다.[41]

기홀병원은 두 채의 커다란 신식 건물이 중심을 이루고 있었는데 1916년 세워진 3층 벽돌 건물에는 남자 병상 25개와 방사선과, 사무실, 진료실이 또 다른 건물에는 여성 및 어린이 병상 25개와 소독실, 약제실, 외국인 간호사 숙소 등이 자리를 잡았다. 1931년에 3만 7000달러를 들여 18개의 병실과 65개의 병상을 갖춘 병원으로 새롭게 태어났다. 진료과목은 내과, 외과, 안과, 산부인과, 이비인후과, X선과 등이었다. 장기려가 부임한 1940년 당시 기홀병원은 76개의 유료병상과 10개의 무료 병상을 갖춘 병원이었다. 1925년에 60여 명이었던 병원 직원의 숫자는 1936년에는 120여 명으로 늘어났다. 14명이었던 의사 중에는 한국인 의사가 무려 12명이었다. 기독교 단체가 운영하는 병원 가운데 세브란스 다음으로 컸다. 연합병

41 손홍규, 위의 책, 168-169쪽.

원은 전국에서 세브란스와 기홀병원뿐이었다. 따라서 운영도 3개 교단 선교회의 대표자 5명으로 구성된 '병원관리위원회'(The Board Control of the Hospital)에서 했다.[42] 당시 조선에서 세 번째로 크던 대구 동산병원 의사가 6명이고, 5명의 의사를 확보한 병원이 한 곳, 4명의 의사를 확보한 곳이 세 곳, 그리고 나머지 병원들의 의사 숫자가 평균 2-3명이었던 데 비하면 대단한 규모다. 1일 평균 진료환자 수에서도 기홀병원은 으뜸이었다. 물론 대학부속병원이었던 세브란스(148명)와는 비교가 안 되지만 하루 평균 진료환자 98명은 그 다음 순위이던 원산 구세병원(66명)보다 32명이나 많았다.

장기려가 기홀병원 외과과장으로 근무를 시작하던 1940년에는 재귀열이 법정 전염병으로 지정되었다. 그해 4월부터 8월까지 소아마비가 서울과 인근 지역에서 소유행했고 6월부터 10월까지는 전국적으로 장티푸스가 대유행(확진 환자 1만 2101명)해 1796명이 사망했다. 그다음 해에는 두창이 전국적으로 대유행(발생 4702명)해 1061명이 사망했다.[43] 이런 상황을 보면서 장기려는 평양에서 의사로 근무를 시작했다.

장기려는 3월 하순에 외과과장으로 부임하여 "겸손과 진실과 사랑으로 하나 되기를 힘썼"고 6개월 동안은 대과(大過)없이 흘러갔다. 부임 당시에는 소아과 진료에서 폐렴과 농흉 환자가 많았다. 물론 폐렴은 소아과에서 치료했으나 그것이 합병증으로 발전하면 외

42 이만열, 위의 책, 418쪽.

43 전종휘, 『우리나라 현대의학 그 첫 세기』, 최신의학사, 1987, 132-133쪽.

과로 전과가 되어 수술을 시행했다. 장기려는 환자들의 농(膿, 고름)을 현미경으로 관찰하여 당시 평양 아이들의 고름 속에 포도상구균이 무려 70퍼센트에 가깝다는 것을 발견했다. 20건의 수술 중 13건에서 포도상구균이 발견됐다. 나머지 7건 수술에서는 폐렴균, 그람음성간균을 발견할 수 있었다. 이런 사실을 민광식 의사와 공동 연구하여 조선의학회에 발표했다. 이 발표로 당시 평양 아이들에게 합병증을 일으킨 농흉은 폐렴구균이 아니라 포도상구균이었다는 점이 입증됐다. 기홀병원에서는 다발성근염(Polymyositis) 수술을 많이 했는데 수술 후 근육의 일부와 고름을 관찰하고, 또한 푸룽켈의 농즙을 배양하여 이러한 전이성근염농양이 일종의 알레르기 반응에 의하여 일어난다는 결론을 얻었다. 세균학적으로 또는 조직학적으로 보면, 포도상구균이란 사실이 증명될 뿐 아니라 급성기일 때도 조직 내에 애오진기호성 세포가 많이 침윤되어 있었다.

당시 병리학 책에는 이런 내용이 없었다. 그로부터 10년 뒤인 1950년대의 병리학 책에서야 장기려와 민광식의 관찰과 유사한 서술이 등장한다. 이 두 가지를 대학병원이 아닌 기홀병원에서 발견했다는 사실은 예삿일이 아니다. 당시 세브란스의전 교수였고 후일 서울대 총장을 지냈던 윤일선(1896-1987) 박사는 이런 업적에 흥미를 보였고, 장기려는 그 사실을 알고 흐뭇해 했다.[44]

44 장기려, "한 늙은 의사의 이야기", 1989년 다이어리 5월 21일 지면.

## 의사들의 텃세

장기려의 박사 학위 논문은 1940년 11월 14일에 통과됐다. 기홀병원과 국내 사정이 매우 긴박하게 돌아가고 있던 터라 기쁨을 만끽할 수는 없었을 듯하다. 무엇보다 물가가 살인적으로 치솟고 있었다. 전쟁이 장기화될 조짐 때문이었다. 다급해진 일제는 경제경찰제도를 도입해 물가 단속에 나서는 한편 1940년부터는 쌀을 비롯한 각종 물품에 강제 배급을 단행했다.[45] 1940년 10월은 인플레이션이 얼마나 심했던지 기홀병원은 정기 임금 인상 시기가 아님에도 월급 인상을 결정했다. 장기려도 25원이 인상되어 월 275원을 받았다. 정작 큰 문제는 일제가 단행한, 앤더슨 원장의 강제 출국 조치였다. 앤더슨 원장은 기홀병원의 유일한 박사 학위 소지자인 장기려 과장에게 원장직을 제안했다. 하지만 앤더슨이 쫓겨난 1940년 11월에 모든 미국인 의사들이 함께 떠나지는 않았다. 박사 학위가 없던 외과의사 베이커, 내과의사 스미스, 그리고 이사장 무어 박사는 남았다. 앤더슨은 장기려를 원장에, 산부인과 조동협 과장을 부원장에, 소아과 양요한 과장을 회계로 임명하고 세 사람이 병원을 잘 이

45 한일여성 공동역사 교재편찬위원회, 『여성의 눈으로 본 한일 근현대사』, 한울아카데미, 2005, 149-150쪽.

끌어 달라고 부탁하고 떠났다.[46] 원장이 된 장기려 월급은 350원으로 인상되었다.

세브란스 출신 의사들의 불만이 폭발했다. 병원 실행위원회가 여러 차례 거부했던 낙하산 인사에, 부임도 하기 전에 박사 학위 소지자란 이유로 턱없이 높은 월급을 요구했고, 그것도 모자라 부임 1년도 안 되어 병원장으로 승진했으니 어찌 보면 당연한 반응이었다. 이쯤해서 당시 세브란스 출신과 비 세브란스 출신 사이에 존재했던 파벌 싸움 분위기를 살펴보자.

> 세브란스와 여자의전을 제외하고는 교수나 학생의 대다수가 일본인(전체 70-80퍼센트)이었던 만큼 사제 간 의리나 동료 간의 우정 형성이나 인격 도야 따위는 기대하기 어려웠고, 요새 많이 강조하는 전인교육은 고려되지도 않았다. 그 뿐만 아니라 각과 교실 간의 협조나 공동연구는 거의 없는 듯하고 각과 강좌마다 성곽을 높이 쌓고 교수는 그곳에서 성주 노릇하기에 급급하였으며 출신학교별 간-특히 경성제대의학부에서-의 대립이 대단히 심했다. 비근한 예로써 박사 학위 과정이 성대 의학부에만 설정되어 있었는데 A교 출신의 교수가 지도한 논문은, 그 교수와 출신교가 다른 B교의 교수가 수적으로 우세한 경우 그 논문은 교수회를 통과되기 어려워, 학위논문조차 교수회의에 제출 못하는 사례가 한둘이 아니었고, 또 같은 학교의 내과에

46 장기려, "하나님은 사랑이다-나의 평양생활 10년간", 《부산모임》, 제122호, 1988년 6월호, 16쪽.

독립된 2, 3개 강좌가 있어(예. 성대의학부에는 해부 3, 병리 2, 약리 2, 생리 2, 내과 3, 외과 2개 강좌가 있었다), 같은 과제의 연구를 하여 결과가 서로 다를 때, 학회강연장에서 학문의 진지한 토의가 아니고 감정적인 언쟁이나 인신공격이 벌어진 사실들이 있을 정도로, 대립적이고 독단적인 존재로 군림할 뿐이었다.[47]

전종휘 교수의 지적이다. 장기려의 원장 승진과 더불어 의사들의 텃세가 시작되었다. 그러나 장기려는 초기엔 이런 분위기조차 감지하지 못했다. 문제의 발단은 과장으로 있다가 부원장과 병원 회계를 맡게 된 두 사람 갈등에 개입하면서부터다. 두 사람이 빈번히 충돌하는 것을 보면서, "당신네들 세브란스 출신은 왜 그렇게 의견이 잘 맞지 않습니까?"라고 질타했다. 이후로 두 사람은 결탁해 원장 배척에 앞장섰다. 부원장과 회계는 원장의 결점을, "없는 것을 있는 것과 같이 꾸며서 이사들에게 고발"했다.

이들은 원장이 신사참배를 강요하고, 경의전 출신을 과장으로 데려올 계획이며, 원외 인사로부터 병원 운영 자문을 받고 있다며 공격했다. 장기려는 신사참배를 생각해 본 적도, 일본 패망 때까지 신사 앞에 무릎을 꿇은 적도 없었다. 둘째와 셋째 이유에 대해서도 결격사유가 없기는 마찬가지였다. 이사들에게는 부원장과 회계의 거짓 보고가 통했다. 이사회 고문 베이커 박사는 사표를 요구했다. 1941년 1월, 그러니까 병원장이 되고 불과 3개월이 채 안 된 시점

47 전종휘, 『우리나라 현대의학 그 첫 세기』, 최신의학사, 1987, 45-46쪽.

에서 터진 일이었다. 대부분의 보고가 사실 무근이었기 때문에 장기려는 순순히 물러나지 않았다. 오히려 의사들 사이에 일치가 되지 않음으로 원장이 물러나야 한다는 이사회의 주장을 반박했다. 장기려는 병원장 자리를 교회 유년주일학교 부장직, 그러니까 병원장과 비교 자체가 불가능한 봉사직과 하나도 다를 바 없다고 생각할 만큼 자리에 연연하지 않았다. 하지만 부당한 사표 종용까지 '예, 예' 할 사람은 아니었다.

> 모든 일을 민주적으로 의논해서 처리하고 있으니 우리는 의견이 일치되어 잘하고 있다. 내가 원장을 하고 싶어 하는 것이 아니고 하라고 해서 하고 있을 따름이지만 그것은[물러나라는 것은] 말이 안 된다.[48]

원장이 사표 제출을 거부하자 이사회를 소집하여 원장 교체를 결정했다. 졸지에 병원장에서 외과과장으로 강등당했다. 병원 측은 월급을 병원장 이전, 그러니까 인플레이션으로 25원 인상 이전의 250원으로 감봉했다. 그 뿐만이 아니었다. 선교사들이 추방을 당하자 장기려를 완전히 몰아내기 위해 슬그머니 순사를 동원했다. 병원에 출근한 틈을 타서 일본 형사는 집에 들러 아내 김봉숙과 부모님이 들으라고 "이 집이 아직도 안 나갔구먼……" 하면서 겁을 주었다. 김봉숙은 이런 사실을 남편에게 말하지 않았다.

---

48 장기려, "기홀병원의 텃세-나의 이력서 11", 「한국일보」, 1976년 6월 25일, 4면.

이사회는 후임으로 세브란스의전 생리학 교수 김명선 박사를 결정했다. 김명선과는 구면인지라 속으로 환영했다. 신임 원장이 부임하자 자기가 받는 월급의 부당함을 이사장 무어 박사와 신임 원장에게 호소했다. 외과과장이 됐으니 이전에 받던 275원을 달라는 요청이었다. 원장은 부원장과 회계의 말을 듣고 월급을 환원시키지 않을 뿐 아니라 병원에서 나가기를 바라는 심사가 역력했다.

어느 날 이비인후과 과장이 찾아왔다. 자기에게 명령만 하면 위해 싸우겠다고 했다. 싸우고 싶지 않아서, "옳은 것은 옳다 하고 아닌 것은 아니라 하면 된다"면서 돌려보냈다. 외과과장으로 강등된 이후에도 부원장과 회계는 장기려의 완전 축출을 위해 기를 썼다.[49] 장기려는 환자 치료에 전념할 수 있는 '강등'은 조금도 서럽지 않았으나 텃세는 서러웠다고 썼다. "주님은 저와 같은 처지에 있게 되면 어떻게 하시겠습니까?"라며 기도했다. 그러자 "무엇을 어떻게 해. 네게 맡겨 주는 일에 충성하면 되지 않아"라는 응답을 받았다. 그 이후 6개월 동안 환자를 돌보는 일에만 전념했다.

당시 평양시립병원장이던 권창정 박사[50]는 이 시기에 장기려가 수술비가 없는 환자들을 위해 자기 월급으로 피를 사서 종종 수술을 해 주었다고 증언했다. 사면초가의 외로움 속에서 얼마나 성실하게 의사로서 자신의 직무를 감당했는지를 보여 주는 사례다.[51] 이

49 장기려, "한 늙은 의사의 이야기", 1989년 다이어리 5월 28일 지면.

50 권창정 박사는 부산에 내려와 청십자병원과 청십자의료보험조합을 세우는 일에 힘을 보탰다.

때 "하나님과 환자만을 위해" 살았다는 고백은 근사한 레토릭이 아니라 사실이었다.

6개월이 지나자 부원장과 회계가 김명선 원장에게 반기를 들었다. "원장은 1주일에 한 번씩 내려와 3일을 유하면서 자기들이 벌어들인 돈을 마음대로 증권도 사고 저축도 한다"[52]고 이사들에게 거짓 보고했다. 당시 김 원장은 세브란스의전 교수를 겸직하고 있었기에 일주일에 3일만 근무하는 조건으로 취임했다. 김 원장은 제자들의 패륜에 분노했다. 장기려보다 "훨씬 세상을 잘 아는 김 박사"는 쫓겨나지 않았다. 오히려 제자들이 그렇게 쫓아내려던 장기려 외과과장을 갈수록 더 신임했다. 김 원장은 연말 보너스 때 장기려에게만 250원을 더 주면서 말했다. "일을 많이 하는 사람에게 보너스를 더 주는 것이 당연하다."

원장의 호의는 그게 다가 아니었다. 모든 의사들 중 가장 초라한 집에 산다는 걸 안 김명선 원장은 자신이 들어가 살려고 사 놓았던 집을 양보했다.

> 사면초가 속에서 모욕적인 대우를 받으면서도 사필귀정이라는 신념을 갖고 산 결과 1년이 못 가서 텃세를 부린 쪽이 오히려 창피한 꼴이 되어 1942년부터는 하나님의 커다란 은혜 속에서 나는 환자 치료뿐만 아니라 약간의 연구 성과도 거둘 수 있게 되었다.[53]

---

51 장기려, "기홀병원의 텃세-나의 이력서 11", 「한국일보」, 1976년 6월 25일, 4면.

52 장기려, "한 늙은 의사의 이야기", 1989년 다이어리 5월 29일 주간 스케줄 지면.

여기서 "약간의 연구 성과"란 1942년 4월 동경에서 개최되는 일본 외과학회에 참석하여 논문 발표한 일을 말한다. 일본에서 한 논문 발표는 김명선 원장의 각별한 배려 덕이었다. 발표 논문은 "근염의 조직학적 소견"(The histotogical aspect of musculitis)이었다. 논문 내용은 당시 의학 관련 서적에 별로 보고되지 않았던 소견이어서 장기려는 흡족해했다.

외과의사로서 중요한 성과는 1943년에 있었다. 당시만 해도 "간농염(肝膿炎)은 수술할 수 있어도 종양은 수술을 못하는 것"으로 인식했다. 간 부분 수술이 국내에 없지 않았다. 그러나 1940년에 경성제대 오가와 교수의 첫 수술은 환자의 죽음으로 끝났다. 조선 최고의 외과의사였던 오가와가 실패한 수술인 간 설상절제수술을 시도하자 주변에서 극구 말렸다. 그러나 간상변부에 발생한 간암의 과감한 수술은 성공했다. 국내 최초의 개가였다. 김명선 원장은 "외과의는 저렇게 무식해야 되는 모양이구나"라 하면서 좋아했다. 이건오는 선생이 당시 감히 아무도 시도하지 못했던 간에 대해 칼을 댈 수 있었던 학문적 시도를 이렇게 설명했다.

> 장기려 선생님은 일반 사람이 과학을 하는 것처럼 그렇게 하지 않았습니다. 온 만물과 사람을 하나님이 만드셨다는 생각으로부터 선생의 의학은 출발하였습니다. 하나님이 만드신 피조물이기 때문에 거기에는 반드시 질서가 있을 것이라 믿었던 것입니다. 인체도 그렇

53 장기려, "12일간의 구류–나의 이력서 12", 「한국일보」, 1976년 6월 27일, 4면.

게 찾아가신 것입니다. 선생님께서는 우리에게 질병에 대해 이렇게 가르쳐 주셨습니다. "하나님이 만들어 놓으신 인체의 법칙이 생리학인데, 질병이란 생리학적 원리가 깨져 비생리학적으로 돌아간 상태를 말한다." 이처럼 선생님은 다른 의학자들이나 병리학자들과는 색깔이 다르셨습니다. 아시다시피 평양에서 간설상절제수술을 성공하여 조선의학회에 발표했을 때 얼마나 욕을 먹었습니까. 간은 핏덩어리인데 거기다 칼을 댄 무식한 놈이라고 말입니다. 그러나 선생님은 하나님이 만드신 것은 반드시 원리가 있고 그래서 그 원리를 찾으면 치료할 수 있다는 확신이 있었던 겁니다. 장기려 선생님의 학문적인 창의성은 그렇게 나왔던 것입니다.[54]

54 이건오 전 한동대학교 선린병원장과 2006년 8월 인터뷰.

## ‘성서조선 사건’에 연루되다

1942년에 들어서자 의사들 텃세는 없어졌다. 그러나 평생 처음으로 열이틀이나 경찰서 유치장 신세를 졌다. 겨우 300부 발행하는 《성서조선》을 정기 구독한다는 것이 체포 이유였다. 장기려의 기독교 신앙을 이야기할 때 빼놓을 수 없는 결정적 순간 중 하나가 1940년 신년 초 김교신의 정릉 자택에서 열린 ‘본지 독자 동계 성서 강습회’ 참석이다. 김교신과 함석헌을 이 모임에서 처음 만났다. 그 이후 함석헌과는 죽을 때까지 매월 만나 성서공부 모임을 함께했고, 스승이자 아버지로 모셨다. 김교신 또한 개인 구원에서 벗어나 사회 구원까지 신앙의 폭과 관심을 넓히는 데 결정적 기여를 했다. 장기려는 당시 ‘독자 동계 성서 모임’ 참가 자격이 없었다. 모임 인원을 20명 안팎으로 제한했고 일주일 전까지 김교신 주필의 허락을 받아야 참석이 가능했기 때문이다.[55] 이치석에 의하면 사전 허락 없이는 “아무리 멀리서 찾아오더라도” 되돌려 보냈다. 상황이 그러했기에 몇 사람이 김교신 설득에 나섰다.

나중에 “한국의 슈바이처”라고 불린 의사 장기려(張起呂)가 신청

55 이치석, 『씨알 함석헌 평전』, 시대의창, 2015, 100쪽.

마감 이후에 모임 소식을 듣고 참가 희망을 밝혔는데, 도저히 참석이 불가능하다는 것을 잘 알고 있던 그의 후배이자 김교신의 제자인 의사 손정균(孫楨均)이 김교신의 어머니께 호소하고, 그 어머니가 자신을 극진하게 모시는 아들에게 간청해 겨우 참석은 허락받았다.[56]

1940년 모임에서는 함석헌이 '요한계시록'을 강해했다. 장기려는 이후부터 《성서조선》을 정기구독했고, 이 잡지를 통해 함석헌의 "성서적 입장에서 본 조선 역사"를 읽는 등 지대한 영향을 받았다.[57] 조선 총독부가 잡지를 만드는 핵심관계자뿐 아니라 300명의 정기구독자들까지 모조리 잡아들인 이유는 김교신이 1942년 3월호에 기고한 "조와"(弔蛙)라는 짧은 권두언 때문이었다. 총독부는 불온하게도 개구리의 소생을 통해 조선의 민족혼의 소생을 노래했다는 꼬투리를 잡고 김교신, 함석헌, 유달영을 비롯한 12명을 서대문형무소에 미결수로 1년간 투옥했다. 물론 잡지도 폐간했다.

훗날 《성서조선》을 창간하게 될 '조선성서연구회'는 1926년 봄에 "스스로를 '우자'(愚者)라 칭한 동경 유학생 대여섯이 동경 시외 스기나미 마을(杉並村)"에서 만들었다.[58] 이 모임은 "조국에 전도하기 위하여 우리말 성서를 같이 배우며 연구"하기를 목표로 삼았다. 구

56 이치석, 위의 책, 101쪽.

57 함석헌의 "성서적 입장에서 본 조선 역사"가 《성서조선》에 연재된 것은 1934년 2월부터 20회 동안이었다. 따라서 장기려가 "함석헌 선생과 나"란 글에서 "성서적 입장에서 본 조선 역사"를 읽었다는 의미는 과월호를 통하여 그 글을 접했다는 의미일 것이다.

58 이치석, 위의 책, 97쪽.

성원은 1901년 동갑내기인 김교신, 함석헌, 양인성, 정상훈과 1903년생인 유석동과 1904년생인 송두용이었다.[59] 이들은 1927년 7월 1일 《성서조선》을 창간하였다. 그 이후 각자 귀국하여 있는 자리에서 성서 모임을 만들어 이끌었다. 함석헌은 1930년에 오산성서연구회를, 같은 해에 김교신은 경성성서연구회를 시작했다. 조선성서연구회는 물론이고 함석헌, 김교신, 송두용 등은 모두 우치무라 간조의 성서 모임을 벤치마킹했다. 《성서조선》은 일제의 검열을 피하기 위해 초대 발행인과 편집인을 일본에 있는 유석동과 정상훈으로 하였고, 발행처도 도쿄성서조선사로 하는 등 처음부터 총독부를 의식하였다. 1930년 5월부터는 김교신이 편집·간행·발송·발행 경비 등의 모든 책임을 맡아 격월간으로 펴냈다. 35쪽 안팎이었고 발행 부수는 300부를 넘지 못했으나 고정 독자들 가운데 이승훈, 야나이하라 다다오(矢內原忠雄, 1893-1961) 등의 영향력 있는 인사들이 많았다.

조선성서연구회는 《성서조선》 발간만큼이나 정기 독자를 상대로 매년 한 차례씩 '본지 독자 동계 성서 강습회' 개최에 공을 들였다. 성서강습회는 6박 7일 동안 12월 말에 시작해서 그다음 해 초에 끝났다. "전투를 치르는 병사의 정신"으로 매일 새벽 6시에 일어나 찬물로 씻고 새벽기도로 시작하여 저녁 9시까지 휴식 없이 성서를 공부했다. 1932년에 첫 겨울 성서 강습회를 시작했는데 모임 장소는 공덕동에 있던 정상훈 자택이었다. 그 이후 오류동에 있는 송두용

59 이치석, 위의 책, 97쪽.

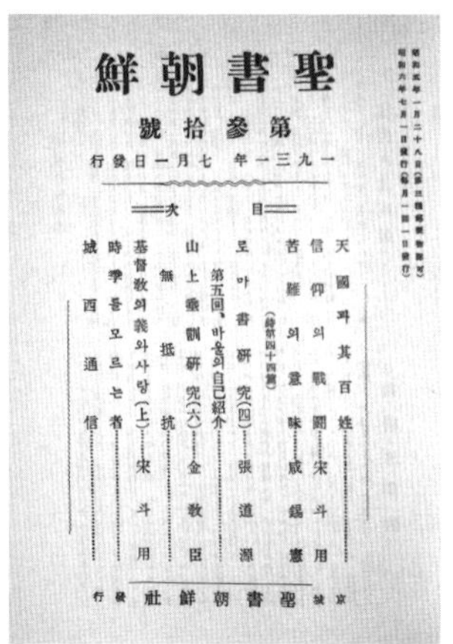

昭和五年一月二十八日第三種郵便物認可
昭和六年七月一日發行(每月一回一日發行)

聖書朝鮮

第參拾號

一九三一年七月一日發行

目次

天國과 其百姓……宋斗用
信仰의 戰鬪……宋斗用
苦難의 意味(詩篇四十四篇)……咸錫憲
로마書研究(四)……張道源
第五回, 바울의 自己紹介……
山上垂訓研究(六)……金敎臣
無抵抗……
基督敎의 義와 사랑(上)……宋斗用
時季를 모르는 者……
城西通信……

京城 聖書朝鮮社 發行

장기려는 평생 처음으로 열이틀이나 경찰서 유치장 신세를 졌다. 겨우 300부 발행하는《성서조선》을 정기 구독한다는 것이 체포 이유였다.

자택과 종로6가 부활사(復活社) 강당을 거쳐 김교신의 정릉 자택에 안착했다. 김교신은 참석자들에게 과대한 기대를 갖지 말라는 당부와 함께 모임 취지를 이렇게 밝혔다.

> 종교적이라기보다 학구적으로 한다. 고로 흥분은 금물이요 냉정은 필보(必保)하고자 한다. ……자연과학으로써 우주의 법칙을 배우고 지리 역사로써 인류의 경험에 감하여 더 깊이 성서를 읽고저 노력한다.
>
> (김교신, "동계성서강습회에 관하여",《성서조선》, 1933년 12월호)

잡지《성서조선》은 무교회적 관점에서 성서를 해석하는 한편 성서연구에 필요한 성서동물학·희랍어 등의 기초분야도 다루었다.

애국 신앙 교육을 염두에 둔 '권두언'과 여러 인사들과의 만남이나 서신을 기록한 '성조통신'(聖朝通信) 등은 사료적 가치가 충분하다. 그렇다면 일제가 왜 이 조그만 잡지의 관계자들은 물론 단순 정기 독자들까지 모조리 잡아들이는 것으로 모자라 폐간이라는 극약 처방을 했을까.

김교신은 송도고보 교사로 있을 때 새벽마다 송악산 골짜기에 들어가 기도했다. 기도를 끝내고 찬송을 부르며 냉수마찰을 하면 개구리들이 몰려들었다. 그렇게 정들었던 개구리들이 겨울을 나고 보니 대개가 얼어 죽었다. 몇 마리는 살아남아 움직이는 것을 보면서 "전멸은 면했다"는 탄성을 질렀다는 것이 권두언 내용이다. 이 개구리는 일제하에서 수난받던 민족을 상징하고, 시련이 아무리 혹독하여도 몇 마리 개구리처럼 살아남은 사람들이 민족의 앞날을 개척한다는 의미를 담고 있기에 불온하다는 이유로 일제는 관련자들을 혹독하게 다루었다.[60] 일제는 우리의 상상 그 이상으로 《성서조선》과 김교신을 주목하고 있었다. 유달영을 취조하던 일본 고등경찰은 이렇게 외쳤다.

> 너희들은 우리가 지금까지 잡아 온 놈들 중에 제일 악질들이다. 다른 놈들은 결사니 독립이니 파뜩파뜩 뛰다가 전향도 하기에 다루기가 쉬웠는데, 너희 놈들은 종교니 신앙이니 이상이니 하면서 500년

60 노평구 엮음, 『김교신 전집 1-인생론』, 부키, 2001, 9-10쪽.

후를 내다보고 앉아 있으니 다루기가 더 힘들었다.[61]

《성서조선》의 영향력을 일본이 어느 정도로 신경을 쓰고 있었는지를 짐작하게 만드는 증언이다. 평양 경찰서 유치장에서 장기려는 송도고보 3학년까지를 함께 다닌 동기생 김석목[62]을 16년 만에 만났다. 당시 김석목은 고향에 내려가 있다가 집으로 들이닥친 진남포 경찰서 고등계 형사에게 붙잡혔다. 김석목의 증언은 선생과 함께 '성서조선 사건'으로 구속되었던 평양 경찰서 유치장의 풍경을 잘 보여 준다.

> 그날 오후 늦게부터 나는 유치장 신세를 지기 시작했다. 하룻밤을 자고 이틀 밤을 지나고 한 주간이 넘도록 아무 소식도 없이 그냥 내버려둔다. 한 방에 무려 수십 명이 넘는 인원을 처박아 넣었다. 알고 보니 소도둑놈, 사기한 놈, 간음한 놈 등등 천하에 몹쓸 도둑놈들과 함께 가두어 놓았다. 무더운 여름날 밤, 땀에 미끄러지는 마룻바닥 위, 희미한 등불 아래 한 옆에 똥통을 놓고 10여 일을 지냈다. [중략] 그때 잡범들도 사상범에 대하여는 무슨 경의(敬意) 의식 같은 것을 가지고 대해 주는 것을 볼 수 있었다. 며칠 지나는 동안에 스스로 구별이 분명해졌다. 어느 방에는 무슨 건으로 누구누구가 구속되어 있다

61 김정환, 『김교신-그 삶과 믿음과 소망』, 한국신학연구소, 1994, 173쪽.

62 김석목은 선생의 송도고보 동창으로 영변 숭덕학교와 평양 광성중학교 교사를 거쳐 전 서울대 사대에서 윤리학 교수를 지냈다.

는 소식이 죽 퍼진다. 이리하여 마침내 《성서조선》 사건으로 수삼(數三) 인이 함께 갇혀 있다는 사실을 알게 되었다. [중략] 그 덕으로 나는 평양 광성중학교에서 권고사직을 강요당했다.[63]

복음병원 옥탑방에 있는 장기려의 유택 거실에는 《성서조선》 영인본이 한 자리를 차지하고 있었다. 1982년 5월에 300부 한정판으로 발간한 것이다. 희귀본이라 지금은 구할 수가 없다. 2010년대에 전집을 다시 출판했지만 또 절판되었다.

63 김석목, "선생의 주변담", 노평구 엮음, 『김교신을 말한다-김교신 전집 별권』, 부키, 2001, 42-44쪽.

## 더럽혀진 교회를 등지고

신사참배는 조선 사람들에게 천황제 이데올로기를 주입시켜 황국신민을 만들기 위한 목적으로 일제가 선택한 식민지 통제 방식 중 하나였다. 조선인의 독립 정신을 무력화시키지 않고서는 대륙 정복을 위한 조선의 병참기지화가 성공할 수 없음을 일본은 너무 잘 알았다.[64] 1930년대 중반부터 해방 직전까지 모든 조선인에게 신사참배를 강요한 이유다. 기홀병원이 장기려 원장에게 신사참배를 하려 한다는 혐의를 씌워 원장직 박탈을 시도했던 1940년 한 해 동안, 남산에 있던 조선신궁에 참배한 조선인 숫자는 215만 8861명이었다. 하루 평균 5915명이 참배했다. 이는 강요가 극심하지 않았던 1930년의 참배 인원(38만 6807명)에 비하면 대단한 증가다.[65] 조선신궁의 1년 참배객만 200만을 넘었으니 전국 61곳의 신사참배객 수[66]를 합치면 그보다 훨씬 많다. 일제가 신사참배를 강요한 1935년부터 1945년까지 한국 교회의 최대 화두는 신사참배였다. 호주 장로교선교회가 본국에 보고한 것처럼 "한국의 교회가 직면하

64 한영우, 『다시 찾는 우리 역사 3-근대·현대』, 경세원, 2005, 152쪽.

65 김승태 엮음, 『한국기독교와 신사참배 문제』, 한국기독교역사연구소 펴냄, 1991, 63쪽.

66 송규진·변은진·김윤희·김승은, 『통계로 본 한국 근현대사』, 아연출판사, 2004, 387쪽.

였던 가장 중대한 문제"는 신사참배였다.[67]

1937년에 중·일전쟁을 일으킨 일본은 파쇼체제 강화를 위해 조선 주둔 군대를 증파하고 경찰을 대폭 증원했다. 개인정보 수집을 시작했고, 항일 인사의 탄압을 강화하는 한편 '사상범'의 전향에도 열을 올렸다. 전시체제 아래서는 일반 주민들도 통제를 벗어날 수 없었다. 일제는 명망가들이었던 김성수, 윤치호, 김활란, 백철, 유진오 등을 내세워 '국민정신총동원조선연맹'을 조직하고 그 밑에 10가정 단위의 애국반을 두어 총독부 시책을 강요했다. 전국을 물샐틈없는 파쇼체제로 묶는 데 성공하자 민족의식 말살에 나섰다. 1937년 10월부터 전 국민에게 일본어로 된 "우리는 황국신민이다. 충성으로 군국에 보답한다……"로 시작하는 '황국신민 서사' 암송을 강요했다. 조선인들은 학교에서, 그리고 모든 집회나 행사 때마다 이를 암송하고는 일본 천황이 있는 동쪽을 바라보며 '동방요배'를 해야 했다. 주례와 신랑 신부는 물론 하객도 일어나서 '황국신민 서사'를 암송해야 결혼식을 진행할 수 있었고,[68] 교회 예배도 마찬가지였다.

1938년에 들어서자 일본은 2월과 5월에 육군과 해군 지원병을 모집했고, 3월 4일에는 새로운 조선 교육령 공포로 조선어를 모든 학교의 정규과목에서 삭제했다. 4월이 되자 '국가총동원법'을 제정·공

---

67 Edith A. Kerr & George Anderson, *The Australian Presbyterian Mission in Korea 1889-1941*(Australian Presbyterian Board of Mission, 1970), 56을 박용규, 『한국기독교 교회사 2』, 생명의말씀사, 2005, 2쇄, 676쪽에서 재인용.

68 역사신문편찬위원회 엮음, 『역사신문-일제강점기(1910-1945)』, 사계절, 2004, 99쪽.

포함으로 전시 파시즘체제를 한층 더 구축했다. 이 칙령 하나로 일제는 언제든 조선 사람을 강제 노동에 동원할 수 있었고, 가정집과 교회나 사찰의 물품을 맘대로 거둬 갈 수 있었다.

민간 종교에 불과했던 신사의 국가 지도 정신 이데올로기화는 메이지 유신 이후 시작했다. 이를 통해 천황제 국가를 확립한 일본은 러·일전쟁이 발발하자 신사를 통폐합하고 제사를 획일화했다. 신사 제도를 국가통합이념으로 확립했다. 1936년 8월이 되자 일본은 신사제도 개정에 대한 칙령을 발표하여 행정구역별로 신사를 신설하거나 재정비했다.

일본의 신사참배는 우상숭배가 아니라 국가의례라는 주장이 가톨릭에서 제일 먼저 나왔다. 총독부와 마찰을 원치 않던 가톨릭은 신사참배가 국가에 대한 예의라고 강변했다. 개신교에서는 감리교가 신사참배를 제일 먼저 받아들였다. 감리교단(총리사 양주삼)은 일제가 시키는 대로 "신사참배는 국민이 당연히 봉행(奉行)할 국가 의식이요, 종교가 아니기" 때문에 어떤 종교를 신봉하든지 신사참배가 교리에 위반이나 신앙에 구애됨이 없는 것을 확실히 알 수 있다"[69]는 통고문을 전국 교회에 보냈다. 그 이후, 다른 교단의 지도급 목사들도 "신사참배는 국민의례이지 결코 종교가 될 수 없다"는 논리를 앵무새처럼 반복하며 교인들을 배교로 몰아넣었다. 요즘은 신사가 종교냐 아니냐의 문제가 더 이상 논란의 대상이 아니다.[70] 극

69 조선총독부 경무국, 『최근 조선치안상황』, 1939년, 389-390쪽을 김승태 엮음, 『한국기독교와 신사참배문제』, 한국기독교역사연구소 펴냄, 1991, 72쪽에서 재인용.

히 일부 신학자들을 제외하면 신사가 종교라는 사실에 아무도 이의를 달지 않는다. 한신대의 주재용 교수는 일제의 신사가 종교가 아니라는 선전은 "창녀의 구차한 자기변명에 불과"하다고 비판했다. 그러나 당시에는 '신사는 종교가 아니다'는 주장이 대세였다.

장기려가 평양으로 병원을 옮기고 줄곧 출석했던 교회는 감리교단 소속 신양감리교회였다. 1940년 3월 말에 이미 감리교는 물론 대다수 한국 교회들은 일제의 강압에 굴복, 황국신민서사 암송과 동방요배를 하고 나서야 예배를 드릴 수 있었다. 그러나 그때까지 신양감리교회는 교단이나 총독부의 신사참배 방침에 완전히 굴복하진 않았다. 일본군국주의와 침략 전쟁에 대해 가장 극렬한 반대자 중 한 사람이었던 야나이하라 다다오가 장기려의 주선과 김교신의 초청으로 방한해 1940년 8월 신양감리교회에서 강연회를 열었다는 사실이 이를 증명한다. 1944년에 들어서자 신양감리교회도 무릎을 꿇었다. 동방요배를 하고 나서야 예배를 드렸기 때문이다. 이에 실망해 장기려는 신양감리교회를 나가지 않고 1년 넘게 가정예배를 드리다 해방을 맞았다.

신사참배는 종교가 아니라 국민의례에 불과하다는 주장이 새빨간 거짓말임은 저들의 행동이 입증한다. 신사참배가 국민의례에 불과했다면 그걸 하지 않았다고 수천 명을 죽이거나 옥에 가뒀겠는가. 단순히 국민의례였다면 경범죄 위반 정도의 벌금을 물리거나 며칠 구류로 끝내야 앞뒤가 맞다. 일제는 그렇게 하지 않았다. 신사

70 박용규, 위의 책, 736쪽.

참배를 하지 않았다고 해서 학교와 교회의 문을 닫고, 선교사를 추방하고, 수천 명의 기독교인을 가두고, 때리고, 고문하여 끝내 죽였다. 전제주의 국가가 역모를 사형으로 다스리고, 요즘도 간첩이나 반국가사범에게 중형을 선고하는 이유는 체제에 위협이 될 만큼 심각한 범죄로 여기기 때문이다. 일제가 신사참배 반대자를 그토록 무자비하게 다룬 이유 또한 체제나 정권유지에 중대한 위협이 된다고 판단했다는 증거다.

당시도 영혼이 맑은 신앙인은 "신사참배의 목적이 일본 신들에 대한 숭배와 민족정신의 말살에 있다는 사실을 간파하였다. 누가 뭐라 해도 신사참배는 하나님에 대한 배도였다."[71] 따라서 이들에게 타협은 불가했다. 목숨이 붙어 있는 한 신앙과 민족을 위해 싸울 뿐이었다. 평남의 주기철, 주남선 목사, 평북의 이기선 목사, 경남의 한상동, 손양원 목사를 비롯한 50여 명의 교역자와 2000여 명의 신도들은 모진 고문과 추위와 굶주림을 견디며 감옥에서 끝내 정결한 신앙을 지켰다.

---

**71** 박용규, 위의 책, 736쪽.

## 사면초가가 준 값진 선물

예수가 서른 살에 공적인 선교 활동을 시작했듯 장기려도 가난한 사람들을 위한 의사로 살기 위해 평양을 택했다. 예수가 공생애 직전 마귀로부터 세 번의 시험을 받았듯 12년간의 의학 훈련을 마치고 기홀병원의 외과과장으로 부임하려 할 때 세 가지 문제에 직면했다.

첫 번째 시험은 배우자 선택이었다. 미스코리아 같은 여자를 아내로 맞고 싶었다. 하지만 우유부단한 성격이 문제였다. 친구 백기호가 자신의 뜻을 멋대로 해석해 결혼을 추진할 때 말리지 못했다. 그래서 키 작고 수수한 김봉숙과 결혼했다.[72] 두 번째 시험은 가족 부양 의무부터 해결하라는 유혹이었다. 가난한 사람을 치료하는 의사의 꿈은 일단 가족 부양 의무부터 이행하고 나서 해도 괜찮다는 유혹이었다. 가족을 책임지는 일 앞에서 누가 초연할 수 있겠나. 그러나 장기려는 출세가 보장된 자리를 걷어찼다. 마지막 시험은 세브란스 출신 의사들의 텃세였다. 기홀병원에서 외과과장으로 매순간 "겸손과 진실과 사랑으로 하나 되기를" 힘썼고, 민주적으로 병원을 운영하며 책잡힐 일을 만들지 않았음에도 시련은 혹독했다. 과

---

72 장기려, "한 늙은 의사의 이야기", 1989년 다이어리 4월 1일 주간 스케줄 지면.

묵한 입으로 텃세가 서럽고 외롭다고 고백했다. 그 와중에서도 장기려는 10개월 동안 자신의 일에 충실했다. "예수님이라면 이 같은 상황에서 어떻게 하실까?"를 진지하게 고민하며 의사 노릇을 한 결과였다. 하루가 멀다 하고 치솟는 인플레이션으로 가난한 사람들은 아우성쳤다. 그 아우성 소리를 들으며 송도고보 시절 하나님께 서원했던 바를 행동에 옮겼다. 환자에게 전념하는 만큼이나, 아니 그보다 더 간절하게 "예수만을 상대로 영적 생활"에 매진했다.

눈여겨봐야 할 대목은 영적 생활의 전념 목적이 자신의 외로움과 억울함의 해소가 아니었다는 점이다. 아무도 상대해 주지 않는 의사들 텃세로 괴로워하면서도 자기와 의사들 사이에 생긴 불신 해소에 집중했다. 묵묵히 책임을 다하면서 누구도 원망치 않고 주님 뜻에 순종하려고 애를 썼다. 그러자 병원이 달라지기 시작했다. 새 원장이 장기려의 헌신적인 노력을 알아보기 시작했다. 무엇보다 놀라운 점은 동료 의사들의 변화였다.

> 나도 1941년 평양 기홀병원에 취직해 있을 때 동료들의 모함을 받아 그 병원에서 사면초가(四面楚歌)로 고독을 느낀 때가 있었다. 그때 예수 그리스도만을 대상으로 의논하고 살았던 경험을 가지고 있다. 그때 나는 만사에 감사했다. 항상 감사했다. 아무것도 염려하지 않고 오직 모든 일에 기도와 간구로 감사함으로 하나님께 아뢰고 지냈다. 모든 지각에 뛰어난 하나님의 평강이 그리스도 예수 안에서 나의 마음과 생각을 지켜 주셨다. 그래서 그 일이 지나간 뒤에는 나를 오해했던 친구들과 다시 친해졌고, 나를 멸시했던 자들이 나를 존경

하게 되었고 또 나는 내세가 더 확신되어졌다.[73]

1941년의 사면초가 체험으로 예수의 신실한 성품을 새롭게 발견했다. 생활 속에 감사가 넘쳤고, 사람과 사람 사이의 불신을 푸는 비결을 터득했다. "불신에서 믿음으로 돌이키는 힘은 예수 그리스도에게로 향한 일편단심의 생활"에 있음을 깨달았다. 얼핏 생각하면 크리스천이 예수의 성품을 체험했다는 고백은 너무 당연하다. 그 체험을 사실로 인정해도 너무 밋밋해 보인다. 하지만 그 체험은 결코 밋밋하지 않다.

신약성서의 제일 마지막인 요한계시록의 저자 사도 요한이 떠오른다. 사도 요한은 젊어서 예수를 만났고, 누구보다 '사랑받는 제자'로 가까이서 예수가 행한 기적과 죽음, 부활, 승천을 직접 목격했다. 열두 제자 중 가장 오래 살아서 복음을 전했던 사람이기도 하다. 사단이 로마 황제 뒤에서 예수쟁이들의 씨를 말리기 위해 혈안이 되어 있던 1세기 말엽에 요한은 소아시아의 무인도 섬에 유배당했다. 죽기 전에 그 섬을 빠져나갈 희망은 없었다. 요한은 연로했고, 바다 또한 그의 몸을 가로막고 있었다. 기독교의 장래 또한 절망적이었다. 그 절대고독과 사면초가의 상황 속에서 사도 요한이 드린 간절한 기도에 예수는 독특한 방식으로 응답했다. 먼저 자신의 인격과 성품을 보여 주었다. 요한은 자신의 운명과 기독교 장래를 아는 게 중요했을 테지만 예수는 자기가 누구인지 자기의 성품이 어떠한지

---

73 장기려, "1980년 추수 감사절의 소감",《부산모임》, 제79호, 1980년 12월호, 7-8쪽.

를 보여 주었다.

이를 통해 진정한 희망이란 미래에 대한 정확한 정보에서 나오지 않고 예수의 영원한 성품과 그의 신실하심, 그리고 그의 약속과 정의에서 나온다는 걸 체험했다. 그 암울하고 사나웠던 시대에 요한의 희망이 꺾이지 않은 이유는 예수의 진실한 성품을 새롭게 체험했기 때문이었다. 예수의 영원하신 성품 속에서 내세를 맛보았기 때문이었다. 요한계시록 1장이 예수의 진실한 성품과 인격을 자세히 기록하고 있는 이유다.

> 나는 주님의 날에 성령의 감동을 받고 내 뒤에서 울려오는 나팔소리 같은 큰 음성을 들었습니다. 그 음성은 나에게 "네가 보는 것을 책으로 기록하여 에페소, 스미르나, 베르가모, 티아디라, 사르디스, 필라델피아, 라오디게이아 등 일곱 교회에 보내어라" 하고 말씀하셨습니다. 그래서 나는 누가 나에게 그런 말씀을 하시는지 알아보려고 돌아섰습니다. 돌아서서 보았더니 황금등경이 일곱 개 있었고, 그 일곱 등경 한가운데에 사람같이 생긴 분이 서 계셨습니다. 그분은 발끝까지 내려오는 긴 옷을 입고 가슴에는 금띠를 띠고 계셨습니다. 그분의 머리와 머리털은 양털같이 또는 눈같이 희었으며 눈은 불꽃 같았고 발은 풀무불에 단 놋쇠 같았으며 음성은 큰 물소리 같았습니다. 오른손에는 일곱 별을 쥐고 계셨으며 입에서는 날카로운 쌍날칼이 나왔고 얼굴은 대낮의 태양처럼 빛났습니다. 나는 그분을 뵙자 마치 죽은 사람처럼 그분의 발 앞에 쓰러졌습니다. 그러자 그분은 나에게 오른손을 얹으시고 이렇게 말씀하셨습니다. "두려워하지 마라. 나

는 처음과 마지막이고 살아 있는 존재이다. 나는 죽었었지만 이렇게 살아 있고 영원무궁토록 살 것이다. 그리고 죽음과 지옥의 열쇠를 내 손에 쥐고 있다. 그러므로 너는 네가 이미 본 것과 지금 일어나고 있는 일들과 앞으로 일어날 일들을 기록하여라."[74]

자신의 진실한 성품을 체험적으로 알게 된 사도 요한에게 예수는 그제야 1세기 기독교 운명에서 시작하여 세상 종말 때까지 벌어질 일을 보여 주었다. 장기려도 마찬가지다. 사면초가 속에서 예수의 진실한 성품을 체험하고 나자 아무리 부인하려 해도 부인할 수 없을 만큼 내세가 확실해졌다. 성서의 예언자들도 비슷한 체험을 했다. 먼저 하나님의 현존을 목격하고 이를 통해 하나님의 인격을 만나고 나자 이후에 될 일들을 계시해 주었다. 찬송가 후렴처럼 반복되는 사면초가의 체험은 장기려 신앙의 정수다.

10개월 후에 모든 오해가 풀렸다. 그 후에 나는 내세를 의심하려고 하여도 의심할 수 없는 신앙으로 되었고 또 사랑은 생명이다,라고 하는 믿음에 이르렀다. 지금 회고하니 이것이 부활생명의 체험이 아니었던가 생각된다.[75]

이 체험이 장기려를 얼마나 변화시켰는지는 그 이후 삶이 입증

---

74 요한계시록 1장 9-19절(공동번역개정판).

75 장기려, "부활절",《부산모임》, 제85호, 1982년 4월호, 3쪽.

한다. 이 땅에 남겨 놓은 460여 편의 직접 썼거나 번역한 글 가운데 부활을 주제로 한 글은 내용이나 분량에서 다른 주제를 압도한다. 단일 주제로는 가장 많은 글을 남겼다. 《부산모임》에는 제목 속에 부활을 담고 있는 글이 14편이나 된다. 이는 장기려의 가장 독특하고 대표적인 사상이라고 부를 수 있는 '사랑'보다 다섯 편, 후반부 삶에서 가장 중요했던 '평화'와 관련된 글보다 무려 절반이나 더 많은 숫자다. 후배 장기려의 회갑을 축하하면서 경의전 선배 기용숙은 "장기려에게서는 영원을 느낍니다"라는 말을 남겼다. 매우 적절한 평가가 아닐 수 없다.

> 예수님의 부활은 나에게 있어서 최대의 영감입니다. 이것을 생각할 때 나의 속에는 말로 다 할 수 없는 빛나는 생각이 넘치게 됩니다. 이 생각은 부활절에 자연의 찬미에 합하여 최고조에 달하게 됩니다. 그것은 너무도 고상하고도 아름다운 경험이어서 입과 붓으로는 다 표현할 수가 없습니다. 우리들은 때때로 한 떨기의 풀이나 꽃 또는 한 곡조의 음악에 무한의 기쁨을 느끼며 아무에게나 그 실감을 말로 표현할 수 없을 때를 경험합니다. 이러한 종류의 경험의 이상적인 것이 곧 부활에서 내가 받은 영감이라 할 수 있습니다. 새 포도주는 새 부대에 넣어야 합니다. 부활의 영감도 또한 불완전한 육체에 있어서 이것을 표현하는 일은 성질상 불가능한 일에 속할 것입니다. 부활의 적당한 찬미는 부활 후에야 나오게 될 것입니다.[76]

---

**76** 장기려, "예수님의 고난과 부활", 《부산모임》, 제23호, 1971년 3-4월호, 17쪽.

# 삶과 신앙의 스승들 1:
# 야나이하라 다다오, 함석헌, 후지이 다케시

### 야나이하라 다다오

장기려의 신앙·사상 형성에 영향을 끼친 인물로 우치무라 간조, 김교신, 함석헌을 주로 꼽는다. 장기려는 나이를 먹어 갈수록 후지이 다케시, 야나이하라 다다오 등의 무교회주의 영향을 받은 일본 신앙인들에 더 기댔다. 주기철과 손양원 목사, 오정모 집사도 빼놓을 수 없다. 삶의 후반에는 보수 신학자 박윤선(1905-1988)의 성서주석에서도 배운다. 그렇기에 김교신과 우치무라 간조의 영향을 지나치게 강조하는 건 다소 형평성을 잃은 처사다. 장기려가 정년 퇴임을 앞둔 시점에서 김교신을 가리켜, "내가 가장 영향을 받은 사람 중 하나"[77]이며, "최근 한국 기독교사에 있어서 죽은 후 부활이 있으니 육을 죽이는 생활을 하라고 몸소 본을 보여"[78] 주었다고 말한 건 사실이다. 하지만 일평생 그에게 더 많은 영향을 끼친 인물은 후지이 다케시, 야나이하라 다다오, 함석헌이었다.

우치무라 간조나 김교신은 장기려의 글에서 생각보다 적게 언급된다. 20년간 《부산모임》에 쓴 200여 편의 글 중에서 우치무라 간

---

77 장기려, "12일간의 구류-나의 이력서 12", 「한국일보」, 1976년 6월 27일, 4면.

78 장기려, "부활절 소감", 《부산모임》, 제53호, 1976년 4월호, 6쪽.

조의 언급은 10회 안팎에 불과하다.[79] 그마저도 다섯 번은 후지이 다케시나 야나이하라 다다오와 함께 나온다. 반면에 후지이 다케시나 야나이하라 다다오는 90편 이상의 글을 번역하여《부산모임》지에 싣고 회원들과 나눴다.

> 필자는 믿음을 우리나라의 믿음의 선배 이기선, 주기철, 손양원, 오정모 님들을 통해서 배웠고 그 이론은 야나이하라 선생의 기독교 이상주의에서 공부하였으며 그 밖의 성경지식에 관해서는 주로 후지이 다케시 전집에서 배웠다.[80]

야나이하라 다다오는 장기려를 형성한 신앙과 신학의 틀이다. 특히 1965년에 처음 읽은 '기독교 이상주의'란 글은 장기려를 '기독교 이상주의자'로 만들었다.

> 만일 누가 나에게 삶의 목적을 묻는다면 나는 서슴지 않고 기독교 이상주의로 살고 싶다고 대답하리라.[81]

1990년에 쓴 일기에는 '기독교 이상주의' 또는 '기독교 이상주

---

79 장기려의《부산모임》에 기고한 글 중에 우치무라 간조를 언급한 글은 "역사를 담당하는 사람", "나는 이렇게 믿는다", "나의 존경하는 후지이 다케시 선생", "복음간호전문대학 장직을 떠나며", "사람의 생명" 그리고 "87년도 크리스마스의 나의 소감" 등이다.

80 장기려, "나의 존경하는 후지이 다케시 선생",《부산모임》, 제9호, 1968년 11월호, 12.

81 장기려, "기독교 이상주의",《부산모임》, 제11호, 1969년 1-2월호, 1쪽.

의를 생각하다'는 언급이 도처에 나온다. 《부산모임》에는 야나이하라 다다오가 쓴 누가복음 강해를 70여 차례에 걸쳐 번역·연재하였을 뿐 아니라 김서민에게 "예수전"(마가복음 강해) 번역을 맡겼다. 서신으로 교제하던 야나이하라 다다오는 1940년 5월 서울에서 열렸던 로마서 강해 모임에서 만났다.[82] 평양 기홀병원 외과과장을 맡은 지 두 달이 채 안 됐을 때였다. 병원 관련 업무를 위한 방문이 아니었기에 장기려가 시간 내기가 쉽지 않았으리라. 노평구 증언에 의하면 서울 강연은 총독부 방해가 심했다.[83] 군국주의를 비판하다가 동경대에서 쫓겨났을 때 일본 지식인 사회는 '야나이하라 사건'이라 부르며 시끄러웠다. 그랬던 인사가 서울에 나타나 불법 집회를 하려고 했으니 조선총독부 개입은 당연했다. 장기려가 그런 사실을 모르고 집회에 참석할 수는 없었으리라. 그런데도 로마서 강해 모임 참석을 위해 서울로 갔다. 두 사람은 해방 직전까지 서신을 주고받았다. 야나이하라 다다오는 김교신, 함석헌, 노평구, 역사학자 이기백 등 많은 한국인들에게 깊은 영향을 끼쳤다. 1961년 12월 25일에 야나이하라 다다오 소천 소식이 알려지자 서울에서는 100여 명이 모여 그를 추모했다.[84]

야나이하라 다다오는 일본 시코쿠 에히메현 이마바라시에서 의

---

82 장기려, "하나님은 사랑이다-나의 평양생활 10년간", 《부산모임》, 제122호, 1988년 6월호.

83 노평구, "야나이하라(矢內原忠雄) 선생을 생각하며", 《성서연구》, 제94호, 1962년 1월호.

84 조광제, "나의 존경하는 인물 矢內原 선생의 생애", 《부산모임》, 제7호, 1968년 8월호, 6쪽.

사의 아들로 1893년 1월 27일 태어났다. 간사이 지방 명문 고베중학교를 수석 졸업하고 도쿄에 있는 일본 최고 명문 제일고등학교에 무시험 입학했다. 2학년 때 우치무라 간조의 문하에 들어갔고 제일고등학교를 수석으로 졸업했다. 도쿄대 법대 정치학과를 나와 조선에서 민간인 신분으로 기독교 복음을 전할 생각이었다. 그러나 가족 부양 때문에 꿈을 포기하고 고향 인근의 스미토모 광업소에 경리 직원으로 입사했다. 1918년에 태어난 장남 이사쿠는 훗날 철학자이자 비평가가 되어 자코메티와 친밀하게 교제했다. 야나이하라 다다오는 1920년에 모교 경제학부 조교수에 임명됐다. 그해에 문부성 해외연구원 자격으로 유학길에 올라 영국, 독일, 미국 등에서 공부하다가 아내가 위독하다는 소식을 듣고 1923년 귀국했다. 그 이후 도쿄 제국대학 교수로 식민정책을 강의했다. 1924년에 게이코와 재혼한 뒤 한국을 방문했다가 3·1운동을 알게 되었다. 1926년에 쓴 『조선 산미증식 계획에 관하여』와 『식민정치의 신 기조』 논문을 통해 한국인의 자유와 이익을 옹호했다. 우치무라 간조가 1930년에 사망하자 기념 강연회를 열었다. 두 달 뒤에 후지이 다케시마저 사망하자 쓰카모토와 『후지이 다케시 전집』(12권)을 편찬했다. 1936년에는 소장파 장교들의 쿠데타를 빌미로 계엄령이 선포되었다. 그 여파로 군국주의가 득세하자 "국가의 이상"이란 논문을 써서 일본이 정의와 평화의 국가 이상을 따르라고 주장했다. 그러나 이 글로 《중앙공론》 9월호는 판매금지 처분을 받았을 뿐 아니라 요주의 인물로 낙인찍혔다. 12월에는 대학에서도 쫓겨났다. 그의 추방은 일본 지성계에서 큰 파문을 일으켰다. 김교신 초청으로

1940년 8월과 9월에 방한하여 전국을 돌며 성서 강연을 했다.

야나이하라 다다오는 일본 패망으로 대학에 복직했고, 교수들의 압도적인 지지로 1951년에 도쿄대 총장(1951-1958)에 추대되었다. 일본에서는 무교회주의의 신앙 지도자로 학문과 생활의 일치를 견지한 위대한 정신적 지도자로 인정받았다. 1961년 12월 25일 사망 이후 29권의 전집이 나왔다.

장기려가 부산모임에서 수십 년 야나이하라 다다오를 소개했음에도 우리나라에서 그의 책은 거의 번역되지 않았다. 2019년에 기독교 출판사 포이에마에서 전자책으로 『개혁자들』을 출간했다. 그러나 이 책은 오래 전 번역된 저서의 재출간에 불과하다. 뒤에 소개할 후지이 다케시도 우리나라에 이상할 정도로 소개되지 않았다. 함석헌의 『성서적 입장에서 본 조선 역사』와 후지이 다케시의 『성서로 본 일본』을 비교하여 쓴 지명관의 논문[85], 그리고 박홍규(영남대, 명예교수)가 『함석헌과 간디』에서 소개한 내용이 전부다. 무교회 관련 서적을 기피하는 듯 보이는 기독교 출판 쪽을 탓해야 할지 아니면 신학사상의 연구와 소개에 게으른 신학계에 책임을 돌려야 할지 모르겠다.

### 함석헌

장기려는 함석헌 선생과 50년 가까이 교제했다. 한국전쟁 이후에는 외국에 나갔거나 감옥에 갇혔을 때를 제외하고 매월 부산에서

85 지명관, 『한일관계사 연구-강점에서 공존까지』, 소화, 2004를 참고하라.

교제를 이어갔다. 두 사람은 1940년 1월 1일 정릉 김교신 선생의 성경 모임에서 처음 만났다.

> 그때에 3일간에 걸쳐서 계시록을 강의하셨는데, 그 박식의 역사관을 가지고, 예수님의 아시아 7교회에 보내신 편지에 대한 해설, 사도 요한이 본 하늘보좌와 그 보좌를 받들고 있는 네 생물과 그 보좌를 둘러싸고 있는 24장로, 그리고 역사를 완성시키는 어린양의 광경을 설명하고, 7인봉을 뗄 때 나타나는 심판의 의의. 그리고 하나님의 나라(새 예루살렘)가 하늘에서 준비된 것이 하늘에서 내려오는 광경을 그림 그리는 사람이 예수 재림의 그림을 그린 것을 보는 것 같이 설명하셨고 또 하나님의 경륜의 실천을 그린 그림은 영원을 지향하고 있다고 하시면서 설명하시던 것이 지금도 희미하게나마 기억이 납니다.[86]

그 이후 두 사람은 평양에서 만남을 이어갔고 1942년 3월의 《성서조선》 사건 때는 함께 투옥당했다. 함석헌은 신의주학생운동 주동자로 검거되어 형기를 마치고 석방되었을 때는 물론 더 이상 북한에서 생존이 불가능하다는 판단을 내리고 월남하기 직전에 장기려를 만났다. 장기려는 1940년 사면초가의 현실에 부딪혀 힘겨워할 때 함석헌을 만나 고민을 털어놓았다.[87] 제3육군병원에서 치료

---

86 장기려, "함석헌 선생님과 나", 사단법인 함석헌 기념사업회 홈페이지(www.ssialsori.net).

와 강의를 하던 1951년에는 부상당한 장병 격려를 위해 함석헌을 초청해 성서 말씀을 들었다. 영관급 장교의 반대가 있었지만 개의치 않았다. 함석헌은 민주화운동으로 아무리 바빠도 매월 부산모임에 내려와 성경이나 노장 사상을 가르쳤다. 함석헌이 세상을 떠났을 때 장기려는 장례식 대표기도를 했다.

함석헌은 1901년 3월 13일 평안북도 용천군 부라면 원성동에서 한의사였던 아버지 함형택과 어머니 김형도의 장남으로 태어났다. 기독교 사립학교인 덕일소학교를 졸업하고 양시공립보통학교를 거쳐 평양고보에 입학했다. 3학년 때 3·1운동에 참여한 뒤 학교를 그만두었다. 2년간 집안일을 돕다가 오산학교에 입학했다. 교장 유영모를 만나 평생 스승으로 모셨다. 22살에 오산학교를 졸업하고 일본 유학길에 올랐다. 1923년 9월 1일 일본에는 관동대지진이 일어났다. 도쿄 3분의 2와 요코하마 전지역이 파괴되고 40만 명이 죽은 대참사였다. 이재민도 200만 명이나 발생했다. 이때 5천여 명의 조선인이 폭도로 몰려 학살당했다. 함석헌은 1924년에 동경사범고등학교 문과에 입학했다. 그해 가을 1년 선배 김교신의 소개로 우치무라 간조를 만나 무교회주의 신앙을 배웠다.

일본은 지금도 우리나라에 비해 기독교인 숫자가 매우 적다. 그러나 무교회주의자는 일본 기독교인의 5분의 1이나 될 정도로 많다.[88] 함석헌은 김교신, 송두용, 정상훈, 양인성, 류석동 등과 함께

---

87 함석헌, "내가 아는 장기려 박사",《부산모임》, 제26호, 1971년 10월호, 2쪽.

88 박홍규,『함석헌과 간디-평화를 향한 같고도 다른 길』, 들녘, 2015, 115쪽.

조선성서연구회를 만들어 신앙, 민족, 애국 문제에 천착했다. 우치무라 간조의 문하생들과 《성서조선》을 창간하고 2년간 "성서적 입장에서 본 조선 역사"를 연재했다. 이때부터 한복을 평생 입었다. 여름엔 흰 모시 두루마기, 겨울엔 회색 두루마기를 걸쳤고, 계절에 관계없이 고무신을 신었다.[89] 1938년에는 신앙과 교육자의 양심을 지키기 위해 오산학교를 떠났다. 그 이후 김혁이 경영하던 송산농사학원을 인계받아 20여 명의 학생들과 오전엔 공부, 오후엔 농사를 지었다. 몇 달 뒤 일본에서 계우회 사건이 터졌다. 도쿄 농과대학 출신의 조선인 모임인 계우회 회원들이 항일 운동 혐의로 체포됐다. 그 중 한 명이 송산농사학원을 경영하던 김두혁이었기 때문에 함석헌도 평양 대동경찰서에 체포되어 1개월 구류를 살았다. 1942년에는 《성서조선》 필화 사건으로 서대문형무소에 1년간 미결수로 복역했다. 불기소로 출소하자 농사를 지었는데 이때부터 수염을 길렀다.

해방 직후에는 평안북도 인민위원회 문교부장 등의 공직을 잠시 맡았다. 그해 11월에 터진 신의주학생사건 책임자로 체포되어 50일간 옥살이를 했다. 석방된 후 농사를 짓다가 또 체포되어 1개월 감옥 생활을 했다. 그 이후 부친에게 물려받은 1만 5천여 평 땅을 몰수당했다.[90] 게다가 자신을 북한 공산당이 소련 스파이로 엮으려는 걸 미리 알아차리고 1947년 2월 월남했다.

---

89 박홍규, 위의 책, 116쪽.

90 박홍규, 위의 책, 119쪽.

서울에 내려와서는 스승 유영모와 동양 사상을 연구하면서 퀘이커 신자들과 교류를 시작했다. 한국전쟁 때는 부산과 마산 등지를 돌면서 부상당한 군인들에게 복음을 전했다. 1952년까지 부산에 살면서 성경 공부 모임을 하다가 그해 말부터 무교회주의와 결별했다. 1956년에는《사상계》를 통하여 "한국 기독교는 무엇을 하고 있는가?", "생각하는 백성이라야 산다"는 등을 발표하며 현실 문제에 목소리를 내기 시작했다. 1957년부터는 천안에서 씨알농장을 시작했는데 그곳에서 일했던 홍순명은 최초의 양심적 병역거부자로 1년 4개월 옥고를 치렀다.[91] 1970년에 월간《씨알의 소리》를 창간하고 정치적 발언 수위를 높였다. 1976년의 '3·1민주구국선언' 사건에 연루되어 징역 5년, 자격 정지 5년 판결을 받았다. 1988년에는 노태우 정권하에 치른 서울올림픽평화대회 위원장을 역임했다. 평생을 제국주의와 군사 독재에 비폭력 저항으로 평화를 추구하다가 1989년 2월 4일 작고했다.

장기려는 "함석헌 선생과 나"라는 글과 장례식 대표기도문을 남겼다. 1988년에 쓴《부산모임》의 "종간사"는 독립적인 글은 아니지만 부산모임의 사명 중 하나를 함석헌과 연결시키기도 했다. 예사롭지 않은 시각이다.

> 함 선생님은 부산모임에서 자기는 예수님을 구주로 믿는 사람이라고 세 번 증거하셨다. 어렸을 때부터 믿었고 중간에 종교는 하나이

91 박홍규, 위의 책, 120쪽.

어야 할 것이라고 생각하고 동양의 종교 교훈을 공부하여 연구해 보았으나 예수님과 같은 인격자를 찾을 수 없었다고 하셨고, 자기는 예수님의 제자이심을 고백하셨다. 부산모임이 함 선생님께서 예수님의 제자이심을 전하는 것이 그 사명의 일부이었다고 믿는 바이다.[92]

사람들은 두 사람이 저렇게 다른데 어떻게 그토록 오랫동안 깊은 교제를 이어갈 수 있는지 의아해했다. 이런 의문에 장기려는 1976년 「한국일보」를 통해 답했다.

함 선생은 항상 민주주의와 인간의 존엄성을 강조했다. 인간의 존엄성은 하나님이 주신 것이니 하나님께만 머리를 숙이면 되는 것이지 누구에게나 머리를 숙일 필요가 없다는 것이었다. 나는 함 선생만큼 뚜렷한 개성이 없이 머리를 숙이는 것도 안 숙이는 것도 아닌 인간이지만 '사회를 구원함으로써 자신도 구원받을 수 있다'는 그의 해석이 진정한 크리스천의 태도라고 생각하게 되었다.[93]

이건오는 장기려가 함석헌의 목소리에서 이 시대를 향한 하나님의 음성을 들었기 때문에 관계를 계속할 수 있었다고 주장했다. 독재 정권하에서 대다수 목사들이 정의에 침묵할 때 함석헌을 통해 고통당하는 약자를 향한 하나님의 간절한 호소를 들었다는 이야기다.

---

**92** 장기려, "종간사", 《부산모임》, 제124호, 1988년 10-12월호, 2쪽.

**93** 장기려, "12일간의 구류–나의 이력서 12", 「한국일보」, 1976년 6월 27일, 4면.

나도 '장기려 선생이 어떻게 함석헌 선생과 만나나' 하는 생각을 한 적이 있었거든요. 나도 모르게 제도권 사람들의 사고를 닮은 거야.(웃음) 그래서 언젠가 제자가 묻기엔 좀 건방진 질문을 했습니다. "선생님, 함석헌 선생님과 왜 교제를 하십니까?" 그랬더니 김교신 선생을 함석헌 선생을 통해 알았고, 당시는 두 분의 신앙 컬러가 같았기 때문에 교제를 하곤 했는데 그 이후에 함석헌 선생이 신앙적 측면이나 성경의 해석에 있어서는 분명히 변했다고 했습니다. 자기가 그것을 알고 있다고 말이지요. 제가 선생님께 그 질문을 했을 때가 사람들이 함석헌 선생이 많이 변했다는 이야기를 할 때였습니다. 심지어는 어떤 사람들은 함석헌 선생이 기독교인이 아니라고 말할 정도였습니다.

선생님이 제게 말씀해 주신 것은, "그때가 군사정권 시절인데 함 선생님은 지금 기독교에 떠나 있다는 비판을 받지만 우리 시대에 정권이나 힘에 핍박을 받으면서 의로운 이야기를 한다"고 하셨습니다. 아무도 말할 수 없던 때에 핍박을 받으면서도 의로운 이야기를 계속 하신다는 것을 귀하게 보셨던 것 같습니다. 그래서 선생님은 함 선생님의 목소리가 하나님께서 우리에게 들려주시는 소리가 아닌가 생각했다는 것입니다. 중요한 것은 장기려 선생은 꼭 설교, 정형화된 어떤 것을 통해서만 하나님의 음성을 듣는 것이 아니라고 생각했던 것이 분명합니다. 오히려 대형교회, 대형집회는 분명히 하나님의 뜻이 아니라고 이해했습니다. 때문에 선생은 하나님이 이 시대에 누구를 통해 말씀하시는가에 대해 굉장히 민감하셨던 것입니다. 그렇기 때문에 함 선생님과 계속 교제를 하셨던 것이 아닌가, 저는 생각합니다. 선생께서는 함석헌 선생이 늘 정의를 말씀하시는데, 그분이 말하고자 하는 것은 사실 평화라고 했습니다. 함석헌 선생의 말씀의 핵심은 정의를 통한 평화였다는 것입니다.[94]

함석헌에게 장기려는 한마디로 "마음 놓고 내 좋은 친구라고 감히 부를 수 있는 지극히 적은 수의 친구" 중 한 사람이었다. 매달 한 번씩 장기려 댁에서 하는 성경 모임 전에 단 둘의 교제 시간이 "요새 내 생활 중에서 가장 즐겁고 영감 얻는 시간"이라는 고백도 남겼다.

신앙에 관해서 내가 아는 것은 그 단순성입니다. 거의 어린이를 연상하리만큼 그저 단순히 믿습니다. 나 같은 것은 생각이 많아서 이런 설명 저런 설명이 있고 의심도 많이 하고 변하기도 많이 했는데 장 박사는 그와는 정반대입니다. 70-80년 전 장로교가 처음으로 들어오던 때의 신앙 그대로 지금도 가지고 있습니다. 평양서는 산정현교회의 장로였고 여기 와서도 다시 세워진 그 교회의 장로입니다. 그럼 아주 보수주의요 어떤 이들같이 신사참배를 하고 요새같이 개방적인 신앙을 가지는 사람은 마귀의 자식이라 해서 사귀기도 싫어하는가 하면 그런 것이 조금도 없습니다. 아주 매력이 있습니다. 보수적인 산정현교회의 장로 노릇을 하는 한편 무교회의 우치무라 간조, 야나이하라 다다오, 후지이 다케시를 아주 존경하고 그 글을 많이 읽고 주일마다 오후는 자기 댁에서 무교회 성경 연구 모임을 합니다. 그러

94 이건오 전 한동대학교 선린병원장과 2006년 8월 인터뷰.

고는 한 달에 한 번은 무교회에서는 용납도 안 되는 나를 허락하여 그 모임을 인도하게 하지 않습니까? 나는 또 나여서 내 실생활은 쥐구멍이라도 없어 못 들어가는 형편이지만 내 생각에 어느 정도의 자신이 있으므로 무슨 비판 시비를 받아도 내 생각을 숨기지도 굽히지도 않습니다. 다른 사람 같으면 자기 신앙이 그 바닥에서 흔들릴 만한 그 이단의 소리를 들으면 목에 핏대를 세우며 반박을 하든지 그렇지 않으면 당장 거래를 끊겠는데 그는 조금도 그런 기색이 없습니다. 말로 표시할 정도도 아니 되어 나도 그저 가만있습니다만 참말로 탄복하지 않을 수 없습니다.[95]

### 후지이 다케시

장기려는 부산모임에서 후지이 다케시를 가장 많이 소개했다. "나의 존경하는 후지이 다케시 선생"이란 글이 대표적이다. 후지이의 요한계시록과 누가복음 강해와 단테의 『신곡』, 구약성서의 창세기와 시편, 예수의 부활, 사도 바울의 사랑의 철학 같은 글들도 번역해 《부산모임》에 실었다. 1970년대 중반에 복음병원 내의 분규로 고통스러운 날들을 보낼 때는 후지이 다케시가 쓴 "패배의 승리"를 읽고 또 읽었다. 그 글이 후지이 사상의 핵심이고, 살아오면서 자신이 어려운 순간마다 문제 해결을 위해 붙들었던 해결책이었기 때문이다. 대다수 제자나 후배 교수들은 패배의 승리가 무슨 뜻인지 이해하지 못했던 듯하다. 1970년대나 지금이나 이 짧은 글은 개신교 신

95 함석헌, "내가 아는 장기려 박사", 《부산모임》, 제26호, 1971년 10월호, 2-3쪽.

학을 잘 모른다면 이해가 쉽지 않다. 다음은 "패배의 승리" 전문이다.

오 얼마나 훌륭한 실패의 기록인가. 그대 예레미야의 생애는! 그대는 불같은 정열을 기울여 계속해서 외친 지 50년이 되었으나 한 사람의 영혼도 회개시키지 못하고 백성들의 마음은 날로 완악해지기만 했다. 그대의 눈은 눈물의 원천이 되어 밤낮 없이 뜨겁게 사랑한 그 영광의 조국은 그대의 눈앞에서 태산이 무너지듯이 망하지 않았던가! 그리고 그대 자신은 진작부터 비웃음을 받고, 저주되고, 온 땅의 사람들로부터 비난을 받고, 친근한 자들이 죽이려고 하고 채찍을 맞고 감옥에 갇히고 구덩이에 던져지고 끝내는 원치 않는 나라에 강제로 끌려가 드디어 그곳에서 돌에 맞아 죽었다. 실로 일찍이 그대가 말한 것처럼 '끌려가 죽임을 당하는 어린양'이 바로 그대였다. 아, 이것은 완전히 실패의 생애가 아닌가. 이와 비슷한 예는 아무 데서도 찾아볼 수가 없다. 나는 이런 기록이 세상에 있는 것을 기이하게 생각한다. 예레미야의 실패는 진리 또는 진실로 인한 실패였다. 그에게 조금이라도 교활한 면이 있고, 조금이라도 장삿속이 있었던들 그처럼 비참하게 실패하지 않았을 것이다. 그의 패배는 그의 진실성의 투영(投影)이요 보증이었다. 후자는 충실하고 전자는 철저했다. 양자는 저울의 두 접시처럼 서로 원인이 되고 결과가 되었다. 나는 여기서 알 수 있다. 예레미야의 경우는 패배 자체가 오히려 승리의 소치임을. 예레미야는 세상을 이겼다. 왜냐하면 그는 세상에서 패할 수밖에 없을 만큼 세상에 충실했으므로. 세상과 진실은 서로 용납되지 않는다. 그러므로 세상은 예레미야를 짓밟아 그의 진실성을 증명하여 스

> 스스로를 심판한 것이다. 승리는 패배에 있다. 마치 생명이 죽음에 있고, 자유가 복종에 있는 것처럼. 죽음을 혐오하고, 복종을 부끄럽게 여기고 패배를 배척하는 현대인에게 무슨 생명과 무슨 자유가 있겠는가. 모든 사업에 의해 생애를 평가하고, 그대들은 예레미야 앞에서 조금도 얼굴을 붉히지 않는가?[96]

야나이하라 다다오는, 패하고 이긴다는 공리주의적(功利主義的)인 생각과 이 글은 아무 관계가 없다고 선을 그었다. 거칠게 요약하자면, 악한 세상에서 진실한 생애는 패배하지 않을 도리가 없지만 '하나님 앞에서 영원한 가치는 오직 진실한 생애뿐이므로 이 세상에서 패배한 자야말로 영원한 승리자'가 된다. 부산모임 초창기 멤버 허완은 후지이와 장기려의 만남을 사도 바울이 다마스커스(다메섹) 도상에서 경험한 회심에 비유했다. 바울이 다마스커스 도상에서 그리스도에게 온전히 붙잡힌 것처럼 장기려도 후지이 다케시 전집을 통해 그리스도에게 붙들렸다.

> 선생님은 실로 이 전집을 통하여 마치 사도 바울이 다메섹 도상에서 예수에게 잡힌바 된 것처럼 살아계신 주 예수 그리스도에게 완전 점령당하고 말았습니다. 선생은 이제 과거의 선생이 아니고 주님의 전리품으로 주님의 작품으로 꼼짝 못하는 그리스도의 종으로 주님의 제단 위에 바쳐지고 말았습니다. ……선생님은 그때부터 새로운

---

96 야나이하라 다다오, 『결혼·가정·직업 48가지 이야기』, 한국문서선교회, 1998, 183쪽.

피조물로 그 인생관이 새롭게 변했습니다. 선생님은 청년 시대에 등정무(후지이 다케시) 전집을 통해 받은 강한 불길이 점점 뜨거워졌습니다. 복음이란 참 인간을 구원하고 힘을 주는 하나님의 능력이요 인간에게 주는 최고의 선물인 것을 너무도 확신했습니다.[97]

장기려가 언제부터 후지이 다케시의 글을 읽기 시작했는지는 분명치 않다. 경의전을 졸업하고 함석헌, 김교신, 야나이하라 다다오, 후지이 다케시를 읽으며 현실도피적인 개인구원 신앙으로부터 벗어날 수 있었다는 고백만 확인될 뿐이다. 후지이 다케시로부터는 지질, 천문, 박물학을 가미해 읽어 낸 창세기 주석, 레위기에 나오는 심오한 제사의 의미, 시편의 감동적 해설, 시대의 사명과 역사 법칙의 통찰을 배운 예언서, 복음서와 사도 바울의 서신들, 요한 및 바울의 사랑의 철학, 계시록 강해 등을 통해 "아름답고도 풍부한 지식"을 많이 얻었다. 그러나 사랑하는 아내를 잃고 난 뒤 부인의 영생을 믿으며 끝까지 재혼을 부정한 후지이에게 더 깊게 끌렸지 싶다. 함석헌 역시 13년 연상인 후지이로부터 많은 걸 배웠으나 장기려와는 다른 면에서 영향을 받았다. 가장 큰 배움은 후지이의 역사관이다. 함석헌은 1923년부터《구약과 신약》에 연재한 후지이 다케시의 "성서로 본 일본"을 읽었다. 후지이 다케시의 이 글이 있었기에 함석헌의 '성서적 입장에서 본 조선 역사'(출판된 제목은 『뜻으로 본 한국 역사』)가 나올 수 있었다.

97 허완, "주 예수 그리스도에게 사로잡힌 생애",《부산모임》, 제27호, 1971년 12월, 8쪽.

후지이 다케시는 일본 카나지와(金澤)시에서 군인의 아들로 태어났다. 14살에 후지이(藤井)가의 양자로 들어갔다. 중학교를 수석 졸업하고 도쿄로 가서 명문 제일고등학교를 다녔다. 도쿄 제국대학 법학부에서 정치학을 공부했다. 18살 때 양아버지가 죽고 양모와 살면서 평생 의견차로 고통받았다. 그의 어두웠던 생활은 니시에이 노부코(西永喬子)와 약혼하면서 새로운 전기를 맞았다. 후지이는 스물두 살 때 우치무라를 만났다. 1년 뒤에 하나뿐인 여동생의 죽음이 계기가 되어 깊은 신앙을 체험했다. 대부분 제일고 출신 법대생으로 구성된 우치무라 간조의 20여 명 제자들은 '떡갈나무회'(柏會)를 만들어 신앙생활을 함께했다. 대학을 졸업한 후지이는 대다수 법대 졸업생들과 달리 관리가 아니라 저술가가 되고 싶었다. 우치무라로부터 사회 실습을 통해 인생을 알아야 한다는 권유를 받고 고등문관시험에 합격하여 교토 시청에 근무했다. 공무원을 그만두고 전도를 하고 싶었으나 우치무라의 반대로 공무원 생활을 계속했다. 2년 뒤 시청 근무를 마치고 야마테(山形)현 경찰서에 근무하다가 이사관으로 승진하여 지방행정을 담당했다. 후지이가 설립한 현립 자치강습소는 일본 국민고등학교 운동의 효시가 되었다.

관리로서 업무에 성실하면서도 후지이는 복음 전도와 저술 준비를 게을리하지 않았다. 세상 구제의 근본이 그리스도의 복음인데 자신의 천직은 저술과 전도라고 확신했다. 그러나 관리직을 포기하고 복음 전도와 저술을 하며 평생을 살았다. 직장을 떠난 후 도쿄로 이사했다.

우치무라의 조수로 강연 필기와 《성서의 연구》 편집 보조를 담당하면서 매월 기고했다. 1916년 3월《성서의 연구》에 기고한 "단순한 복음"이 우치무라 신앙과 모순된다는 이유로 기고 금지를 당했다. 십자가란 신의 분노에 근거한 대벌(代罰)이라는 사상을 배척하고, 십자가는 신의 사랑 표현으로 인류 구제가 목적이라 주장한 게 문제였다. 이 때문에 처녀작『신생』출판을 거부당했다. 어쩔 수 없어 원고를 이와나미 서점에서 출판하였다. 그 이후 후지이 책은 거의 이와나미 서점에서 출판했다.

1914년에 1차 세계대전이 터졌을 때 우치무라는 절망하여 도쿄 간다(神田)의 기독교회관에서 '성서의 예언적 연구 연설회'를 열었다. 이때부터 2년간 예수 재림 운동을 시작하자 전국으로 급속하게 퍼져 나갔다. 후지이는 전국을 다니며 성서 강연을 했다. 당시 쓴 논문들은『영원의 희망』이란 제목으로 출판됐다. 후지이는 종래 우치무라 제자들의 여러 분파를 모아 형제단을 만들고 기관지로《교우》(教友)를 창간했다.

33살 때 후지이는 우치무라와 다시 충돌했다. 누군가의 결혼 문제 때문이었다. 그 이후 월간《구약과 신약》을 창간하고 인생과 자연, 시편과 로마서 연구 결과물을 게재했다. 1922년에 우치무라와 화해했다. 그해 3월부터 도쿄의 간다 기독교회관에서 일요일마다 공개 성서 강연을 했다.

1923년에 부인이 중환으로 사망했다. 29세의 나이였다. 후지이는 아내의 유골을 묻지 않고 평생 서재 위에 놓아 두었다. 1923년 9월에 관동대지진이 발생하자 일본에 대한 신의 엄중한 심판이라고 경고했다. 성서에 나타난 역사철학에 의하면 일본에 특수한 사명이 있다고 주장했다. 그리스에게는 신의 문제, 독일에게는 구원의 문제에서 진리를 보여 주었듯 신의 경륜에 의해 이제 일본에게 특별한 사명이 주어졌다고 믿었다. 그러나 당시 현실에 대해서는 오직 환멸을 느꼈다. 일본은 회개한 뒤 영광의 사명을 수행해야 한다는 생각으로 예언자가 되었다.

후지이의 성서연구는 처음부터 자구(字句)에 치중한 외면적 해석보다는 정신적이고 내면적인 고찰을 중시했다. 성서의 정신을 자신의 체험에 근거하여 표현하면서 이는 결코 단순한 주관이 아니라 직관이자 생명이라 주장했다. 그가 예수의 인격과 생애를 설명하고, 예레미야 등을 연구할 때, 결코 예수나 예레미야의 바깥에 자기를 두지 않았다.

부인 사후에는 공개강연회 대신 자기 집에서 20명이 넘지 않는 소수에게 안식일 오전에 성서를 강의했다. 오후에는 청년들에게 학문적 교양을 베풀었다. 교재는 밀턴의 『실락원』과 『복락원』, 단테의 『신곡』, 칸트의 『도덕철학원론』, 히브리어, 그리스어 등이었다. 청강자는 많아야 10여 명, 적을 때는 한두 명에 불과했다. 1928년 6월에는 우치무라 신앙 50년 기념 기독교 논문집에 "무교회주의 연구"를 기고했다. 그다음 해 3월 『성서로 본 일본』을 출판하고, 매주 3회의 연속 강연을 시작했다. 1930년에 스승 우치무라가 사망하자 "예언자로서의 우치무라 선생"과 "근대의 전사 우치무라 선생"을 강연했다. 그해 6월부터 건강이 악화되어 7월 14일에 43세의 나이로 사망했다. 그 이듬해에 최초의 전집이 발간되었고, 판을 거듭하다가 1972년에 이와나미 서점에서 10권으로 전집이 출간되었다.

# | 4부 |

# 공산 치하의 평양생활

"경건한 인격자가 되라.
하나님으로부터 진실하다고 인정받는 자,
자기 양심에 이웃에게 사랑을 베풀었다고
자만할 수 있는 자가 되자."

## 해방 이후 북한의 보건의료

해방 후 김일성은 어느 나라 통치자보다 보건 의료에 관한 담화와 연설을 많이 남겼다. 특히 사회주의 기틀을 닦던 1945년부터 1950년까지는 보건의료와 관련한 공식 언급을 더 자주했다. 북한 공산당에 따르면 일제치하 때부터 김일성은 보건의료 분야에 관심이 많았다. 저들이 내세우는 근거는 1936년 5월 5일에 마련한 '조국광복회 10대 강령'이다.

> 8시간 로동제 실시, 로농조건의 개선, 임금의 인상, 로동법안의 확정, 국가기관으로부터 각종 로동자의 보험법을 실시하며 실업하고 있는 근로대중을 구제할 것[1]

1946년 4월에 김일성은 함경북도 당, 정권기관일꾼 연석회의에서 보건의료와 관련한 연설을 남겼다. 이날 연설은 이후의 북한 보건의료 분야 정책 이해에 많은 도움이 된다.

---

1 『김일성 저작집』 1권, 127-128쪽을 황상익, 『1950년대 사회주의 건설기의 북한 보건의료』, 서울대학교출판부, 2006, 20쪽에서 재인용.

과거 우리 인민은 일제의 장시간에 걸친 가혹한 착취와 침략전쟁의 무거운 부담으로 말미암아 건강이 극도로 악화되었으며 각종 질병으로 고생하여 왔습니다. 그러나 일본 제국주의자들은 조선 인민을 위한 아무런 보건대책도 세우지 않았습니다. 인민정권기관들은 인민보건사업에 특별한 관심을 돌려야 합니다. 보건 부분에서는 인민들의 병치료사업을 잘할 뿐 아니라 각종 질병으로부터 인민들의 건강을 보호하기 위안 예방사업도 강화하여야 하겠습니다.[2]

해방 당시 북한에는 관영병원 9개(병상 수 450개)와 약 1000명의 의사가 있었다. 인구 1만 명당 의사(한지의사[3] 포함) 수는 1.5명이었고 간호원은 8명, 조산원은 0.9명이었다.[4] 1946년 2월에 창설된 북조선임시인민위원회는 '20개조 정강'을 발표했다. 이 중에서 보건의료관련 조항은 생명보험 실시와 빈민들의 무료치료를 규정한 15조와 20조이다.

(15) 로동자와 사무원들의 생명보험을 실시하며 로동자와 기업소의 보험제를 실시할 것

(20) 국가병원 수를 확대하며 전염병을 근절하며 빈민들을 무료

2 『김일성 저작집』 2권, 191쪽을 황상익, 위의 책, 22쪽에서 재인용.

3 북한에서는 해방 후 한의사를 한지의사로 표기했다.

4 황상익, 위의 책, 115쪽.

로 치료할 것[5]

위의 조항은 1946년 북한 예산의 6.2퍼센트를 보건 부분에 지출했음을 통해 확인된다. 해방 당시 9개에 불과했던 관영 병원은 1946년 말에 58개의 국가병원, 100개의 진료소, 28개의 인민약국으로 확장됐다. 신설한 김일성종합대학에는 의학부를 설치했다.[6] 12월 19일에 북조선임시인민위원회는 "사회보험법"과 "로동자, 사무원 및 그 부양가족들에 대한 의료상 방조실시와 산업의료시설 개선에 관한 결성서"를 채택했다. 1947년에 들어서자 사회보험법에 의거, "의료상 방조(傍助)가 필요한 노동자, 사무원들과 그 부양가족들에게 무상 치료제"를 실시하였다. 김일성은 1947년 2월 19일에 있었던 북조선 도·시·군 인민위원회에서 의료 시설 확충과 노동자와 사무원들에게 의약품 무료 공급 계획을 다음과 같이 밝혔다.

> 해방 후 인민주권이 섬에 따라 보건사업은 근본적으로 개선되었으며 병원과 진료소들이 많이 늘어났습니다. 1946년에 국립병원 수는 해방 전에 비하여 6배 이상으로, 병원침대 수는 4.5배 이상으로 늘어났으며 70대의 침대를 가진 전염병원 두 개와 위생세균시험소 여덟 개 그리고 열 개의 소독소가 세워졌습니다. 1946년에 우리는 또한 176대의 침대 수를 가진 두 개의 결핵료양소를 내왔으며 각 도

5 『김일성 저작집』 2권, 125-127쪽을 황상익, 위의 책, 21쪽에서 재인용.

6 황상익, 『1950년대 사회주의 건설기의 북한의료』, 서울대학교출판부, 2006, 116-117쪽.

소재지에 구급소를 내왔습니다. 의료기관이 빨리 늘어나 보건사업이 개선됨으로써 전염병이 훨씬 줄어들었습니다. 1947년에 의료기관과 그 시설이 더욱 늘어날 것입니다. 보통병원과 전염병원이 106개로 늘게 될 것이며 그 침대 수는 1946년에 비하여 1.5배로 늘어나게 될 것입니다. [중략] 우리는 또한 근로대중에게 더 많은 의료상 방조를 줄 목적으로 로동자와 사무원들에 대한 의약품의 무료공급제를 실시하게 될 것입니다. 이를 위하여 우리는 이미 모든 공장의 의료시설을 로동국산하 국영보험기관에 넘기었습니다.[7]

1947년의 보건의료 상황은 김일성이 1948년 2월 6일 북조선인민위원회 4차 회의에서 발표한 보고에 잘 드러나듯 도시와 농촌에 47개의 병원과 294개 진료소를 새로 만들었다. 사회보험법의 발효로 의료방조를 받은 사람은 170만 명이 넘었다. 1948년에는 전염병원 6개와 100개의 간이진료소를 더 세우겠다고 밝혔다.[8] 1948년부터는 병원 분만, 3세 미만 어린이, 지정전염병 환자, 양로원 수용자, 극빈자도 무상치료 원칙을 적용받았다.[9] 국영병원의 약값과 치료비는 개인병원의 10분의 1로 정하고 누진적 세금제도를 시행함으로 개인 의료시설을 무력화시켰다. 의료기관 공유화 정책을 확실하게 시행했다.

---

7 『김일성 저작집』 3권, 282-290쪽을 황상익, 위의 책, 24쪽에서 재인용.

8 황상익, 위의 책, 27쪽.

9 황상익, 위의 책 20쪽.

1949년에 이르면 국가병원 수가 해방 직후보다 411.9퍼센트, 병상 수 515.4퍼센트 증가하였다. 국가치료기관인 각종 진료소와 간이 진료소도 1949년 말에는 해방 당시보다 2000퍼센트 이상 증가했다. 1945년 8월 현재 56퍼센트에 이르던 무의면(無醫面)이 1950년 상반기까지 완전 일소되었다. 특히 1950년 보건의료 예산은 11억 4763만 8000원이었던 1949년 예산에 비해 54퍼센트나 증가했다.[10] 이 통계는 북한의 보건의료 체계가 1945년부터 1950년 사이에 이미 기본 골격을 갖추었음을 보여 준다. 그러나 한국전쟁의 발발로 북한의 보건의료는 극심한 타격을 받았다.

---

10 황상익, 위의 책, 31쪽.

## 충돌하는 기독교와 공산주의

해방 전까지 개신교 교세는 이북이 이남을 크게 앞질렀다. 신사참배로 개신교가 변질되기 이전인 1938년 통계에 의하면 60만 명이 넘던 크리스천의 75퍼센트는 북서지방, 그 중에서도 평안도와 황해도에 살고 있었다.[11] 이북에서 개신교가 흥왕할 수 있었던 첫 번째 요인으로는 선교를 공인하기 이전부터 중국과 교역하는 상인들이 서북 지역으로 기독교 복음을 가지고 들어온 걸 꼽는다. 이남에 비해 반상의 구별이 약하고, 기성 종교의 영향력이 강고하지 않았던 점도 개신교가 강세를 떨 수 있었던 이유였다. 사와 마사히코(澤正彦)에 따르면 이북에서 새로운 정치질서를 만들려 했던 대다수는 신의주·의주·선천·정주·영변·평양·강서·진남포·신천·재령 등에 살았던 자주적, 진보적 중산층 개신교인이었다. 상류층이 아니라 중하층 출신이 많았음에도 당시 개신교 지식인들은 교육, 문화, 사회 운동의 지도자 역할을 잘 감당했다.[12]

북한에서 가장 영향력이 강했던 기독교와 천도교는 김일성 정권 초기부터 골칫거리로 등장했다. 첫 대결은 1946년 3월 1일 평양 장

---

11 김흥수 엮음, 『해방 후 북한교회사-연구·증언·자료』, 다산글방, 1992, 13쪽.

12 김성수, 『함석헌 평전-신의 도시와 세속 도시 사이에서』, 삼인, 2001, 85쪽.

대현교회[13]에서 일어났다. 2월 8일 결성된 북조선임시인민위원회가 제일 먼저 착수한 일은 토지개혁이었다. 일본인, 민족 반역자, 5정보[14] 이상을 소유한 지주 및 교회·성당·사찰의 토지를 몰수했다. 김일성 정권은 이들로부터 1만 4000여 정보의 땅을 빼앗았다. 토지를 빼앗긴 35만 명의 지주 가운데 상당수는 기독교인이었다. 몰수한 토지는 땅이 없는 농민들에게 한 가구당 평균 4000여 평씩 재분배했다. 한 평 땅도 없던 소작농들은 토지개혁을 열렬히 환영했지만 종교계와 지주들은 크게 반발했다. 평양 공산당위원회 건물이 수류탄 투척을 받는가 하면, 평남 강동군에서는 토지개혁에 적극 참여한 경찰국장이 구금을 당했다. 토지 개혁에 대한 저항은 주로 황해도와 평안도에서 일어났다.[15] 김일성 정권은 토지개혁에 만족하지 않고 종교 집회에서 거둔 헌금을 착취 행위로 간주하여 금지했다.[16] 일제 치하에서도 없던 헌금 금지 조치로 기독교의 저항은 더욱 격렬해졌다.

북조선임시인민위원회가 토지 개혁을 서두르고 있을 때, 평양 장대현교회는 해방 후 첫 3·1절 기념예배를 준비하고 있었다. 당국은 이 행사를 불법으로 규정하고 북조선임시인민위원회가 개최하는

---

13 1893년에 설립된 이북 지방의 대표적 교회였다. 1910년 105인 사건과 3.1운동 당시 일제 저항의 중심이었다. 해방 이후에는 반공의 중심지 역할을 했다.

14 1정보는 3000평이었으니 1만 5000평의 땅.

15 김성보·기광서·이신철, 『사진과 그림으로 보는 북한현대사』, 웅진지식하우스, 2005, 41-42.쪽.

16 박용규, 『한국기독교회사 2』, 생명의말씀사, 2005, 813쪽.

평양역 기념집회 참석을 요구했다. 교계 지도자들이 반발하자 박대선 목사를 비롯한 60여 명의 교역자를 행사 사흘 전인 2월 26일에 잡아들였다. 검거를 면한 황은균 목사는 3·1절 행사를 강행했다. 소련군과 북한 경비대가 포위한 가운데 열린 3·1절 기념예배에는 3000명이 넘는 신도들이 모였다. 예배를 인도하던 황은균 목사는 성도를 가장한 20여 명의 적위대에 의해 끌려 나갔다. 그러자 교인들은 "신탁통치 결사반대", "신앙의 자유를 달라", "소련군은 물러가라"는 과격한 정치구호를 외치며 맞섰다. 예배는 시위로 돌변했다. 교인들은 찬송을 부르며 적위대를 가로막고 황 목사 연행을 저지했다. 당황한 당국은 즉석에서 황 목사를 풀어 주었다. 그러나 저녁에 황은균, 김명길, 이춘생 목사를 비롯한 수십 명의 성도들을 연행했다.

두 번째 대규모 저항은 1946년 11월, 북한 정권이 일요일 선거 강행 과정에서 불거졌다. 주일 총선거는 김일성의 외숙이자 꼭두각시였던 강양욱 목사가 조직한 어용 조선기독교연맹이 추진했다. 조선기독교연맹은 '우리는 김일성 정부를 절대 지지하고, 남한 정권을 인정치 않으며, 교회는 선거에 참가한다'는 내용으로 성명서를 발표했다. 황해도가 먼저 들고 일어났다. 가장 강력한 반발은 평안도 지방 중심으로 결성된 이북5도연합노회(이하 연합노회)에서 나왔다. 연합노회는 10월 20일 모임을 통해 일요선거 반대 결의문을 인민위원회에 전달했다. '주일성수를 생명으로 하는 교회는 주일에 예배 이외의 여하한 행사에도 참가하지 않고, 정치와 종교는 엄격히 구분해야 하고, 교회당은 예배 이외에는 어떤 다른 목적으로

도 사용할 수 없고, 교회는 신앙과 집회의 자유를 확보한다'는 내용이었다. 연합노회는 선거를 평일로 바꿔 달라는 청원도 넣었다. 물론 이 청원은 거절당했다. 총선거를 앞두고 공산당은 강력한 기독교 탄압에 나섰다. 평양을 중심으로 한 보수적인 개신교인들은 주일 선거가 십계명을 어기는 중대한 범죄로 간주하며 극렬히 반대했다. 일부 교회들은 선거 당일 새벽부터 자정까지 교회를 지키며 투표를 거부했다.

김일성 정권은 1947년부터 노골적인 개신교 탄압을 단행했다. 평양을 방문한 블레어(W. N. Blair) 선교사를 통해 폐교되었던 평양신학교가 문을 열고 164명의 학생을 교육시키고 있음이 확인된 것을 보면, 4월 이전에는 본격적인 탄압이 시작되지 않았다.[17] 4월 이후 김일성 정권은 조선기독교연맹을 통해 수단을 가리지 않고 지도급 목사들을 연맹에 가입시켰다. 그 결과 1947년 여름까지 북한 개신교 3분의 1이 조선기독교연맹에 가입했다. 이때 대표적인 한국 개신교 지도자 중 한 사람인 김익두 목사가 변절했다. 일제의 앞잡이 김응순 목사와 함께 '교회를 살리는 길은 연맹밖에 없다'는 등의 감언이설로 목사들을 연맹에 가입시켰다. 김익두와 김응순은 연맹 가입을 거부하는 목사들에게 협박을 주저하지 않았다. 끝까지 저항하던 평양신학교 교장 김인준 목사는 정치보위부에 끌려가 고문 끝에 순교하였고, 그의 후임 이성휘 목사 역시 한국전쟁 때 국군의 평양 탈환이 임박하자 처형당했다. 1949년 4월까지 주요 도시의 지도급 목

17 박용규, 위의 책, 812쪽.

장기려 선생이 출석했던 평양 산정현교회는 2000여 명의 교인들이 출석할 정도로 컸을 뿐 아니라 일제에 저항했던 대표적인 교회였다. 사진은 1938년에 건축한 예배당 모습.

사들은 대부분 연맹 가입을 마쳤다. 독실한 개신교인들은 순교를 각오하고 맞서거나 신앙의 자유를 찾아 월남하였다. 북한 교회는 1946년 11월의 주일 총선거를 기점으로 선거에 참여한 교회와 거부한 교회로 쪼개졌다. 이 둘의 관계는 일제 때 신사참배를 한 교회와 신사참배를 거부한 교회만큼이나 험악했다.

장기려 주변 인물 중에서도 월남하는 사람들이 적잖게 생겨났다. 1946년 3월이라는 비교적 이른 시기에 장기려가 출석하던 평양 산정현교회[18] 한상동 담임목사가 월남했고,[19] 신의주를 중심으로 활발한 선교 활동을 전개하던 한경직 목사는 그보다 빠른 1945년 10

월에 38선을 넘었다. 창동교회 황은균 목사도 월남했고, 장기려의 김일성대학 의과대학 제자 송효원, 김윤광, 한중근, 김응춘, 김공산, 조기화, 전기복, 신호식, 한덕근, 한종은도 신앙의 자유를 찾아 월남했다. 1946년부터 예수 믿는 학생들에 대한 음성적인 탄압이 거칠어졌기 때문이다. 학교 당국이 직접 나서서 기독교 신자들을 색출하진 않았으나 민주청년동맹(이하 민청)이 개신교 학생들을 몰아낼 때 수수방관했다. 1947년 2월 26일에 용암포를 떠나 월남을 시작한 함석헌은 평양에서 장기려를 만났다. 두 사람은 무사 월남을 위해 함께 기도하고 작별했다.[20] 장기려는 왜 월남하지 않았을까. 무슨 이유로 남았을까. 대가족을 거느리고 월남하는 것이 현실적으로 어려웠기 때문일까. 해야 할 일이 남아 있다고 생각한 것일까. 장기려는 이에 대해 침묵했다.

---

18 일제와 북한 공산 치하를 통과하면서 영적인 면에서는 물론 민족주의적인 면에서 한국의 대표적인 교회였던 평양 산정현교회는 한국전쟁 이후 신앙의 자유를 찾아 월남한 산정현교회 성도들에 의해 부산과 서울에 산정현교회라는 이름으로 네 곳의 교회가 세워졌다. 따라서 혼란을 막기 위해 여기서는 한국전쟁 이전에 존재했던 산정현교회를 '평양 산정현교회'로 표기한다.

19 장기려는 한상동 목사의 월남이 남쪽에 신학교를 세우려는 목적 때문이었다고 이해하였으나 교회사가들은 약간 다르게 설명한다. 총신대 박용규 교수가 대표적인 경우일 텐데 그에 의하면 한상동 목사는 평양노회 가입 때문에 곤란하던 차에 모친상을 당하여 당회와 충분한 협의 없이 월남하였다. 박용규의 『평양 산정현교회』, 생명의말씀사, 2006, 350쪽과 심군식, "한상동 목사와 고려신학교", 《기독교사상연구》 제3호, 고신대학교 부설 기독교사상연구소, 13쪽을 참고하라.

20 장기려, "함석헌 선생님과 나", 함석헌 기념사업회 홈페이지(http://www.ssialsori.org).

## 건국하다 죽어야지

장기려는 1945년 5월 16일부터 3개월을 황달(jaundice, 급성간염)에 걸려 꼬박 누워 있었다. 강박관념 때문에 불면증에 시달린 탓이다. 불면증은 신경쇠약으로 이어졌고[21] 소화불량까지 겹쳐 죽만 먹고 지냈다. 죽을지 모른다는 생각을 자주했다. '죽으면 하늘나라에 가겠지……' 하면서도 걱정이 떠나지 않았다고 했다. 황달은 이웃에 살던 박소암 박사[22]의 도움으로 나았으나 죽음의 강박은 여전했다. 치료를 위해 시골 약수터를 찾았다. 차도가 없자 7월 하순부터는 묘향산 부근 약수터로 옮겼다. 이때까지 야나이하라 다다오와 서신 교환 중이었다. 야나이하라는 지하철을 타고 가다가 쓰러지자, '아! 하나님께서 나를 통해서 이 나라가 속히 넘어질 것을 보여 주는 것이 아닌가'라며 그 일을 일본 민족의 장래와 결부시켰다. 그래서 자신이 발행하던 월간지 《가신》(嘉信)을 일본이 폐간하면 패망할 것이라 경고했다. 공교롭게도 1944년에 《가신》이 폐간당하자 일본은 그 다음 해에 패망했다.

---

21 장기려, "북에서 쓴 감투-나의 이력서 13", 「한국일보」, 1976년 6월 29일, 4면.

22 세브란스의전을 나온 이비인후과 의사이다. 1957년 대한이비인후과 학회가 결성될 때 서울 지역의 간사를 맡았다.

장기려도 자기가 걸린 황달이 민족의 장래에 대한 예언적 의미가 있는 건 아닐까, 라고 생각했다.[23] 건강은 점점 악화되어 해방이 되었을 때는 15분을 계속 걸을 수 없었다. 일본 '천황'의 항복 소식은 8월 17일에야 묘향산에 당도했다. 아내에게 일본의 패망 소식을 들은 첫 반응은 "건국하다 죽어야지"였다. 겨우 조금씩 걸을 수 있는 몸상태였지만 아내를 재촉해 평양행 기차를 탔다. 평안남도 개천에 도착하자 광산에 징용되어 있던 노동자들이 밀물처럼 기차에 올라 탔다.

> 탄광에서 강제노동을 하고 있던 사람들이 해방이 되어 작업복인 채로 기뻐 날뛰며 기차에 오르는데 기차의 승강구가 사람으로 막히었으니까 창문으로 기어올라 타는 것이었다. 좌석에는 4명 이상이 앉고 통로에는 사람이 들어차서 문자 그대로 입추의 여지(立錐의 餘地)가 없었다. 그러나 아무도 불평이나 불만을 토하는 사람이 없다. 얼굴에는 기쁜 빛이 가득 찼고 서로 서로 양보하며 무엇인가 소망의 빛이 보이는 것 같았다.[24]

해방과 함께 감옥이 열렸다. 8월 16-17일 이틀 사이에 전국의 수감자 3만여 명이 풀려났다. 평양만 해도 3000여 명이 감옥을 나왔

---

23 장기려, "하나님은 사랑이다-나의 평양생활 10년간", 《부산모임》, 제122호, 1988년 6월호, 18쪽.

24 장기려, "8·15와 나", 《부산모임》, 제54호, 1976년 7월호, 1-2쪽.

고, 신의주에서 1400명, 함흥에서도 1000여 명이 자유를 얻었다. 태반은 공산주의자들이었다. 민족주의 독립운동가, 신사참배를 거부한 기독교 신자들도 있었지만 일제에 항거한 공산주의자가 가장 많은 수를 차지했다.[25] 평양 기홀병원 원장을 지낸 김명선 박사는 1945년 8월 11일 예비 검속에 걸려 평양 미림형무소에 수감돼 있다가 해방을 맞았다.

장기려는 평양으로 돌아온 다음 날 평남건국준비위원회(이하 평남건준)로부터 위생과장을 맡아 달라는 청을 받았다. 평남건준은 여운형을 중심으로 결성된 조선건국준비위원회(이하 건준)의 지방 조직이었다. 총독부는 여운형의 요구로 8월 15일 오후부터 전국 각 형무소에 수감되었던 정치범들을 석방하기 시작했다.[26] 건준은 해방 정국의 치안과 질서 유지에 힘썼다. 8월 말까지 145개 지부를 결성했다. 그 중 128개는 이남에 조직되었다.[27] 미군이 들어오기 전에 국가의 모습을 갖추어야 했던 건준으로서는 9월 6일, 서둘러 조선인민공화국(약칭 인공)을 선포하였다. 해방 후 환자 치료는 일정(日政) 때와 크게 다르지 않았다. 해방의 기쁨 때문인지 평양에서 수술 환자는 현저하게 줄었다. 특히 해방 초기에는 수술이 거의 없었다. 장기려가 기억하는 수술은 일본 여자의 위 수술이 전부였다. 하지만 평양 시민의 영양 상태는 매우 열악했다. 많은 입원 환자에게 수혈

---

25 안문석, 『북한 현대사 1』, 인물과사상사, 2016,

26 서중석, 『사진과 그림으로 보는 한국 현대사』, 웅진지식하우스, 2005, 21쪽.

27 서중석, 위의 책, 28쪽.

이 필요했지만 피를 제때 공급할 수 없었다. 그런 상황이 발생하면 장기려는 자기 피를 뽑아 환자에게 수혈하였다.[28]

소련군이 평양에 입성하자 소련군 사령관 치스티아코프는 평남 건준의 조만식, 조선공산당 평남지구위원장 현준혁, 그리고 일본측 대표들을 불러 행정권 이양을 논의하였다. 그 이후 평남건준은 평남인민정치위원회로 개편되어 위원장에 조만식, 평양 산정현교회 장로로 시무하던 오윤선과 조선공산당 현준혁을 부위원장으로 임명했다.[29] 소련군이 38선을 공식 통제하면서 8월 하순부터는 남과 북을 잇는 경의선 철도·전화·사람·물자 등의 왕래가 끊겼다. 남한 왕래는 얼마 동안 비공식적으로만 묵인되었다. 위생과장을 제안받은 8월 18일까지도 장기려는 건강이 나빴지만 건국하다 죽겠다는 각오로 대동강변에 있던 백선행 기념관[30]으로 출근했다. 위생과는 특별히 할 일이 정해져 있지 않았다. 10월이 되자 평안남도에는 임시정부가 수립되었다.

장기려는 11월에 평남 제1인민병원장(전 도립병원)[31]겸 외과과장으로 임명받았다. 변증법적 유물론을 공부한 일이 없어서 병원장직

---

28 장기려, "하나님은 사랑이다-나의 평양생활 10년간", 《부산모임》, 제122호, 1988년 6월호, 21쪽.

29 강준만, 위의 책, 53쪽.

30 백선행 기념관은 일제 강점기 시기의 여성 사회 사업가 백선행(1848-1933)이 조만식(曺晩植)과 뜻을 같이하여 민간문화운동의 집회장으로 도서관 겸용의 공회당으로 1929년에 건축했다.

31 평남 제1인민병원은 1945년 11월에서 그다음 해 3월까지의 이름이다.

수행에 곤란한 일이 적잖게 생겼다. 주된 병원 일과는 테러에 희생되거나 총살된 사람들의 시체 처리였다. 1946년부터는 민청이 병원 행정에 간섭하는 일이 잦아졌다. 기세등등한 민청은 각목, 죽창, 총 등으로 친일파를 처단했다. 그 과정에서 친일파뿐 아니라 수많은 사람들이 억울하게 죽었다. 민청은 살인사건이 터지면 병원부터 쫓아왔다. 부상당한 민청 환자가 죽기라도 하면 의사에게 총을 겨누거나 목에 칼을 들이대는 일들이 비일비재했다.[32] 민청 횡포 때문에 장기려는 병원장 노릇에 애를 먹었다.

6월에는 남한 의사 대여섯 명이 월북했다. 그 중에는 서울대 의대 내과 교수 최응석(1914-1998)[33]도 있었다. 남로당원 최응석은 동경제국대학 의학부를 졸업했다. 장기려는 최응석 박사가 병원장을 맡으면 좋겠다고 생각해 사표를 냈으나 수리되지 않았다. 그 무렵 평안남도에서 병원을 감시했다. 병원 뒤뜰에는 조선 임금이 평양에 들렀을 때 쉬어 가던 서궁이 있었다. 도적이 서궁 창문 글라스를 전부 떼어 간 사건이 문제였다. 평안남도 당국은 장기려 병원장이 국

---

32 이기환, 『성산 장기려』, 한걸음, 2000, 143쪽.

33 최응석은 김일성종합대학 의학부 부학부장 겸 북조선중앙병원(오늘의 평양의학대학병원) 원장으로, 북조선 보건련맹 위원장으로 일하였다. 전쟁시기에는 조선인민군 후방병원 원장으로, 군의국 내과군의장으로 있었으며 조선적십자병원 원장, 의학과학원 원장으로 1979년부터 생의 말년까지 보건성 물질대사 연구중심 책임자 겸 김만유 병원 물질대사과 과장으로 사업하였다. 특히 전쟁시기에는 희생적인 실험을 거쳐 방독면을 만들어 냈다. 『내과전서』의 총 편집자이며 물질대사 편과 내분비 편의 저자이다. 『내과학총론』, 『내과진단학』, 『콩팥염』(1, 2권) 등 많은 저서와 논문들을 집필하였으며 수많은 능력 있는 후배들을 키워냈다. 인민의사(1992), 후보원사(1952), 교수(1949), 박사(1949)이다. 국가훈장 제1급을 비롯한 많은 훈장과 메달을 받았다.(황상익의 논문, 「북으로 간 의사들」 참조).

가 재산에 막대한 손해를 입혔다며 책임 추궁을 했다. 감당할 수 없다며 병원장직을 고사했던 터라 억울하다고 항변했지만 그 일로 장기려는 요교류인물(要交流人物)[34]이라는 낙인이 찍혔다. 원장 자리에서도 쫓겨났다. 1946년 봄에 김일성대학 설립으로 평남 제1인민병원은 '김일성대학부속병원'으로 이름이 바뀌었다.

1947년 초에 김일성대학 부총장 박일,[35] 의학부장 정두현, 의과대학 부학장 겸 부속병원장 최응석이 장기려를 찾아왔다. 의과대학 외과학 강좌장을 맡아 달라고 부탁하기 위함이었다. 상당한 권력을 가졌던 김일성대학 박일 부총장이 찾아와서 외과학 강좌장을 부탁한 것은 이례적인 일이었다. 장기려는 청빙 제안에 이렇게 답했다.

> 첫째는 교수가 될 만한 실력이 없고, 둘째는 변증법적 유물론을 알아야 과학자로서의 자격이 있다고 하는데 나는 아직 그것을 파악하지 못하고 있고, 셋째는 일요일(내게는 주님의 날)에 나는 일을 할 수 없다는 조건을 내세운 것이다.
>
> 그러자 박일 부총장이 정 학장에게, "저분의 말이 사실입니까?" 하고 물었다.
>
> 부총장은 소련에서 온 사람이었지만 정 학장은 나를 잘 알고 아껴 주는 사람이었다. 정 학장은, "첫째와 둘째는 겸양의 말 같고 셋째

34 당시 이북에서 사용되던 말로 우리말로는 요주의 인물이라는 정도의 뜻을 갖는다.

35 김일성대학 부총장의 이름은 박일이다. 그러나 선생의 이 글에는 김일로 표기되어 있다. 선생이 나이가 많이 들어 기록한 글들이기에 김일성대학 부총장 이름이 어느 때는 박일이고, 어느 때는 김일이라고 착각했다.

는 사실인 줄 압니다."고 대답했다. 그 말을 듣고 난 부총장은 "첫째는 우리 민족이 일본 제국주의 밑에서 어떻게 대학교수의 자격을 갖출 만큼 공부할 수 있었겠습니까? 하지만 인민이 해 달라고 하면 어떻게 하겠습니까?"라고 물었다. 내가 대답을 못하고 머뭇거리고 있으니까 그가, "둘째로 변증법적 유물론에 대해서 알아보려고는 하십니까?"라고 물어 나는 사실대로, "책은 읽고 있습니다."라고 대답했다. 그랬더니 그는, "그러면 첫째와 둘째 문제는 해결이 되었습니다." 하면서, "셋째 문제는 일요일은 일을 해 달라고 하지 않겠습니다."고 해서 나는 김일성대학교 의과대학 외과학 강좌장으로 갔다.[36]

평남 제1인민병원이 김일성대학 의과대학으로 변경될 때 다른 교수들은 심사를 통과해야 교수를 계속할 수 있었다. 그러나 장기려는 심사 면제였다. 그 뿐만 아니라 여러 면에서 특이한 김일성대학 교수였다. 일요일에는 꼭 교회에 나갔고, 반드시 기도를 드리고 나서야 수술을 했다. 최응석은 1년 내에 장기려를 공산주의자로 만들겠다고 장담하고 다닐 만큼 열성 당원이었다. 당시 김일성대학 교수 월급은 2400원으로 북한 최고 수준이었다. 임상 의사에게는 1200원의 수당을 추가로 지급했다. 장기려 월급은 4600원이었다.[37] 문제는 소련 원조로 운영되던 각 병원의 매우 열악한 재정 상태였다. 수술을 제대로 할 수 없을 정도로 병원은 늘 물품 부족에 시달

---

36 장기려, "북에서 쓴 감투–나의 이력서 13", 「한국일보」, 1976년 6월 29일, 4면.

37 여운학 엮음, 『장기려 회고록』, 규장문화사, 1985, 48쪽.

렀다. 사정이 이렇다 보니 장기려는 허구한 날 월급을 털어 병원 물품 구입에 보탰다. 부모님과 6남매나 되는 어린 자식들은 늘 생활고에 시달렸다. 그게 다가 아니었다. 남편은 북한 최고 외과의사였으나 아내는 재봉틀을 돌려 환자복을 만드는 부업을 했다. 생활비가 모자라면 가재도구를 팔았다. 말이 김일성대학 교수이지 생활은 보통 인민보다 더 빈핍했다.

1947년 말, 김일성은 장기려에게 모범일꾼상을 수여했다. 모범일꾼상은 북한에서 지식인이 받을 수 있는 최고의 영예였다. 상금으로 받은 3000원 전액[38]은 출석하는 평양 산정현교회에 모두 헌금했다. 1948년 여름에는 휴가를 얻고 함흥 서북쪽에 있는 부언고지 휴향소에서 10일간 보냈다. 평양으로 돌아오니 북한 최초 박사 학위 수여자로 선정되어 있었다. 이미 1940년 11월에 일본 나고야 대학 박사 학위를 받았으나 그걸 인정하지 않는 북한이었기에 다시 박사 학위를 받게 했다. 당시 북한의 박사 학위는 과학원에서 당성이나 인민에 대한 기여도 검토 후 김일성의 재가를 얻어야 받을 수 있었다. 당성은 없었으나 환자에 대한 헌신과 병원에 대한 애정, 그리고 의사로서의 실력을 인정받은 결과였다. 박사 학위를 받으니 관용차가 나왔다. 월급은 9200원으로 두 배 넘게 올랐다. 이때 함께 박사 학위를 받은 사람은 김두봉 김일성대학 총장(언어학), 누에고치 연구로 유명했던 계응삼(농학), 비타민 E를 연구한 최삼열(이학), 해부학으

38 당시 북한 최고의 상은 특급상이었는데, 이는 노동자만이 받을 수 있는 상이었다. 특급상은 모범 일꾼상보다 상금이 갑절도 더 되는 7000원이었고, 부상으로 시계까지 주었다.

로 학위를 받은 최명학이었다.[39] 석사학위를 받은 사람은 정준택(공학)과 일제시대 소설과 문학 평론으로 유명했던 한설야(문학)였다.

박사 학위가 장기려에게 늘 좋지는 않았다. 학위 때문에 여러 회의에 불려나가 연설이나 토론을 해야 했기 때문이다. 조건반사설로 유명했고, 대뇌신경 생리학의 세계적 대가였던 파블로프(Ivan Petrovich Pavlov, 1849-1936) 탄생 기념일 연설 때는 곤혹스러운 일을 당했다. 평화 옹호대회 찬성토론(요즘으로 치자면 논찬)은 보사부에 있던 친구가 써 준 원고를 그대로 읽어 위기를 넘길 수 있었다. 문제는 대남방송에 출연해 평화 옹호 토론을 하라는 당의 명령이었다. 장기려는 완강하게 버티다가 마지못해 수락했다. 원고는 예술총연맹 부원장 이태준에게 사전 검열을 받았다. 일제강점기 『문장강화』로 유명했던 이태준은 원고에서 전쟁의 원인 분석은 문제 삼지 않았다. 그러나 해결책은 장기려의 안을 삭제하고 남한 땅에서 미군을 내보내고 이승만 도당을 제거해야 한다고 고쳤다. 그러나 방송 담당자의 거부로 방송하지 못했다.

---

39 이기환, 위의 책, 158쪽.

## 보이지 않는 북한 땅의 최고 통치자

장기려는 김일성 정권하에서 5년을 견뎠다. 30대 중반의 나이로 해방을 맞았을 때는 15분 이상을 걸을 수 없을 정도로 몸이 쇠약했음은 앞에서 말했다. 그 때문에 매일 죽을 각오로 병원에 출근했다. 기대 속에 시작한 평양 산정현교회 신앙 생활도 시간이 지날수록 어려운 일들의 연속이었다. 병원 생활도 어렵기는 마찬가지였다. 유물론자가 아니라는 이유로 병원이나 김일성대학에서 늘 주목 대상이었다. 병원장 자리에서 쫓겨날 때는 소련군에게 사상 검토까지 당했다. 병원 수간호사가 일거수일투족을 당에 보고하고 있던 터라 늘 긴장했다.

공산당은 종교 탄압의 압박 강도를 점점 조였다. 1947년부터는 투옥되고 고문당하는 기독교인들의 수가 점차 증가했다. 일제 때 신사에 절하는 것이 국민의례일 뿐이라던 교계 지도급 목사들은 또다시 공산 정권에 빌붙어서 김일성 정권의 주구(走狗) 노릇을 했다. 일제가 '공산정권'으로, 신사(神社)가 '조선그리스도연맹'[40]으로 바뀌었을 뿐 변절과 회유는 반복되고 있었다.

---

40 조선그리스도연맹은 조만식 중심의 북한 내 주류 기독교에 대항하기 위해 김일성의 지시로 강양욱 목사가 1946년 11월에 조직한 관변 기독교 단체다.

장기려는 북한에서 최고 월급을 받는 김일성대학 교수로 신분이 수직 상승했으나 살림살이는 여전히 허덕였다. 최고 월급이 무색하게 가족 경제는 일제 때보다 못하면 못했지 나아지지 않았다. 적어도 그때는 가재도구를 팔아 병원 일을 돌보진 않았으니까. 이처럼 모든 여건이 좋지 않았음에도 장기려는 북한에서 점점 더 중요한 인사가 되어 가고 있었다. 기독교인이라는 치명적 핸디캡이 아무 문제도 없는 것처럼 보일 정도였다. 평안남도 당국은 장기려를 병원장에서 해임했으나 김일성은 자신의 맹장 수술 집도를 위해 새벽에 비서를 보냈다. 새벽 기도회 때문에 늦게 병원에 도착해서 맹장 수술은 소련 군의관이 했지만 말이다.

공산정권 치하의 장기려를 이해하려면 김일성대학 부총장 박일과 최응석 부속병원장을 눈여겨봐야 한다. 해방이 되자 이북에는 다양한 출신의 공산주의자들이 귀국했다. 먼저 귀국길에 오른 집단은 항일무장 투쟁 세력인 만주계였다. 김일성은 1945년 9월 19일, 만주계를 거느리고 소련군 대위로 원산항에 입항했다. 곧바로 평양행을 선택하는 대신 각 지역을 돌며 세력을 규합해 10월 14일 평양 군중 앞에 모습을 드러냈다. 최용건, 강건, 김책, 김일 등이 김일성을 보좌했다. 다음으로 귀국한 세력은 연안 지역에서 중국 공산당과 함께 활동하던 조선독립동맹이었다. 중심 인물은 김일성대학 총장을 지낸 김두봉이었다. 3·1운동 이후 상하이로 망명하여 임시정부에서 활동을 했는데 민족주의와 공산주의를 동시에 받아들였던 특이한 이력의 인물이었다. 전투 경험도 김일성의 항일무장 투쟁세력에 뒤지지 않았다. 그러나 미국과 소련의 밀약 때문에 김두봉의 연안계는 무장해제당한 채 귀국하여 조선신민당을 창당하고 독자 활동을 시작했다. 마지막으로는 공식적인 조직을 갖고 있지는 않았으나 실질적인 영향력을 행사했던 소련계였다. 스탈린에 의해 중앙아시아 지역으로 강제 이주당했던 소련계는 해방 후 소련에 차출되어 모스크바 근교에서 3-6개월간의 실무 교육을 받고 이북에 파견되었다. 지역 공산당 간부, 학교 교원, 그리고 협동농장 관리인 등의 직업을 가졌던 이들은 1946년과 1947년 사이에 북한에 들어와 통역, 각종 행정 실무, 정보 등을 담당하였다.[41]

박일 부총장은 소련에서 초등학교 교장을 역임한 투철한 공산주의자였다. 귀국하자마자 새로 문을 연 김일성대학 부총장에 낙점될 만큼 실력파였다. 김일성대학에 장기려를 발탁한 인물이기도 하다. 북한은 남한과 달리 친일파 척결에는 성공했으나 인재 발굴에 심각한 어려움을 겪었다. 능력 있는 인사들을 대부분 친일파로 숙청했기 때문이다. 박일은, 끝내 신사참배를 거부했고 실력파 의사였을 뿐 아니라 어떤 프롤레타리아보다 검소한 생활로 존경 받던 장기려를 주목했다.[42] 서울 의대 교수 출신의 최응석 병원장은 월북한 지 채 1년이 안 되었을 때 7-8개 공직을 맡을 만큼 잘 나갔다. 앞서 살핀 것처럼 1년 내에 장기려를 공산주의자로 만들겠다는 호언을 책임지기 위해 종종 유물론을 가르쳤다. 그러나 박일과 최응석은 1년

41 김성보·기광서·이신철 공저, 『사진과 그림으로 보는 북한현대사』, 웅진지식하우스, 2005, 29-36쪽.

42 이기환, 위의 책, 144쪽.

을 못 채우고 쫓겨났다. 박일은 부족한 식량 문제 해결을 위해 일제 때 군사훈련장(연병장)으로 썼던 곳에 800만 원을 투입하여 농장을 조성하는 책임을 맡았으나 첫 농사에서 200만 원의 수입밖에 못 올렸다. 공산당은 600만 원 손실에 혹독한 책임을 물었다. 자아비판 끝에 숙청을 당하고 소련으로 돌아갔다. 박일은 소련 군정의 사실상 총독 역할을 하던 스티코프의 총애를 받는 인물이었다. 그런데도 숙청을 막을 수는 없었다. 한편에서는 박일의 숙청을 두고 농사 실패는 구실이었고 공산당 내의 권력 투쟁의 유탄을 맞아 엉뚱한 희생양이 되었다고 주장했다.[43] 장기려는 두 사람의 경우를 설명하면서 이를 북한체제하에서 경험한 공산주의에 대한 신앙의 제1차 승리로 해석했다. 그렇게 북한을 떠났던 박일 부총장은 40년 만인 1988년 5월 서울역에서 장기려와 만났다.[44]

최응석은 모든 공직을 하루아침에 다 잃었다. 1947년 12월 화폐개혁을 할 당시 자기 꾀에 빠져 몰락했다. 공산당은 화폐개혁 하루 전, 각 사회 단체장들을 불러놓고 개혁의 필요성을 설명했다. 보건연맹 위원장 자격으로 그 자리에 참석한 최응석은 미리 획득한 정보를 이용하여 쌀 두 가마니와 재봉틀 두 대를 매점했다가 발각됐다. 의사가 매우 적었던 시절이라 의사면허 취소는 가까스로 면했지만 모든 공직을 박탈당했다. 그렇게 되자 최응석은 다니는 곳마

---

43 장기려, "하나님은 사랑이다—나의 평양생활 10년간", 《부산모임》, 제122호, 1988년 6월호, 24쪽.

44 장기려, 위의 글, 16쪽.

다 장기려를 악평했고 없는 과오까지 꾸며서 밀고했다. 장기려는 맞대응하지 않았고, 그가 도움을 청하자 오히려 성심성의껏 대했다. 한 번은 최응석이 찾아와 출세 비결을 물었다. 그 이야기 끝에 장기려는 러시아어를 배우고 싶어 최응석과 함께 소련에서 온 특별병원장을 찾아갔다. 병원장은 극장에 가고 없었다. 자기를 위해 수고한 최응석에게 식사 대접을 하려고 집으로 갔다. 최응석은 너무 허름한 집과 조촐한 저녁상에 충격을 받았다. 환자에게 자기 피를 수혈해 주고 월급을 털어 운영비를 감당하는 것은 알고 있었지만 사는 집과 먹는 음식이 이 정도로 초라할 줄은 상상도 못 했던 모양이다. 그 이후 2년 동안 최응석은 장기려의 흠이나 과오를 한 번도 고발하지 않았다. 그의 이런 변화를 장기려는 공산주의에 대한 신앙의 두 번째 승리라고 말했다. 원수 갚는 것을 하나님에게 맡기고 선으로 악을 갚았더니 핍박했던 사람이 변할 뿐 아니라 문제까지 해결되었다고 믿었다. 장기려는 김일성 치하 5년을 생각할 때 종종 박일 부총장과 최응석 병원장을 회고했다.

> 나는 그들과 반대로 그들이 말하는 소위 인민들에게 신임을 받게 되어 원치 않는 의학 박사 학위까지 받게 되었다. 나는 이것을 나의 자랑으로 생각지 않는다.[45]

당시 공산 치하를 살았던 개신교 신앙인들이 모두 장기려와 똑같

45 장기려, "나의 생애와 확신", 《부산모임》, 제59호, 1977년 6월호, 34쪽.

은 경험으로 승리를 경험하진 못했을 테다. 공산주의와 대결한 장기려 식의 신앙 승리가 보편적 경험이 될 수는 없다는 이야기다. 장기려의 경우를 당시 북한에 있던 모든 크리스천들에게 무차별적으로 적용하는 일반화의 오류를 범하는 건 곤란하다. 신앙 원칙을 따라 살려던 대다수 사람들은 김일성 치하에서 박해를 받고, 억울하게 옥에 갇혔고, 고문을 당하고, 심지어 목숨까지 잃는 일이 허다했다. 멀리서 찾을 것도 없다. 장남 택용은 독실한 크리스천이었다. 그러나 일요일에 학교에 나오라는 당국의 요구를 거부했다가 졸업 1주일을 남기고 중학교를 자퇴했다. 공산당의 요구를 더 이상 거부할 수 없다고 판단하자 졸업 포기를 선택했다.

> 아들이 현실 사회에서 중학교도 못 나온 것은 부모의 마음으로 가슴 아픈 일이 아닐 수 없다. 하나님을 위해서는 백 살이 넘어서 낳은 외아들 이삭까지 바치려 한 아브라함을 생각하고 구원을 믿었다. 내가 강요한 것이 아니고 택용이 스스로가 하나님을 위해 학교를 그만둔 사실이 조금은 위안이 되었다. 생각해 보면 교수가 되어야 한다는 법도 없고 사장 아들이 사장이 되어야 한다는 이유도 없는 것이다. 이런 생각을 극복하지 못한 사람들 때문에 좋지 못한 일이 얼마나 많이 일어나고 있는가?[46]

택용은 1년쯤 지나 6개월짜리 야간 약학강습소를 마치고 보조약

---

46 장기려, "비극의 6·25-나의 회고록 16", 「한국일보」, 1976년 7월 6일, 4면.

제사 격인 조제사 시험에 합격했다. 전문학교 3년 과정을 6개월 만에 끝낸 셈이다. 맹덕 인민의원 조제사로 취직했다가 한국전쟁 때 장교로 징집되었다. 그때 사정을 평양 산정현교회에서 택용과 친구로 지낸 오재식[47]의 이야기를 들어보자.

> 장 박사와 택용을 생각할 때마다 재식은 안타까운 기억이 있다. 택용은 50년 한국전쟁 직전 인민군에서 영장을 받았다. 곧 전쟁이 날 것 같은 상황이어서 불안하고 두려웠던 택용은 병원에서 진단서를 받아 내면 입대를 면제받을 수 있다는 얘기를 듣고는 병원장인 아버지에게 부탁을 했다.
>
> "아버지, 제가 인민군대에서 영장을 받았는데, 병원 진단서가 있으면 군대에 안 가도 된답니다." "너, 어디 아프냐?" "아픈 데는 없어요."
>
> "이놈아, 아프지도 않은데, 내가 어떻게 진단서를 끊느냐!
>
> 결국 택용은 열일곱 어린 나이에 인민군으로 징집되고 말았다.[48]

소련군이 북한에서 철수한 것은 1948년 12월이다. 그 이후 공산당의 종교 탄압은 점점 더 노골적으로 변했다. 1949년이 되자 북한 최초의 박사 학위 소유자이고 김일성 주치의 중 한 사람인 장기려

---

47 전 월드비전 회장

48 이영란, "산정현교회서 장기려·함석헌 선생과도 인연/ 오재식", 「한겨레신문」, 2013년 1월 16일.

도 예외는 아니었다. 북한 교육을 담당하던 문교부는 평양 산정현 교회 주일학교에서 15-16세 학생을 가르친 장기려를 문제 삼았다. 누군가가 문교부에 밀고를 한 것인지 비밀경찰이 감시를 한 것인지는 밝혀지지 않았다. 공산당은 "장기려 교수가 예수를 구주로 믿는 것은 자유이지만 그것을 왜 청소년들에게 교육"하느냐고 다그쳤다. 그가 학생들에게 가르친 것은 다음 내용이었다.

> 우리의 생명이 다만 이생뿐이면 변증법적 유물론으로 만족할 수 있을지 모르지만 우리의 인격적 생명은 심령의 생명이어서 그것은 하나님의 말씀(성경)으로 사는 것이다. 즉 예수님을 구주로 믿어서 영생한다.[49]

장기려는 김일성대학 의과대학 부학장으로부터 공산당 입당을 권유받았지만 두 가지 이유를 들어 거부했다. "친구 이호림 교수가 공산당에 입당해 충성을 다하다가 늑막염에 걸렸는데 자신도 건강이 좋지 않아 친구의 전철을 밟지 말란 법이 없는데 그래도 괜찮겠느냐"고 따졌다. 부학장이 한발 물러서자 "예수를 구주로 믿기 때문에 입당할 수 없다"고 두 번째 이유를 들이댔다. 부학장이 "예수를 버리라"고 소리쳤다. 장기려는 그럴 수 없다며 물러서지 않았다. 그 이후 부학장은 입당 권유를 다시 하지 않았다. 이처럼 장기려는 공

---

49 장기려, "하나님은 사랑이다–나의 평양생활 10년간", 《부산모임》, 제122호, 1988년 6월호, 28쪽

산 치하에서 순교의 정신으로 견뎠다.

공산당이 종교를 탄압할 때 자주 써 먹은 수법 중 하나가 미제의 스파이로 모는 것이었다. 평양에서 8킬로미터 떨어진 서포(西浦)에 수녀원이 있었다. 수녀원장은 국무총리를 지낸 장면 박사의 여동생이었다. 1946년에 수녀원장이 수녀들 왕진을 장기려에게 부탁한 일이 있었다. 진단 결과 공산정권의 압박에 따른 중한 스트레스로 판명 났다. 그때는 별일 없이 잘 넘어갔으나 1950년 초에는 달랐다. 수녀원장을 스파이로 몰아 제거하려는 공산당 동향을 누군가가 수녀원에 알려줬다. 수녀원의 도움 요청을 받고 장기려는 서둘러 원장을 입원시켰다. 장기려까지 위험해질 수 있었다. 한국전쟁 직전에 스파이로 몰린다면 죽은 목숨 아니겠나. 그걸 알면서도 장기려는 원장을 입원시켰다. 멀쩡한 수녀원장을 허위로 입원시킨 것은 아니다. 30년 전 일본에 있을 때 무릎 앞쪽 부위가 붓고 아픈 질환으로, 허벅지 근육이 붙는 부위의 정강뼈가 반복적으로 당겨져서 오스굿-슐라터병(osgood-schlatterdisease)[50]으로 치료를 받은 적이 있었는데 그 병이 재발했다. 당시 평양도립병원 수간호원은 장기려 일거수일투족을 당에 보고하는 스파이였다. 그걸 알 리 없는 수녀원장은 수간호사의 친절에 감동해 칭찬을 아끼지 않으며 "그 간호원도 예수 믿는 사람이죠?" 하고 장기려에게 물었다. 장기려는 "내 스파이입니다"라고 대답했다.[51] 퇴원한 수녀원장은 며칠 지나 도미

50 무릎뼈의 경골이 튀어나온 부위는 어린이 시기에 아직 융합되지 않고 떨어져 있고 이부위에 붙어 있는 슬개인대가 튀어나온 부위를 자꾸 잡아당겨 염증이 발생하는 병.

한 쌍을 들고 장기려의 집으로 찾아왔다. 그것이 이 세상에서 장기려가 수녀원장을 본 마지막이었다.

장기려가 김일성의 맹장 수술을 했다는 루머는 끈질기게 살아남았다. 본인은 여러 차례 아니라고 부정했지만 사람들은 이것이 사실이길 바라는 마음이 더 컸다. 이 루머의 역사는 길다. 루머의 첫 번째 진원지는 북한, 그것도 장기려가 출석하던 평양 산정현교회였다. 여기로부터 '장기려의 김일성 맹장 수술설'은 일파만파로 번졌다.

> 필요한 때에는 내 피를 뽑아 수혈해 가면서 진료에 힘썼다. 그랬더니 1947년 말에 모범일꾼상금(3천 원)을 보사부로부터 받게 되었다. 나는 이것을 곧 교회의 교역자에게 바쳤다. 교역자는 이것을 받더니 "동방박사가 예물을 가지고 아기 예수께 경배하러 왔군" 하면서 기꺼이 받았다. 아마도 이것이 [김일성 맹장설-저자 주] 루머의 원인이 된 것 같다.[52]

맹장 수술 루머를 바로 잡은 것은 1988년에 쓴 글에서였다. 오해를 바로 잡기 위해 장기려는 김일성을 세 번 만났던 이야기부터 했다.[53] 김일성의 첫 대면은 이북의 적십자사 창설 행사가 있던 1947

---

51 여운학, 위의 책, 49쪽.

52 장기려, "하나님은 사랑이다–나의 평양생활 10년간", 《부산모임》, 제122호, 1988년 6월호, 24쪽.

53 지금으로부터 60년 전, 그러니까 김일성 수상이 북한 주민들에게 세력을 얻어 갈 때의 평양 산정현교회 교인들에게는 김일성이 자기 맹장 수술을 위하여 비서를 선생 집에 보

년이었다. 장기려는 보건부 부국장 이성숙, 소련 고문관 등과 함께 만났다. 김일성이 있던 일본시대 건물로 들어서려 하자 정문을 지키는 병사들은 총구를 가슴에 대며 방문 사유를 물었다. 면담 자리에서는 적십자사 조직을 위해 김일성에게 협조를 구했다.

두 번째 만남은 1948년에 있었다. 김일성은 조선공산당 북조선분국 책임비서를 지낸 김용범(1902-?)의 수술 경과를 알아보기 위해 장기려를 불렀다. 당시 김용범은 암 때문에 대변을 보지 못하는 상태였다. 진찰은 김일성 주치의 이동화 박사가, 수술은 장기려가 했다. 세 번째 만남은 김윤범의 장례식장이었지만 최용건과 대화하는 모습을 멀리서 지켜보았을 뿐이다. 하지만 김일성은 장기려를 매우 각별하게 생각했음이 적어도 세 개의 루트로 확인된다.

1987년에 장기려는 세계 일주를 위해 양아들 손동길과 안기부에 교육을 받으러 갔다. 안기부 요원은 두 사람을 따로 불러 북한의 블랙리스트를 보여 주었다. 장기려가 북한이 납치하려는 중요 인물로 분류돼 있는 리스트였다. 안기부 설명에 따르면 김일성 주석[54]은 측근들에게 "장기려가 있으면 수술을 맡길 텐데"라며 아쉬워했다고 한다. 물론 그 수술이란 김일성 머리 뒤에 난 큰 혹의 제거를 말

---

냈다는 이야기가 대단한 뉴스였을 것이다. 때문에 그해 연말 선생이 모범일꾼상을 받았을 때 술렁거리지 않을 수 없었을 것 같다. 그러나 지금은 김일성도 선생도 이미 고인이 되었다. 선생이 얼마나 대단한 의사였는지를 말하기 위해 굳이 김일성을 끌어들일 필요는 없을 듯하다.

54 조선민주주의인민공화국이 1948년에 창건되었을 때 김일성의 공식 직함은 수상이었다. 그러나 훗날 김일성 주석으로 바뀐다.

한다. 그때부터 장기려를 잡아오라는 지령이 내려졌다. 안기부는 장기려에게 "북한 당국이 주목하는 인물이니 외국에 나갔을 때 모르는 사람이 접근하면 무조건 이야기도 말고 만나지도 말라"고 신신당부했다.[55] 이념과 종교를 달리했지만 김일성은 40년이 넘도록 장기려의 진실함과 의사로서의 실력을 믿고 있었다는 사실이 안기부에 의해 처음 확인되었다.

김현식 조지메이슨대 연구 교수는 20년간 김일성의 두 처남 및 김정일의 러시아어 가정교사를 지낸 인물이다. 1954년부터 평양사범대(현 김형직사범대) 러시아어과 교수로 재직하다 1992년 남한으로 월남했다. 김현식은 김일성으로부터 장기려 박사 이야기를 여러 차례 직접 들었다. 김일성은 죽기 직전까지 찾았다고 한다. 김일성은 신장결석으로 수술을 하려고 할 때와 목 뒤에 난 혹이 점점 커지고 있을 때 북한과 러시아 및 동구권 의사를 마다하고 장기려에게 수술을 받겠다고 고집을 부렸다는 것이다. 김일성이, '내가 장기려를 놓친 것이 평생 한이다. 정말 분하고 분하다'라는 말을 김현식에게 했다고 한다. 그에 따르면 장기려는 한국전쟁 때 월남했으나 1990년대 이전의 북한 의료계에서 신화적인 인물이었다. 그는 2014년 5월 고신대에서 장기려 제자들을 만나 이런 사실을 전했다. 복음병원 옥탑방에 있던 장기려 유택을 찾았을 때 김현식은 방명록에 이렇게 썼다. "장기려 박사님, 김일성 주석이 정말 존경하셨습니다. '장기려한테서 수술받고 싶다. 데려올 수 없겠나? 가족들 남아있다

---

55 손동길 전 청십자병원 마취과장과 2006년 8월 인터뷰.

던데, 잘 돌봐주라고. 좋은 사람 뺏겼어! 분해, 분하단 말이야!".[56]

이와 유사한 일이 김두식의 『법률가들』에도 나온다. 북한은 장기려를 포함한 남한의 몇몇 인사를 포섭하기 위해 1960년대 초반에 간첩을 남파했다. 당시 48세의 김석형(1914-2000)은 1961년 7월 15일 임진강을 건너 남한에 잠입했으나 11월 15일 중앙정보부에 체포되어 무기징역을 선고받았다. 그는 전향을 거부하고 30년을 복역한 뒤 1991년 12월 24일 형집행정지로 석방되어 2000년 9월 2일 북한으로 송환되었다. 그 이후 『나는 조선 노동당원이오』(선인, 2001)라는 비전향 장기수 김석형 구술자료집이 출간되었다. 이 자료에 의하면 1961년 7월 31일에 서울에 잠입한 김석형은 낙원동 소재 여관을 전전하다 포섭다운 포섭 한 번 못 해 보고 붙잡혔다. 당시 중정이 작성한 송치의견서는 그가 받은 핵심 지령을 법무부 검찰국장 위청룡의 포섭이라고 적시했다. 또 다른 임무도 있었다. 장기려를 비롯해 월남한 의사들인 박건수, 송정원, 이준철 등의 포섭이었다. 김석형은 장기려 가족사진, 처자의 편지, 그리고 장기려가 소련 고문과 촬영한 사진을 들고 남파되었다. 하지만 김석형은 자신의 포섭 대상 그 누구도 못 만났다. 중정은 김석형이 남파 간첩임을 입증하기 위해 '쇠좆몽둥이'[57]로 구타하고, 물고문에 더해 씨를 말리

56 디지털미디어국, "이 곳이 바로 장기려 박사가 계시던 곳입니까?", 「부산일보」, 2014년 5월 16일.

57 '쇠좆몽둥이'는 소의 생식기를 뽑아 말린 것으로 일제강점기 때 일본 형사들이 고문할 때 즐겨 쓰던 도구이다. 한대만 맞아도 살이 찢어지고 피와 살이 튀어올랐는데, 이것으로 매질을 하다가 물에 불려서 여성 음부에 삽입하는 성고문 도구로도 사용했다(황준범, "항

겠다며 생식기에 전기 고문까지 했다. 그러나 간첩 혐의 입증에 실패하고 겨우 반공법 제6조 제3항의 잠입죄만 적용했다. 법원은 김석형에게 무기징역을 선고했다.[58]

장기려의 경의전 제자이자 서울대 보건대학원 원장을 역임한 허정도 스승에게 직접 들은 이야기를 기록으로 남겼다.

> 선생님으로부터 직접 들은 바에 따르면 당시 김일성 장군이 맹장염에 걸려 수술을 받게 되자 반동분자인 장 박사를 그곳 사람들이 완전히 믿지 않아 수술실 옆에서 소련의사들이 하는 수술이 잘못되지 않나 대기한 것이 와전되어 지금도 김일성의 맹장수술을 해주었다고 한단다. 이 얘기는 선생님으로부터 직접 들은 것이다.[59]

만약 "하나님은 사랑이다-나의 평양생활 10년간"의 후속편을 썼다면 장기려는 틀림없이 "이것은 신앙이 공산주의를 이긴 제3의 승리다"라고 썼지 싶다. 인생에서 가장 힘들었을 공산 치하의 터널을 통과하면서 장기려는 하나님이 역사의 주관자로 이 세상을 통치한다는 사실을 비싼 수업료를 지불하고 배웠던 것 같다. 장기려는 북한 치하 5년을 이렇게 정리했다.

---

일열사 피어린 수난의 제단", 「한겨레신문」, 2002년 8월 22일)

58 김두식, 『법률가들』, 창작과비평사, 2017, 535-546쪽.

59 허정, "은사 장기려 박사의 추억", 「보건신문」, 2017년 9월 25일.

나는 그들과 반대로 그들이 말하는 소위 인민들에게 신임을 받게 되어 원치 않는 의학 박사 학위까지 받게 되었다. 나는 이것을 나의 자랑으로 생각지 않는다. 다만 공산주의 사회에서라도 역사는 하나님께서 주장하시고 계심을 믿게 하는 한 과정을 보여 주셨던 것이 아닌가 생각된다.[60]

60 장기려, "나의 생애와 확신", 《부산모임》, 제59호, 1977년 6월호, 34쪽.

## 평양 산정현교회

평양 산정현교회(설립 1906)[61]는 민족지도자 조만식과 순교자 주기철 목사를 배출하면서 일제와 공산당 치하에서 신앙의 자유와 저항의 보루였다. 민족이 겪었던 고난과 영광을 동시에 경험했다는 점에서 "평양 산정현교회의 역사는 곧 한국 교회의 역사"[62]라 해도 과언이 아니다. 여기서는 장기려와 연관된 역사만 다룬다.

신사참배에 끝까지 저항하던 평양 산정현교회는 일제로부터 1940년 3월 24일에 폐쇄당했다. 그 이후 교인들은 낮에는 채정민 목사, 밤에는 이인재 전도사 집에 모여 예배를 드렸다. 주기철 목사의 부인 오정모나 백인숙 전도사 등은 매일 성도의 가정을 찾아다니며 신앙 지도를 했다. 일경은 이런 소규모 모임조차 감시와 단속을 게을리하지 않았다.[63] 교회가 폐쇄될 때 주기철 담임목사는 투옥 중이었다. 고문을 견디며 4년을 버티던 주기철은 1944년 4월 21일 오후 9시에 순교했다. 일경의 감시 속에서 수백 명 교인이 장례식

61 우리나라에 있는 네 개의 산정현교회는 서울 서초동의 산정현교회(담임목사 김관선), 회기동의 서울 산정현교회(담임목사 오덕호), 후암동의 산정현교회(담임목사 김호민), 부산의 부산 산정현교회(담임목사 남병식)이다.

62 박용규, 위의 책, 7쪽.

63 박용규, 위의 책, 316쪽.

에 참석했다. 주기철의 순교는 신사참배 반대의 기폭제가 됐다. 일경은 회유책을 제시했다. 교회당 사용을 용인하고 신앙생활 편의를 제공할 테니 신사참배를 받아들이라는 요구였다. 평양 산정현교회는 거부했다.[64] 해방이 되자 갇혔던 성도들이 풀려났고, 지하에 숨어 신앙을 지키던 교인들은 폐쇄당했던 교회 문을 열었다.[65] 일본군 막사로 사용하던 건물[66]을 손질하고 교회 조직을 복구했다. 1개월 동안 부흥회를 열어 풀려난 성도들을 위로하고 한국 교회의 죄를 회개했다.

장기려는 1944년에 출석하던 신양리교회가 신사참배를 하자 교회에 나가지 않고 가정 예배를 드리던 중 해방을 맞았다. 9월 첫 주부터는 교회 폐쇄와 순교를 두려워하지 않고 민족과 함께 신앙을 지켰던 평양 산정현교회로 옮겼다.

> 교회는 모름지기 환난과 핍박을 당할 때에 그리스도의 믿음 위에 굳게 서서 이 세상 정치와 타합하지 않는 것이 올바른 교회라고 믿게 되었던 까닭이었다.[67]

장기려가 교회를 옮겼다는 사실은 공산주의체제하에서 어떻게

64 박용규, 위의 책, 329쪽.

65 현재 남한에 있는 산정현교회들이 평양에 있었던 산정현교회를 뿌리로 설립된 것이기는 하지만 구분을 위하여 평양에 있었던 산정현교회의 표기는 평양 산정현교회로 통일한다.

66 김광수, "산정현교회", 『기독교백과사전』 8권, 738쪽.

67 장기려, "8·15와 나", 《부산모임》, 제54호, 1976년 7월호, 2쪽.

살아갈 것인지를 정했다는 의미로 읽힌다. 해방 직후부터 출옥 성도들은 변질된 교회의 개혁을 부르짖었다. 가장 강력하게 개혁을 요구한 '재건파'는[68] 신사참배에 적극 동조했던 이들을 '마귀당'으로 정죄했다. 신앙과 민족을 팔았던 변질된 기성교회 지도급 목사들은 거세게 반발했다. 당시 교회 개혁 세력들은 평양 산정현교회를 중심으로 활동을 이어갔다. '한국 교회 재건을 위한 5개 원칙'[69]을 발표한 장소도 산정현교회였다. 일제에 굴복해 신사참배를 하고, '미소기바라이'(神道浸禮) 즉 일본 신도의 세례를 받은 목사와 전도사들은 일정 기간 근신을 한 후에야 설교할 수 있다는 내용이었다. 이 원칙이 발표되자 신사참배에 앞장섰던 홍택기 전 장로교 총회장은, "옥중에서 고생한 사람이나 교회를 지키기 위하여 고생한 사람이나 그 고생은 마찬가지였고, 교회를 버리고 해외로 도피생활을 했거나 혹은 은퇴생활을 한 사람의 수고보다 높이 평가돼야 한다"[70]며 격렬하게 저항했다.

---

68 해방을 맞은 한국교회는 북한과 남한 모두 각 교단별 교회 재건 운동을 전개했다. 북한의 교회재건은 '교회쇄신운동'에 비중을 두었으나 남한, 특히 서울은 교회조직의 정비와 재조직이 중요했다. 그러나 보통 개신교에서 재건파는 남한에서 신사참배 거부를 끝까지 주장한, 주로 경남지역에 기반을 둔 교회들이 설립한 교단을 의미한다.

69 이때 발표된 5개 원칙은 다음과 같다. 1. 교회의 지도자(목사 및 장로)들은 모두 신사에 참배하였으니 권징의 길을 취하여 통회정화한 후 교역에 나아갈 것 2. 권징은 자책 혹은 자숙의 방법으로 하되 목사는 최소한 2개월간 휴직하고 통회 자복할 것. 3. 목사와 장로의 휴직 중에는 집사나 혹은 평신도가 예배를 인도할 것. 4. 교회 재건의 기본 원칙을 전한 각 노회 또는 지 교회에 전달하여 일제히 이것을 실행케 할 것. 5. 교역자 양성을 위한 신학교를 복구 재건할 것.

70 김영재, 『한국 교회사』, 이레서원, 개정증보판, 2004, 243쪽.

장대현교회에서는 평안도, 함경도, 황해도의 노회 대표들이 이북 5도연합노회(연합노회)를 결성하고 북한지역 교회 복구를 위한 6가지 원칙을 발표했다. 문제는 "북한 교회를 대표할 사절단을 파송하여 연합국 사령관에게 감사의 뜻을 표하기로 한다"는 여섯 번째 원칙이었다. 공산당이 결코 좌시할 수 없는 주장이었다. 반공 이데올로기를 내세우는 북한 교회와, 종교는 아편이라는 김일성 정권 간의 갈등은 불가피했다.[71] 사와 마사히코(澤正彦)의 말처럼 공산당은 북한 공산화를 위해 반드시 개신교를 정리해야 했다. 김일성은 개신교 말살정책을 강력하게 추진하기 시작했고, 어용 단체인 강양욱의 조선그리스도교연맹은 교회를 변질시키는 일에 앞장섰다. 기독교 탄압과 어용화 시도는 소련 공산당이 철수하기 직전인 1948년 12월에 정점을 찍었다. 수많은 개신교인들이 투옥, 고문, 강제노동, 처형을 당했다. 천주교나 천도교의 처지도 다르지 않았다. 1949년 봄이 되었을 때 북한 지역의 모든 교회는 어용화되었다.

김일성 정권 치하 내내 평양 산정현교회는 두 파로 갈라서서 격렬하게 싸웠다. 표면적으로는 평양노회 가입 여부가 쟁점이었지만 핵심은 정치와 신앙 노선의 갈등이었다. 일제 치하에서 주기철 목사를 파면시키고 교회를 폐쇄시켰던 평양노회는 해방이 되자 평양 산정현교회에 어정쩡한 사과를 하고 노회에 다시 가입해 줄 것을 요청했다. 일부 교인은 노회의 사과가 있었으니 노회에 들어가자고 했다. 그러나 다른 쪽에서는 사과가 충분치 않을 뿐 아니라 진실성

---

71 박용규, 위의 책, 809쪽.

또한 의심스러우니 노회 가입은 시기상조라고 맞섰다. 노회 제안 거부는 방계성 전도사와 박정익, 김현석 장로가, 노회 제안 찬성은 오윤선, 유계준, 임인걸 장로 측이 이끌었다.[72]

분열의 조짐은 오정모 사모의 별세로 드러났다. 평양 산정현교회의 목사와 장로들로 구성된 당회는 1947년 봄부터 두 가지 의견을 놓고 대립했다. 유계준, 오윤선, 임인걸 장로 측은 '김일성 정권이 하나님과 예수를 부인하는 세력이므로 전면 투쟁'을, 방계성, 박정익, 김현석 장로 측은 '일제 때처럼 각자가 올바른 신앙생활을 하다가 순교함이 교회의 존재 이유'라고 주장했다. 분열의 원인을 간단히 정리하자면 '민족주의와 신앙주의의 마찰'이었다. 노회에 가입하여 믿는 자들이 힘을 모아 공산당에 맞서 신앙의 자유와 민주주의를 쟁취하자는 쪽과 교회는 정치적, 사회적, 민족적 문제에 직접 개입하거나 참여해서는 안 되고 순교 신앙을 계승해야 한다는 쪽이 한 치의 양보 없이 대립했다. 조만식, 유계준, 오윤선 장로는 평양 산정현교회가 신사참배 청산(교회 개혁)에만 전념함이 결코 생산적이지 않기 때문에 반공으로 나라를 바로 세워야 한다고 생각했다. 반대편에서는 조만식, 오윤선, 유계준 장로가 훌륭한 애국자이지만 참된 신앙 이해가 부족하다고 비판했다. 양측 모두 양보하지 못해 산정현교회는 쪼개졌다. 장기려는 "연합하여 공산주의 정치와 싸워야 한다고 주장"하든, 아니면 "집권자가 교회를 핍박할 때에는 순교

72 장기려, "8·15에서 6·25까지에 있어서의 평양 산정현교회", 《부산모임》, 제104호, 1985년 6월호, 5쪽.

를 각오하고 믿음을 지킬 것"이라고 주장하든 그로 인해 교회가 분열함은 잘못이라 주장했다.[73] 당시 상황에서 노회 가입은 현실적으로 불가능했기에 그 문제로 교회가 싸운 건 악마의 작용이었다는 것이다. 장기려는 분명하게 말했다. "하나님 교회의 일과 신앙 교리에 관한 일을 내가 바로 하고 개혁하겠다는 생각은 망상이고, 악마의 계교에 걸리기가 쉽다."[74] '민족을 우선할 것이냐, 신앙을 우선할 것이냐'로 촉발된 갈등은 시간이 지나면서 본질과 거리가 먼 '이 교회 주인이 누구냐'로 변질됐다. 유계준 장로 측은 자신들이 주인이라 생각했고, 방계성 장로 측은 강단을 빼앗기지 않기 위해 5개월간 설교 강단을 사수하며 밤낮을 가리지 않고 싸웠다.[75] 장기려는 하나님이 그런 싸움을 용인하지 않는다고 확신했다.[76] 교회 분열을 얼마나 심각하게 인식했는지를 보여 주는 대목이다.[77]

평양 산정현교회 내부의 싸움은 어처구니없는 구타 사건으로 끝났다. 심을철 전도사는 주기철 목사의 장남 주영진 전도사가 담임으로 있던 긴재교회 사경회를 인도하고 돌아오던 길에 평양 산정현교회에 들렀다. 그런데 여러 성도들이 보고 있는 자리에서 어떤 장로에게 구타를 당하는 사건이 발생했다.[78] 방계성 장로 측은 그 사

---

73 여운학 엮음, 『장기려 회고록』, 규장문화사, 1985, 327쪽.

74 장기려, 위의 글, 7쪽.

75 장기려, "8·15에서 6·25까지에 있어서의 평양 산정현교회", 《부산모임》, 제104호, 1985년 6월호, 7쪽.

76 장기려, 위의 글, 5쪽.

77 장기려, 위의 글, 7쪽.

건이 터지고 하루 만에 5개월간 사수하던 예배당을 포기하고 양재연 집사가 경영하던 평양목장 2층으로 물러났다. 숫자로만 본다면 교인 20퍼센트의 지지밖에 못 얻는 유계준 장로 측이 나가는 게 마땅했다. 그러나 80퍼센트 지지를 받고 있었음에도 방계성 전도사 측은 그 큰 평양 산정현교회 예배당을 포기했다. 장기려도 방계성 전도사를 따라 나갔다. 몇 개월 후 방계성 전도사 측은 상수구리 지역에 1000여 평의 대지를 구입하고 예배 장소를 옮겼다. 교회 봉사에 충성한 양재연과 장기려는 1948년 8월 14일 장로 임직을 받았다.[79]

민족보다는 신앙을 우선시하면서 새로운 건물에서 예배를 드리던 혁신·복구 측 산정현교회(담임목사 이기선)는 1948년 11월 14일

---

78 이 내용은 산정현교회 100주년을 기념하여 2006년 6월에 출간된 박용규의 『평양 산정현교회』(생명의말씀사, 2006), 384쪽 각주에 소개되어 있다. 박용규 교수는 이 사건이 "지금까지 산정현교회에서는 경험하지 못한 일로 과거 산정현교회의 영광스런 역사와는 너무도 동떨어진 모습"이라면서 "이 모든 것을 역사가가 기록하는 것이 옳은지 알 수 없다"고 말한다. 때문에 박용규는 장기려가 밝힌, 산정현교회 건물과 강단을 지키기 위해 밤낮을 가리지 않고 싸웠던 역사에 대해서 본문은커녕 각주에서조차 언급하지 않는다. 또한 심을철 전도사의 구타 사건에 대한 언급에서도 "구타한 장로들이 누구인지, 또 심을철 전도사가 얼마나 심한 상처를 입었는지"에 대해 침묵한다. 물론 박용규의 문맥을 차분하게 따라가다 보면 어느 쪽에서 심을철 전도사를 구타하였는지에 대해 짐작 못할 바도 아니다. 그렇긴 하지만 평양 산정현교회의 1년에 걸친 분규를 끝내게 만드는 데 분수령이 된 이 사건을 단지 부끄럽다는 이유 때문에 이토록 모호하게 기록한 태도에 실망이다. 박용규 교수는 신구약 성경이 아브라함, 다윗, 베드로, 또는 선택된 이스라엘 백성의 범죄를 낱낱이 드러낸 역사에서 무엇을 배웠는지 묻지 않을 수 없다. 장로가 전도사를 구타한 사건이 부끄럽다면 다름 아닌 평양 산정현교회가 몇 개월씩이나 패를 갈라 밤낮으로 '교회 건물을 누가 차지할 것이냐'를 놓고 싸운 것도 그만큼 부끄러워해야 하지 않겠나. 아니, 더 부끄러워해야 않겠나.

79 박용규, 위의 책, 386쪽.

평북노회 주최 교역자 퇴수회에서 혁신 및 복구에 관한 개혁안을 발표했다. 그러나 이 개혁안은 나눠진 교회를 또다시 쪼갰다. 예수쟁이의 씨를 말리려 했던 공산정권에 목숨을 걸고 저항했던 충성심은 인정한다. 그러나 당시는 공산당이 어용인 기독교도연맹에 마지막으로 저항하던 북한 기독교를 굴복시키기 위해 광분하던 때였다. 1949년 4월이 되자 주요 도시의 유명한 목사 대부분은 기독교연맹에 굴복했다. 끝까지 저항하던 목사들은 정치보위부에 끌려가 고문 끝에 순교했다. 기독교연맹에 가입하지 않고는 교회나 목사의 존립 자체가 불가능했다. 공산 체제에 끝까지 저항했던 평양신학교 교장 김인준, 이성휘 목사, 혁신·복구 측 산정현교회의 방계성 전도사, 이기선 목사, 주영진 전도사, 양제연 집사, 그리고 산정현교회에 남아 있던 김철훈, 정일순 목사, 백인숙 전도사, 유계준 장로 등은 모두 순교했다.

공산정권 치하에서 교회 개혁은 장기려의 중요 화두였다. 그 이후 평생 '교회 개혁'을 열망하며 살았다. 의대 교수와 병원장으로 바쁜 삶을 살면서도 30여 년 동안 《부산모임》을 이끌고, 그 모임에 함석헌을 월 1회 부산으로 초청하여 성서 강해를 맡겼다. 이런 조치들은 모두 한국 교회의 혁신 열망 때문이었다.

> 나는 일찍이 한국인 기독교는 혁신개혁이 필요하다고 생각하였다. 그래서 1956년 서울에서부터 부산 의과대학 외과교수가 되어 내려온 후에 외과교실원들에게 일본 무교회지도자들의 성서 강해를 한국말로 번역하여 전했다. 교회의 형식은 약하고, 기도 후 성경말씀

강해의 전달로 들어갔다. 매주일 오후 3시에서 5시까지 성경말씀의 논의를 계속했다. 매월 둘째 주에는 함석헌 선생이 오셔서 성경강해를 25년간 계속했다.[80]

장기려는 조금 색다른 교회 개혁론자였다. 기독 역사학자 이상규가 잘 지적했듯 "한국 교회를 개혁해야 한다고 주장하거나, 한국 교회의 문제를 신랄하게 지적하고 비판"하기보다는 "자신의 삶을 통해 한국 교회의 문제를 지적해 주고 그 문제를 개혁"했기 때문이다.[81] 그는 교회로 인해 행복했던 순간들보다는 괴롭고 슬펐던 날들이 많은 삶을 살다 갔다. 한국 교회가 개혁을 주장하는 과정에서 1949년 결성된 조선예수교장로회 독노회(獨老會)가 저질렀던 치명적 실수를 늘 의식하며 살았다. 여기서 치명적 실수란 혁신·복구식의 거행을 말한다. 장기려는 혁신·복구식이 사람의 생각에서 났기 때문에 소실되고 말았다고 주장했다.[82] 말년에 쓴 글을 다시 읽어보자.

이기선 목사님을 중심으로 해서 우리 신도들은 3일간 금식하고 회개한 후 혁신·복구식을 거행하였다. 이와 같이 형식적인 예식을 거

80 장기려, "한 늙은 의사의 이야기-신앙생활편", 1989년 다이어리 10월 2일 지면.

81 이상규, "장기려 선생의 신앙과 사상", 「성산 장기려 관련 강연 및 논문 모음」(성산장기려기념사업회), 19쪽.

82 장기려, "한 늙은 의사의 이야기-신앙생활편", 1989년 다이어리 10월 2일 지면

행하고 보니, 이 형식을 거행한 교회는 혁신·복구한 교회요, 그렇지 않은 교회는 장로교든 감리교든 성결교든 다 비교회로 인정하지 않을 수 없게 되었다. 그때에 [중략] 혁신·복구식은 거행하였으나 혁신·복구를 하지 아니한 교회는 구원이 없을 것으로 인정하게 될 뿐 아니라 그들과 교제하는 것도 합당치 못하다고 인정하지 않을 수 없게 되었다. 하루는 산정현교회에 있는 30세에 가까운 청년과 감리교 신도인 여자와 약혼문제가 일어나 당회가 열렸는데 혁신·복구하지 않은 교회의 신도는 신도로 볼 수 없다 하여 만일 결혼을 하게 되면 불신자와 결혼한 결과가 됨으로 교회법에 의한 치리를 받아야 한다는 결론을 낸 것이다. 그때 당회원으로 있으면서 나는 이상하게 생각했다. 나는 감리교인도 예수를 믿는 신자로 인정하고 싶은데, 혁신복구식을 거행하지 아니했다고 불신자로 규정하는 것은 과연 옳은 판단일까. 하나님께서 판단하셔야 할 일을 단지 혁신·복구식을 거행하였는가 아니 하였는가의 의식으로 판단하는 것은 옳지 않다고 생각되었으므로 나는 이남에 내려와서 한 번도 혁신·복구 운동을 강조한 일이 없다.[83]

83 장기려, 위의 글.

## | 5부 |

# 한국전쟁과 장기려

"나는 그때에 새로운 사명감을 가지게 되었다.
가련한 환자를 돌보는 일도 귀하고 중요하지만
무엇보다 평화가 더 중함을 느꼈다.
나는 이제부터 평화를 위하여 헌신하여야 하겠다고 생각했다."

# 아직도 계속되는 한국전쟁

장기려는 한국 사람이라면 "6·25와 나와의 관계를 한 번 회고할 필요가 있다"고 썼다.[1] 한국전쟁과 자신의 관계를 더듬어 보면서 그 사건이 재발되지 않기 위해 무엇을 해야 할지 생각해 보자는 의미였으리라. 한국전쟁과 나의 관계를 회고할 필요가 있다는 주장은 여전히 유효하다. 칼 슈미트(Carl Schmitt)는 한반도에서 '행위로서의 전쟁'은 끝났는지 모르지만 '상태로서의 전쟁'은 계속되고 있다고 말했다. 분단의 계속은 물론 적대 관계 또한 엄연하다. 2020년 현재 우리나라 국방 예산은 51조 2000억 원을 돌파했다.[2] 미군은 아직까지 주둔 중이고, 청년들은 인생의 꽃다운 나이에 18-22개월의 병역 의무를 감당하고 있다. 이산가족들은 10년 넘게 상봉은커녕 생사 확인조차 막혔다. 국군이나 미군에 의해 자행된 끔찍한 학살의 진상은 아직도 속시원하게 밝혀지지 않았다. 전쟁은 끝나지 않았다.

지난 50년 동안 수많은 한국 학자들이 북한이 주장하는 북침론을

---

1 장기려, "6·25와 나", 《부산모임》, 제54호, 1976년 7월호, 4쪽.

2 국방부 홈페이지 국방예산 항목 https://www.mnd.go.kr/mbshome/mbs/mnd/subview.jsp?id=mnd_010401010000

> 반박하고 남침을 입증하기 위해 영어, 중국어, 러시아어로 씌어진 비밀문건과 자료들을 찾아다녔다. 그들이 쏟아부은 정열과 노력의 궤적들은 애처롭고 비극적인 우리 현대사의 또 다른 장면이다. 그 정도 시간과 정열의 3분의 1이라도 전쟁 참전 군인들의 인터뷰를 제대로 받아 정리해 놓는 데 쏟았거나, 전쟁과정에서 발생했던 현장의 사실들을 발굴하는 데 바쳤더라면 우리의 한국전쟁 연구는 훨씬 풍부해졌을 것이다. 자료들은 바로 우리 이웃에 지천으로 널려 있었지만 그것에 대해 누구도 관심과 주의를 기울이지 않았다.[3]

사회학자 김동춘의 말이다. 강만길은 한국전쟁의 성격을 '민족통일전쟁'으로 규정했다. 북측 주장대로 남한이 북침을 했다면 국군을 38선까지만 격퇴시켜야 옳지 왜 제주도까지 남진하려 했으며, 남측 주장대로 북한이 남침한 사실이 틀림없다면 국군 또한 38도선까지 몰아내면 그만이지 왜 두만강까지 밀고 올라갔겠느냐는 주장이다.[4] 한국전쟁에는 분단된 민족의 무력통일 의지가 담겨 있었다. 그렇기 때문에 전쟁을 어느 쪽이 먼저 시작했는지가 아니라 전쟁으로 무력통일이 왜 실현될 수 없었는지를 아는 게 중요하다.[5]

침략전쟁이라 못 박아 놓고 연구를 시작하면 한국전쟁에 관한 산더미 같은 기록과 증언들은 남북한의 호전적인 대결을 부추겨 전쟁

---

3 김동춘, 『전쟁과 사회-우리에게 한국전쟁은 무엇이었나』, 돌베개, 2000, 35-36쪽.

4 강만길, 『20세기 우리 역사-강만길의 현대사 강의』, 창작과비평사, 2013, 280쪽.

5 강만길, 위의 책, 280쪽.

분위기를 지속시킬 뿐이다. 침략전쟁을 고수하려다 보니 수백 권의 전쟁 연구서와 수십 권의 전쟁 회고록이 출간되어도 한국전쟁의 '팩트'(fact)조차 학문적으로 확보할 수 없었다.[6] 보다 심각한 문제는 남·북한 당국이 한국전쟁을 자신의 방식대로 해석하기 위해 다른 모든 해석을 불법으로 규정하고 탄압했다는 사실이다. 한국전쟁에 관한 양측 정부의 공식 입장은 남과 북의 정치 체제를 떠받드는 기둥이며, 체제 존립을 보장하는 성역(聖域)이었다. 한국전쟁에 관한 이설(異說), 특히 북한 전쟁 책임론을 희석시키거나 미국의 책임론을 지적하면 조선시대의 사문난적(斯文亂賊) 취급을 당했다. 1998년 「조선일보」의 최장집 공격사건이 대표적이다. 《월간조선》 우종창 기자는, 당시 대통령 정책자문위원장이었던 최장집이 "6·25는 김일성의 위대한 결단"이고 "미국의 남침 유도에 의해 일어났다"[7]고 보도했다. 그 이후 보수와 진보 사이에 격렬한 논쟁이 일어났고 소송전도 벌어졌다. 《월간조선》의 최장집 교수 사상 검증 시도는 중세의 마녀사냥, 1950년대 초 미국에 나타난 매카시즘의 반복 그 이상도 이하도 아니었다. 최장집 사상 논쟁은 진보 지식인 사회를 '안티조선' 운동에 뛰어들게 만들었다. 여기서 주목해야 할 점은 한국전쟁의 발발 문제가 한 참여 지식인의 사상 검증에 이용됐다는 사실이다. 더 이상은 한국전쟁을 학문, 이론, 논리, 설득을 모조리 묵살

---

6 김동춘, 『전쟁과 사회–우리에게 한국전쟁은 무엇이었나』, 돌베개, 2000, 11쪽.

7 이영태, "'최장집 사상논쟁' 월간조선 월간 '말'에 또 패소", 「프레시안」, 2003년 1월 17일자.

해 버리는 괴물로 방치해서는 안 된다. 한국전쟁의 평가와 해석을 반공이데올로기의 독무대로 남겨두면 안 된다.

수십 년 동안 복창했던 "상기하자 6·25, 무찌르자 공산당"이란 구호에는 누가 전쟁을 일으켰으며, 누구 때문에 우리가 그 끔찍한 민족적 비극을 겪었는지를 절대 잊어서는 안 된다는 분단세력의 지배논리만이 드러날 뿐이다. 이러한 무력통일 이데올로기를 떨쳐 버리지 않고는 평화통일로 나아갈 수 없다. 설사 통일로 나아간다고 하더라도 북한 주민들을 설득할 수 없다. 장기려는 '멸공통일'을 힘주어 외치던 1970년대에 평화통일을 주장했다. 5년 동안이나 공산 치하에서 감시를 받았고, 이산의 아픔을 가지고 살았지만 1976년부터 민족의 화해와 평화통일을 말했을 뿐 아니라 나름 그 길을 제시했다.

## 전운(戰雲)

유엔군이 노획한 내부 문서에 등장하는 북한의 보안기구는 혁명적 사법기구이자 철저하고 전체주의적인 통제·감시체제였다. 브루스 커밍스에 의하면 북한 땅에 언론의 자유가 없어진 것은 1946년 말부터다. 이때부터 모든 신문의 논조는 똑같고 약간의 지방색만을 추가했다. 기독교, 특히 개신교는 김일성 정권의 표적이었으며, 정치적 반대파들 또한 철저하게 제거되기 시작했다. 정권에 협력하지 않거나 이념적으로 뒤떨어져 있는 대다수 사람들은 자아비판을 당했고, 출신이 의심스러운 사람들은 활동을 감시 당했다.

장기려가 자신을 옭죄어 오는 탄압의 그림자를 구체적으로 감지하기 시작한 것은 1949년부터다. 유물론자가 아니면서 의사, 병원장, 김일성의대 교수였기에 감시를 피할 수 없었다. 신앙생활에 대한 핍박의 강도도 점점 강해졌다. 한국전쟁이 가까워지자 비판은 공개적으로 변했다. 첫 번째 사례는 장기려 이름이 병원 노동당회에 오른 일이다.

> (서포 수녀원장이 숙청되었다는 소식을 접하고-저자 주) 며칠 있다가 나의 이름이 병원에 있는 노동당회에 올랐다는 소식이 전해졌다. 나는 무슨 일로 내 이름이 나왔던가 하고 알아보았더니 나를 감시하는 임무

를 맡고 있었던 수위가 장 박사는 신문을 가져가지 않는다는 보고를 했다는 것이다. 그것은 사실이었고 노동당 정치에 무관심했었다.[8]

신변이 위험해지고 있다는 또 하나의 실례는 보사부 노동부장 입에서 나왔다. 전영을 박사가 운영하는 내과에서 치료를 받던 노동부장은 장기만 의사가 장기려 사촌누이인 줄 모르고 "장기려 교수에게 교양을 주어야 하겠어"라고 말했다. 장기만은 장기려가 얼마나 검소하고 정직하게 살고 있는지를 말하며 노동부장에게 "우리가 교양을 받아야 하겠다"고 응수했다.

스탈린은 1950년 4월에, 마오쩌둥은 5월에 남침에 동의했다. 김일성은 중국과 소련의 지원 아래 5월 하순부터 전쟁 준비에 속도를 냈다.[9] 1950년 6월 현재 북한군과 국군의 전력 차는 병력 1.4배, 화기 1.5배, 전차 8배, 비행기는 4배였다.[10] 북한은 13만 5000여 명의 지상군으로 전투에 참가했다. 소련의 지원을 받아 소련제 T-34형 탱크 240여 대, 야크 전투기와 IL 폭격기 200여 대, 각종 야포 및 박격포로 중무장했다. 반면에 국군은 6만 5000명의 지상군과 4000명의 해안 경찰이 전부였다. 경찰 4만 5천 명을 더해도 북한군 전력에 턱없이 부족했다. 공군도 지역 정찰용 항공기가 6대뿐이었고, 탱크

8 장기려, "하나님은 사랑이다-나의 평양생활 10년간", 《부산모임》, 제122호, 1988년 6월호, 29쪽.

9 서중석, 『사진과 그림으로 보는 한국현대사』, 웅진지식하우스, 2000, 98쪽.

10 와다 하루키, 『한국전쟁』, 창작과비평사, 2003, 31쪽.

와 기갑 차량은 아예 한 대도 없었다. 전쟁을 대비하여 확보해 놓은 비상식량도 15일치가 전부였다.[11]

한국군에게는 이보다 더 심각한 문제가 있었다. 국군통수권자인 이승만 대통령을 비롯한 국방장관, 육군참모총장 등 군 수뇌부가 무능하고 무책임했다. 전쟁이 터졌을 당시 후방의 모든 군용 차량이 부평에 있던 병기창에 수리차 나와 있었다. 1950년 4월부터 시작된 전군의 장비 수리는 6월 25일까지 계속되고 있었다. 후방에서 기동력을 전혀 발휘할 수 없는 상황이었다는 이야기다.

국군은 남침에 대비한 무기와 병력의 확보는 물론 북한군의 동태 파악에 실패했다. 6월 13일부터 20일 사이에 전방 부대는 후방으로, 후방 부대는 전방으로 올라가는 식의 대규모 이동을 단행했다. 한국전쟁이 터지자 지휘관들은 적의 동태나 지형은커녕 부하들의 신상조차 파악이 안 된 채 적을 맞았다. 6월 24일, 육군 정보국에서 북한군이 38선 부근에 대규모 집결했다는 보고를 했음에도 군 수뇌부는 바로 그날 전군에 발령한 비상경계를 풀었다. 부대장 재량에 의해 휴가나 외출이 허락되자 6월 24일 오후, 일선 부대를 제외한 전군에서 2분의 1에서 3분의 1 사이의 장병들이 부대를 빠져나갔다. 국군 수뇌부는 그날 저녁 육군 장교 클럽 개관을 기념하기 위해 국방부와 육군 지휘부, 미군사 고문단, 서울 근교의 사단장들을 초대하여 성대하게 심야 술 파티를 열었다. 그 파티는 1950년 6월 25

11 김학준, 『북한 50년사–우리가 떠안아야 할 반쪽의 우리 역사』, 동아출판사, 1995, 146쪽을 강준만, 위의 책, 46-47쪽에서 재인용.

일 새벽 2시, 그러니까 북한의 전면 공격 불과 2시간 전까지 계속됐다.[12] 채병덕 육군참모총장을 포함한 한국군 수뇌부는 숙취상태로 전쟁에 돌입했다.

---

12 채명신, 『사선을 넘고 넘어-채명신 회고록』, 「매일경제」, 1994, 97-98쪽을 강준만, 위의 책, 48쪽에서 재인용.

## 돌아오지 못한 개:
## 장기려가 겪은 평양 폭격

극히 일부 전문가를 뺀 나머지 사람들은 북한이 한국전쟁 초기의 승리로 사기가 충천해 승리를 낙관했다고 알고 있다. 거의 모든 역사서들은 북한군의 6월 28일 서울 함락과 미 지상군과 최초로 맞붙은 전투에서 압승하여 남한을 거침없이 점령해 나간 사건 위주로 서술하였다. 그러나 1990년대 초반에 러시아 비밀문서가 공개되면서 상황은 180도 달라졌다. 북한군의 압도적 승리에도 불구하고 김일성과 공산당 수뇌부는 전쟁 초기 패닉 상태에 빠져 있었다는 얘기다. 역사학자 김태우 이야기를 들어보자.

> 지금까지 국내외의 어떤 책이나 논문에서도 이와 같은 전쟁 초기 북한지도부의 혼돈과 당혹스러움에 대해 언급하지 않았기 때문이다. 한국전쟁에 대한 공식 역사서술에서 전쟁 초기는 북한군의 압도적 승리의 시기로만 기록되었다. 남한, 북한, 미국, 중국, 소련의 공식 역사서술에서도 모두 마찬가지다.[13)]

1950년 7월 7일 북한 주재 소련 대사 테렌치 슈치코프(Terenty F.

---

13 김태우, 『폭격, 미공군의 공중폭격 기록으로 읽는 한국전쟁』, 창작과비평사, 2013, 86쪽.

Shtykov)는 김일성을 면담했다. 소련 대사는 스탈린에게 보낸 면담 결과 보고서 마지막 문장을 이렇게 썼다.

> 본인은 김일성이 몹시 화를 내고 허둥대는 모습을 처음으로 보았습니다.

김일성은 전쟁 시작부터 평양 인근 비행장을 시작으로 주요 도시들이 미 공군의 폭격으로 회복 불능의 타격을 받고 있다는 보고에 크게 당황했다. 북한군은 사흘 만에 서울을 함락시키고 7월 5일에는 세계 최고 미 육군을 오산에서 괴멸시키며 남쪽을 향해 거침없이 전진하고 있었다. 그런데도 소련이 공개한 비밀문서 속 김일성은 패닉 상태였다. 미 공군이 "북한 상공을 제집 앞마당처럼 넘나들며 대량 폭격 작전"[14]을 펼치고 있었기 때문이다. 김일성은 한 달 안에 전쟁을 끝낼 참이었다.[15] 그러나 전쟁 초기에 미국 참전으로 제공권을 장악 당한 북한 수뇌부는 허둥거리는 모습을 소련 대사 앞에 그대로 드러냈다. 국방부 군사편찬연구소의 이신재는 "한국전쟁 이전 소련의 북한 공군지원 고찰(1945-1950)"이라는 논문에서 한국전쟁 2개월 만에 북한 공군은 이미 회복 불능 상태로 붕괴되었다고 주장했다.[16]

---

14 김태우, 위의 책 162쪽.

15 브루스 커밍스, 위의 책, 54쪽.

16 이신재, "한국전쟁 이전 소련의 북한 공군지원 고찰(1945-1950)", 《현대북한연구》, 19권

북한 주민들은 전쟁 내내 미 공군의 무지막지한 폭격에 치를 떨었다. 3년간 낮에는 공습을 피해 토굴에 숨어 지냈고 밤에는 무너진 철도나 도로 복구 노역에 강제 동원되었다. 공습으로 밤낮을 바꿔 살아야만 했다. 브루스 커밍스에 의하면, 미국은 "3년 동안 민간인 희생자는 전혀 고려하지 않고 북한에 융단 폭격"을 가했다.[17] 전략 공군사령관을 지낸 커디스 르메이(Curtis E. LeMay, 1906-1990)는 "우리는 북한과 남한의 모든[원문 그대로] 도회지를 완전히 태워 버렸다"[18]고 자랑했다. 심지어 '1953년 7월 27일 밤 10시, 휴전 협정 발표 24분 전에도 B-26 폭격기가 레이더 유도폭탄을 투하'했다.[19] 북한 주민들에게 공습은 "충격과 공포" 그 자체였고, 미국을 향해 "극단적인 증오와 적개심"을 불러일으켰다.[20] 지금도 북한을 방문하는 외국인은 한국전쟁에서 미군의 무차별 폭격 이야기를 제일 먼저 듣는다고 한다.[21]

장기려는 미 공군의 전쟁 초기 평양 폭격을 여러 차례 겪었다. 일요일 교회에서 예배를 드리다 공습을 당했고, 수술하던 병원에 폭탄이 떨어져 죽을 고비를 넘기기도 했다. 북한 주요 도시를 초토화시킨 미 공군의 폭격은 적과 아군, 북한과 남한을 가리지 않았

---

1호, 2016, 253쪽.

17 브루스 커밍스, 위의 책, 2019, 213쪽.

18 브루스 커밍스, 위의 책, 216쪽.

19 브루스 커밍스, 위의 책, 225쪽.

20 김태우, 위의 논문, 116쪽

21 브루스 커밍스, 위의 책, 213쪽.

다. 남한 땅에서조차 흰옷을 입은 한국민을 향해 기관총을 난사했다. 미군에게 타격을 가하는 인민군이나 좌익 게릴라가 민간인 복장으로 변장을 했기 때문이라는 게 이유였다. 김동춘이 옳다면 이는 한국인들을 인종적으로 멸시했기 때문이다.[22] 아직도 미 공군의 무차별 폭격의 진상은 밝혀지지 않았고 합당한 사과나 배상을 받지 못했다.

한국전쟁에서 북한의 주요 도시들은 모두 미 공군의 잔인한 폭격으로 폐허가 되었다. 북한 도시 전체의 피해를 다루는 것은 범위를 벗어나는 일이므로 장기려가 직접 겪었던 평양 폭격만을 잠시 살펴보자.

평양은 북한의 정치·경제의 중심이자 교통의 중심이다. 대규모 화물 집하장과 철도 수리공장, 아시아에서 두 번째로 큰 소총·자동화기·탄약·수류탄·지뢰 등을 대량 생산하는 병기창이 모두 평양에 있었다. 전쟁 초기부터 미군 폭격의 주요 타깃이 될 수밖에 없었다.

미 공군은 1950년 6월 29일 평양에 첫 공습을 단행했다. 극동공군 산하 제3폭격전대는 B-26 18기로 평양 인근 비행장을 폭격했다. 적국 수도 비행장 폭격은, 더군다나 개전 초기 수도 폭격은 매우 예민한 정치적 판단이 필요한 사안이다. 맥아더는 트루먼 대통령을 패스하고 폭격 명령을 내렸다.[23] 6월 29일의 공습으로 평양 비행장에 있던 북한 비행기 25대가 파괴되었다.[24] 북한 공군은 휴전 때까

22 김동춘, 『전쟁과 사회-우리에게 한국전쟁은 무엇이었나?』, 돌베개, 2003, 216쪽.

23 김태우, 『폭격, 미공군의 공중폭격 기록으로 읽는 한국전쟁』, 창작과비평사, 2013, 100쪽

지 끝내 제공권을 회복하지 못했다.

미 공군 폭격기사령부는 7월 22일부터 일주일 동안 세 차례나 평양을 폭격했다. 7월 22일은 B-29 22기가 출격해 6기는 평양조차장(操車場)을, 나머지 15기는 나남의 창고와 "보급품 집적소"를, 마지막 1기는 원산 정유공장을 공격했다. 인구 조밀 지구에 70여 발의 폭탄을 투하해 주택 100여 호를 파괴했고, 평양 남부 양각리에 27개 대형 폭탄을 퍼부었다.[25] 23일에도 18기의 B-29 중폭격기로 평양조차장을 6시간 동안 폭격했다. 평양공업대학, 서평양 제1인민병원, 연화리교회, 박구리교회 등이 큰 피해를 당했다. 민간인 439명도 목숨을 잃었다. 7월 28일에는 B-29 7기가 평양조차장을 재차 공격했다.[26]

8월 7일 평양 도심 폭격의 피해가 가장 컸다. B-29 49기는 주택지구에 450개의 폭탄을 투하했다. 이로 인해 일반 주택 528호가 파괴되었다. 군사 시설이 아닌 농림성, 평안남도 인민위원회, 남평양 내무소, 평양남구인민위원회, 남구검찰소, 역전리 인민위원회, 동흥리 인민위원회, 철도, 우편국 등의 국가기관, 2개의 신문사, 평양 제10인민학교, 국립교육도서출판사, 교통성, 중앙병원, 중앙 결핵진료소 등이 큰 피해를 입었다.[27]

---

24 김태우, 사진축제 시민강좌, 2014년 11월 29일 강연 ppt.

25 『조선중앙연감 1951-1952년』, 조선중앙통신사, 1952, 150쪽; 김태우, 위의 책, 121쪽에서 재인용.

26 김태호, 위의 책, 122쪽.

27 『조선중앙연감 1951-1952년』, 조선중앙통신사, 1952, 158쪽, 160쪽을 김태우, 위의 논

장기려가 생생하게 고발한 미군의 평양 폭격은 9월 16일에 있었다. 김태우의 『폭격, 미공군의 공중폭격 기록으로 읽는 한국전쟁』엔 이날의 폭격 기록이 담겨 있지 않다. 미국문서보관소에는 당일 폭격으로 화장실에서 폭격을 당해 아버지를 잃은 평양 주민 백인하가 여동생 정숙에게 보낸 편지가 남아 있다. 우체국에서 발이 묶여 끝내 여동생에게 전달되지 못한 가슴 아픈 사연의 편지다. 장기려의 9월 16일 폭격 증언을 어느 정도 입증한 셈이다.

"1950년 받지 못한 편지들"이란 부제가 딸린 『조선인민군 우편함 4640호』는 한국전쟁 중에 북한 사람들이 썼으나 전달되지 못한 728통의 편지와 344장의 엽서 중에 뽑아 엮었다. 북한을 점령한 미군이 노획한 각종 문서들은 1977년에 봉인이 풀려 일반에 공개됐다. 그 중에 편지와 엽서 1086통이 문서상자 1138번과 1139번에 들어 있었다.[28] 이 책에는 9월과 10월에 쓴 편지들이 가장 많다. '자기 의지와 무관하게 전쟁터로 내몰린 사람들의 실상, 생사 갈림길에 놓인 사람들의 처절함, 사상보다 더 진한 피붙이의 정' 등이 생생하게 담겼다. 평양 사동에서 폭격을 목격한 백인하는 함경남도 고원군 금수리에 사는 여동생 정숙에게 이렇게 썼다.

> 과이 놀내지 말아라. 평양 소식 알린다. 9월 16일에 놈들의 공습에 무사히 지내든 우리 사는 사택에다가 80개의 폭탄을 던지여 수백 명

---

문 96쪽에서 재인용.

28 이흥환 엮음, 『조선인민군 우편함 4640호-1950년 받지 못한 편지들』, 삼인, 2012, 13쪽.

사람 죽고 하는 중에 두리의 두 집 식구는 천명으로 살아났다. 작은 어머님 집도 폭탄에 치여 형편이 없고 무너지는 집 속에서 살아나고, 우리 집 식구는 집 안에 있다가 폭탄 파편에 겨우 몸을 빠져서 살아 났다. 나는 현장에 갔다가 연기가 매우 나서 집에 돌아온즉 식구들은 울고 있는 현상이다.

그리고 매일같이 일하든 완수리 아버지는 그날 일 아니 나가고 있다가 그만 앞집 치는 파편에 변소에서 그만 세상을 떠나고 말았다. 과연 우리 집 식구들은 고생하는 사람이라 과연 천명으로 살고 있다. 너무나 놀라지 말고 너나 무사히 지내어라.[29]

장기려는 이날 미군 폭격기가 인명을 크게 살상하는 가공의 신형 무기 '친자 폭탄' 사용을 고발했다. 이 폭탄의 공식 명칭은 네이팜탄이다. 공중 높은 곳에서 폭발한 다음 조그만 산탄으로 사방에 퍼져 지상에 있는 모든 것들을 불태운다. 무서운 폭탄이다.[30] 병원 2층 수술실에서 수술 중이던 장기려는 3층 지붕에 떨어진 폭탄 소릴 들었다.

그 소리가 어찌나 컸던지 나도 모르게 두 손가락으로 두 귀를 막고 수술대 밑으로 허리를 구부렸다. 그때에 그 병원 부원장으로 일하던 임영식 선생이 수술에 들어왔다가 그 폭음을 듣고 두 손을 번쩍

29 이홍환 엮음, 위의 책, 210쪽.

30 강정구, 위의 책, 230쪽.

> 들고 포로 모양의 태도를 하고 서 있던 광경이 지금도 눈에 훤하다. 조금 있으니까 3층 수술실에서 일하던 교실원들이 얼굴이 창백해 가지고 수술가운을 입은 채 내가 일하고 있는 수술실로 내려와 수술을 계속할 것인가 하고 묻는 것이었다. 나도 그때에는 정신을 가다듬고 수술을 계속할 것과 임무에 충실할 것을 강조하고 수술을 완료했다. 그날은 밤을 새워 24시간 동안 계속 수술을 해서 7개의 수술실에서 각각 일곱 차례씩 수술을 실시해서 합계 49차례의 파편창(破片創-한자 저자)의 1차 처치를 끝냈다.[31]

24시간 동안 이렇게 많은 수술을 할 수 있었던 것은 '1시간 수술 준비, 1시간 수술'이라는 원칙을 정하고 밤새 뜬 눈으로 수술을 강행했기 때문이었다. 모두가 네이팜탄 파편이 몸에 박힌 환자들이었다. 평양의 여러 병원에서 가장 부상이 심한 환자들은 모두 평양의대(현 김일성대학 의대) 부속병원으로 몰렸다. 꼬박 밤을 새워 수술을 했으나 아침이 되자 수술실 밖에는 400여 명의 환자들이 대기하고 있었다. 임영식 부원장은 수술환자를 구별해 수술실로 보냈다. 공습으로 병원도 큰 피해를 입었다. 수술실이 있는 건물이 큰 타격을 입었을 뿐 아니라 피해 상황을 알아보려고 나갔던 병원장이 부상을 당했다. '하지에 절단창'을 입었는데 그 상처가 감염되어 입원했다. 장기려는 9월 16일을 '비극의 날'이라 불렀다. 평양 의대 부속병원은 "힘차게 그 역할을" 감당했다. 환자가 증가했지만 병원 직원들이

---

31 장기려, "6·25와 나", 《부산모임》, 제54호, 1976년 7월호, 5쪽.

성심을 다해 치료한 결과 "환자들도 사기가 떨어지지 않았다."[32] 많은 수술 환자가 대기 중이라는 이야기가 상부에 전해졌다. 법무부에서 나와 그 이유를 추궁했다. 장기려는 용감하게 따졌다.

> 싸움을 하려면 부상자가 많이 날 것을 예상하고 수술 기구를 많이 준비하고 할 것이지 지금과 같이 별 준비 없이 하면 어떻게 합니까?[33]

장기려는 "6·25와 나"란 글에서 다른 평양 공습을 언급했다. 이 폭격은 9월 16일에서 10월 10일 사이에 있었다고 추정된다. 11일부터는 병원 출근을 그만두고 반성에 있는 동굴에서 가족, 친지들과 함께 공습을 피했기 때문이다. 10월 20일에 국군과 연합군이 평양을 점령하자 장기려는 10월 23일에 평양으로 돌아왔다. 그 이후에는 국군 야전병원과 유엔 민사처에서 근무를 하다가 12월 3일 월남을 시작했다. 따라서 '어떤 주일'의 공습은 9월 17일과 10월 10일 사이일 수밖에 없다. 물론 반성 동굴에 피신해 있던 10월 15일 주일에 공습이 있었을 가능성도 배제할 순 없다. 그러나 병원 출근마저 포기하고 공습을 피해 동굴에 숨어 있던 사람이 버젓이 일요일에 교회 가서 예배와 당회까지 참석할 수 있었을까.

---

32 장기려, "하나님은 사랑이다", 《부산모임》, 제122호, 1988년 6월호, 31쪽.

33 장기려, "한 늙은 의사의 이야기", 1989년 다이어리 7월 첫주 스케줄 지면.

> 우리는 예배중이므로 대피하지 않고, 기도하는중이었는데 보안부원이 집으로 왔다. 폭격을 하는데 "너희는 기뻐서 찬미를 부르는 것이 아닌가" 하고 우리 장로 세 사람[박, 양 두 장로님과 나]을 잡아가지고 자기들의 사무실로 데려갔다. 우리는 언제, 어디서든지 하나님께 예배할 때에는 찬미와 기도를 하는 것이라고 설명했으나, 이해하려 하지 않고 붙들어 두었다. 내가 폭격이 심한 때 환자가 병원에 오면 그들을 치료해 줄 책임이 있는 것을 말하니 그들이 이해하여 병원으로 돌려 보내주었다. 그러나 두 장로님은 다음 날에야 석방되었다.[34]

미 공군기의 폭격으로 얼마나 많은 북한 민간인들이 사망했는지 정확한 통계는 아직 없다. 1954년 3월에 소련이 작성한 공식 문서 「1950-1953년 전쟁 기간 조선민주주의인민공화국 인민경제의 총 손실 규모」에서는 폭격으로 인한 민간인 사망자를 28만 2000명으로 집계했다.

소이탄 폭격 때문에 북한 주민 모두가 치를 떨었음에도 장기려는 전쟁 중엔 물론 죽기 전까지 천인공노할 미 공군의 폭격을 비판하지 않았다. 전쟁 당시 왜 비판하지 않았느냐는 우문은 거두기로 하자. 장기려는 남한에서 45년을 살며 한국전쟁을 주제로 여러 편의 글을 썼다. 그 글에서 자신이 직접 경험한 평양 폭격을 손에 잡힐 듯 생생하게 그렸다. 그러나 미 공군의 인간이길 포기한 폭격이

34 장기려, "6·25와 나", 《부산모임》, 1976년 7월호.

나 전쟁 그 자체의 폭력성을 두고는 철저하게 입을 다물었다. 그와 비교조차 어려운 한국 군의관과 북한 군의관을 비교하여 비판하고, 박헌영의 거짓말을 비판했던 장기려가 미 공군의 무차별 공격에 희생당한 무고한 북한 주민의 억울함에 끝까지 침묵한 점은 이해하기 어렵다. 아니 곤혹스럽다. 우익과 좌익에 의한 집단 학살 문제까지 장기려가 나서서 비판하길 기대한다는 뜻은 아니다. 장기려 생전엔 이 문제가 거의 수면 위로 떠오르지 않았으니 말이다. 수백만의 무고한 희생에 장기려가 끝내 침묵한 점은 아쉬움을 넘어 실망스럽다.

앞서 살핀 것처럼 장기려는 13일 동안 미군 공습을 피해 동굴 속에 숨어 있다가 연합군과 국군의 평양 함락 3일 후에 평양으로 돌아왔다. 평양에 태극기가 휘날리고 있음에도 마냥 감격할 수 없었다. 맏아들이 돌아오지 않아 아내가 얼굴에 웃음을 잃었고, 집으로 돌아왔을 때 키우던 개가 없어졌기 때문이다. 이를 확인한 장기려는 짧지만 강렬한 코멘트를 남겼다.

"아주 섭섭했다."

## 피난

38선을 넘어서 파죽지세로 진격하던 국군과 유엔군은 10월 20일 평양을 점령했다. 10월 10일경부터 평양의 각 관청들이 후퇴로 정신이 없었다. 브루스 커밍스에 의하면 10월 10일 무렵 조선민주주의 인민공화국의 당·정·군의 지도자는 물론 지방의 민간인 관리와 "골수 공산주의자"까지 자강도로 후퇴하였다.[35] 김일성은 경호대 몇 명과 함께 라디오로 녹음 방송을 남겼다. 미군의 총진격 때문에 "우리 인민군대는 전투를 계속하면서 부득이 퇴각하지 않을" 수 없다면서 "조국 앞에 커다란 위험"이 닥쳤으니 "마지막 피 한 방울을 다 흘릴 때까지 용감히 싸울 것"을 호소했다.[36] 그러고는 평양을 떠나 만주 통화 방면으로 달아났다.[37]

장기려는 10월 10일 병원 부원장과 현 상황을 놓고 토론했다. 병원이 환자들의 식사 문제를 해결할 수 있는지 물었더니 부원장은 자신할 수 없다고 대답했다. 그래서 내일부터 출근하지 않겠다고 통보했다. 장기려는 평양에서 북쪽으로 12킬로미터 정도 떨어진 반

35 브루스 커밍스, 『브루스 커밍스의 한국 현대사』, 창작과비평사, 2006, 392쪽.

36 와다 하루키, 『한국전쟁』, 창작과비평사, 2003, 174쪽.

37 이기환, 『성산 장기려』, 한걸음, 2000, 176쪽.

성마을의 동굴로 피신했다. 동굴 속에는 가족뿐 아니라 내과의사 전영을 박사 가족도 있었다. 반성의 동굴 속에 숨어 있는 이들은 기마경찰들이 지나다니는 소리를 들었다.[38] 그렇게 피신했다가 적발당하면 총살이었다.

평양이 함락되고 사흘을 더 지난 10월 23일에서야 장기려는 반성 동굴을 나왔다. 돌아와 보니 옛 기홀병원은 국군 야전병원으로 변해 있었다. 병원장을 비롯한 한두 사람은 전부터 안면이 있는 군의관들이었다. 경의전 후배들이 도움을 청했다. 장기려는 "식구들의 양식을 위해 유엔군 민사처 병원에 나가서 의사 일을 했다."[39] 한국군 야전병원에서 만난 군의관들은 그 수가 매우 적었다. 저들은 북한 군의관들에 비해 자기 책임에 충실하지 못했다. 환자 치료를 열심히 하지 않았기 때문이다. 그러나 인간미는 북한 군의관에 비해 좋다고 느꼈다. 장기려 살림살이 걱정도 해 주고 때로는 집에 쌀가마니를 가져다주기도 했다. 한 달 뒤에는 유엔 민사처가 운영하는 민간 병원으로 자리를 옮겨 진료를 계속했다. 국군병원과 달리 수술 환자는 거의 없었다.

장기려가 평양을 떠난 1950년 12월 3일의 상황은 이제까지 지나칠 정도로 제 3자 입장에서 서술됐다. 그도 그럴 것이, 긴박하게 평양을 떠나야만 하는 전세(戰勢)를 빼고 한 가족의 생이별에만 초점을 맞춰 서술했기 때문이다. 이제부터 장기려가 평양을 긴박하게

---

38 장기려, "한 늙은 의사의 이야기", 1989년 큐티 다이어리 7월 첫 주 스케줄 지면.

39 장기려, "하나님은 사랑이다", 《부산모임》, 제122호, 1988년 6월호, 31쪽.

떠날 수밖에 없었던 당시 상황을 복기해 보자.

1950년 10월 26일, 무모한 진격을 하던 국군 최선봉 6사단 2연대는 평안북도 벽동 전투에서 심대한 타격을 입었다. 이 패배로 중국 참전이 공식 확인됐다. 중국의 참전으로 국군이 후퇴를 해야 한다는 사실을 장기려는 벽동 전투로부터 한 달 지난 11월 말에서야 알았다. 국군이 평양 입성 이후 약 2개월 동안 유엔군 민사처 병원과 한국군 야전 병원 징용 의사로 일했기에 민간인보다는 전황에 관한 정보가 빠를 수밖에 없는 게 상식적인데 수십만 중국군 참전 소식을 이렇게 늦게 알았다는 사실은 의외다. 어쨌거나 장기려는 중국 참전 소식에 매우 당황했다. 중국과 북한 연합군은 11월 25일부터 두 번째 대규모 공격을 감행했다. 특히 11월 27일부터 시작된 개마고원 근처의 장진호 전투에서 스미스부대라 불렸던 미 해병 제1사단은 사망 700명, 실종 200명, 부상병이 3500명이나 나올 정도로 참패했다. 미 제2사단 또한 조통계곡(槽桶溪谷) 전투에서 병력의 80퍼센트를 잃었다.[40] 12월 2일, 그러니까 장기려가 평양을 떠나 피난길에 오르기 바로 전날 중국군 6개 사단은 평양 동북방 32km 떨어진 성천까지 밀고 내려왔다. 일요일인 12월 3일에는 중국군의 평양 포위가 시작됐다.[41] 이미 대동강 철교는 미군의 폭격으로 끊긴 뒤라 국군과 유엔군은 임시 부교를 설치하고 철수를 서둘렀다. 임

---

40 김성보·기광서·이신철, 『사진과 그림으로 보는 북한현대사』, 웅진지식하우스, 2005, 89쪽.

41 이기환, 『성산 장기려』, 한걸음, 2000, 179쪽.

시 부교는 군대 수송용이라 일반인은 통행을 할 수 없었다. 그러나 그 임시 부교를 건너지 않으면 피난이 불가능했기 때문에 수십 만 명이 몰려들었다.

그런 일촉즉발의 전쟁 중에도 장기려는 일요일 예배를 빠질 수 없었다. 12월 3일에도 교회에 나가 어떻게 후퇴해야 하는지 간절히 기도했다. 그리고는 가족을 데리고 대동강변으로 나가겠다고 결심했다. 대동강 철교에 나가 국군 수송대 관계자들에게 부탁하여 다리를 건너기로 마음먹었다. 결단코 쉬운 일은 아니지만 하나님께서 허락해 주시면 건널 수 있다고 믿었다.[42] 교회에 머물고 있을 때 국군 야전병원 부원장 안광훈 소령이 찾아왔다.[43] 동평양 선교리까지 안전하게 모시기 위함이었다. 부인 김봉숙은 친정 부모님과 세 딸 신용, 성용, 인용을 데리고 먼저 출발했다. 장기려는 예배드리러 가며 입었던, 결혼식 때 장인이 지어 준 낙타 외투 차림으로 피난길에 올랐다. 안광훈 소령이 몰고온 국군 야전병원 앰뷸런스는 차남 가용과 장기려의 매형, 이종 동생과 한국전쟁 직전에 함께 러시아 외과학 책을 번역하였던 친구 김형로, 전영을과 그의 두 딸을 태우

42 장기려, "나는 이렇게 믿는다", 《부산모임》, 제25호, 1971년 8월호, 8쪽.

43 장기려가 차남 가용을 데리고 평양을 떠나면서 앰뷸런스 속에서 가족을 보고도 차를 세우지 못함으로 영영 이산가족이 된 이 장면만큼 팩트가 일치하지 않는 부분도 없다. 우선 장기려의 글들이 서로 충돌을 한다. 그리고 장기려 전기를 쓴 이기환, 최은숙, 한수연, 김은식 등의 책도 일치하지 않는다. 의견은 다를 수 있겠는데 사실이 서로 다르다. 따라서 이 글에서는 장기려가 이 대목과 관련하여 쓴 여섯 편의 글 "나의 생애와 확신"(1971), 「한국일보」에 연재했던 "나의 이력서"(1976), "하나님은 사랑이다"(1988), "한 늙은 의사의 이야기"(1989) 중에서 연대가 가장 빠른 1971년과 1976년의 글을 기본으로 하고 1989년의 글에서 세세한 부분들을 참고하여 썼다.

고 달렸다.

평양 종로 거리를 지날 때 가용이가 차창 밖에서 대동강으로 먼저 떠난 동생 신용과 어머니를 발견했다. 손을 흔들면서 엄마가 저기 있다고 소리쳤지만 장기려는 차를 세워 달라고 부탁하지 못했다. 자신의 부탁으로 만약 차가 선다면 무수한 사람들이 차를 타려다가 아수라장이 될 테고, 그렇게 되면 차가 움직일 수 없을지 모른다고 판단했기 때문이다. 그래서 차마 입이 떨어지지 않았다고 한다. 예정 시간보다 훨씬 늦게 출발한 앰뷸런스가 선교리에 도착했을 때 안광훈 소령은 야전병원장으로부터 전투모로 머리를 맞았다.

장기려는 아내와 어린 자녀들과 그렇게 헤어질 수밖에 없었음을 평생 자책했다. 만약 12월 3일 일요일 오전 예배 때 드린 기도처럼 국군 야전병원의 호의를 거절하고 아내와 함께 대동강을 건넜더라면 이산가족은 면할 수 있었다고 생각했다. 그런데 국군과 미군은 기적적으로 장기려가 선교리에 도착한 그날 오후 5시부터 7시까지 민간인의 부교 통과를 허용했다. 피난민들은 무사히 대동강을 건넜다. 먼저 떠나 남하를 계속하던 장기려 식솔들은 피난민보다 앞질러 가는 중공군 때문에 평양으로 되돌아갔다.

장기려가 후퇴하는 국군과 함께 가족들을 데리고 월남을 결심하는 데는 두 가지 이유가 크게 작용했다. 첫째는 악성 루머였다. 중국군의 참전으로 국군과 유엔군이 전투에 패해 밀리고 있다는 소문은 "중공군이 오면 젊은 사람은 다 죽인다"는 또 다른 소문과 함께 전염병처럼 번져나갔다. 그보다 더 신경이 쓰인 점은 국군 야전병원과 유엔민사처 병원 근무를 이유로 공산당에게 당할지 모를 보복이었다. 중국 참전 소식을 알고 보름 정도 평양에 머물렀지만 가족들은 장기려가 이적 행위로 처단 당할까 불안에 떨었다.

장기려는 차남과 선교리에 무사히 도착해 어느 여관에서 잤다.[44] 4일 오전 9시, 남하를 시작하였다. 오후 3시에 현재의 평양특별시 중화읍에 도착했다. 빈집을 찾아 들어가서 그 집에 남은 양식으로 밥을 해 먹고 잤다. 당시 「조선일보」는 12월 4일의 평양 철수를 이렇게 보도했다.

> [본사 특파원 全東天 記] 12월 5일 유엔군 및 국군의 전략적 철수로 적의 손에 떨어지기 직전의 최후의 평양은 폭음과 화염 그리고 그 충천하는 흑연 속에서 도강하여 남하하려는 시민들의 아우성으로 뒤덮여 있었다. 일반시민에 대한 피난 권고는 12월 3일에 내려져서 대부분의 시민은 4일까지 피난을 하였으나, 4일 저녁 대동강의 가교가 최후 철수부대의 손으로 끊긴 다음에도 이 가교로 모여드는 남하 피난민의 수는 무수하였는 바 그들은 파괴된 가교를 드럼통과 부서진 가교의 목편(木片) 등으로 얽어매 가지고 건너는 것이었다.
>
> 이렇게 피난민들이 건너는 동안 하오 3시가 되자 유엔군 전투기들은 모란봉 근처의 중공군 게릴라부대를 기총 소사한 다음, 도강하는 시민들을 중공군 게릴라부대로 오인하고 다시 기총탄을 내려 부어서 도강 중도에 쓰러지는 시민도 있었으나 쓰러지는 사람의 시체를

44 장기려의 자세한 피난 여정은 오로지 1989년 쓴 "한 늙은 의사의 이야기"에만 상세하게 기록된다.

넘으면서도 도강하는 시민들의 광경은 대한민국의 자유와 평등을 이들 평양시민들이 죽음으로써 찾는 광경이기도 하였고, 괴뢰집단의 행악이 그들에게 얼마나 심독하였는가를 실증하는 광경이기도 하였다.

전투기들은 계속하여 시내의 군사시설 비행장 등을 폭격하여 피난민들이 사동(寺洞) 근방의 언덕에 올랐을 때는 맹렬한 화염이 평양을 뒤덮었는데 때마침 저녁노을이 화염에 반사하여 그 처절한 평양의 최후는 평양을 떠나는 시민들의 발을 몇 번이고 멈추게 하고 눈물을 뿌리게 하였다. 허나 이렇게 평양을 바라보며 눈물 뿌리는 시민들도 국군과 유엔군의 최후의 승리를 믿어 의심치 않는 것은 지극히 마음 든든한 점이었다. 대동강의 가교가 끊길 때까지 강을 건너지 못한 피난민들은 강서·용강 쪽으로 흘러내려갔는데 그들의 대부분은 진남포·광량만을 경유해서 해로로 인천에 상륙할 것을 희망하고 있었다.

평양에서 남쪽으로 40리 떨어진 중화에서부터 신막에 이르는 300리 길의 연도는 약 50만으로 추측되는 피난민으로 덮여 있었는데 이들 일렬종대의 피난민의 대군은 하루 60리 내지 70리의 평균속도로 남하하고 있었으며, 이 피난민의 수는 그들이 한 마을 한 시정을 지날수록 늘어만 가고 있었다. 그들의 이동속도로 추측하여 오는 15일이면 그 선두부대는 서울에 들어올 것으로 보이는 바 불에 뒤덮인 자기 집을 돌보지 않고 최후의 평양에서 죽음으로써 대한민국을 찾아 남하하는 그들의 피난행렬은 정의의 승리를 시위하는 인민의 행렬 같기도 하였다.[45]

장기려는 5일 황해도 사리원[46]까지 걸었다. 이번에도 찾아 들어간 빈집에 먹을거리가 있었다. 그렇게 매일 20-24킬로미터를 걸었다. 너무 늦게 도착한 날은 빈집이 없었다. 12월 초순의 황해도는 몹시 추웠다. 특히 1950년에서 1951년으로 넘어가는 겨울 날씨는 북한 지역에 10년 만에 찾아온, 기온이 영하 40도까지 떨어지는 살인적 추위로 군인들마저 힘들어했다.

낙타 코트 때문에 강추위에도 외양간에서 볏짚을 이불 삼아 잠을 잘 수 있었다. 평양에서 개성까지는 직선거리로 160킬로미터, 그러니까 서울에서 대전 정도의 거리다. 그러나 지형조건이 훨씬 안 좋아 두 사람이 걸었던 거리는 실제 거리의 최소 1.5배는 되었지 싶다. 그럼에도 12월 4일, 도보로 동평양을 출발한 지 8일 만인 12월 11일 개성에 도착했다.

장기려는 개성에서 우연히 후배 의사를 만나 모처럼 배부르게 먹고 서울행 기차를 탔다. 신촌역에 도착해서는 간단한 조사를 받고서야 서울 땅을 밟을 수 있었다. 북한군에 잡히지 않고, 또한 폭격에 부상을 당하거나 추위에 얼어 죽지 않고 서울 땅을 밟았다. 신촌역에서는 뜻밖에 사촌 장기원 형을 만났다. 형님 댁에 신세를 질 형편이 못 되어 사촌동생 장기하의 집으로 갔다. 거기서 이틀을 편하게 지냈다. 장기하에게 조카 장정용이 부산 육군부대에 소위로 근무하고 있다는 사실을 알고 부산행을 결심했다. 문제는 교통편이었다.

45 전동천, "유엔군 철수 직후의 평양 전경", 「조선일보」, 1950년 12월 13일.

46 현재 사리원은 황해북도 도청소재지다.

사촌누이 남편이 서울역에 근무하고 있어서 무개화차(無蓋貨車)를 얻어 탈 수 있었다. 장기려는 그렇게 가다 쉬다를 반복하며 나흘 후인 12월 18일 부산에 도착했다. 평양을 떠난 지 꼭 보름 만이었다.

# 삶과 신앙의 스승들 2:
# 오정모, 주기철, 손양원

## 오정모

장기려는 주기철 목사의 부인 오정모(1903-1947) 주치의였다. 주기철 순교 2주기 추모예배에 참석했던 장기려는 기홀병원 간호사를 통해 오정모가 암 진단을 받은 사실을 알았다.[47] 그때부터 세상을 떠나기 전 약 10개월 동안 오정모를 치료했다.

오정모는 평남 강서군 성태면 가장리에서 오석필의 장녀로 태어났다. 평양 정의여학교를 졸업하고 마산 의신여학교 교사로 지내며 주기철이 담임하는 문창교회에 나가기 시작했다. 교인들은 오정모를 "금욕적인 신앙생활"과 "완벽을 추구하는 엄격한 신앙 훈련"을 받은 신자라고 입을 모았다. 오정모는 기도로 병을 고치는 신유의 은사도 있었다.[48] 불의를 용납하지 않는 성격이었고 서른을 넘길 때까지 독신을 고집했다. 적지 않은 나이에도 일본 유학 계획을 포기하지 않을 만큼 목표 의식이 분명했다.

주기철은 1933년 5월 부인 안갑수와 사별했다. 노모를 모신 데다 생후 1년을 갓 넘긴 막내아들을 포함하여 다섯 자녀를 거느리고 있

47 박용규, 『한국 교회와 민족을 깨운 평양 산정현교회』, 생명의말씀사, 2006, 353쪽.

48 이덕주, 『사랑의 순교자 주기철 목사 연구』, 한국기독교역사박물관, 2003, 169-170쪽.

었기 때문에 1935년 11월에 오정모와 재혼했다. 주기철은 1936년 7월에 평양 산정현교회 담임목사로 부임했다. 오정모의 첫 수요예배 대표기도에 온 교인들이 은혜를 받았다. 예배당에서 기도를 들은 교인들은 "한마디 한마디가 꿀 송이보다 더 달았다"고 회고하였다.[49] 손양원 목사의 전기 『사랑의 원자탄』과 주기철 목사의 전기를 썼던 안용준은 주 목사의 순교를 "그의 부인과 산정현교회의 교인들이 함께한 '공동 투쟁'의 산물"이라고 주장했다.[50] 『사랑의 순교자 주기철 목사 연구』를 쓴 감신대 이덕주 교수도 오정모를 "아내이기 전에 신앙 동지요 후견인"으로 보았다.[51] 남편 면회를 가서는, "만일 당신이 신사참배를 허락하고 나오면 나와는 이혼을 각오하라"는 말까지 할 수 있는 사람이었다.[52] 일제는 저항 의지를 철저하게 꺾기 위해 가족들 앞에서 신사참배 반대자를 고문하거나, 반대로 신사참배 반대자가 가족들의 고문을 지켜보게 했다. 일경은 오정모와 시어머니, 그리고 막내아들 주광조를 '특별 면회' 명목으로 지하 고문실로 불러놓고 짐승만도 못한 짓을 했다. 다음은 당시 열 살이었던 주광조의 증언이다.

---

49 정석기, 『서마전동 예수꾼』, 혜선출판사, 1984, 153-154쪽을 박용규, 『한국 교회와 민족을 깨운 평양 산정현교회』, 생명의말씀사, 2006, 234쪽에서 재인용.

50 이덕주, 위의 책, 31쪽.

51 이덕주, 위의 책, 317쪽.

52 최병문, 『순교자 제1집: 주기철 목사편』, 대한기독교순교자기념사업회, 1959, 60쪽을 이덕주, 위의 책, 317쪽에서 재인용.

그들은 아버지를 엄지손가락을 뒤로 해서 공중에 매달아 놓고 우리가 보는 앞에서 이른바 '그네뛰기 고문'을 했다. 발길로 차면 공중에 매달린 채 그네가 되어 왔다 갔다 하는 것이다. 벽에는 검도 연습용 칼이 죽 꽂혀 있었다. 일본 형사들이 그 칼을 뽑아서는 검도 연습을 하듯이 칼을 가지고 아버님을 내리쳤다. '얏!' 하고 기합을 넣어 때리면, 아버지는 그네가 되어서 이쪽에서 저쪽으로 날아가고 또 저쪽에서 이쪽으로 날아왔다. [중략] 정확히 세어 보진 못했지만, 내가 스무 번을 세기 전에 아버지는 공중에 매달린 채 기절해 버렸다. 그런데 아버지가 기절하기 전에 내 옆에 있던 할머니가 먼저, 고문이 시작되자마자 정신을 잃고 쓰러져 버렸다. 그리고 어머니는 고문이 시작되자 손을 깍지 끼고는 '오! 주님' 하시며 기도만 하셨다. [중략] 그러고는 형사 세 사람이 우리 방으로 건너와서 이번에는 어머니를 고문하기 시작했다. 어머니는 몸이 몹시 가냘프고 약한 분이셨다. 그래서 발길로 한 번 차면 2-3미터씩 데굴데굴 구르곤 했다. 어머니를 고문하기 시작하자 이번엔 아버지께서 깍지를 끼고 엎드려 기도만 하셨다.[53]

적지 않은 신사참배 거부자들이 이 관문을 통과하지 못하고 무릎을 꿇었지만 오정모와 주기철은 달랐다. 해방 후 평양 산정현교회가 문을 열자 주기철 목사를 우상화하려는 움직임이 생겼다. 교회 뜰에 순교기념관과 동상을 세우자는 제안이 나왔지만 오정모는 분

53 주광조, 『순교자 나의 아버지 주기철 목사님』, UBF 출판부, 1997, 90-94쪽.

명하게 반대했다. "예배드리러 교회에 왔다가 하나님의 영광을 보고 하나님만을 찬양, 경배해야지 주 목사가 그것을 가리우는 존재가 되어서는 안 된다."[54]는 게 이유였다. 교회가 유족에게 땅을 사주겠다는 결의를 했지만 오정모는 사양했다. 일경에 의해 목사관에서 강제 추방된 뒤 5년 동안 무려 13번이나 셋방을 전전했지만 흔들림이 없었다. 오정모가 세상을 떠나기 며칠 전 인민위원회 장교 두 명이 찾아왔다. 김일성 장군이 보냈다며 상자 두 개를 가지고 왔다. 상자 안엔 지폐가 가득했고 논밭 문서와 적산가옥 문서도 들어 있었다. 오정모는 "주 목사께서는 후세에 이런 선물을 받으려고 순교한 게 아니기에 뜻은 받지만 물건은 받을 수 없다"며 돌려보냈다. 그 광경을 지켜보던 주기철 목사의 막내 주광조는 어머니 처사에 "입이 댓자나 나와 있었다." 오정모는 막내를 앉혀놓고 시편 37편 25-26절을 펼쳐 읽게 했다. "착한 사람이 버림받거나 그 후손이 구걸하는 것을 나는 젊어서도 늙어서도 보지 못하였다. 그런 사람은 언제나 선선히 꾸어 주며 살고 그 자손은 축복을 받으리라." 당시 큰돈을 받지 않은 어머니가 많이 원망스러웠지만, 그때 읽어 준 시편은 평생을 부모님께 누가 되지 않은 삶을 살 수 있게 해준 '위대한 유산'이라 회고했다.[55] 평양노회는 주기철 목사와 가족에게 사과하는 뜻에서 '순교 기념예배'를 제안했지만 그 역시 거절했다.

---

54 주광조, "주영진 전도사의 생애와 순교", 『제8회 소양 주기철 목사 기념강좌』, 주기철 목사 기념사업회, 52쪽. 2003년.

55 조현, "주기철 목사의 아내 오정모", 「한겨레신문」, 2007년 9월 18일.

그의 신앙은 지금도 살아서 히브리서 11장에 추가될 인물 중 하나로 말하고 있다고 믿는다.[56]

장기려는 자신이 만난 오정모를 "히브리서 11장에 추가될 인물 중 하나"라고 평가했다. 그 말인즉슨 장기려가 오정모를 구약성서를 대표하는 믿음의 인물들과 동급으로 인정했다는 의미이다. 이는 장기려가 오정모에게 할 수 있는 최고의 찬사다. 무엇보다 장기려는 주치의로 오정모의 경건한 죽음을 지켜보며 세밀한 기록을 남겼다.

2년 전에 왼편 쪽 유암의 수술을 받았고 2년간 무사했는데 약 2개월 전부터 흉부 통증을 발해서 내원했다. 환자는 암의 재발로 인식하고 모든 치료를 거부하고 가정에서 하나님의 뜻을 알고자 기도만 하는 것이었다. 여성도들이 옆에서 시중하고 있었다. 음식은 적게 섭취하고 낮에는 일어나 앉아서, 교회와 자기의 신앙에 대하여 간구하면서 심방 오는 사람들에게 믿음에 굳게 서라고 권면하며 저녁에는 교회와 나라(민족)를 위하여 기도했다. 10개월이 지난 어느 날 환자는 죽음에 대한 예고를 들었음인지, 주위에서 시중하던 사람들을 다 각기 집으로 돌려보내고 홀로 기도할 기회를 가지겠다고 했다. 시중 들던 사람들은 아무 생각도 없이 각기 집으로 갔다. 다음 날 시종 들던 사람들이 그 집에 와 보니 그 부인[오정모-저자 주]은 육신만 남겨놓고 어딘가 가 버렸다. 이 분은 생전에 그리스도의 품 속에 살다가

56 장기려, "8·15-6·25까지의 평양산정현교회", 《부산모임》, 제104호, 1985년 6월호, 2쪽.

영원하신 주님의 품에 안기셨다. [중략] 이 환자는 의사로부터 암이라고 선언받지 않았으나 자기 판단으로 암의 재발이라고 속단하고 육의 생에 대한 충격, 자기방어기전 분노, 우울, 타협, 순응(수용) 또 정신 이완의 단계를 거치지 않고, 또 현세의 의학의 발달로 암치료제의 발명에 대한 희망을 가지지 않고 직접 하늘나라의 소망과 그리스도와의 인격적 교제로 말미암아 육체를 옷과 같이 벗어 버리고 가신 예이다.[57]

오정모는 1947년 1월 27일 45세에 소천했다.[58] 주치의 장기려는 "후광으로 빛나고 천사의 얼굴"[59]로 "하나님(예수 그리스도)의 품에서 일초라도 떨어지지 않도록 기도"에 전념하던 오정모의 마지막 모습을 기록으로 남겼다. 장례식은 평양 산정현교회 정문 앞에서 방계성 전도사 집례로 진행되었다. 동창 박현숙 여사가 조사를 했고, 교회 청년들이 주기철 목사가 묻힌 평양 북쪽 교회 공동묘지 돌박산에 안장했다.

---

57 장기려, "기독의사로서 본 죽음", 《부산모임》, 제75호, 1980년 2월호, 7-8쪽.

58 오정모 사모의 별세에 대해 기존의 자료들은 1947년 1월 27일 막내아들 주광조가 가정 예배를 인도하는 중에 숨을 거둔 것으로 되어 있다. 이덕주의 『사랑의 순교자 주기철 목사 연구』 341쪽과 박용규의 『한국 교회와 민족을 깨운 평양 산정현교회』 354쪽을 참고하라.

59 장기려, 위의 글, 2쪽

**주기철**

장기려가 주기철 목사를 대면했거나 신앙의 지도를 받았다는 증언이나 기록은 없다. 기홀병원 외과과장으로 평양에 도착했을 때 이미 주기철은 옥중에 있었다. 1940년 4월에 가석방으로 잠시 풀려났으나 9월 다시 구속되어 1944년 4월 21일 순교했다. 두 사람이 만날 가능성은 6개월 동안의 가석방 기간이었겠으나 만남 기록은 없다. 감옥으로 면회를 갔던 기록 또한 마찬가지다. 직접 만나거나 가르침을 받았을 가능성이 거의 없었음에도 주기철을 향한 마음은 단순한 존경 그 이상이었다.

> 1940년 여름에 주 목사님은 검거되어 [중략] 감방에 있으면서 일본 경찰에 고문을 당하셨는데, 지병인 안질과 폐병으로 심신의 쇠약이 날로 더해 갔다. [중략] 주 목사님은 믿음이 굳고 강했을 뿐 아니라 설교에 감화력이 많았다.[60]

장기려는 해방 직전 일제에 의해 완전 변질된 가증스러운 교회에 발길을 끊고 1년 동안 가정예배를 드렸다. 해방을 맞아 평양 산정현교회에 나가기로 마음을 정한 건 주기철 목사 때문이었다. 순교한 지 채 2년이 안 된 시점이었기 때문에 교인들의 믿음은 어느 때보다 뜨거웠다. 공산 치하에서 교인들은 순교한 주기철을 바라보며 믿음을 다졌다. 주 목사를 안장한 돌박산은 교인들이 신앙의 활력

---

60 장기려, "순교자 주기철 목사님", 《부산모임》, 제30호, 1972년 6월, 6쪽.

소를 얻는 '성소'(聖所)였다.[61] "자주 묘지로 몰려가 기도하며 예배"를 드렸다.[62] 『죽으면 죽으리라』의 저자이자 평양 감옥에서 오랫동안 주기철 목사와 '손가락 대화'[63]를 나누었던 안이숙은, 산정현교회는 물론 평양 도처의 교회가 순교자는 두말할 것도 없고 '출옥 성도'들의 영웅담을 듣고 싶어 하는 요구에 부응하기 위해 특별 사경회를 열었다. 국사편찬위원장을 지낸 이만열은 주기철을 "한국 기독교회사가 남긴 가장 위대한 신앙인 중 한 분"이라고 평가했다.[64]

주기철은 아버지 주현성과 어머니 조재선의 사이에서 1897년 11월 25일 경남 창원군 웅천면 북부리(현 창원시 진해구 웅천 1동)에서 태어났다. 개통소학교에서 신학문을 배웠고, 1910년 말부터 웅천읍교회에 나갔다. 웅천 개통소학교를 졸업하고 춘원 이광수의 강연에 감복하여 정주 오산학교에 입학했다. 스승으로 만난 고당 조만식 선생과 전국 순회 전도를 다녀왔다. 졸업 후 연희전문학교 상과에 입학하였으나 한 학기 만에 휴학하였고 1917년에 안갑수와 결혼하였다. 마산 문창교회 김익두 목사 사경회에 참석하여 은혜 체험을 하였고 1918년에는 웅천교회 내에 여자 야학을 설립했다. 평양신학교에 입학하였고, 첫 논문으로 "기독교와 여자 해방"을 잡지 《신

61 이덕주, 위의 책, 334쪽.

62 김요나, 『주기철 목사 순교 일대기: 일사각오』 증보판, 한국교회뿌리찾기선교회, 1992, 468쪽.

63 김충남, 『순교자 주기철 목사 생애』, 백합출판사, 1973, 242-248쪽.

64 이만열, "주기철 목사의 신앙", 『소양 주기철 목사 기념논문(1-5회 합본)』, 주기철 목사 기념사업회, 2000, 200쪽.

생명》에 기고하였다.

1925년 목사 안수를 받고 부산 초량교회 담임목사로 부임했다. 부산 경남성경학교에서 학생들을 가르치기도 했다. 6년 후에 마산 문창교회 담임목사로 청빙받았고 경남노회장을 역임하였다. 문창교회 5년 목회를 하며 아내와 부친을 잃었다. 노회장 재직 시에는 정덕생과 배철수 전도사를 이단으로 치리(治理)했다. 평양신학교에 부흥회 강사로 초청되었고 《종교시보》, 《신학지남》, 「기독신보」 등의 교계 신문이나 신학 잡지에 여러 편의 글을 발표하였다. 부인과 사별하고 2년 뒤 오정모와 재혼하였다.

1936년 7월에 평양 산정현교회 담임목사가 되었다. 1년 뒤 전임 교역자의 사임을 몰고온, 평양 산정현교회의 오랜 숙원이었던 새 예배당을 기공하여 9월에 입당했다. 300평 규모의 2층 벽돌 예배당 공사는 교인들 뿐만 아니라 평양 기독교인들의 이목을 집중시킬 만큼 회자되었다. 세계적인 공황에 시달릴 뿐 아니라 1937년 발발한 중·일전쟁으로 민간 재정이 매우 악화되어 있던 상황이었기에 평양 산정현교회가 5만 원이 넘게 드는 비용에도 불구하고 6개월 만에 공사를 끝냈기 때문이었다.[65]

일경의 앞잡이가 되어 평양 산정현교회를 폐쇄(1940년 3월 24일)하고, 가족들을 엄동설한에 내쫓았던 평양노회는 1939년 12월 19일에 열린 임시노회에서 주기철 목사를 파면했다. 신사참배 강요가 극심해지던 1938년 4월에 주기철 목사는 평양경찰서 유치장에 투

65 이덕주, 위의 책, 177-183쪽.

옥되었다. 1941년 8월 평양형무소로 이감된 후 고문과 병고에 시달리다가 1944년 4월 21일 저녁 9시경 순교하였다. 일경은 다음 날 아침에 시신을 "허름한 사과 궤짝에 실어 세 살던 집 마당"으로 보냈다. 장례식은 평양 서광중학교 앞 공터에서 500여 명의 교인들이 참석한 가운데 진행하였다. 평양 북쪽 교외 돌박산 공동묘지에 안장했다. 대한민국 정부는 순교자 주기철 목사에게 1963년 3월 1일 건국공로훈장을 추서하고 사당동 국립묘지(국립현충원) 애국지사 묘역에 안장하였다.

장기려는 "순교자 주기철 목사"란 글을 썼을 뿐 아니라 여러 글에서 주 목사를 비중 있게 언급하였다. 매년 4월이 되면 김교신과 주기철을 생각했다.

> 4월에는 나는 주기철 목사님의 순교와 김교신 선생의 서거를 생각하게 된다. 두 분은 최근 한국 기독교사에 있어서 죽은 후 부활이 있으니 육을 죽이는 생활을 하라고 몸소 본을 보여 주셨다.[66]

신사참배 반대자들의 신앙을 계속 묵상하며 무엇이 믿음인지 배웠다는 뜻일 게다. 그렇다면 그들을 통해 어떤 믿음을 배운 것일까. 장기려가 이해한 기독교 신앙이란 지식이나 이론이나 해석이 아니라 실천이다. 달리 표현하자면 현실에 대한 태도다. 믿음의 핵심은 정의, 평화 그리고 역사와 깊게 관련되는 문제로 보았다. 신사참배

---

66 장기려, "부활절 소감", 《부산모임》, 제53호, 1976년 4월호, 6쪽.

를 죽음으로 거부한 이들의 믿음은 오랫동안 그의 신앙적 화두였던 셈이다. 이 주제는 1969년 2월에 《부산모임》에 기고한 "기독교 이상주의"라는 글에서부터 본격적으로 제기하기 시작했다. 이 글은 구약성서의 인물 아벨[67]과 주기철, 손양원 목사를 비교하면서 믿음을 이야기한다. 믿음이란 인생의 의의와 목적을 깨닫는 능력이며 동시에 이 목적을 향해 올바른 신앙적 태도를 취하는 힘이라고 했다. 인생은 "하나님의 온전하심과 같이 온전히 되는"(이는 개인의 이상이다) 것이고, 또한 "하늘나라의 국민이 되어, 하늘나라를 실현하는"(이는 사회의 이상이다) 데 있다고 말했다. 직접 들어보자.

> 아벨이 드린 희생은 왜 의롭다고 하여 영원한 예물이 되었던가? 믿음으로 드린 까닭이다. [중략] 즉 율법의 의가 아니고 믿음의 의인 까닭이다. 그는 믿음에 의하여 일생을 드린 까닭이다. 그는 죽었으나, 오히려 지금도 말하고 있다. 그는 믿음에 의하여 현실로 격려하고 있다. 그의 영의 힘은 지금도 현실로 나타나, 이상으로 산 생명의 영원적 현재를 증명하고 있다. 그것은 부활의 이상에 기초하여 살며, 또한 부활의 완성을 예표하는 사실이 된다. 우리나라에도 이와 같은 믿음의 사람들이 나타났다. 일정시대에 있어서 주기철 목사와 공산군이 왔을 때에 있어서 손양원 목사와 같은 이들은 '옛사람' 중의 한

---

67 아벨은 구약성경 창세기에 나오는 인류의 조상 아담과 하와의 둘째 아들인데 형 가인에게 맞아 죽었다. 가인은 하나님이 동생 아벨의 제사는 받고 자기 제사는 받지 않자 시기와 분노를 이기지 못하고 동생을 돌로 쳐죽였다.

사람이며, '바라는 것을 확신하고, 보이지 않는 것을 진실로 하는' 믿음에 의하여 증거 된 사람들이다. 이들은 하나님에게 있어서 성취된 예수 그리스도의 의로 말미암아, 믿음의 제물로써 하나님에게 드렸다. 이들은 현실에 의하여 이상을 삭감하려는 타협적 태도를 버리고, 이상에서 현실을 내려다보고 현실을 비판하고 규정하는 태도를 취했다. 이들이 '진실한 믿음'을 강조한 것은 곧 이상에서 사는 그들의 생활태도이었다. 이들은 믿음으로 이상에서 산 까닭에 영원히 사는 것이다. 지금에 현실, 현실이라고 물거품처럼 터뜨리다가 발자국소리만 들어도 구멍으로 기어들어가는 게와 같은 인간들이 횡행하는 중에 있어서, 우리 국민이 요구하는 것은 하늘 높은 이상의 소리이다. 영원히 살아 말하는 지도정신이다. 이상과 신앙, 지도 정신의 결핍, 이것이 현대 우리나라와 세계의 근본적 결함이 아닌가. 온 세계 인류는 이러한 이상의 사람, 믿음의 사람을 간절히 요구하고 있다. 믿음의 삶이 곧 하나님 자녀로서 하늘나라를 이루는 데 참여하는 것이다.[68]

### 손양원

장기려는 진정한 믿음이 있을 자리를 현실이라고 확신했다. 신사참배 반대자들을 통해 배운 믿음이란 현재 한국 기독교 일부에서 나타나고 있는 현실 도피적인 기복주의 신앙과는 거리가 멀다. 일제 치하에서 신앙도 민족도 버리고 현실만을 쫓았던 타락한 기독

68 장기려, "기독교 이상주의", 《부산모임》, 제11호, 1969년 1, 2월호, 4-5쪽.

교 신앙과도 다르다. 진정한 믿음이란 성서 속에 분명하게 계시된 개인과 인류 사회의 이상으로 현실을 지도하고, 현실에 경고하고, 그 이상을 위해 목숨까지 던지는 실천이다. 신사참배 반대자들에게서 장기려가 배운 믿음의 또 다른 이름은 역사창조의 정신이다. 그래서 장기려는 "역사창조의 정신"이란 글에서 "앞서간 성도들도 30년 전 신사참배는 우상숭배의 죄라고 지적하고 외침으로써 역사창조의 정신을 보여 주었다"[69] 고 말했다. 참 믿음은 지금 여기서의 생명을 아까워하지 않는다. 죽음을 두려워하지 않는다. 정의를 위해 죽음으로써 부활의 몸을 얻어 영원히 살게 됨을 확신했기 때문이다.

> 나는 현실에 있어서도 예수님의 품에서 영적 생활을 하다가 자유로 육체를 벗어버리고 하늘나라(하나님 품)로 가는 사람을 보았다. 육체를 벗어버리는 것을 죽음이라 하고 예수님(하나님) 품에 안기어 하늘나라의 생활을 자유로이 할 수 있는 몸을 입는 것을 부활이라고 한다. 과거에 아프리카 전도생활을 하다가 홀로 기도하다가 세상을 떠난 리빙스턴의 삶과 죽음이라든지, 1947년 평양에서 세상을 떠난 오정모 집사(주기철 목사님의 부인)의 모습이 바로 그것을 나타내 보여 주었다. [중략] 그 시체를 보는 자는 그 육체가 옷과 같이 느껴졌다. 그의 죽음은 바로 육체라는 옷을 벗어버리고 그의 생명은 주님의 품에 영원히 안긴 것을 믿게 하여 주었다.[70]

---

69 장기려, "역사창조의 정신", 《부산모임》, 제28호, 1972년 2월호, 8쪽.

70 장기려, "예수님의 부활과 나의 믿음", 《부산모임》, 제29호, 1972년 4월, 8쪽.

장기려는 주기철, 손양원 등의 순교자들로부터 민족과 세계 평화의 희망을 보았다. 진정한 믿음은 현실을 지도할 수 있는 역사 창조의 정신이다. 정의를 세우는 일일 뿐 아니라 진정한 평화를 가져오게 하는 한줄기 희망이다.

> 하나님을 기쁘시게 하려면 의를 사모하고 의를 위하여 핍박을 받아야 하는 것이다. 우리의 믿음의 선배들(주기철, 손양원 목사)은 정의를 위하여 살고 정의를 위해 죽었다. 그래서 그들은 기독교 이상주의로 살다가 하나님의 나라로 가신 산 증인들이다. 곧 믿음으로 정의를 실천하다가, 하나님을 기쁘시게 하였다고 믿는다.[71]

> 손양원 목사님은 사랑의 실천으로 원수 마귀를 이기고 승천하셨습니다. 그리고 주기철 목사님은 목숨을 바침으로 동포를 구하고 승천했습니다. 이들은 조국의 평화와 세계의 평화를 위하여 주님에게 전적으로 순종하고 하늘나라로 개선했습니다. 예수님의 발자취를 따라간 선배들의 신앙을 본받아 우리도 평화의 사도의 책임을 다하여야 하겠습니다.[72]

양아들 손동길은 둘째 아들 가용보다 더 오래 장기려를 모시고 살았다. 주변 사람들은 셋째 아들이라고 불렀다. 복음병원 사람들이

---

71 장기려, "너희는 먼저 그의 나라와 그의 의를 구하라…", 《부산모임》, 제103호, 1985년 4월.

장기려의 '첫째' 아들이라 부른 사람은 전 복음병원장 박영훈 박사였고, '둘째'는 양덕호 박사였다. 그런데 장례식 때 가용과 함께 상주 완장을 두른 사람은 '셋째' 아들 손동길이었다. 장기려와 오랜 세월 함께 살면서 복음병원으로 출퇴근을 같이 했던 사람이 손동길이다. 사생활에서는 아들 같은 존재였고, 병원에서는 마취를 담당하는 수술 파트너였다.

1987년, 필리핀 정부가 막사이사이상 30주년 기념으로 역대 수상자를 모두 초청하여 세계일주를 시켜 줄 때 손동길도 함께 출국했다. 두 사람이 평생 친밀한 관계를 유지할 수 있었던 또 다른 이유는 손동길의 큰아버지 손양원 목사 때문이었다. 그래서 장기려는 손양원의 순교 이후 유족들이 얼마나 힘겹고 고단한 삶을 살았는지 누구보다 잘 알았다. 고신교단이 손양원은 물론 유족들에게 얼마나 부당하고 섭섭하게 대했는지도 마찬가지였다. 장기려는 이북에서부터 흠모하던 믿음의 스승 손양원 목사를 단 한 번도 만나지 못했다. 하지만 손동길 때문에 그의 큰어머니 정양선이 청십자병원에서 인생의 마지막 날들을 보내는 걸 지켜볼 수 있었다.

장기려가 손양원에 관심 가질 만한 이유는 또 있었다. 일본 유학 시절 손양원은 우치무라 간조로부터 많은 영향을 받았다.[73] 김교신과 함석헌 등이 만든《성서조선》의 열혈 독자이기도 했다. 무교회주

---

72 장기려, "부산모임지 100호를 내면서",《부산모임》, 제100호, 1984년 10월호, 2쪽

73 아버지 영향을 많이 받았는지 순교한 두 아들 동인, 동신도 우치무라 간조의 책을 많이 읽었다.

의에 얼마나 관심이 컸으면 1932년 교회에서 한 주간 동안《성서조선》을 가르쳤겠는가.[74] 만약 1940년 9월 25일 저녁 일경에 붙잡혀 오랜 기간 감옥 생활을 하지 않았더라면 손양원도 1942년《성서조선》 사건에 연루되어 김교신, 함석헌, 김석목, 장기려 등과 함께 구속되었을 게 틀림없다. 당시 일제는 300여 명의 정기구독자를 모두 잡아들였다.

장기려는 김교신이나 우치무라 간조가 아니더라도 주기철 목사 때문에 손양원을 외면할 수 없었다. 손양원은 1924년 3월에 경남성경학교에 입학하면서 주기철을 만났고, 로마서 강의에 깊이 감동했다. 두 사람 인연은 1935년에 평양신학교를 입학하면서 이어졌다. 그 해 12월에 주기철은 신학교 사경회를 인도하였고, 1936년 2학기 개강 특별 새벽기도회 설교도 맡았다. 주기철이 평양 산정현교회 담임으로 부임하자 손양원은 신학교와 교회에서 주기철 목사의 순교 신앙을 더 가깝게 배울 수 있었다. 나이로는 주기철 목사가 다섯 살 위였으나 믿음의 스승으로 모셨다. 면회 온 부친 손종일 장로로부터 순교 소식을 접하고는 "부모나 자녀가 별세했다는 소식을 듣는 것보다 더 슬퍼서 30일 동안 잘 먹지도 못하고 자지도 못하고 애곡하였다."[75] 그리고 손양원은 아내에게 이렇게 편지했다.

---

74 윤사무엘, 위의 책, 234쪽.

75 이홍술, 『순교자 손양원 목사의 생애와 신앙』, 도서출판 누가, 2002, 58쪽 각주 100번을 참고하라.

나를 유독 사랑하시던 주기(柱基) 형님의 부음(訃音)을 듣는 나로서는 천지가 황혼하고 수족이 경전(驚顚)하나이다. 노모님과 아주머니께 조문과 위안을 간절히 부탁하나이다. 그런데 병명은 무엇이며 별세는 자택인지요, 큰댁인지요 알리워 주소서.[76]

일경의 감시와 검열 탓에 주기철이란 이름도, 순교 장소가 감옥인지 자택인지도 물을 수가 없어 '큰댁'이라는 암호를 사용하였던 것이다.

순교자 손양원 목사는 1902년 경남 함안군 칠원군 구성리에서 부친 손종일 장로와 모친 김은수 집사의 장남으로 태어났다. 1907년 맹호은(孟虎恩, J. F. L. Macrae) 선교사에게 세례를 받았다. 서당에서 한문을 배우고 1913년에 칠원 공립보통학교에 입학하였다. 3학년 때부터 일제가 동방요배(東方遙拜)를 강요하기 시작했다. 기독교 신앙에 투철했던 아버지의 가르침에 따라 동방요배를 거부해 퇴학당했다. 그러나 맹호은 선교사의 도움으로 학교로 되돌아갔다. 1918년에 서울 중동학교에 입학했으나 3·1운동으로 부친이 투옥되자 중퇴하고 낙향했다. 3년을 가족들과 함께 지낸 후 일본으로 건너가 스가모 중학 야간부에 입학했다. 신문과 우유 배달을 병행한 유학 생활에서 우치무라 간조의 무교회주의에 대해 눈을 떴다. 중학교를 졸업하고 고향으로 돌아와 경남성경학교에 들어갔다. 그해에 정양순과 결혼하여 처갓집에 갔다가 설교한 것이 인연이 되어 부산 감

76 이덕주, 위의 책, 336쪽에서 재인용.

만에 있는 한센병자촌 교회 청빙을 받았다.

1938년에 평양신학교를 졸업했다. 부산 한센병 환자촌을 시작으로 수산교회(밀양), 방어진교회와 남창교회(울산), 남부민교회(부산), 원동교회(양산) 등을 개척하는 한편 신사참배 반대 운동에 앞장섰다. 1939년에는 애양교회에 부임했다. 1940년 9월 25일 일경에 붙잡혀 여수경찰서에서 미결수로 10개월, 광주구치소로 이감되어 확정 판결을 받고 1년 6개월을 복역했다. 1943년 5월 17일 종신형 선고를 받고 경성 구금소를 거쳐 청주형무소에서 옥살이를 하다가 해방이 되어 풀려났다. 애양원교회에 복귀하였으나 순천 사범학교를 다니던 동인과 순천중학교에 다니던 동신이 공산당 학생에게 살해되었다. 이틀 후 동인과 동신을 죽인 학생이 체포되었다. 사형을 면할 수 없게 된 좌익 학생을 살리기 위해 군지휘관에게 끈질긴 간청을 해 양아들로 삼았다. 한국전쟁 때 피난길에 오르라는 애양원교회 교인들의 간청을 뿌리치고 버티다가 체포되어 9월 28일 밤 11시 여수 근교 미평에서 총살됐다. 1993년 애양원에 손양원 목사 순교기념관이 건립되었다.

# | 6부 |
# 복음병원 시대

"그 후부터 나는 환자를 진료하면서 '내가 환자 자신이라면……' 하고 생각할 때가 많아졌다. 특히 수술을 권할 때는 '나 같으면 이 병으로 수술을 받겠는가?'고 자문자답을 해 보고 결론을 내린다. 신체 부분을 절제할 것인가, 아니면 그냥 두고 경과를 본 후 결정할 것인가를 판단해야 할 때도 환자가 곧 나 자신이라고 생각하면 거의 틀림없이 올바른 판단이 내려지게 되는 것을 종종 경험하고 있다. 의사가 환자를 자기와 동일화시켜 진단하는 것이 가장 좋은 방법인 것이다."

## 장기려의 사랑

장기려는 남한에 정착해 숨을 거둘 때까지 부산에서 병원장, 교수, 학장, 이사장, 명예원장 등의 직책을 갖고 살았다. 그만큼의 열정으로 서울과 부산의 산정현교회 장로와 성서를 연구하는 소그룹 공동체 부산모임의 리더로 신앙생활을 했다. 1988년부터는 제도권 교회를 떠나 스스로 '종들의 모임'이라 명명한 잘 알려지지 않은 모임에 나가 단순하고 무소유적인 신앙에 전념했다. 아무리 늦게 잠자리에 들어도 4시에 일어나 경건의 시간, 의사들에게 가르칠 강의 내용 확인, 의사 미팅을 끝내고, 6시 30분에는 회진을 돌았다. 40대 후반부터는 부산-서울을 왕래하는 겸직 교수, 오전과 오후에 각기 다른 병원 환자를 진료하는 겸직 의사로 일했다. 그렇게 격무에 시달리면서도 의학도로서 배움의 자세를 잃지 않아 한국 외과사에 길이 남을 만한 연구 업적을 남겼다. 1953-1956년에 이어 1961년에 서울대 의대 교수가 되었는데, 이는 미국 외과 전문의 자격증을 따고 귀국한 후배 민병철에게 선진 의학을 배우겠다는 일념 때문이었다.

장기려는 그렇게 바쁜 가운데 부산모임을 이끌었다. 단순히 참석만 한 게 아니라 격월(매월 발행될 때도 있었다)로 발행되는 월보에 거의 빠짐없이 글을 쓰거나 일본 무교회주의자들의 원고를 번역해 실었다. 1968년부터 약 20년간 《부산모임》과 《청십자소식》에 쓴 원고는 200자 원고지로 최소 6000매가 넘는다. 여기에 무교회주의자들의 성서 연구 번역 원고를 합치면 7000-7500매는 되지 싶다. 부산모임 참석자는 적으면 10여 명, 많아도 30명을 넘지 않았다. 함석헌이 참석하는 공개 대중강연 형식일 때는 인원이 더 늘었다. 소식지 《부산모임》 발행 부수 또한 300부를 넘지 않았던 독자를 위해 그 많은 시간을 쏟아부었다. 신앙인이 아니라면 쉽게 이해하기 어려운 대목이다. 장기려는 받은 편지에 즉시 답장을 보내는 사람이었다. 1992년에 뇌혈관 경색으로 쓰러져 오른손에 마비가 온 이후부터는 대필로 답장했다. 1969년에 저술한 외과학 교과서 내용을 바로 잡아 달라는 내용의 편지를 보냈다. 교과서 편집위원에게 보낸 이 편지는 학자로서의 성실성이 잘 드러난다.

> 저는 1992년 10월 13일 오전 11시경 환자를 보던 중 갑자기 오른쪽에 마비 증상이 오기 시작하여 전종휘 교수님과 이경순 교수님의 도움을 받아 부산 백병원에 입원하여 검사결과 뇌혈관경색증임을 알게 되고 그후 6주간 백병원 여러 선생님들의 정성 어린 도움으로 많이 호전되어서 고신의료원으로 옮기게 됨을 감사히 여깁니다. 병상에서 생각한 것은 지난 시절 저의 적은 지식의 결과로 오류를 범한 것을 마음 아프게 생각하여 용서를 비오니 바로 잡아 주시기를 바라는 마음으로 몇 자 올리게 되었습니다. 널리 이해하시고 관용하여 주시기를 바랍니다.
>
> 1992년 12월 17일 장기려 드림[1)]

이런 부탁을 하게 만든 문제의 내용은 "『외과학 각론』 356쪽 아래에서 열 번째 줄" 딱 한 문장이었다.

최근에는 Trimetazan의 이용을 권하는 사람도 있다.

1988년 이후부터는 각종 원고를 쓰지 않는 대신 일기를 썼다. 지금까지 남아 있는 일기나 메모는 36권에 이른다.[2] 그 일기나 메모를 읽으면, "자신의 몸 간수도 힘든 80 고령에 왜 이토록 기록에 매달렸을까"라는 궁금증이 생긴다. 그렇기에 일기나 메모들을 읽는 일은 눈물겹다. 만일 누군가가 '무엇이 장기려로 하여금 이런 삶을 살게 만들었을까?'라고 묻는다면 사랑 때문이었노라고 대답하겠다. 장기려가 이해하고 실천했던 사랑은 남달랐다. 그 사랑은 한때의 열정이 아니라 그의 일과 신앙의 원동력이었다.

그 시대의 적지 않은 사람들이 그랬듯 장기려도 사랑 없는 결혼을 했다. 아내에게 사랑을 느꼈던 것은 결혼하고 15-16년 만의 일이다. 1932년에 결혼해 1948년에 사랑을 느꼈다고 기록했으니 말이다. 물론 그것이 아내에게 처음 느낀 사랑의 감정이라 단정하는 건 아니다. 아내에게 처음 느낀 사랑의 감정이라고 말하지 않았기 때문이다. 아니, 그때의 감정을 가리켜, "우리 둘 사이에 사랑이 있

1 손동길이 1992년에 대필한 편지.

2 조수성, 「장기려 선생과 영성」, 총신대학원대학교 신학과, 2001년 석사학위 논문, 68쪽 117번 각주를 참고하라.

음을 새삼스럽게 느끼게 되었다"[3]고 쓰고 있기 때문이다. 장기려는 1948년에 느꼈던 그 사랑에 각별했다.[4]

> 어느 공휴일이었습니다. 나는 집 안에서 원고를 쓰고 있었고, 나의 아내는 마당 수돗가에서 빨래를 하고 있었는데, 나의 마음속에 "나와 나의 아내와의 둘 사이에는 지금 사랑을 느끼고 있는데 만일 이것이 누가 먼저 세상을 떠나거나, 또는 서로 멀리 떠나 있게 된다고 해서 이 사랑이 식어지거나 없어진다고 하면 이 사랑도 참이 아니게, 지금 내가 느끼고 있는 이 사랑은 참인데" 하고 몹시 인상 깊게 느꼈습니다.[5]

그 순간이 "어떻게 영감적이었던지 그때의 사랑의 감정은 잊어버렸으나 그때의 나의 생각은 한 진리를 파악하듯 경이(驚異)를 느끼었으므로 잠시도 잊지" 않았다.[6] 반복되는 고백을 살펴보면 이 영감적인 체험을 통해 서너 가지를 깨달았다.

첫째, 남편과 아내가 각자의 일을 충실히 하고 있는 상황에서 아내를 향한 사랑을 강렬하게 느낄 수 있던 것은 "주님께서 우리 가정

---

3 장기려, "성령님과 나", 《부산모임》, 제84호, 1982년 2월호, 10쪽.

4 장기려, "병원전도", 《부산모임》, 제75호, 1980년 2월호, 24쪽. 선생은 이 체험에 대해 다른 글에서는 결혼 후 10여 년, 또 다른 글은 15년 후 있었다고 막연하게 이야기하다가 이 글에서야 비로소 1948년이라고 분명하게 밝히고 있다.

5 장기려, "만남", 《부산모임》, 제86호, 1982년 6월호, 5쪽.

6 장기려, "생명과 사랑", 《부산모임》, 제51호, 1975년 12월호, 10쪽.

에 주인으로 주관해 주셨던 까닭"이었다. 이를 통해 하나님이 가족 제도를 주신 목적이 "주님을 모시고 이 영원한 생명인 사랑을 체험케 하라고 주신 부부의 복"이란 사실을 깨달았다.

둘째, 참 사랑은 영원한 생명이라는 확신을 갖게 되었다. 사랑의 영원한 속성은 생명이기 때문이다. 그가 득음의 경지에서 느낀 사랑은, 둘 중 누가 죽거나, 따로 떨어져 있다고 없어지지 않는다. 이 체험은 남과 북으로 헤어져 살아야 할 장기려 부부를 위한 예언적인 사건으로 읽힌다. 장차 두 사람이 견디기 힘든 생이별을 당할 때 그 시련을 잘 견디게 하려는 하나님의 배려 말이다.

셋째, 사랑이 영원한 생명임을 깨달을 수 있었던 비결은 성령님의 은사 때문이었다. 죽음과 시공을 초월하는 사랑은 인간의 노력이나 감정의 산물이 아니라 하나님께서 주신 선물이고 복이다. 장기려는 1925년의 거듭남 체험을 통해 무엇이 사랑이며, 또한 사랑의 근원이 누구인지 확신했고, 같은 이유에서 1948년의 체험을 마음에 새겼던 듯하다.

장기려를 살아가게 만든 힘은 예수로부터 받은 사랑과 용서의 체험이었다. 그 체험은 인격을 변화시키는 힘으로 작용했다. 중생을 통해 자신이 어떻게 살아야 할지, 그리고 사회 속에서 어떤 존재가 되어야 하는지 결정했다. 그때부터 신약성서, 특히 요한일서를 깊이 묵상하고 '하나님은 참으로 사랑이시다'는 진리를 배우기 위하여 인류는 긴 세월을 보냈다고 썼다. 예수가 십자가에 못 박혀 죽음으로 하나님의 사랑을 나타낼 때까지 인류는 참 사랑을 몰랐다. "거의 자명의 공리인 이 진리는 참으로 기독교의 최초의 발견에" 속한다. 예수가 십자가에서 죽기 전까지 인류는 "능력의 신, 진리의 신, 또는 정의의 신"은 알았으나 "사랑의 하나님"은 몰랐다. "이 하나님을 발견해서 도덕의 왕좌에 올려놓은 것은 인류 최대의 진보"이다.

장기려가 볼 때 사랑의 가치를 안다고 말하는 현대인들은 진정한 사랑을 모른다. 참 사랑이 아니라 사이비한 것을 사랑으로 착각하면서 거기에 도취해 있을 뿐이다. 특히 문예를 하는 사람들은 사랑이 아닌 "누추한 것을 가지고 고귀한 것처럼"[7] 날뛴다. 장기려가 현대인과 그들의 문학을 강도 높게 비판한 이유는 예수의 죽음을 통해서 인류가 사랑을 알게 되었고, 예수가 십자가에서 죽기 전까지 세상에는 사랑 비슷한 것만 있었을 뿐 참된 사랑이 없었음을 주장하기 위함이었다.

> 사랑은 다른 사람을 위한 죽음이다. 그리고 영원한 생명은 사랑이다. 그러므로 참 생명은 죽음에 있다고 하는 것을 알 수 있다. 죽음을 두려워하거나 목숨을 아끼는 자에게는 생명이 없다. 잘 죽는 자가 잘 사는 자다. 다른 사람을 위해서 자기의 목숨을 버리는 자만이 영원한 생명을 소유한 사람이다. 다시 말하면 생명은 죽음에 있다. 사랑의 죽음은 생명을 얻는 유일한 길이다. 그래서 사도 요한의 사랑의 철학은 생명철학의 일대 혁명이다. 이제부터 다시는 죽음을 두려워하지

7 장기려, "유물론자들에게 전하고 싶은 요한의 사랑의 철학", 《부산모임》, 제43호, 1974년 8월호, 9-10쪽.

아니하리라. 도리어 열심히 이 죽음의 길을 찾을 것이다.[8]

그러나 사랑을 위해 "목숨을 버린다고 하는 것은 반드시 순교자와 같은 최후를 마쳐야 한다는 뜻"이 아니다. 우리는 매일 죽을 수 있고, 매일 죽어야 한다. "인류에 대한 사랑을 위하여 자기의 행복과 재물을 다 희생하여 죽지 않으면 안 된다."[9]

장기려는 이렇게 현대 기독교인들의 맹점을 날카롭게 지적한다. 하나님을 사랑한다면 사람에 대한 사랑은 자연히 그것으로부터 일어난다고 믿었다. 그렇다고 자신이 이웃 사랑을 실천하지 못한 것은 하나님께 받은 사랑이 부족하기 때문이라고 변명하거나 합리화해서는 안 된다. 하나님을 향한 진정한 사랑은 언제나 형제들에 대한 사랑으로 나타난다는 의미다.[10] 하나님에 대한 사랑이 참인가 거짓인가는 그 사람이 자기를 사랑하지 않는 사람을 사랑하느냐 아니냐에 따라 입증된다.

장기려가 성서를 통해 배운 이런 사랑은 1925년과 1948년의 체험과 뗄 수 없게 결합되어 있다. 사람들은 성서의 지식과 자신의 삶을 일치시키려는 노력을 별로 하지 않고 살아가지만 장기려는 체험과 결합된 사랑의 실천에 매우 열심이었다. 이 점은 장기려를 연구했거나 전기를 쓴 사람들의 생각이 거의 일치한다. 이만열은 장기

8 장기려, 위의 글, 13쪽.

9 장기려, 위의 글 13쪽.

10 장기려, 위의 글, 11쪽.

려가 "신앙을 관념적으로 수용하거나 이론적인 공허 속에 내버려 두지 않았다"고 했다. "그의 성경연구는 단순한 관념적인 사유에 의해서 도출된 것이 아니라 삶의 현장에서 사색과 실천을 통해 육화(肉化)되어 나왔다"는 것이다.[11] 역사학자 이상규도 성산의 생애와 삶의 여정 이해에 가장 중요한 기독교 신앙은 "삶의 근거이자 기초였고, 그의 삶의 과정에 의미를 주었던 동력이었으며 삶과 행동을 결정했던 행동양식(behavior pattern)이자 신념 체계 혹은 가치체계(value system)였다"고 주장했다.[12] 이쯤해서 장기려 최고의 아포리즘을 소개하지 않을 수 없다.

> 나의 세계는 나의 사랑하는 곳에 있다. 그것은 나의 영원한 왕국이다. 아무도 빼앗지 못한다. 인생의 승리는 사랑하는 자에게 있다. 사랑받지 못한다고 슬퍼하지 말라. 우리는 자진해서 사랑하자. 그러면 사랑을 받는 자보다 더 나은 환희로 충만하게 되리라.[13]

---

11 이만열, "성산 장기려의 삶과 생각", 《성산 장기려 관련 강연 및 관련 논문 모음》, 성산 장기려 선생 기념사업회, 2001, 4-6쪽.

12 이상규, "장기려 박사의 신앙과 사랑 실천 2006년 11월 월례회 발제문", 한국복음주의협의회 홈페이지, http://koreaef.org/bbs/zboard.php?id=b_01&page=1&sn1=&divpage=1&sn=off&ss=on&sc=off&keyword=%C0%CC%BB%F3%B1%D4&select_arrange=headnum&desc=asc&no=134

13 장기려, 위의 글, 12쪽.

# 제3육군병원

한국전쟁 이전 우리 군의 치료시설은 5개 육군병원과 1개의 요양병원이 전부였다. 인력, 시설, 의무장비 등이 미비하였기 때문에 환자진료 능력 또한 보잘 것 없었다. 수용 능력은 8500병상이었으나 실제 운영 침상은 2250병상 미만이었다. 전쟁이 터지자 당시 가장 큰 군인 병원인 '제3육군병원'은 전남 광주에서 진주와 마산과 경주를 거쳐 9월 5일 부산에 자리를 잡았다.[14] 병원장은 훗날 보사부장관과 국회의원을 역임한 정희섭 소령이었다.[15]

전쟁 발발 후 서울이 함락되기까지의 3일간 우리 국군은 사력을 다해서 방어했지만, 중과부적(衆寡不敵)으로 막대한 병력 손실과 전상자가 속출했다. 불과 3일간이었지만 전상자는 3200명에 달했다. 전쟁 발발에서 9월 북진을 시작할 때까지 약 70일간의 환자 수는 5만 명까지 증가하였고, 중공군이 참전한 10월 하순부터 이듬해 1월까지는 총 7만 2171명의 전상 환자가 발생했다.[16]

한국전쟁은 한국 의료계를 다방면에서 급성장시켰다. 많은 의료

---

14 국군의무사령부, 『국군의무사령부 50년사』, 2004, 20쪽.

15 국군의무사령부, 위의 책, 14쪽.

16 국군의무사령부, 위의 책, 32쪽.

기관이 생겨났다. 전쟁 이전 5개 병원과 1개의 정양병원만을 가동하던 국군은 휴전 당시 14개의 병원과 3개의 정양병원을 운용하였고, 이동외과병원 7개, 치료중대 3개, 후송중대 10개, 열차대 3개, 방역중대 2개, 병리연구소 1개, 치과수술반 5개를 신설 및 증강하였다. 또한 각 사단과 연대에 의무중대를, 그리고 대대에는 의무지대를 설치했다. 전쟁 전 8천 560병상에 불과하던 환자 수용 능력은 휴전 무렵 1만 3500병상으로 늘어났다. 입원도 하루 평균 2천 280명이 가능했고, 가장 많을 때는 5만 2500여 명이 입원했다.[17]

기존의 병원들은 전쟁이 발생하자 전시병원으로 징발되거나 구호병원 역할을 담당했다. 의료 수요가 폭증하였던 이 시기에 가장 많은 병원을 개설한 단체는 개신교, 가톨릭, 대한적십자사순이었다. 한국전쟁 전 부산, 경남 지역에는 일제 때 제생병원이었다가 해방 후 이름을 바꾼 부산시립병원과 메리놀병원, 부산교통병원, 부산적십자병원과 부산아동자선병원 등이 있었다. 이 중에서 부산시립병원과 부산교통병원은 종합병원이었다. 전쟁이 터지자 부산시립병원은 육군병원으로 징발되었고, 1951년에 성분도자혜병원, 부산위생병원, 미국침례교진료소(현 왈레스기념침례병원), 부산복음진료소(현 고신대학 복음병원)가, 1952년에는 일신기독병원, 삼육재활원 아동병원 등이 생겼다. 1953년에는 미해병기념소아진료소(현 좋은선린병원),

17 이하는 국군간호사관학교 홈페이지, 학교 소개글 "학과 약사" 항목 참조. https://www.kafna.ac.kr/user/indexSub.action?codyMenuSeq=81995081&siteId=afna&menuUIType=tab

1954년 부산서독적십자병원(1959년 철수) 등이 잇따라 생겨났다.

한국전쟁 중 가장 많은 진보는 부상당한 환자들을 수술하고 치료한 외과였다. 전쟁이 의학, 그 중에서도 특히 외과 분야를 발전시킨다는 통설은 한국전쟁 때도 여지없이 입증되었다. 외과 중에서 가장 두드러진 진보는 뇌신경외과학, 흉부외과학, 재활의학이었다. 마취학이 새로 도입되어 마취 군의관이 양성되었고, 혈액은행과 병리학적 제반검사를 가능하게 한 중앙병리연구소도 창설되었다. 특히 페니실린, 스트렙토마이신, 클로람페니콜 등 항생제의 놀라운 효과는 당시 초미의 관심사였던 세균감염증을 단숨에 해결하였고 신경안정제, 결핵치료제, 강력한 구충제, 소화기병 치료제 및 이뇨제의 등장은 풍토병과 빈곤으로 인한 질병들을 치료하는데 큰 공헌을 하였다. 일본 의학의 영향을 강하게 받던 우리 의료계는 전쟁을 통해 미국의 새로운 의학지식과 발전된 의료기술, 그리고 환자의 치료에 제한 없이 사용되는 의약품 및 의료용 소모품들을 경험하면서 급속히 미국 쪽으로 기울어지게 되었다.

장기려에게 부산은 낯선 도시였다. 가 본 적도 없고, 아는 사람이라곤 평양 산정현교회의 한상동 목사와 육군 소위로 근무하는 조카 내외가 전부였다. 서울 도착 사흘 만에 서둘러 부산으로 내려가야만 할 특별한 이유는 없었다고 보는 게 합리적이다. 부산까지 내려가는 교통편 마련도 여간 어려운 게 아니었다.

장기려는 해방 전 서울에서 12년을 살았다. 호구지책을 마련하기로 치자면 서울이 더 유리했다. 그럼에도 불구하고 부산으로 내려갔다. 부산에서 보낸 46년은 그 이전에 살았던 용천, 개성, 서울, 평양을 모두 합친 것보다 길었다. 그 때문에 고신대학 복음병원, 부산 아동병원, 청십자병원, 청십자의료보험조합, 부산대학, 가톨릭 의대, 부산간호전문대학, 인제대학의 교수, 의사, 병원장, 이사장으로서의 활동을 뺀 장기려를 상상할 수 없다. 서울대학교를 비롯한 타 지방의 여러 대학이 모셔 가려할 때마다 거절 이유는 같았다. "부산을 떠날 수 없다."

부산으로 왜 내려갔을까? 이제까지 나온 전기들은 그 이유를 두 가지에서 찾는다. 우선 서울의 사촌 형제들 집은 기거하기가 마땅치 않았다. 반면, 부산의 조카 장정용 부부는 장기려를 무척 반가워하면서 극진히 대접했다.[18]

육군이 펴낸 자료에 의하면 장기려가 서울을 떠나던 1950년 12월 중순의 전선은 임진강 방어선, 그러니까 개성, 연천, 화천, 간성 근처에 형성되어 있었다. 게다가 12월 14일부터 24일까지 진행되었던 흥남철수작전으로 중국군이 심대한 타격을 입은 반면, 병력과 피난민을 합쳐 20여 만 명을 성공적으로 철수시킨 우리 군의 사기는 충천했다.[19] 국군과 유엔군이 서울을 포기하고 후퇴한 것은 장기려가 서울을 떠나고 무려 20일 후의 일이다. 북한군은 12월 27일에서야 현리 방향으로 진격했고, 주공격을 가담했던 중국군은 12월 31일 개성을 지나 춘천으로 향했다.[20] 정부는 서울 시민들에게 12

18 장기려, "한 늙은 의사의 이야기", 1989년 다이어리 7월 24일 주간 스케줄 지면.

19 육군사관학교, 『수정판 한국전쟁사부도』, 황금알, 2006, 134쪽.

20 육군사관학교, 위의 책, 136쪽.

월 24일 대피령을 내렸고, 12월 말이 되어서야 서울시민 중 80만 명이 한강을 건너 피난길에 올랐다.[21]

장기려가 서울에 머물러 있던 12월 14일은, 평양을 떠나던 12월 4일보다는 전세가 훨씬 양호했다. 월남을 시작할 때는 국군·유엔군이 평양 철수 하루 전에 피난길에 올랐다. 전황으로 보나 연고로 보나, 부산을 선택할 이유보다는 그렇지 않을 이유가 더 많았다. 만약 이전에 나온 전기들의 일관된 진술처럼 금방 평양으로 다시 되돌아갈 생각이 분명했다면 서울에 겨우 사흘을 머물고 부산으로 내려가지는 않았으리라. 부산은 잠시 있다가 평양으로 되돌아가기에는 너무 멀다.

이렇게 볼 때 부산을 선택한 이유는 호구지책 때문일 가능성이 높다. 만약 그것이 옳다면, 호구지책은 하찮은 일이 아니었다. 국군이 평양을 점령하였을 때 군병원을 찾아간 것이나 부산에 도착해서 해군본부를 찾은 것 역시 호구지책 때문이었다. 장기려가 그렇게 글에 썼다. 그에게 밥벌이는 부끄럽거나 세속적인 일이 아니었다. 스스로 국군병원을 찾아간 것이 의사로서의 사명을 다하기 위함이라고 말하는 게 훨씬 근사하겠지만, 장기려는 그렇게 둘러대지 않았다.

> 나의 집사람은 북한군에 장교로 나간 맏아들이 돌아오지 아니함으로 웃음이 없다. 나는 식구들의 양식을 위하여 유엔민사처 병원에

21 강준만, 『한국 현대사 산책 1권』, 인물과사상사, 2004, 183쪽.

나가서 의사의 일을 했다.[22]

부산에 온 나는 취직을 하기 위해 평양 사람이 군의관으로 있다는 해군본부를 찾아갔다.[23]

살기 위해 피난길에 올랐고, 밥을 먹기 위해 부산행 무개화차에 몸을 실었다. 호구지책이 월남을 하게 된 궁극적인 이유는 아니었겠지만 말이다. 장기려는 그렇게 기다리는 사람 없는 부산으로 내려갔다. "부산으로 내려가라"는 하나님의 계시를 받았다는 이야기도 없다. 오히려 부산은 북한에서 고위층이었다가 월남한 사람에게 그리 안전하지 못했다. 정부는 1950년 7-9월 사이, 임시 수도의 불안을 제거한다는 명목으로 세 차례나 부산을 이 잡듯 뒤지면서 1만여 명의 좌익(혐의자)을 학살했다.[24]

장기려의 부산행은 의사로 평양을 선택했을 때처럼 근사한 동기가 있어서가 아니다. 현실에 충실한 선택일 뿐이었다. 그럼에도 불구하고 부산에 내려간 지 얼마 되지 않은 시점에 이런 고백을 남겼다.

그후 부산 제3육군병원에서 일을 돕다가 1951년 7월 부산 영도에서 전재민과 극빈자들을 위한 무료의원(복음의원)을 여러분들의 힘

---

22 장기려, "하나님은 사랑이다-나의 평양생활 10년", 《부산모임》, 제122호, 1988년 6월.

23 장기려, "한 늙은 의사 이야기", 1989년 다이어리 7월 24일 주간 스케줄 지면.

24 장기려, "나의 생애와 확신", 《부산모임》, 제59호, 1977년 6월, 35쪽.

을 얻어 개설하고 그 의원의 책임을 지게 되었다. 그때 나의 존경하는 전종휘 박사와 더불어 매일 100명 가량의 무료 진료를 하게 되었다. 이 일은 내가 의사가 되려고 할 때에 서원했던 정신과 같은 일이었고, 또 조국의 운명을 결정하는 일이라고 생각해서 힘껏 일했다.[25]

25 강준만, 위의 책, 183쪽.

## 용공혐의로 체포되다

장기려는 1950년 12월 18일 월요일 부산에 도착했다. 정부가 서울 대피령을 내리기 6일 전, 1·4후퇴 17일 전이었다. 서울 시민 중 "'빽'과 줄이 있는 사람들은 얻어들은 게 있어 12월 초부터 피난길에 올라 12월 말에는 서울 인구 3분의 2인 80만 명이 이미 서울을 빠져나갔다."[26] 평소 30만이던 부산의 인구는 1·4후퇴를 전후하여 100만 명으로 늘어났다. 갑작스러운 인구 증가로 가장 시급한 것은 주택 문제였다. 산비탈, 공터, 하천변, 도로 양측은 물론 남의 집 마당에도 들어가 움집이나 판잣집을 지었다. 그조차 구하지 못한 사람들은 노천에서 잠자리를 해결할 수밖에 없었다.[27] 홍성원은 소설 『남과 북』에서 1·4후퇴 때의 부산을 이렇게 그렸다.

> 부산은 지금 지난 여름에 이어 두 번째의 수난을 당하고 있다. 이번에도 역시 전국 각지에서 무수한 난민들이 홍수처럼 밀려든 것이다. 전선과는 수백 킬로의 거리가 있었으나 이곳에도 역시 전쟁의 흔적은 도처에 널려 있다. 거리에서 가끔씩 발견되는 거적이 덮인 행려

26 강준만, 위의 책, 183쪽

27 강준만, 위의 책, 186쪽.

병자의 수척한 시체들, 굴뚝을 쑤신 듯이 새까맣게 때가 낀 채 행인들에게 손을 내미는 헤아릴 수 없이 많은 전쟁고아들, 장사라고는 생전 처음 해 보는 듯한 해맑은 얼굴의 수줍음 잘 타는 젊은 아낙네들, 몸뚱이밖에 팔 것이 없어서 입술에 새빨갛게 루주를 칠하고 외국 병사들에게 서툰 영어로 말을 건네는 젊은 여인들…….[28]

1·4후퇴 당시 12살 소년이던 소설가 문순태는 자신이 겪은 한국전쟁을 이렇게 묘사했다.

전쟁의 공포 속에서 아이들은 배가 고팠다. 배고픔은 전쟁의 또 다른 공포였다. 겨울 피란, 1·4후퇴 당시, 살기 위해서 모든 것을 버린 채 남쪽을 향한 그 도도한 흐름을 이룬 피란민 대열 속에서 나는 춥고 배고파 울었다. 눈 속에서 버려진 죽은 어린애의 푸르뎅뎅하게 언 손가락을 내려다보며 그 곁에서 얼음덩이 같은 주먹밥을 아귀아귀 씹던 기억도 있다. 피란민 수용소에서는 가족 수대로 안남미(安南米, 인도차이나 반도의 안남에서 생산되는 쌀-저자) 배급이 나왔는데 한줌이라도 더 타려고 엊그제 죽은 가족을 이불로 덮어 놓은 채 며칠 동안이나 치우지 않던 사람들도 보았다.[29]

부산에 도착한 장기려는 동구 초량동에 있던 초량교회를 찾아갔

---

28 홍성원, 『남과 북』, 문학과지성사, 2000, 378-379쪽.

29 박도, 『나를 울린 한국전쟁 100장면-내가 겪은 6·25전쟁』, 눈빛, 2006, 156쪽.

다. 평양 산정현교회 담임목사로 있다가 월남한 한상동 목사를 만나기 위해서였다. 한 목사를 만나고는 현재 부산진구 가야동의 조카 장정용 소위의 집으로 갔다. 조카 부부는 “죽은 사람이 살아 돌아온 것처럼” 반겼다. 그러나 육군 소위 월급이 너무 적어 장정용의 부인은 찹쌀떡 장사를 하며 끼니를 연명하고 있었다. 더 오래 있을 수 없다고 판단해 조카 집을 떠났다. 그 무렵 어딘가에서 해군 군의관이 평양 사람이라는 이야기를 듣고 서면 시청 앞에 있던 해군본부를 찾아갔다. 우연히 정문 앞에서 평양의대 부속병원장으로 있을 때 피부과 과장이었던 이상요 대위를 만났다. 두 사람은 중구 대청동 남일초등학교 자리에 있던 제3육군병원을 찾아갔다.

국군에서 다섯 번째로 창설된 이 병원 원장은 정희섭 대령이었다.[30] 평양의전 출신의 정 대령은 월남한 이북 출신 의사들에게 일자리를 많이 제공하고 있었다. 덕분에 김명학 박사[31]는 비상근 고문 의사로, 훗날 청십자병원 내과 과장을 지낸 권창정[32]과 박석련 박사(1911-2015)[33]도 군의관으로 근무하고 있었다.

---

30 정희섭은 9대와 12대 보사부장관을 역임했다.

31 성균관대학에서 의학박사 학위를 받은 백인제 교수 친구이다.

32 평양시립병원장과 부산 청십자병원 내과 과장을 지냈다.

33 내과 의사로 원인불명의 본태성 고혈압 연구에 평생을 바쳤다. 함경북도 명천에서 태어나 1936년 세브란스의전원을 졸업하고 일본 나고야 대학에서 생리학 박사 학위를 취득했다. 1950년 전쟁이 발발하기 전 그는 함경북도 청진의과대학 학장으로 근무하고 있었다. 1·4후퇴 당시 월남해 부산 제3육군병원에서 군의관으로 부상병을 치료하였다. 전쟁이 끝난 뒤 서울 혜화동에서 내과병원을 개업했고, 한양대 부속병원장을 거쳐 명지종합병원 명예원장을 역임했다. 전 한나라당 박진 의원의 부친이다.

정희섭 대령의 배려로 장기려도 군의관 대우를 받을 수 있었다. 이렇게 해서 일자리와 잠자리 문제를 동시에 해결했다. 아들 가용이도 육군병원 약국에 급사로 취직했다. 14살 가용은 제3육군병원에서 질리도록 먹었기 때문에 콩나물은 평생 입에도 대지 않았다. 장기려는 일제 때 경성제대 외과교실을 이끌고 있던 오가와(小川) 교수의 『외과학』을 암송하고 있던터라 군의관들에게 외과 강의를 막힘없이 할 수 있었다.

부산에서 첫 번째 맞은 일요일은 1950년 12월 24일이었다. 평양을 떠난 후 대한민국에서 처음 맞은 일요일(12월 7일)은 부산행 무개열차 안이었기에 기도로 예배를 대신했으리라. 성탄 전날 장기려는 평양에서 다녔던 산정현교회 담임 한상동 목사가 시무하는 교회에서 첫 예배를 드렸다. 퍽이나 감격스럽지 않았을까 싶다. 예배를 마치고 제3육군병원으로 돌아오려다 교회 앞에서 매형 이무숙을 만났다. 잠시 이야기를 나누려는 순간 낯선 사람들이 팔을 붙잡더니 같이 가자고 했다. 장기려가 끌려간 곳은 삼일사란 위장 간판을 달고 있던 국군기무사령부의 전신인 특무부대(CIC)였다.

특무부대는 1948년 5월 조직된 육본 정보국 산하 특별조사과에서 시작한 군 정보기관이다. 여순반란 사건을 계기로 특별조사과는 육군본부 정보국 산하 특무대(SIS, Special Intelligence Section)로 이름을 바꿨다. 특무대는 특별조사대, 방첩과 등 다양한 이름으로 불렸다. 1949년 1월 광주, 전주, 부산 등 전국 15개 지역에 파견대를 조직한 특무대는 군내 좌익세력을 색출하는 숙군작업을 대대적으로 실시했다.[34] 1949년 10월에는 다시 육군본부 정보국 산하 방첩대(Counter Intelligence Corps, CIC)로 이름을 바꿨다. 방첩대는 한국전쟁 발발 직후 육본 정보국으로부터 독립해 육군 특무부대로 개편됐다. 초대 부장에는 김형일 대령이 취임했는데 부대원 사칭을 방지하기 위해 이제까지 사용하던 신분증을 없앴다. 그 대신 조선 시대 마패처럼 아무나 쉽게 만들 수 없는 백동으로 특무대 메달을 제작해 1950년 12월 부대원에게 지급했다.[35] 1967년 12월까지 사용한 메달 뒷면에는 '본 메달 소지자는 시기 장소를 불문하고 행동의 제한을 받지 않음'이란 문구가 적혀 있었다. 당시 특무대원의 권한이 어느 정도였는지를 보여 주는 증거라 하겠다.[36]

한국전쟁이 터지고 이틀 후 이승만 대통령은 남로당 계열이나 보도연맹 관계자들을 처형하라는 특명을 내렸다.[37] 이 특명으로 1950년 6월 27일부터 9월 중순까지 국민보도연맹에 가입했던 사람들은 적게는 수만 명에서 많게는 30만 명이 어떤 법적 절차도 없이 즉결 심판으로 집단 학살을 당했다.[38] 그러나 김동춘 교수는 진실과화해위원회 활동을 근거로 10만 명 안팎의 사람들이 집단학살을 당했다고 보는 게 합리적이라 주장했다.[39] 이 집단학살에는 특무대, 경찰,

---

34 정규진, 『한국정보조직』, 한울, 2013, 270쪽.

35 정규진, 위의 책, 270쪽.

36 이명건, "50-60년대 특무부대 방첩부대원 '마패' 찼다", 「동아일보」, 2006년 4월 16일.

37 임영태, "누가 보도연맹 학살을 주도했나?", 「통일뉴스」, 2016년. 8월. 23일. https://www.tongilnews.com/news/articleView.html?idxno=117886

38 임영태, "국민보도연맹사건: 한국 현대사 최대의 민간인 학살 사건 ①", 「통일뉴스」, 2016년 7월 27일. https://www.tongilnews.com/news/

39 김동춘, 『이것은 기억과의 전쟁이다』, 사계절, 2013, 333-334쪽.

일부 지역의 검찰, 헌병, 공군정보처, 해군정보참모실, 우익청년단체 등 국가기관이 관여했다. 집단학살을 주도한 기관은 특무대였다. 전쟁 발발 후 경찰에서 보도연맹원을 예비 검속으로 잡아들이면 특무대가 이들을 A, B, C급으로 나눠 A, B급은 모두 총살하고 C급은 설득시켜 군대로 보냈고 여자들은 훈방 후 요시찰 대상으로 지정했다. 헌병대의 경우 경찰서에서 보도연맹원을 인계받아 연대 헌병대 주관하에 보병과 경찰병력 일부를 지원받아 총살을 집행했다.[40]

특무대 하면 제일 먼저 떠오르는 인물이 김창룡이다. 일제시대엔 독립군을 때려잡았고, 해방 이후엔 간첩, 이적, 반란 등과 관련된 '사상범' 척결에 앞장섰다. 악명 높은 김창룡은 한국전쟁이 터지고 경남지구 방첩대 부대장을 거쳐 경인지구 군, 검, 경의 합동수사본부장을 맡고 있었다.

장기려는 군인, 검찰, 경찰 수사기관을 총괄하던 김창룡의 특무대에 체포됐다. 장기려는 죽은 목숨이나 다름없었다. KBS 인물현대사 김창룡 편에 의하면 삼일사는 광복동에 있었다. 그러나 서울 의대 교수로 있다가 당시 부산 경찰병원 외과과장을 맡고 있던 한격부는 삼일사 위치를 광복동이 아니라 대청동이었다고 기록했다. 자기가 조사 받은 삼일사는 대청동의 일본식 2층집이었다는 것이다.[41] 한격부는 서울대학병원 외과과장으로 있을 때 피격된 몽양 여운형의 시신 검안을 했던 의사였다. 그러나 인민군에 부역했다는 투고 때

40 임영태, "누가 보도연맹 학살을 주도했나?", 「통일뉴스」, 2016년. 8월. 23일. https://www.tongilnews.com/news/articleView.html?idxno=117886

문에 장기려와 같은 날 같은 장소로 연행이 되었다. 그의 이야기를 읽어 보자.

나의 조사 목적은 6·25 때 인민군복을 입었느냐, 부역했느냐 하는 것이었다. 나는 6·25를 겪은 당시의 상황을 소상하게 설명하고, 정 믿기 어려우면 나와 같이 행동한 홍창의, 백만기, 유기수 등에게 물어보라고 했다. 군복을 입은 것은 아마 누더기 같은 작업복을 말하는 것 같은데 제천에서 밤에 추워서 그것을 얻어 입은 것 뿐이라고 설명했다. 버선발이라 뒤집어 보일 수도 없는 난처한 지경이었지만, 당시 내 주위에는 내가 했던 행동 하나하나를 증명해 줄 증인들이 있었으므로 그분들의 수고와 기관의 자체 조사결과 나의 결백이 밝혀져 큰 곤욕을 치르지 않았다

4-5일이 지나자 이들은 미안하다는 표정으로 나에게 말했다. "한 선생은 아무 죄가 없습니다. 나가십시오." 하지만 이상한 것은 내 쪽에서 보면 하나도 거리낌이 없었던 일이 야릇하게도 '의협 선거' 때가 되면 중상모략의 표적이 되곤 했다. 내가 빨갱이라는 것이다. 아니, 심지어는 내 어깨 위에 인민군 대좌 계급장까지 멋대로 달아 주며 입방아질을 했으니 모르긴 해도 김일성이 살아 있다면 박장대소할 일이 아닌가 한다. 만에 하나, 정말 내게 그와 같은 하자(瑕疵)가 있었다면 후일 공화당 서대문 갑구 위원장을 맡았을 때 대한민국 정

41 한격부, 『그래도 남은 게 있는 사석 90성상』, 중앙문화사, 2002, 85쪽.

보부는 로봇처럼 팔짱만 끼고 있었겠냐는 점이다.[42]

장기려는 부산 도착 엿새 만에 군 수사기관에 연행됐다. 1950년 12월 24일 백주 대낮에 예배당 앞에서 끌려간 건 '모 친구'의 밀고 때문이었다. 일주일이 어쩌면 장기려 인생에서 가장 길고 치욕스럽고 힘겨운 한 주간이었을 것이다. 특무부대가 일반에게 널리 알려지게 된 것은 이들이 개입한 보도연맹 집단 학살 및 대전형무소 좌익수 집단 학살 사건이 알려지면서부터다. 때문에 이곳에 한 번 들어가면 성한 몸으로 나오기가 어렵다는 것은 당시의 공공연한 비밀이었다. 일이 그렇게 된 것은 주변 인물의 고발 때문이었다.[43] 장기려가 그 이름을 끝내 밝히지 않았지만 '모 친구'라고 언급한 것을 보면 적지 않은 시간 동안 친분관계를 유지했던 사람으로 추정된다. 삼일사에 들어가니 특무대원이 의자에 앉히고는 심문을 시작했다. "당신 이북에서 내려온 사람이 아니냐"는 질문에 "그렇소"라고 대답했을 뿐인데, 뒤따라 들어온 수사관은 다짜고짜 따귀부터 때렸다. 장기려는 깜짝 놀라 벌떡 일어났다. 그렇게 몇십 분 동안의 수사를 끝내자 특무대원은 2층 감방에 가두며 옷을 벗겼다. 이제부터 너희들은 인간이 아니라는 모멸감을 주기 위함이었다. 문학평론가 김병걸은 계엄사에 끌려갔을 때의 일을 다음과 같이 회고했다.

42 한격부, 『그래도 남은 게 있는 사석 90성상』, 중앙문화사, 2002, 84-86쪽.

43 장기려, "한 늙은 의사의 이야기", 1989년 다이어리 3월 30일 지면.

사진을 몇 장 찍고 나서 나는 지하실로 끌려갔다. 지하실에는 네댓 명 되는 군복차림의 건장한 젊은이들이 야구방망이와 각목을 들고 있었다. 그들은 흡사 염라대왕을 지키는 지옥의 수문장 같은 인간들이다. [중략] 나는 당당한 자세로 서 있었다. 이윽고 그들은 옷을 벗으라고 한다. 놈들의 공통된 점은 옷을 벗기는 일이다. 옷을 입고 있으면 사람으로 보이기 때문에 인간적인 동정심이 생기지만 홀딱 벗으면 짐승처럼 보인다. 나는 천천히 옷을 벗었다. 그랬더니 "이 개새끼, 5초 내에 벗어" 하고 정신이 발칵 뒤집히게 세찬 고함을 지른다. 나는 그제야 겁이 나서 후닥닥 옷을 벗었다. "엎드려" 하는 기합소리와 더불어 야구방망이와 각목의 세례가 소나기처럼 내 몸에 쏟아진다. 나는 벼락에 맞은 듯 "아이쿠!" 비명과 함께 뻗었다.[44]

장기려도 군 수사관들의 명령에 따라 옷을 벗었다. 죄수복으로 갈아입히기 위해 옷을 벗겼는지, 몸수색을 위한 조치였는지, 아니면 인간적 두려움과 모멸감을 주기 위해 벗겼는지는 알 도리가 없다. 장기려가 명령에 "순종했다"고만 기록했기 때문이다.[45] 수사관은 일본 시대에 사상범을 취조했던 경력의 소유자였다. 독립군이나 반국가단체사범들을 조사하던 고등경찰이었지 싶다. 며칠간 계속된 수사에서 수사관은 장기려를 빨갱이로 엮어 넣으려고 기를 썼다. 장기려는 기독교뿐이 아는 게 없었으므로 평양 산정현교회 이야기

44 김병걸, 『실패한 인생, 실패한 문학–김병걸 자서전』, 창작과비평사, 1994, 275-276쪽.

45 장기려, "한 늙은 의사의 이야기", 1989년 다이어리 3월 31일 지면.

를 했다. 수사관은 사나흘 동안이나 그 이야기를 물고 늘어졌다. 수사는 일주일이나 계속됐다.

두려움과 공포 속에서 강도 높은 수사를 받고 있는 동안, 밖에서는 초량교회 한상동 목사를 중심으로 구명 운동이 전개되고 있었다. 한상동 목사는 선천 미동병원장(1925-1940 재직)을 지낸 치과 의사이자 의료 선교사인 치솜(W. H. Chisholm, 최의손)에게 연락했다. 치솜은 당시 삼일사 책임자인 모 중위에게, "장기려 박사는 내가 옛날부터 잘 아는 교회의 장로요, 결코 공산주의자가 아니다"라고 증언했다.

마침 특무대가 너무 많은 피난민을 잡아다가 비인간적 심문을 일삼다가 문제가 터졌다. 이승만 대통령은 "아무리 김일성이가 나타난다고 하더라도 체포 명령을 내리기 전에는 잡아들이지 말라"는 단호한 명령을 내렸다. 이것이 수사에 영향을 끼쳐 장기려는 12월 31일 주일에 무사히 풀려났다. 끔찍한 7일이었을 테지만 장기려의 기록은 역시 짧고 무표정하다.

> 나는 북조선에 있다가 남한에 왔으니 홍역을 치러야 되지 않겠는가 하고 생각해 보았다.[46]

삼일사에서 조사를 받는 동안 경의전을 졸업할 때 성적이 우수하여 받아 늘 소중하게 간직했던 금메달을 잃어버린 일에는 섭섭한

46 장기려, 위의 글, 3월 30일 지면.

감정을 숨기지 않았다.

> 그 졸업 우등성적의 기념 금메달을 아껴 간수하고 있다가 1950년 12월말 이북에서 남하(南下)했다고 해서 삼일사(三一舍)에 들어가 심문을 받고 있는 동안 없어졌다.[47]

장기려가 소유하고 있던 것들 중에 애착을 표한 또 하나의 것은, 집에서 키우던 개였다. 미군의 폭격을 피해 평양 외곽 반성 지하 동굴 속에 숨어있다가 평양으로 되돌아왔을 때 키우던 개가 없어진 걸 알았다. 장기려는 "아주 섭섭했다"고 썼다.[48] 삼일사에서 풀려난 뒤 제3육군병원은 6월 말까지 근무했다.

47 장기려, 위의 글, 3월 5일 지면.

48 장기려, "하나님은 사랑이시다-나의 평양생활 10년간", 《부산모임》, 제122호, 1988년 6월, 31쪽.

## 의사로서 행복했던 복음의원 시절

장기려의 비전은 돈이 없어서 의사와 병원 혜택을 못 보는 가난한 사람들을 평생 돌보는 일이었다. 1940-1950년까지의 평양 의사 노릇도 넓은 의미에서 가난한 자들을 위한 봉사였다. 경의전 교수와 고등관 자리였던 대전 도립병원 외과과장 자리를 마다하고 가난한 사람을 위해 평양을 선택했고, 가난한 환자를 위해 자신의 피를 뽑고 월급을 털어서 병원 살림을 도왔다. 그러나 무료 진료가 아니었다는 점에서 돈 때문에 의사와 병원 혜택을 보지 못하는 환자들을 돕겠다는 평생의 꿈은 엄밀한 의미에서 미래형이었다.

장기려의 가난한 환자를 위한 의사의 꿈은 거창고등학교 전 교장 전영창(1917-1976)이 한국전쟁으로, 특히 중공군의 개입으로 미국에서 급히 귀국하며 모금해 온 미화 5000달러와 함께 시작되었다. 한국은행이 발표한 "숫자로 본 광복 60년"에 의하면 우리나라의 1953년 1인당 국민총소득(GNI)은 67달러였다.[49] 당시 환율로 환산하면 2천 원이다. 한국은행은 이 돈의 가치를 2004년 현재 42만 6천 원이라고 밝혔다.[50] 전영창이 미국에서 모금해 온 5천 달러는,

49 1953년 이전의 환율, 1인당 국민총소득, 물가 등은 정부의 공식 통계가 없다.

50 한국은행경제국, "숫자로 본 광복 60년", 한국은행 2005년 8월 발표, 4쪽.

비록 2년 후의 환율이긴 하지만 그때 돈으로 약 14만 5000원이다. 한국전쟁이 발발했을 때 전영창은 "한국인 최초의 서양 유학생"으로[51] 미국 미시간 주 홀랜드에 있는 웨스턴신학교에 유학 중이었다. 조국의 전쟁 소식을 듣고 즉시 귀국을 위해 워싱턴 한국 대사관을 찾아갔지만 "사태를 관망하고 기다리라"며 귀국 수속을 해 주지 않았다. 1951년 1월 3일, 전영창은 중공군의 참전과 맥아더 철수 소문을 접하고 학장 존 뮬더(John R. Mulder) 박사를 찾아가 귀국 허락을 받고자 했다. 그러나 학장은 한반도 전체가 공산화될 것을 우려하여 극구 말렸다. 전영창은 학장에게 다음과 같이 말했다.

> 만약 공산주의자들이 한반도 전체를 점령하게 되면 나는 조국에 돌아갈 기회를 영영 놓치고 말 것입니다. 주님은 내가 목사가 되어 미국에서 일하는 것을 원하시는 게 아니라 내 조국을 위해 일을 시키려고 미국에 보낸 것이 아닙니까. 내가 만약 조국에 돌아가지 않으면 주님뿐만 아니라 동포들까지 배반하는 것입니다. 왜냐하면 나는 그들의 목자가 되기 위해 미국에 왔는데 이제 위험에 빠진 양들을 모른 체한다면 목자는커녕 사악한 사기꾼이 될 수밖에 없습니다. 공산주의자들이 조국을 점령하기 전에 돌아가 내가 해야 할 일을 찾아야 할 것입니다.[52]

---

51 이는 전영창이 교장으로 있던 『거창고등학교 이야기』를 비롯한 몇몇 글에서 반복적으로 주장한다. 하지만 우리나라 최초의 서양 유학생은 『서유견문』의 저자 유길준이다. 따라서 전영창은 대한민국 건국 이후 최초 유학생이라 표기하는 게 맞다.

52 배평모, "한국 최초의 유학생-전영창 전집 중에서", 『거창고등학교 이야기』, 종로서적,

결연한 전영창의 의지를 꺾을 수 없다는 점을 확인한 뮬러 학장은 두 가지를 제안했다. 경비와 수속을 책임질 테니 가족은 미국으로 보내고, 귀국하더라도 두 주일 후에 있을 졸업시험은 치고 가라는 제안이었다. 전영창은 학장의 제안을 모두 거절하였다. 학장은 이사장과 협의하여 졸업시험을 치르지 않더라도 졸업장을 줄 수 있도록 배려하였다. 1951년 1월 8일 저녁, 전영창은 학장실에서 뮬러 박사의 아내가 지켜보는 가운데 졸업장을 받았다.

다음 문제는 귀국 경비였다. 이 문제 역시 학장의 친구 게리 드윗(Gary de Witt) 목사의 도움으로 해결되었다. 주변 사람들에게 호소하여 비행기 티켓은 물론 별도로 5000달러를 모금해 주었기 때문이다. 이에 더해 미국의 기독교 지도자들은 한국에 구호물자를 보내기 위해 서둘러 '기독교 구제위원회'를 만들고 전영창을 경남 지역의 총무로 임명하였다.[53] 전영창은 맥아더의 철수 소식을 접한 지 불과 엿새 만인 1951년 1월 9일, 귀국행 비행기에 오를 수 있었다.

귀국한 전영창은 한상동 목사를 비롯한 이약신, 박손혁, 오종덕 목사, 그리고 안용준 등과 경남구제위원회를 만들었다. 전영창은 미국에서 모금한 돈을 어떻게 사용할 것인지를 두고 생각하다가 그 돈으로 항생제를 사서 부상과 전염병으로 고생하는 전재민(戰災民)에게 나누어 주기로 마음먹고 국제연합민사원조사령부(UNCAC)를 찾아갔다. 노르웨이 출신의 구호담당 책임자 넬슨은 "그러지 말고

---

1996, 23-24쪽.

53 김은식·장기려, 『우리 곁을 살다간 성자』, 봄나무, 2006, 60쪽.

그 돈으로 조그마한 의원이라도 내면 매일 50인분의 약을 우리가 원조"해 주면 어떻겠느냐고 했다. 전영창은 한상동 목사와 의논하였다. 이들은 장기려 박사가 이 일에 적임자라고 판단하고 1951년 6월 20일, 한상동, 전영창 그리고 경남구제위원회 회계 김상도 목사와 함께 제3육군병원으로 찾아갔다.[54] 망설일 이유가 전혀 없었던 장기려는 6월 30일, 제3육군병원을 그만두었다.

당시는 거의 모든 병원이 천막이나 창고에서 개업했다. 세 사람이 병원 장소로 물색한 곳은 부산 영도구 남항동2가에 있던 제3영도교회 창고였다. 이곳에는 이미 서울여자의과대학(현 고려대학교 의과대학) 출신의 여자 의사 차봉덕이 진료소를 운영하고 있었다. 한상동, 장기려, 전영창은 차봉덕 의사의 진료소를 이어받아 복음진료소를 시작했다.[55] 약 30평이 되는 창고에 칸막이를 하여 환자 대기실, 수술부, 약국, 진찰실과 치료실로 꾸몄다.

매일 50명의 약값이 해결되었던 터라 전영창이 모금해 온 돈 5000달러는 수술 장비를 비롯한 진료소의 기초 장비 구입에 사용했다. 2개월이 지나자 서울대 의과대학 교수로 부산에 내려와 있던 전종휘 박사가 합류하여 내과와 소아과 진료를 맡았다. 그 이후 간호원 김재명, 서무와 약국을 담당한 오재길, 앰뷸런스 기사 김정일이 합류했다. 초창기는 7명의 직원이 복음진료소를 꾸려 나갔다.

---

54 이상규, "장기려 박사의 신앙과 사상",《고신신학》, 제5호, 2003년 9월 20일, 71쪽.

55 고신대학교출판부, "복음병원의 태동",「성산자료집 2 선생이 함께하신 발자취」, 12쪽에서 재인용.

개원 초기에는 하루 평균 60명 가량의 환자를 진료하였다. 그러나 무료 진료 소문이 나면서 환자들이 몰려들었다. 3개월 후에는 매일 100명이 넘는 환자를 진료했다. 창고 진료소로는 더 이상 환자 수용이 불가능했다. 전영창은 국제연합민사원조사령부를 다시 찾아가 도움을 청해 대형 군용 천막 3개를 지원받았다. 그 덕택에 복음진료소는 200-300미터 떨어진 영선동 영선초등학교 옆 공터에 천막 셋의 가건물을 지었다. 3일 뒤인 1951년 12월 23일에는 정부로부터 '복음의원'이란 이름으로 병원 개설을 허가받았다. 'ㄷ' 자로 지어진 세 동의 천막은 외래환자를 위해 수술실과 기숙사로, 그리고 나머지 하나는 입원실로 사용하였다. 입원실은 13명을 수용할 수 있었다. 몰려드는 환자를 감당키 위해 두 명의 간호사를 보강했다. 복음의원은 서울대(당시 명칭은 전시연합대학)의 수술 실습 병원으로 지정되었다. 천막 병원이었으나 복음의원은 부산대학교 의과대학이 생길 때까지 의대 학생들의 지정 실습 병원이었다. 의사, 간호사 모두가 부족하던 시절이라 복음의원에 배치된 학생들은 병원에 적지 않은 도움을 주었다. 3명으로 출범했던 복음의원은 장가용 군을 포함하여 직원이 11명으로 늘어났다.

복음의원에서는 며칠에 한 번 꼴로 수술이 있었다. 전영창이 모금해온 5000달러를 가지고는 수술 장비를 비롯한 기초 기구들을 구입할 수 없어서 수술대는 나무로 짰다. 이 나무 수술대는 스승 백인제 박사가 쓰던 수술대를 빌려 오기 전까지 사용하다가 1957년 현재의 암남동으로 병원을 이전할 때 청십자병원으로 가지고 가서 다른 용도로 사용했다.

장기려는 복음의원 초창기 때부터 환자의 가슴에 청진기를 댈 적마다 오진하지 않도록 기도하였다. 전기도 들어오지 않는 천막병원 나무 수술대에서 촛불을 밝혀 수술을 하던 그 시절의 일화가 하나 있다. 어느 날 우연히 미군 의사가 수술 광경을 목격하고는 돌아가서는 "동물 수술을 하는 것 같다"는 말을 하였다. 그 말을 전해들은 장기려의 반응은 이랬다.

> 나로서는 최선을 다했다. [중략] 평생을 통해 신앙생활로서 가장 보람이 있었던 때가 평양 기홀병원에서 사면초가를 극복한 시절이라고 한다면 의사로서 처음 뜻이 가장 두드러지게 나타났던 때가 초기의 복음병원 시절이라고 할 수 있다.[56]

복음병원의 초창기를 말하면서 또 하나 눈여겨볼 대목은 무의촌 진료 봉사다. 복음병원은 매월 1회 무의촌 진료를 했다. 경남 지역에 치료를 못 받아 고통을 당하면서도 이러저런 이유로 복음병원까지 올 수 없는 환자들이 많았기 때문이다. 그런 환자를 돕기 위해서는 전담의사를 비롯한 인력, 장비, 약값 등이 필요했다. 현상유지조차 어려운 복음병원이었으니 무의촌 진료가 쉽지 않았다. 직원들은 아침마다 이 일을 놓고 기도하였다. 무의촌 진료를 위해 2500달러 원조를 받게 되었고, 진료를 전담할 의사가 지원했기 때문이다.

당시 무의촌 진료를 자원한 황영갑은 고려신학교에서 신학 수업

56 장기려, "한 늙은 의사의 이야기", 1989년 다이어리 8월 첫 주 스케줄 지면.

을 받고 있었으나 본래 직업은 의사였다. 만주 길림성에서 출생한 황영갑은 하얼빈 의과대학을 졸업하고 신의주 방직공장 병원장을 지내다가 한국전쟁 때 인민군 후방 군의관으로 참전하였다. 북한군이 후퇴할 때 대열을 이탈한 황영갑은 그 뒤 미8군 의무관, 육군본부 정훈감실에서 문관으로 지내다가 소명을 느껴 신학공부를 시작했다.

황영갑의 지원으로 무료 진료팀이 꾸려졌다. 전시연합대학의 의사 5-6명이 지원을 하였고, 간호원 1명, 병리검사와 조제검사원 1명, 접수와 잡무를 도울 1명, 그리고 운전기사가 한 팀을 이뤘다. 처음엔 장기려가 진료 책임자로 동행했으나 나중엔 황영갑이 그 일을 대신했다. 무의촌 진료는 금요일 오후나 토요일 새벽에 출발하여 지역 교회를 이용하여 실시했다. 진료를 끝내면 마을 주민들을 상대로 전도 영화를 상영했다. 초창기의 순회 진료 팀에는 영도 제3교회에서 처음 진료소를 시작했던 차봉덕 의사도 동행했다. 그것이 인연이 되어 황영갑과 차봉덕은 결혼했다. 복음진료소가 맺어 준 두 번째 결혼이었다. 첫 번째 결혼은 외과의사 이상기와 서울의대 실습생이었던 전봉진 사이에 있었다.[57]

57 성산 장기려 선생 기념사업회, 「성산자료집 2 선생이 함께하신 발자취」, 14-16쪽

## 능력껏 일하고 필요한 만큼 가져가고

복음의원은 무료 병원이었음에도 직원이 11명이었다. 미국 기독교개혁교회(Christian Reformed Church) 선교부가 매월 500달러를 원조했기 때문이다. 원장인 장기려의 병원 식구 계산법은 독특해 직원의 딸린 식구까지 모두 합했다. 그래서 복음의원 식구는 44명이라고 말했다. 장기려는 복음병원이 발행하는 잡지《영아와 유아의 찬미》설립 25주년 기념 특집호에 기고한 글에서 병원 직원을 44명이라고 적었다.

> 당시의 경제는 본 병원 직원 11인(직원의 총 가족 수가 44명)이 미국 개혁주의 신교회에서 보내오는 500달러를 가지고 생활하면서 월 1회는 경남지역에 있는 농촌 교회에 찾아가 무료 진료와 전도를 했다.[58]

단순히 생각과 말만 그렇게 한 게 아니다. 정식 직원 11명에 딸린 33명의 가족 구성원을 월급 책정 기준에 반영했다. 직원들의 월급을 직급·학력·경험 등의 일반적 기준이 아니라 가족 수에 따라 정

58 장기려, “개원 25주년을 맞으면서”, 「개원 25주년 기념호 영아와 유아의 찬미 제4집」, 부산복음병원, 22쪽.

했다. 그러다 보니 식구 수가 같은 원장과 운전기사의 월급이 똑같았다. 월급을 가장 많이 탄 사람은 10명의 식구를 거느린 전종휘였다. 장기려가 그런 원칙을 병원 경영에 도입한 것은 복음의원을 진정한 공동체로 만들겠다는 열망 때문이었다.

> 이때에는 직원이 11명이었고, 그 가족이 합계 44명이었는데, 미국 개혁선교회에서 월 500달러가 와서 그것으로 44명이 생활할 수 있도록 월급을 나누어 주어 공동체의 의식을 가지고 일했으며.[59]

이런 생각은 신약성서, 특히 초대교회의 신앙생활에서 영감을 얻었음은 재론의 여지가 없다. 예루살렘에 있던 최초의 기독교 공동체는 "아무도 자기 소유를 자기 것이라 하지 않고 모든 것을 공동으로 사용"했다. 가진 사람들은 자기의 집이나 밭을 팔아 사도들에게 맡겼고, 그 돈으로 교인들이 저마다 쓸 만큼 나누어 받았기에 "그들 가운데 가난한 사람은 하나도 없었다."[60] 그러나 장기려가 성서에서만 영감을 받았던 것 같지는 않다. 평양에서 출석했던 평양의 혁신·복구측 산정현교회는 1948년에 이미 교회 직원들의 월급을 동일하게 지급했다. 담임목사와 동역하는 목사, 전도사, 심지어 교회를 관리하는 사찰집사까지 동일한 월급을 받았다. 당시 사회가 지금보다 훨씬 보수적이었다는 점을 감안하면 눈이 휘둥그레질 일

---

59 장기려 "한 늙은 의사 이야기", 1989년 다이어리 8월 첫 주 스케줄 지면.

60 사도행전 4장 32-34절(공동번역).

이다. 그러나 남자 직원과 여자 직원의 월급까지 동일하진 않았다. 1940년대 후반의 평양 산정현교회에서 거기까지는 서로를 설득하지 못했던 모양이다. 당시 동일 월급을 받았던 김정덕 전도사는 그 시절을 이렇게 회고한다.

> 그때에 특이한 것은 남 교역자(개척교회 전도사 및 사찰까지)들은 사례금 책정을 동일하게 지급하고 여 교역자는 여 교역자대로 동일하게 지급한 것은 한국 교회 역사상 처음으로 되어진 일이다. 이것도 역시 이기선 목사와 방계성 장로가 얼마나 훌륭한 하나님의 사람이었는가를 입증해 준다. 그러기에 산정현교회는 날로 부흥되었고 산정현교회를 중심으로 진실한 주의 종들이 이기선 목사의 감화를 받기 위하여 모여들었다.[61]

평양 산정현교회가 한국 최초로 모든 남자 교역자(직원)의 월급을 동일하게 지급하겠다는 엄청난 결정을 할 때, 장기려는 그 교회 시무장로였다. 그런 벅찬 경험이 있었기에 몇 년 후 남한에 내려와 가족 수 기준의 월급 계산법을 생각할 수 있었지 싶다. 1948년의 평양 산정현교회와 한국전쟁 중의 부산 복음의원이 시행했던 성서적인 생활비 책정 사례로부터 한국 개신교는 거의 아무런 교훈을 받지 못했다. 오늘의 한국 교회 중에서 직급·나이·경력·학력·성별이라는 기준이 아니라 '가족 식구' 숫자에 따라 기본급을 동일하게 지급

61 김정덕, 『폭풍 속의 별 이기선 목사 생애』, 그리심, 2005, 185-186쪽.

하고 있는 교회는 얼마나 될까.

어떤 이들은 평양 산정현교회가 직원들의 생활비를 동일하게 지급할 수 있었던 원인으로 북한 사회주의 체제를 말하고 싶을지 모르겠다. 병원 직원들에게 동일한 월급을 지급하는 것 또한 전시였기에 가능했다고 의미를 축소하고 싶을지 모르겠다. 그런 가정에 일리가 없진 않다. 하지만 우리는 이미 장기려가 평양에서 공산정권 치하에서 받은 월급을 알고 있다. 장기려 월급은 분명 직급에 따라, 그리고 박사 학위를 받고 나서 월등하게 뛰었다. 월급 이외에 관용차 지급 등에서도 다른 직원들과 달랐다.

전쟁은 일부 종교인들의 신앙심을 자극하여 진정한 희생과 사랑의 실천 기회를 제공했다. 더 많은 경우, 전쟁은 평상시에 꼭꼭 숨어 있던 종교인들의 추악한 모습을 폭로한다. 강원용 목사는[62] 한국전쟁 중에 자신이 겪었던 사건을 두고 '지옥'을 입에 담았다.

> 1951년 1월에 접어든 후로 전세는 더욱 우리에게 불리해지고 있었다. 1·4후퇴 이후 중공군이 벌써 대구까지 밀려왔다는 소식과 함께 부산 함락도 시간문제라는 비관적 전망이 사람들을 초조하게 했다. 그런 가운데 아무래도 위험하니 다시 교역자들을 제주도로 피난시킨다는 계획이 수립되었다. 미군 측에서 큰 수송선 하나를 내줘 우

---

62 강원용(1917-2006) 목사는 함경남도 이원군 남송면 원평리에서 태어났다. 1935년 용정의 용정중학으로 진학하여 윤동주와 문익환을 만났다. 해방과 함께 서울로 돌아와 경동교회를 설립하였다. 정부수립 이후에는 재야 민주화운동에 헌신했다. 노태우 정부에서 방송위원회(현 방송통신위원회) 위원장을 역임하였다. 2006년 8월에 소천했다.

선, 목사와 그 가족들을 제주도로 옮긴다는 것이었다. 그런데 내가 NCC에서 활동하고 있던 관계로 수송선에 탈 목사와 가족들을 인솔하는 책임을 맡게 되었다. [중략] 그러나 부둣가에 도착한 나는 눈앞에 전개되고 있는 전혀 예상 밖의 상황에 그만 입을 딱 벌리고 말았다. 그것은 그대로 아비규환의 아수라장이었다. 어떻게 알았는지 장로들까지 몰려와 '어떻게 목자들이 양 떼를 버리고 자기들만 살겠다고 도망칠 수 있느냐'면서 달려들어 수송선은 서로 먼저 타려고 목사와 장로들, 그 가족들로 마치 꿀단지 주변에 몰려든 개미 떼처럼 혼잡의 극을 이루고 있었다. 심지어는 자기가 타기 위해 앞에서 올라가는 사람을 끌어당기는 사람들도 있었고 여기저기서 서로 먼저 타기 위해 욕설과 몸싸움이 난무했다. 상황이 이처럼 난리판이 되자 헌병들이 와서 곤봉으로 내리치며 질서를 잡으려고 해도 사태는 좀처럼 나아지지 않았다. 사람들은 곤봉으로 두들겨 맞으면서도 '이 배를 놓치면 죽을지도 모른다'는 생각 때문에 필사적으로 배에 달려들었다. 명색이 인솔자였음에도 불구하고 차마 배 가까이 갈 엄두도 못 내고 멀리서 그 끔찍한 꼴을 바라보던 나는 '차라리 여기서 빠져 죽었으면 죽었지 저 틈에 끼어 배에 타지는 않겠다'고 결심하고 발걸음을 되돌렸다. 다른 사람들도 아닌 목사들과 장로들이 서로 자기만 살겠다고 그런 추악한 모습을 보였다는 사실이 내게 다시 한 번 '과연 기독교 신앙이라는 것이 무엇인가' 하는 심각한 질문을 상기시키면서 내 발걸음을 무겁게 했다. 기분이 그렇게 참담할 수가 없었다. 지옥이라는 것이 별게 아니었다. 천당에 가겠다고 평생 하나님과 예수님을 믿어 온 그 사람들이 서로 먼저 배를 타기 위해 보여 준 그 광

경이 바로 지옥이었다.[63]

서로 살겠다고 아귀다툼을 벌이고 있는 목사, 장로들의 모습이 지옥이라면, 직책·나이·성별·학벌 따위의 기준을 일체 묻지 않고 가족 숫자대로 월급을 지급한 복음의원은 그 시대의 천국이 아니었을까. 지옥이 별게 아니라면 천국 또한 그래야 하지 않나.

복음의원으로 몰려온 사람들이 환자만은 아니었을지 모른다. 무료 진료의 혜택만을 받기 위함도 아니었을지 모른다. 복음의원에서 일을 하면 학벌도 나이도 성별도 문제가 되지 않는다는 점이 무료 진료 그 자체보다 더 큰 희망을 제시한 건 아니었을까. 이런 상황에서 직원들이 어떻게 신바람나게 일하지 않을 수 있겠는가.

직원들이 성심으로 일하니 환자는 점점 늘어 갔다. 환자들이 늘어 가는 만큼 재정 부담이 커졌다. 이런 중에서도 병원이 유지될 수 있던 이유는 몰려든 자원봉사자들 때문이었다. 특히 초창기에 외과 의사로 봉사하다가 미국으로 건너간 이상기 박사, 김병일 박사, 그리고 이북에 있을 때 가르쳤던 제자 조영식 박사 등은 순수한 자원봉사자로 복음의원을 도왔다. 개중에는 비록 적은 액수이지만 정성어린 희사를 하는 손길도 있었고, 특히 말스베리(Laight Malsbury) 선교사[64]는 교회를 통해 지속적으로 도움을 주었다. 무료로 진료를

63 강원용, 『빈들에서: 나의 삶, 한국 현대사의 소용돌이 1-선구자의 땅에서 해방의 혼돈까지』, 열린문화, 1993, 340-341쪽.

64 말스베리(한국명 마두원)는 우리나라 개신교 최초의 음악선교사다. 1899년 캘리포니아에서 태어나 시카고의 셔우드(Sherwood) 음악대학을 졸업했다. 1929년 미국 북장로교의

받고는 그대로 주저앉아 자원봉사자가 되는 경우도 더러 있었다. 대표적인 사람이 정기상 고신의료원 전 행정처장이다.

정기상은 전쟁 중에 입은 상처 때문에 상행성척추마비로 고관절(股關節)이 굳어져 거의 걸을 수 없었다. 하동이 고향인데 복음의원 이야기를 어디선가 듣고 천막병원을 찾아왔다. 수술을 받고 절룩거리기는 하지만 걸을 수 있게 되자 뭔가를 돕겠다며 병원으로 되돌아왔다. 장기려는 미국 사람이 운영하는 물리치료병원에 소개하여 매일 치료를 받을 수 있도록 해 주었다. 또한 엑스레이 촬영 기술을 배울 수 있게 도와 자격증을 취득할 수 있도록 했다. 나중엔 병리검사까지 배우게 했다. 정기상은 2년간 무료 봉사를 한 후 병원 행정처장이 되어 은퇴 때까지 병원 일을 도왔다. 골수염 치료를 받았던 어재선도 조제사 일을 배워 복음의원 약국에서 오랫동안 근무했고, 어머니까지 병원 빨래를 해 돈을 벌었다.[65] 청십자병원 전 임상병리과 윤여형 과장도 크게 다르지 않은 경우다. 장기려는 윤여형에게도 병리사 일을 배우게 하였고 나중에는 복음간호전문학교 강의까

---

음악선교사로 내한했다. 평양숭실전문학교와 평양외국인학교에서 서양음악을 소개하고 교육했다. 김동진(작곡가), 박태준(전 연세대 음악대학장), 김홍전(대전대학학감, 목사), 한동일(피아니스트), 백건우(피아니스트) 등의 음악가를 배출했다. 1936년 일본이 신사참배를 강요하자 평양숭실전문학교를 사임하고 학생들과 자신의 집에서 기도회를 열었다. 해방이 된 이후 마두원 선교사는 중앙방송국(현 KBS)에서 종교 음악을 방송하고, 고신대에서 학생들을 가르쳤다. 1961년에는 김치선 목사와 예수장로교 성경장로회(현 대신교단)를 창립했고, 강원도 홍천군 일대에 27개 교회를 개척하고 많은 목회자를 배출했다. 1977년 불의의 사고로 사망했다.

65 고신대학교출판부, "장기려 선생과 고신의료원", 『고신의료원 50년』을 『선생이 함께 하신 발자취』, 18-19쪽에서 재인용.

지 맡겼다. 장기려는 병만을 치유한 게 아니라 병원 일을 배우게 하여 당당한 직업인으로 살아가게 했다. 『고신의료원 50년』은 복음의원을 다음과 같이 정리하였다.

> 복음진료소는 참으로 멋진 진료소였던 것 같다. 주님의 이름으로 도움을 받는 중에 도움을 주고, 운영하기에도 어렵지만 어려운 사람을 살리고, 사랑을 받으면서 사랑을 나누는 훈훈한 병원, 그리스도의 사랑의 빛을 지면서 그 사랑을 고통당하는 자들에게 전해 주는 참으로 병원 같은 병원-기독교 병원이었다.[66]

요즘처럼 병원 운영을 맡는 이사진이나 후원회가 있을 턱이 없던 복음의원이 언제까지 계속 갈 수는 없었다. "무료로 환자를 치료할 수 있는 일은 의사로서 더할 수 없는 기쁨이기도 하고 다행스러운 일이기도 했지만" 병원 사정은 국제연합민사원조사령부가 매일 지원해 주는 50인분의 약으로는 버틸 수 없는 상황이 닥친 것이다.

이 문제로 직원들 간 토론 끝에 '감사함'(感謝函) 설치를 결의하였다. 무료로 진료나 수술을 받은 것이 감사하다고 생각하는 환자는 액수가 얼마가 되든지 자유롭게 기부할 수 있도록 했다. 환자들 스스로가 아니라 병원 측에서 '감사함'을 설치하는 일이 썩 내키지는 않았지만 일률적으로 얼마씩 받는 것보다는 낫겠다 싶어 장기려는 마지못해 그 안건에 찬성했다. '감사함'이 설치되자 수술 환자들 가

66 고신대학교출판부, 위의 책, 19쪽.

운데 80퍼센트는 돈을 넣고 갔다. 그러나 당시 맹장수술 비용이 한 건당 2000환, 요즘 돈으로 46-50만 원 정도가 들었던 터라 '감사함'이 병원 재정에 큰 도움을 주진 못했다. 무료 병원이 버틸 수 있는 한계는 3년이었다. 4년째에 들어서면서 복음의원은 1인당 100환씩의 치료비를 받기로 했다. 한국은행 『경제연감-1955년』에 의하면, 당시 부산 노동자 가족의 월 평균 수입은 9298환이었다. 복음의원이 안고 있는 경제적 부담에 비해 환자들에게 일괄적으로 받기로 한 돈 100환은 너무 적었다. 무료 병원을 더 이상 지탱할 수가 없어서 불가피하게 돈을 받기는 하지만 무료 병원의 취지와 정신은 지켜 나가겠다는 의지가 이 100환에 담겨 있었다. 그러나 딱 거기까지였다.

## 복음의원의 정체성 진통

장기려는 1953년부터 서울대 의대 교수를 겸직했다. 서울대 의대는 1951년 2월부터 대학연합 강의 체제로 문을 연 뒤 8월부터 부산 광복동에서 개교하였다. 교수 추천은 전종휘가 했다. 서울대 의대 교수가 될 때 감회가 남달랐으리라. 스승 백인제가 교수로 남아 달라는 요청을 뿌리쳤던 일과 월남을 대비해 자리를 남겨 두고 기다리다가 북한에 피랍되었기 때문이다. 그러나 장기려는 서울대 의대 교수가 된 감회를 한 줄도 남기지 않았다. 부산 정착 이후 가장 큰 사건이었던 휴전 협정을 두고도 마찬가지다. 이 무렵 복음의원에는 중요한 변화가 생겼다. 초창기부터 진료의 한 축을 담당했던 전종휘가 서울대 의대 교수가 되기 위해 부산을 떠났기 때문이다.

> "복음병원이 언제까지 가겠느냐. 같이 서울로 가서 교수 일에 전념합시다"하고 간곡하게 권해 주었지만 나는 차마 복음병원을 떠날 수가 없어 54년부터는 서울-부산간을 왕래했다.[67]

전종휘는 장기려에게 전쟁이라는 특수한 상황에서 3년간 복음

67 장기려, "감사함-나의 이력서 18", 「한국일보」, 1976년 7월 7일, 4면.

병원에 최선을 다했으니 본래의 일터로 돌아가자고 했다. 이는 대다수 직원들 생각이기도 했다. 그러나 장기려는 동의할 수 없었다. 『고신의료원 50년』은 이 대목을 이렇게 정리했다.

> 전쟁이 멎자 부산에 모여 살던 많은 사람들이 원래의 삶터로 돌아가기 위해 짐을 꾸렸다. 부산에 임시로 생겼던 전시연합대학도 학교별로 본래의 장소로 흩어졌다(이는 사실과 다르다. 전시연합대학은 1952년 9월에 해산되었다-저자). 복음의원에서 내과를 담당하며 자진해서 봉사했던 서울대 전종휘 교수도 짐을 챙겼다. 이제 그 역시 부산을 떠나 학생들이 기다리는 서울로 올라가야 했다. 전 교수는 장 박사에게 무료로 병원을 계속해서 운영한다는 것은 무리이니 차라리 학교에서 후배양성에 전념하시는 것이 좋을 듯하다면서 서울로 함께 올라갈 것을 청했다. 그러나 장 박사에게 있어서 복음의원은 자신의 일부나 마찬가지였고, 의사가 되어 가장 보람되었던 삶을 꼽으라고 말한다면 주저 없이 지난 3년간의 활동을 말하겠다고 생각하던 터였다. 창고의원에서 옷이 흠뻑 젖도록 환자를 돌봤던 일부터 천막의원으로 입원실과 수술실을 각각 만들어 놓고 좋아했던 일, 환자를 위해 자진해서 봉사하겠다고 모여든 의사들과의 만남, 환자들에게 하나님의 말씀과 함께 치료를 받게 했던 일들을 잊을 수 없어서 하나님도 장 박사가 이곳에 남아 계속 환자들을 돌보는 것을 더 원하실 거고 복음의원은 앞으로 부산을 위해 더욱 할 일이 많다고 생각한다면서 전 교수의 청을 거절했다. 자신의 이상을 가장 알뜰히 실천할 수 있었던 병원이 바로 그 천막 복음병원이 아닌가. 사람과 사람 사이의 순수한

> 정이 교류되고 아무 사심이나 욕심 없이 오직 인간을 위해 봉사했던 그 산 현장이 복음병원이었다. 천금을 주고도 살 수 없던 진한 인간애가 넘쳐흘렀던 그 복음병원을 이대로 죽일 수는 없는 일이었다. 부산에 남아 복음병원에서 치료를 하고 서울의대 교수직은 가지고 있으면서 강의를 하기로 하고 전 교수는 서울로 올라갔고, 장 박사는 자신이 있어야 할 곳은 바로 복음의원이라는 사실을 더욱 굳게 깨닫게 되었다. 결국 장 박사는 54년 봄 학기부터 부산과 서울 사이를 통근하면서 강의를 계속했다. 복음병원 일도 서울대 교수 일도 결코 등한시할 수 없는 중요한 일이었다.[68]

장기려는 전종휘에게 서울의대 교수를 계속 맡되 복음병원도 포기하지 않겠다는 타협안을 제시했다. 하지만 서울과 부산을 오고 가야 하는 겸직은 말처럼 쉬운 일이 아니었다. 당시 가장 빠른 교통 수단인 디젤 전기 기관차가 부산에서 서울까지 10시간 40분이나 걸리던 시절이었다.[69] 이때부터 밤 열차를 타고 부산과 서울을 왕복했다.

복음병원에 그렇게 열정을 쏟아부었지만 장기려는 규모 큰 병원을 꿈꾼 적이 없다. 돈을 많이 버는 병원도 바라지 않았다. 가난한 환자들에게 무료로 약을 주고 병을 낫게 할 수 있는 최소한의 여건

---

68 고신대학교출판부, "장기려 선생과 고신의료원", 『고신의료원 50년』; 장기려 선생 기념사업회, 『선생이 함께 하신 발자취』, 20-11쪽에서 재인용.

69 한국철도공사홈페이지, 철도 역사관 항목.

을 갖춘 병원만으로 충분했다. 그러나 원장으로서 환자뿐 아니라 직원들도 책임져야 했다. 늘어나는 직원 최저생계비는 지급해야 하는데 전쟁이 끝나니 원조나 지원도 현저하게 줄었다. 이런 사정을 잘 알고 있던 말스베리 선교사가 1954년 가을에 찾아와 미군부대가 철수하면서 건축 자재를 의료기관에 무료 원조한다고 알려줬다. 말스베리는 그걸로 만족하지 않고 미군 군사원조단(AFAK)을 찾아갔다. "천주교 계통의 메리놀병원은 원조를 해 주면서 신교는 왜 원조를 하지 않느냐?"는, '항의 아닌 항의'였다. 놀란 담당자가 부산에 신교가 운영하는 병원이 있느냐고 묻자 복음의원의 존재를 알려줬다. '우리가 공병부대를 통하여 건축 자재를 대줄 테니 공사 노임은 댈 수 있느냐'고 물어서 말스베리는 덮어놓고 오케이를 했다. 미군 군사원조단은 신학교와 병원에 각각 물자 제공을 약속했다. 복음의원은 250평 건축 분량을 약속받았다. 말스베리 선교사가 미군 군사원조단에 들어갔던 사건은 복음병원의 초창기에서 전환점이 되었다.

> 우리에게는 땅도 없었고 돈도 없었다. 이것이 교회가 복음병원 운영에 발을 들여놓기 시작한 계기가 되었다. 땅도 없고 돈도 없는 우리는 교회에 호소할 수밖에 없었다.[70]

장기려는 교회가 복음의원의 운영에 발을 들여놓은 것 만큼은 피

---

70 장기려, 위의 글.

하고 싶었다. 고신교단은 모금을 해 준 일에 만족하지 않고 병원 운영에 더 깊게 간섭하며 병원의 대형화, 첨단화를 요구했다. 초창기 복음의원의 정신과 거리가 너무 멀었기에 장기려의 고민은 깊어졌다. 말스베리 선교사가 미군 군사원조단에서 건축 자재를 받아 낼 때부터 병원 신축까지 장기려의 기록은 앙상하다. 『고신의료원 50년』만 풍부한 뒷이야기를 전해 준다. 당시 복음의원에는 다른 병원들과 경쟁을 위해서라도 무료, 천막병원을 벗어나야 한다는 사람들이 있었다. 저들은 진료비 100환으로는 병원 문제를 근본적으로 해결할 수 없다고 생각했다. 천막병원과 낙후한 시설로는 경쟁력이 생기지 않기 때문에 가난한 환자들만 이용하는 병원이 될 것이라 예상했다.

> 공짜로 치료하는 데는 창고병원이든 천막병원이든 환자들에게는 상관이 없었다. 그렇다고 언제까지 병원을 무료로 운영할 수는 없었다. 치료비를 받는다면 복음병원은 타 병원에 비해 경쟁력이 형편없이 떨어졌다. 실력 있는 의사들이 있다는 사실도 중요했지만 시설이 보다 더 큰 문제였다. 원시적인 침대와 낙후된 시설의 가난한 병원은 가난한 환자들만 모이게 했다. 병원이 새롭게 탈바꿈하려면 모험이 필요했다. 이것은 복음병원에 몸담고 있었던 사람이면 누구나 느끼고 있던 일이었다.[71]

---

71 고신대학교출판부, “장기려 선생과 고신의료원”, 『고신의료원 50년』을 『선생이 함께 하신 발자취』, 22쪽에서 재인용.

『고신의료원 50년』은 천막병원을 버리고 새 건물로 옮길 수밖에 없었음을 정당화한다.

> 특히 장 박사는 건물의 좋고 나쁨에 관심이 없는 사람이었다. 그는 그런 돈이 있다면 더 많은 가난한 환자들을 돕겠다고 생각했다. 그러나 병원에서는 한부선(Bruce Hunt) 선교사의 말을 듣고 크게 동요했다. 지금은 조금 힘이 들겠지만 병원을 살리려면 천막병원을 벗어나야 한다는 여론이 가득했다.

『고신의료원 50년』의 서술에 따르면 복음의원은 말스베리 선교사가 복음의원을 위해 건축 자재 후원을 받아 낸 다음 교단에 도움을 청했다. 고신 교단이 여유 자금이 없다고 난색을 표하자 장기려는 한상동 목사를 찾아갔다. 고려신학교와 복음병원이 힘을 합치면 어떻겠느냐는 제안을 하기 위함이었다. 그때부터 한상동과 경남구제위원회가 병원과 학교를 짓기에 적합한 땅을 물색하기 시작했다. 그렇게 찾은 땅이 암남동 산34번지였다.

복음의원은 계약금조차 없었기 때문에 한부선 선교사가 큰 교회를 담임하고 있던 한명동 목사(한상동 목사의 동생)를 찾아가 도움을 청해 계약을 성사시켰다. 부산시 암남동 34번지의 1만 3000여 평은 복음의원이 5000평, 고려신학교가 8000평을 사용하기로 결정했다. 미군에서 병원과 학교용 물자를 받게 되었지만 건물 지을 땅도, 인건비도 없다는 소식이 알려지자 고신교단 교회들이 100만 환을 모금했다. 말스베리 선교사는 미국 기독교개혁교회 선교부에 도움을 요청해 3만 달러를 후원받았다. 이 돈으로는 신학교 건물 세 동부터 건축하였기 때문에 복음의원은 건물 뼈대만 세우고 공사를 중단했다. 말스베리는 미국 친구들로부터 다시 3만 달러를 지원받아 복음의원의 준공을 도왔다. 부산과 인근 지역 교회 성도들은 자원하여 땅을 파고 벽돌을 날랐다. 신학자 박윤선 박사까지 지게를 지고 벽돌을 날랐다. 장기려는 병원 건물 공사에 헌신적 수고를 아끼지 않은 이종호 집사를 고마워했다. 1차 공사는 1956년 말에 끝났으나 복음의원이 암남동으로 완전 이전한 것은 1957년 5월 28일이었다.[72] 그 이후 간호원 기숙사와 식당 증축 공사를 시작했다. 완공은 1958년 3월 31일이었다.

복음의원 1차 건축이 끝나갈 무렵 장기려는 서울대 의대 교수를 그만두고 부산으로 내려왔다. 1956년 9월의 일이다. 몇 가지 이유가 있었다. 우선, 복음병원이 확장되는 과정에서 민주주의 원칙이 훼손되고 있었다. 공산 치하를 경험했기에 장기려에게 민주주의 원칙은 대단히 소중한 가치였다. 다른 사람들은 각종 선거에서 던지는 한 표가 별 느낌 없을지 모르지만 장기려에겐 민주주의 체제를 상징하는 신성한 권리였다. 민주주의 원칙이 무너지니 복음진료소를 세울 때의 초지(初志) 또한 병원 곳곳에서 무너지고 있었다. 전종휘도 이런 상황을 잘 알고 있었다. 그래서 부산을 포기하고 서울대

72 이 글을 쓰며 곤혹스러운 점은 날짜와 연대, 심지어 사람 이름까지 자료마다 다른 점이었다. 연구자에 따라 자료가 다른 것은 이해할 수 있으나 『고신의료원 50년』과 장기려의 자료가 다른 점은 의아했다. 송도병원 이전 날짜만 하더라도 『고신의료원 50년』이 1957년 6월 1일로 기록한 반면 복음병원 홈페이지는 5월 28일로 표기하였다.

의대 교수 일에 전념하자고 설득했다. 복음병원 내부 사정은 모두 나쁜 쪽으로 흘러가고 있었다. 장기려는 서울대 교수직을 버리고 부산으로 내려왔다. 부산과 복음병원을 버리지 않도록 고신교단 소속 교회들이 자신을 위해 계속 기도하고 있는 상황을 외면할 수 없었다.

3년 동안의 서울-부산을 왕복하던 생활을 끝내고 복음의원 원장에 복귀하였다. 두 가지 변화가 생겼다. 서울의대 교수직을 그만두고 부산으로 내려오자 경의전 5년 선배인 부산의대 정일천 학장이 교수로 청빙했다. 이때로부터 만 5년간 대한민국 외과학계에 괄목할 만한 성과를 냈다. 복음의원이 확장되면서 직원이 늘었고, 새로운 설비를 도입했다. 1인당 100환의 진료비로 병원 유지가 어려워 "있는 사람에게는 치료비를 받고 없는 사람에게는 무료로 치료해 주기로" 방침을 변경했다.

1961년 8월 7일 복음의원은 그해 6월 신설된 공보부(문화관광부의 전신)로부터 비영리의료기관 개설허가를 받았다. 병원 명칭도 복음병원으로 바꾸었다. 이때까지 복음의원은 고신대학이 아니라 대한기독교 경남구제회 소속이었다. 때문에 복음의원의 개설자는 경남구제회 대표 박손혁 목사였다. 그러나 이 체제는 오래가지 못했다. 1965년 9월 6일 재단법인 대한예수교장로회 고신총회 유지재단에 복음병원 재산이 편입되었기 때문이다. 복음병원이 어느 개인에게 좌지우지되는 것보다 총회유지재단에 편입되는 것이 안전하긴 하다. 복음병원이 경남구제회 소속으로 계속 유지되었다면 어떠했을까.

고신교단이 소속 신학교를 대학으로 인가받기 위해 복음병원을 이용하면서부터 장기려가 품었던 꿈에서 멀어지기 시작했다. 고신교단이 1967년에 문교부에 대학 인가를 받으려 했을 때 걸리는 문제가 있었다. 당시 법에 의하면 학교법인으로 인가를 받으려면 수익 기관을 가져야 했다. 고신교단 총회는 복음병원에 학교법인의 수익기관이 되어 줄 것을 요청하였다. 장기려와 직원들은 모두 반대했다. 이 문제를 해결하지 못하면 대학 인가를 못 받게 되기 때문에 복음진료소의 초대 설립자였던 한상동 목사를 내세워, "병원은 명목상 수익기관으로 해서 학교 인가를 받으려는 것일 뿐 수익금은 절대로 학교 운영에 쓰지 않겠다"고 약속했다. 당시 병원 이사장 박손혁 목사까지 원장을 설득하여 1967년 7월 11일 기어이 "명목상" 학교법인의 수익기관으로 만들었다.[73]

'명목상 학교법인의 수익기관'은 그렇게 길지 못했다. 이미 1966년 10월에 2층 건물이던 본관에 한 층을 더 올려 증축 공사를 하였고, 학교법인의 '명목상 수익기관'이 되던 그 해 12월, 복음병원은 레지던트 수련병원으로 인정받았다. 1969년에는 복음간호학교 인가를, 1971년에는 간호학교 교사 및 병동을 신축하였다. 이렇게 급속도로 병원과 부속 기관이 확장되고 있었다. 고신교단의 가장 큰 걸림돌은 장기려였다. 첨단화되고 커진 병원 운영에 무능하다고 판단했기 때문이다. 고신교단 총회가 모든 한국 교회의 70세 정년 규

73 정주채, "복음병원 약사", 한국 교회 개혁을 위한 코람데오닷컴. http://www.kscoramdeo.com/news/articleView.html?idxno=61

정을 어기면서까지 복음병원장 정년을 65세로 고친 데는 그것 말고는 장기려를 물러나게 할 수 없었기 때문이다.

# 누가 역사 바로세우기를 말하나

대한예수교장로회 고신총회 산하 사회복지위원회는 2015년 4월에 개최했던 "고신사회복지역사 포럼 및 세미나"에서 고신대복음병원의 일부 역사 서술 오류를 지적했다. 발제를 맡은 고명길 목사(사회복지위원회 전문위원장)는, 복음병원 초대 원장은 장기려가 아니라 차봉덕이고, 설립자 역시 장기려가 아니라 전영창이며, 병원 설립일 또한 전영창과 한상동이 장기려를 만나 복음병원 합류를 결정한 1951년 6월 21일이 아니라 전영창과 차봉덕이 복음진료소를 시작한 1월 15일이라고 주장했다.[74] 단순히 학술 차원의 문제 제기가 아니었다. 고명길은 이 오류가 개혁주의를 표방하며 '하나님 앞에서' 살아감을 모토로 하는 고신교단에서 있을 수 없는 일이라고 주장했다.

만일 특정인을 배제하거나, 또 다른 특정인을 영웅화하기 위해서

74 고신교단 제72차 총회는 경남김해노회, 부산서부노회, 서울남부노회가 공동으로 헌의한 "복음병원 설립자(전영창), 설립일(1951년 1월 15일), 초대원장(차봉덕)으로 수정해 줄 것을 총회에 상정하오니 받아주시기 바랍니다"라는 청원에 "1년간 연구조사해서 다음 총회에 보고하기로 가결"하였다. 정남환, "고신 70년과 전영창 선생", 〈코람데오닷컴〉, 2022년 12월 9일. http://www.kscoramdeo.com/news/articleView.html?idxno=24025

엄연한 역사적 사실을 잘못 기술하고 왜곡한다면 이것은 참으로 하나님 앞에서 옳지 않을 뿐 아니라 개혁주의 신학과 신앙을 표방하며 코람데오를 외치는 고신교단으로서는 있을 수 없는 일일 것이다.[75]

이런 주장이 담긴 발제문은 5월 5일 「코람데오닷컴」에 "복음병원 설립자, 전영창인가 장기려인가?"란 제목으로, 기독교 인터넷 신문 「개혁정론」에는 5월 9일부터 20일까지 "고신대학교 복음병원 역사 바로 세우기-복음병원 누가 언제 설립했나?"라는 제목으로 세 차례 게재되었다. 역사학자인 이상규 교수(백석대학 석좌교수)는 이틀 뒤인 5월 7일 「코람데오닷컴」에 "고명길 목사의 특별기고에 대한 입장"이라는 지지성 글을 발표했다. 고명길의 문제제기는 좋은 연구이고 검토해 볼 사안이라며 다음과 같은 입장을 밝혔다.

장기려의 회고록에서는 1951년 6월 20일을 병원 시작으로 말하고 있고, 그 이전의 차봉덕 의사나 팽숙희(맹숙희의 오타-저자) 간호사에 대하여서는 전혀 언급이 없습니다. 문제는 이것입니다. 1951년 6월 이전의 차봉덕 의사로 시작된 진료소와 1951년 6월 20일 장기려 의사로 시작된 후일의 복음병원 간의 관계입니다. 후자가 전자의 계승이라고 본다면 고명길 목사님의 지적이 옳고, 단절설, 곧 후자의 것을 새로운 출발로 본다면 장기려의 진술이 옳습니다. 그런데 복음

---

75 고명길, "복음병원 설립자 전영창", 「고신사회복지역사 포럼 및 세미나 2015. 4. 27-28」 자료집, 54쪽.

> 병원 설립자를 장기려 한 사람으로 보는 것은 옳지 않다고 봅니다. 실제적으로 전영창 씨는 두 가지 경우의 주도적인 인물이었고, 과히 설립자라고 말할 수 있는 근거가 있다고 봅니다. 그러나 한상동 목사님도 설립의 동료로 일한 것이라고 할 수 있을 것입니다.[76]

전직 기독언론인 신이건 장로는 고명길보다 2년 전에 "고신대복음병원 역사도 바로 세워야 한다"(2013년 12월 25일)는 글을 인터넷 언론「한국기독신문」에 올렸다. 신이건은 "장기려 이름을 이제 그만 팔아야 한다"는 다소 선정적인 주장으로 글을 시작하며 전영창과 제2대 병원장 박영훈의 공적을 후세에 바로 알려야 할 필요성을 역설했다. "전영창 선생과 박영훈 전 원장은 대체 언제까지 장기려 박사의 그늘"에 가려져 "빛 좋은 개살구 모양으로 천시를 당하며 미운 오리로 살아야 하냐"고 탄식했다. 교단 집행부와 병원 관계자들에게는 올바른 역사 인식을 바로 세워 나가라고 요구하였다.

역사바로세우기란 무엇인가. 일제 강점 치하의 징용이나 성노예 역사를 부정하고 끊임없이 왜곡하는 일본, 한국전쟁의 집단 학살을 인정하지 않고 사과와 피해자 보상을 하지 않는 미국, 5·18광주민주화항쟁에서 무고한 시민을 학살하고 성폭행한 사실의 부정에 맞서 진실을 밝히려는 시도 따위를 일컫는 말이 아닌가. 역사바로세우기는 재산, 생명, 영토 등을 부당하게 탈취한 행위를 전제한다. 이

---

76 이상규, "고명길 목사의 특별기고에 대한 입장",「코람데오닷컴」, 2015년 5월 7일. http://www.kscoramdeo.com/news/articleView.html?idxno=8482

에 더해 부당하고 참혹한 역사를 은폐하거나 왜곡할 목적으로 증거를 인멸하거나 진실을 밝히려는 노력을 힘으로 짓누르는 행위가 전제된다.

그렇다면 고신 사회복지위원회의 복음병원 설립자, 설립일, 초대 원장의 기록 오류 지적은 역사바로세우기에 해당할까. 설립자와 초대 원장 및 설립일을 잘못 기록한 게 맞다면 누군가가 전영창과 차봉덕을 억울한 피해자로 만든 정황이 입증되어야 한다. 장기려나 복음병원은 설립자, 설립일, 초대 원장을 왜곡하기 위해 사실을 숨기거나 증거를 인멸했는가. 만약 이러한 적극적 역사 왜곡이나 진실을 밝히려는 시도를 힘으로 짓누른 사실이 드러났거나 그런 정황이 포착됐다면 고신 사회복지위원회의 문제 제기는 역사바로세우기가 맞다. 그러나 위의 오류가 착오나 실수에서 발생했거나, 아니면 그런 오류조차 없었다면 분명한 의도를 갖고 사실을 은폐하거나 왜곡한 행위와 실수는 구분해야 옳다. 지금부터는 제기된 주장들이 역사바로세우기에 해당하는지 따져 보자.

## 누가 설립자 전영창을 부정하나

복음병원 설립자와 관련하여 장기려는 여러 차례 기록을 남겼다. 최초 언급은 1953년 발행한 복음병원 잡지 《영아와 유아의 찬미》 창간호 '권두사'에서 확인된다.

> 전재민, 피난민, 극빈자들 중에서 병이 걸려 신음하는 자들에게 어떠한 도움을 주려고 유엔씨에이씨(UNCAC) 경남도팀에서 일하고 있던 노르웨이 의사 넬슨 씨를 찾아 문의한즉, 그의 대답이 '만일 병원을 개설하면 매일 50인분의 치료약을 나누어 주겠다 하므로 1951년 6월 21일 여의사 1인(차봉덕 원장), 간호원 1인, 총무 1인(전영창 선생)으로 무료 병원인 복음의원을 개설하였습니다. 그래서 병원의 이름을 복음의원이라고, 게(짓게) 된 것은 전재민, 피난민, 극빈자들 중에서 생긴 병자들에게 도움이 되게 하되 육체의 병을 고쳐 주는 동시에 그보다 더 중한 영혼의 병까지 고쳐 주시는 예수 그리스도의 복음도 함께 주자는 의도에서였던 것입니다. [중략] 그 다음 달(7월) 개원 기념 예배 석상에서 설립자 전영창 씨는 본 의원의 목적은 1. 동포에게 복음을 전하고 2. 피난민, 전재민, 극빈자들의 병을 치료하여 수고를 덜어 주며 3. 외국인에게 신용을 얻도록 정직을 위주로 함에 있다고 하였습니다.[77]

두 번째 언급은 1966년에 고신대《개혁주의》란 잡지에 장기려가 쓴 '복음병원의 이상(理想)'이란 제목의 글이다.

> 복음병원이 1951년 6월 21일에 발족하였는데, 발족하기 전보다 약 반년 전에 미국에 유학중이던 한 신학생에게 전시에 처해 있는 동포에 대한 연민과 사랑의 정이 불타게 하시고 또 18년간이나 훈련시켰던 의사와 간호원에게 같은 마음을 일으키어서 출발하게 하셨다.[78]

그로부터 꼭 10년 뒤에 장기려는 정년퇴임이 예정된 1976년 6월부터 7월 사이에 「한국일보」와 복음병원 잡지《영아와 유아의 찬미》에 기고한 세 편의 글에서 복음병원 설립을 회고했다. 장기려는 "개원 25주년을 맞으면서"란 글에서는 복음병원 설립자를 전영창이라고 명토 박았다.

> 1951년 6월 21일 제3영도교회 부속창고를 빌려 가지고 의사, 간호원, 서무, 약국, 총무, 원목, 운전기사 각 1인 모두 7인이 모여 부산복음의원의 창설 개원을 본 것이다. 나는 당시 부산 제3육군병원에서 돕고 있었는데 1951년 7월 1일부터 본원에 취임해서 오늘까지

77 장기려, '권두사',《영아와 유아의 찬미》, 창간호, 복음병원, 1953년

78 장기려, "복음병원의 이상",《개혁주의》, 1966년 7월호; https://blog.naver.com/kjyoun24/221299225516

이르게 되었다. [중략] 당시의 경제활동은 본원의 설립자이며 총무 일을 보아 주셨던 전영창 선생의 힘입은 바가 컸으며, 진료에 있어서는 전종휘 박사의 수고가 컸음을 다시 생각하게 되며 감사와 찬송을 하나님과 우리 주님에게 돌리는 바이다.[79]

장기려는 1976년 7월 6일 「한국일보」에 실린 "나의 이력서 17-용공협의"에도 비슷한 내용을 썼다. 그래서인지 본문보다는 장기려와 전영창이 함께 찍은 사진에 눈길이 더 오래 머문다. "복음병원 설립자 전영창 씨와 함께. 거창고 교장을 지낸 전 선생은 '나의 이력서'가 시작될 무렵 세상을 떠났다"[80]는 캡션 때문이다. 이 글에는 복음의원 개원 하루 전인 6월 20일 "한상동 목사와 전영창 씨가 새 일거리를 갖고" 자신을 찾아왔는데 이야기를 들어보니 "의사가 되려고 결심했을 때 하나님께 서약"했던 바로 그 일이었기에 하나님의 뜻으로 알고 수락했다는 내용을 확인할 수 있다.[81]

다음으로는 '청십자'에서 발간한 『청십자통감: 1968. 5. 13-1988 스무 해의 발자취』와 고신대복음병원의 『고신의료원 50년』에 기록된 내용을 살펴보자. 두 공식 기록도 앞서 소개한 두 편의 글과 별반 다르지 않다. 앞의 책에서는 장기려가 "7월 1일 원장으로 정식 취임하여 '복음의원' 시대를 열었다"는 표현이 도드라지나 전영창

79 장기려, "개원 25주년을 맞으면서", 《영아와 유아의 찬미》, 4집, 부산복음병원, 22쪽.

80 장기려, "용공협의-나의 이력서 17", 「한국일보」, 1976년 7월 6일, 4면.

81 장기려, 위의 기사

이 설립자란 명시적 표현은 빠졌다. 뒤의 책에는 차봉덕 의사가 공식 역사 서술에 처음 등장한다.

> 장 박사 일행이 물려받은 진료소는 당시 삼일교회에 출석하던 서울의학전문학교[82] 출신이며 미혼인 차봉덕 의사가 3개월간 환자들을 돌보던 제3영도교회의 창고였다.[83]

그러나 설립과 관련하여 『고신의료원 50년』에서 가장 주목할 내용은 "설립동역자"란 제목 아래 한상동(2, 4대 이사장), 전영창(대한기독교 경남구제회 대표), 장기려(초대 병원장) 사진을 한 면에 걸쳐 나란히 게재한 것이다. 고명길이나 신이건의 주장과 달리 장기려, 청십자, 복음병원의 공식 기록은 모두 전영창이 설립자란 사실을 삭제하거나 부정하지 않았다. 복음병원 설립 당시부터 한상동, 전영창, 장기려를 도와 의사로 약국과 병원 살림살이를 책임졌던 전종휘와 오재길도 관련 회고 글을 남겼다. 경의전 3년 후배 전종휘는 학교에서 뿐 아니라 숭2동교회를 8년 함께 다닌 인연 때문에 장기려의 아내와 아들딸들까지 모두 잘 알았다. 장기려가 평양으로 떠나면서 헤어졌던 두 사람은 1951년 1월 부산 제3육군병원 약국 텐트 앞에서 극적으로 만났다. 가용만 데리고 남하한 장기려 앞에서 전종휘는 11년

---

82 해방 후 미군정은 미국식 4년제 대학으로 학제를 개편하면서 경성의학전문학교를 서울의학전문학교라 불렀다. 1946년에 서울대학교가 개교하면서 서울의학전문학교는 서울대 의대로 편입되었다.

83 고신의료원, 『고신의료원 50년』, 고신의료원, 2001, 68쪽.

만에 만났다는 "기쁨보다는 슬픔과 애처로움이 눈을 흐리게 하였다"고 썼다. 다음은 복음의원 개원 두 달 뒤에 합류한 전종휘의 회고다.

> 2개월 후 장 형과 전영창(미국 신학교 졸업반 학생, 모국에 전쟁이 났으므로 구호금 5천 달러를 각출받아 귀국: 후일 저 이름난 거창고등학교 설립자가 됨)이 합의하여, 전재민구호활동의 일환으로 참여해 주었으면 좋겠다 하여, 기꺼이 합류하여 1953년 7월 환도하여 내가 복교할[84] 때까지, 이 진료소 내과 분야의 진료를 담당하였다. [중략] 처음부터 이 진료소는 복음병원[85]이란 이름으로 호칭이 등록되었는데, 신병 치료와 복음전파라는 두 가지 사명을 내세우기 위한 두 분의 합의에서의 작명이었다.[86]

당시 전영창과 장기려는 전종휘 합류는 물론 복음의원이란 이름까지 모든 걸 의논하고 합의하여 복음의원을 운영했다.

---

84 전종휘는 한국전쟁 이전부터 서울대 교수였다.

85 당시는 복음병원이 아니라 복음의원이었다. 복음병원은 1961년부터 사용한 병원 명칭이다.

86 전종휘, "장기려 형님과의 만남", 「성산 자료집2 선생이 함께 하신 발자취」, 성산 장기려 기념사업회, 2001, 122쪽.

# 복음병원 설립일은 언제이며 초대 원장은 누구인가

장기려는 1971년 8월 《부산모임》에 쓴 글에서 복음병원 설립일을 1951년 7월 1일이라고 했다.

> "1950년 이남으로 내려와 제3육군병원에서 6개월간 징용되어 일하다가 1951년 7월 1일 영도에서 텐트 셋을 치고 부산 복음의원을 개설했다."[87]

이 기록은 장기려의 착오다. 앞에서 살폈듯 5년 뒤에는 「한국일보」에 복음병원 개원일이 6월 21일이고 7월 1일은 제3육군병원을 그만두고 복음병원에 정식 출근한 날로 바로잡았기 때문이다. 사실 7월 1일에 정식 출근을 시작했다는 진술도 착오일 가능성이 매우 높다. 1951년 7월 1일은 일요일이었기 때문이다. 아무리 전쟁중이라 하더라도 주일(일요일)에는 일체의 노동이나 돈을 쓰지 않고 철저하게 주일 성수를 하는 보수 교단 소속의 장기려 장로가 주일에 병원 첫 출근을 했다는 건 상식적으로 이해하기 어렵다. 그런 점에서 장기려의 출근 날짜를 7월 2일(월)이라고 적은 복음병원 서술이 더

---

87 장기려, "나는 이렇게 믿는다", 《부산모임》, 제25호, 1971년 8월호. 9쪽.

사실에 가깝다. 7월 1일 텐트 셋을 치고 복음의원을 개설했다는 진술도 기억의 오류다. 세 개의 텐트는 개원 6개월 뒤인 12월 20일에 제3영도교회에서 조금 떨어진 영선동 180번지의 210평 공터에 쳤기 때문이다.

고명길은 전영창이 여러 차례 부산 교통병원 산부인과 과장 차봉덕을 찾아가 복음진료소를 함께 하자고 제안했다고 주장한다. 이를 입증하기 위해 신학자 박윤선의 부인이자 차봉덕의 친구였던 이화자, 차봉덕의 조카이자 박희천 목사(내수동교회)의 부인 차진실, 복음의원 초대 간호사 맹숙희를 소환했다. 이 대목에서 한 가지가 궁금하다. 여러 차례 만나 복음진료소를 함께 하자는 제안 끝에 1월 15일 차봉덕을 초대 원장으로 모신 전영창은 왜 6개월도 안 된 6월 21일, 혼자도 아니고 한상동 목사까지 대동하고 제3육군병원을 찾아가 장기려에게 원장 제안을 했다는 얘긴가. 이상규가 2003년《고신신학 5》에 발표한 논문에 따르면 장기려에게 건넨 복음의원 원장직 제안은 한상동과 전영창만의 결정이 아니었다. 두 사람은 제3육군병원을 찾아가기 전에 이미 경남구제위원회의 서기 겸 회계 김상도 목사와도 논의했음이 분명하다.[88] 이상규가 한상동, 전영창, 김상도의 "요청으로 장기려가 부산 영도구 남항동에 위치한 제3영도교회 창고에서 무료의원을 시작했다"고 썼기 때문이다. 그렇다면 전영창, 김상도, 한상동은 이미 차봉덕 초대 원장이 병원 일을 보고 있는데 왜 장기려를 원장 자리에 앉혀야 한다고 판단했을까. 6개월 전

88 이상규, "장기려 박사의 신앙과 사상",《고신신학》, 제5호, 2003년 9월 20일, 71쪽.

과는 다른 병원을 시작하기 위함이었을까, 아니면 차봉덕 의사에게 생긴 어떤 상황 때문이었을까.

여기서 한 가지 생각해 봐야 할 점은 차봉덕의 친구 이화주가 평양 기홀병원 간호사로 근무하며 장기려에게 배웠다는 사실이다. 이화주는 장기려가 장로로 있는 평양 산정현교회에 출석했다. 둘도 없는 친구가 장기려와 그런 인연이고, 훗날 차봉덕 여의사와 결혼한 황영갑은 장기려를 대신해 오랫동안 무의촌 진료를 함께 했다. 황영갑은 1958년까지 복음의원에서 근무하면서 차봉덕과 결혼했다. 그 당시 이미 차봉덕은 복음병원을 떠났음에도 두 사람의 결혼엔 아무런 문제가 없었다. 고명길이나 신이건이 주장하듯 '빛 좋은 개살구나 미운 오리' 취급을 받다가 억울하게 쫓겨났다면 황영갑과 장기려가 복음의원에서 그런 관계를 유지할 수 있었을까. 중요한 사실은 차봉덕이 복음의원에 남지 않았다는 점이다. 고명길은 불과 6개월 만에 차봉덕이 복음병원 초대 원장직에서 물러났는데 그 많은 기록을 검토하고 관여된 여러 사람을 만나 의견을 청취했음에도 초대 병원장 교체와 차봉덕이 복음병원에 남아 함께 하지 않고 떠난 이유에 대해 왜 말이 없을까.

1월 15일에 개원한 복음진료소를 장기려가 계승했다면 초대 원장은 차봉덕이고 2대 원장은 장기려라는 고명길의 주장이 옳다. 그러나 이제까지 드러난 사실은 정반대 방향을 가리킨다. 고명길은 계승을 전제하고 여러 정황을 매우 장황하게 입증하려고 노력했다. 그런데 고명길은 차봉덕이 억울하게 쫓겨나거나 배제된 사연을 밝혀내지 못했다. 6개월 만에 한상동, 전영창, 김상도가 원장 교체를 어떤 이유로 결정했는지를 밝혀야 계승인지 단절인지가 입증될 텐데 그 부분에 대해 고명길은 침묵한다. 그렇다면 하나의 가능성이 남는다. 이상규가 표현한 단절설, 즉 경남구제위원회의 전영창과 한상동과 김상도는 새로운 '복음병원 시대'를 열기 위해 장기려를 선택했을 개연성이다. 이런 관점에서 『고신의료원 50년』을 읽어야 서술이 자연스럽다.

신이건과 고명길은 근거가 부족하거나 희박한 정황 증거를 내세워 왜 역사 바로 세우기라는 거창한 주장을 했을까. 역사를 잘못 읽은 것인가. 혹시 다른 의도가 있었던 것은 아닌가. 이런 의구심을 던지는 데는 그만한 이유가 있다. 고신 교단 내부에서 장기려를 불편하게 여기는 흐름은 꽤나 뿌리가 깊다. 고신 교단에서 복음병원 개혁에 남다른 열정을 가졌던 정주채 목사는 2006년에 "복음병원 약사"라는 글을 「코람데오닷컴」에 실었다. 복음병원이 개혁되길 희망하는 절절한 열망을 담은 글이었다. 2017년에는 "험한 66년 세월 복음병원 약사"를 다시 기고했다. 11년이 지났음에도 복음병원 문제가 해결은커녕 더 심각해졌기 때문이다. 이 글은 고신교단의 오래되고 뿌리 깊은 장기려에 대한 불신을 소개한다.

6. 이사회의 장기려 원장의 교체준비와 의료진의 탈교단 운동

이미 언급한 대로 장기려 박사가 원장으로 있는 복음병원과 고신 총회는 관계가 원만치 못했다. 첫째 이유는 설립목적을 지키려는 원장과 총회의 운영방침이 맞지 않아서였다. 그러나 교단이 장 원장을 퇴임시키려 한 데는 더 큰 이유가 있었는데, 그것은 신앙노선의 문제

였다. 장 원장이 출석하는 교회가 고신 측이 아닌 데다 그가 무교회주의적인 성향을 가졌다는 것 때문에 "오직 고신"을 추구했던 당시 고신총회로서는 그를 용납하기가 어려웠던 것이다. 『고신의료원 50년』은 이 문제를 63쪽에서 아래와 같이 요약하고 있다.

"학교법인 이사장인 송상석 목사는 복음병원 원장인 장 박사에 대해 달갑지 않은 마음을 품고 있었다. 이유는 장 박사는 퀘이커교의 영향을 받았을 뿐 아니라 우치무라 간조의 영향을 받은 김교신과 함석헌 선생을 좋아하는 무교회주의자였으므로 개혁주의 신앙을 바탕으로 한 교단 병원의 책임자로서는 부적당하다는 것과 교단수익기관인 병원경영 능력이 부족하다고 생각하였다."

그러다가 재단이사회는 장 원장의 정년(1974년 7월)에 대비하여 고신 출신(제일영도교회)의 박영훈 박사를 외과과장으로 임명하였다. 이런 과정에서 복음병원은 유례없는 큰 진통을 겪어야 했다. 먼저 10여 명의 의사들은(주로 부산 의대 출신) 이사회가 박 과장을 임명한 것은 앞으로 장 원장의 후임으로 세우기 위한 포석이라는 사실을 알고 이를 저지하기 위해 격렬하고도 폭력적인 시위를 일으켰다.

그런데 이 데모는 단순히 장 원장을 지키려는 목적으로만 일으킨 운동은 아니었다. 그들은 장 원장을 앞세워 고신총회와의 관계를 끊고 독자노선으로 가려는 계획을 가지고 있었다. 따라서 그들은 박영훈 과장을 장 박사를 퇴출시키려는 고신총회의 앞잡이로 생각하고 박 과장을 병원에서 몰아내기 위해 수단방법을 가리지 않았다. 박 과장의 출근을 저지하고, 폭행을 가하며, 진료카드를 찢는 등의 행위로 진료를 방해하였다. 이 사태로 2명의 의사들이 구속되고 7명의 의사는 입건되었다. 그리고 박 과장은 다른 병원으로 자리를 옮겨야만 했다.[89]

송상석 이사장은 병원장 장기려를 압박하다가 끝내 조기 정년 규정을 만들어 내쫓은 당사자다. 그러니까 장기려를 불편해하는 고신 교단 내의 정서는 1970년대 초반, 아니 그 이전부터 형성돼 있었다. 신이건은 장기려를 "이 땅의 슈바이처로 각광을 받기에 충분하고, 교단 밖의 이미지와 인지도는 누구하나 따라갈 수 없는 고귀한 인물이라는 것은 하늘이 알고 땅이 알며, 병원 환자 유치에는 장기려라는 이름을 마케팅 전략으로 삼아 써먹을 수 있다"면서도 "장기려 박사가 70-80년대까지 맡았으면 복음병원은 아예 부도로 문을 닫았을 것"[90]이라고 악담을 퍼부었다. 그에 더해 "병원 안과 교단 인사들은 고신 신앙 이념의 본질과 동떨어진 장기려 장로에 대해서 한번 쯤 신앙 정체성을 따로 놓고 새겨야 한다는 것이 솔직한 교단 안의 중론"이라고 주장했다. 정주채의 글은 신이건이 가졌던 확신의 근거를 제공한다.

다시 정리해 보자. 고명길은 고신대복음병원이 설립자, 설립일,

89 정주채, "험한 66년 세월 복음병원 약사", 「코람데오닷컴」, 2017년 8월 21일.

90 신이건, "고신대복음병원 역사도 바로 세워야 한다", 「한국기독신문」, 2013년 12월 25일자.

초대 원장을 "애매하고 어정쩡하게" 서술했다고 지적했다. 만약 고신대복음병원(이나 장기려)이 "특정인을 배제하거나, 또 다른 특정인을 영웅화하기 위해서 엄연한 역사적 사실을 잘못 기술하고 왜곡"했다면 이는 "하나님 앞에서 옳지 않을 뿐 아니라 개혁주의 신학과 신앙을 표방하며 코람데오를 외치는 고신교단으로서는 있을 수 없는 일"[91]이라고 목소리를 높였다. 오늘을 사는 우리의 사명과 책무는 이러한 "불편한 진실을 마주하더라도 역사적 사실들을 밝힘으로 그동안 왜곡된 역사 앞에 억울했던 분들과 그 후손들에게 정당한 역사적 평가와 함께 명예를 회복"시켜 드리는 일이라 주장했다. 거기에 한 걸음 더 나아가 신이건은 전영창은 왜 그토록 장기려 박사의 그늘에 가려져 "빛 좋은 개살구 모양으로 천시받으며 미운 오리로 살아야 하는지, 교단 집행부와 병원 관계자들은 올바른 역사 인식을 바로 세워 나가"라고 직격탄을 날렸다. 하지만 장기려든 고신대복음병원이든 전영창이 설립자가 아니라고 주장하지 않았다. 전영창과 함께 "빛 좋은 개살구" 또는 "미운 오리"로 천시를 당했다는 박영훈 2대 원장을 복음병원은 고등학교 시절의 소소한 인연까지 밝힐 정도로 비중 있게 서술했다.[92] 장기려가 1976년 6월 복음병원 원장에서 물러나기 전에 쓴 원고들, '청십자'를 해산하면서 발간한 『청십자 통감』, 그리고 설립 50주년으로 출판한 『고신의료원 50년』

---

91 고명길, "복음병원 설립자 전영창", 「고신사회복지역사 포럼 및 세미나 2015. 4. 27-28」 자료집, 54쪽.

92 고신의료원, 『고신의료원 50년』, 고신의료원, 2001, 66쪽.

은 단순 표기 실수 정도를 제외하면 복음병원 설립에 관한 한 같은 목소리를 냈다. 설립자 전영창을 배제하지 않았고 장기려를 단독 설립자라 왜곡하지 않았다. 설립일 역시 오락가락하지 않았다. 따라서 복음병원 설립과 관련한 역사 바로 세우기 주장이나 한 사람을 영웅으로 만들기 위해 또 다른 사람을 배제하거나 억울하게 만들었다는 주장은 설 자리가 별로 없다.[93] 고신교단 산하 사회복지위원회의 억지 역사 바로 세우기 논쟁은 함석헌과 친하고, 무교회주의자와 어울리며, 에큐메니컬한 성격 때문에 고신 신학과 신앙과 본질적으로 맞지 않는 장기려를 이번 기회에 역사에서 지우자는 불순한 목적만 드러낸 게 아닌가 싶다.

93 고명길은 〈코람데오닷컴〉에 2022년 7월 21일에 기고한 "고신대학교 복음병원 설립자 3인 설(전영창, 장기려, 한상동)은 사실일까?"란 글에서 현행법을 근거로 한상동은 설립자가 될 수 없다고 주장했다.

## 의학도로 알찼던 부산의대 시절

장기려는 복음병원 원장직에서 1976년 6월 25일(금) 은퇴했다. 그날은 한국전쟁 발발 16주년 기념일이기도 하다. 고신대학교 의학과는 그로부터 4년 후인 1980년 10월에 생겼다. 1955년에 의대가 생긴[94] 부산대학교에서는 5년간 교수와 학장을 역임했다. 의학도로서 가장 알찬 성과는 부산대 시절의 결과물이었다.[95] 의사가 되고자 했을 때 처음 세운 뜻은 무료 진료에 열심이던 복음병원 초창기 3년에 원 없이 실천했다.[96]

부산대 의대는 송도에 복음병원의 신축 공사가 한창이던 1956년 9월에 청빙을 받았다. 교수로 임명되자 외과교실을 만들었다. 부산대 의대 교수가 되고 2년 뒤에는 부산지역 외과학회를 만들었다. 부산외과학회는 부산대 의대 외과교실과 공동으로 『외과학회 초록집』을 발행했다. 장기려가 미국 메이요 클리닉(Mayo Clinic)[97]을 염두

---

94 부산대학교 홈페이지 학교 연혁(https://www.pusan.ac.kr/kor/CMS/HistoryMgr/list.do?mCode=MN164)

95 장기려, "해외여행-나의 이력서 21", 「한국일보」, 1976년 7월 13일, 4면.

96 장기려, "용공혐의-나의 이력서 17", 「한국일보」, 1976년 7월 6일, 4면.

97 메이오 클리닉은 창립 당시 외과병원으로 출범했으나 종합병원으로 확장되었다. 외래 진료를 중심으로 하고, 특별한 때만 입원시키는 특수한 진료방식을 취하고 있다. 정밀한 검

에 두고 만든 것이다. 팀원들에게는 메이요 클리닉도 처음에는 우리와 같이 어쭙잖게 시작했으며 나중에 크게 되었으니 우리도 그렇게 커 나가자고 격려했다.[98] 부산외과학회는 부산의대 병원장실에서 매주 모였다. 이 모임은 장기려가 부산의대를 떠나면서 활동이 흐지부지해졌다가 1969년 재창립되었다.

장기려의 부산의대 첫 수술은 충수절제술이었다.[99] 이 시기의 중요한 학문적 업적은 우리나라의 '간 및 담도계 외과'의 개척이었다. 깊은 관심을 가졌던 간디스토마 연구에서도 업적을 남겼다. 간디스토마는 생선을 많이 먹는 부산 지역 주민들이 많이 걸리는 질병이었다. 지역민을 사랑하는 마음이 부산 서민의 건강을 좀먹고 있는 간디스토마를 연구케 했다. 당시 부산대 의대는 우리나라 어느 지역보다 간디스토마 연구가 활발했다. 장기려에게 배운 이형진은 그때 일을 부산외과학회 좌담회에서 이렇게 진술했다.

> 간에 대한 디스토마 연구는 별로 내키지 않은 분야였습니다. 차라리 Anatomy[해부학] 연구에 마음이 쏠렸습니다. 그러나 선생님의 명령이 떨어졌는데 입이나 뻥긋 할 수 있었겠습니까? 그래서 수산대학에 재직하시는 전세규 선생님을 찾아가서 디스토마 서식처부터

---

사로 정평이 나 있어 미국은 물론 세계 각지에서 환자가 모인다. 최근까지 미국병원 순위 조사에서 종합평가 2위로, 소화기병과 신경학에서는 1위를 차지하고 있다.

98 부산외과학회지, "오·육십 년대의 부산 외과계 회고", 「부산외과학회지」, 1988년 12월, 336쪽.

99 부산외과학회지, 위의 글, 343쪽.

> 알아보았지요. 디스토마 충란을 구하여 실험동물에게 먹였더니 3개월 후에는 간의 병변이 아주 심했습니다. 6개월 후에는 작은 종유들이 발생했습니다. 그러나 1년 후에는 정상으로 돌아왔으며 조직 표본을 보니 One Layer Regeneration이 되어 있었습니다. 육안적 소견으로는 Bile duct[담관]가 선명하게 종창되어서 선양으로 나타났으며 끝이 점차 가늘어졌습니다. 암종으로 인한 폐색시에는 끝이 cut-off 되든지 mulberry Shape인데 비해 끝이 아주 가늘어지는 상태로[Tapering] 되어 완전히 구별되었습니다. 디스토마는 말초담도에 서식하고 있는데 그 병리조직학적 관계는 여기서 생략하도록 하겠습니다.[100]

장기려의 간 및 담도계 연구는 우연히 시작되었다고 해도 과언이 아니다. 정일천 부산의대 초대 학장은 해부학계의 권위자였다. 민영옥 부교수는 정일천의 지도로 부산의대 시체실에 저장된 시체로 간의 내부와 외부 혈관에 관한 해부학적 연구를 하였다. "간내 맥관계통의 형태학적 연구"라는 제목으로 1958년 발표된 이 논문은 우리나라 최초의 간 연구 논문이었다. 이 논문과 장기려의 대한외과학회 발표가 계기가 되어 대한외과학회는 1959년 가을, "간 및 담도 외과"의 숙제를 부산의대에게 맡겼다. 연구 목적은 출혈로 간 외과가 제자리 걸음을 하고 있는 상태에서 출혈을 적게 하면서도 간의 기능을 적게 손상시키고, 또한 가급적 간의 기능 회복을 빨리 시

---

100 부산외과학회지, 위의 글, 347-348쪽.

킬 수 있게 만드는 방법 모색이었다.

장기려는 이 연구를 위해 연구원들에게 각각의 주제를 숙제로 맡겼다. 민영옥과 정우영은 시체를 사용하여 '간 및 담도계의 형태학적 연구'를 맡았다. 이 연구를 위해 120구의 시체를 썼다.[101] 간의 형태, 간내담도, 간내혈관 등에 관한 연구의 시작이었다. 정우영의 회고에 따르면, 가장 어려웠던 점은 담도, 맥관계통 표본(model)을 만드는 작업이었다. 간의 모델을 만들기 위해 점토, 시멘트는 물론 "별의별 구역질나는 방법"을 다 동원하였다. 이를 성공시킨 방식은 산화제2철에 젤라틴을 섞어서 간에 주입하여 응고시킨 후 엑스레이 촬영을 한 후 나중에 떼어 내는 방식이었다. 재료를 찾는 그 이상으로 떼어 내는 것이 어려웠다. 이런저런 방법을 다 써도 안 되어서 나중에는 바늘로 하나하나 떼어 냈다. 그 시절엔 조직 용해제가 없었다. 유성연 연구원은 시체 140구를 써서 우리나라 최초로 초산비닐을 간내혈관과 담관 내에 주입하여 주형표본을 만들었다. 그 결과 간내 혈관계를 깨끗하게 나타낼 수 있었고, 간엽구역을 설정하고 그 변이에 관한 연구가 가능해졌다. 백태윤은 개를 실험용으로 써서 '간도 성형술의 우열에 관한 실험적 연구'를 맡았고, 이형진에게는 토끼를 이용하여 '간병변(경변증과 간디스토마) 시 간절제 범위에 관한 연구'를 맡겼다. 오일휴는 개를 사용하여 간실조 시 혈중 암모니아치를 측정, 암모니아의 증감이 간실조의 정도와 일치함을 증명하였다. 이를 통해 간실조를 일으킨 간에 정상적인 개의 혈류

101 부산외과학회지, 위의 글, 343쪽.

를 교류시킴으로 개의 수명을 연장시키는 실험에 성공했다. 이인수는 토끼의 담낭에 알레르기성염과 급성화농성염을 유배, "염산프로카인의 소염효과를 병리조직학적으로 관찰하여 유효함을 인정하는 실험적 결과를 얻었다." 송해성 연구원은 인체수술을 한 급성담낭염 30례에 대한 세균학적 조사를 해서 대장균 감염이 절대 다수임을 발견했고, 권재성 연구원은 한국 사람의 담석 71례에 대한 성분 조사로 콜레스테롤과 담즙색소와의 비를 밝혀냈다.[102]

장기려는 이런 실험 결과를 토대로 1959년 2월 24일, 간암에 걸린 사람의 간 대량절제술을 실시하여 성공했다. 네 건을 더 성공시킨 후 1960년 가을, 실험결과를 묶어 대한외과학회에 보고했다. 간에 관한 체계적인 연구가 없었기 때문에 부산의대의 숙제 보고는 대한민국 외과가 한걸음 전진하는 중요한 학문적 업적으로 평가받았다. 이 연구로 장기려는 1961년 대한의학회 학술상(대통령상)을 받았다. 이 연구의 몇 가지 성공 요인은 다음과 같다. 첫째, 정일천 교수는 민영옥 부교수에게 간에 대한 해부학적 연구 숙제를 주어 장기려로 하여금 간 및 담도계 연구의 계기를 만들어 주었을 뿐 아니라 시체까지 무한정 공급함으로 간의 대량절제술 연구에 중요한 공헌을 하였다. 두 번째 성공 요인은 공동연구자들이다.

장기려는 20년 동안의 외과 교수로 성과가 보잘 것 없을 뿐 아니라 책임을 완수했다고는 할 수 없다고 판단했다. 그런데도 부산의대에서 간 및 담도 외과에 공헌할 수 있었던 것은 하나님의 은혜와

102 장기려, "부산모임-나의 이력서 20", 「한국일보」, 1976년 7월 9일, 4면.

의국원들의 협동 연구 때문이라고 말했다. 셋째 성공 요인은 연구비 전액을 희사한 부산비닐 양재원(梁在元) 사장이었다. 아무리 사전 연구를 했고 시체가 무제한 공급되더라도, 그리고 좋은 연구진들이 대기하고 있다고 하더라도, 양재원 사장의 100만 환 지원이 없었더라면 성공을 장담할 수 없었다. 양 사장의 지원 약속에 장기려는 너무 기쁘고 감사하여 "사장의 사진을 대학병원 지하실 한 방에 걸어 놓고 그 방을 실험실로 사용했다"고 전한다.[103] 양재원 사장의 연구비 희사는 다음의 사연 때문이었다.

경위인즉, 교통사고를 만나 두개저부골절(頭蓋低部骨折)로 의식불명이 된 환자가 '해돋이의원'에 입원, 도움을 청해 와서 대학병원으로 옮겨 코를 통해서 영양분을 보급하면서 14일간 치료를 했더니 환자가 의식을 회복해서 2주일 후에는 완치되었다. 이 환자가 부산비닐 전무였는데 양재원 사장이 고맙다고 영국제 양복을 해 주겠다고 하는 것을 사양한 것이 행운의 실마리가 되었다. 나뿐 아니고 같은 제의를 받은 백태윤 조교수, 권재성 연구원도 사양을 하자, 양 사장은,

"그러면 일제라도……"하고 끈질기게 간청을 해서 이 두 사람은 마지못해 국산 양복지를 받기로 했다.

나는 당시 심장에 부정맥(不整脈)이 있어 그날그날을 살고 있다고 생각하고 있었던 때라 양 사장의 호의를 굳이 사양한 것인데 이 일이 신기했던 것인지 양 사장은 그 후 '이상한 사람들'이라고 여러 사

---

103 장기려, "한 늙은 의사의 이야기", 1989년 다이어리 후반의 메모용지 지면.

람들에게 좋게 이야기해 준 모양이었고 뭐 도와드릴 일이 없느냐?며 자주 들르다가 연구비가 없어 고민하고 있는 사정을 알고 구인회 씨에게 가서 100만 환을 얻어 준 것이다. 부산비닐은 낙희 제품을 1년에도 몇억 환씩 팔아 주기 때문에 100만 환쯤은 아무것도 아니라는 이야기였다. 100만 환의 의사를 받은 우리 부산대학 외과교실원들은 용기백배한 마음이 되어 분발했다.[104]

1988년 10월 크라운호텔에서 열렸던 부산외과학회 좌담회에서 장기려는 재미있는 뒷이야기를 소개했다. 당시 연구비 총액은 100만 환이 아니라 200만 환이었고, 양재원 사장뿐 아니라 구인회 회장도 100만 환을 냈다. 한편으로는 좋으면서도 "남의 돈을 그저 그렇게 쓰는 것이 안 될 것 같아서" 쓰고 남은 연구비 기십만 환은 즉시 돌려주었다.[105]

1960년 부산대에서는 2대 총장 선거가 있었다. 말이 선거이지 당시 분위기는 정부가 미는 총장을 무조건 찍을 수밖에 없었다. 총장 후보 문홍주는 그해에 중앙정보부를 창설한 김종필의 사람이었다.[106] 장기려에게 민주적 방식의 투표는 대단히 중요한 가치였다. 공산 치하 5년 동안 민주적인 방식의 선거를 전혀 해 보지 못했기 때문이다. 그래서 남한에 내려와 처음 대통령 선거 투표를 하고는

104 장기려, "이상한 사람들-나의 이력서 19", 「한국일보」, 1976년 7월 8일, 4면.

105 부산외과학회지, 위의 글, 346쪽.

106 고지훈, 『현대사 인물들의 재구성-웃음과 감동이 교차하는』, 앨피, 2005, 56쪽.

크게 감격하였다. '선거의 자유'는 월남한 이유 중 하나일 만큼 매우 중요했다.

> 이때의 기쁨은 대통령 선거권을 행사했을 때보다 더했다. 이남에 있었던 사람은 잘 모르지만 나로서는 '선거의 자유'라는 것이 그렇게 기뻤다. 그래서 자유당 말기, "부산대학교 총장을 일치해서 민다"고 내 자유의사를 구속하려 했을 때에도 나는 "월남한 이유 중 하나가 투표의 자유인데 그것을 내 마음대로 하지 못하게 하는 일은 받아들일 수 없다"고 협박 속에서도 나 혼자 반대표를 던졌던 것이다.[107]

부산대는 사회 분위기에 편승해 민주적 방식의 선거를 가장한 총장 임영을 획책하고 있었다. 문홍주는 무사히 총장에 당선되었지만 수사기관은 반대표를 던진 행위를 그냥 넘기지 않았다. 공산주의자로 낙인찍기 위해 비밀리에 내사를 했다. 공산주의자로 찍히면 대통령 후보를 두 차례나 하고 국민 23.6퍼센트(216만 표)의 지지를 얻었던 진보당 당수 조봉암도 사형시킬 수 있던 때였다. 조봉암의 사형 확정 판결 재심 청구가 기각된 다음 날 이승만은 조봉암의 사형을 집행했다. 세계 정치사에 그 유례를 찾을 수 없는 법살(法殺)이었다. 박정희는 5·16군사쿠데타를 일으켰을 때 미국이 자신의 사상을 캐고 다닌다는 정보를 입수하자 5월 19일 '용공 및 혁신을 빙자

---

107 장기려, "청십자의료보험-나의 이력서 23", 「한국일보」, 1976년 7월 15일, 4면.

하는 친용공분자' 930명을, 22일에도 용공분자 2014명 검거를 발표했다. 개중에는 용공분자도 있었겠으나 대다수는 마구잡이 사냥을 당한 희생양들이었다.

장기려를 살린 것은 '왈부르크'였다. 왈부르크는 조직호흡을 측정하는 의료 기계이다. 장기려는 조홍제 씨 담낭수술을 하고 사례비로 받은 100만 환으로 왈부르크를 사서 부산의대에 기증했다. 당시 부산의대에는 실험용 기자재가 턱없이 부족했다. 조홍제는 삼성 이병철 씨와 동업 관계에 있었다. 해방되던 해에 자금난에 빠진 이병철 씨를 위해 조홍제가 1000만 환을 지원함으로 동업관계를 맺게 되었다. 조홍제가 수술을 받을 무렵 이병철은 사장이고 조홍제는 부사장으로 외부영업을 담당했다. 그 와중에 조홍제가 심각한 병에 걸렸다. 일본까지 가서 진찰을 받았으나 가망 없다는 판정을 받았다.

그때 구인회가 장기려에게 희망을 걸어보자고 했다. 조홍제는 백병원에 입원하여 장기려에게 매달렸다. 수술은 성공했다. 조홍제는 극심한 통증에서 벗어나 건강을 회복했다. 내사 과정에서 이런 사실을 알게 된 수사 기관은 개인에게 준 사례비, 그것도 부산의대에서 행하지도 않은 수술에서 받은 100여 만 환 사례비로 왈부르크를 사서 희사한 걸 확인하고는 공산주의자로 몰아붙일 수 없다는 결론을 내렸다.

장기려는 서울대 의대로 옮기고 난 뒤에야 민영옥 박사로부터 그 이야기를 들었다. 조홍제는 장기려에게 명륜동 집을 비워 주었다. 마땅한 거처도 없이 부산과 서울을 왕래하던 장기려를 위한 배

려였다. 장가용 부부는 전셋집을 청산하고 명륜동 집에 들어가 살았다.[108]

108 이기환, 『성산 장기려』, 한걸음, 2000, 260-261쪽.

## 행려병자 곁으로

부산 사람들은 보통 '복음병원에 간다'고 말하지 않고 '장 박사한테 간다'고 했다.[109] 장기려의 뛰어난 의술과 가난한 환자를 위하는 일이 입소문을 통해 알려지면서 생겨난 현상이었다. 부산 사람들은 장기려의 어떤 점을 보고 이렇게 말했을까. 무엇이 장기려로 하여금 이런 신뢰와 존경을 받은 의사로 만들었을까.

> 나는 의학도가 되려고 지원할 때에 치료비가 없어서 의사의 진찰을 받지 못하고 죽는 환자가 불쌍하다고 생각이 되어 그러한 환자를 위하여 의사 일을 하려고 결심하였다. 그래서 의사가 된 날부터 지금까지 치료비가 없는 환자를 위한 책임감이 증대될 뿐 아니라 잊어버린 날은 없었다. 나는 이 결심을 잊지 않고 살(일하)면, 나의 생애는 성공이요, 이 생각을 잊고 살면 실패라고 생각하고 있다. 성공적 삶이란 첫째로 하나님의 사명을 자각하고, 어떠한 경우에서도 그 결심을 변치 않고, 실천 매진하는 데 있다. 그 일의 성과와 가치 판단은 하나님께 맡기고, 국민 대중에게 돌리라.[110]

109 김은식, 위의 책, 94쪽.

110 장기려, "성공적 생활을 위하여", 《부산모임》, 제76호, 1980년 4월호, 10쪽.

어린 시절의 결심이 명의가 되게 하는 데 중요하게 작용했다는 것은 두말할 나위가 없지만, 그에 못지않게 중요한 요소가 있다. 장기려는 자신이 좋은 의사가 될 수 있었던 비결로 어려서부터 가졌던 "자신과 남을 동일화시켜 보는 습성"을 꼽는다. 대여섯 살 때 아버지로부터 성서 속의 요셉이나 다윗 이야기를 들으면서 그들처럼 되고 싶어 기도했던 습관이 자신도 모르게 좋은 의사가 되는 데 큰 영향을 끼쳤다. 중학교 시절 세례를 받고 난 후 줄곧 예수를 닮으려는 노력도 마찬가지다. 물론 그 '동일화'의 습성이 곧바로 장기려로 하여금 '내가 환자 자신이라면……'이라는 생각으로 진료를 하게 만들었다는 이야기는 아니다. 진료할 때, 특히 수술 직전에 '내가 환자 자신이라면……' 하는 생각은 한 젊은 청년의 진료 경험 때문이었다. 만약 그 젊은 환자와 만나지 못했다면, 그 젊은 환자를 만났더라도 그로부터 큰 깨달음을 얻지 못했더라면 장기려는 실력 있는 의사라는 평판이라면 모를까, 환자들이 좋아하고 그들에게 꼭 필요한 의사는 못 되었을지 모른다.

1957년의 어느 날, 22살 먹은 청년이 장기려를 찾아왔다. 공복 때마다 복통이 일어나 음식이나 소다를 먹으면 잠시 낫다가 3시간 정도 지나면 또 복통이 일어난다고 했다. 엑스레이 촬영 결과, 청년은 전형적인 위궤양 환자로 밝혀졌다. 수술만 하면 곧 나을 환자였지만 청년에게는 수술비가 없었다. 장기려는 그 젊은 환자를 만나기 전에 이북에 두고 온 가족들 생각을 하고 있었다. 때문에 청년의 딱한 처지를 듣는 순간 북에 있는 장남 택용이 생각났다. 다시 보니 그 청년 나이는 2살 아래였지만 키도, 얼굴 생김새도 아들과 비슷했다. 자세히 물어보니 부모가 없고 아내와 숙부가 있다고 했다. 그들도 수술비를 댈 형편은 못 되었다. 무료 치료를 해 주고 싶어 수술 동의서를 받아 오게 하였다. 수술은 성공했고 경과도 좋아서 10일 만에 퇴원하였다. 딱한 청년을 무료로 수술시켜 준 그 경험은 장기려에게 결정적인 흔적을 남겼다. 「조선일보」 "의창"(醫窓)이란 칼럼에 이 에피소드를 쓴 것은 1979년, 그러니까 그 젊은 청년을 치료해 준 지 20년이 되던 해였다.

> 그후부터 나는 환자를 진료하면서 '내가 환자 자신이라면……' 하고 생각할 때가 많아졌다. 특히 수술을 권할 때는 '나 같으면 이 병으로 수술을 받겠는가?'하고 자문자답을 해 보고 결론을 내린다. 신체 부분을 절제할 것인가, 아니면 그냥 두고 경과를 본 후 결정할 것인가를 판단해야 할 때도 환자가 곧 나 자신이라고 생각하면 거의 틀림없이 올바른 판단이 내려지게 되는 것을 종종 경험하고 있다. 의사가 환자를 자기와 동일화시켜 진단하는 것이 가장 좋은 방법인 것이다.[111]

평소 가난한 사람들에게 품었던 관심과 뜨거운 사랑이 밝은 눈이 되어 주었던 것일까. 부산대 의대 교수로 강의를 시작한 지 얼마 되지 않아서 장기려는 의대 건물 뒤편의 화장막터 창고에 행려병자들이 방치되어 있다는 사실을 알게 되었다. 그곳을 방문해 목욕은커

111 장기려, "동일시-의창", 「조선일보」, 1979년 8월 22일, 4면.

녕 세수도 못 하고 추위와 굶주림과 질병에 시달리는 그들의 참상을 보았다. 평소 친분이 있던 일신산부인과 병원장 매켄지(Dr. Helen Mackenzie), 내과의사 이준철, 치과의사 유기형[112]과 더불어 '부산기독의사회'를 만들고 회비를 거둬 이들을 돌보기 시작했다. 의사들이 행려병자 치료에 전적으로 매달릴 수 없으니까 한 사람을 세우고 그로 하여금 행려병자들의 끼니 문제와 약을 제공하게 했다. '부산기독의사회'는 한 달에 한 번씩 창고에 가서 환자들을 돌보았다.[113]

당시 복음병원 간호사의 증언에 따르면 장기려는 창고 행려병자에게 찾아가서 치료는 물론 손톱도 깎아 주고 몸도 닦아 주었다. 물이 귀해서 목욕까지 시켜주지 못한 걸 아쉬워 했다.[114] 그러나 네 명의 의사로 행려병자들을 돌보는 일은 무리였다. 장기려는 이들을 어떻게 체계적으로 도울까 생각하다가 복음병원 의사들을 현장에 보냈다. 현장을 다녀온 의사들 반응을 물었더니, 모두가 "데려와야 한다"고 대답했다. 간호사들을 보내 같은 답을 얻었고, 마지막으로 간호보조원들도 보냈다. 그들에게서 똑같은 대답을 얻게 되자 용기를 얻고 행려병 환자들을 복음병원으로 데려왔다. 일방적인 원장

---

112 유기형 박사는 장기려 선생과 함께 평양 산정현교회 장로였던 유계준의 차남이다. 유계준 장로는 8남매를 두었는데 첫째가 국립의료원장을 지낸 유기원 박사, 둘째가 부산의대 교수를 지낸 치과의사 유기형 박사, 넷째는 서울대 법대 학장을 지낸 유기천 박사이다. 특히 5남 유기진 박사는 평양 기홀병원에서 장기려 선생과 함께 근무했던 외과의사였다. 유기형 박사는 훗날 선생이 설립한 청십자사회복지회 이사를 지냈다.

113 이기환, 위의 책, 276쪽.

114 KBS 인물현대사, "사랑은 기적을 낳는다-장기려 편", 2003년 12월 5일 동영상.

의 지시에 따라 데려온 것이 아니라 병원 전 직원의 의사를 묻고 동의를 얻어 데려왔기 때문에 저마다 열심히 행려병자들을 돌보았다. 「한국일보」에 쓴 "나의 회고록"에는 그때의 소감을 적었다.

> 시켜서 데려온 것이 아니고, 의사, 간호원, 간병인들이 직접 가 보고 스스로 결정한 것이라 행려병 환자들을 복음병원으로 데려왔을 때 그들은 모두가 합심해서 정성껏 돌봐주었다.[115]

그러나 복음병원 직원들의 헌신적인 봉사에도 불구하고 병원으로 옮긴 8명의 환자 중 4명은 얼마 후 죽었다. 두 명 또한 몇 달 후 죽었다. 완치되어 퇴원한 사람은 두 명에 불과했다. 이런 일이 알려지자 부산시는 전염병동에 행려병자 시설을 만들어 대학병원 의사들이 돌아가면서 환자들을 돌보게 했다. 다음 해 보건의 날(4월 7일)에 부산시는 행려병자들을 치료한 장기려에게 부산시장상을 수여했다. 장기려는 "낯이 간지러워 시상식에 나가지 않았다."[116]

부산대 의대 시절 행려병자들을 도왔던 일을 거론하면서 수용소에서 만났던 이동기 이야기를 빠트릴 수는 없다. 2003년 12월 5일 방영된 KBS 「인물현대사」 '장기려' 편은 수술 실수로 평생을 침대에 누워 지내고 있는 이동기 씨를 소개했다. 다른 의사들이라면 수술 중에 생긴 문제에 대해, "이것은 불가항력이다, 책에 보면 이 환

115 장기려, "부산모임-나의 이력서 20", 「한국일보」, 1976년 7월 9일, 4면.

116 이기환, 위의 책, 271쪽.

자의 경우 이렇게 될 가능성이 몇 퍼센트"라는 등등의 변명을 하며 빠져나갔을 텐데 장기려는 그렇게 하지 않았다. 자신의 과오를 깨끗하게 인정했을 뿐 아니라 평생 책임을 약속했다.

이기환의 『성산 장기려』는 이동기 씨에 대해 KBS와 조금 다른 주장을 편다. 이동기는 19살까지 척추를 앓던 중 치료를 위해 구호소로 옮겨졌다가 장기려를 만났다. 그 뿐만 아니라 그는 당시 자기 스스로 몸만 움직일 수만 있다면 목숨을 끊을 생각을 할 정도로 자기 처지를 비관하고 있었다. 장기려는 이동기를 어떻게 만났을까. 이동기를 한평생 누워서 살게 만든 의료사고를 낸 건 사실일까. 이동기는 1991년 『오월의 환상』을 썼다. 30년이 넘는 세월을 침대에서 산 이동기가 책을 쓸 수 있었던 것은 책 선물을 많이 한 장기려와 윤근철 의사의 영향이 컸다. 이동기는 『오월의 환상』을 출간할 때 장기려에게 추천사를 부탁했다. 선생의 추천사는 두 사람의 만남을 이렇게 소개한다.

> 저자(著者) 이동기 군은 1959년 즈음에 자기의 인생의 첫 4반기(反旗) 이상을 살면서 지안 바래씨병 즉 상행성 척수 마비증에 걸려, 두 다리가 경련성 마비를 일으킨 대로 침상에 있는 것을 나는 어느 수용소에서 만나게 되었다. 그때에 이미 작고 큰 병원을 두루 거친 이 군은 두 다리의 경련성 마비로 있으면서도 수용소 내에서 일어나는 여러 가지 부조리에 대하여 분개하고 연약한 수용소 내 환자들을 위하여 지혜롭게 생각하면서 투쟁하는 방식을 강구하며 지도하는 것을 보고, 그 두뇌의 명석함과 지도력이 비범함을 느낀 것이 나의 첫

인상이었다.[117]

수용소에서 만난 이동기와 장기려의 만남은 평생 지속되었다. 장기려는 80세를 넘기고서도 부산의 달동네인 아미동으로 이동기를 여러 차례 찾아갔다.[118] 이동기는 장기려와 손동길의 도움으로 집도 마련하고 그를 간병하던 간병인과 결혼도 했다. 장기려는 매월 일정액을 평생 보냈다. 삶의 의욕을 되찾은 이동기는 누워서도 달걀을 받을 수 있는 독특한 양계장과 누워서 책을 볼 수 있는 기구를 만들었다. 침상에서 신학, 철학, 문학책을 두루 섭렵하였고, 마침내 자기 이름의 책을 냈다. 이렇게 볼 때 장기려와 세 명의 기독의사들이 뿌린 사랑의 열매는 결코 적다할 수 없다.

장기려가 자기의 일터였던 부산대 의대 건물 뒤편에서 아무도 돌보지 않던 행려병자들을 발견하여 돕는 과정을 들여다보면서 두 가지 점에서 깊은 인상을 받는다. 아무도 돌아보지 않던 행려병자들을 장기려는 어떻게 발견하였는가. 그들의 발견은 당연했을까. 그렇지 않다. 몇 가지를 추론할 수 있을 뿐이다. 우선은 1957년에 수술해 준 이름 모르는 그 청년처럼 자신이 가난한 환자들을 위해 베푸는 삶을 살면 하나님께서 북에 두고 온 가족들을 돌봐주신다는 확신이다. 둘째는 이만열 교수가 잘 지적한 것처럼, 늘 "예수가 의사였다면 이런 때 어떻게 했을까"를 끊임없이 물은 결과였다. 한마디

117 이동기, 『오월의 환상』, 성문출판사, 1991, 5쪽.

118 장기려, 다이어리 1988년 8월 30일 지면.

로 장기려는 아무도 돌보지 않는 행려병자들을 자기 몸이나 가족처럼 돌보았다.[119] 또 놀라운 점은 행려병자를 돕기 위하여 합의를 이끌어 내는 과정에서 보여 준 확고한 민주적 운영 방식이다. 장기려가 자기 교육 철학의 모델이라고 TV 대담 프로에서 밝힌 안병영 전 교육부총리는 장기려를 매우 특별하게 평가했다. 장기려가 "매우 탁월하고 창의적인 분"이었다는 것이다. 장기려를 가리켜 바보 또는 성자라 부르는 건 많이 들었지만 "매우 탁월하고 창의적인 분"이라는 평가는 안병영이 처음이지 싶다.

> 장기려 박사님의 창의성과 이웃사랑은 무엇보다 그가 창설한 청십자의료협동조합운동에서 드러납니다. 물론 여기에는 채규철 선생의 도움도 크셨습니다만, 감히 나라도 엄두를 못 내는 의료협동조합운동을 벌이셔서 1985년 말에는 23만 명의 회원을 가지는 큰 조합으로 발전했습니다. 이 운동이 얼마나 많은 가난한 부산시민들을 절망의 심연으로부터 구해냈을까는 불문가지입니다. 선생님은 항상 맨손으로 시작하지만, 얼마 안 가 그것은 조직적, 창의적 노력과 결부되어 엄청난 성과를 거두셨습니다. 그런 의미에서 저는 장 박사님은 상상력이 풍부한 분, 매우 창의적인 분, 그리고 그 창의성을 실천적 사업으로 결행(決行)으로 이어가시는 분이라고 생각합니다.[120]

---

119 KBS 인물현대사, 위의 동영상.

120 안병영, "우리시대의 '아름다운 사람' 장기려 박사-성산 장기려 박사 제5주기 추모 강연 원고", 〈현강제〉, 2010.9.3. https://hyungang.tistory.com/66.

안병영을 인터뷰하며 우리나라 교육행정의 수장을 지냈고 경영학을 가르치는 교수로서 장기려의 리더십을 어떻게 생각하느냐고 물었다. "멤버들을 인간화시키는 매우 독특한 리더십이 장기려에게 있었다"고 대답했다. 안병영은 4000-5000명을 수용하는 꽃동네를 방문한 적이 있다. 그 거대한 조직이 잘 운영되는 것에 깊은 인상을 받았다. 덜 불편한 장애인이 더 불편한 자들을 돕는 방식 때문에 꽃동네가 원활하게 돌아가고 있음을 보았다. 경영학으로 설명할 수 없는 현상이었다. 장기려의 독특한 리더십은 꽃동네처럼 경영학적인 방식에서 벗어나 있는 게 분명하나 이에 덧붙여 매우 창의적이었다고 했다. 조직에 큰 문제가 발생하지 않은 것은 그분을 존경하고 따르는 신실하고 유능한 인재들이 경영학적 공백을 충실히 메워주었기에 가능했을 것이라는 예상도 덧붙였다. 그 예상은 적중했다. 장기려는 이런 고백을 남겼다.

> 돌이켜보면 별 능력이 없는 내가 그런대로 대과 없이 일을 해 올 수 있었던 것은 항상 내 주위에는 위에 말한 제자들 뿐 아니라 유능한 사람들이 있었기 때문이다.[121]

---

121 장기려, "재혼권유-나의 이력서 26", 「한국일보」, 1976년 7월 21일, 4면.

## 첫 세계 일주

장기려는 1962년 9월부터 약 5개월에 걸쳐 미국과 유럽을 거쳐 아프리카를 다녀왔다. 김일성대학 옛 제자들인 송효원, 김윤광, 한중근, 김응춘, 김공산, 조기화, 전기복, 신호식, 한덕근, 한종은 박사 등이 미국에서 열리는 국제외과학회 참석과 세계 일주를 위해 경비를 댔다. 김일성대학 제자들의 경비 마련도 의미가 컸지만 그토록 열망하던 선진 외국의 의학을 둘러볼 기회를 잡았다는 사실에 설레었다. 서울대학병원 진병호 외과과장이 1959년부터 서울대로 오라고 권했지만 복음병원 때문에 움직이지 않았다. 그러나 후배 민병철 박사의 귀국 소식을 듣고 마음을 바꾼 사실은 이미 앞서 살폈다.[122] 국제외과학회뿐 아니라 미국과 유럽의 수술 현장 및 첨단 의료 장비를 함께 볼 기회를 얻었으니 얼마나 기뻐했을지는 불문가지다. 이 소식이 알려지자 의료 선교사 랄프 텐 해브(Ralph Ten Have, 1930-2019)[123]는 미국 대사관에 직접 가서 스폰서가 되겠다고 선서

122 장기려, "해외여행-나의 이력서 21", 「한국일보」, 1976년 7월 13일, 4면.

123 텐 해브는 미국 미시건 주 질랜드 출신으로 칼빈대학교와 미시간대학교를 졸업했다. 1958년부터 1962년까지 한국에 체류하면서 홀트아동복지회(Holt Adoption Program)와 보육병원(Bo Yook Hospital, 아동병원)에서 의료책임자(medical director)로 일했고, 1961-1962에는 이동식 병원(Mobile Clinic) 의료 책임자(medical director)였다. 우리나

함으로 비자를 얻는 데 큰 역할을 했다. 장기려는 이 여행을 위해 하나님께서 텐 해브 씨를 예비해 두셨다며 감격했다.[124]

당시로는 좀처럼 하기 힘든 세계여행이었기에 장기려는 여행 목적에 하나를 더 추가했다. 좀 거창해 보이는 목표라는 걸 인정하면서도 "첫 해외여행을 통하여 인류가 평화롭게 사는 길이 어디에 있을까"를 찾아보는 일이었다. 복음병원에서 2000달러의 여행 경비를 지원했다.

미국에 도착해서는 사촌형 장기원의 딸 장혜원의 집에서 석 달을 묵었다. 뉴욕 국제외과학회에서는 약간의 해프닝이 있었다. 부산 메리놀병원 외과과장인 베로니카에게 강연 초록의 검토를 부탁했는데 베로니카 수녀는 검토는 물론 뉴욕에 있는 상사에게 부탁하여 원고 인쇄까지 해 주었다. 학회 하루 전 미국에 도착했으나 강의안을 전해 줄 미국인과 길이 엇갈려 강의안을 나눠 주지 못하고 강연을 할 수밖에 없었다. 발표 내용은 4건의 간암 절제술에 관한 보고였다.[125] 2-3주 후 베로니카 수녀의 편지를 받고서야 미국인에

---

라에서 주로 한 일은 입양과 '가족 계획' 관련 업무였다. 홀트도 가족 계획도 성격상 정부와 연관이 많기 때문에 장기려 비자 발급에 큰 역할을 했을 걸로 추정된다. 텐 해브는 한국을 떠난 이후 미시간대학교에서 보건학 석사 학위를 받았고, 그 이후에는 말레이시아와 네팔에서 가족계획 및 모자보건 사업 관련 미국 US AID(개발원조) 어드바이저로 활동했다. 2019년 6월 7일 사망했다. 텐 해브는 말년에 미국 시카고 지역에서 활동하면서 장기려가 평양 기홀병원 외과 과장일 때 인턴 훈련을 받았던 유기진 박사(부친은 조만식과 함께 평양 산정현교회를 대표하는 유계준 장로)와 북미 기독의료선교회 활동을 함께 했다.

124 장기려, "미국을 다녀온 소감",《부산모임》, 제63호, 1978년 2월, 9쪽.

125 장기려, "세 번째의 미국 방문",《부산모임》, 제78호, 1980년 9월호, 2쪽.

게 사과 전화를 했다. 그러자 미국인은 화가 나서 "인쇄물을 찾으러 오지 않아 없애 버렸다"며 전화를 끊었다. 학회를 끝내고 필라델피아에 있는 펜들 힐(Pendle Hill) 평화연구소를 방문했다. 함석헌이 2년간 그곳에 머물고 있었다.[126] 함석헌을 만나고는 뉴욕, 미시건 주의 그랜드래피즈, 미주리 주 컬럼비아에 있는 여러 대학을 둘러보고 유럽으로 건너갔다. 이탈리아의 로마, 프랑스의 파리, 그리스의 아테네, 스위스의 제네바, 그리고 영국과 독일의 병원들도 견학하였다. 미리 예약을 하고 찾아가지 않았기 때문에 큰 병원의 수술 견학은 할 수 없었다. 다음으로는 아프리카로 날아가서 인도의 뉴델리와 이집트의 카이로 병원을 둘러보았다. 돌아오는 길에 태국 방콕과 홍콩을 견학하였다. 이 견학으로 대한민국 외과의사의 수준이 구미 선진국에 뒤지지 않는다는 인상을 받았다.[127]

세계여행의 목적 중 하나였던 국제외과학회 참석과 유럽·아프리카·아시아의 큰 병원을 둘러본 장기려의 여행 기록은 너무 짧고 밋밋하다. 그러나 여행객으로 외국에서 보고 느끼며 실수한 뒷이야기는 풍성할 뿐 아니라 재미있다. 뉴욕의 국제외과학회를 참석하고 나서 그랜드래피즈에 있는 파인 레스트 정신병원장 판 노드 박사 댁에서 나흘을 묵었다. 그 집을 떠나는 날 노드 박사의 16살 된 딸에게 작별의 뜻으로 뺨에 키스를 받았다. 그 모습을 본 노드 박사

126 2005-2006년 6월까지 평화연구소에서 연구를 했던 감신대 박충구 교수는 펜들힐에는 함석헌이 1962년 그곳을 방문했을 때를 기억하는 사람들이 아직 있노라고 했다.

127 "해외여행-나의 이력서 21", 「한국일보」, 1976년 7월 13일, 4면.

내외가 좋아하는지라 서양 사람들은 모두 그런 식으로 인사를 주고받는 줄 알았다. 노드 박사 부인에게 작별을 하면서 뺨에 키스를 해 주었다. 그 이후 여행 중 자신에게 친절한 여성들만 보면 키스를 해 주고 싶었다.

사건은 오하이오 주에서 터졌다. 콜럼버스에서 대학 견학을 안내해 준 한국인 마취과 여자 의사에게 헤어질 때 큰 길가에서 감사의 키스를 하였다. 거기까지는 문제가 없었다. 그 자리엔 마취과 의사의 여동생도 있었는데, 한 사람에게만 감사의 표시를 하는 것이 예의가 아닌 것 같아 동생에게도 키스를 했더니 상대의 눈이 휘둥그레졌다. 당시는 왜 그런 반응을 보이는지 몰랐다. 처음 만난 한국 남자가 키스를 했기 때문에 이상한 표정을 했을 것이라고만 짐작했다. 미국에서 배운 서양식 인사법을 계속할 요량이었다. 로마에 도착해서는 YMCA에 숙소를 정하고 닷새를 묵었다. 떠나는 날, 친절하게 해 준 청소부 아주머니에게 키스를 위해 포옹을 하려는데, "NO!" 하는 표정이 역력했다. 그제야 모든 서양 사람들이 덮어놓고 키스를 주고받는 것이 아니라 서로가 통할 때만 한다는 사실을 알았다. 키스를 거절한 청소부에게 50센트를 주었더니 그것은 기쁘게 받아주었다.

프랑스 파리와 스위스에서도 해프닝은 이어졌다. 파리의 실수는 사소한 것이었으나 주네브(제네바)에서의 실수는 그렇지 않았다. 어떤 도시를 방문하든 돈을 아끼기 위해 가이드 없이 혼자 다녔다. 값싼 빵만을 사먹었고, 어떤 도시에 도착하면 버스나 택시를 타지 않고 오로지 걸어 다니며 견학이나 관광을 했다. 여행 계획을 그렇게 세웠던지라 미국에서 유럽으로 건너갈 때 27달러짜리 튼튼한 구두를 사 신었다. 하루에 10달러만 쓴다는 원칙도 정했다.

아들 장가용에 의하면, 부친은 평소 차비가 아까워 명동에서 사람을 만나고 명륜동 집까지 걸어 다닐 만큼 검소한 사람이었다. 그러니 단 한 푼의 외화라도 아끼기 위해 장기려는 열심히 걸었다. 영국과 프랑스를 거쳐 독일에 도착하자 구두 밑창에는 구멍이 났다. 할 수 없이 예정에 없던 8마르크(2달러)를 주고 초등학생이나 중학생용으로 보이는 구두를 사 신고 여행을 계속했다. 8마르크짜리 독일 구두는 스위스, 이탈리아, 이집트, 그리스, 인도, 태국 등을 거쳐 귀국할 때까지 멀쩡했다. 그래서 1년이나 더 신고 다녔다. 그때 장기려의 나이는 53세였다.

스위스 제네바에서는 그곳의 지리, 풍속, 인정, 역사 따위를 영어로 설명해 줄 수 있는 '프라이비트 걸'을 호텔에 부탁했다. 한참이 지났지만 호텔에서는 감감 무소식이었다. 밤이 되자 한 여자가 찾아왔다. 영어를 아느냐고 물었는데 모른다고 했다. 호텔에서 무슨 착오가 있었겠다 싶어 그냥 보냈는데 다음날 저녁에도 또 찾아왔다. 그제야 '프라이비트 걸'이 다른 뜻으로 사용된다는 걸 알았다. 윤락여성을 그렇게 부른다는 것을 알고 기겁을 하고 내보냈다.

아슬아슬한 순간을 모두 넘기고 무사히 부산으로 돌아왔다. "나의 회고록" 연재를 담당하던 「한국일보」 기자의 전언에 따르면, 세계 일주에서 돌아왔을 때 몰라볼 만큼 야위어 있었다. 구두 밑창에 구멍이 날 만큼 걸었을 뿐 아니라 싸구려 빵만으로 끼니를 때운 결과였다. 여행 경비를 절약한 결과 복음병원에서 마련해 준 2000달러는 한 푼도 쓰지 않고 되돌려주었다.

# 장기려의 교회 실험:
# 성서 연구를 위한 부산모임

장기려가 1957년 시작한 조그마한 성서 공부 그룹인 '부산모임'이 없었다면 장기려의 중요 업적인 청십자의료보험도 없었다. 있었다 하더라도 1968년보다 훨씬 늦어졌을 게 분명하다. 연구자들은 '부산모임'을 주로 '청십자'와 관련시켜 언급했거나 장기려를 무교회주의자로 엮기 위해 호출했다. 이제부터 서술하려는 '부산모임'은 그 두 가지 의미를 넘어서려는 시도다. 결론부터 말하자면 장기려에게 '부산모임'은 느슨한 의미의 교회였다. '부산모임'은 '청십자'의 모태였을 뿐 아니라 영혼이 깃든 교회 공동체였다. 만약 '부산모임'이 장기려의 교회가 아니었다면 박정희 정권의 10월 유신 선포 당시 부산 계엄분국이 '부산모임'을 금지했을 때 순순히 거기 따랐음을 '회개'하진 않았을 터이다. 부산모임에 참석한 사람들은 일요일 오전에 이미 각자의 교회에서 예배를 드렸다. 계엄령이 각 교회 예배를 금지하진 않았기 때문이다. 그렇다면 다분히 친목 성격 내지 공부 모임인 '부산모임'을 계엄 당국이 허가하지 않은 일로 그렇게까지 예민해져야 할까. 그런데도 장기려는 계엄 당국이 마치 종교 자유의 핵심인 일요일 예배를 금지한 것처럼 행동했다. 마치 일제치하에서 신사참배 요구를 거절하고 신앙을 지키기 위해 목숨을 내놓았던 신앙 선배들처럼 계엄 당국의 모임 금지에 저항하지 못했음을 회개하였다. 부산모임을 교회로 인식했다는 전제하에서만 장기려의 이 결연한 태도는 비로소 이해가 가능하다.

> 나는 진리에 대한 사랑이 없었다. 유대인들이 여호와 하나님을 사랑하는 마음이 없었기 때문에 그의 보내신 예수 그리스도를 받아들이지 않았던 것처럼 나도 그리스도를 믿는다고 하면서도 그를 사랑하는 마음이 없었기 때문에 여호와 하나님을 신령과 진리로 예배할 수 없었다. 주일 오후 세 시에 부산모임에 나오는 사람들은 함께 모여 예배를 드렸다. 이것은 사도 시대부터 오후 세 시면 때를 정하고 기도하는 것을 모범한 것이다. 우리도 1957년도부터 몇 사람이 모여 성경을 읽고 그 해설을 듣고 기도하여 왔다. 그런데 지난 11월 둘째 주일에 집회의 허가를 받아야 된다고 함으로 집회원을 제출했더니 허가가 나오지 않아서 모이지 못했다. 이것은 허가원을 제출하는 것이 아니었다. 허가원을 낸 것이 하나님의 뜻이 아니고 사단의 일이었다. 사단의 꾀에 말려든 것이 죄이다. 나는 이 죄를 자복하고 회개한다. 주일 오후 세 시에는 언제나 어디서든지 믿는 자들과 같이 여호와 하나님과 우리 주님과 같이 성령에게 예배하리라. 믿는 자들은 다 같이 모여 예배하자. 함 선생도 계속 참예하게 될 것이다.[128]

부산의대 교수 시절은 의학적으로만 알차지 않았다. 그 시절에 빼놓을 수 없는 업적은 부산모임의 시작이다. 부산모임은 장기려

128 장기려, "회개", 《부산모임》, 제33호, 1972년 12월호, 1쪽.

가 46세에 시작하여 78세까지 이끈 소규모 공동체다. 장기려를 논할 때 결코 빼놓을 수 없는 성서 모임이다. 부산의대 외과교실원(외과 의국)을 중심으로 결성한 이 모임은 한국 최초의 의료보험 탄생에 의미 있는 기여를 했다. 시작은 부산의대 외과교실원들에게 예수를 믿게 하려는 소박한 동기에서 출발했다. 『생명과 사랑-장기려 수상집』에는 직접 작성한 부산모임 연혁이 부록으로 실려 있다. 그 연혁은 부산모임 시작을 1956년 1월이라고 했지만 사실과 다르다. 1968년 《부산모임》 창간호와 1971년 3, 4월호에서 1957년으로 밝히고 있기 때문이다.[129]

초기 명칭은 '부산주일모임'이었다. 부산의대 외과 의국에서 매주 일요일 오후 2시에 모였다. 일본 무교회주의자 후지이 다케시(藤井武) 전집 중에서 구약의 예언서 연구와 시편 해설을 공부했다. 처음 구성원은 의사와 의대생이었다. 백태윤 조교수, 이형진, 정우영 강사, 오일휴, 권재성, 유성연, 이인수, 소병국 연구원 등이 초창기 멤버였다. 의대생으로는 송해성과 훗날 청십자병원 원장을 지낸 양덕호 등이 참석했다. 함석헌은 부산모임 시작 때부터 매월 한 번씩 서울에서 내려와 성서를 강해했다.[130] 함석헌 성서 강해는 매월 둘째

---

129 그러나 장기려 선생은 1988년 12월에 쓴 "종간사"에서 1956년 10월을 부산모임 결성 시기로 잡고 있다. 선생이 부산의대 교수로 청빙된 것은 1956년 9월이었다. 따라서 설득력은 1956년 10월이 유력하지만 이 글에서는 선생이 가장 젊었던 1968년과 1971년의 기록에 무게를 두기로 한다.

130 장기려, "'부산모임' 모임의 연혁-특별부록", 여운학 엮음, 『평화와 사랑』, 규장문화사, 1980, 292쪽.

주에 가졌다.[131]

일반인으로 처음 모임에 나온 사람은 청십자사회복지회 전 사무국장 김서민이었다. 마산 결핵요양소에서 7년 반이나 요양 생활을 하던 중 요양소를 방문해 성서를 가르치던 함석헌을 통해 부산모임을 알게 되었다. 요양이 끝나고 1957년 가을 부산의대로 장기려를 찾아갔다. 1958년부터는 장기려가 부산의대 병원장이 되었기 때문에 모임 장소를 원장실로 옮겼다.

김서민의 회고에 의하면 부산의대 외과 의국에서 모일 때는 교수들과 외과 의국원들이 주로 참석했다. 복음병원 원장 사택으로 옮기자 교수들은 대부분 빠져나갔다. 이인수와 의대생이던 조인제, 김동백 등이 참석할 뿐이었다.[132] 그 시절 의대 교수나 학생이 아닌 조광제, 허완, 채규철, 김순자, 이시연, 박순자, 김영옥, 김영원, 김인빈 등도 참석했다.

장기려가 1961년 10월 부산의대를 떠나 서울의대 교수가 되자 모임 장소를 이중탁 약사의 부산시 서구 완월동 안일약국으로 옮겼다. 이때 멤버로는 이중탁 부부와 모친, 이인수, 허완, 조광제, 김동백, 조인제, 김서민 등이었다. 부산-서울을 오고가는 생활을 하고 있던 장기려는 한 달에 두 번 참석했다. 이 시기부터 무교회주의자들이 모임에 합류했다.

부산모임 관련 중요한 오해가 있다. 이전 연구자들은 부산모임을

---

131 장기려, "종간사", 《부산모임》, 제124호, 1988년 10·12월호, 1쪽.

132 김서민, "자유한 삶", 《씨알마당》, 제8호, 1996년 2월호, 18쪽.

무교회주의자 모임으로 규정했다. 하지만 부산모임에 참여했던 이들은 하나같이 그 사실을 단호히 부인한다. 무교회주의자들이 참석했지만 무교회주의를 단 한 번도 표방한 적이 없었기 때문이다. 부산모임 성격과 관련해 두 편의 글이 떠오른다. 《부산모임》 창간호에 쓴 "열 명의 믿는 사람"과 부산의대 외과 교수 이인수의 글 "우리의 모임"이다.

이인수는 부산모임 멤버들이 제각각 교회에 소속된 신도라고 말했다. 주일 예배를 마치고 오후 2시 30분에 부산모임으로 모였다는 증언이다. 무슨 색다른 교파를 만들거나 비제도권 신앙 공동체를 형성하기 위한 모임이 아니었다. 이인수에 의하면 부산모임의 목적은 "교권이나 조직이나 의식 같은 것의 구속을 받지 않고 자유스럽고 진실되게 하나님의 섭리와 경륜을 상고하며 성경을 공부하고, 공동의 신앙고백으로 대화할 수 있는 시간과 장소" 마련이었다. 사실상 창립 멤버로서 부산모임이 발전적으로 해체할 때까지 자리를 지킨 김서민도 "우리는 무교회주의 모임이 아니다"라고 분명하게 말했다.[133]

부산모임 멤버는 "구교나 신교를 막론하고 어떤 교파의 신자도 구별 없이" 누구든 참여가 가능했다.[134] 소식지 《부산모임》은 신앙 공동체 부산모임이 생기고 10년이나 지나서야 창간호를 냈다. 따라서 창간호에서 밝힌 장기려의 입장은 모임이 시작되기 전 자기의

133 김서민 전 청십자 의료보험조합 초대총무와 2006년 8월 인터뷰.

134 이인수, "우리의 모임", 《부산모임》, 제2호, 1968년 3월호, 1쪽.

막연한 상상을 풀어놓은 개인 창작물이 아니었다. 10년간의 부산모임 활동과 생각을 반영한 결과물이었다.

> 우리들은 주님께서 세례를 받으시고 십자가를 지심은 온 인류의 죄를 연대 책임으로 알고 그것을 대속하신 역사임을 믿는다. 예수 그리스도는 진리요 생명이요 또한 길이심을 믿는다. 이 예수 그리스도는 하나님께서 인류가 반역했을 때 구원해 주시기로 약속하시고 보내시기로 계약하셨던 메시아이심을 믿는다. 이 예수님을 그리스도로 믿는 우리도 우리 동포와 우리나라와 세계 인류의 죄에 대하여 연대 책임을 느낀다. 우리나라와 세계의 문제는 나 자신에게 책임이 있음을 깊이 느끼고 나 자신이 주님 안에서 회개하고 사단의 역사와 싸워 승리의 능력으로 해결될 것을 믿는다.[135]

무교회주의자들이 멤버로 들어오자 무교회 신앙을 공부하지 않을 수 없었다. 그 과정에서 구원론 토론이 자연스레 따라왔다. 1965년 1월에 장기려가 부산으로 돌아오자 복음병원장 사택으로 모임 장소를 옮겼다. 시간도 2시에서 3시로 늦췄다. 그러나 한 달의 절반은 서울 가톨릭대학 부속 성모병원 진료 때문에 이때로부터 4년간은 이인수가 모임 인도를 맡았다.

1967년부터는 초량에 있는 복음병원 분원으로 모임 장소를 옮겼다. 시내 중심가로 바꾸자 새로운 활기가 넘쳤다. 청년들의 참여

---

135 장기려, "열 명의 믿는 사람", 《부산모임》, 창간호, 1968년 2월호, 1쪽.

가 두드러졌기 때문이다. 이전에도 누구에게나 열려 있었지만, 청년들이 급격히 증가하자 함석헌의 성서 공부를 공개로 전환(1968년)했다. 함석헌 성서 공부 모임을 공개로 바꾼 것은 더 많은 시민이 진리에 입각하여 현실에 대한 바른 판단을 갖고 나라의 앞날을 생각하게 하려는 배려였다.

공개 모임으로 전환하자 박정희 정권의 간섭과 사찰이 시작됐다. 함석헌 성서 강연이라고 해도 참석 인원이 60-70명에 불과했는데, 박정희 정권은 이 모임을 감시 대상에 포함시켰다. 사복 경찰의 함석헌 미행은 기본이었고, 몇 명이 모이고 무슨 내용으로 진행되는지 모두 감시했다. 사복 형사가 녹음기를 갖고 들어왔다가 발각되기도 했다. 장기려와 함석헌 선생은 사복 형사를 방으로 불러들이는 친절을 베풀었다. 경찰의 감시가 알려지면서 참석자는 현저히 줄었다. 경찰이 집회 장소 주인을 압박하여 장소를 급하게 변경할 때도 허다했다.[136]

가장 큰 시련은 1974년 1월에 있었던 전 공화당 당의장 정구영(1899-1978)의 탈당이었다. 함석헌이 부산모임에서 정구영의 사임을 거론하자 중앙정보부는 '남산'으로 연행했다. 1974년 2월엔 거구의 형사들이 복음병원으로 들이닥쳤다.[137] 정태산 박사와 간호부장, 김서민, 김종성을 연행했다. 아침 9시에 부산 중앙정보부에 끌려간 이

---

136 김서민, 위의 글, 20쪽.

137 김서민, "아예 죽어 버려라", 함석헌기념사업회편, 『다시 그리워지는 함석헌 선생님』, 146쪽.

들은 저녁 7시까지 수사를 받았다. 당시 중정에 끌려가면 불구가 될 정도로 고문한다는 소문이 파다했으므로 장기려의 걱정은 이만저만이 아니었다. 다행스럽게 가혹 행위는 없었다.

함석헌의 부산모임 강연이 계속되자 장기려 역시 정보과 형사의 감시 대상이 되었다. 1968년부터 발행되기 시작한 소식지 《부산모임》도 온전하지 못했다. 32년에 걸쳐 124호를 내는 동안 비상계엄 선포 때마다 당국 허가를 받아야 했다. 영인본 《부산모임》 소식지에는 부산계엄분소의 도장이 찍힌 흔적이 여기저기 선명하다. 계엄사령부는 함석헌과 장기려의 글을 여러 편 삭제했다. 김서민이 그렇게 잘린 원고들을 모아 두었으나 시간이 오래 지나면서 소재가 불명확해졌다.[138] 부산모임 주요 멤버들은 정부의 블랙리스트에 올라 있었기 때문에 해외여행은 꿈도 꿀 수 없었다. 다카하시 사브로(高橋三郎, 1920-2010)를 비롯한 일본의 여러 무교회주의자들과 오랫동안 교류하였기 때문에 매년 방일 초청장을 받았으나 출국 허가가 나오지 않았다. 김서민의 증언에 따르면 1988년이 되어서야 블랙리스트 해제로 일본에 다녀올 수 있었다.

매년 여름에는 3박 4일 수양회로 모였다. 1-8회까지는 다대포 납계에 있는 장기려 친지 별장이 모임 장소였고, 1976년부터 3년간은 구인회, 양재원 등의 독지가들이 마련해 준 복음병원 앞의 장 원장 자택을 이용했다. 1979년부터 모임이 해체되던 1988년까지는 함석헌의 의견에 따라 서울 퀘이커모임과 번갈아 가며 수양회를 주최했

138 김서민 전 청십자 의료보험조합 초대총무와 2006년 8월 인터뷰.

부산모임과 서울 퀘이커모임의 여름 수양회 때 간호대학 제자 및 승려와 함께.

다. 이때부터 주제와 초빙강사를 정하고, 일본 무교회주의자들과 퀘이커들도 참석했다. 기독교를 초월할 뿐 아니라 타종교인도 올 수 있게 했다. 인종과 종교를 가리지 않은 이유는 기독교 복음을 들을 기회를 주기 위함이었다. 당시 수양회 사진에는 젊은 스님, 도올 김용옥의 큰 형님 김용준 박사, 안병무 선생도 눈에 띈다. 여름 수양회는 참석자가 100명을 넘을 때도 있었다.

당국의 방해 때문에 수양회 역시 장소를 정하는 데 어려움이 많았다. 부산모임과 서울 퀘이커모임의 여름 합동 수양회 장소는 경기도 광릉내(1979), 원성 가나안농군학교(1980), 강원도 명주 연곡 유치원(1981), 부산 수영 성공회 연수원(1982), 강화도 성공회 연수원(1983), 김해 기독교 장유 수양관(1984), 한국신학대학(1985), 부산

금강유스호텔(1986), 불암유스호스텔(1987), 부산 금강유스호스텔(1988) 등이었다. 이렇게 퀘이커모임과 합동으로 여는 수양회가 여러 도시에서 열리면서 초청 강사도 다양해졌다. 김용기 장로, 김동길 교수, 김경재 박사, 조형균 박사, 안병무 박사, 김용준 박사 등이 강사로 참석했고, 일본인 무교회주의자 다카하시 사브로, 마사이께 진(政池仁), 그리고 퀘이커 교도들도 참석해 이런저런 발표를 하였다. 특히 1968년 수양회 주제가 양심적 병역거부였다는 점은 놀랍다.[139]

부산모임을 시작하고 10년이 지난 뒤 채규철의 제안으로 소식지 《부산모임》을 매월 또는 격월로 냈다. 7호까지는 '가리방 인쇄', 즉 원지를 철필로 긁어 등사하는 방식이었다. 20쪽 안팎의 《부산모임》은 모임을 하다가 타지방이나 외국에 나가 있는 사람들에게 발송했다.[140] 전 세계에 흩어져 있는 300여 명의 독자들에게 매월 소식지를 발송했다. 1980년대에는 30쪽 이상으로 늘었는데 분량이 많을 때는 50-60쪽이 될 때도 있었다. 소식지에는 장기려, 후지이 다케시, 야나이하라 다다오, 다카하시 사브로 등의 성서 연구와 번역, 특별 강사의 성서 강해, 회원들의 편지, 회계 보고를 실었다. 30년 기록이지만 수입과 지출 형태는 대동소이했다.

초창기부터 종간 때까지 장기려가 절반을 책임졌고 후반기에는 최길준, 성대동, 유순한 등의 독지가로부터 후원을 받았다. 지출은

139 부산주일모임편집부, "세미나 경과보고", 《부산모임》, 제8호, 1968년 9-10월, 29쪽.

140 김서민, 위의 글, 21-22쪽.

강사비, 모임 진행비, 소식지 인쇄 및 발송비, 문병 위로금 등으로 일정했다. 1970년대에는 서울이나 외국 등 타지로 떠나는 부산모임 멤버가 많았다.

부산 적십자병원에 근무하던 서재관은 기독교 신자는 아니지만 복음병원 간부 의사로 임명을 받고 부산모임에 나왔다. 서울로 간 멤버는 허완, 조인제, 김영원, 이인수 선생이었고, 조광제, 김동백, 송해성, 이시연 선생은 미국, 김영옥, 김정순 등은 오스트레일리아로 떠났다. 1961-1964년까지 모임을 이끈 이인수 교수가 서울로 갈 때는 "서울 경희대로 가신 이인수 선생님에게"란 글을 써서 그동안의 노고를 기억했다. 인간교육은 성서를 통한 신앙교육으로 뜻을 성취할 수 있다면서 기도로 학생들을 지도하고, 물질 만능주의와 이기주의에 빠진 대학생들 고민을 해결해 달라고 당부했다.[141]

부산모임의 32년 역사에서 가장 중요한 변화는 개인 구원에서 민족 공동체의 통일과 세계 평화로 전환한 1973년의 변화였다. 조국과 세계 평화를 위하여 기도하며 성경 말씀을 공부하는 에클레시아, 즉 진정한 교회를 이루는 것이 부산모임의 목적이었던 것이다.[142] 이런 변화가 불가피했던 이유는 1973년 4월호 "모든 것을 그만두고 부산으로 돌아왔다"는 글에 잘 드러나 있다. 부산 복음병원에서 일어난 의사와 레지던트 사이의 폭력 사태에 책임을 통감하

141 장기려, "서울 경희대로 가신 이인수 선생님에게", 《부산모임》, 제23호, 1971년 3·4월호, 21-22쪽.

142 여운학, 『생명과 사랑, 장기려 수상집』, 규장문화사, 1980, 293쪽.

며 목숨처럼 지키던 약속을 모두 깨고 부산으로 돌아왔다. 그러자 일시 중단했던 함석헌의 강의도 다시 재개했다. 함석헌 공개강좌는 토성동 기독사회관에서 주일 오후 3시에 시작했다.

1980년대에는 유순한 부산 생명의전화 이사장, 부산대 심리학과 임능빈 교수 등이 참여하였고, 여성 멤버들도 눈에 띄게 늘었다. 이 시기에는 함석헌의 공개 성서 강좌가 부산 중부교회(1982)와 부산 산정현교회(1983-1986년 2월)에서 매월 둘째 주 일요일 오후에 열렸다. 산정현교회는 매우 보수적인 교회였던지라 1984년만 해도 공적인 예배에서 박수도 못 치는 엄숙한 교회였다.[143] 이런 교회에서 반체제 인사이고, '기독교인인지 의심이 간다'는 말을 공공연하게 듣던 함석헌의 성서 강연을 허락했다는 사실은 놀랍다. 장기려가 그 교회 장로가 아니었다면 일어날 수 없는 일이었으리라.

1984년부터는 모임에 중대한 문제가 발생했다. 장기려는 이때부터 기독교 종파로는 한국에 거의 알려지지 않은 한 모임에 나가기 시작했다. 그들에게는 교단 이름도, 역사도, 교단 본부도, 심지어 교회 건물조차 없었다. 예수 믿으라고 말로 전도하는 법도 없고, 홍보도 하지 않는 공동체였다. 이 모임 선교사들의 철저한 무소유 생활과 자급자족, 예수 당시와 똑같은 복음 전도 방식에 장기려는 매료되었다. 1987년 말까지 부산모임과 부산 산정현교회에서 발을 빼지 않고 이 모임을 더 깊이 알아갔다. 1988년이 되자 산정현교회 출석을 중단하고 연말에는 부산모임도 발전적으로 해체했다. 종간호

143 손동길 전 청십자병원 마취과장과 2006년 8월 인터뷰.

는 부산모임을 접는 이유를 이렇게 말한다.

> 부산에서 소수의 신도들의 집단인 종들의 복음모임과 교제를 가지게 되었고, 우리들이 바라던 교회생활은 예수님이 제자들에게 분부하신 전도방식(마태복음 10장)을 그대로 따르는 저희들의 신앙생활임을 알게 되어, 기독교의 개혁은 저희들의 신앙생활과 예수님의 교훈으로 돌아가는 것이라는 생각이 들게 되었다. 이것이 또한 제가 바라던 기독교의 개혁의 방향이 아닌가 하고 생각하게 되었다. 그래서, 저는 저희들의 하는 방식으로 성경 하나로 만족하고 모임지를 종간하기로 하였다.[144]

1988년 12월에 모임을 접었을 때 대다수 멤버들은 장기려와 '종들의 모임'을 선택했다. 김서민도 부산모임 해체 전에는 여러 차례 '종들의 모임'에 나갔고 5월 대회(컨벤션)에도 참석했다. 그러나 김서민, 신계영 권사 등은 종들의 모임에 합류하지 않았다. 1989년 4월부터 '종들의 모임'에 합류하지 않은 이전 부산모임 멤버들은 김서민을 주축으로 별도 모임을 시작하고 수요일 아침 6시 30분 청십자병원에서 모였다. 나중에는 중구 수정동에 있는 청십자신용협동조합(신협) 사무실로 모임 장소를 옮겼다. 모임이 지속되면서 일요모임도 시작했다. 주일 오후 3시, 부산대학교 심리학과 임능빈 교수가 모임을 이끌었다. 수요모임은 성서를 공부하며 느낀 점, 한 주간 동

144 장기려, "종간사", 《부산모임》, 제124호, 1988년 10-12월, 1-2쪽.

안 생각했던 것 등을 발표하였다. 때로는 일본에서 다니러 온 무교회주의자들을 초청하기도 했다. 그러나 김서민에 의하면 과거 부산모임이 그랬듯 현재 다시 시작한 부산모임도 무교회주의와는 상관이 없다. 오로지 성경을 진실하게 믿고 싶은 사람들 모임이었다는 주장이다.

소수의 사람들이 부산모임을 부활시킨 데는 장기려의 인격과 넓은 아량을 제외하곤 설명이 어렵다. 김서민을 비롯한 부산모임의 일부 멤버들은 복음병원과 청십자병원 및 의료보험조합에서 장기려는 직장 상사였다. 단순한 직장 상사가 아니라 청십자의료보험조합을 함께 창립한 멤버다. 그런데도 신앙 문제에서 서로의 다름을 인정했다. 무엇보다 부활한 '부산수요모임'이 청십자병원이나 신협에서 모였다는 점이 놀랍고 아름답다. 캐나다로 이민을 떠난 조광제 전 교장 선생, 전문의 정태산 박사, 김영환 신협 이사장, 학원을 운영하는 40대 이현정 선생 등이 모임의 주축 멤버였다. 김서민을 인터뷰한 2006년 현재 새 멤버로는 동아대 조성열 교수, 임능빈 교수 아들인 동서대학의 임창근 교수, 제자 김순조 씨 등이 가세했다. 이들 대부분은 교회의 장로이다. 부산모임이 해체되면서 복음병원에 소장되었던 자료들은 이들이 보관했다.

한국 교회사의 흐름을 들여다보면 거의 언제나 제도권 교회와 무교회주의나 퀘이커, 또는 '종들의 모임'과 같은 비제도권 교회가 공존했다. 비제도권 교회는 전통이나 제도로부터 자유로울 뿐 아니라 항상 소그룹을 지향했다. 교회 건물이 없는 경우가 다반사였다. 그런데도 비제도권 교회는 시대나 국가나 정치구조 등의 변화에 비교적 흔들림이 없었다. 물론 그 비결은 높은 도덕성과 열린 정신일 것이다. 물론 비제도권 교회가 시대나 역사의 흐름을 뒤바꾸거나 결정적인 타격을 주었다고 보기는 어렵다. 아니, 그런 거창한 역할을 부인했는지 모른다. 거창한 구호 대신 실천과 높은 도덕성으로 자기가 속한 주변에서 빛과 소금의 역할을 감당했다.

장기려는 1940년 후배 손정균을 통해 김교신, 함석헌, 송두용이 이끌던 성서 모임을 알았다. 만약 이들과 지속적으로 관계를 맺지 못했다면 1957년에 부산모임 창립은 없었을 듯하다. 소식지의 줄기찬 발행 역시《성서조선》의 열렬한 정기독자였을 뿐 아니라 우치무라 간조나 야나이하라 다다오, 김교신 등이 잡지 출간에 얼마나 열정을 쏟았었는지를 알았기 때문일 테다. 장기려는 송두용의《성서신애》, 노평구의《성서연구》, 풀무학교 교장을 지낸 주옥로의《성서생활》 등 비슷한 성격을 지닌 잡지의 중요한 정기구독자이자 후원자였다.[145] 송두용의 증언을 들어보자.

> 다만 이북에 사시다가 월남하신 지 얼마 되지 않은 때에 나의 잡지《성서인생》의 독자가 되어 주신 것이다. 처음에는 몇 호 독자이겠지 하였는데 1년, 2년, 3년, 5년, 10년, 이제 20년 혹은 그 이상의 아는 사람이라고 하여도 과언이 아닐 만큼 누구보다도 충실한 정성 어린 애독자가(실은 지도자이며 협조자이며 수호자이기도 하지만) 아닌가. 처음부터 지금까지 한 달도 거르지 않고 그야말로 꾸준히 "송금통지서"

145 손정균, "장기려 박사의 회갑을 축하함",《부산모임》, 제26호, 1971년 10월호, 20쪽.

를 보내시는 일이다. 그 뿐인가. 통지란에는 반드시 친필로 산 말씀, 복음의 말씀, 성서 구절만이 아니고 차라리 뱃속에서 솟아오르는 생수 같은 생명의 말씀을 꼭 적어 보내신다. 그렇게 긴 세월을 변함없이 그렇게도 정성 어린 통지서를 나는 한 번도 다른 이에게서 받은 것을 기억하지 못한다. 물론 나는 통지서의 금액은 밝히고 싶지 않다. 그 이유도 역시 그분의 뜻을 존중하여서이다. 이렇게 하시는 분이 어찌 액수인들 적을 것이냐? 나는 매월 통지서를 받을 때마다 그 때, 그때, 새삼스럽게 깜짝깜짝 놀라면서도 어쩐지 매월 장기려 선생님의 통지서 받는 일을 낙으로 여기면서 만일 조금이라도 늦어지면 몹시 기대되는 모순을 거듭하고 있다. 나는 장기려 선생님의 매월 보내시는 통지서야말로 하늘의 소식인 양, 주님의 말씀처럼 그저 고맙고 기쁘기만 하다. 얼마나 나에게 큰 힘과 위로와 소망을 가져다주는지 참으로 헤아릴 수 없다. 아마 이렇게 오랫동안 그런 일을 거듭하는 동안에 《성서인생》이 《성서신앙》으로, 《성서신앙》이 《성서신애》로 자라온 것이라 생각한다.[146]

부산모임과 소식지 《부산모임》은 한국 교회사에 조용히, 그러나 면면히 흐르고 있는 소그룹 모임과 그들이 열정으로 펴낸 잡지의 전통 위에 서 있다. 계엄사령부에 신고서를 접수했다가 허락을 받지 못해 주일에 부산모임을 갖지 못한 걸 뼈저리게 후회하는 장기려의 고백으로 이 글을 시작했다. 이 글에서 교회, 예배란 단어에 주

---

146 송두용, "장기려 님을 생각하면서", 《부산모임》, 제26호, 1971년 10월호, 19쪽.

목해야 한다. 부산모임 멤버들은 주일 오후에 모여 성서 공부에 만족하지 않고 예배했다.

> 이것은 허가원을 제출하는 것이 아니었다. 허가원을 낸 것이 하나님의 뜻이 아니고 사단의 일이었다. 사단의 꾀에 말려든 것이 죄이다. 나는 이 죄를 자복하고 회개한다. 주일 오후 세 시에는 언제나 어디서든지 믿는 자들과 같이 여호와 하나님과 우리 주님과 같이 성령에게 예배하리라. 믿는 자들은 다 같이 모이어 예배하자.[147]

이게 교회가 아니면 무엇이 교회이겠는가. 조직을 만들고 직분을 임명해야 교회인가. 장기려는 평생에 걸쳐 여러 차례 자신이 교리에 별 관심이 없다고 분명하게 말했다. 그에게 중요한 교회의 의미는 "우리 주님과 같이 성령에게 예배"하는 공동체였다. 그걸로 충분했다. 그렇다면 장기려는 왜 제도화된 교회를 떠나지 않고 30년이 넘도록 '부산모임'이라는 느슨한 형태의 교회를 만들어 이끌었을까. 평생 교회 개혁의 열망을 품고 살았던 그의 삶이 답이다. 숨 막히는 제도 교회는 기쁨과 위로보다는 걱정과 슬픔을 안겼다. 아무리 성자이고 작은 예수라 하더라도 장기려도 때로는 위로와 쉼과 격려가 필요한 하나의 인간이 아니었을까.

147 장기려, "회개", 《부산모임》, 제33호, 1972년 12월호, 1쪽.

## 장기려의 글쓰기

장가용 박사 부부가 한 인터넷 신문과 나눈 인터뷰 기사에는 장기려가 북한의 아내 김봉숙(1912-1994)에게서 40년 만에 편지를 처음 받고 보였던 반응이 나온다. 그리워하던 아내의 편지를 받고 쓴 답장은 "나 잘 있다. 당뇨병 있다"라는 내용의 네 줄이었다고 한다. 좀 더 쓰라는 며느리 청에 못 이겨 몇 줄이 아니라 몇 글자를 보탰다.[148] 「동아일보」에 실린 그 장문의 감동적인 편지는 어떻게 된 것이냐고 물으니, "그건 다 기자분이 만들어 쓰신 거죠"[149]라는 답이 되돌아왔다. 장가용의 말이 사실이라면 1990년 6월 3일 「동아일보」의 "북녘의 아내에게"라는 편지는 글 솜씨가 돋보였던 기자의 창작품이 틀림 없다.[150] "창문을 두드리는 빗소리가 당신인 듯하여 잠을 깨었소. 그럴 리가 없건만, 혹시 하는 마음에 달려가 문을 열어 봤으나 그저 캄캄한 어둠뿐 [중략] 허탈한 마음을 주체 못해 불을

---

148 이병혜, "아들 장가용 박사의 눈으로 본 장기려 박사(2)-장기려 박사의 '참 가정인'으로서의 삶", 「업코리아」, 2003년 9월 13일. https://m.blog.naver.com/PostView.naver?isHttpsRedirect=true&blogId=kjyoun24&logNo=220608865888

149 이병혜, 위의 글.

150 장기려가 기고한 것으로 1990년 6월 23일 「동아일보」와 1990년 9월 7일 「한겨레신문」 기고문이 기자들의 작품이라는 이야기는 손동길, 그리고 제자가 「동아일보」 기자로 있는 전 교육부총리 안병영의 인터뷰를 통해서도 확인되었다.

김봉숙은 남편의 월남 이후에는 반동의 아내로 다섯 아이를 키우며 연로한 시부모를 모셨다. 2004년 4월 16일 타계할 때까지 용천을 떠나지 못했다. 남편 고향이기 때문이 아니라 반동분자의 아내였기 때문이다.

밝히고 이 편지를 씁니다. 여보……"[151]로 시작되는 편지에 얼마나 많은 사람들이 눈시울을 붉혔던가.

장기려의 경의전 5년 후배로 함석헌 논문 선집을 일본어로 번역한 조형균은 「동아일보」에 실린 이 편지를, "고난의 한민족의 현대사는 이 한 편의 글을 낳기 위한 해산의 수고였던가 하는 감회에 젖는다"[152]고 썼다. 「한겨레신문」 기자도 대필을 한 듯하다. 역사학자 이만열은 장기려의 1990년 9월 7일 「한겨레신문」 기고 칼럼에 비

---

151 장기려, "북녘의 아내에게-장기려 박사의 망향편지", 「동아일보」, 1990년 6월 23일, 3면.

152 조형균, "성산 장기려 박사(1909-1995)-그 생애의 비밀을 찾아서-", 《신학연구》, 제46집, 2004, 317-318쪽.

슷한 평가를 내렸다. 당시는 기독교계마저 문익환 목사에 대해 심한 돌팔매질을 하던 신공안 정국이었다. 그렇기 때문에 누구든 문 목사의 거사에 대해 말을 하기가 어려웠다. 그런데 장기려는 공개적으로 문 목사를 비롯한 임수경과 문귀현 신부의 거사를 높이 칭찬했다는 얘기다. 이만열은 이에 대해 "통일을 위한 용기 있고 장한 쾌거"라고 상찬하였다. 기고문에서 예언자적인 목소리를 들었던 듯하다.[153] 그런데 두 편의 명기고문은 모두 장기려가 쓴 글이 아닐 가능성이 높다니!

장기려는 살아생전에 많은 글을 썼는데 거의 모두가 1968년 이후의 것들이다. 32년 동안 이끌었던 성서 모임 소식지 《부산모임》 214편, 청십자의료보험조합 소식지 《청십자소식》[154]에 173편이 남아 있다. 1968년부터 20년 동안, 《부산모임》과 《청십자》에만 387개의 글을 남겼다. 이 숫자에는 신앙적으로 가장 큰 영향을 준 후지이 다케시나 야나이하라 다다오의 성서 강해를 번역한 90여 편은 포함되지 않는다. 장기려는 1965-1972년까지 가톨릭의대 교수였고, 그래서 한 달의 절반은 서울에서, 나머지 절반은 부산에서 생활했다. 이 시기에 서울에서 부산으로, 강의실에서 수술실로 옮겨 다니면서도 43편의 글을 쓰거나 번역했다. 남한에서 독신으로 살았다는 점을 감안하더라도 놀라운 성실함이다. 1982년부터는 일기를 쓰기

153 이만열, "성산 장기려의 삶과 생각", 「성산 장기려 관련 강연 및 논문 모음-성산 자료집 1」, 성산 장기려 선생 기념사업회, 8쪽.

154 《청십자소식》은 1985년 10월부터 제호를 《청십자》로 바꾸었다.

시작했다. 거동이 불편해지기 전인 1992년까지 거의 하루도 빠지지 않고 일기를 썼다. 몸이 아파서 밤을 꼬박 새운 날도 일기는 어김없이 계속된다.

> 내가 하나님의 은혜로 의사가 되어서 학생들에게 강의할 때에 만일 의사가 자기의 배운 것, 경험한 것(그것이 성공한 것이든지 실패한 것이든지)을 써 남겨서 후세에 전하지 아니하면 그는 동료들 중에서 기생충에 지나지 아니할 것이라고 극언을 했다.[155]

회갑이던 1971년을 기점으로 여러 편의 회고 글을 쓰기 시작했다. 1971년에 쓴 "나는 이렇게 믿는다"는 첫 회고에 해당한다. 1976년 6월 8일에서 22일까지 「한국일보」에 연재했다. 《부산모임》 종간호에 쓴 "예수님의 생애와 나의 회고"는 중요하다. 32년간의 성서모임을 접으면서 예수와 자신의 생애를 비교하는 회고의 글을 썼기 때문이다. 1989년 다이어리에 쓴 "한 늙은 의사의 이야기"는 불과 한두 달 전에 썼던 "예수님의 생애와 나의 회고"에 자극되었거나, 앞의 글을 보완하려는 목적이었지 싶다. 이 회고록은 기억력의 감퇴로 가끔 사람의 이름이나 사건의 연대에 착오가 보이긴 하지만 이전 버전보다 훨씬 상세할 뿐 아니라 신문에서 다루지 못했던 실패담 등이 추가되었다.

위의 회고록 말고도 어떤 사건이나 사람에 초점을 맞춘 글도 여

155 장기려, "한 늙은 의사의 이야기", 1989년 다이어리 1월 1일 지면.

럿 남겼다. 평양 생활 10년을 회고한 글이라든지, 자신이 출석했던 평양 산정현교회의 이야기, 믿음에 결정적인 영향을 끼친 주기철 목사와 부인 오정모에 대한 이야기, 직접 경험한 3·1운동과 8·15 해방도 글로 남겼다. 이렇게 회고의 글을 많이 썼음에도 자기 글을 묶어 책으로 내자는 제안엔 단호했다.[156]

바쁜 와중에 많은 글을 썼던 장기려가 북한 아내에게 단 네 줄을 쓰고는 보탤 게 없다며 버텼다는 점은 흥미롭다. 아내를 늘 생각하며 영적 대화를 쉬지 않았기에, 그리고 아내를 향한 자신의 진실한 사랑은 떨어져 있거나 한쪽이 먼저 죽어도 없어지지 않는다는 확신을 했기에 편지 따위는 중요하지 않았을까. 사람이 그럴 수 있을까. 아니면 장기려도 어쩔 수 없는 그 시대의 유교적 교양에 젖어 살가운 편지를 아내에게 건네는 일을 꺼렸을까. 장가용이 기억하기로는 아버지는 평양에 있을 때도 아내에게 일절 애정 표현을 한 적이 없다. 그 때문인지 평소에 북에 있는 아내나 자식들에 대한 그리움을 표현한 적이 없다. 양아들 손동길의 증언이다. 가족들이 정 보고 싶으면 아프다고 표현했다고 한다. 아들 표현을 빌리자면, "문학적 소양도 없으신 분"이, 그래서 글쓰기를 즐기지 않은 분이, 더군다나 의사로서의 일만으로도 벅찼던 분이 말년에 그토록 글쓰기에 열중했다니!

장기려에게 글쓰기는 취미생활의 연장도, 뭔가 멋진 것을 남겨

156 "장기려 선생과 의료봉사", 『선생이 함께하신 발자취-성산자료집 II』, 성산 장기려 선생 기념사업회, 2001, 60쪽.

보자는 욕망의 표현도 아니었다. 그런데도 말년 일기는 전문적인 글쟁이의 치열함을 뺨칠 정도다. 문장을 통해서가 아니라 과중한 업무, 당뇨, 불면증, 심부전증 등으로 시달리면서도 손에서 펜을 놓지 않았다. 일기가 철학적이거나 대단한 아포리즘을 담고 있느냐? 아니다. 오히려 초등학생 일기를 닮았다. 대개는 무표정한 사실의 나열이고, 주어와 동사로 이루어진 멋없는 글이다. 매일의 진료를 "청십자병원 진료 29명"이라는 식으로 하루도 빠짐없이 썼다. 누구를 만나 무슨 음식을 먹었음을 마찬가지로 남겼다. 몇 시에 이발했고, "다리가 아파 고통스럽다", "새벽 2시에 깼다"라고 자기 상태를 쓰기도 했다. 그런가 하면 그날 성경 어느 부분을 읽었는지를 간단한 느낌과 함께 남겨 놓기도 했다. 빼놓지 않고 기록한 것에는 날씨도 있다. 이 모두가 어제와 오늘 사이에 특별히 다를 게 없는 내용이다. 그야말로 사소한 이야기다. 그런데 장기려는 이런 기록을 위해 잠을 줄이고 휴식 시간을 아껴서 일기를 썼다. 자신의 생명이 하루가 다르게 시들어 가고 있음을 의식하면서 소소한 일상을 그렇게 열심히 기록했다. 그렇다면 그 일상의 기록은 사소한가. 장기려의 일기를 보고 있노라면 어느 순간부턴가 하찮게 보이던 일상을 다른 시선으로 바라보게 된다.

# | 7부 |

# 청십자 의료보험 시대

"필요한 때에는 내 피를 뽑아 수혈해 가면서 진료에 힘썼다.
그랬더니 1947년 말에 모범일꾼상금(3천 원)을 보사부로부터 받게 되었다."

## 의료보험의 유래

건강보험(Health insurance)[1]은 20세기 초 서구에서 복지 국가 이념이 등장하면서 생겨났다. 건강보험이란 "국민의 질병, 부상에 대한 예방, 진단, 치료, 재활과 출산·사망 및 건강증진에 대하여 보험급여를 실시함으로써 국민보건을 향상시키고 사회보장을 증진하는 제도"(국민건강보험법 제1조)이다. 건강보험의 핵심은 정부가 의료기관과 환자 사이에 공적 개입을 한다는 점이다. 건강보험을 수요자인 국민과 공급자인 의료기관에게만 맡겨 놓을 수 없음은 오랜 역사가 증명한 사실이다. 이 문제를 국민과 의료기관에 맘대로 할 수 있도록 일임하면 '정보의 비대칭성'이라는 불공정 관계 때문에 환자가 언제나 손해를 보았다. 더 심할 경우 가난한 국민은 치료비 부담 때문에 아파도 병원엘 갈 수 없게 된다. 제3자의 공적 개입이 불가피한 이유다. 결국 정부가 개입하여 건강보험이나 의료보장제도를 운영해야 빈부와 상관없이 공평한 병원 이용이 가능해진다.[2]

1999년까지 시행했던 우리나라 의료보험법(1963년 제정)은 "국민

1 의료보험법이 처음 제정된 1963년부터 국민의료보험관리공단과 139개 직장의료보험조합이 단일조직으로 통합되기 전까지는 의료보험을 사용했으나 2000년 7월부터는 '의료보험' 대신 국민건강보험을 공식 용어로 채택해 사용하고 있다.

2 이상이, 『복지국가는 삶이다』, 도서출판 밈, 2019, 86쪽.

의 질병, 부상, 분만 또는 사망 등에 보험급여를 실시함으로써 국민 보건을 향상시키고 사회보장의 증진을 도모하는 제도"(제1조)였다. 서구에서는 1890년대 이후 현재까지 건강보험(Health insurance)이란 용어를 주로 사용한다.[3] 최초의 공적 건강보험은 독일에서 1883년 시작됐다. 비스마르크는 신생 독일의 법적·정치적 기틀을 구축하는 과정에서 사회주의 확산을 경계함과 동시에 근로자의 환심을 사기 위해 질병보험법 제도를 도입했다.[4] 1891년에는 산재보험, 5년 뒤에는 연금보험, 1927년에는 고용보험을 실시했다.[5] 1883년에 시행한 건강보험은 대기업 생산직 근로자를 중심한 지역 단위 조합의 결성이었다. 비용은 고용주가 3분의 1, 근로자가 3분의 2를 부담했다.[6]

20세기 초반부터는 영국, 프랑스 등이 정부 주도의 건강보험을 앞다퉈 실시하였다. 미국은 대공황을 겪은 1935년 이후 공적 건강보험 논의를 시작했다. 그러나 의사단체 등의 반발로 정부 주도의 건강보험 도입은 실패했다. 일본은 1927년에 상시근로자 10인 이상 사업장을 대상으로 공적 건강보험을 도입했다. 1938년부터는 지역가입자와 자영업자 등을 대상으로 한 국민건강보험을 실시했다.

2010년 현재 전 세계 60여 개국에서 정부주도의 강제가입 건강

---

3 보험미래포럼, 『건강보험의 진화와 미래』, 21세기북스, 2012, 기원과 발전 부분.

4 보험미래포럼, 위의 책, 기원과 발전 부분.

5 보험미래포럼, 위의 책, 15번 미주.

6 보험미래포럼, 위의 책, 기원과 발전 부분.

보험이 시행되고 있다. 그러나 건강보험의 유형은 나라마다 다르다. 일부 국가들은 강제 가입을 제도화했고, 건강보험을 보충하기 위해 민영건강보험을 허용했다.

우리나라 의료보험은 1933년 「동아일보」를 통해 처음 소개됐다. 의료보험법은 그로부터 30년 뒤인 1963년 12월 16일에서야 제정했지만 말이다. 박정희 정권은 한 나라의 사회보장제도 구축이라는 중장기적 종합계획 아래서 만들어야 할 의료보험을 졸속 추진했다. 경제·사회적 여건이 성숙되지도 않았고, 국민의 요구가 없음에도 사회정의 구현이란 명분을 앞세워 밀어붙였다. 쿠데타로 집권했기에 국민들의 환심을 사는 일이 절실했고, 그러기 위해서는 조기에 성과를 내야했지 싶다. 1962년 하반기 현재 1인당 국민소득은 94.4달러였고 1인당 의료비 지출 규모가 월 평균 66원 70전에 불과했다. 3000원의 소득에도 미치지 못하는 대다수 절대 빈곤층은 병원에 갈 수가 없어 약국 이용에 만족했다.[7] 시민들은 사회보험이 뭔지 몰랐고, 안다고 해도 보험료 부담 때문에 엄두도 못낼 형편이었다. 게다가 당시 의료보험은 임의 가입 규정을 두고 있던 터라 13년 넘게 의료보험법은 사실상 "아무런 작동도 하지 않는 식물상태"였다.[8] 그마저도 상당 기간 시범 운영에 불과했다.

1965년 4월 23일 처음으로 서울에서 '중앙의료보험조합'이 설립 인가를 받았다. 의료보험법을 제정한 지 1년 4개월 만에 생긴

---

7 국민건강보험공단, 『국민건강보험 40년사—통사편』, 63쪽.

8 이상이, 『복지국가는 삶이다』, 도서출판 밈, 2019, 83쪽.

첫 시범사업 의료보험조합이었다. 그러나 중앙의료보험조합은 사업비 부족으로 7개월 만에 문을 닫았다. 그로부터 10년간 우리나라 의료보험조합은 전남 나주의 '호남비료(한국종합화학) 의료보험조합'(1965), 경북 문경의 '봉명흑연광의료보험조합'(1966), '대한석유공사의료보험조합'(1973), '협성의료보험조합'(1975) 등 총 4곳에서만 시범적으로 실시했다.[9] 그로 인해 피보험자는 1974년까지 전 국민의 0.15퍼센트, 즉 4만 9000명에 불과하였다. 사실상 무용지물이었던 셈이다.[10] 정부에서 발행한 『국민건강보험 40년사』 조차 초창기 의료보험법 시행을 실패로 서술했다.

> 정부는 '의료보험법'을 제정한 이후 시범사업을 실시하며 의료보장 확대를 위한 첫걸음을 시작했다. 그러나 현실적인 여건이 열악한데다 법제도의 미비함으로 인해 의료보험제도는 자리를 잡지 못했고 법규정은 사실상 사문화 상태가 되고 말았다.[11]

9 국민건강보험공단, 『국민건강보험 40년사-통사편』, 58-61쪽.

10 보험미래포럼, 『건강보험의 진화와 미래』, 21세기북스, 2012, 기원과 발전 부분.

11 국민건강보험공단, 『국민건강보험 40년사-통사편』, 61쪽.

## 박정희는 의료보험의 아버지인가

우리나라 국민건강보험은 전 세계에서 가장 짧은 기간에 전 국민을 포괄하는 제도로 자리잡았다. 건강보험은 대다수 국민들이 꼭 지켜내야 할 제도로 생각하는 거의 유일한 복지제도다. 1883년에 세계 최초로 국가 주도의 의료보험을 도입한 독일은 전 국민 의료보험을 만들기까지 100년(1883-1988), 일본은 31년(1927-1958) 걸렸다. 우리나라는 의료보험법이 제정된 1963년부터 따지면 26년, 임의가입에서 강제가입으로 법을 개정해 실시한 직장의료보험부터 따지면 불과 12년만에 전 국민 의료보험 시스템으로 발전했다. 2020년 현재 우리나라는 OECD 국가들 중에서 최상위 몇 개 나라만 받을 수 있는 의료 서비스를 받고 있다.[12] 전 세계의 많은 개발도상국들은 대한민국의 국민건강보험제도를 배우기 위해 매년 여름 공무원들과 관계전문가들을 우리나라에 보내고 있다. 모든 국민을 포괄한 급여 보장성 수준이 낮다는 점에서 실질적 보편주의를 구현하지 못한 한계가 분명하지만 우리나라의 보편주의 복지는 많은 나라로부터 부러움을 사고 있다.[13]

---

12 신영수, "의료보험 도입 30년의 성과와 한계, 그리고 새로운 과제", 《대한의사협회지》, 2007년 12월호, 569쪽.

우리나라 국민건강보험이 세계적으로 조명을 받기 시작하면서 박정희 전 대통령을 '건강보험의 아버지'라고 주장하는 사람들이 생겨났다. 박정희 정권에서 한자리 차지했던 사람들은 회고록에 앞다투어 의료보험 이야기를 썼다. 2009년에 김종인은 보사부 장관의 반대가 있었지만 자신이 청와대 비서실장을 만나서 "학생운동과 노동자들의 분배 요구가 맞물려 합쳐지게 되면 큰일"이라고 설득한 결과 대통령이 의료보험 실시를 결단했다고 주장했다.[14] 그러나 1977년 당시 보사부 복지연금국장이던 최수일은 반대로 말한다. 신현확 장관의 확고한 결심 때문에 의료보험 추진이 가능했다.[15] 사회보장심의위원회 위원인 이광찬[16]과 김종대 보사부 사회보험국장도 "의료보험 실시가 가능하다는 부처 최고책임자(신현확 장관)의 확고한 결심을 바탕으로 제도 내용 및 시행을 대통령에게 건의"하였기에 의료보험 시대가 열릴 수 있었다고 말했다.[17]

종합하면 의료보험 시행의 일등 공신을 두고 "신현확 주도의 '박정희-김정렴-신현확'론과 신현확의 반대 때문에 김정렴, 김종인 주도의 '박정희-김정렴-김종인'론"이 맞섰다. 박정희가 정책의 최종

---

13 이상이, 『복지국가는 삶이다』, 도서출판 밈, 2019, 112쪽.

14 곽우신, "김종인 '나는 의료보험 만든 당사자…' 문 정부, 자화자찬할 이유 없다", 「오마이뉴스」, 2020년 3월 29일.

15 최수일, 『대한민국의 의료보험, 이렇게 만들어졌다』, 대한민국CEO연구소, 2018, 127-130쪽.

16 이광찬, 『국민건강보장쟁취사』, 양서원, 2009, 69쪽.

17 조영재, 『한국의 복지정책 결정과정』, 나남, 2008 중 최수일과의 인터뷰(2006년 6월 9일) 재인용.

결정을 했다는 사실 말고는 자신이 의료보험에 주도적 역할을 했다는 제각각의 주장만 남는다. 우석균 인도주의실천의사협회 공동대표의 말처럼 국민건강 보험제도가 인기가 높다 보니 "성공한 제도에는 아버지가 많은 법"이다. 「조선일보」 주필 양상훈은 박정희가 5·16군사쿠데타 직후에 비록 유명무실하긴 했으나 건강보험의 기틀을 잡았고, 1977년에 건강보험을 실시했으니 '건강 보험의 아버지'라고 주장했다.[18]

'대한민국의 복지는 보수가 시작했다'거나 '박정희가 의료보험의 아버지'라는 주장은 2010년 6월 지방 선거를 앞두고 여러 토론회를 통해 인구에 회자되었다. 그 이후에도 보수 논객들이 "원래 복지는 역사적으로 보수진영으로부터 시작되었다고 강변하면서 우리나라의 사례로 박정희 대통령의 법정의료보험제도를" 언급하는 걸 종종 접했다고 했다. 과연 박정희는 건강보험의 아버지인가?

> 내가 이런 말을 들으면서 가장 우려하는 것은 우리 사회 최고의 지식인으로 인정받고 있는 사람들조차 박정희 대통령이 도입했던 법정의료보험제도에 대해 도입의 배경이나 구체적인 내용을 잘 모르고 있다는 사실이다. 그럼에도 마치 본인들이 잘 아는 것처럼 언론과 대중 앞에 나가서 우리나라의 의료보험제도가 박정희 대통령의 작품이라고 말해 버린다는 것이다.

1977년 7월 1일부터 500인 이상의 사업장 근로자와 공업단지의

18 양상훈, "81억 원짜리 미국 병원 청구서", 「조선일보」, 2009년 5월 6일.

> 근로자를 강제 가입시키는 법정의료보험제도를 박정희 정권이 시작한 것은 명백한 사실이다. 하지만 우리는 여기서 몇 가지의 중요한 사실들을 확인해 볼 필요가 있다. 그래야 법정의료보험제도를 둘러싼 총체적 진실이 보이기 때문이다.[19]

제주대 의학전문대학원 이상이 교수의 말이다. 이처럼 박정희가 도입한 건강보험제도는 여러 한계가 분명했다. 당시에는 "번듯한 직장"에 다니지 않으면 의료보험 혜택을 받기가 힘들었다.[20] 그런데도 박정희 정권 출신 실세들은 이런 사실엔 함구한다. 특히 박정희가 공적 의료보험제도를 5·16군사쿠데타 이후 도입을 해놓고 왜 1977년까지 방치했는지 거의 아무런 답도 내놓지 못한다. 우석균은 차라리 4차 5개년계획 최종 보고회의 이틀 전에 정보부(안기부) 판단관이 대통령에게 건의한 내용이 더 설득력이 있다고 주장한다.

> 가장 위험한 안보 취약 지대는 봉천동, 상계동 등의 판자촌 빈곤 주민들인데 이들이 일단 병에 걸리면 치명적이 되는 상황이어서 유사시엔 예측 불가하다. 따라서 이들에 대한 의료보장 대책이 시급하다"는 건의를 박정희가 받아들여 의료보험을 실시했다는 주장이다.[21]

---

19 이상이, 『복지국가는 삶이다』, 도서출판 밈, 2019, 85쪽.

20 송영훈, "누가 현재의 '전 국민 건강보험'을 만들었나?", 「뉴스톱」, 2018년 12월 15일.

21 우석균, "박정희가 '건강보험의 아버지'인가?", 「르몽드 디플로마티크」, 2010년 7월호.

반면에 개혁·진보 측에서는 박정희가 아니라 민중 또는 1986-1987년의 민주항쟁에 참여했던 시민이 건강보험의 아버지라고 주장한다. 세 학자의 주장을 차례로 살펴보자. 우석균은 2010년에 한국어판 「르몽드 디플로마티크」 기고를 통해 건강보험의 아버지는 '민중'이라고 주장했다.

> 박정희가 건강보험의 아버지라고? 그는 사회운동의 위협에 정권을 지키기 위해 정부가 전혀 책임지지 않는, 살아나가기조차 힘든 기형적 제도의 의료보험제도를 도입했을 뿐이다. 이 기형적 건강보험을 여러 번의 대수술을 거쳐 지금 모습으로 만든 것은 오로지 사회운동의 몫이었다. 건강보험을 낳고 키운 진짜 어머니와 아버지는 민중이었고, 또 앞으로 건강보험을 튼튼하게 키워 나가야 할 부모도 바로 이들이다.[22]

이상이 교수는 1883년 이후 각 나라에서 시행했던 건강보험은 돈 없어서 병원에 못 가는 사회 취약 계층 보호가 목적이었는데 박정희가 시행한 의료보험은 오히려 가난한 사람들을 차별하고 사회 불평등을 심화시켰다고 지적했다. 이유는 다음과 같다. 첫째, 박정희의 의료보험은 서민과 보통 사람들을 위한 제도가 아니었다. 1977년에 500인 이상 대기업 직장인을 강제 가입으로 첫 의료보험을 실시했을 때 그 혜택을 본 사람들은 전 국민의 8.8퍼센트(약 300

22 우석균, 위의 글.

만 명)에 불과했기 때문이다. 문제는 그 8.8퍼센트가 우리나라의 빈곤 계층인 농·어촌이나 도시 서민이 아니라 "높은 보수의 안정된 직장을 가진 우리 사회 중산층 이상" 근로자였다는 사실이다.[23] 이런 선별적, 차별적 보호 방침은 불의다. 더군다나 박정희 군사정권은 의료보험에 들어가는 모든 비용을 사용자인 대기업과 피고용인들에게 떠넘겼다. 둘째, 박정희의 의료보험 실시는 중화학공업의 육성에 그 목적이 있었다. 돈 없어 병원 못 가는 국민의 생명 보호가 아니라 엘리트 근로자와 그 가족들의 건강을 위해 의료보험을 실시했다. 셋째, 박정희 의료보험은 야당과 노동자들로부터 독재 체제를 지키기 위한 일종의 회유책이었다. 1977년은 야당이 재야 및 노동운동과 합세하여 유신체제와 사생결단을 하던 시기였다. 가난한 노동자와 도시빈민들의 분노가 유신 체제의 숨통을 조이고 있었다. 이런 시기에 박정희는 14년간 잠자고 있던 의료보험법의 강제 시행을 결정했다. 역사학자 전우용의 말마따나 현재의 국민 건강보험 제도는 박정희가 준 '선물'이 아니다. "우리 국민들 자신이 살인적 폭력과 최루탄에 맞서 싸워 만든 제도"가 의료보험이다.

"박정희가 의료보험 하나는 잘 만들었다"는 글이 자주 보이기에, 한마디 얹습니다. 우리나라 의료보험법은 1963년에 처음 제정되어 1964년부터 시행됐습니다. 당시 군사정권은 '무상의료'를 자랑하는 북한에 맞서기 위해 이 제도를 만들었지만, 임의가입 방식이었기 때

23 이상이, 『복지국가는 삶이다』, 도서출판 밈, 2019, 87쪽.

문에 가입자는 거의 없었습니다. 고용주와 피고용인이 보험료를 분담하는 강제 가입 방식의 의료보험 제도가 시행된 건 1977년이었습니다. 이때는 공무원, 군인, 교사, 상시 500인 이상을 고용하는 대기업 노동자만 의료보험에 가입할 수 있었습니다.

1977년은 유신체제가 종말을 향해 치닫던 때였습니다. 특히 당시 주력 수출산업으로 육성하던 중화학 공업 분야 대기업 노동자들은 극단적인 저임금에 불만이 매우 높았습니다. 대기업에서 파업이 일어나면 '국민경제'에 미치는 영향이 지대할 것이라 판단한 박 정권은 대기업 노동자들을 회유하는 한편, 공무원, 군인, 교사 등 정권의 중추를 이루는 사회세력의 환심을 사기 위해 '특권적 의료보험 제도'를 만들었습니다. 당시 의료보험증은 특권층의 신분증 구실을 했습니다. 의료보험증만 맡기면 어느 술집에서나 외상술을 먹을 수 있을 정도였습니다. [중략] 자기 자신이, 또는 자기 부모가 싸워서 얻은 권리를 남이 '선물'한 것으로 생각하면, 허무하게 빼앗기기 쉽습니다. 우리 스스로 만든 것을 누구라도 함부로 훼손하게 놔둬선 안 됩니다. '민영 의료보험증'을 가진 사람이 공공연히 특권층 행세하는 시대로 되돌아가서도 안 됩니다.[24]

24 전우용, 2018년 12월 11일 「페이스북」

## 성경 공부도 좋지만 사회에 유익한 일을

청십자의료보험조합(이하 '청십자')은 부산모임에서 싹이 텄다. 성실하게 살고 진실되게 믿으려는 작은 성서 모임에서 이런 창조적 제안이 나왔다는 점은 퍽이나 인상적이다. 장기려는 월남 직후부터 의료보험을 해야 한다는 생각을 하고 있었다. 1951년 제3육군병원 원보에 게재한 글을 통해 의료보험 구상을 밝혔기 때문이다.

> 나는 이북에서 의료보험 제도를 체험하고 온 터라 월남 후에도 항상 의료 혜택 문제에 관심을 갖고 있었고, 그래서 복음병원도 해 본 것인데 복음병원은 확장·발전하는 과정에서 무료 병원의 성격이 변해 새 길을 모색하고 있었다. 즉 이북서는 강제적으로 된 것이지만 우리는 자유롭게 자의로 협동해서 할 수 없겠는가, 그러면 더 좋은 것이 되지 않겠는가 하는 생각을 그동안 갖고 있었던 것이다. 그래서 우리(채규철,[25] 조광제, 김서민 씨 등)는 그런 이야기가 나오기가 바쁘게

---

25 1937년 10월 10일 함경남도 함흥시 출생이다. 서울 시립농업대학을 졸업하고 덴마크 하슬레브 대학을 수료했다. 풀무농업기술학교 교사와 서울 청십자의료보험협동조합 전무를 지냈고 장미회(간질환자 진료 사업 모임)를 창립했다. 두밀리자연학교 교장을 지냈다. 저서 및 역서로는 『저 높은 곳을 향하여』, 『사람은 두 번 죽지 않는다』, 『사명을 다하기까지 죽지 않는다』, 『마틴 루터 킹의 사랑의 힘』, 『나에게는 꿈이 있습니다』 등이 있다.

의료협동조합을 만들기로 합의했다.[26]

> 저는 이북에 있을 때 의료보험제도가 의료비의 경감(輕減)을 가져다주는 것을 알았었다. 그리고 소시민의 치료비도 1회에 8원이면 되었고 의료보험에서는 모범일꾼들(소수이었으나)을 1년에 10일씩 휴양을 보내 주고도 남은 돈으로 대학병원을 건축한 것을 보고 왔다. 처음 이곳에 왔을 때 이북에서는 강제 가입제를 실시해서 되었는데, 우리 한국인은 지혜가 있는 사람들인 고로 자유의사를 가지고 "건강했을 때 회비를 내어가지고 그 돈으로 현재 병중에 있는 환자의 치료비를 도와주고, 자기가 병이 들었을 때에는 도움을 받을 수 있는 '의료보험협동조합'을 발기해서 시작하면 될 것이라"고 믿어졌다. 그래서 1945년[1951년의 오타] 제3육군병원 원보에 그 의사를 밝힌 바 있었으나 별 호응은 없었다.[27]

이처럼 장기려는 전쟁의 와중에 군속으로 부상병 치료와 외과 총론 강의를 하면서 어떻게 하면 의료 혜택을 더 많은 사람들에게 줄 수 있을까를 고민했다. "같이 일할 수 있는 협력자를 얻을 수 없어 단념하고 있었다"는 회고를 남긴 것을 보면,[28] 의료보험 구상이 꽤

---

26 장기려, "나의 이력서 23-청십자의료보험", 「한국일보」, 1976년 7월 15일.

27 장기려, "청십자의 나아갈 길-청십자 창립 17주년에 즈음하여", 《청십자소식》, 1985년 5월 6일.

28 장기려, "한 늙은 의사의 이야기", 1989년 다이어리 9월 4일 주간 스케줄 지면.

나 구체적이었던 듯하다. 장기려가 전쟁 중에 의료보험을 제안하는 글을 병원 원보에 게재했다는 사실은 놀랍다. 대한민국 최초의 의료보험 구상이 아니었을까 싶기 때문이다. 그렇다면 장기려가 북한에서 경험한 의료보험이 어떤 제도였는지를 알아보기로 하자.

1946년 3월 23일 북조선임시인민위원회는 '조선임시정부 수립을 대비한 20개 정강'을 발표했다. 정강 중에는 노동자와 사무원의 생명보험과 빈민 무료치료 조항이 들어 있었다. 정강 내용은 지금 읽어 보아도 놀랍다. 8시간 노동제와 최저임금제, 13세 이하의 소년 노동 금지, 13-16세 소년의 6시간 노동제 실시, 전반적인 인민 의무교육제, 빈민 무료 치료 등을 해방이 되고 1년이 채 안 된 시점에 명문화했기 때문이다.[29] 김일성 정권은 그해 12월에 '사회보험법'을 제정하고 1947년 1월부터 전체 노동자, 사무원 및 그 부양가족의 무상치료를 실시했다. 무료 치료를 받는 대상자는 전 인민의 5분의 1이나 됐다.[30] 1960년대에 들어서자 북한은 완전하고 '전반적인 무상치료제'를 실시했다.[31] 전반적인 무상 치료제란 모든 인민(국민)을 대상으로 한다는 뜻이고, 완전하고 전반적인 무상 치료제는 무의리(無醫里), 즉 의사가 없는 동리의 해소, 의사담당구역제 실시, 의료기구 및 의약품의 현대화 등을 통한 의료봉사의 질적 수준 향상을 의미한다. '인민보건법'의 관련 조항은 다음과 같다.

---

29 강만길 외, 『한국사 21-북한의 정치와 사회 1』, 한길사, 1995, 106쪽.

30 강만길 외, 『한국사 22-북한의 정치와 사회 2』, 한길사, 1995, 392-393쪽.

31 황상익, 『1950년대 사회주의 건설기의 북한의료』, 서울대학교출판부, 2006, 11쪽.

"국가는 모든 공민에게 완전한 무상치료의 혜택을 준다. 로동자, 농민, 병사, 근로인테리를 비롯한 모든 공민은 무상으로 치료받을 권리를 가진다. 모든 의료 봉사는 완전히 무료이다."(제9조)

"국가는 로동능력을 잃은 사람, 돌볼 사람이 없는 만성환자, 연로한 환자들에게 무상 치료의 혜택이 잘 차례지도록 그들을 책임적으로 돌보아 준다."(제12조)

'환자 및 산전산후휴가를 받은 녀성들과 그 부양가족에게 식량, 보조금, 분배몫을 준다."(제13조)[32]

북한이 의료 분야에 얼마나 관심이 많았는지는 1946년 전체 예산 중에서 보건 관련이 6.2퍼센트였다는 점에서 잘 드러난다.[33] 장기려는 북한 의료보험을 잘 고치기만 한다면 가난한 사람들이 좀 더 쉽고 체계적인 의료 혜택을 받을 수 있겠다고 생각했다. 전쟁 와중에 언젠가는 이 생각을 구체화하겠다고 마음먹었다.[34]

병원 원보에 의료보험 구상을 밝히고 난 후 6개월이 채 안 되어 장기려는 복음의원을 시작했다. 전쟁이 끝날 때까지 복음의원은 20만 명의 환자를 무료 치료하였다. 그러나 병원을 송도로 옮기며 장비를 확충하고 직원들을 늘리는 과정에서 민주주의가 무너졌다. 더 심각한 문제는 가난한 환자들이 병원 문턱 넘기가 점점 어려워지고

32 황상익, 위의 책, 12쪽.

33 황상익, 위의 책, 27쪽.

34 장기려, "청십자의료보험-나의 이력서 23", 「한국일보」, 1976년 7월 15일, 4면.

있었다는 점이다. 그런 사정을 잘 알고 있던 전종휘는 복음병원을 포기하고 서울대 의대 교수 직에 충실하자고 했다. 그 와중에 가난한 환자들은 장기려 원장에게 매달려 입원비를 감액하거나 무료로 해 달라고 조르는 일이 많았다. 어떤 환자는 입원비 대신 병원 잡일을 하겠다고 나섰다. 이들의 치료비를 병원장 월급으로 대납하거나 환자가 가진 돈만 받는 일도 잦았다. 병원 운영진은 매우 난처해했다. 과장 회의를 열어 원장이 무료 환자들을 처리할 때 부장 회의를 거치도록 규칙을 만들었다. 병원 운영도 문제지만 개중에는 돈이 있으면서도 속이고 입원비를 안내는 얌체 환자가 있었다. 적절한 행정 조치가 불가피하다는 주장이 우세했다. 하는 수 없이 장기려는 딱한 환자들이 밤에 도망갈 수 있도록 병원 뒷문을 열어 주었다. 다음 날이면 서무과에서 도망간 환자 때문에 난리가 났다. 거짓말 못하는 병원장은 자초지종을 털어놓았다.

장기려는 부산모임 멤버들과 이런 고민을 지속적으로 나누었다. 부산모임 초창기 멤버였던 조광제는 '청십자' 설립이 가능했던 이유로, '10년이나 성서 집회를 가지면서 얻은 철학'을 꼽는다.[35] 그러나 철학만으로는 '청십자'가 태동할 수 없었다. 아직 '2퍼센트가 부족'했다. 그 '2퍼센트의 부족'은 채규철이 채웠다. 어린 시절의 꿈을 따라 서울시립농대 수의학과에 진학한 채규철은 《사상계》를 몰래 탐독하던 청년이었다. 모교인 서울 시립농업대학 교수 김정환의 영향을 받은 채규철은 스승을 통해 노평구가 펴내던 《진리와 독립》

35 조광제, "의료보험에 있어서의 협동문제", 《부산모임》, 제4호, 1968년 5월호, 7쪽.

이란 잡지를 접했다. 군대를 제대하고는 충남 홍성 풀무학원 교사에 지원했다. 김정환이 노평구를 연결시켜 주었기 때문이었다.[36] 5년간 교사로 재직한 채규철은 덴마크 초청 국비 장학생으로 유학을 떠났다. 먼저 덴마크로 유학을 떠난 후배 유병현의 배려 때문이었다. 1년간 하슬레브 대학에서 덴마크 건설의 근본 요인이 된 '국민고등학교 운동'과 협동조합 공부를 하였다.[37] 채규철은 귀국길에 올라 스위스를 거쳐 인도로 갔다. 간디의 제자들이 펼치고 있던 '부단운동', 즉 "땅을 바치는 운동"을 견학하고 비노바 바베(Vinoba Bhave, 1895-1982)[38]를 만났다. 캘커타로 이동해서는 타고르가 시작한 비스바바라티 대학을 견학하고 1967년 가을 귀국했다.

부산에 정착한 채규철은 복음간호전문학교와 동서신학교 등에서 강의를 하던 중 함석헌의 소개로 장기려를 만났다.[39] 그가 부산모임과 인연을 맺게 된 건 사별한 아내가 복음병원에서 폐결핵 치료를 받았기 때문이다.[40] 병원장이 환자들의 입원비를 대책 없이 감면해 주거나 도망치게 한 일로 복음병원이 난감해하던 즈음의 일이다. 가난한 환자를 사랑하는 장기려를 채규철은 그렇게 만났다. 하

---

36 이기환, 위의 책, 155-166쪽.

37 채규철, "십 원짜리 인생의 애환 1", 《청십자》, 제283호, 1987년 8월 31일.

38 인도의 독립운동가, 철학자, 명상가. 브라만 가정에서 태어났으나 스스로 육체 노동자의 길을 선택, 최하층 사람들과 어울리며 평생을 함께 생활했다. 간디와 함께 비폭력, 영적 생활을 추구했고, 인도의 정신적 전승에 대한 연구는 물론, 세계 모든 종교에 대한 연구에 정진했다. 죽음에 임하여 모든 음식을 거부하고 단식 80일 만에 스스로 목숨을 끊었다.

39 이기환, 위의 책, 230쪽.

40 이기환, 『성산 장기려』, 한걸음, 2000, 287쪽.

지만 언제까지 그런 방식으로 가난한 환자 치료 문제를 해결할 수 없음도 자명했다. 1968년 2월의 어느 일요일 부산모임에서 채규철은[41] "이렇게 모여서 성경 공부를 하는 것도 좋지만 사회인들에게 유익한 일을 하는" 것이 어떻겠느냐고 제안했다. 채규철이 그런 제안을 할 때 사회에서는 정부에서 시행하는 의료보험 시범사업의 지지부진한 상황을 타개하려는 '의료보험법' 개정 논의가 한창 진행 중이었다. 부산모임은 채규철의 제안으로 의료보험 논의를 시작했다. 그는 미국의 '청십자/청방패 운동'(Blue cross/Blue Shield)[42]과 같은 의료보험조합을 모델로 제안했다. 덴마크에서 소지하고 있던 의료보험증을 멤버들에게 보여 주면서 그곳에서 받았던 무료 치료 경험을 이야기했다.

> 제가 덴마크에 있을 때, 한 번은 지독한 감기 몸살이 나서 아주 고생을 한 적이 있습니다. 남의 나라에서 병이 나니까 더 난감하더군요. 돈도 없고, 아는 사람도 없고, 그래서 혼자 끙끙 앓다가 도저히 견딜 수가 없게 돼서 병원에 며칠 입원했는데, 병원 입원실에 누워서도 병원비 걱정 때문에 마음이 영 편치 않더군요. 결국 퇴원 날이 돼

41 장기려, "나의 생애와 확신", 《부산모임》, 제59호, 1977년 6월호, 36쪽. 장기려는 4월로 기억하고 있지만 3월 8일에 미문화원에서 의료보험 발족을 위한 공개강좌가 열린 것을 보면 채규철이 기억하는 시점이 더 정확한 듯하다.

42 청십자(Blue Cross)와 청방패(Blue Shield)는 미국의 비영리보험제도다. 미국에는 우리나라의 의료보험 같은 공보험 제도가 없다. 2억 8000만 명의 인구 중 미국 정부로부터 보험 혜택을 받는 국민은 군인, 극빈자, 20년 이상 사회보장세를 낸 사람 등을 합하여 총 6700만 명 정도다.

서 잔뜩 긴장을 해 가지고, '치료비가 많이 나오면 돈이 없으니 봐 달라고 싹싹 비는 수밖에 없겠구나' 하고 속으로 생각하면서 치료비가 얼마냐고 물었죠. 그런데 그 병원 직원이 하는 말이, 돈을 낼 필요가 없으니 그냥 가라는 거예요. 그래서 그게 무슨 소리냐고 물었더니, 덴마크는 평소에 사람들이 돈을 벌 때마다 세금으로 따로 떼어서 의료비를 비축해 놓았다가 누구든지 아프면 병원에 가서 무료로 치료를 받을 수 있도록 해 놓았다는 겁니다.[43]

채규철의 제안에 장기려는 물론 김서민과 조광제도 찬성했다. 네 사람은 곧 의료보험조합 결성에 들어갔다. 어떻게 조합을 결성할 것인지는 이미 장기려에게 아이디어가 있었다. 각 교회에서 집사 한 사람만 교회 내의 어려운 가정을 돌봐 주겠다는 협조만 얻어내면 가능하다고 했다. 조광제는 미문화원에서 미국 의료보험 자료 수집에 들어갔다. 특히 1929년의 미국 대공황 때문에 파산한 실업자를 대상으로 시행했던 민간의료조합 '블루크로스(Blue Cross, 청십자)'를 공부했다. 그래서 조합 이름은 '청십자의료보험조합'으로 정했다.

미국은 일반인 대상의 민영건강보험을 남북전쟁 전후 시기에 시작했다. 1920년대까지 미국에선 의료보험의 필요성을 느끼는 사람이 거의 없었다. 일부 사람들이 질병보험에 가입할 뿐이었다. 미국 청십자 운동은 1929년 2월 미국 텍사스 주 댈러스 시의 베일러 대

---

43 김은식, 『장기려-우리 곁을 살다간 성자』, 봄나무, 2006, 133쪽.

학교에서 킴볼 부총장이 시작했다. 건강 문제로 교사들이 결근한 날짜로 의료 수요를 계산하고 베일러 병원 운영비로 비용을 산정하는 방식이었다. 킴볼 박사는 청십자를 조직하고 교사들로부터 걷은 보험료로 질병기금을 조성했다. 2020년 현재 미국 청십자는 36개 건강보험회사에서 1억 600만 명의 가입자를 확보한 최대 민간보험 연합체로 성장했다.[44] 처음엔 베일러 플랜(Baylor Plan)이란 이름으로 댈러스 학교 교사를 중심으로 운영되다가 1933년 19세기에 창립한 미국병원협회(American Hospital Association, AHA)로부터 인정을 받아 전국 규모의 조직으로 성장했다.[45] 이처럼 미국에서 민영보험의 붐은 대공황 시기에 일어났다. 유럽이나 러시아처럼 국민건강보험제도가 정착되지 않았던 상황에 들이닥친 대공황으로 많은 근로자와 서민들은 병원과 의료서비스 비용 지불을 감당할 수 없었다. 그 상황의 타계책으로 민영보험이 생겼다. 1932년에 블루크로스는 미국병원협회로부터 인가를 받았다. 장기려와 채규철이 미국 블루크로스를 연구한 이유는 이광찬의 설명에서 잘 드러난다.

> 이 보험은 처음에는 환자들의 경제적 부담을 줄여 주고 병원경영의 안정화를 도모하여 단순히 병원이 연간 일정액의 비용으로 일정 기간의 병원 서비스를 해 주는(예, 연간 6달러의 비용으로 21일까지 입원 보장) 계약의 보험을 판매하는 형식이었다. 그후 미국병원협회가 중심

44 최석호, "국민건강보험 뿌리 논쟁", 「기독신문」, 2020년 4월 28일.

45 "청십자 운동의 약사", 《청십자뉴스》, 제27호, 1970년 11월 15일.

> 이 되어 각 주별로 별도의 비영리조직을 만들어 서로 겹치는 것과 경쟁을 방지하였고 주정부의 감독을 받도록 규정하였다. 뉴욕 주를 시초로 하여 1939년까지 25개 주가 이러한 형식의 보험에 관한 법률을 제정했다. 이러한 병원 중심의 민간보험은 비영리조직에게 주는 면세 혜택과 병원과의 특별한 관계 때문에 초기 발전과정에 기존의 민간보험과의 경쟁에서 유리한 위치를 차지하였다. 1940년에 민간보험회사의 가입자는 370만 명인데 비하여 39개의 블루크로스 가입자는 600만 명에 이를 정도였다.[46]

미국은 1939년 의사들이 의료서비스를 지원하는 '블루 쉴드'(Blue Shield, 청방패) 보험제도를 만들었다. 블루 쉴드는 의사들이 주도하여 만든 민간보험으로 일정액의 보험료를 받고 정해진 범위 내의 모든 서비스를 포괄적으로 제공하는 '정액 보험료-포괄적 서비스' 방식이었다.[47]

---

46 이광찬, 위의 책, 488쪽.

47 이광찬, 위의 책, 488쪽.

# 청십자의료보험의 창립

장기려와 부산모임의 의료보험조합을 위한 첫 발걸음은 3월 8일의 미문화원 공개회의로 시작했다. 미문화원 원장 랄프 루이스(Ralph Lewis)가 발제를 맡아 미국의료보험제도를 소개했다. 준비를 끝내자 부산 시내 100교회에 '청십자' 창립 호소문을 보냈다. 실무 주역들은 각 교회 수요 예배 광고 시간에 '청십자'를 홍보했다. 3월 28일의 준비총회에는 17명의 교회 대표가 참석하여 서원길, 채규철, 손창희, 장지석, 조광제를 정관 작성 소위원으로 선출했다.[48]

4월 11일에는 부산 시내 23개 교회 대표자가 모여 의료보험협동조합 발족을 결의하고 정관 초안 작성을 마쳤다. 채규철이 덴마크에서 모아 온 자료의 도움이 컸다.[49] '청십자' 창립 총회는 5월 13일 초량동 복음병원 분원인 복음의원에서 열렸다. 창립 이전에 이미 723명이 조합원으로 가입했고 창립총회에는 28명의 대의원들이 참석했다. 대의원들은 각 교회를 대표하는 집사들과 의료보험을 실무적으로 추진했던 사람들로 구성했다. 장기려는 창립총회 연설을 통해 '청십자'는 교회와 같은 조직과 정신이 필요하다면서 복음병

---

48 "의료보험 일지(업무 이전)", 《청십자뉴스》, 제2호, 1968년 9월 10일.

49 김서민 전 청십자 의료보험조합 초대총무와 2006년 8월 인터뷰.

원과 협력을 당부했다. 초대 교회에 있었던 재산 공유는 사회주의 국가나 공산주의 체제처럼 강압에 의해 이루어진 것이 아님을 상기시키며 '청십자'도 자발적 의사와 성령 충만 가운데 사랑으로 이 일을 이루자고 호소했다. 《청십자뉴스》는 창간사에서 창립 정신을 이렇게 소개한다.

> 의료보험조합의 정신은 건강할 때에 조합원 중에서 갑자기 발생한 환자를 위하여 서로 돕는 정신으로 가입하는 것이며 자신도 만일 병이 나면 그와 같은 도움을 받을 수 있다는 것입니다.[50]

장기려는 교회 대표들만 모인 창립총회 석상에서 "인종, 정치에 관계없이 위의 목적을 찬동하는 자는 누구나 가입할 수 있다"[51]는 점을 분명히 했다. 지금 시점에서 보자면 누구나 회원이 될 수 있다는 자격 요건이 지극히 당연하다. 그러나 구제나 장학 사업에서 반드시 교인이거나 자기 교회에 출석을 해야 한다는 조건을 아무렇지 않게 주장하던 그때 개신교 분위기에 비춰보자면 놀라운 발언이다.

창립총회는 운영위원에 장기려, 이재술, 박동식, 채규철, 조광제, 서원길, 손창희, 홍석곤, 이상화, 김영환을 선출했다. 이어서 진행한 첫 운영위원회에서는 장기려를 조합장으로 선출했다. 2차 운영위원

50 장기려, "창간사를 대신하여", 《청십자뉴스》, 창간호, 1968년 8월 10일.

51 "정관 4조 (자격) 회원의 자격은 국적 종교에 관계없이 이 정관 3조에 찬동하고 소정의 절차에 의하여 가입금 및 회비를 납부함으로 취득한다. 단 가족 단위로 가입함을 원칙으로 한다." 《청십자뉴스》, 제39호, 1972년 10월 15일.

회가 열린 6월 27일에는 손창희를 부조합장, 김서민을 총무로 결정하고 사업계획서와 재정계획서를 확정했다. 사단법인 인가 서류도 검토했다. 채규철의 의료보험 조합 제안에서부터 '청십자' 창립까지는 4개월이 채 안 걸렸다.

이렇게 빠른 시간 안에 '청십자' 창립이 이루어지고, 많은 사람들이 이 운동에 동참할 수 있었던 것은 장기려 때문이었다. '장 박사'가 하는 일이라고 하니 부산 시내 교회들이 크게 후원했다. 반대도 만만치 않았다. 의료보험조합 창립 이후에도 반대는 멈추지 않았다. 100여 교회에 호소문을 보냈지만 80퍼센트 교회는 외면했다. 복음병원이 고신교단에 속했기 때문이었다.[52] 이해하기 어려운 점은 장기려가 원장으로 있던 복음병원의 소극적 태도다. 그래서 '청십자'는 초량동에 있는 복음의원에서 맡았다. 『고신의료원 50년』은 "장 박사의 뜻에 따라 부산시 초량동에 초량분원이라는 시내 외래진료소를 개설해 그곳에서 의료보험을 담당"했다고 썼다. 하지만 그 주장을 액면 그대로 받아들일 수는 없다. 복음병원에서 할 수 있는 일이었다면 왜 굳이 복음의원을 새로 세웠겠는가.

'청십자' 첫 가입의 영예는 함석헌(회원 번호 S01001)에게 돌아갔다. 두 번째는 장기려(B06001)였다.[53] 회원 가입은 신청서 양식을 쓰고 신체검사, 즉 X-레이 간접촬영, 의사의 심음검사(心音檢査), 대변 검사비 등을 위해 100원의 가입비를 냈다. 초창기에는 돈을 절약하기

---

52 장기려, "엉뚱한 비난-나의 이력서 24", 「한국일보」, 1976년 7월 16일, 4면.

53 김은식, 위의 책, 135쪽.

위해 개인으로 가입하는 회원이 더러 있었다. 이렇게 되면 가족이 병이 났을 때 도움을 받을 수 없기 때문에 정관을 개정해 가족 단위 가입을 명문화했다. 월 보험료는 미국 양친회를 참고해 월 60원으로 정했다. 양친회는 종교, 정치, 인종을 초월해 전쟁으로 무고하게 희생된 어린이들과 그 가족들의 고통을 구제하기 위해 만들어진 국제 민간 원조 단체다. 1953년 한국전쟁 미망인과 고아들을 돕기 위해 임시수도 부산에 미국 양친회 한국지부가 설립됐다.[54] 당시 미국 양친회는 복음병원에 평균 5명 한 가족당 월 1달러, 즉 300원을 지원하고 있었다.

이제까지 나온 기록들은 천편일률적으로 '청십자'의 월 보험료 60원을 100원 하던 담배 한 갑에도 못 미친다고 표현했다. 장기려가 의료보험 월 회비와 담배 한 갑의 가격을 비교했기 때문이다. 2006년에 나온 『장기려-우리 곁을 살다 간 성자』만이 그해 짜장면 값이 50원, 서울의 시내버스 요금이 15원이었다는 설명을 덧붙였을 뿐이다.[55]

한국은행이 발간한 『숫자로 본 광복 60년』에 의하면 1968년 제조업에 종사하던 노동자 한 달 평균 임금은 8400원이었다. '청십자'가 창립되던 5월 1일 부산의 도매 물가 시세는 쌀 한 가마에 4340원이었고 소고기와 돼지고기 한 근은 300원과 180원이었다. 19공

54 비전 성남, 사회복지의 대부, 양친회 초대 이사장 김경모 선생, 〈비전 성남〉, 2017년 5월 24일.

55 김은식, 위의 책, 136쪽.

탄 연탄 한 장 가격은 13원이었고, 여자 고무신 한 켤레는 60원이었다.[56] 서울의 피카디리나 국제극장 등의 개봉관 요금은 120-130원이었고, 시사 종합 월간지 《신동아》 가격은 200원이었다. 모기 잡는 ABC 에어러졸 가격은 220원, 소화제 훼스탈은 10원이었다.[57]

'청십자'의 회원 대상 초진은 6월 20일에 시작됐다. 6월 30월까지는 간접촬영이 375명, 검사 216명, 치료 7명 등 총 576명이 의료혜택을 입었다. 그다음 달에는 319명, 8월에는 179명이 '청십자'를 이용했다.[58] 한 달 회원 가입자는 1129명이고 총 가입 교회는 35교회로 늘었다. 9월이 되면서 회원은 1500명을 넘어섰다. 부민교회와 부산제일교회는 100명 넘는 회원을 가입시켜 '청십자' 직원들에게 용기를 주었다. 회원들의 빠른 증가는 가족 단위로 건강검진을 해주었기 때문이다.[59] 각 교회 대표들은 애로사항을 나누고 조합의 어려운 점을 회원들에게 전달할 수 있도록 매월 둘째 주 월요일로 모임을 정례화했다. 대표가 열심히 하는 교회는 회비 납부나 새 회원의 확보, 그리고 회원들의 애로사항을 효과적으로 전달하여 성장속도가 두드러졌다. 반면에 대표의 열정이 떨어지는 교회는 부진을 면치 못했다.

회원이 빠르게 증가하는 만큼이나 문제도 없지 않았다. '청십자'

---

56 「동아일보」, 1968년 5월 1일 5판, 4면.

57 「동아일보」, 1968년 5월 21일, 2면 광고.

58 《청십자뉴스》, 제2호, 1968년 9월 10일.

59 김서민 전 청십자 의료보험조합 초대총무와 2006년 8월 인터뷰.

가 업무를 시작하고 첫 혜택을 받은 사람은 이질에 걸린 복음병원 의사와 서무직원의 딸이었다. 첫 의료 혜택을 복음병원 식구가 받기도 했지만 두 사람 치료에 4만 2000원, 그러니까 700명의 한 달 보험료가 다 들어갔다. 일부 병원 직원들은 회원임을 내세워 약을 타 가기도 했다. 장기려는 과장 회의를 소집하여 '청십자'가 기반을 잡을 때까지 병원 식구들은 혜택을 사양하고 회비만 내자는 결정을 이끌어 냈다. 병원 직원들도 사정을 모르는 바가 아니어서 제안을 따랐다. 직원들이나 가족이 질병에 걸렸을 때 치료비는 원가로 부담케 했다. 이 결정은 4-5년 유지했다.

문제는 또 있었다. 정관에 결핵이나 기생충 환자, 만성질환 환자는 실비 치료키로 했는데 이 조항을 지역 대표자 회의에서 지적했다. 국제시장에서 장사를 하던 결핵환자는 무료 진료인 줄 알고 병원을 찾았다가 진료 후 돈을 요구하자 병원장을 찾아와 욕설을 퍼부었다. 조합으로서는 회충약 등을 무료 배급할 수 없던 터라 불가피하게 그런 결정을 했다가 반발에 직면했다. 장기려는 《청십자뉴스》를 통해 이런 사실을 알리고 회원들이 "의료보험조합의 정신을 이해하고 협조할 때까지는 회충약 값을 보험조합에서 지불"한다고 약속하고 초진 검사 때 회충 보유자들에게 무료로 나눠줄 약 값으로 1만 원을 기탁했다.[60]

'청십자'가 생긴 지 1년이 채 안 된 시점에서 외국인 회원이 생겼다. 9월 24일 부산에서 열린 국제평화세미나에 참석했던 일본 메노

60 장기려, "창간사를 대하여", 《청십자뉴스》, 창간호, 1968년 8월 10일.

나이트 선교회의 책임자 카를 베크(Carl. C. Beck)는 1년분 회비를 내고 정식 가입(회원번호 J01001)을 했다. 세미나에 참석했던 한 젊은 일본인 정신과 의사는 '청십자'를 위해 여비에서 5000원을 기탁하였다.[61] '청십자'의 첫 기탁자는 일본인이었던 셈이다.

'청십자'에 가입하여 수술받은 환자들이 혜택을 실감하기 시작했다. 1968년 9월에 입원했던 홍한두 환자는 수술을 받고 5만 4780원 진료비가 나왔는데 회원이라 6090원만 냈다. 남교회의 김준영 군도 맹장 수술을 받았는데 1000원만 내고 퇴원했다.[62]

이런 소식이 부산 시내로 퍼져 나갔다. 환자로서 '청십자'를 경험한 회원들도 움직이기 시작했다. 영주동교회 백옥태 씨 가정은 세 사람이 입원 치료를 받으며 의료보험을 체험하고 5000원을 기부했다.[63] 초량교회의 최위남 성도도 2000원을 추가 기탁했다. 교회의 기부도 잇따랐다. 시온교회(정영문 담임목사)는 교인 다수를 회원으로 가입시키면서 1만 원을 기탁하였다. 걱정거리도 생겼다. 회원들의 회비 납부가 제대로 이루어지지 않아 1968년 말 기준으로 회비를 밀린 회원이 3392명이나 되었고 미수금은 총 20만 6000원을 넘었기 때문이다.

61 《청십자뉴스》, 제4호, 1968년 11월 11일.

62 《청십자뉴스》, 제3호, 1968년 10월 10일.

63 《청십자뉴스》, 제5호, 1968년 12월 9일.

## 전국청십자연합회 결성

1969년에 들어서면서 '청십자' 회원들은 X-레이 간접촬영을 위해 더 이상 동구보건소까지 다녀오는 수고를 덜 수 있었다. 간접 촬영기를 설치했기 때문이다. 결핵 환자들은 정부 보조로 적지 않은 치료 혜택을 받았다. 내과와 외과만으로 출발한 복음의원은 초창기부터 지정 병원을 검토하였고, 급한 대로 복음병원 분원 내에 소아과, 산부인과 등을 차례로 설치했다. 3월부터는 스웨덴아동구호재단(SSCF, Sedish Save the Chilldren Federation)과 통합을 시작했다. 이 재단은 외국 원조로 어린아이들에게 매월 1만 원 정도의 생활비를 보조하고 있었다.[64] 그러나 보조금이 아이들을 위해 사용되지 않거나 그 돈으로 다른 사업을 하려다가 문제가 생기는 일이 잦았다. SSCF 사회사업부장 김영환은 이 일을 안타까워하고 있던 중 보조금 가운데 일부를 따로 적립하면 환자 발생 시 지원이 가능하다는 채규철의 제안을 받아들였다. 이를 사업계획으로 정하고 14일간 200여 세대를 설득하여 보건사회부에 의료보험 지정기관 신청을 냈다. 한 달 뒤 보사부는 스웨덴아동구호재단을 의료보험 사업 연구기관으

64 이기환, 위의 책, 237쪽.

로 지정했다.[65] 김영환은 1만 2000명을 설득하여 1969년 2월 1일 부산의료협동조합을 설립했다.

그 무렵 장기려는 보사부에 '청십자' 사단법인 인가와 시범의료보험 연구기관 지정을 타진하고 있었다. 정희섭 보사부 장관을 만나 보조금 지급을 위한 직원 파견 약속을 받아냈다.[66] 면담에서는 두 기관 통합이 화두였고, 보사부도 한 지역 두 기관보다는 통합을 원했다. 통합이 성사되면 부산의료협동조합은 복음병원을 지정 병원으로 이용할 수 있고, 의료보험 관련 전문적인 공부와 투자 문제도 해결할 수 있었다. '청십자'는 회원의 대폭적 증가로 더 많은 환자에게 혜택을 제공할 수 있었다. 두 기관은 4월 28일 청십자의료협동조합 창립총회를 부산기독사회관에서 개최했다. 사단법인 인가를 위해 조합장과 운영위원회를 이사장과 이사회 체제로 바꿨다.

이사장에는 장기려를 추대했고, 14명의 이사와 3명의 감사를 선출했다. 새 청십자의료협동조합 총무는 김영환, 협동 총무는 김서민을 임명했다. 그런데 통합 과정에서 약간의 문제가 생겼다. 회원 수 비례 대의원 선출을 놓고 교회 측 대의원과 아동구호재단 측 대의원 사이에 의견이 갈렸다. 당시 '청십자' 회원은 1964명, 스웨덴아동구호재단 측은 1만 2000명이었다. 교회 측은 "대의원 수는 적어도 의견이 많은 사람들"이라 사무국장을 비롯한 직원 선출에서 원

65 김서민, "사단법인 청십자의료협동조합 연혁 및 실적", 크리스천아카데미 '사회와 의료복지' 세미나, 1970년 5월 19일 발제문.

66 《청십자뉴스》, 제9호, 1969년 3월 13일 제9호.

만한 합의가 쉽지 않았다. 이런 문제들은 이사장이 민주적으로 협동조합을 운영함으로 해소되었다.[67]

보사부는 7월 29일 사단법인 인가(허가번호 857)와 함께 자영자(自營者)의료보험 시범사업장으로 지정했다. 8월이 되자 대청동 김광연 안과, 노백희 피부과, 충무동 중앙이비인후과, 초량동 이병숙 이비인후과, 초량동 동신치과가 지정병원 신청을 했다. 10월에는 보사부 지정 시범 의료협동조합이 됨에 따라 보조비 33만 원을 지급받았다. 그런데도 매월 30만 원 정도의 적자 폭은 줄어들지 않았다. 1969년 7월부터 12월까지 외래 진료 환자는 1만 8254명, 입원이나 수술을 받은 환자는 224명이었다. 모든 가입 회원은 평균 1인당 월 107원의 의료혜택을 받았다. 그러나 정부 보조에도 불구하고 의료혜택비는 회원 1인당 11원 적자였다. 1970년 3월부터는 월 회비를 60원에서 80원으로, 입원 환자나 수술 환자는 수익자 부담을 20퍼센트에서 30퍼센트로, 그리고 세대당 가입금을 500원으로 인상했다. 11월 14일과 15일에는 WHO(세계보건기구)와 ILO(국제노동기구)에서 사회보험제도와 의료제도 파악을 위해 입국한 브릿지만과 토스카토스 씨가 청십자를 방문했고,[68] 12월 16일에는 보건사회부 사회보장심의위원회 강남희 연구위원이 시찰차 내려와서 청십자의 애로사항을 청취했다.[69]

---

67 장기려, "엉뚱한 비난-나의 이력서 24", 「한국일보」, 1976년 7월 16일, 4면.

68 《청십자뉴스》, 제16호, 1969년 11월 15일.

69 《청십자뉴스》, 제17호, 1969년 12월 15일.

장기려와 채규철은 '청십자' 운동을 전국으로 확산시킬 계획을 세웠다. 서울에서 시작하려면 강원용 목사의 도움이 필요했다. 채규철은 1970년 초 서울 경동교회 강원용 목사를 찾아갔다.[70] 채규철은 1968년 크리스천아카데미 대화모임 발제 인연 때문에 강원용 목사와 구면이었다. 덴마크 유학에서 돌아온 지 얼마 안 된 채규철의 발제를 강원용 목사가 인상 깊게 들었다. 강원용은 사무국장 박경서를 통해 채규철에게 간사직을 제안했다. 나중에 알고 보니 강원용 목사 부인은 함경도 출신으로 채규철 모친의 학교 후배였다. 채규철을 다시 만난 강원용은 물었다. "자네, 뭐하고 싶나. 내가 도와줄 일은?"

> 의료보험에 대한 세미나를 해 보고 싶습니다. 부산에서는 보험제도가 정착하고 있는 단계입니다. 이 운동을 전국적으로 확대하고 싶은데 공감대 형성이 필수적입니다. 아직 우리 국민들은 의료보험이라는 게 도대체 무엇인지 잘 모릅니다.[71]

강원용 목사는 협조를 약속하고 세미나 비용 부담을 약속했다. 5월 19일과 20일에 서울 수유리 크리스천아카데미에서는 "사회복지와 의료보험"이란 주제로 세미나가 열렸다. 발제는 김서민이 "사단법인 청십자의료협동조합 연혁 및 실적"을, 서울보건대학원 허

---

**70** 이기환, 『채규철-아버지의 얼굴』, 한걸음, 2002, 239쪽.

**71** 이기환, 위의 책, 240쪽.

정 교수가 "의료보험의 도입에 따른 의료공제상의 제 문제점에 대한 고찰"을 맡았다. 토론자로는 장기려, 박상진, 이해영 등이 참여하여 대만, 일본, 미국 등의 의료보험을 소개했다.[72] 이 세미나는 서울 청십자의료협동조합 발족을 모색하는 자리였다. 세미나 개최 나흘 뒤 '전국청십자연합회'를 결성했다. 바로 그날 채규철 아내가 결핵으로 사망했다. 사흘 장례를 마치고 5월 26일 이사회에 참석하였다. 이사장에는 평양 기홀병원 원장을 지냈던 연세대 의대 김명선 박사가 선출되었고, 평양에서 함께 의사로 있었던 조진석 박사가 부이사장을 맡았다. 연합회 전무는 채규철로 결정했다.[73] 이 세미나의 주요 인사들은 '의료보험연구회'라는 연구모임을 결성했다.[74]

7월 2일 저녁 종로 YMCA 강당에서 서울 청십자의료협동조합을 발족했다. '청십자'에 제일 먼저 관심을 보인 단체는 한국기독교장로회 남전도회 서울연합회였다. 1969년 12월 모임에서 '청십자' 논의를 하고 1970년 3월에는 이금웅을 부산 청십자의료협동조합에 파견하여 자료 조사를 마쳤다. 이 과정에서 채규철의 역할이 컸다.[75] 서울을 시작으로 전주, 원주, 거제도, 대구 등으로 운동이 확산되었다. 부산 청십자의료보험조합은 이들 지역에 여러 형태로 도움을 주었으나 대구 제안은 거절했다. 청십자 정신으로 의료보

72 대화문화아카데미(전 크리스천아카데미) 홈페이지(www.daemuna.or.kr) 디지털 아카이브에서 1970년 5월 19-20일에 열린 '사회복지와 의료보험' 세미나 자료를 참고하라.

73 이기환, 위의 책, 241-242쪽.

74 국민건강보험공단, 『국민건강보험 40년사-통사편』, 64쪽.

75 《청십자뉴스》, 제23호, 1970년 7월 15일.

험조합을 잘 해 나갈 수 있을 것이란 확신이 들지 않았기 때문이다. 얼마 지나지 않아서 대구 의료보험은 직원 채용 문제가 발생하였다.

## 자력으로 세운 청십자병원

청십자는 1968년 8월에는 소식지 《청십자뉴스》를 창간했다. 장기려 이사장 칼럼과 회원 가입 및 치료 실적을 중심으로 매월 1000부씩 발행했다. 1970년 4월(제20호)부터는 복음의원 소속 의사들이 병의 예방 차원에서 의학 칼럼 연재를 시작했다. 이재범 소아과장의 뜨레(홍역) 예방을 시작으로, 부원장 양덕호(외과), 내과과장 정태산, 병원장 장기려 등이 돌아가며 병의 예방, 배탈, 뇌염 예방, 기생충 예방, 폐결핵, 감기, 치질 예방, 유선염(乳腺炎) 예방, 정신 신체병(스트레스), 소화기 질환 등의 주제로 글을 썼다. 회원들에게 적지 않은 도움을 주는 칼럼이었다. 1970년 12월에 장기려 이사장은 "특히 질병의 예방에 관해서 흥미 있게 보신다고 하므로 저는 매달 한 가지씩 병의 예방과 상식적인 것에 대해" 쓰겠다고 약속을 했다.[76]

《청십자뉴스》에는 1971년 11월부터 환자 체험담이 올라왔다. 퇴원 첫 체험담의 주인공은 경남도청 지방과에 근무하는 백외종 씨였다. 회원 가입 4년 만에 맹장염 수술을 받고 고마움을 이렇게 표현했다.

---

76 《청십자뉴스》, 제28호, 1970년 12월 15일.

> 둘째, 청십자의료협동조합의 회원된 보람입니다. 입원 치료비의 경우 환자는 치료비의 30퍼센트밖에 부담하지 않기 때문에 경제적으로 도움을 받은 것이 사실이지만 입원 수속에서 보여 준 친절한 협조와 수차에 걸친 병실 방문으로 회원 가족의 따뜻한 정분과 고마움을 가슴속 깊이 느끼게 되었습니다. [중략] 의료보험의 참 뜻이 여기에 있는 줄 압니다. 회비 부담으로 계산하면 저의 5인 가족이 월 회비 500원 납부하는데 연간 6000원밖에 안 되고 보면 10년간의 회비에 상당하는 혜택을 저 혼자서 금년에 받은 것입니다.[77]

초량에 있던 복음의원은 1만 4000여 명의 청십자 회원 진료를 하기에 너무 비좁았다. 그래서 1971년 3월 15일 암남동 복음병원 안으로 이전하였다. 회원들은 시설 좋은 복음병원의 수술실, 검사실, X선 검사실 등을 편리하게 이용할 수 있었다. 하지만 적자 운영은 여전했다. 전반적으로 회비 납부 실적이 저조했기 때문이다. 1970년에는 15퍼센트가 회비 납부를 못 했다. 그해 말 적자는 200만 원을 기록했다. 장기려는 "회원 여러분께"라는 칼럼을 통해 거의 매 회마다 회비 납부를 부탁했다. 회비가 걷히지 않으면 복음의원의 운영도 문제였지만 부산 전 지역에 산재되어 있는 지정 병원들에 월 치료비를 제때 줄 수 없었기 때문이다.

1971년 9월에는 처음으로 '청십자'가 전국적으로 전파를 탔다. 7월 30일 MBC TV가 생방송으로 부산 청십자의료협동조합을 보

---

**77** 《청십자뉴스》, 제34호, 1971년 11월 15일.

도했다. 「부산일보」도 8월 17일 사회면 톱으로 '청십자'를 소개했다. 각지에서 편지와 전화 문의가 빗발쳤다. 월 회비는 1972년에 120원에서 1973년에는 150원으로 올랐다. 반가운 소식은 단체 회원 가입이 늘고 있었다는 점이다. 초창기에는 교회 단체 가입이 많았고 시간이 흐르면서 복음간호전문학교, 장애 아동을 돌보는 부산아동회복원, 사하중학교 교직자, 반송동 이웃돕기회, 일신부인병원 등에서도 단체 가입을 했다.

12월 2일 열린 제5차 정기총회는 식전 행사로 3시간에 걸쳐 "의료보험의 전망"이란 주제로 세미나를 진행했다. 첫 발제는 보사부 사회보장심의위원회 최천송 연구실장이 "한국에 있어서의 의료보험의 전망"이란 제목으로 발표했다. 장기려 이사장은 "의료보험의 세계적 전망", 김영환 사무국장은 "청십자의료협동조합의 사명"이란 주제로 발표했다.[78]

《청십자뉴스》는 1973년부터 유료 광고를 시작했다. 1973년 혁신호에는 스웨덴아동구호재단의 김택수 씨의 병상기를 실었다. 늑막염이 복막염으로 전이되어 수술을 받고 20일 치료 후에 퇴원했다. 그 과정에서 의료보험 혜택을 실감하고 이렇게 썼다.

> 실감하지 못했던 의료보험의 회원 된 혜택을 맛볼 수 있었다. 지금부터는 누구에게도 마음 놓고 자신 있게 의료보험을 권유하고 싶었다. 질병과 가난에서 해방될 수 있고, 남의 도움을 받지 않고도 적

---

78 부산청십자의료보험조합, 『청십자소식 영인본 2』, 영문인쇄, 1989, 1024쪽.

은 부담으로 내 질병을 고칠 수 있는 의료보험을…. 나는 며칠 전 책을 읽던 중 자기 이름자를 몰라 도서관에서 책을 빌리지 못하던 애가 이름자를 배워 책을 빌리게 되자 "이 어린이는 오늘 세계를 통하는 여권을 손에 넣었습니다"라는 구절을 보고 우리가 아무리 생활이 어렵더라도 질병과 가난으로부터 해방되려면 "건강 세계로의 여권"을 의료보험에서 얻도록 노력해야 됨을 알았다.[79]

태양목재상사 대표 윤병중은 1970년 5월에 가입했다. 담도염 판명을 받은 부인은 15일 동안 입원으로 15만 원 진료비가 나왔으나 5만 원도 들지 않았다. 얼마 후 윤병중 대표도 당뇨로 입원을 하였다.

현재 나로서는 병원비 지불할 형편이라도 되지만 재산이 있고 없고 간에 청십자의료보험의 이 제도가 참말 좋다고 느껴졌다. 이 조합에 회원으로서 가입했다면 돈이 없어 병 못 고치고 죽는 사람은 별반 없을 것 같은 자신이 생겨 그 뒤로부터는 만나는 사람마다 청십자에 가입하라고 권유했다. 내가 나가는 교회 교인이나, 사업상 만나는 사람들이나, 집에 찾아오는 손님에게도 이 좋은 사업에 협력하며 지금 건강하다고 큰 소리 치지 말고 미리 준비하라고 이야기했다.[80]

의료보험 혜택은 질병에만 국한되지 않았다. 1973년 6월부터는

79 《청십자뉴스》, 제41호, 1973년 2월 15일.

80 《청십자뉴스》, 제42호, 1973년 6월 15일.

회원 가입 후 만 6개월이 지난 회원 사망자에게 보험료(장제 급여) 지급을 시작했다. 세대주가 사망하면 5000원, 부양가족에게는 3000원을 지급했다.

1973년에는 특기할 만한 변화가 생겼다. 의료보험법 개정으로 청십자의료협동조합은 '청십자의료보험조합'으로, 이사장은 '대표이사'로, 이사회 중심 운영은 '운영위원회'로 변경했다. 3월에는 '청십자' 창립 실무 주역 중 한 사람인 조광제 이사가 로스앤젤레스로 이민을 갔다. 부산의대 사서과를 졸업하고 영어에 능통할 뿐 아니라 회계업무에 밝았던 조광제는 부산모임 창립 멤버나 다름이 없었다. 떠나기 전까지 재정을 담당했다. 김서민과 함께 《부산모임》을 시작한 인물이기도 했다. 부산모임 멤버로는 '청십자'에 김서민만 남았다.

1974년은 '청십자'에 중요한 해다. 부산시는 1500만 원 예산으로 정책 이주지역인 용호동과 반여2동 주민 2400여 세대 총 1만 2000명에게 '청십자' 가입금(세대당 1000원)과 월 보험료 200원 가운데 절반 보조를 결정했다.[81] 그러나 용호동과 반여2동 주민 가입은 예상보다 적었다. 3월 23일부터 4월 11일까지 대표이사를 비롯한 15명의 의사가 주민 건강진단을 실시했으나 26세대만 가입하였다. 이에 스웨덴아동구호연맹은 정책 이주민들의 딱한 사정을 돕기 위해 1000세대 한도 내에서 1000원 가입비의 50퍼센트 지원을 약속했다. 용호동과 반영2동 주민은 가입을 희망할 경우 가입비 없이 월 보험료 100원만 납부하면 의료혜택을 받을 수 있는 길이 열렸다. 9

81 《청십자뉴스》, 제46호, 1974년 2월 25일.

월이 되자 부산시는 용호동과 반여2동에 실시하던 보조금을 22개 동으로 확대하였다. 이 조치로 중구의 보수 1동과 대청동, 서구의 괴정3동·감천2동·남부민 1-3동·암남동·구평동·서대3동, 동구의 초량2동·초량4동·좌천3동·범일6동·수정5동, 영도구의 신선1동·봉래2동, 진구의 범천3동·가야2동·금성동·화명동, 대연출장소의 대연2동·남천동 등이 혜택을 받았다.[82] 이 지원에 힘을 얻어 74년 말에 1300여 세대, 총 4824명이 '청십자'에 가입하였다. 1974년 말 현재 가입 회원은 4648세대 총 1만 9730명으로 늘어났다. 1년간 5000명이 증가했다.

1975년에는 월 보험료를 240원으로 20퍼센트 인상했다. 그런데도 적자 폭은 줄지 않았다. 1974년에 월 3000명이 병원을 찾았으나 1975년 5월이 되자 곱절의 환자가 치료를 받았기 때문이다. 적자는 매월 50만 원이 발생했다. 8월에는 회원 모금에 힘입어 청십자의료보험조합 진료소를 새로 열었다. 병원 명칭은 '청십자의원'으로 정했다. 진구 수정동 동아중학교 건너편에 있는 오정대 정형외과를 구입하여 새로 꾸몄다. 냉난방이 완비된 대지 50평의 4층 현대식 건물이었다. 건물 뒤편에는 43평의 공지도 있어서 건축도 가능했다. 병원 이전으로 부산기독의사회가 운영하던 결핵진료소를 청십자의원이 맡게 되었고, 복음병원에 있던 청십자의료보험조합 사무실도 옮겼다. 장기려는 청십자의원 개원을 가장 의미 있는 일로 여겼다. 1956년에 완공된 복음병원은 외국 원조로 지었으나 청십자

82 《청십자뉴스》, 제49호, 1974년 9월 25일.

의원은 우리 힘으로 시작했음에 감격하였다. 그러나 청십자의원 개설에는 그럴 수밖에 없는 또 다른 이유가 있었다. 고신교단이 갑자기 장기려 병원장의 정년을 5년이나 단축하고 그만두라고 압박했기 때문이다.

## 법정의료보험 시대의 개막

일제는 태평양 전쟁 말기에 식민지 조선에 강제 징용, 학생들의 강제 징집, 성노예로 국민을 총동원했다. 무기 제조를 위해 성금을 걷고 심지어 가정의 숟가락까지 착취했다. 일제는 총동원 체제의 질서유지를 위한 미봉책이자 위무책으로 1944년 일본 본토의 '구호법'을 명칭만 바꿔 '조선구호령'을 공포했다. 65세 이상의 노쇠자, 13세 이하의 유아, 임산부, 질병 및 신체 또는 정신장애자를 주택(住宅) 및 시설을 보호하면서 생활, 의료, 조산 등을 부조하는 내용이었다. 조선구호령의 핵심은 '제한부조주의'와 '친족부양우선주의'였다. 해방 후 이승만과 박정희 정부는 16년 동안이나 이 법에 근거해 공적 부조를 실시하다가 1961년에야 '생활보호법'을 제정했다. 전두환 독재 정권도 국가 재정이 부족하다는 구실로 1980년대 초반까지 시행규칙을 제정하지 못한, 사실상 사문화된 법이 생활보호법이었다. 1982년에 전면 개정한 '생활보호법'도 여전히 '조선구호령'의 대전제, 즉 친족부양 우선주의와 제한부조에서 벗어나지 못했다. 보다 심각한 문제는 조선구호령뿐 아니라 해방 후 제정 및 개정한 사회관련법들이 일본법을 거의 베끼다시피했기에 의료보험조합을 조합방식으로, 연금제도를 지역별로 정했다. 대한민국의 사회법이 계층성과 불평등을 강화하는 분립적 사회보장제도로

고착된 건 바로 그 때문이다.[83]

앞서 살폈지만 의료보험법을 제정하고 3년이 지났지만 시범의료보험 사업의 실적조차도 매우 저조했다. 의료보험을 실시할 현실적 여건이 마련되지 못한 데다 법제도가 미비해 복합적으로 작용한 결과였다. 이렇게 되자 정부와 정치권 모두에서 제도 개선의 필요성을 제기했다. 전문가들조차 제도개선 없이 의료보험 정착이 어렵다는 의견을 제출했다. 1966년에 정부가 의료보험법 개정안을 국회에 제출했으나 회기 종료로 자동 폐기되었다. 공화당은 1967년 총선에서 의료보험 실시를 공약으로 내걸었고, 1968년 2월에 보건사회부는 의료보험법 개정안을 국회에 제출했다. 개정 골자는 보험 가입 대상자의 범위 확대와 강제가입 규정, 그리고 근로자 대상을 공무원, 군인, 자영자 및 그 가족까지 확대하는 것이었다.[84] 정부의 의료보험법 개정은 통혁당 사건(1968년 7월), 김신조 일당의 무장공비 침투 사건(1968년 11월), 삼선 개헌(1969년 9월), KAL기 납북 사건(1969년 12월) 등으로 국회가 공전되면서 논의가 미뤄지다가 1970년 8월에서야 국회를 통과했다.[85]

그러나 개정된 의료보험법은 시행령과 시행규칙 등 하위법령을 제정하지 못하고 장기간 표류했다. 개정 취지에 맞춰 모든 공무원,

83 이광찬, 『국민건강보장쟁취사』, 양서원, 2009, 53쪽.

84 국민건강보험공단, 『국민건강보험 40년사-통사편』, 62쪽.

85 보험미래포럼, 『건강보험의 진화와 미래』, 21세기북스, 2012, 임의가입 건강보험의 도입 부분.

군인, 근로자를 상대로 의료보험을 실시하려면 엄청난 재원이 필요하다 보니 박정희 정부가 결단을 미뤘다.[86] 뒤늦게 마련한 정부의 대책 수립은 1972년 9월에 나왔다. 사기업에 30퍼센트, 국영기업이나 은행은 50-80퍼센트 정도 지급하던 의료비 보조금을 의료보험으로 흡수한다는 계획이었다. 한마디로 정부 부담을 대기업에 떠넘기기였다. 이것이 1972년 9월 26일 확정한 '단계적 의료보험 실시 계획'이었다. 그러나 의료보험의 단계적 실시 방안도 10월 유신으로 물 건너갔다.[87]

1970년대 중반에 접어들자 유신정권은 의료비의 가파른 상승으로 국민불만이 커지고 있음에 긴장했다. 돈 때문에 진료를 거부당하고 사망하는 사례가 심심찮게 보도되자 14년 동안 유예했던 의료보험법의 전면 개정에 나섰다. 사실 1970년대 초반에 우리 사회의 주된 관심은 복지연금이었다. 그러나 1973년의 제1차 석유파동으로 복지연금 실시는 연기가 불가피했다. 남덕우 총리는 1976년 6월에 제4차 5개년 계획을 발표하면서 1977년부터 시행 계획이던 복지연금 연기를 확정했다.[88] 그 대신 의료보험을 먼저 실시하겠다고 약속했다. 이런 과정을 거쳐 1977년 7월 1일부터 강제 가입을 규정한 법정의료보험 시대가 열렸다. 500인 이상 사업장과 공업단지 근로자가 대상이었는데 개정 의료보험법 시행으로 19개의 500

---

86 국민건강보험공단, 『국민건강보험 40년사—통사편』, 62쪽.

87 국민건강보험공단, 『국민건강보험 40년사—통사편』, 64쪽.

88 "안정 기조 위에 완전 자립 실현", 「매일경제」, 1976년 6월 18일.

인 이상의 기업과 공업단지 내의 조합 설립 등 총 486개 조합이 생겼다.[89] 박정희가 1977년에 의료보험을 급하게 실시한 데는 또 다른 이유가 있었다. 대북 특사로 북한을 다녀온 이후락의 보고를 받고 의료보험을 서둘러 실시했다는 주장이다. 당시 「한겨레신문」 논설위원 김의겸은 오래전 보건복지부를 출입할 때의 에피소드를 칼럼으로 썼다.

20년 전쯤 보건복지부를 잠깐 출입한 적이 있다. 어느 국장 방에 인사차 들렀는데, 이분이 심심했던지 한참을 붙잡고는 의료보험(건강보험)에 대해 강의를 했다. 그냥 흘려들었지만 그래도 귓전에 남는 대목이 있다. "박정희 대통령은 원래 의료보험할 생각이 없었어. 그런데 1972년 이후락이 평양에 다녀오더니 '각하 큰일 났습니다. 이북은 지금 다 사회주의 무상의료입니다. 남북이 교류하다 보면 이게 알려질 테고, 그러면 이북에 동조하는 세력이 급격히 늘 겁니다'라고 보고를 한 거야. 그래서 부랴부랴 만들게 된 거지." [중략] 건강보험은 백성을 긍휼히 여기는 통치자의 측은지심보다는, 남북의 체제경쟁에서 비롯된 셈이다. 하지만 그러면 어떤가. 비스마르크가 세계 최초로 의료보험을 도입한 것도 혁명을 막기 위해서였다. 정치란 의도가 어떻든 결과가 좋아야 하는 법이다.[90]

---

89 이상이, 『복지국가는 삶이다』, 도서출판 밈, 2019, 84쪽.

90 김의겸, "박근혜 대통령은 진짜 효녀일까?", 「한겨레신문」, 2014년 1월 7일.

북한과 경쟁에 이기기 위해 박정희가 의료보험을 도입했다는 주장에 반대도 만만치 않다. 대다수 경제학자들은 1976년을 전후로 한국 경제가 '루이스 전환점'(Lewisian turning point), 즉 "노동시장에서 수요가 공급보다 많게 되는 시기"를 지나고 있었다고 주장한다. 인력 수요와 공급 간의 불일치(mis-match)로 노동자 임금이 급등하자 '고비용-저효율' 구조가 문제로 떠올랐다. 노동자는 엄청나게 증가한 반면 사측의 비인간적 처우로 인한 불만은 전태일이 분신으로 고발할 만큼 최악이었다. 1970년 165건에서 1971년에 1656건으로 10배나 폭증한 노사분규 통계가 당시 상황을 잘 보여 준다.[91] 유신체제가 잠시 노동과 사회 운동을 짓눌렀지만 그 결과 노동운동과 반정부투쟁의 결합으로 박정희 정권에 대한 반대는 더 강력해졌다. 바로 이런 상황이 박정희로 하여금 의료보험 도입을 서두르게 만들었다는 주장이다.

1979년 1월 1일부터는 공무원 및 사립학교 교직원에게까지 의료보험을 확대 적용했다. 260만 명의 공무원과 교직원 및 그 가족을 위해 정부는 직장의료보험조합과 별도로 의료보험관리공단을 설립했다. 7월 1일부터는 500인 이상에서 300인 이상으로 직장의료보험의 강제가입을 의무화했다. 정부의 직장의료보험 확대 조치로 전국민의 21.2퍼센트가 의료보험 혜택을 누리게 되었다.[92] 문제는 공무원과 교직원 및 300인 이상 사업장의 의료보험 확대 실시로 나

91 우석균, "박정희가 '건강보험의 아버지'인가?", 「르몽드 디플로마티크」, 2010년 7월호.

92 이상이, 『복지국가는 삶이다』, 도서출판 밈, 2019, 90쪽.

머지 80퍼센트 국민들이 당한 이중의 고통이다. 우선은 특정 계층을 위한 역차별적 의료보험 때문에 사회계층 간 불평등이 심화되었다. 전우용이 예리하게 지적했듯 당시 8퍼센트에서 20퍼센트만 갖고 있던 의료보험증은 자신이 특권층임을 증명하는 또 하나의 신분증이었다. 의료보험증만 맡기면 어느 술집에서나 외상술을 먹을 수 있었다니 무슨 말을 더 보태겠는가. 보다 심각한 문제는 병원들이 의료보험 환자 때문에 발생한 손해를 80퍼센트의 비의료보험 환자의 치료비에 보탰다는 점이다. 예를 들어 두 사람이 맹장에 걸려 같은 날 입원해 수술을 받고 같은 날 퇴원을 했는데 의료보험증을 가진 안정된 직장인은 진료비의 30퍼센트만 내고 퇴원했다. 그런데 의료보험이 없는 가난한 서민은 수술과 입원비 전액을 지불해야 하는 건 물론이고 아예 의료보험을 가진 환자와 진료비 단가부터가 달랐다. 병원들이 정부정책에 따라 의료보험 환자에게 의료수가를 낮게 적용해 생긴 손실을 비의료보험 환자의 진료비 단가를 높여서 채웠다.[93] 이런 가운데 정부는 1981년 1월부터는 100인 이상을 고용하는 사업장, 1982년 12월에는 16인 이상 사업장으로 직장의료보험 강제가입을 확대했다.

93 이상이, 위의 책, 92쪽.

## 막사이사이 사회봉사상과 청십자

질병예방과 치료를 위한 협동을 목적으로 창립된 '청십자' 21년(1968-1989) 역사는 4기로 구분한다. 태동기(1968-1970)는 스웨덴아동구호재단을 중심으로 결성한 부산의료협동조합과 통합하면서 초기 의료보험 운동에 큰 힘을 얻었다. 개척기(1971-1975)는 극심한 재정난으로 요약할 수 있다. 이 위기는 복음병원이 1200만 원의 적자를 탕감해 줌으로 해결했다. 또한 장제(葬祭)와 분만(分娩) 급여를 시작했고, 회원들이 모금한 돈으로 청십자의원을 설립하였다. 박영수 부산시장은 감천동을 비롯한 25개 동의 영세민이 보험에 단체 가입할 수 있도록 입회비와 월 보험료 50퍼센트를 분담하였고 보조금까지 지급했다. 부산시의 지원에 힘입어 '청십자'는 창립 이후 처음으로 적자 운영에서 벗어났다. 과도기(1976-1979)는 홍보에 주력했다. 의료보험의 필요성과 '청십자'의 어려움을 호소하는 지도과를 신설해 매일 40-50가정을 방문하였다. 이 시기에 보사부는 '청십자'의 공익적 활동을 인정하여 법인세와 영업세 부과를 취소했다. 정부는 1976년 보건의 날에 "의료보험에 선구적으로 투신하여 영세민 환자구호와 진료에 크게 공헌"한 점을 인정하여 장기려 복음병원장에게 국민훈장 동백장을 수여했다. 또 하나 주목할 점은 사단법인 한국청십자사회복지회(이하 복지회)의 설립이다. 복지회는 조합원들이 청십자병원 후원을 목적으로 설립했다. 시간이 흐름에 따라 각계에서 참여가 늘면서 영세 가정의 각종 지원, 양로시설 노인의 건강관리, 불우가정의 복지 증진을 위한 상담, 생활보호 대상자 무료 진료 등으로 사업을 확대했다.

1976년 5월 6일, 신법 제정에 비견할 만한 정부안 '의료보험법' 개정 초안이 나왔다. 1976년 11월 5일과 6일에는 부산 '오륜대 명상의 집'에서 청십자 주최 의료보험 실무자 50여 명이 모여 워크숍을 열었다. 이 자리에서는 의료보험 통계의 미비점과 개선방향, 의료보험 조직, 재원 조달 방법들을 놓고 토론했다. 이 워크숍에는 서울대 보건대학장 권이혁 박사, 보건사회부 연금국 담당자 등이 참석하여 지역 의료보험조합의 발전상과 애로사항을 청취했다.[94] 국회는 11월 8일 보사위에 소위원회를 구성하고 법안심사에 착수하여 1976년 11월 30일 국회 본회의를 통과했다. 이 법안은 12월 22일 법률 제2942호로 공포됐다.[95] 그 다음날에는 의료보험법 시행령까지 국회를 통과했다. 당시 정부는 1977년 7월 1일부터 공무원, 군인, 교직원을 제외한 500인 이상의 전국 사업장에 의료보험 실시를 공포하였다. 이 소식을 접하고 장기려는 내 일처럼 기뻐했다.

> 금년 7월부터는 종업원이 500명이 넘는 기업체에서 의료보험조합을 형성해서 종업원의 의료혜택을 주도록 정부에서 하게 한 것은

---

94 장기려, "청십자의료보험조합원 여러분에게", 《청십자뉴스》, 제58호, 1976년 12월 1일.

95 국민건강보험공단, 『국민건강보험 40년사-통사편』, 2017, 81쪽.

국민으로서 대단히 환영하는 바 입니다. 따라서 우리 조합이 8년 전에 시범사업으로 인정받아 지금까지 성공적으로 발전하고 있는 것은 정부에서 의료보험제도를 실시하는데 도움이 되었다고 생각되어 스스로 축하하고 싶습니다.[96]

직장의료보험(1종)의 강제 실시는 민영 의료보험(2종)인 '청십자'의 새로운 위기이자 기회였다. 위기는 1종 보험 실시로 탈퇴 회원이 늘어났기 때문이다. 바뀐 의료보험법은 '청십자' 조합원의 경제적 부담을 늘렸다. 다시 적자 운영이 불가피해졌다. 청십자는 개정된 의료보험법 시행령에 맞게 정관을 개정하고 연말까지 수백만 원의 적자 문제 해결을 위해 외래 환자의 부담금을 300원에서 500원으로 인상했다.[97] 1977년 10월부터는 개정된 의료보험 시행령 실시에 따라 의료보험 관련 병원과 요양기관들은 의료보험 수가에 의해 진료수가를 재조정해야 했다. 이렇게 되자 기존의 진료비에 비해 최대 45퍼센트까지 낮게 진료비를 받을 수밖에 없었다. 병원으로서는 위기였다. 보다 큰 문제는 보사부가 정한 영세민을 대상으로 실시하던 2종 의료보험의 육성 포기 방침이었다. 월 400원 보험료 징수로는 의료보험 성공을 보장할 수 없다고 판단한 것이다. 장기려는 신현확 보사부 장관(1975-1978 재임)을 만나 영세민 의료보험을 포기할 수 없는 이유를 설명했다.[98] 그 이후 청십자 소식지에 다

96 장기려, "청십자의료보험조합원 여러분에게", 《청십자뉴스》, 제59호, 1977년 2월 1일.

97 장기려, "청십자의료보험조합원 여러분에게", 《청십자소식》, 제61호, 1977년 9월.

음과 같은 내용으로 칼럼을 게재했다.

> 우리 의료보험사업은 환자들의 의료비 부담을 경감케 하므로 국민보건의 일익을 담당한다고 생각하는 것입니다. 국민보건을 이룩하려고 하면 국민 전체가 이 협동 정신을 이해하고 참가하는 데 있다고 생각합니다. 국민보건은 개인보건과 공중보건을 통하여 성취되는 것인데, 개인보건을 위해 청십자의원이 세워졌고, 또 공중보건의 일익(一翼)을 담당하기 위하여 용호동 건강 관리소가 세워진 것입니다. 우리들은 이 두 기관의 활동과 육성을 통하여 국민보건에 협동하려고 하는 것입니다. 여러 회원님께서도 자기들이 병이 났을 때, 혜택을 받겠다는 생각만 하시지 마시고 이 사업이 국민보건에 유익하다는 것을 인식하시고 특히 저소득층 국민들에게 인식(PR)케 해 주시기 바랍니다. 우리들은 무슨 일에든지 확신을 가지고 참여하지 않으면 아무리 좋은 사업도 성공할 수 없는 것입니다. 우리 지도과 직원들은 금년에 들어와 이 협동정신이 우리 사회생활에 가장 필요함을 다시 인식하고 PR하고 있는 것입니다.[99]

1종 의료보험이 시작되자 직원 500인 이하 기업체나 단체에서 의료보험 혜택을 받기 위해 '청십자' 단체 가입이 늘기 시작했다. 1978년 3월에 부산시 계육판매업 친목회 56세대 가입을 시작으로

98 장기려, "회원 여러분에게", 《청십자소식》, 제64호, 1978년 6월 23일.

99 장기려, "친애하는 회원 여러분께", 《청십자소식》, 제66호, 1979년 3월 25일.

1978년 12월에는 태평양화학 특약점과 대리점의 외판원 등이 청십자에 가입했다.[100] 1979년 3월에서 6월까지 '청십자'에는 태평양화학 외판원 648세대(685명), 동양산업주식회사 53세대(120명), 동방자동차 11세대(43명), 영도종합해사 79세대(79명), 흥국상호신용금고 70세대(78명), 구리원자력발전소 150세대(150명) 등의 단체 가입이 있었다.[101]

장기려의 이런 용기와 헌신을 국제사회가 주목했다. 1979년 8월 필리핀 정부는 장기려에게 사회봉사 부문 라몬 막사이사이상 수여를 결정했다. "실제적이고 헌신적인 그리스도적 사랑과, 한국 부산 청십자의료보험조합 설립에 관한 공적"이 수상 이유였다. 장기려는 수상식에 참석하기 위해 8월 28일 마닐라로 출국하였다. 수상식은 8월 31일에 열렸다. 공공 부문 봉사상 시상은 엔리케 M. 페르난도 필리핀 대법원장이 맡았다.[102] 상금으로 받은 2만 달러(막사이사이재단 1만 달러, 록펠러재단 1만 달러) 전액은 청십자 복지회 사업기금으로 기탁하였다. 장기려는 인도네시아와 대만, 그리고 오스트리아를 거쳐 9월 12일 귀국하였다. 다음은《청십자소식》에 실린 마닐라 시상식 소감 일부다.

수상의 이유로서 하나는 그리스도의 사랑의 실천이 알려짐이요,

100 장기려, "친애하는 회원여러분",《청십자소식》, 제64호, 1979년 1월 15일.

101 장기려, "청십자의료보험조합원 여러분에게",《청십자소식》, 제67호, 1979년 7월 1일.

102 1979는 9월 1일「매일경제」사진.

둘째는 청십자의료협동조합을 설립함이라고 했습니다. 돌이켜 생각하면 그리스도의 사랑의 실천의 인지라고 하는 것은 부산 복음병원에서의 일을 말하는 것 같은데 이것은 하나님께서 그러한 기회를 전영창, 전종휘, 김재명, 오재길, 김지화 여러분들과 같이 일을 시작하게 하시고 많은 일꾼들을 보내 주셔서 일하게 하여 주신 은혜이오며 또 지금까지 일하고 있는 여러 직원들의 노력의 결과입니다. 또 청십자의료협동조합을 조직하게 된 것도 지금 서울에 있는 채규철, 미국에 가 있는 조광제, 현 총무부장 김서민, 사무국장 김영환, 여러분들의 수고로 이루어진 것이고 저는 극히 조그마한 책임을 한 데 지나지 않습니다. 그러므로 저의 기쁨과 영광은 이분들에게 돌리고 싶은 것입니다.[103]

장기려는 막사이사이상을 수상하고 1968년부터 당시까지를 회고하는 글을《청십자소식》에 썼다. 먼저는 정부의 1963년 법 제정 이후부터 300인 이상 사업장으로 의료보험 확대 실시한 역사를 간략하게 약술하였다. 그러고는 11년 동안의 '청십자' 회원의 흐름을 이렇게 정리했다.

지나간 10년 동안에 부산 청십자의료보험조합의 회원 동태를 살펴보면, 제1표와 같습니다. 1969년도 말에는 조합원이, 3912세대에 총 인원 수가 1만 4903명이었는데 1970년도 말에는 2947세대에 1

103 장기려, "청십자 회원 여러분",《청십자소식》, 제69호, 1979년 11월 1일.

만 3770명으로 감소했습니다. 그리고 1971년 말에는 2517세대에 1만 1797명으로 더욱 더 감소되었습니다. 그 원인을 분석해 보니 의료협동조합의 이해가 부족하고 진료에 불만을 가지고 탈퇴하게 되었으며 거주지 이동, 별세 등으로 자연 탈퇴하는 등 세 가지가 현저히 나타났습니다. 그래서 1972년에는 지도과를 보강하고 선전 계몽에 힘썼습니다. 한 가지 특별히 감사할 일은 서울에 있는 개혁선교회 선교의사 뮬다 님으로부터 물티 비타민[104] 15만 정과 항빈혈제 6천 정을 보내와서 그것을 가지고 신경질 환자들에게 투약을 했더니 그 환자들에게 좋은 영향을 주었다고 생각됩니다. 그래서 1972년 말에는 2953세대에서 총 인원 수가 1만 3172명으로 늘어났습니다. 그것이 효과가 있어서 1973년 말에는 3257세대에 총 인원 수 1만 4557명으로 증가되었습니다. 1974년에는 당시 부산 박영수 시장께서 우리 의료협동조합이 저소득층에 필요한 제도로 인정해서 약 600세대의 4000명의 인원을 더 가입하도록 권장해 주셔서 1974년 말에는 4648세대에 1만 9730명으로 증가했습니다. 1975년과 1974년 말까지 조금씩 증가, 1976년 말에는 4850세대에 2만 505명까지 증가했습니다마는 1977년 1월부터 1종 의료보험이 시작되어 그리로 이적(移籍)되는 현상이 일어나 1977년과 1978년에는 감소되는 경향을 보이었습니다. 즉 1978년 말에는 4734세대에 총 인원 수가 1만 8775

104 물티 비타민은 우리나라에서 1950-60년대에 비타민 B1과 함께 가장 많이 팔린 종합비타민이다. 물티 비타민은 비타민 A-D까지가 다 들어 있었다; "음식물의 가치와 비타민(중)", 「동아일보」 1956년 3월 7일 기사 참조.

명으로 감소되었습니다. 그리고 1979년 1월부터는 공무원과 교직원 보험이 발족해서 그리고 이적되는 수가 증가했음에도 불구하고 1979년 10월 말 현재에는 6160세대에 2만 1443명으로 다시 증가되었습니다. 이 원인은 고리 발전소 직원들과 태평양화학 판매원들이 단체적으로 가입함으로 증가하게 된 것입니다.[105]

105 장기려, "청십자의료보험조합원 여러분에게", 《청십자소식》, 제70호, 1980년 1월 15일.

## 기나긴 의료보험 전쟁

직장의료보험이 도입되고 3년 후인 1980년 9월에 취임한 천명기 보사부 장관은 조합 방식의 의료보험이 비효율적이고 복잡하다며 통합 구상을 밝혔다. 현행 제도로는 의료보험의 전국 확대가 어렵고, 힘든 과정을 거쳐 통합이 된다 하더라도 조합 간 재정 격차로 적자 조합 발생이 불가피하며, 의료혜택의 차등화를 막을 수 없다는 주장이었다. 통합하면 보험 재정의 건전 운용으로 국가의 재정 부담을 최소화할 수 있고, 관리 운영 체계 개선 효과를 얻을 수 있다고 했다.[106] 천명기 장관은 의료보험관리공사(가칭) 설치를 골자로 하는 '의료보험 관리운영체계 일원화방안'을 대통령에게 보고하였다. 그러자 「조선일보」를 비롯한 보수 언론은 강력 반발했다. 의료보험협의회, 전국경제인연합회의 등 경제 5단체와 한국노총 등도 반대했다. 시기상조이고 사용자 부담이 증가하며, 공무원과 직장의료보험을 통합하면 직장인이 손해를 본다는 이유였다. 찬성은 「경향신문」이 유일했다.[107] 언론과 경제 단체의 강력 반발에 천명기 장

---

106 원석조, "건강보험통합 논쟁의 전개과정에 관한 연구", 《사회복지정책》, 제25호, 2006, 4쪽.

107 원석조, 위의 글.

관은 한발 물러섰다. 의료보험관리공단은 그대로 두고 의료보험협의회만 연합(1안)하거나, 두 기관을 통합하고 차후에 의료보험관리공사를 설립한다(2안)는 복수의 안을 준비해 부총리 결재를 받아 냈다. 하지만 청와대가 반대했다. 어쩔 수 없이 보사부는 1981년에 국회에서 단계적 통합을 주장했다. 국책기관 KDI(한국개발연구원)도 통합을 거들었다. 그러나 1982년 5월에 천명기 장관의 경질로 통합론은 큰 타격을 받았다. 게다가 1983년 2월에는 보사부 내에서 의료보험 통합을 주장했던 핵심 간부 둘이 축출당했다. 언론이 '보사부 파동'이라 명명한 바로 그 사건이다.[108]

몇 년 동안 잠잠하던 의료보험 통합 문제는 지역 건강보험 확대 방안이 대두되면서 재등장했다. 1986년 4월에 보사부는 1988년에는 농어촌지역, 1990년에는 도시지역으로 의료보험을 확대한다는 전 국민 건강보험 실시 계획을 발표했다. 한국경제인총연합회와 의료보험연합회가 조합 방식으로 건강보험의 전국 확대를 지지했다. 당시 여당인 민정당은 통합 방식의 의료보험 실시를 요구했다. 경제기획원마저도 의료보험 통합에 찬성했다. 조합방식은 1) 적자조합 재정 문제 해결에 한계가 있고, 2) 조합의 세분화로 보험의 사보험화 경향이 나타나며, 3) 조합 간 재정 능력 격차가 발생하고, 4) 그로 인해 계층 간 위화감이 조장되며, 5) 의료 제반 관련제도 문제점 해결이 더 어려워지고, 6) 관리 운영의 낭비 요인이 발생한다는 이유였다. 그러나 의료보험을 통합하면 1) 지역간·계층간 소득 재

108 원석조, 위의 글.

분배와 사회통합의 효과를 거둘 수 있고, 2) 관리 운영의 효율성이 높아지고, 3) 의료체계 개편이 쉬워지며, 4) 조합 간 보험료율과 급여 수준 격차를 해소할 수 있고, 5) 타 사회보장제도와 연계발전을 도모할 수 있다고 주장했다.[109] 국무총리실도 통합을 지지하고 나섰다.

1986년 6월 부천경찰서에서는 구속된 서울대 휴학생 권인숙 성폭행 사건이 터졌다. 야심한 시각과 새벽에 경찰서 안에서 일어난 야만적인 성폭행 사건이 세상에 알려지면서 전국은 들끓었다. 권인숙을 조사했던 문귀동 경장은, 그해 '5·3인천사태' 수배자의 이름을 대지 않는다는 이유로 "수갑을 뒤로 채운 뒤 브래지어를 들추어 올리고 바지와 팬티까지 벗기는" 등의 짐승 같은 추잡한 성폭행을 저질렀다.[110] 권인숙의 고소에 검찰은 '권 씨의 성모욕 주장은 급진세력이 상습적으로 벌이고 있는 의식화 투쟁의 일환으로, 혁명을 위해서는 성마저도 도구로 사용하는 행태'라며 반격했다. 검찰은 권인숙의 고소를 '기소유예' 처분했다. 문 경장을 비롯한 관련자를 처벌하라는 시위가 걷잡을 수 없이 격화되었다. 전두환의 의료보험 전 국민 확대는 바로 이 와중에 나왔다. 대통령은 의료보험의 전 국민 확대를 1986년 9월 2일에 하겠다고 발표했다. 박정희가 그랬듯 전두환도 고조되던 반독재투쟁을 무마시키기 위해 의료보험 카드를 꺼내 들었다.[111] 그러나 성난 민심은 사그라드는 게 아니라 더

109 원석조, 위의 글.

110 한승헌, 전두환 정권 '막장' 알린 성고문 사건", 「한겨레신문」, 2009년 3월 30일.

격렬해졌다. 그런 와중에 1987년 1월 14일에는 박종철(당시 23세, 서울대 언어학과 3학년)이 치안본부 대공수사단에서 물고문을 받고 숨지는 사건이 발생했다. 부천서 성고문 사건을 덮으려는 검찰과 법원의 안간힘을 쓰고 있는 상황을 전 국민이 분노하며 똑똑하게 지켜보고 있는 와중에 박종철 고문치사 사건이 또 터졌다. 정권 차원에서 박종철 고문치사 사건을 은폐하려 들자 6·10민주화항쟁과 노동자 대투쟁이 일어났다. 7월부터 3개월간 계속된 노동자 대투쟁으로 3500건의 노동쟁의가 벌어졌고, 1162개의 노동조합이 탄생했다.[112)]

전우용이 잘 지적한 것처럼 1987년 6월항쟁으로 민정당 대통령 후보 노태우는 '전 국민 의료보험 혜택'을 공약으로 내세우지 않을 수 없었다. 의료보험증이 "우리 사회의 불평등 양상을 두드러지게 표현하는 '증거물'"이었음을 모를 수 없었을 테니, 박정희와 전두환의 유산인 의료보험증이란 "'가시적인 불평등의 증거물'을 없애지 않고서는 6월항쟁으로 뜨겁게 분출한 민주화 열기를 가라앉힐 수 없는 상황"이었을 테니 말이다.[113)] 1987년 대선은 민주화를 염원하는 많은 국민의 기대와 달리 김대중과 김영삼의 고집 때문에 민주세력의 참패로 끝났다. 노태우는 당선자 신분으로 1988년 1월 농어촌 지역의료보험 대상자들에게 의료보험료를 고지했다. 그런데 책정된 보험료의 80퍼센트를 지역가입자에게 부담시켰다. 직장의

---

111 송영훈, "누가 현재의 '전 국민 건강보험'을 만들었나?", 「뉴스톱」, 2018년 12월 15일.

112 이상이, 『복지국가는 삶이다』, 도서출판 밈, 2019, 96쪽.

113 전우용, 2018년 12월 11일 「페이스북」

료보험 가입자는 보험료의 50퍼센트만 부담하는데 반해 농어민들은 80퍼센트를 요구했다.[114] 농어민들은 정부의 불평등한 의료보험료 책정에 즉각 반발했다. 농민 1500여 명은 1988년 2월 괴산 역말다리 앞 광장에서 항의 집회를 열었다. 농어촌민에게 부과된 보험료가 도시 직장인과 비교할 때 형평성을 잃었고, 1차, 2차, 3차 진료기관 설정으로 인해 의료기관 이용을 어렵고 불편하게 만든 것을 규탄하기 위함이었다. 이들은 보험료 납부거부, 서명운동, 지역공청회 개최, 보사부 등 정부기관에 청원, 국회의원에 항의 편지 쓰기 등을 결의했다.

농어민들의 대규모 시위로 의료보험 통합 논의는 새로운 차원으로 접어들었다. 10여 년 동안 우리 사회는 의료보험을 현행 조합 방식으로 하느냐, 아니면 통합하느냐를 두고 그야말로 전쟁을 치렀다. 괴산 시위 이후 의료보험 항의 집회는 전국 각 농어촌 지역으로 삽시간에 퍼져 나갔다. 가톨릭농민회·전국농민협회·기독교농민회총연합회 등의 재야농민단체들이 가세하면서 의료보험 통합 논쟁은 사회운동으로 변모했다. 건강사회실현약사협의회, 교회빈민의료협의회, 기독교청년의료인회 등의 진보적인 보건의료단체들도 이 논쟁에 동참했다. 이들 각 단체들은 정부에 "보험료의 과중부담, 보험료 산정기준의 비합리성, 진료권 설정의 비형평성, 조합방식의 정치성과 비효율성 등의 문제점을 성토하고, 건강보험의 통합, 보험료의 적정 부과, 국고보조의 50퍼센트 확대, 의료보호의 확대" 등을

114 이상이, 『복지국가는 삶이다』, 도서출판 밈, 2019, 101쪽.

요구했다. 그해 4월 서울 종로성당에서 열렸던 '농어민 건강권 확보를 위한 대토론회'는 민정당사를 향한 가두행진으로 이어졌다. 당일 집회는 경찰에 의해 강제 해산당했다. 당시는 13대 총선이 코앞이라 정부와 여당은 농어촌 건강보험료의 정부 지원율을 35.1퍼센트에서 50퍼센트로 상향 조정했다. 정부 부담 50퍼센트는 선진 복지 국가와 비교가 안 될 정도로 파격적이었다. 그러나 정부 지원이 꼼수였다는 사실을 농어촌민들과 사회단체들은 간파했다. 정부 부담 50퍼센트는 거짓이었고 실질적으로는 21.6~39.6퍼센트 인상에 불과했다.[115] 6월 들어 보다 조직적 운동 전개를 위해 농민단체·보건의료단체·빈민단체 등 41개 단체가 모여 '전국의료보험대책위원회'를 결성했다. 백만인 서명운동을 벌였고, 의료보험의 관리운영은 물론 재정의 완전통합, 보험료 누진제 적용 등 획기적으로 진보적인 내용을 담은 국민 의료보장법안(가칭)을 만들었다. 1989년 2월에는 평민당과 민주당이 건강보험 통합을 담은 건강보험법개정안을 국회에 상정했다. 그 이후 공화당도 당론을 바꿔 통합에 찬성했다. 보사부와 청와대의 줄기찬 반대에도 불구하고 '국민의료보험법'은 3월 9일 국회 본회의에서 여야 만장일치로 통과되었다. 이때도 보수 언론은 의료보험 통합 시 봉급생활자의 보험료 부담이 두 배 이상 증가한다는 주장을 내놓으며 반대했다. 「한겨레신문」과 「국민일보」만이 "통합이 위험분산과 소득재분배라는 사회보장의 원리에

115 원석조, "건강보험통합 논쟁의 전개과정에 관한 연구", 《사회복지정책》, 제25호, 2006, 9쪽.

부합"된다며 찬성했다.[116] 그러나 통합법안은 3월 24일 노태우 대통령의 거부권행사로 좌절되고 말았다. 대통령의 거부권 행사 후 야 3당과 사회복지학과 대학원생들을 중심으로 전국에서 반대 집회가 이어지는 가운데 5월 초에는 도시빈민과 보건계열 학생들까지 참여하는 '의료보장쟁취공동위원회'가 꾸려졌다. 총선에서 125석을 얻는 데 그친 노태우는 야당의 승리에 어쩔 수 없이 7월 1일부터 도시 지역의료보험을 실시했다.

116 원석조, 위의 글, 10쪽.

## 청십자의 발전적 해산

1980년부터 10년간은 '청십자'의 성숙기였다. 국가가 시행하는 의료보험 4년차였던 1980년에 300인 이상 조합원을 거느린 기업체, 공무원 및 사립학교 교직원과 의료보호 대상자들까지, 총 30퍼센트의 국민이 의료보험 혜택을 받았다. 그러나 '청십자'는, 국가가 운영하는 의료보험이 저소득자의 건강관리에 상당한 목적을 두어야 하는 본래 취지에서 벗어나 상당한 모순을 안고 있음을 간파하였다. 당시 사무국장 김영환이 1980년 9월에 기고한 글을 살펴보자.

> 의료보험 사업의 근본 목적은 저소득자의 건강관리에 상당한 비중을 둔 것입니다. 그런데 현재 우리나라 의료보험 사업은 짧은 기간 내에 전 국민의 개보험화를 목표로 하고 있어 성공하기 쉬운 계층부터 의료보험 사업을 시행하고 있기 때문에 다소 모순을 감소하고 시행하고 있어 역복지 현상을 나타내고 있습니다. 즉 공무원이나 큰 기업체의 종업원들은 안정된 직업에다 비교적 나은 대우를 받고 있기 때문에 발병이 되어도 비교적 어려운 대로 지탱하여 나갈 수 있는 사람들이 대부분이지만 대우가 낮은 소기업체 또는 가정공업 종업원이나 안정된 직업을 갖지 못한 일일 노동자 또는 자영하는 영세자

들은 의료보험에 대한 혜택은커녕 의료비를 더 지출하게 되었으니 역복지 현상을 가져오게 되었다는 것입니다. 그러나 국가적인 차원에서 생각할 때 견디어 나갈 수 있는 문제가 밑걸음이 되어 전 국민의 개보험이 앞당겨져 전 국민의 복지향상을 가져올 수 있는 것이라면 만난(萬難)을 무릅쓰고 계획된 정책을 시행해 나가지 않을 수 없을 것입니다.[117]

장기려는 10월 5일 부산시로부터 부산시 문화상을 받았다. 지난 30년간 부산, 경남 지역에서 의료인으로서 공헌을 인정한 결과였다. 부상으로 받은 150만 원은 복지사업을 위해 청십자에 희사했다.[118]

1981년 6월에는 '청십자' 동래 지부가 문을 열었다. 창립 이후 가장 큰 경사였다. 사하·부산진·북구·남구에도 차례로 지부가 생겼다. 의료보험 전국 확대 실시로 일시적인 손실은 불가피했으나 인식이 높아지면서 회원은 오히려 크게 증가했다. 약 2만 3000명 회원 확보에는 11년이 걸린 반면 두 배 증가에는 2년뿐이 안 걸렸다. 1979년 2만 2548명이던 회원이 1981년에는 4만 1821명, 다음 해에는 7만 2064명, 1983년에는 10만 명을 돌파했다. 10만 돌파에 15년이 걸렸으나 20만 돌파에는 4년으로 충분했다. 1987년에 회원

117 김영환, "우리나라의 의료보험 사업과 청십자 조합원의 할 일", 《청십자소식》, 제74호, 1980년 9월 10일.

118 장기려, "청십자 사회복지회 및 의료보험 조합회원 여러분에게", 《청십자소식》, 제75호, 1980년 11월 5일.

가입자 수가 20만 명을 넘어섰다.

'청십자'의 일차적 수혜자는 부산 지역의 가난한 영세민이었다. 정부조차 엄두를 못 내던 때에 적은 돈으로 영세민들에게 의료 혜택을 제공했다. '청십자'가 우리 사회에 가장 크게 기여한 점은 적은 돈이라도 모으고 협력하면 가난과 질병을 이길 수 있다는 희망 제시였다. 장기려는 건강할 때 내는 아주 적은 회비가 우리 이웃의 절망을 희망으로 바꿀 수 있다는 점을 기회가 생길 때마다 역설했다. 단순히 질병을 치료하기 위해서가 아니라 함께 희망을 만들기 위해 '청십자'를 줄기차게 밀고 나갔다. 창립 17주년에 쓴 "청십자의 나아갈 길"에 이 점이 분명하게 드러난다.

> 중심사상은 뭉치면 흥하고 흩어지면 망한다는 간단한 원리이다. 우리 한국 사람은 지혜가 많다. 이 원리를 잘 알고 있다. 그리고 남을 동정하고 도와주려고 하는 어진 마음도 가지고 있다. 이 중심사상에 동의하여 가입해 가지고 첫 번 건강진단을 받으려고 한 가족 다섯 식구(아이가 셋하고 부부님)가 택시를 타고 왔을 때의 기뻤던 것은 잊을 수 없는 감격이었다. 마치 대통령 선거 시 투표했던 기분을 느꼈던 것이다. 이 협동조합은 독립정신과 협동정신을 기르고 펴나가는 것이라고 믿어졌던 것이다. 피보험자(회원)와 보험자(보험조합직원)와 의료인들이 한 가족으로 생각하고 친절히 협동하기를 비는 마음 간절하다. 이것은 인격의 생명을 존중히 여기고, 겸손과 사랑으로 봉사하는 데 있다고 믿는 바다. 즉 생명의 존엄성·인격의 존엄성·과학의 존엄성(의료)의 세 가지를 다리(脚)로 의자와 같은 박애와 봉사가 중

심사상이라고 할 수 있다.[119]

'청십자'는 단순히 영세민 환자들에게 싼 가격의 의료 혜택을 제공하는 데에 그치지 않았다. 사람들에게 뿌리 내리기 시작한 협동 정신을 생활 전 영역으로 확산시키려고 노력했다. 그 첫 시도는 사단법인 복지회 설립(1976년 11월)이었다. 이웃을 돕는 일이 일시적이거나 행사에 그쳐서는 안 된다는 생각이 자매기관인 복지회 설립으로 나타났다. 영세민이나 불우이웃에게 진정한 희망을 갖게 하려면 반영구적 도움이 절실했다. 당시 '청십자'는 청십자의원 개원을 준비하고 있었다. 그래서 모금에 나섰다.

모금을 통해 청십자의원 매입 잔금을 해결했을 뿐 아니라 해운대구 반여2동에 복지사업부 지부를 열었다. 1년 만에 반여동에 병원이 생기고 주민들 여건도 나아졌다. 그래서 반여2동 복지사무소를 철수하고 1979년 1월, 남구 용호2동에 영세민을 위한 건강관리소를 열었다. 해당 보건소와 동사무소의 협조 아래 5명의 실무진으로 업무를 시작한 건강관리소는 예방접종, 가족계획상담, 의료보험 계몽, 의료보험 보조대상 가정 선정 등의 사업에 주력했다. 이 지역을 부산의대 간호학과는 실습 지역으로 지정했다. 그 결과 용호2동 주민의 보건 교육에 적잖은 성과가 있었다.

1979년 6월에 '청십자'는 용호2동 지역 거주 학생 28명과 한성고

---

119 장기려, "청십자의 나아갈 길-청십자 창립 17주년에 즈음하여", 제162호, 1985년 5월 6일.

등공민학교(남구 대연동 소재) 학생 10명, 복지회에서 근무하는 야간 학생 5명 등 총 43명에게 공납금 전액(총액 121만 3295원)을 지급하였다. 경로 대상자 200명에게도 칫솔, 치약, 비누를 증정하였다. '청십자' 용호2동 건강관리소는 1980년에 10만 원 가입비를 낸 특별회원 158명과 3000원의 정기 회비를 납부하는 20명의 정회원을 가진 단체로 성장했다. 다음은 복지회의 1980년 지출 현황이다.

장학금 지급 580만 8120원(224명)

진료비 보조(입원) 275만 7470원(13명)

진료비 감액(외래) 113만 7790원(151명)

보험료 보조 225만 7600원[120] (1만 1288명)

장기려는 1980년 7월 1일 미국 뉴욕에서 열리는 한미합동학술대회 참석을 위해 부산을 떠났다. 로스앤젤레스와 워싱턴을 거쳐 7월 6일 뉴욕에 도착했다. 강연 제목은 "한국에 있어서의 간 대량 절제술"이었다. 간 좌엽에 발생한 간암에 광범위 절제술을 시행하여 합병증 없이 치유된 사례를 발표했다. 장기려는 시간을 내서 미국 청십자의료보험을 방문했다. 규모는 엄청나게 커졌으나 이익을 추구하는 보험으로 전락한 걸 보고 "별로 부러운 점이나 모범할 점을 발견할 수 없었다"고 썼다.[121] 동행한 제자 양덕호 교수는 "간 디스토

120 "1980년 사업실적 (발췌) 보고", 《청십자소식》, 제77호, 1980년 3월 28일.

121 장기려, "청십자 사회복지회 및 의료보험 조합회원 여러분에게", 《청십자소식》, 제74호,

마의 외과적 요법"이란 제목으로 강연했다.[122]

1982년 3월에 용호2동 청십자 건강관리소는 학생을 위해 25평 규모의 도서실을 열었다. 26석의 열람실과 공부방 4실(24명), 그리고 1400권의 장서를 마련한 도서실이었다. 부산중앙고등학교 2학년 전재경은 《청십자뉴스》에 이런 글을 기고했다.

> 정책 이주촌으로 사람도 많고 학생들도 많은 마을, 그리고 공부할 수 있는 여건이 제대로 마련되지 못한 마을로서 부유하지 못한 많은 가난한 마을, 그러나 배워 보겠다는 향학열만은 그 어느 마을보다 뜨거운 용호동. [중략] 고등학교 2학년의 중요한 시기를 공부에 전념할 수 있도록 좋은 환경을 마련해 주신 장기려 박사님과 유순한 선생님 그리고 여러 가지로 저희들의 뒷바라지를 위해서 수고해 주신 용호동 건강관리소 소장님과 여러 고마운 직원들께 도서실에서 열심히 책을 읽으며 공부하고 있는 모든 친구들과 동생들 그리고 형님 누나들을 대신하여 감사의 말씀을 드립니다. 저는 봉사단체인 「새싹회」에도 가입하여 이제는 회장 일을 맡아 봉사활동에도 열심을 내고 있습니다. 지난번의 노인 운동회·고아원 방문·양로원 방문, 그리고 마을청소 등의 활동을 통해 도움만 받던 저희들도 봉사해 드릴 수 있는 기회를 갖게 되어서 더 기쁩니다.[123]

---

1980년 9월 10일.

122 장기려, "회원 여러분", 《청십자소식》, 제73호, 1980년 7월 10일.

123 전재경, "청십자가 불붙인 향학열", 《청십자소식》, 제88호, 1983년 1월 1일.

'청십자'복지회는 용호2동에서 5년 사업을 마무리하고 동구 범6동으로 옮겼다. 여기서는 보건소 협조를 얻을 수 없어서 독서실만 운영했다. 범6동 여건이 개선되자 청십자건강관리소는 1984년 11월에 청십자복지사무소로 이름을 바꾸고 서구 남부민동에 있는 천마유아원으로 이전했다. 이곳에서는 영·유아 건강관리 및 노인문제 등 가정지도 상담 사업에 역점을 두었다. 이 시기에 청십자의원은 사회로부터 버림받은 사람들에게 일자리를 제공했다.

> 지금 우리 청십자의원에는 이 사회에 버림을 받아 가지고, 아이 둘을 데리고 헤매다가 어떤 사회복지회의 원조를 받자 아이들도 키우고 자기도 청십자의원에 취직하여 살아가는 직원이 있습니다. 우리는 이와 같은 사회에서 버림받고 있는 사람들을 찾아 살길을 찾도록 인도해 주려고 하오니 협조해 주시기 바랍니다.[124]

복지회는 1983년 8월 26일 사회복지법인으로 전환했다. 기부금에 대한 손불금 산입문제로 많은 세금을 추징당했기 때문이다. 사단법인은 세제상 혜택을 받지 못했다. 1976년 12월부터 부속의원을 이관받아 관리하던 복지회는 1986년 12월, 청십자의원을 병원으로 승격시켰다.

복지회 역사에서 빼놓을 수 없는 일은 대대적인 보건 예방사업의 전개였다. '청십자'는 가입 조합원에게 질병의 사전 예방을 돕기 위

124 장기려, "친애하는 회원 여러분께", 《청십자소식》, 제67호, 1979년 7월 1일.

해 1987년 1월부터 무료건강진단을 실시했다. 회원 가입을 하고 3개월이 지나면 남녀노소 관계없이 1년에 한 차례씩 무료 건강진단을 해 주었다. 진단 종목은 흉부간접촬영, 혈액검사, 혈압측정, 혈액형 검사 등등이었다. 간염 검사나 감염 예방주사를 원할 경우 검사비용을 크게 경감해 주었다.

복지회는 가난한 영세지역을 대상으로 사업을 펼쳤다. 반면에 내부 회원의 복지를 위해서는 청십자신용협동조합(이하 신협)을 결성했다. 신협은 1976년 7월 12일 신용협동조합법에 의거하여 창립하였다. 청십자병원 직원과 신협 직원 및 '청십자' 조합원으로 구성한 신협의 첫 회원 수는 100명이었다. 신협 저축에서 빌린 돈에는 1.5퍼센트 방위세만 내면 이자를 물지 않았다. 다른 저축의 경우 16.7퍼센트의 이자세를 내야 했기에 비교불가 혜택이었다. '청십자'가 영세민의 건강을 보장했다면 신협은 가입한 회원의 영세민 생활자금을 보장해 주었다.

장기려는 1985년 5월 23일부터 31일까지 사무국장 김영환과 함께 일본 의료보험을 순방했다. 순방 목적은 일반 민간보험의 발전상을 시찰하는 것과 신체장애인에 대한 복지센터 방문이었다. 당시 일본 의료보험은 40년의 역사를 가지고 있었으나 의료비가 너무 많이 들어 피보험자 부담을 더하고 있음을 목격했다. 일본은 피보험자에게 무료 진료를 실시하다가 1984년부터는 10퍼센트 의료비를 징수하고 있었다. 장기려는 일본 의료보험은 물론 일본 사람들의 정신 상태에 대해 다소 실망하고 돌아왔다. 돌아와서 남긴 순방소감엔 일본 의료보험보다 청십자의 현재에 안도하는 모습이 역력하다.

> 의료보험조합은 현재 부산청십자의료보험조합과 같이 협동 정신으로 하는 것이 이상적이라고 본다. 즉 의료보험조합(보험자)은 조합원과 의료기관을 위하는 생각으로 돌보고 조합원(피보험자)은 조합과 의료기관을 자기 기관으로 생각하고 사랑할 것이며, 의료기관(병·의원)은 보험자와 피보험자를 자기 기관의 일원으로 생각하고 진료하고 진료비 절감에 힘써야 하며 자비심이 필요하다. 지금 현 청십자의료보험 조합은 보험자(조합)와 의료기관(병원)과 진료를 받는 피보험자들을 한 가족으로 생각하고 일하여야 하며 또 일하고 있는 것을 보여 주어야 하며 또 피보험자와 의료기관은 그것을 믿어 주어야 하며 또 그렇게 믿어질 때에 한국의 의료보험은 올바르게 정착이 될 것을 믿어 마지않는다. 이것은 어려운 일이면서도 불가능한 일이 아니다. 정직하게 살고, 남을 위해 살고, 서로 도와 살려고 하는 마음과 정신에 충실하면 된다. 결코 손해나는 일이 아니다. 유익되고 보람(가치)된 일이므로 지나친 욕심만 버리면 된다고 믿는다.[125]

1987년 11월부터 신협은 도·농간 직거래 유통 사업을 펼쳤다. 품목은 재래식 순수 메주였고 공급지는 충남 연기군 전의면에 소재한 전의신용협동조합이었다.[126] 다음해에는 고추를 직거래 사업 품목으로 지정했다. 도·농간 직거래가 폭발적인 인기를 얻게 되자 청송 고추, 경기미(아끼바레), 유정란, 순창 고추장·장아찌, 전의 오곡밥

---

125 장기려, "일본 의료보험계 순방기", 《청십자소식》, 제172호, 1985년 7월 15일.

126 "메주" 주문량 8500개 육박", 《청십자소식》, 제303호, 1988년 1월 18일.

등으로 물품을 확대했다.

1988년 9월에는 초량동 '청십자' 사무실 옆 연합빌딩에 신협 부설 청십자소비조합을 개장했다. 가전제품을 포함한 생활필수품을 취급했고, 일류 메이커 60여 개 업체가 공장도 및 생산지 가격으로 제품을 판매하였다. 그해 5월에는 2년 기한의 수수료 월 1.1퍼센트, 연체료 월 2퍼센트의 '청십자신용카드'를 발행했다.

이것이 '청십자' 마지막 사업이었다. 1989년 6월 30일에 역사적 소임을 마치고 자진 해산했기 때문이다. '청십자'는 이날 「부산일보」에 "청십자 가족에게 드리는 말씀"이란 광고를 실었다.

> 21만여 명의 청십자의료보험조합 조합원 여러분! 그리고 부산시민 여러분!
>
> 1968년 5월에 창립한 이후 21년 동안을 "건강할 때 이웃 돕고 병났을 때 도움받자"는 표어로 협동운동을 통한 건강관리사업을 자발적인 시민정신에 의해 성공적으로 시행하여 왔습니다만, 전 국민 의료보험 실시로 인해 6월 30일로 해산하였습니다.
>
> 그동안 청십자운동을 통하여 부산지역 시민이 이룩한 진실 사랑 협동의 청십자정신을 계승 발전시켜 왔는 바 앞으로도 계속 후속사업을 통하여 이 정신을 지속적으로 계승하려 합니다.
>
> 이를 위하여 청십자의료보험조합의 이사회와 운영위원회에서는 의료보험조합의 자매기관인 '한국청십자사회복지회'(부속 청십자병원)와 법인을 통합하기로 결의한 바 있습니다.
>
> 후속사업으로는 청십자병원을 확장하여 조합원들에게 무료건강

진단과 간염검사 등 간염퇴치사업을 계속 시행해드릴 것이며 특별히 '청십자의료공제회'를 조직하여 진료비 중 본인부담에 대한 진료비를 지원하여 주는 사업을 하기로 하는 한편, 청십자신용협동조합과 청십자소비조합 등의 사업을 지원하기로 하였습니다.

청십자운동은 앞으로도 지역사회 복지증진을 위하여 자발적 시민 협동정신으로 함께 선한 일을 하고자 하오니 적극 동참하여 주십시오.

그동안 협조하여 주시고 참여하여 주신 모든 분들에게 먼저 지상을 통하여 감사의 인사를 드립니다.

1986년 6월<br>
부산청십자의료보험조합 대표이사 장기려<br>
사무국장 김영환<br>
한국청십자사회복지회 대표이사 장기려<br>
상임이사 류순한<br>
청십자병원원장 양덕호[127]

자진 해산 이후 '청십자' 정신의 계승을 위해 복지회는 '청십자의료공제회'를 계속하기로 결정했다. 의료보험증을 소지하고 병원에서 진료를 받으면 수신자가 부담해야 하는 진료비(본인부담금)를 공제회가 부담할 수 있게 만들었다. '청십자'의 자진 해산으로 직장을

---

127 「부산일보」, 1989년 6월 30일.

잃게 된 51명의 직원 전원은 부산 각 지역 의료보험조합 직원으로 배치되었고, 청산 작업을 위한 17명의 직원은 10월 31일까지 근무했다. 21년 동안의 '청십자' 자료는 모두 정부로 이관했다. 장기려는 '청십자' 해산 이후 첫 발행된 《청십자뉴스》 성산칼럼에서 그간의 노고에 감사 인사를 남겼다.

> 그동안 청십자의료보험조합에서 근무했던 직원들은 7월 1일자로 부산 시내의 도시지역 의료보험조합에 각각 배치되었다. 이들 직원들은 청십자운동에 참여하여 참으로 수고를 많이 했었다. 청십자의 정신인 진실과 사랑 그리고 협동을 이루려고 온 힘과 마음을 다해 주었다. 하나님께서는 이들 직원들의 이름을 생명책에 기록하여 주신 줄 믿는다. 하나님께서는 청십자의료보험조합을 못자리[苗床]로 하시고 직원들을 묘종(苗種)으로 기르셨다가 이번에 전 국민의 보험이라고 하는 논에 옮겨 심었다고 믿는다. [중략] 청십자에서 근무했던 직원들은 청십자에서 얻은 경험을 십분 발휘하여 한국의 의료보험제도 정착에 크게 공헌하여 줄 것을 믿으며 이를 기대하는 바이다.[128]

'청십자' 자진해산과 청십자병원을 정리하는 과정에서 불미스런 일이 발생했다. 의료보험조합을 해산하면서 남아 있던 약 10억 원의 처리로 생긴 문제였다. 회원의 의견을 수렴하여 복지회에 넘기는

---

128 장기려, "청십자 운동의 새로운 출발", 《청십자소식》, 제381호, 1989년 7월 17일.

결정을 하였지만 내부 반대가 만만치 않았다. 김서민의 증언이다.

> 당시 양덕호 청십자병원장은 장기려 박사의 정신을 계속 이어가는 것에 별 관심이 없었습니다. 청십자병원은 우여곡절 끝에 일신병원 이경화 원장에게 넘어갔지요. 장기려 박사는 이경화 원장을 믿었지만 일이 잘못 되어서 청십자사회복지회는 김진홍 목사에게 또다시 넘어갔습니다. 언젠가 김진홍 목사가 《주간조선》에 이 문제에 대해 사실을 왜곡한 것으로 생각되어 개인적으로 편지를 보내 항의한 적도 있습니다. 결국 거기서도 복지회 사업은 자리를 못 잡고 또다시 부산 산정현교회가 이 사업을 위탁받게 되었습니다.[129]

많은 크리스천이 장기려를 의료보험의 아버지, 원조 등으로 소개한다. 국가가 시작하기 10년 전부터 의료보험을 실시했으니 그 말이 아주 틀린 건 아니다. 그러나 잘 따져보면 박정희가 의료보험의 아버지란 주장 그 이상으로 사실 관계가 맞지 않는 주장이기도 하다. 장기려는 민영 보험의 기틀을 잡았고 기독교 정신으로 가난한 이웃의 질병을 실제적으로 돕는 의료보험을 실시했다. 정부는 의료보험을 전국 확대 실시할 때 청십자의 사례와 자료, 특히 의료 수가를 많이 참고했다. 그러나 현재 우리 의료보험의 결정적인 문제인 낮은 보험료에 따른 질 낮은 의료 혜택에는 청십자가 의료수가를 책정하면서 의료인의 인건비를 반영하지 않았기 때문이라는 지적

---

129 김서민 전 청십자 의료보험조합 초대총무와 2006년 8월 인터뷰.

도 있다. 그걸 상기시킴으로 청십자 의의를 폄하하겠다는 게 아니다. 장기려의 업적을 기리고 계승하는 일은 언제나 환영이다. 그러나 사실에 근거하지 않는 주장으로 장기려를 우상화하는 일은 곤란하다. 누구보다 장기려가 원치 않는 일일 테니 말이다.

# 창립의 실무 주역들:
# 김서민, 채규철, 김영환

'청십자'의 창립 실무 주역 세 사람 중 김서민과 채규철은 사경을 넘나들던 투병 경험이 있다. 김서민은 자신이 '청십자'에 헌신을 결단할 수 있었던 이유로 절망적인 투병 경험을 꼽았다. 채규철 또한 전신에 3도 화상을 입고 죽어가면서도 장기려를 만나려 했던 이유가 '청십자'와 부산모임을 꼭 계속해 달라는 유언을 남기기 위함이었다.[130)]

## 김서민

김서민은 함석헌과 장기려의 고향인 평북 용천 출신이다. 함석헌의 차남 함우영은 김서민의 초등학교 후배다. 김서민은 신의주상업학교(당시 전문학교)를 나왔다. 1948년에 월남하였고, 서울 시공관에서 열렸던 신의주학생사건 기념 강연회에서 이름으로만 알던 함석헌의 강연을 처음 들었다. 한국전쟁 때 군에 입대하였으나 결핵에 걸려 마산 군요양소로 후송됐다. 당시 함석헌은 상이군인들에게 복음으로 용기와 희망을 주기 위해 매달 마산까지 내려왔었다. 마산 강연을 끝내면 가포리 국립요양소에도 복음을 전하러 갔다. 이때

---

130 채규철, "십원짜리 인생의 애환 1", 《청십자》, 제292호, 1987년 11월 2일.

김서민은 함석헌을 가포리까지 동행했다.

투병은 7년 반이나 계속되었다. 절망 속에서 죽을 날만을 기다리다 함석헌이 전하는 성서 말씀에서 희망을 발견했다. 함석헌은 '사명이 있는 한 죽지 않는다'는 이야기를 자주 했다. 함석헌을 통해 중요한 깨달음을 얻은 김서민은 삶을 180도 전환했다.

7년 반의 요양 생활을 끝낸 뒤 김서민은 장기려를 만나면서 부산 모임에 나가기 시작했다. 그 모임에서 함석헌을 매월 만났다. 그런 인연으로 결혼식 주례를 함석헌이 하기로 했으나 일정에 차질이 생겨 장기려가 대신했다. 아들 또한 주례를 받았으니 부자의 주례를 모두 장기려가 했다. 그래서인지 자기 삶과 신앙에 결정적인 영향을 끼친 두 사람으로 함석헌과 장기려를 꼽는다.

허허벌판과 같은 상황에서 '청십자'가 설립된 뒤 궂은 일을 가장 많이 도맡아 한 사람이 김서민이다. '청십자' 창립 후 두 주 만에 첫 협동 총무 임명을 받았다. 이를 위해 김서민은 장사를 그만두었다.

'청십자' 초창기에 가장 중요한 일은 홍보였다. 이를 위해 낮에는 발로 뛰었고, 밤에는 회원 가족들을 찾아다니며 애환을 들었다. 100 교회에 창립 호소문을 보내고, 해당 교회로부터 허락을 받고 수요 예배 광고 시간에 '청십자' 홍보를 하는 일도 김서민의 몫이었다. 밤낮이 따로 없이 일했다. 처음엔 온갖 궂은일을 도맡아 했다.

2005년 가을 취재차 만났을 때 76세인 김서민은 부산국제영화제 통역 요원으로 자원봉사를 하고 있었다. 몇 년간 자원봉사 신청을 했지만 나이 때문에 받아주지 않다가 올해는 허락을 받았다며 즐거워했다. 김서민은 젊은 시절 마산 군요양소에서 했던, 삶을 결코 허송하지 않겠다는 결심을 지켜가고 있었다.

**채규철**

"사명을 가진 자는 죽지 않는다"는 말에 용기를 얻어 다시 살아난 사람은 김서민만이 아니었다. 채규철 역시 전신 3도 화상을 입고 복음병원으로 실려 다대포 앞 바다를 지날 무렵, 자신의 귓전을 때렸던 "사명을 다하지 않으면 죽지 않는다"는 한마디 때문에 살아야겠다고 결심했다. 김서민과 채규철이 부산모임에서 자신들이 겪었던 절망의 투병 생활을 두고 얼마나 깊은 이야기를 나누었는지는 알려진 바 없다. 이처럼 '청십자' 창립에 중요한 역할을 했던 두 사람이 리빙스턴의 한마디에 삶을 되찾고 모두가 불가능할 거라던 '청십자'를 번듯하게 세웠다.

채규철의 운명을 바꾼 교통사고는 1968년 10월 30일에 일어났다.[131] 신학교 오전 강의를 끝낸 채규철은 당시 우리나라에서 제일 크게 지었다는 김해군 대저면의 대한축산 양계장 견학을 갈 참이었다. 소개를 부탁한 박 선생의 시간 지연으로 견학을 포기해야 할 상황이었다. 채규철은 토성동 기독사회관에서 5시 강연 약속이 잡혀 있었기 때문이다. 늦게 도착한 박 선생의 간청으로 견학 안내를 맡았다. 일행을 태운 폭스바겐은 엄궁과 하단을 돌아 괴정으로 빠지는 지름길을 택하였다. 성능 안 좋은 차들이 통행을 꺼릴 만큼 당

---

131 사고 경위에 대해서는 이기환이 쓴 『채규철-아버지의 얼굴』과 채규철 선생이 1987년 8월부터 1988년 9월 5일까지 11회에 걸쳐 《청십자》에 연재한 연재수기를 참고했다.

시 그 길은 매우 험했다. 하단 근처에 도착했을 때 좌측통행을 하던 차가 갑자기 우측으로 방향을 틀더니 8미터 언덕 아래로 세 바퀴나 굴렀다. 너무 순식간에 벌어진 일이라 운전 부주의였는지 기계 고장인지는 알 수 없었다. 차가 구르면서 뒤에 실었던 시너 두 통이 폭발하였다. 그때에 깨진 유리창 파편이 채규철 오른쪽 눈을 찔렀고, 불길은 순식간에 차 안을 덮쳤다.

채규철은 사고 후 75일 만에 그의 쾌유를 위해 간절히 기도한 부산모임 식구들을 위해《부산모임》에 사고 경위와 함께 안부 편지를 실었다. 양손이 불에 오그라들었기 때문에 간호사 유정순이 대필했다. 편지는 당시를 이렇게 회고한다.

> 가족들에 대한 생각, 내가 하려고 했던 일들에 대한 생각, 신에 대한 생각……. 그 중에서도 나에게 다시 살아날 수 있는 용기를 주었던 것은 "할 일이 있는데 죽어서 되느냐" 하는 생각이었습니다. 구체적으로 전쟁 반대를 해야 할 일, 국민들의 질병을 없애기 위해 의료보험을 해야 할 일 등등 그 일 때문에 나는 살기로 결심했습니다. 그러고 나서, 불을 뚫고 자동차 밖으로 나왔습니다. [중략] 오른쪽 눈의 시력은 촛불이 꺼지듯이 차차 감소되더니 몇 초 후에는 완전히 어두워지고 말았습니다. 그때 자동차 사고 보고를 받은 파출소에서 순경이 뛰어왔습니다. 순경은 곧 서면 쪽으로 가는 택시를 잡아서 가마니 위에 저를 눕히고 서면 쪽 병원으로 가도록 했습니다. [중략] 서면 쪽으로 가려던 택시를 돌려서 내가 마지막 부탁을 하고 싶은 이야기를 장 박사님에게 드리고 그리고 떠나고 싶어서 운전수의 말을 어기

고 자동차를 복음병원으로 가도록 했습니다. [중략] 얼마 후에 비보를 듣고 뛰어온 장 박사님께 내가 없어도 계속해서 전쟁 반대하는 일, 의료보험을 하는 일 등을 부탁드리고 치료를 받았습니다. [중략] 앞으로 2개월 안에 피부들은 거의 살아날 것 같고, 눈에 대한 수술과 얼굴 성형 등 몇 가지 문제들만이 남아 있는 것 같습니다. [중략] 성심껏 친절하게 저를 치료해 주신 의사, 간호원들에게 감사드리며 여러 선생님과 벗들에게 이상으로 회신을 대신합니다.

1969년 1월 13일

복음병원 217호실에서 채규철 올림[132]

채규철 사고에서 운명을 결정짓는 순간에 보여 준 장기려의 선택을 빼놓을 수 없다. 몸의 절반이 타 버린 전신 3도 화상을 당한 채규철을 탈수 현상으로 잃지 않기 위해 장기려는 매일 수분 섭취량과 소변의 양을 체크했고, 하루 두세 시간씩 미라처럼 온몸을 칭칭 감은 붕대를 풀고 드레싱을 직접했다. 채규철이 감당키 어려운 통증으로 미친 사람처럼 절규하였지만 장기려는 묵묵히 그 일을 매일 반복했다. 피부이식을 위해 채규철을 진찰했던 군의관 오웬스는 이 정도 화상을 입고 죽지 않은 것은 기적이라고 했다.

장기려는 1개월 사투 끝에 목숨을 건졌다는 의사로서의 판단이 서자 채규철에게 피부이식을 제안했다. 가슴, 배, 엉덩이의 성한 피

132 채규철, "편지", 《부산모임》, 제11호, 1969년 1-2월호, 19-20쪽.

부를 떼다가 손, 팔, 다리에 붙여야 했는데 복음병원에는 '슬쩍 긁으면 간단히 피부가 떨어지는 피부이식 기계'가 없었다. 할 수 없이 김생수 박사와 소독한 면도칼로 일일이 피부를 떼어 냈다. 마취를 했기 때문에 통증은 느낄 수 없었지만 채규철은 피부를 떼어 낼 때 면도칼의 서걱서걱 소리를 들으며 "등골에서 식은땀이 나고 오싹 소름이 끼쳤다." 피부이식은 두 달이나 계속됐다.

채규철이 전율을 느낄 만큼 장기려에게 감사를 느낀 순간이 있었다. 사고 초기에는 하루에도 몇 번씩 죽었다 깨어나는 일을 거듭하며 사경을 헤매고 있었다. 복음병원에는 화상약, 첨단 시설, 화상 전문 의사가 없었다. 부산에서 제일 큰 초량침례병원의 외과과장 테보 박사에게 장기려는 물었다. 침례병원에서 치료하면 살릴 수 있겠느냐고 말이다. 상태를 진단한 테보 박사의 첫마디는 "Hope Less!", 즉 "가망 없다!"였다. 침례병원에서도 안 되니 여기서 하라고 했다. 목숨만이라도 살릴 수 없겠느냐는 두 번째 질문에 테보는 "팔, 다리를 몽땅 절단하면 목숨은 살릴 수 있을지 몰라도 우리 병원으로 가기에는 너무 늦었다"고 했다. 그 순간 장기려는 이렇게 대답했다.

> 테보 박사님, 그건 안 됩니다. 팔다리를 잘라놓고 목숨만 붙여 놓는다면 이 사람에게 무슨 의미가 있겠습니까. 이 사람은 팔다리를 써야 하는 사람입니다. 사람 목숨은 하나님의 손에 달려 있습니다. 됐습니다. 이제 우리가 최선을 다해 보겠습니다.[133]

채규철의 투병은 3년 4개월 만에 끝났다. 그러나 우리 사회로부터 당한 손가락질과 멸시로 생긴 정신적 상처가 치유되기 위해서는 두 배, 아니 서너 배의 시간이 필요했다. 완쾌된 채규철은 교회, 교도소, 각종 단체를 가리지 않고 간증하며 돌아다녔지만, 밤에는 완전 다른 사람으로 돌변했다. 술을 마시지 않는 날보다 마시는 날이 더 많았음은 물론 집 안에서는 모조리 던지고 때려 부쉈다. 낮에 당한 수모를 가족들에게 쏟아놓았다. 의처증에 시달리기도 했다. 종종 술에 절어 행패를 부릴 때 장남 진석은 아버지를 완력으로 제압했다. 어떤 날은 행패가 너무 심해 아버지 손을 넥타이로 묶을 때도 있었다.[134] 그러나 채규철은 끝내 이겨냈다. 서울청십자의료보험 전무로, 강연으로, 여러 권의 책을 저술하거나 번역하는 일로, 또는 사랑의장기기증운동본부 이사와 두밀리자연학교 교장으로 열심히 살았다.

채규철은 그 무서운 사고를 당하고도 1970년 5월까지 《부산모임》에 단 한 차례도 빠짐없이 원고를 쓰거나 번역했다. 《부산모임》이 격월로 나오긴 했으나 그 "죽음의 음침한 골짜기"에서 단 한 차례도 거르지 않고 원고를 썼다. 이 옥고들은 그가 어떻게 자신의 육체와 정신을 덮친 고통과 싸워 나갔는지에 대한 흔적일 뿐 아니라 《부산모임》이 그에게 얼마나 소중한 의미였는지 보여 준다. '청십자'나 부산모임, 그리고 평화를 사랑하여 전쟁을 반대하는 일은 채

133 이기환, 『채규철-아버지의 얼굴』, 한걸음, 2002, 93쪽.

134 채진석, "아버지의 얼굴을" 이기환, 위의 책, 10쪽에서 재인용.

규철이 목숨과 맞바꿀 만큼 소중했다.

### 김영환

장기려는 청십자를 회고할 때마다 몇 가지 사례를 한 차례도 빠짐없이 언급했다. 청십자의료보험에 막대한 손실이 발생했을 때 복음병원에서 여러 차례에 걸쳐 수천만 원을 지원했던 일을 잊지 않았다. 그해에 스웨덴아동구호연맹 사회사업부장 김영환은 1만 2000명의 보조대상자들을 설득하여 의료협동조합을 형성하고 1969년 이를 청십자와 통합했는데 이 일 또한 장기려의 회고와 감사에 빠지지 않았다. 이 통합으로 '청십자'는 사단법인 인가를 받을 수 있었다. 그후 청십자는 정부로부터 자영자(自營者) 의료보험 시범기관으로 지정받아 보조를 받으며 안정적 운영을 해 나갈 수 있었다. 당시 스웨덴아동구호연맹 한국 총책임자로 근무하던 김영환은 1974년에 장기려 박사와 뜻을 같이해 청십자에 없어선 안 될 역할을 감당했다. 1975년 8월에는 조합 직영병원인 '청십자병원'을 개원했는데, 이때도 김영환의 역할이 컸다. 대지 100평, 건평 200평의 병원 건축비로 5000만 원 정도가 들었고 스웨덴아동구호연맹에서 절반을 지원했다. 김영환은 청십자 실무 총책임자로 끝까지 함께 했다. 1985년에 장기려가 일본 민간의료보험 실태를 파악하기 위해 일본 방문(5월 23-31일)을 했을 때 동행하기도 했다. 청십자 해산 이후에는 신용협동조합 이사장을 맡았다.

## 사랑의 동기가 아니거든 언행을 삼가라

장기려는 자신이 비겁한 사람이라는 이야기를 자주했다. 여기서 '비겁함'을 기질상의 문제로만 보는 건 곤란하다. 개인구원을 강조하는 신앙에 얽매여, 마틴 루터 킹(Martin Luther King, Jr)처럼 죽음으로 불의에 저항하지 못함을 자책하는 의미가 더 강하기 때문이다. 장기려를 다시 태어나게 만든 사건은 마틴 루터 킹의 죽음이었다. 이 주제로 두 번 글을 썼다. 처음은 킹 목사 서거가 있던 1968년 4월이고, 두 번째 글은 2년 뒤다.[135] 두 사람의 신학 노선은 다르다. 킹 목사가 외친 비폭력 저항의 목표는 기독교적 개인 구원이 아니라 흑인의 인권 신장이었다. 장기려는 킹 목사의 인권 운동에 단순한 지지를 넘어 성서적 관점으로 해석한다. 예수처럼 "자기 목숨을 바쳐 산 제사를 드렸다"[136]는 것이다. 물론 장기려도 킹 목사의

---

135 마틴 루터 킹에 대한 부산모임의 관심은 뜨거웠다. 채규철 선생은 킹 목사의 서거 이후 1968년 4월 18일「뉴스위크」기사, 마틴 루터 킹 목사의 "얼마나 많은 사람들이 죽어야 하겠는가?"란 글을 번역하여 실었고(1968년 6월호), 자신이 마틴 루터 킹의 종교관에 대한 글을 쓰기도 하였다(1968년 8월호). 1969년 8-9월호에도 킹 목사의 "비폭력의 철학"을, 1970년 4-5월호에는 "노벨 평화상 수상 연설문"의 번역과 "킹 목사가 남긴 것"이란 글을 썼다. 허완은 1969년 3-5월 합병호에 마틴 루터 킹 목사의 "미국의 교인들에게 보내는 바울의 편지"를 번역하였고, 홍동근은 "킹 목사의 순교와 교회의 과제"란 기고문을 실었다.

136 장기려, "대학생 그리스도인의 생활",《부산모임》, 제115호, 1987년 5월호, 21쪽.

인권 운동과 예수의 공생애 활동에 차이가 있음을 인정한다. 그럼에도 정신에서 방법까지 킹 목사는 예수가 의도하신 길을 걸었다는 얘기다. 마틴 루터 킹처럼 살지도 않으면서 인권 운동을 비판하는 자들에게 장기려는 일갈한다. "이 무익한 종을 바깥 어두운 데 내어 쫓으라. 거기서 슬피 울며 이를 갊이 있으리라"는 예언의 말씀이 그들에게 응할 것이라고 말이다.[137]

보수 신앙을 가진 사람들은 실정법에서 벗어나는 급진적인 운동을 받아들이지 못한다. 반면에 장기려는 하나님의 뜻에 맞지 않은 불공평이나 인권 유린에 과감하게 저항할 것을 요구했다. 서슬 퍼렇던 박정희 군사정권 체제 아래서 말이다.

> 킹의 운동은 그리스도의 정신에 서 있는 것이며 동기는 사랑, 그 방법은 간디에게서 배운 비폭력 저항이었다. 아무리 법에 제정된 것이라 할지라도 하나님 뜻에 맞지 않는 불공평과 인권 유린은 그대로 보고 지낼 수 없다. 그것을 지적하고 반대하는 것이 압제자들과 압박을 당하는 자들을 깨우고 살리는 하나님의 뜻이라고 믿었다. 그래서 그는 인권 옹호를 위하여 일어섰다.[138]

장기려의 행동원칙이라 불러 무방한 '성산 3훈'은 1979년 12월에 쓴 "복음간호전문대학장직을 떠나면서"라는 글에 처음 언급했

137 장기려, "착하고 충성된 종 마틴 루터 킹", 《부산모임》, 제19호, 1970년 4-5월호, 2쪽.

138 장기려, 위의 글, 1쪽.

다. 그 이후 '성산 3훈'을 붓글씨로 즐겨 썼다. 《부산모임》은 이를 '데모의 정신'이라 이해했다. 다음은 《청십자뉴스》 1982년 11월호에서 쓴 '성산 3훈'이다.

> 1. 사랑의 동기 없이는 언동을 삼가야 합니다.
> 2. 옳은 것은 옳다 하고 아닌 것은 아니다 하여야 합니다.
> 3. 잘못된 것은 나의 책임이라고 믿고 해결하도록 합시다.

'성산 3훈'은 복음간호전문대학장으로 재직 중 구체화한 생각이 맞는 듯하다. 평소 소신을 정리했다지만 말한 시점을 눈여겨 봐야 한다.

> 학생 데모 때 우리 대학 학생은 한 명도 참가하지 아니하여 무사했습니다. 나는 학장으로서 학생들과 선생들에게 나의 신념을 밝힐 필요가 있다고 생각했습니다.[139]

'성산 3훈'을 처음 밝힌 시점은 1979년 10월의 부마항쟁 직후였다. 복음간호전문대 학생들이 데모에 참가하지 않았고 그들이 무사함을 강조한다. 단순히 학생들이 구류 처분 정도를 받았다면 무사함을 공개적으로 언급하진 않을 듯하다. 부마항쟁은 당시 차지철 경호실장이 탱크를 동원해 200-300만 명은 해치울 수 있다는 언급

---

139 장기려, "복음간호전문대학장직을 떠나면서", 《부산모임》, 제74호, 1979년 12월호, 4쪽.

이 나올 정도로 상황이 위중했다. 며칠 억류되는 게 아니라 경우에 따라서는 목숨을 걱정해야 할 판이었다. 잠시 당시 상황을 복기해 보자.

"카터 미 행정부는 소수 독재자인 박 정권에 대한 지지를 철회해야 한다"는 김영삼 신민당 총재의 1979년 9월 15일 「뉴욕타임스」 회견을 문제 삼아 박정희 정권은 10월 4일 의원직을 제명했다. 신민당 소속의 66명 국회의원이 항의의 뜻으로 의원직 사퇴서를 내자 부산시청 앞과 광복동 거리에는 5만여 명의 시위 인파가 모여 "유신철폐", "언론자유", "독재타도", "김영삼 총재 제명 철회" 등의 구호를 외쳤다. 시위대 대다수는 일반 시민이었다. 김재규 전 중앙정보부장조차 재판정에서 시위대 160명을 연행하고 보니 학생은 16명뿐이고 나머지는 일반 시민이었다고 했다.[140] 10월 16일 시작된 시위는 그다음 날로 이어져서 부산 시내 17개 공공기관 건물이 습격당했다. 박정희 정권은 10월 18일 새벽 0시를 기해 부산 일원에 비상계엄을 선포했다. 시위는 멈추지 않았고 18일 저녁에 마산까지 확산되었다. 박 정권은 마산·창원에 위수령을 발동했다.[141] 이것이 부마항쟁이다. '성산 3훈'은 이러한 시대적 배경에서 태어났다.

장기려는 젊을 때부터 《성서조선》, 우치무라 간조와 후지이 다케시 등의 무교회주의자들의 글을 읽고 개인 구원에 치중했던 신앙

140 김영삼, 『김영삼 회고록: 민주주의를 위한 나의 투쟁 2』, 백산서당, 2000, 162-163쪽.

141 강준만, 『한국현대사 산책-평화시장에서 궁정동까지』, 1970년대 편 3권, 인물과사상사, 2002, 258쪽.

을 극복하기 위해 많은 노력을 했다. 이건오의 말처럼 함석헌이 강조하는 민주주의와 인간의 존엄성을 지지했고, '사회를 구원함으로 자신도 구원받을 수 있다'는 신학이 진정한 크리스천이 지녀야 할 태도라 확신했다.[142]

그러나 사랑의 동기에서 출발해야만 사회 구원이 가능하기에 사랑 없는 데모를 반대했다. 가장 중요한 것은 사랑의 동기로 하는 일이었다. 외치는 내용이 아무리 정의롭더라도 미움이나 사욕을 채우기 위한 동기에서 출발했다면 언행을 삼가야 한다고 생각했다. 그런 의미에서 '성산 3훈'은 남한에 정착한 장기려의 행동철학이자 사회참여에 대한 인식의 결정체였다.

그렇기 때문에 장기려가 정치적인 사건을 언급하는 경우는 매우 드물었다. 특히 비판적 견해를 담고 있는 경우는 더욱 그랬다. 어떤 사건이나 인물을 꼬집어 비판하는 대신 원론적인 차원에서 인권이나 민주주의를 위해 신앙인이 취하여야 할 태도를 거론하는 정도에 그쳤다.

> 민주정치를 이룩하는 데 있어서 기독인의 역할은 크다고 믿습니다. 인격의 존엄성과 자유의 고귀함은 예수 그리스도의 정신으로부터 나와야만 완전한 것을 이룬다고 봅니다. 예수 그리스도만이 인간을 참으로 귀히 여기셨습니다. 죄인도, 병자도, 가난한 자도, 부자도,

---

142 김교식, 『다큐멘터리 박정희 4』, 평민사, 1990, 61쪽을 강준만, 『한국현대사 산책-평화시장에서 궁정동까지』, 1970년대 편 3권, 인물과사상사, 2002, 259쪽에서 재인용.

> 여자도 남자도 다 한 하나님의 자녀로 인정해 주시고 삼아 주셨습니다. 정치인도, 교사도, 경제인도, 종교인도 다 예수 그리스도의 정의와 사랑을 실현하도록 함께 힘써야 하겠다고 믿습니다. 공중에 권세 잡은 자[즉 사단이-저자]가 정치를 유혹하고 있다고 할지라도 역사를 지배하시는 이는 하나님이신 고로 예수님의 보혈로 구속받은 사람들이 육의 정욕과 탐심을 십자가에 못 박고 부활하신 예수님의 영을 받아들이고 그와 일체를 이루어 살면 하나님의 의와 거룩함으로 새로 지은 바 되어 현실의 역사를 바로 인도하게 될 것입니다.

장기려의 이런 태도를 진심으로 이해하고 받아준 사람이 함석헌이다. 함석헌 주변 인사들은 대체로 장기려를 인정하는 데 인색했다. 김용준 학술협의회 이사장에 의하면 함석헌은 그런 자기 주변 민주 인사들의 생각을 알고 있었기 때문에 의도적으로 자기나 안병무 박사, 김동길 교수를 장기려와 함께 개최하는 여름 하계 수양회에 강사로 보냈다.[143] 김용준이 볼 때 두 사람은 평생 동지였다. 불과 10살 차이지만 장기려는 함석헌을 아버지처럼 따랐다. 장기려가 무려 50년 동안 함석헌과 친밀한 관계를 유지했을 뿐 아니라 아버지처럼 따랐음에도 운동권과 일정한 거리를 유지하면서 '성산 3훈'을 고수했다는 점은 놀랍다. 그렇게 긴 세월을 함께하면서 신념을 버리지 않은 것도 대단하지만 그런 장기려를 끝까지 포용한 함석헌은 더 놀랍다.

---

143 장기려, "12일간의 구류-나의 이력서 12", 「한국일보」, 1976년 6월 27일, 4면.

장기려는 중요한 그 시대 사건에 침묵했다. 민주화 세력들과 함께 반정부적인 시위에 가담했다는 증언이나 기록을 발견하기는 쉽지 않다. 앞서 살폈던 것처럼 정구영 공화당 당의장의 사퇴 문제로 복음병원 직원들이 불려가 고초를 겪었기 때문에 이 사건에 대해서는 한마디 할 것 같기도 하지만 입을 열지 않았다. 학내 사태 때도 마찬가지였다. 1982년에 문부식 씨를 비롯한 고신대생들의 미문화원 방화사건이나 병원건물 신축공사에 얽힌 비리 등이 빌미가 되어 일어났던 1988년의 학내 소요로 캠퍼스 안에서 진행되었던 노제를 보면서도 침묵했다. 일기에만 감정을 드러냈을 뿐이다.

장기려는 사회구원 문제에 손 놓고 있었던 것일까. 민주화운동에 기여한 바가 없기 때문에 장기려를 인정하지 못하겠다는 인사들을 어떻게 봐야 하나. 의사로서, 또는 부산 시민 23만 명의 질병 문제를 떠맡았던 의료보험 책임자로서 한 일은 사회구원과 무관한 일인가. 장기려는 시대가 어떻게 돌아가든 가난한 환자를 위한 의사로서의 사명에 충실했다. 질병을 더 잘 고치기 위해 우리나라 외과를 창조적으로 발전시켰으며, 정부조차 엄두도 내지 못하던 의료보험조합을 만들어 수를 헤아릴 수 없는 "가난한 부산시민들을 절망의 심연으로부터" 구했다. 고신대 이상규 교수에 따르면 장기려는 새로운 사회참여의 모델을 만들어 냈다.[144] 시국 사건에 침묵했지만 그 행동은 출세만을 위해 도서관을 지키던 사람들의 비굴한 침묵과 맥을 같이한다고 볼 수 없는 이유다. 민주화 세력이 독재자와 맞설

144 이상규, "장기려 박사의 신앙과 사상", 《고신신학》, 제5호, 2003년 9월, 87쪽.

때 가난과 맞섰고, 가난한 자들을 절망시키는 질병과 맞섰다. 청십자의료보험조합을 통해 가난한 사람들도 적은 돈으로 이웃을 도울 수 있다는 나눔의 기쁨을 알게 해 주었다. 그렇게 가난하고 힘없는 자들에게 희망을 안겼다. 이것이 작은 일인가.

그렇긴 하지만 부마항쟁의 와중에 복음간호전문대학 학생 가운데는 단 한 명도 데모에 연루되지 않은 것을 다행스럽게 여기는 장기려를 보는 일은 착잡하다. 이성을 잃은 박정희 정권의 야당 탄압과, "신민당이 됐건 학생이 됐건 탱크로 밀어 캄보디아에서처럼 2-3백만 명만 죽이면 조용해집니다"라며 경호실장이 광분하고 있던 상황에서, 고작 우리 학교 학생이 시위에 연루되지 않았다고 안도하는 모습이라니!

## 공동체에 대한 꿈

장기려 전기나 평전을 쓰든, 아니면 논문을 쓰든 한 번은 심각하게 부딪치는 문제가 있다. 알려진 모습과 자료 속에서 만나는 모습을 어떻게 조화롭게 담아 낼 것이냐의 문제다. 실천은 감동인데 뭔가를 쓰려고 검토하다 보면 강렬한 기독교적 주장들 앞에서 대략 난감해진다. 의사활동, 사회봉사, 아내에 대한 사랑만을 이야기하자니 수백 편의 글이 사장되겠고, 글을 살리자니 대다수 독자들이 재미는커녕 이해할 수 없는 내용이 되겠기 때문이다. 난관을 뚫고 생각을 이해했다고 문제가 다 해결되지도 않는다. 중요한 그의 생각이 여러 면에서 우리 시대와 맞지 않는 것처럼 보이기 때문이다. 다행스러운 건 장기려가 우리보다 먼저 이런 문제를 살폈다는 점이다. 다른 신앙을 가졌거나 무신론자들을 위해 자신이 진리라고 믿는 개념이나 단어를 찾기 위해 고심했다.

> 나는 그리스도를 믿는 신도로서 어떻게 하면 유물론(무신론)자들에게 같이 이해될 수 있는 술어(단어)는 없을까 하고 생각해 보았다. 왜냐하면, 무신론자들에게 하나님, 예수 그리스도, 성령이라고 말을 하면, 알아볼 생각을 하지 아니할 뿐 아니라, 곧 적개심을 가지고 대하기 때문이다. 그러므로 불신자들에게 하나님의 뜻(진리)을 표현하는

술어는 무엇일까? 또는 예수 그리스도를 표현하는 단어는? 하고 생각해 보았다. 우리는 무엇으로 일치를 이루며 공동체의 목표를 삼을 수 있을까? 이것은 귀중한 문제라고 생각한다. 과연 나 자신에게 이상(理想)이라고 할 단어는 무엇일까?[145]

장기려는 세 단어를 찾아냈다. '진실'과 '사랑'과 '성실'이다. 진실한 공동체, 사랑의 공동체, 성실한 공동체라면 신앙의 유무와 관계없이 모두가 동의하리라 기대했다. 예수께서 세상에 오셔서 복음을 통해 이루려고 한 세상이 진실과 사랑과 성실의 공동체였다는 주장이다.

진실과 사랑, 그리고 성실이란 단어에 담겨야 한다고 생각한 공동체는 어떤 모습일까. 진실한 공동체란 "진실만을 말하며 행동하는" 공동체다. 약속은 해로울지라도 지키고, 자기 마음에 옳다고 판단했으면 남이 알건 모르건 지키는 사람이 진실한 사람이다. 진실이 양심의 문제임을 몰라서 한 말이 아니다. 진실하려면 타인과의 약속은 물론 자신이나 신과 한 약속은 지켜야 한다. "나는 가난해서 진료를 받지 못하는 사람이 가장 불쌍한 것 같아서 그러한 환자들을 위한 의사가 되겠다고 생각했기 때문에, 나는 그 서원을 지금 지키고 있다."[146] 장기려의 고백이다. 그는 1927년에 세례를 받을 때 그 서원을 했다. 위에서 길게 인용한 글을 1986년에 썼으니 60년이

145 장기려, "공동체적 삶", 《부산모임》, 제113호, 1986년 12월호, 12쪽.

146 장기려, 위의 글.

넘는 동안 자신과의 약속을 지키며 살았다는 이야기다.

진정한 공동체가 되려면 사람들 사이에 사랑이 있어야 한다. 참사랑이란 "구제를 해도 오른손이 하는 것을 왼손이 모르게 하는 것이며 자선을 해도 나팔을 불지 않고 자기의 명예가 세상에 알려지는 것을 부끄럽게 생각하는 것"[147]이다. 장기려는 이런 사랑을 지식보다, 미래를 예측하는 능력보다, 모든 사람에게 칭송을 받는 믿음보다, 그리고 순결치 못한 구제보다 더 귀하게 여겼다.

다음으로는 성실이 있어야 진정한 공동체를 이룰 수 있다고 믿었다. 그런데 성실을 설명하기 위해 천지창조를 끌어들인다. 천지 만물은 한 계단 한 계단이 성실로 창조되었다는 주장이다. 성실이란 사람들 사이에 진실과 사랑이 충만하면 절로 생겨난다는 얘기다.

역사 속에는 진정한 공동체를 꿈꾸는 사람들이 있었다. 그들이 꿈꾼 공동체는 사람 얼굴만큼이나 제각각이다. 대다수 공동체들엔 종교가 크게 작용했다. 그렇기에 자기만의 규칙에 엄격하고 누구나 접근할 수 없게 폐쇄적인 경우가 많았다. 그런 점에서 장기려가 꿈꾸었던 진정한 공동체는 조금 독특하다. 어떤 종교나 규칙에 근거한 공동체가 아니라 모든 사람이 진실과 사랑과 성실로 하나 되는 공동체를 희망했기 때문이다. 진실한 공동체는 제도나 규칙이나 종교적 표현을 중요하게 여기지 않는다. 예수가 희망한 공동체는 십자가, 하나님, 성서 등의 특정한 단어나 교리가 만들어 낸 제도가 아니라 모두가 공감할 수 있는 단어로 표현 가능한 공동체다. 장

---

147 장기려, 위의 글.

기려의 미덕은 기독교적인 공동체만을 고집하지 않았다는 점이다. 그랬기에 무교회주의자들이나 퀘이커교도들, 심지어는 불교 신자나 가톨릭 신부, 수녀와 교제가 가능했다. '간디도 마틴 루터 킹 목사와 같이 예수 그리스도의 정신을 가지고 산제물이 되었다'는 주장은 보수 교단의 장로가 그 시대에 쉽게 할 수 있는 이야기가 아니다. 1970년대 보수 교계의 분위기에서 그런 발언은 혁명적 용기로만 할 수 있었다.[148]

148 장기려, "대학생 그리스도인의 생활", 《부산모임》, 제115호. 1987년 5월호, 21쪽.

## 뇌전증(간질) 환자들의 평생 친구

장기려에게 1968년은 "여러 가지 일이 닥쳐온 해"였다. 공적으로 가장 두드러진 일은 복음간호학교 설립과 간질 환자를 돕기 위한 장미회의 결성이다. 성서를 연구하는 소그룹 부산모임은 설립 10여 년 만에 소식지《부산모임》의 창간도 빼놓을 수 없다. 이 잡지는 20년 동안 124호를 내고 1988년 12월에 종간했다. 장기려는 20년 동안 서울과 부산에서 의사와 교수로 살면서 밤잠을 줄이며《부산모임》 원고를 쓰거나 번역했다. 1981년 4월 7일 새벽 3시에 뇌혈관 장애 증상으로 두 번째 쓰러졌던 이유도 원고를 무리하게 끝내려다 생긴 일이었다.[149] 사적으로는 마틴 루터 킹 목사와 로버트 케네디의 죽음, 채규철이 당했던 끔찍한 교통사고도 잊을 수 없었으리라. 장기려는 이런 소재로 몇 개의 글을 남겼다.

1970-1980년대 한국 개신교 설교 강단에서 케네디 가문을 긍정적으로 이야기하는 경우는 매우 드물었다. 설교에서 쉽게 들을 수 있던 이야기가 케네디 가문은 조상들이 술장사로 치부했기 때문에 하나님의 저주를 받아 계속 죽는다는 식이었다. 술 먹으면 안 된다는 교훈을 주기 위해 또는 양조장을 경영하거나 술장사로 사람들을

149 장기려, "죽을 뻔 했다가 살아난 사람",《부산모임》, 제81호, 1981년 6월호, 27-28쪽.

타락시키면 벌을 받는다는 이야기가 하고 싶을 때 케네디 일가를 소재로 사용했다. 시대가 그랬기에 장기려가 케네디의 죽음을 신앙적으로 반추하여 나름의 결론에 도달했다는 점은 인상적이다. 1968년에 장기려의 촉수는 흑백 문제, 비폭력 평화주의 문제까지 뻗쳐 있었다.

로버트 케네디의 죽음을 성찰한 부분도 돋보인다. "로버트 케네디의 죽음"이란 글의 부제는 '보는 입장과 진상 파악'이었다. 이 짧은 글에 세상을 보는 태도가 잘 드러난다. 어떤 사건이든 진상을 정확하게 파악하기 위해 우선해야 할 일은 동정하는 마음이다. 어떤 입장을 정하기 전에 역지사지(易地思之) 즉 사랑의 마음으로 그 사안에 접근하는 태도가 필요하다는 주장이다. 장기려가 케네디의 죽음을 생각하며 얻은 결론은 사회악의 제거가 "반드시 생존 시의 정치활동을 통해서" 해결되는 건 아니라는 깨달음이었다. 대통령이 되지 못하고 죽었기 때문에 그만큼이나마 흑백문제나 세계 평화에 기여할 수 있었다. 만약 케네디가 폭력배의 손에 맞아 죽지 않았다면 세계의 양심을 그렇게 일깨울 수는 없었다고 장기려는 생각했다.

> 하나님은 케네디를 뽑아 그렇게 사용하셔서 비폭력주의가 옳다는 것을 또 한 번 세계에 외치고 많은 사람을 감동케 하셨다. 그는 다시 한 번 그리스도의 뜻을 전했다고 보는 바이다.[150]

---

150 장기려, "로버트 케네디의 죽음", 《부산모임》, 제7호, 1968년 8월호, 2쪽.

장기려 생애에서 덜 주목받는 부분 가운데 하나가 간질(2011년부터 '뇌전증Epilepy'으로 부른다) 환자 모임인 장미회에서 20년 넘도록 봉사한 일이다. 1995년 12월 25일 새벽 우리 곁을 떠났을 때 누구보다 슬퍼했던 사람들이 1968년부터 인연을 맺은 장미회 식구들이다. 그들은 부음 소식을 접하자 부산 서구 토성2동의 기독교종합사회복지관에 모여 "작은 예수"를 통해 삶의 의미를 배웠다면서 슬퍼했다. 기독교종합사회복지관 관장 박순옥은, "생전에 고인은 장미회 회원들을 북에 두고 온 자식같이 여겼습니다. 바쁘신 중에도 시간 가는 줄 모르고 치료하셨고, 신앙이 바탕이 된 인생 상담에도 적극적"이었다고 했다. 10여 년 동안의 치료 끝에 완치된 박 모 씨는 이렇게 슬퍼했다.

> 병세가 심해 성질이 급해지고 화가 머리끝까지 날 때가 되면 박사님은 저의 두 손을 꼭 잡고 온몸이 땀으로 흥건해질 때까지 기도를 해 주셨어요. 그분은 부모님보다 더 날 아끼고 걱정하셨어요.[151]

뇌전증은 인류 역사상 가장 오래된 질병 가운데 하나다. 특히 성서, 그 가운데서도 예수의 행적을 소개한 4복음서에는 뇌전증으로 고생하는 환자들이 여럿 등장한다. 예수는 당대에 가장 소외되었던 한센병 환자(문둥병자)에게 그랬듯 뇌전증 환자들에게도 유일하게 사람대접을 했다.

---

151 이기환, 『성산 장기려』, 한걸음, 2000, 72쪽.

뇌전증은 "증세의 특이성 때문에 과거로부터 자연발생적인 일반적인 질병과는 달리 심령적인 질병(supernatural disease)"[152]으로 여겨져 왔다. 역사 속에는 한때는 치명적이었으나 의학의 발달로 완전히 극복되었거나 감기처럼 대수롭지 않게 여기게 된 질병들이 여럿 있지만, 뇌전증은 아직도 현대사회가 당면한 중요한 사회적 질병 중 하나다. 사회적 편견 때문에 그렇다. 유교적 도덕규범으로부터 자유롭지 못한 우리 사회에서 뇌전증은 한센병에 버금갈 정도로 터부시되어 왔다. 뇌전증 환자에 대한 사회적 낙인찍기(social stigma)는 다른 사회와 비교가 안 될 정도로 심각하다는 게 대한뇌전증학회의 입장이다. 그렇기에 우선적으로 해결해야 할 점은 뇌전증의 사회적 편견과 부당한 차별이다.

우리나라는 뇌전증의 현대 의학적 치료와 연구에서 대단히 뒤처졌다. 1968년 3월에서야 대한간질학회가 창립됐다. 간질환자들을 돌보던 장미회의 전신인 '간질 환자회'가 1964년에 결성되었으니까 체계적인 의학적 연구가 민간단체의 치료보다 4년이나 늦었다. '간질환자회'는 1963년에 인천기독병원이 무의촌 진료를 하면서 발견한 뇌전증 환자를 페니토인으로 치료한 게 계기가 되어 결성됐다. '간질환자회' 결성을 이끈 유재춘 목사는 간질을 앓고 있었다.[153] 환자 가족과 시민들이 나서서 4년 활동을 하고 나니 대한간질학회가 창립되었고, 그로부터 11년이 더 지난 1979년 9월이 되어서야

---

152 대한간질학회 홈페이지(www.kes.or.kr).

153 이기환, 『채규철-아버지의 얼굴』, 한걸음, 2000, 250쪽.

우리나라는 국제간질학회(IBE) 회원국으로 가입했다. 의학계가 우리 사회의 편견을 제거해 주기는커녕 거의 손을 놓고 있다시피했다. 1973년 2월에 열렸던 한국기독의사회 제8회 총회석상에선 이런 말이 나왔다.

> 부산 김윤범 선생은 간질병에 대하여 자세히 말하여, 의사는 누구나 이러한 환자를 도와주려고 하면 60퍼센트 이상을 완전히 성한 사람으로 일하게 할 수 있다고 했다.[154]

김윤범 박사는 외국에서 간질을 공부하고 부산 장미회 주임 의사로 재직 중이었다. '간질환자회'는 1965년에 "가시 돋친 장미 가지에도 아름다운 꽃이 피듯이 간질환자도 고난을 극복하여 치료하면 아름다운 생을 누릴 수 있다"는 뜻을 가진 장미회로 이름을 바꿨다. 1966년 4월에는 인천 기독병원, 연세 의대, 국립중앙의료원 및 수도육군병원의 의료진들과 함께 간질 이동 진료반(Epilepsy Mobile Clinic)을 결성했다. 장미회가 결성되고, 일부 정신외과 의사들이 이동 진료반 활동을 시작하고 나서야 간질환자들은 희망을 가질 수 있었다. 이처럼 우리나라에서 간질은 한센병보다 오히려 더 심한 차별을 당했다. 그래도 한센병은 엄청난 편견에도 불구하고 일찍부터 현대의학의 도움을 받았지 않았나. 손양원 목사의 애양원은 한

---

154 장기려, "한국 기독 의사회 제8회 총회를 보고", 《부산모임》, 제34호, 1973년 2월호, 18쪽.

국전쟁 이전부터 한센병을 도왔다.

1966년 이후 1979년까지 장미회는 157개의 지부가 생겨났다. 그 결과, 약 8만 명의 간질환자들이 의료 혜택을 입었다. 2020년 현재 우리나라의 뇌전증 환자는 약 20만 명으로 추산되고 있다.

1968년 어느 날 장기려는 인천 기독병원에서 일하던 한 여성으로부터 페노바르비탈(phenobarbital)과[155] 히단토인(hydantoin)[156]을 적당히 나눠 줌으로 간질 발작을 경감시켰다는 소식을 듣게 되었다. 부산의대 정신과 동료 교수에게 이런 사실을 알리고 자문을 구했다. 그로부터 1년 뒤인 1969년 12월에 부산에 '간질환자회'가 생겼다. '장미회'로 개명한 것은 1970년 11월이다. 장기려는 이때 장미회 회장을 맡았다. 그 이후 토성동에 있는 기독교종합사회관과 결연하여 매월 1회씩 8천여 명의 등록환자를 대상으로 치료, 취업 알선, 기술교육지원, 장학금 지급 등의 도움을 주었다. 초창기에는 일자리 알선, 음악회나 강연회 등을 도왔다. 200-300명의 환자들이 월 1회씩 모였고 의사들은 돌아가면서 치료하고 약을 처방했다.[157] 장기려도 매월 정기적으로 기독교종합사회복지관에 나가 환자들을 진료하였다. 그 활동과 별개로 20여 년 동안 매월 장미회 회보에 원

155 최면·진정·항경련(抗痙攣) 작용이 있는 바르비투르산 유도체. 광택이 있으며 냄새가 없는 흰색의 결정성 가루로, 간질·신경성 불면증·무도병(舞蹈病)·심장 신경증·폐경기 월경 곤란 따위를 치료하기 위하여 복용한다. 상품명은 루미날이다.

156 간질 치료약의 일종으로 강직간대발작(대발작), 부분발작(초점발작), 정신운동성 발작 등에 사용할 수 있다.

157 이기환, 위의 책, 251쪽.

고를 기고했다. 글의 방향과 목적이 철저하지 못하여 어디 내놓기를 부끄러워했지만 말이다.[158] 김윤범과 김서민도 꾸준히 장미회 일을 도왔다.

김서민이야말로 장미회의 산증인 중 한 사람이다. 이 글을 쓰기 위해 부산 취재차 만났을 때[159]도 매월 장미회에 나가 봉사하고 있었다. 초창기에는 비싼 약을 싼 값에 제공하는 일이 장미회의 중요한 사역 중 하나였다. 김서민은 장미회를 돕는 의사 처방을 받아 환자들에게 약을 싼 값에 나누어 주는 일을 성심껏 도왔다. 언젠가는 보사부가 약국 허가 없이 장미회 환자들에게 약을 제공하는 것을 문제 삼은 적도 있다. 보사부는 싸게 약을 제공한 게 아니라 약국 허가 없이 약을 제공한 걸 문제로 지적했다.

부산 장미회에서 채규철 또한 빼놓을 수 없다. 1969년 원주 기독병원에서 성형 수술을 받던 시기에 간질환자를 돕는 병원 모임의 존재와 책임자 유재춘 목사를 알게 되었다. 당시 원주 기독병원은 뇌전증 환자 김대호 씨를 사회사업가로 채용하여 장미회를 돕게 하고 있었다. 이런 사실을 안 채규철은 장기려에게 연락해 유재춘 목사 초청 강연을 주선했다.

의사라면 한 번쯤 무의촌 진료니 뇌전증 환자니 하는 특수 질병과 가난에 처한 사람들을 돕는다. 장기려는 뇌전증 환자를 돕는 게 유행이 되다시피 했을 때 뛰어들었다가 슬그머니 빠지지 않았다.

---

158 장기려, "한 늙은 의사의 이야기", 1989년 다이어리 9월 25일 주간 스케줄 지면.

159 김서민 전 청십자 의료보험조합 초대총무와 2006년 8월 인터뷰.

우연히 알게 된 간질환자에게 희망이 될 의약 정보 하나에 민감하게 반응했고, 그걸 계기로 평생 그들을 도왔다. 장기려는 그런 의사였다.

## 복음간호전문대학의 설립

『고신의료원 50년』은 부산간호전문대학 설립을 이렇게 시작한다.

> 1968년 복음병원에는 크고 작은 변화들이 일어났다. 이미 2년 전 3층 병동을 증축, 병상 100개를 만든 병원은 꽉 들어찬 환자들에 비해 일할 간호사들이 없어 어려움을 겪고 있었다. 당시에 간호사 수는 적은데 그들을 필요로 하는 병원은 많았다. 특히 간호학교 등 간호사 양성소가 전무했던 탓에 간호사 구하기도 힘들었다. 자연히 의사들의 업무량이 가중되었다. 의사가 간호사 일까지 해야 했던 탓에 병원 업무가 원활하지 못했다. 병원 측은 간호사를 구하기 위해 이리저리 뛰며 수소문을 했다. 그리하여 병원에서 간호사 교육을 시키는 것이 어떻겠느냐는 의견이 나왔다. 이미 다른 병원에서 일하고 있는 간호사들을 데려오느니 간호사가 되기 원하는 사람을 뽑아 병원 실정에 맞게 교육시켜서 복음병원의 사명에 적절한 간호사, 영육을 다루는 간호사, 질적으로 우수한 간호사 양성을 하는 것이 훨씬 효과적일 것 같았다. 복음병원의 독특한 분위기를 이해하는 데도 훨씬 큰 도움이 될 것 같았다.[160]

대한간호사협회는 1957년 사단법인 인가를 받았다. 1970년에는 대한간호학회를 창립했고 1972년에는 한국간호원윤리강령을 선포했다. 대한간호사협회가 출범하고 간호학회 창립과 간호원윤리강령 확립 이전인 1968년에 복음간호학교는 설립되었다. 당시는 정부가 간호원 교육을 장려하던 때였고, 복음병원은 100개의 입원실 증축으로 절대적으로 간호사가 필요했다. 바로 이러한 안팎의 요구로 장기려는 간호학교 설립에 뛰어들었다.

산파역은 부산대학교 사서과를 나와 모교 도서관에서 근무한 경험이 있던 조광제였다. 당시 문교부 장관은 부산대 총장을 지낸 문홍주(1966-1968 재임)였고, 보사부 장관도 제3육군병원 시절부터 장기려와 인연을 맺은 정희섭이었다. 부산대 총장 선거 때 장기려가 홀로 반대표를 던졌던 일을 몰랐는지 문 장관은 복음간호학교 설립 인가를 어렵지 않게 내주었다.[161] 설립 인가는 1968년 3월 25일에 나왔다. 고등학교에 해당하는 3년 과정이었고 입학 정원은 20명이었다. 설립 허가가 3월 말에 나왔기 때문에 개교를 서둘렀다.

4월 1일 개교한 복음간호학교는 교장에 장기려, 교무과장에 강명미, 서무과장에 조광제를 임명했다. 고려신학교 강당 3개(총 597평)를 빌려 교실, 기숙사, 강의실로 사용했다. 복음병원은 본원 외래 병동 증축 계획에 따라 10월 29일 3층 건물을 완공했는데 3층에 50

160 고신대학출판부, "장기려 선생과 고신의료원", 『고신의료원 50년』, 성산 장기려 선생 기념사업회, 『선생이 함께하신 발자취』, 29쪽에서 재인용.

161 장기려, "복음간호전문대학장직을 떠나면서", 《부산모임》, 제74호, 1979년 12월호, 1쪽.

평짜리 교실 하나를 간호학교에 배정했다. 문교부의 규정에 맞는 건물의 건축은 고신대학과 자매 결연관계를 맺은 네덜란드의 크리스천들이 자국 정부에 요청한 부산 복음간호전문학교 건립 지원을 허락했기 때문이었다. 1970년 4월에 시작한 공사는 1973년 6월에 끝났다. 이 공사로 200평 크기의 강당과 120명을 수용할 수 있는 기숙사를 확보하였다.[162]

개교를 하고 문교부 감사에서 교훈과 장학방침이 없다는 지적을 받았다. 처음엔 누가 교훈을 보느냐며 소극적이었으나 생각을 바꿔 교훈과 장학방침을 정했다. "예수의 마음을 품으라. 사명감을 가지고 사물을 대하라. 문제는 과학적으로 해결하라"를 교훈으로, "도서실을 지나 교실로. 집담회를 지나 집으로"를 장학방침으로 정했다.

"예수님의 마음을 품으라"를 교훈의 제일 앞에 둔 이유는 장기려의 좌우명이었기 때문이 아닐까 싶다.[163] "사명감을 가지고 사물을 대하라"는 "공부할 때나 대화를 할 때 하나님께서 명령하신다고 생각하고 전심(全心)으로 성의(誠意)를 다하라"는 의미를 담았다. 문제는 "과학적으로 해결하라"는 셋째 항목이 흥미롭다. 우리나라 개신교 학교에서 과학과 신앙을 이처럼 균형 있게 강조하는 교훈이 또 있을까. 과학을 비신앙의 영역으로 간주해 배척하거나, 지나치게 과학을 강조하기는 쉽다. 진보 교단에서는 과학의 합리성이 신앙의 중요 요소를 훼손시키는 경우가 없지 않고, 보수 교단은 과학적 진

162 고신대학출판부, 위의 책, 29쪽.

163 장기려, 위의 글, 3쪽.

보를 신앙의 적으로 여기는 경향이 있다. 문제를 과학적으로 해결하라는 교훈은 "물질적 병폐는 인과의 법칙으로 성립되어 있으므로, 병의 회복과 예방은 의학적 법칙"으로 해결해야 함을 가르치기 위함이었다.[164]

장기려가 정한 장학방침은 우치무라 간조와 7명의 친구들이 7년간 사회과학, 역사학, 종교교육 등을 공부하여 위대한 지도자가 되었음을 참조했다. 교수의 지도가 아니라 학생이 자발적으로 진리 탐구에 열을 올리는 학교를 만들고 싶다는 열망을 장학방침에 담았다. 강의 계획에 따라 도서실에서 예습한 뒤 강의를 듣고, 수업 후에는 충분한 복습이 이루어지는 학교 분위기를 희망했다. 그러나 쉬운 목표가 아니었다.

복음간호학교 설립에 중요한 역할을 했던 초대 교무과장 강명미는 1969년에 학교를 떠났다. 그 이후 박인자와 박옥희가 후임으로 학교의 기틀을 마련했다. 이들도 1970년에 미국으로 이민을 떠나 간호계에서 오랫동안 교편을 잡았던 강경자가 그 뒤를 이었다. 1975년에 복음간호학교는 전문학교로 개편되었다. 3년 과정이 2년으로, 고등학교를 전문학교 과정으로 인준한 것이다. 정원도 40명으로 늘어났다. 정부의 학제 개편에 따른 결과였다. 그러나 장기려는 '전문'학교를 좋아하지 않았다. 그래서 다른 간호학교들은 1972년 12월에 개편했으나 복음간호학교만은 3년 뒤에야 개편을 완료했다.[165]

---

164 장기려, 위의 글, 2쪽.

학생들은 학교장의 소신에 반대했다. 다른 전문학교보다 1년을 더 다니는데도 고등학교 과정뿐이 인정받지 못했기 때문이다. 간호전문학교로 바뀐 뒤 강명미를 다시 불렀다. 김경자, 추수정, 송영선, 박춘화 등을 초빙하여 교수진을 보강했다. 1975년에는 학교가 생긴 이래 두 번째 학생 소요가 있었다. 강경자 교무과장이 무능한 학장을 끼고 독주한다는 불만이었다. 책임을 느낀 장기려가 사표를 제출하자 교무과장도 동반 사퇴를 선택했다. 학내 시위의 배후로 주목받던 교수가 미국으로 건너가면서 문제가 일단락되었다. 그러나 장기려는 1976년 6월 26일에 복음병원장으로 은퇴하면서 복음간호전문학교 교장직도 물러나겠다는 뜻을 밝혔다. 하지만 복음병원의 박영훈 신임 원장의 간청으로 교장직은 계속했다. 1979년에 복음간호전문학교가 전문대학으로 승격하면서 초대 학장을 맡았다.

복음간호전문대 학장을 그만둔 이유는 1979년 봄에 인제의대가 설립되면서 장기려는 학장직을 내려놓았다. 스승 백인제의 청을 두 번이나 거절한 경험 때문에 인제 의대 교수 청빙은 끝까지 거절하지 못했기 때문이다.

---

165 서재관, 『껍질 없는 털이 어디 있나-서재관 의창만필』, 빛남, 2004, 174쪽.

# | 8부 |

# 평화운동 시대

"지금에 현실, 현실이라고 물거품처럼 터뜨리다가 발자국소리만 들어도 구멍으로 기어들어가는 게와 같은 인간들이 횡행하는 중에서 있어서, 우리 국민이 요구하는 것은 하늘 높은 이상의 소리이다. 영원히 살아 말하는 지도정신이다. 이상과 신앙, 지도 정신의 결핍, 이것이 현대 우리나라와 세계의 근본적 결함이 아닌가. 온 세계 인류는 이러한 이상의 사람, 믿음의 사람을 간절히 요구하고 있다."

## 두 번째 소명

1973년은 장기려의 일생에서 1927년과 함께 중요하다. 1927년에는 17세에 의사가 되기로 결심했고 63세이던 1973년에는 의사보다 더 중요한 사명을 발견했기 때문이다.

> 나는 그때에 새로운 사명감을 가지게 되었다. 가련한 환자를 돌보는 일도 귀하고 중요하지만 무엇보다 평화가 더 중함을 느꼈다. 나는 이제부터 평화를 위하여 헌신하여야 하겠다고 생각했다.[1]

1982년 2월의 고백이다. '가련한 환자를 돌보는 일보다 귀하고 중요한' 사명은 부산모임 목적까지 바꿔놓았다. 부산모임은 1973년부터 개인 구원의 집착에서 벗어나 민족 통일과 세계 평화에 헌신하는 공동체를 이루는 일에 포커스를 맞추기 시작했다.[2]

자신의 직업과 성서 모임 공동체 모두를 변하게 만든 건 복음병원 내에서 일어난 의사와 레지던트 사이에서 발생한 폭력 사건이었다. 장기려는 이 소식을 듣고 서울의 모든 일정을 취소하고 부산으

---

1 장기려, "성령님과 나", 《부산모임》, 제84호, 1982년 2월호, 11쪽.

2 여운학, 『생명과 사랑, 장기려 수상집』, 규장문화사, 1980, 293쪽.

로 내려왔다. 그랬음에도 폭력 사태는 쉽게 해결되지 않았다. 장기려는 문제를 수습해 나가는 과정에서 소중한 깨달음을 얻었다. 예수가 2000년 전에 인간의 육신을 입고 이 땅에 오신 이유가 평화였고 세상을 심판하기 위해 다시 오려는 목적 또한 평화란 사실을 확신하게 된 것이다.[3]

장기려는 1973년 이전 평화에 관심이 없었던가? 그렇지 않다. 1968년에 창간한 소식지 《부산모임》은 "우리나라와 세계의 평화를 위하여 생각하면서 기도하는 모임"[4]이라고 그 목적을 명토박아 놓았다. 제2호에도 "평화에 관한 일"이라는 제목의 글을 실었다. 이 글에서 장기려는, "십자가 없이 인간 세상에 참 평화는 없다"[5]고 썼다. 창간 2주년 기념호는 평화 문제가 특집이었다. 어디 그 뿐인가. 장기려는 1971년 여름 기독 대학생을 상대로 한 '세계 평화에 이바지하라'는 강연[6]에서 이렇게 말했다.

> 십자가는 다른 사람에게 보이기 위하여 세워 두거나 달아 놓거나 달고 다닐 것이 아니라 악의 세력과 싸우는 십자가를 져야 한다. 유형적 십자가를 표방하는 것은 자기는 십자가를 지지 않는 답답한 표

---

3 장기려, "모든 것을 그만두고 부산으로 돌아왔다", 《부산모임》, 제35호, 1973년 4월호, 12-13쪽.

4 장기려, "열 명의 믿는 사람", 《부산모임》, 창간호, 1968년 2월호, 1쪽.

5 장기려, "평화에 관한 일", 《부산모임》, 제2호, 1968년 3월호, 2쪽.

6 이 강연에서 발표된 "나는 이렇게 믿는다" 원고는 선생의 삶을 가장 잘 드러낸 글 중 하나다.

정이다. 희생적 사랑은 세계평화를 이룩하고야 말 것이다. 너희는 대접을 받고자 하는 대로 먼저 남을 대접하라. (나는 이 말씀이 세계 평화의 열쇠임을 체험하며 강조한다.)[7]

《부산모임》의 평화를 위한 호소는 1972년에도 식지 않았다. 4월호에서 장기려는 "우리의 주장"이라는 제목의 글을 통해 '세계 평화의 열쇠가 탐심을 깨끗하게 버리는 데 있다'고 일갈했다. 6월에도 "화목케 하는 자"란 제목으로 기고했다. 장기려는 이 글에서 사람 사이의 분쟁이나 불화가 그들의 인격이 진리에서 떠났기 때문에 생긴다고 썼다. 타인의 감정을 부드럽게 만드는 일이 견고한 도시를 빼앗기보다 더 어렵다는 주장이다. 하나님의 도움이 절대적으로 필요할 수밖에 없다는 얘기다. 하나님의 도움을 받으려면 먼저 그리스도를 통해 자신과 하나님 사이의 불화 문제를 해결해야 한다. 먼저 하나님과 화목하게 되어야 이웃 사이에서도 평화를 누릴 수 있다. 따라서 세계 평화의 기본은 각자가 하나님과 먼저 평화로워져야 한다.[8]

이제까지 대략 살폈듯 장기려는 1968년부터 평화를 이야기하고 있었다. 의사와 레지던트 사이의 갈등 때문에 갑자기 평화 문제에 관심이 생긴 게 아니다. 복음병원 분쟁을 수습하는 과정에서 의사보다 더 귀중한 사명을 발견한 것이다. 질문을 던져 보자. 장기려

---

7 장기려, "나는 이렇게 믿는다", 《부산모임》, 제25호, 1971년 8월호, 11쪽.

8 장기려, "화목케 하는 자", 《부산모임》, 제30호, 1972년 6월호, 2-3쪽.

에게 민족 통일과 세계 평화에 관심과 열망이 없었더라도 복음병원 문제를 풀어 나가는 과정에서 가난한 환자들을 돌보는 일보다 평화가 더 중요하다는 사실을 깨달을 수 있었을까? 자신이 책임진 단체가 폭력이나 분쟁 사태에 휘말리면 누구나 평화의 절대적 가치를 발견하게 될까. 불가능하진 않겠으나 쉽게 그런 일이 일어나진 않을 듯하다.

장기려가 신앙을 통해 병원 내 폭력 사태가 있을 것이라는 예언적 지시를 받았다는 흔적은 어디에도 없다. 1968년부터 평화 문제를 생각하며 《부산모임》에 거듭 글을 쓴 게 혹시 있을지 모를 위험에 대비하기 위한 조치였을까. 그럴 가능성 또한 희박하다. 그런데도 장기려는 몇 년 후에 자기가 그런 폭력 사태에 빠지게 될 것을 미리 알고 있는 사람처럼 평화를 거듭 말하고 있었다. 이를 어찌 이해해야 할까. 그는 의식하지 못했지만 하나님이 1973년도의 폭력 사태를 미리 준비케 하지 않았을까. 그렇기에 가장 힘든 시련 속에서 제2의 사명을 발견한 게 아니었을까.

장기려의 평화 사상은 성서를 매우 중시한다. 성서의 울타리를 좀처럼 벗어나지 않는다. 그의 평화론이 일부 지식인들, 특히 기독교적 전통에 서 있는 평화주의자들의 눈에는 다소 실망스러울지 모르겠다. 역사 속에서, 특히 기독교 역사 속에서 온몸으로 전쟁과 폭력에 맞섰던 숱한 비폭력·평화주의자들의 사상적 흐름을 별로 중시하지 않거나 그런 지식에 무지한 것처럼 비춰질 수 있기 때문이다. 그러나 장기려는 전문적으로 평화를 연구하는 학자나 활동가가 아니었다. 평생을 의사와 의료보험 개척자로 살았을 따름이다. 그것만으로도 눈코 뜰 새 없이 바빴던 그에게 현대 사회의 구체적인 문제까지 커버할 수 있는 촘촘한 평화 사상의 기대는 무리가 아닐까. 그렇다면 장기려가 깨달은 평화의 핵심은 무엇인가.

세상이 주는 평화는 평화가 아니다. 아무리 세상 권력의 균형이 유지되고 생산물의 분배가 균등화된다고 하여도 우리들의 인격을 좀먹고 하나님(진리)으로부터 떨어지게 하는 마귀(사단)의 세력을 이길 힘은 우리들 자연인에게는 없는 것이 사실이다. 우리 인간에게는 우리들 본능에 틈타고 들어와 유혹하고 시험하는 자를 스스로 이길 힘이 없다는 것이 진실이다. 한 번 하나님을 떠난 우리 육체는 연약해서 원하는 선은 행하여지지 아니하고 원치 않는 악이 행하게 되는 것을 어찌 하리오.

"오호라 나는 괴로운 사람이로다. 누가 나를 이 사망의 몸에서 구원하랴. 우리 주 예수 그리스도로 말미암아 하나님께 감사하노라"(롬 7:21-25).

"그러므로, 이제 그리스도 예수 안에 있는 자에게는 결코 정죄함이 없나니 이는 그리스도 예수 안에 있는 생명의 성령의 법이 죄와 사망의 법에서 너를 해방하였음이라. 율법이 육신으로 말미암아 연약하여 할 수 없는 그것을 하나님은 하시나니, 곧 죄를 인하여 자기 아들을 죄 있는 육신의 모양으로 보내어 육신에 죄를 정하사 육신을 좇지 않고 그 영을 좇아 행하는 우리에게 율법의 요구를 이루어지게 하려 하심이니라. 육신을 좇는 자는 육신의 일을, 영의 일을 좇는 자는 영의 일을 생각하나니 육신의 생각은 사망이요, 영의 생각은 생명과 평안[평화-저자]이니라"(롬 8:1-6).

예수 그리스도는 성령을 보내셔서 우리 믿는 자들을 하나님과 화목케 하심으로 거듭나서 평화의 공동체를 이루게 하여 주신다.[9]

구조나 체제가 2000년 전의 시대와는 비교가 안 될 정도로 복잡해진 현대에서 개인 윤리나 영성에만 집중하는 것처럼 보이는 성서의 평화론만으로는 문제 해결이 가능할까. 장기려는 정치, 경제, 교육, 사회의 모든 부패가 하나님에 대한 태도의 잘못에서 기인한다고 확신했다. 종교의 부패로부터 모든 영역이 뒤틀리고 오염되고 변질된다는 주장이다. 사회의 모든 부패 원인은 종교에 있다. 하나님을 하나님으로 숭배하지 않고 종교라는 간판을 내세워 이익을 탐하거나, 신이 아닌 것을 신으로 숭배하기에 사회나 문화가 필연적으로 부패하는 것이다. 그렇다면 평화를 위해 우리가 제일 먼저 해야 할 일은 무엇인가.

평화에 관한 근본은 무엇인가. 그것은 종교를 청결케 하는 일이다. 믿음 생활을 다시 살펴, 하나님 뜻에 순종하는 일이다. 참 하나님을 두렵게 섬기며, 하나님이 보내신 그리스도를 믿고 따르는 일이다. 예수님의 복음의 뜻을 잘 살펴 헌신하는 일이다. 그것 없이는 개인에게도 국민에게도 세계에도 참 평화는 없다.[10]

---

9 장기려, "우리는 주 안에서 평화 공동체",《부산모임》, 제117호, 1987년 8월호, 4쪽.

10 장기려, "평화의 복음",《부산모임》, 제63호, 1978년 2월호, 6쪽.

이처럼 장기려는 회개한 자만이 평화를 이룰 수 있다고 굳게 믿었다. 진정으로 회개한 자만이 남의 짐을 기꺼이 지려고 할 것이고, 그런 사람들에 의해서만 온전한 평화가 성취된다고 믿었다.

성서의 평화론이 개인의 윤리나 영성에만 집중할 뿐 구조나 체제의 문제를 간과하거나 무시한다는 주장은 정당한가. 범위를 좁혀 보자. 회개를 통하여 구원을 경험하지 못한 자는 평화를 가져올 수 없다는 확신은 구조나 체제를 배제시키는가. 그런 논의를 무효화시키는가. 개인 구원이 평화의 시발점이란 주장이 문제가 아니라 예수 당시의 바리새파나 사두개파처럼 그리스도의 삶을 따라가는 책임을 등한시하는 신앙적 행태가 더 문제 아닌가. 교회가 "자본주의 물결에 휘말려 들어가 물질주의와 타협함으로 교세 확장에만 급급한 것"이 더 큰 문제가 아닌가. 그렇다면 앞서 말한, "그리스도의 삶을 따라가는 책임에 등한하다"는 무슨 뜻인가. 장기려에 의하면 그것은 완고한 마음으로 현실과 타협, 그리고 '나는 구원받았으니 문제가 없다'고 생각하면서 사회악과 싸우려 하지 않을 뿐 아니라 예수의 발자취를 따라가지 않는 태도를 말한다. 이 이야기를 하면서 장기려는 "답답하여 울지 아니할 수 없다"고 자기감정을 드러낸다. 이런 장기려의 글을 읽다 보면, 죄를 회개하여 구원을 얻은 사람이 누리는 평화와 "자본주의 물결에 휘말려 들어가 물질주의와 타협함으로 교세 확장에만 급급한" 오늘의 한국 기독교의 주장이 얼마나 다른지를 알 수 있다. 그런 의미에서 성서의 평화론은 개인주의와 거리가 멀다.

하나님께서 그리스도를 통하여 개인을 구원하신 것은 그들의 집단(교회)을 통하여 전체를 구원하시려고 하심이라고 믿습니다. 저는 우리 동포와 인류 구원을 위해서는 단체적 회개와 합심기도가 필요하다고 느껴집니다. 우리는 주 안에서 공동체입니다. 우리들의 개성은 달라도, 우리들의 직분은 각각 달라도 우리의 마음은 조국의 평화통일에 뭉쳐 있습니다. 이 소원을 이룩하기 위하여 개별적 회개를 통한 개별 신앙에 멎어 있을 것이 아니라, 단체적인 회개를 통한 공동체 신앙에서 살아야 하겠습니다. 우리는 개인적으로도 죄인입니다만 우리가 예수 그리스도를 구주로 믿음으로 해서 죄를 용서받았다 할지라도 내 이웃과 동포의 죄를 나의 죄로 느끼고 통회하는 눈물과 기도가 없다면, 그리스도의 지체라고 생각할 수 없습니다.[11]

하늘 아버지의 뜻은 남의 죄를 내가 짊어지는 일이다. 이 사회의 죄를 내가 대속하는 일이다. 사회의 죄를 짊어지는 일이다. 이 죄를 대속하지 않고는 참 평안[평화-저자]은 없다. 그리스도께서 인류의 죄를 대속해 주셨을 뿐 아니라 모본을 보여 따라오게 하셨다.[12]

인류의 평화는 어떤 과정과 방법을 통해 얻어질 수 있을까? 인류의 평화 추구는 죽지 않고 영원히 살고 싶은 열망만큼 본능적 욕구이다. 영원히 살 수 없다는 엄연한 현실로 인해 인간은 불안과 공포

11 장기려, "여름 모임의 뜻",《부산모임》, 제49호, 1975년 8월호, 2-3쪽.

12 장기려, "가정의 달",《부산모임》, 제42호, 1974년 6월호, 15쪽.

로부터 벗어날 수 없다. 이 근원적인 불안과 공포를 해결하지 못한다면 그 평화란 허구다. 그렇기 때문에 장기려에게 평화는 곧 구원의 문제였다. 평화가 곧 구원이고, 구원이 진리를 통해 얻어지는 게 틀림없다면 평화의 본체는 진리이다. 참된 진리란 자유(구원)와 평화를 낳고, 평화는 진리를 상징한다. 장기려는 예수가 세상에 평화를 주기 위하여 오셨다는 사실을 재삼재사 강조했다.

복음병원 분쟁의 와중에서 배운 평화론의 핵심은 무엇이었나. 제자들 사이의 폭력 사건에서 장기려가 절실하게 배운 바는 평화가 심판의 결과로 주어진다는 확신이었다. 그는 의사들의 반목과 폭력 사태 해결을 위한 노력을 게을리하지 않았다. 그러나 모두 실패했다. 병원 내의 평화에 가장 큰 영향을 끼치는 의사들 사이에 진정한 회개가 없었기 때문이다.

> 또 1972-1973년 사이에 부산 복음병원에서 지내면서 얻은 체험은, 평화는 하나님의 심판을 통하여 얻어진다는 것과, 완전히 죽어지면 새롭게 살아난다는 진리를 체득한 것이다.[13]

이 체험으로 장기려는 변했다. 그것도 너무 많이. 1976년 6월 25일 25년간 근무한 복음병원장직에서 물러나며 퇴임사의 마지막을 이렇게 끝냈다.

---

13 장기려, "부활 신앙과 사명", 《부산모임》, 제41호, 1974년 4월호, 4쪽.

> 저의 복음병원 재직 말기에 일어난 직원 간의 불화, 이사회의 불화는 저에게 큰 책임감과 더불어 새로운 사명을 깨닫게 하였으며 그 사명을 위해 살게 하시는 하나님에게 감사드립니다. 저는 이 새로운 사명감을 가지고 복음병원장직을 물러나게 됩니다.[14]

1979년 막사이사이상을 받으며 했던 수상 소감 마지막 부분도 원장 퇴임사에 맥이 닿아 있다.

> 나의 평생에 있어서 가장 중요한 것은 평화임을 경험했다. 그러므로 나는 앞으로 나의 전 힘을 평화 운동에 기울여 드리기로 한다.[15]

---

14 장기려, "부산 복음병원장직을 물러나면서", 《부산모임》, 제54호, 1976년 7월호, 9쪽.

15 장기려, "79년 라몬 막사이사이 상을 받으면서", 《부산모임》, 제73호, 1979년 10월호, 26쪽.

## 복음병원의 '제1차 수난'

고신의료원 전 진료부장 서재관 박사에 의하면, 1972년의 어느 시점에 고신교단 총회장 김희도 목사, 이사장 송상석 목사, 고신대학 이근삼 학장은 장기려 원장을 서울로 불렀다. 고신대학 법인 정관 시행 세칙에 70세로 규정한 복음병원장 정년을 65세로 낮추기 위함이었다.[16] 교단 대표들은 별 어려움 없이 소기의 목적을 이룰 수 있었다. 원장으로부터 동의를 얻어 냈고, 법인 정관 시행세칙을 개정하여 1976년 6월 25일로 복음병원장을 조기 퇴임시켰기 때문이다. 장기려는 공식적인 어떤 글에서도 조기 퇴임과 관련하여 입을 열지 않았다. 하지만 손동길은 당시 장기려의 고뇌를 생생하게 기억한다. 어느 날인가 새벽 2시에 깨고 보니 장기려가 잠을 이루지 못하고 있었다. "왜 못 주무시느냐"고 물으니,

> 야야, 여기 누워 봐라. 내가 걱정이 되어서 잠이 안 온다. 교단에서 갑자기 65세로 정년을 내리고 나를 나가라고 그런다. 나는 서울대 교수니 서울 가면 되지만 청십자의료협동조합을 만든 지 얼마 안 됐지 않았냐. 의료보험 회원들에게 회비를 걷을 땐 계속 병을 치료해

16 서재관 전 고신 의과대학 교수와 2006년 8월 인터뷰.

준다 약속했는데 복음병원에서 의료보험조합을 안 하려고 한다. 회원들이 날 보고 사기꾼이라고 안 하겠냐. 나보고 조합도 가지고 나가라고 한다. 너도 알다시피 복음병원은 천막에서 시작했다. 65세가 되었어도 나는 건강도 괜찮고 환자 얼마든지 볼 수 있어. 그러니 병원 차리게 내일 시내 나가서 집을 좀 알아 보거라.[17]

병원장 조기 퇴진은 고신교단이 복음병원을 장악하기 위한 첫 번째 수순이었다. 정년 단축 문제는 결코 사적인 문제가 아니었다. 장기려가 병원장으로 있는 한 교단은 복음병원을 자신들이 원하는 쪽으로 이용할 수 없었다. 조기 은퇴만이 교단이 원하는 바를 이룰 수 있었다. 고신교단에서 개혁 성향으로 알려진 정주채 목사는 "복음병원 사태 약사"(2006년)라는 글에서 병원장의 정년 단축 사건을 복음병원의 '제1의 수난'으로 명명했다.

학교법인 이사장 송상석 목사의 주장으로 장기려 박사를 일선에서 물러나게 하고 박영훈 씨를 원장으로 추대하려는 과정에서 부산의대 출신과 경북의대 출신 의사들의 충돌로 병원은 큰 위기를 겪었다. 이 사태로 당시 의사와 직원들 중 2명은 구속되고 7명이 불구속 입건되었다. 이후 우여곡절 끝에 1976년 6월 25일에 박영훈 씨가 원장으로 취임하였다.[18]

---

17 손동길 전 청십자병원 마취과장과 2006년 8월 인터뷰.

18 정주채, "복음병원 사태 약사", 코람데오닷컴 홈페이지(www.kscoramdeo.com).

정주채 목사가 정곡을 찌르긴 했으나 사건은 그리 간단치 않다. 장기려로 하여금 모든 걸 포기하고 부산으로 돌아오게 만든 1973년 4월의 의사와 레지던트 간의 폭력사태를 「동아일보」, 「경향신문」, 「한국일보」 등은 모두 학벌 대립 내지 파벌 알력으로 보도했다. 이는 대다수 언론이 거의 일방적으로 한쪽 이야기만을 들었거나, 기사의 방향을 미리 정해 놓고 기사를 작성했기 때문으로 보인다. 당시 언론은 고신 측 재단이사회가 제1외과과장 박영훈 교수를 "부원장격인 의료부장으로 변칙 발탁"[19] 한 1972년 5월의 결정을 사건의 발단으로 보았다. 이때부터 1973년 4월 중순까지 계속된 일련의 폭력 사태들은 박영훈 과장의 후임 병원장 선출을 막기 위한 조치로 해석했다.[20] 「동아일보」는 이 사건을 경북의대 출신을 미는 고려신학교 재단 이사장과 부산의대 출신을 미는 학장 간의 주도권 다툼으로 정리했고, 「한국일보」는 박영훈의 원장 취임 제지는 물론 그를 내쫓기 위한 진료방해나 폭력행사로 보았다.[21] 다음은 「동아일보」 기사 전문이다.

> 부산지검 박철언 검사는 21일 밤 고려신학교계 부산 복음병원(부산시 서구 암남동) 수련의 최중묵 씨(41), 같은 수련의 김훈 씨(32)를 폭력 행위 등 처벌에 관한 법률 위반, 업무 방해, 문서손괴 등 혐의로

19 「경향신문」, 1973년 7월 23일, 7면.

20 「경향신문」, 위의 글, 7면.

21 「한국일보」, 위의 글, 7면.

구속하고 동 병원 제1내과과장 한광설 씨(48)와 제2외과과장 양덕호 씨(39), 수련의 박영식(34), 이강률(33), 유길조(29), 김재만(29), 박경모 씨(30) 등 7명을 같은 혐의로 입건했다. 최 씨 등 구속된 2명과 입건된 7명은 모두 부산의과대학 출신으로 72년 5월 재단 이사회에서 의료부장으로 선임한 경북의대 출신인 제1외과과장 박영훈 씨(42)와 박 씨 측근인 옥치호(51) 제1접수실장 최병림(62) 수습기사 김용래(23) 수련의 이상욱 씨(21) 등 5명에게 72년 5월부터 10회에 걸쳐 폭행을 가하고 병원을 그만두라 위협한 혐의다. 이들은 현재 병원장 장기려 박사(64)가 1년 후인 74년 7월 정년퇴임하게 되자 부산의대 출신을 후임원장으로 밀기 위해 이 같은 폭행을 가했으며 지난 5월에는 학교강당에 학생 등 150명을 모아 "의료부장 박 씨는 부장의 자격이 없는 자로 원장 장 박사를 내쫓고 원장이 되려는 자며 스승을 배신한 자이니 내쫓아야 된다"고 최 씨가 연설을 한 후 "박 씨는 물러가라"는 피켓을 들고 병원 안을 도는 등 공개 성토를 하기도 했다. 이 같은 분규는 경북의대 출신인 박 씨 측을 미는 고려신학교 재단 이사장과 부산의대 측을 미는 학장 간의 재단 주도권 장악을 둘러싼 파쟁이 병원에까지 번졌기 때문이라는 것이다.[22]

이 기사는 사건의 본질에서 한참 벗어나 있다. 박영훈 전 복음병원 원장은 저자와의 인터뷰에서 이사장과 학장 간의 주도권 싸움이란 이야기는 꺼내지 않았다. 경북대 의대와 부산의대 사이의 학벌 싸움

22 「동아일보」, 위의 기사, 7면.

이란 측면을 인정했지만 좀 더 큰 틀에서 문제의 원인을 찾았다.

> 당시 영남지방은 90퍼센트가 경북의대 출신이었습니다. 나머지 10퍼센트가 서울대나 기타 학교 출신이었던 때입니다. 그런 판에 부산의과대학이 생겼으니까 시장의 논리, 그러니까 과거의 체제를 유지하려는 경북의대와 그 상황 속에 새롭게 자리를 잡아나가야 하는 부산의대 출신들 사이의 갈등은 어쩌면 불가피한 측면이 있었던 것입니다. 게다가 장기려 선생님은 개방적이고 자유적이고 진보적이었습니다. 교단 정서와 달랐지요. 당시는 의사가 매우 귀한 때가 아니었습니까. 나는 고신교단 출신이고 경북의대 출신이었습니다. 그러니까 1973년 사건은 한국 사회와 문화 속에서 일어날 수밖에 없었던 갈등의 한 사례로 봅니다. 사람 사는 곳 어디에나 있는. 고신교단의 보수적 신앙에 입각한 문화와 장기려 선생님의 자유적 개방적 진보적 문화, 그리고 당시 영남 지방의 경북의대와 부산의대를 비롯한 타대학 의대 사이의 갈등이 원인이 되어 일어난 사건이었습니다. 내가 알기로는 당시의 분규는 부산의과대학 동문회라는 외부 입김도 어느 정도는 작용했습니다.[23]

장기려를 포함한 대다수 복음병원 의사들은 박영훈과 생각이 크게 달랐다. 이들은 복음병원 내의 분규가 고신교단이 박영훈을 내세워서 장기려 박사를 쫓아낸 사건이라고 규정했다. 이 점은 장기

---

23 박영훈 전 고신 의료원장과 2006년 8월 인터뷰.

려의 글에서도 분명하게 드러난다.

> 이와 같이 서무, 회계가 석연치 못하던 때에 이사장이 병원에 와서 개입하려고 하였다. 개입한 허점은 원장이 고신재단의 사람이 아니었던 것이다.[24]

병원장을 지키려 했던 대다수 과장들이나 레지던트들이 격분한 이유는 박영훈 과장이 원장 자리를 꿰차기 위해 자기를 총애한 '아버지' 장기려를 대적했기 때문이었다. 복음병원 내에서는 박영훈을 장기려의 '첫째 아들', 양덕호 제2외과과장을 '둘째 아들'이라 불렀다. 병원장은 박영훈을 원장에 앉힐 생각이었다. 장기려가 박영훈을 총애한다는 사실을 모르는 사람은 병원 내에 없었다. 수련의 최중묵이 박영훈의 인격을 거론하면서 스승을 배신한 자라고 거칠게 대들었던 이유였다. 취재차 만난 서재관, 최중묵, 이건오, 강현진, 손동길, 윤여형 등은 이 사건을 단순하게 정리했다. 박영훈을 앞세워 교단이 장기려 원장을 내쫓으려고 무리수를 두다가 발생한 사건이라고 말이다. 다음은 장기려의 회고다.

> 불화의 원인은 고신재단 이사장이 복음병원의 행정을 간섭하여 이사회의 권한을 찾아서 행사하겠다는 데서 비롯되었다고 보여진다. 이사장으로서는 당연한 직권을 행사하려는 것인데, 이사회에서는

24 장기려, "한 늙은 의사의 이야기", 1989년 다이어리 후반의 메모용 지면.

1951년 7월에서 1972년까지 간섭하지 않다가 간섭하려고 함으로 외과 레지던트들이 현 원장을 불신한다고 오해를 한 모양이었다. 당시 나는 더 훌륭한 원장을 모시도록 의사를 발표하였던 고로 그렇게 오해할 수도 있었을른지 모른다. 이사장은 박영훈 군을 앞으로 본 재단이 신임할 만한 인물로 보고 이사장이 행정에 직접 간섭하려고 한 것 같았다.[25]

이것이 장기려가 본 사건의 발단이다. 고려신학교는 문교부 인가를 받기 위하여 복음병원을 학교 재단의 수익기관으로 편입할 때 명의만을 빌려 주면 병원 수익에 대해서는 일절 관여하지 않겠다고 약속했다. 1967년에 한 그 약속 때문에 이사장이든 교단이든 병원 행정에 간섭할 수 없었다. 그런데도 이사장은 부당한 간섭을 하고 있었다. 병원장실을 이사장실로 바꾸고 그 자리에 있던 원장을 내쫓은 일이 대표적이다.[26]

앞서 살폈듯 장 원장을 내쫓기 위해 정년 단축을 구실로 서울로 불렀던 일은 1972년에 있었다. 그러나 교단이 복음병원에 간섭하기 시작한 시점은 1970년대 이전이었다고 장기려는 판단했다. 단초가 된 건 재정 문제였다. 서울대 교수로 매월 두 주는 부산을 떠나 있었기 때문에 병원장은 재정 문제를 박성환 서무과장에게 위임하였다. 이 시기에는 "내가 환자를 많이 보고 치료했으니 매일 일당

25 장기려, "한 늙은 의사의 이야기", 1989년 다이어리 8월 14일 주간 스케줄 지면.

26 손동길 전 청십자병원 마취과장과 2006년 8월 인터뷰.

을 받는 것이 잘못이 아니라고 돈을 서무과에서 임의로 타 가는" 의사들도 있었다. 심지어 근무 시간에 다른 병원에 가서 진료를 하고 돈을 받는 의사도 있었다. 「동아일보」는 이런 문제를 기사화하지 않았으나 당시 최중묵 레지던트는 폭력 사건의 와중에서 이 문제를 따졌다. 이런 상황, 그러니까 원장이 부재중에 발생한 재정 문제를 해결하기 위해 서무과장은 천사당을 운영하던 박 모 장로와 후생사업을 하다가 실패하여 병원 재정에 큰 손해를 입혔다. 서무과장이 솔직하게 잘못을 인정했기 때문에 장기려는 용서하고 사업 손실로 처리하였다. 자신의 행동에 책임을 느낀 서무과장은 사직했다.

월급이 적다고 복음병원 서무과에서 일당을 타 가는 의사, 병원 돈을 가지고 수익 사업에 손을 댔던 서무과장에게 장기려는 마땅한 책임을 묻지 않았다. 결국 이런 행정 처리가 송상석 이사장이 병원에 개입할 빌미를 준 셈이다. 고신교단이 복음병원 수익 사업을 위해 간섭을 시작한 때로부터 수십 년 간 복음병원과 고신교단의 분쟁이 끊이지 않았다.

고신교단은 박성환 서무과장 후임으로 청십자의료보험조합의 이사이자 거창교회 장로인 이재술을 임명했다. 이재술은 거창 면사무소에서 농지 매매를 담당한 경험을 살려 재단이 해결치 못했던 1953년에 매입한 토지의 법적인 문제를 깔끔하게 처리하였다. 40여 명의 매주(賣主)들로부터 이전 등기를 받아서 고신 재단 토지로 만든 것이다. 그러나 이재술은 얼마 지나서 않아 "마(魔)가 들어"[27] 서무과 여직원을 성추행하다가 복음간호전문학교의 서무과장에게 들켰다. 서무과장의 여직원 추행 의혹 당사자는 신학생 애인까지 있었다는 사실이 병원 내에 회자되었다.

당시 복음간호전문대학 서무과장은 부산대 출신으로 학력은 높았지만 사회 경험이 신통치 않았다. '학력이 높지 못함에도 불구하고 재단에 공을 세우고 승승장구하는 이재술 장로에 대한 인간적 질투가 작용'[28]했던지, 복음간호전문대 서무과장은 그 일을 송상석 이사장에게 보고했다. 송상석은 일제 때 고등계 형사로 있었기 때문에 그 비행을 밝혀내기 위하여 조서를 꾸미듯 관계된 여직원에게 성추행 사실을 상세히 조사하였다. 장기려에 의하면 이때까지만 하더라도 박영훈은 이사장의 이런 태도를 비인격적이라고 여기며 분노했다. 장 원장은 병원 내에서 생긴 성추행 사건의 책임을 통감하고 병원장과 부원장격인 진료부장, 그리고 당사자인 서무과장이 연대 책임을 지는 걸로 결정했다. 평소 아들처럼 생각했던 박영훈에게는 전화로 동의를 구하였고, 그날 저녁 과장 회의에서 서무과장 성추행 사건의 책임을 지고 진료부장, 서무과장과 함께 병원장의 6개월 근신을 발표했다. 그러자 박영훈은 다음 날 "시내 청탑 레스토랑으로 장기려를 유인"하고, 자신은 근신할 필요를 느끼지 않으니 선언을 취소해 달라고 졸랐다. 장기려는 그런 박영훈을 이해할 수 없어 책망했다. '원장이 공개적으로 선포한 일을 취소해 달라고 하면 원장 일을 어떻게 볼 수 있겠느냐'면서 말이다. 그래도 물러서지

---

27 이 대목에서 장기려가 사용한 표현은 '애무'다.

28 장기려, "한 늙은 의사의 이야기", 1989년 다이어리 8월 14일 주간 스케줄 지면.

않자 분노가 폭발했다.

> 네가 나를 대하는 태도는 압살롬[29]이가 다윗에게 하는 것과 같다고 말하고, 그러나 나는 다윗보다 못하지 아니하니 네가 돌이키면 나는 얼마든지 받아들이겠다고 했다.[30]

박영훈은 끝까지 뜻을 굽히지 않았다. 이때다 싶어 송상석 이사장은 박영훈에게 접근했다. 당시 박영훈은 수술을 매우 잘하는 데다 송도제일교회 안수집사였다.[31] 송상석은 박영훈의 차기 병원장을 염두에 두고 강하게 밀어붙였다. '청탑 레스토랑 사건' 이후 박영훈은 날이 갈수록 송상석 이사장의 의견을 추종하였다. 장기려는 이사장이 박영훈의 집에 살면서 여러 가지를 조사하고 지시한다고 보았다.[32] 송상석 이사장과 박영훈 진료부장의 처신은 동료 과장인 양덕호와 한광설, 그리고 레지던트들의 격렬한 반대에 부딪쳤다. 그런 갈등이 복음병원 내 의사들 사이의 폭력 사태로 치닫자 장기려는 모든 걸 버리고 부산으로 내려왔던 것이다.

가톨릭 의대 교수직까지 포기하고 내려왔지만 복음병원 내의 폭

29 압살롬은 다윗 왕의 아들이었다. 그러나 아버지를 반역하여 왕위를 찬탈하였다가 쿠데타가 실패하여 도망하던 중 다윗의 신하들에 의하여 참살되었다.

30 장기려, "한 늙은 의사의 이야기", 1989년 다이어리 8월 20일 지면.

31 박영훈이 송도제일교회에서 장로 장립을 받은 것은 1973년 5월 16일이었다. 송도제일교회는 이재술, 복음병원 행정부장을 지낸 정기상(79년 장립) 등이 장로로 있었다.

32 장기려, "한 늙은 의사의 이야기", 1989년 다이어리 후반의 메모용 지면.

력 사태는 멈추지 않았다. 장기려가 서울에서 보고 받은 복음병원의 폭력은 모두 세 건이었다. 최중묵 수련의가 4월 7일 옥치호 서무과장에게 한 언어폭력이 있었고, 두 번째는 진료 중이던 박영훈 과장에게 "앞으로는 내가 책임지고 진료할 터이니 비인간적이고 자격 없는 자는 병원을 떠나라"는 4월 11일의 폭언, 마지막은 4월 16일 김훈과 최중묵 수련의가 박영훈 외과과장 진료실에서 그들을 말리던 이상옥 수련의를 폭행한 건이다. 이 세 사건이 장기려를 부산으로 끌어내렸는데 그 이후 폭력 양상은 더 과격해졌다. 장기려가 부산에 도착한 다음 날 옥치호 서무과장은 출근길이 막혔고, 다음 날은 출근길에 박영훈 진료부장이 멱살을 잡혀 병원 밖으로 밀려났다. 6월 26일 오후에는 김훈 수련의가 간호원실에 비치된 박영훈 진료부장의 202호실 입원환자 진료카드를 뽑아내 찢었다. 6월 27일에도 다수가 박영훈 외과과장에게 몰려가 "병원을 나가지 않으면 죽인다"고 폭언했다. 복음병원 사태는 점점 더 거칠어졌다. 결국 박영훈의 고소로 7월 21일 저녁 김훈·최중묵 수련의가 검찰에 구속되고, 한광설 제1내과과장, 양덕호 제2외과과장을 비롯한 5명의 수련의는 불구속 기소되었다.

장기려 원장도 박철언 검사에게 소환되어 조사받는 수모를 당했다. 검찰은 폭력사태에 병원장이 개입하거나 사주한 게 아닌지 조사했다. 책임을 통감한 장기려는 사표를 써서 손동길에게 주고 이사회 제출을 지시했다. 다음은 편지지에 친필로 적은 사표인데 이름 옆에 도장이 선명하다.

본인은 이번 복음병원에서 발생한 불상사에 대한 책임을 깊이 느끼고 앞으로 더 원장 직책을 감당할 수 없어서 사표를 제출하나이다.

1973년 8월 4일

부산 복음병원장 장기려

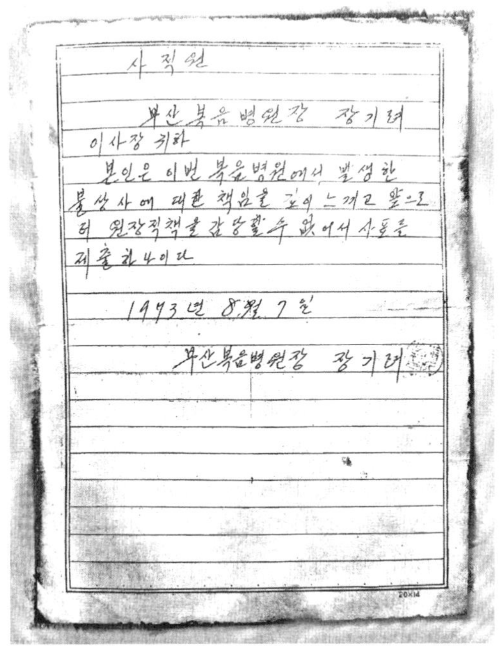

사직원

부산 복음병원장 장기려

이사장 귀하

본인은 이번 복음병원에서 발생한
불상사에 대한 책임을 깊이 느끼고 앞으로
더 원장직책을 감당할 수 없어서 사표를
제출하나이다

1973년 8월 7일

부산복음병원장 장기려

20×14

손동길은 이사장에게 사표를 전달하지 않았다. 제출하면 틀림없이 저들이 수리할 게 확실했기 때문이다. 김훈과 최중묵 수련의는 2개월 뒤 부산지법에서 100만 원 벌금형을 받고 풀려났다.[33]

33 최중묵 서면 복음외과 원장과 2005년 8월 인터뷰.

송상석 이사장은 이 모든 책임을 물어 복음병원장의 6개월 휴직을 명령하는 한편 진해시장을 지낸 새로운 서무과장을 영입했다. 장기려는 박영훈을 불러 원장 서리 일에 필요한 모든 조치를 취했다. 일주일쯤 지난 뒤 송상석 이사장은 자신의 만료된 임기를 한 번 더 연장시키기 위해 이사회의록을 위조한 혐의로 기소되었다. 이로 인해 병원장의 6개월 휴직과 새로 발탁한 서무과장 임명은 취소되었다. 박영훈도 원장 서리 일을 할 수 없었다.

고신교단은 새 이사장에 김희도 목사를 임명했다. 송상석은 신임 이사장에게 사무를 인계하는 것 같은 태도를 취하면서 이사회의록을 위조했다. 이 건은 고신교단 총회 권한 밖의 문제였기에 해당 노회는 송상석을 검찰에 형사고소했다. 송상석은 2심 패소 때까지 사무 인계를 거부하고 직무 대행에 직인을 넘기고 버텼다.[34] 김희도 이사장은 병원 분위기를 잘 파악하고 있는 백옥태 장로를 서무과장에 임명했다. 장기려가 "고신의 원로목사인 한명동 목사의 앞잡이"라 비판한 인물이었다. 백옥태는 한명동 목사에게 병원의 폭력 사태를 포함한 이야기들을 소상하게 알린 사람이었다. 이사회의록을 변조한 전임 이사장을 지지했던 박영훈 의료부장은 한명동 목사와 김희도 이사장이 건의를 수락하는 모양새를 갖추고 물러나 침례병원 외과과장으로 자리를 옮겼다.[35]

34 남영환 엮음, "예수교장로회 교단사 2", https://blog.naver.com/mokpojsk/130003826436)

35 박영훈이 침례병원 외과과장이 된 것은 1974년 5월의 일이다.

2년 후에 한명동 목사는 장기려에게 박영훈을 반대하던 한광설과 양덕호 과장을 물러나게 하면 박영훈을 복음병원에 복귀시키겠다고 했다. 장기려는 처음부터 박영훈을 후계자로 생각하고 있었기 때문에 말없이 후속 처리를 떠맡았다. 양덕호와 한광설 과장이 복음병원을 떠났고, 최중묵과 김훈 수련의는 전문의 자격을 획득하여 개업하였다. 1975년 여름에 박영훈은 복음병원으로 돌아왔고 1976년부터 부원장직을 수행하다가 6월 25일 복음병원 제2대 원장에 취임했다.

장기려는 자신에게 반기를 들었던 박영훈에게 큰 관용을 베풀었다. 그러나 박영훈 반대 편에 섰던 많은 제자들은 앙금을 쉽게 정리할 수 없었다. 장기려가 보통 사람으로서 상상할 수 없는 관용을 베풀었으나 박영훈은 스승에 감사한 마음이 아니었다. 그 사건이 나고 2년 뒤 장기려가 박영훈을 복귀시키려고 찾아갔을 때 그는 좋지 못한 감정을 드러냈다. 한편 서재관은 "유다 같은 제자가 회개하고 돌아온 것도 아닌데, 마치 돌아온 탕아 대접처럼 환대할 뿐만 아니라 글이나 말로써 남들에게 박영훈을 칭찬한 장기려의 성품은 정말 성인"이었노라고 했다.[36] 문제는 이런 장기려를 이용한 세력이 있었다는 점이다. 서재관은 이 점을 크게 안타까워했다.

> 선생님의 철저한 무소유 정신은 자신에게는 미덕이었지만 역모꾼들에게는 아주 좋은 기회가 되었습니다. 복음병원은 1200억이 펑크

36 서재관, "스승이신 장기려 선생님", 《씨알마당》, 1996년 2월호, 28쪽.

날 수가 없는 병원입니다. 당시 1000명 이상 입원환자가 있었는데 어떻게 그 많은 부채가 생길 수 있습니까. 지금 650명의 입원 환자뿐인데도 직원들 월급 다 줍니다. 1000명 입원 환자가 있었는데 1년간 월급을 못 주어서 200억의 부채가 생겨 관선 이사가 파견되고 난리가 났던 것 아닙니까. 제가 보기에 선생님의 무소유 사상은 좋은 것이지만 결과적으로는 결정적인 약점으로 작용했습니다.[37]

'1973년 복음병원 1차 사태' 때 장기려를 지지하며 폭력을 행사한 의사들에 대해서도 서재관은 아쉬움을 토로했다. 충정은 알지만 준법 투쟁을 하지 못했기 때문이다. 그랬다면 더운 여름에 최중묵과 김훈이 2개월씩 구속되거나 스승 장기려가 검찰에 소환되는 고초를 겪지 않았을 테고, 박영훈 동정 여론으로 언론이 도배되지 않았을 거라는 이야기다. 누구보다 폭력 사태를 일으킨 제자들을 안타까워한 이는 장기려였다.

취재차 만났을 때[38] 서면복음외과 원장 최중묵은 30년이 훨씬 더 지난 당시의 이야기를 하면서도 스승이 교권 세력에게 당했던 일에 분노했다. 최중묵은 스승을 위해 옥고를 치른 일로 외과계에서는 의리 있는 제자로 칭찬을 들었다. 그러나 최중묵이 쓴 논문은 대한외과학회 최우수 논문으로 내정되었으나 장기려가 나서서 선정을 무효로 만들었다. 그래 놓고는 대한외과학회를 대신하여 최중묵에

37 서재관 전 고신 의과대학 교수와 2006년 8월 인터뷰.

38 최중묵 서면복음외과 원장과 2005년 8월 인터뷰.

게 따로 상패를 만들어 주었다. 서면복음외과 원장실에는 그때 준 상패와 개업 때 써 준 고린도전서 13장 성경 구절이 걸려 있다.

> 박사는 1975년 대한 외과학회로부터 그의 논문 "간(肝)디스토마의 합병증(合併症)에 대한 외과적 경험(外科的 經驗)"이 최우수 논문으로 인정되어 수상키로 내정되었으나 겸양 사퇴한 바 있어 본인은 그 미덕을 찬양하기 위하여 이에 상패를 드립니다.
>
> 1976년 5월 17일
>
> 부산복음병원장 장기려

1973년부터 약 3년을 끌었던 복음병원 제1차 사태를 두고 장기려는 훗날 이렇게 회고했다.

> 이 세상에서는 박영훈 의사가 나를 쫓아내고 자기가 원장이 되었다는 비난조로 이야기하지만 나로서는 박영훈 의사가 잘나서 나의 교실에서 10년 만에 자기의 자리를 찾았다고 본다. 그래도 나는 박영훈 의사를 내가 낳았다고 믿고 있다. 다만 나의 양보하는 성실을 좀 배우고 원장이 되었다면 더 훌륭한 원장이 되었을 터인데 자기의 고집을 부리다가 하나님의 벌을 받게 되었으니 안타까운 일이다.[39]

39 장기려, "실패담", 1989년 다이어리 후반 메모용지 부분.

# 장기려의 용기

평생 '바보' 또는 거절을 모르는 '예스맨'이란 닉네임을 달고 살았던 장기려에게 용기란 단어가 어울리는가. 바보처럼 믿어 주고 늘 예스만 하는 사람에게 용기가 가당키나 한 일인가. 그런 면이 없지 않겠으나 장기려는 원칙에 타협하는 사람은 아니었다. 특히 강자 앞에서는 언제나 당당했다. 보통 사람들이 사소한 것을 원칙이라 여기며 고집을 부리기 일쑤인 반면 장기려는 최소한의 원칙 이외의 문제에선 늘 상대방 입장을 먼저 생각했다.

북한에 있을 때 김일성대학 부총장, 의대 학장, 병원장 등이 교수로 청빙하기 위해 찾아왔다. 주일(일요일)에는 신앙 때문에 일을 할 수 없다면서 거절했다. 어디에서 그런 용기가 나왔을까. 공산 치하에서 수술 전에 기도를 하고, 김일성대학 의대 수업 시간에 크리스천이란 사실을 당당히 드러냈다. 강경한 어조로 입당을 요구하는 학장에게 그럴 수 없다고 맞서기도 했다.

남한에 와서도 권력자나 원칙 앞에서 당당함을 잃지 않는 태도는 여전했다. 남한 권력자 앞에서 네 번을 저항했다. 1961년 부산의대 교수 시절, 서슬 퍼렇던 혁명 세력이 총장을 마음대로 임명하면서 허울 좋은 투표를 내세울 때 홀로 반대표를 던졌다. 이 일로 중앙정보부에 미움을 사 '빨갱이'로 몰려 영구히 제거될 뻔했다. 박정희 전 대통령이 3선 개헌을 추진할 때도 반대 서명자 명단에 이름을 올렸다. 그 일로 형사들로부터 밤낮 감시를 당했다. 세 번째 사건은 전두환 대통령의 식사 제의 거절이다. 신군부가 광주를 피로 진압하고 철권 정치를 하고 얼마 지나지 않을 때였다. 전두환은 부산에 내려와 저녁식사 자리에 다른 몇 사람과 초대했다. 비서를 통해 초청 연락을 받았는데 선약이 잡혀 있었다. 주례를 일주일 앞두고 예비부부인 부산아동병원 정우영 박사 내외와 저녁을 먹기로 했다. 「경향신문」 이기환 기자에 따르면 전두환 전 대통령은 보사부 장관을 염두에 두고 불렀다. 그랬는데 장기려는 대통령 초대를 거절했다. 약속 시간에 늦는 법이 없었는데 대통령 저녁 초대 문제를 해결하기 위해서인지 장기려는 결혼 예비부부 약속에 30분 늦었다.

> 전두환 대통령께서 부산에 오셨다네. 비선가 누군가 하는 사람이 대통령을 모시고 오늘 저녁을 몇 사람이서 하려 하니까 나더러 참석해 달라는 거야. 그것도 오늘 갑자기 전화해서 알려주더구만. 그래서 내가 선약이 있다고 했지. 안 된다고 했더니 그 사람들 할 말을 잃더구만.[40]

음식 남기지 않기와 약속 잘 지키기는 장기려가 늘 모범을 보이고 싶어 했던 일이다. 그래서 후배나 제자 의사들과 운동을 하든, 교회에서 전도를 나가든 지정된 장소나 시간에 언제나 제일 먼저 나

40 이기환, 『성산 장기려』, 한걸음, 2000, 38쪽.

타났다.[41] 그런 원칙을 갖고 살았기에 현직 대통령의 저녁 초대라고 일방적으로 선약을 깰 수 없었으리라. 정우영 박사와 예비신부는 대통령의 저녁 초대까지 거절하고 자신들과 약속을 지킨 스승에게 감격하기에 앞서 스승의 신변이 더 걱정스럽지 않았을까. 그런 마음을 아는지 모르는지 장기려는 껄껄 웃으며 이렇게 말했다. "아무리 대통령이라도 그렇지. 당일 전화해서 오라 가라 하는 경우가 어딨어." 이기환은 대통령 면담보다 예비부부와의 약속을 더 중시한 에피소드를 이렇게 끝냈다.

> 정 박사네 부부는 그 일을 평생 잊지 못한다. 아무렇지도 않게 툭 던졌던 장 박사의 말과 표정 속에 확고하게 자리 잡고 있었던 인간미. 인간에 대한 편견과 가식이 없는 사랑은 절대 잊을 수 없다. 정 박사는 지금도 가끔 그때의 일을 생각하면서 스스로에게 질문을 던지곤 한다. '나라면 과연 대통령과의 저녁 약속을 물리치면서 소아과 전공의 부부와의 약속을 지켰을까…….' 정 박사는 신혼여행을 다녀온 뒤 장 박사로부터 받은 성경 글귀가 담긴 액자를 지금도 바라보면서 다짐한다. 인간은 사랑으로 모든 걸 이룰 수 있다는 걸.[42]

네 번째 사건은 북한에 있는 아내를 만나게 해 줄 테니 방북 신청을 하라는 정부 제안을 거절한 일이다. 언론에 알려진 것처럼 정중

41 이건오 전 한동대학교 선린병원장과 2006년 8월 인터뷰.

42 이기환, 위의 책, 39쪽.

하게 거절하지 않았다. 먼저 정부 당국자에게 했다는 거절의 이유를 들어 보자.

> 나는 매일같이 영적으로 아내와 교통하고 있는 사람이오. 육신으로 며칠 만나고 오는 것이 내 나이에 무슨 득이 있겠소. 내가 평양에 간다면 그곳에서 내 생명이 다할 때까지 함께 살 수 있든지, 아니면 내가 아내를 데리고 남한에서 살 수 있다면 평양에 가겠지만 그렇지 못하다면 사양하겠소.[43]

손동길의 증언은 충격적이다.

> 나는 평양 가면 안 온다. 식구들과 풀뿌리를 캐먹더라도 함께 살겠다. 그래도 보내 줄 테냐?[44]

그렇게 강경하게 나갔으니 정부가 어떻게 방북 허가를 할 수 있겠나. 막사이사이상을 받은 사회 저명인사라고 하지만 북한에 올라가 내려오지 않겠다는 발언에 정부 당국자는 꽤나 난처했지 싶다. 더군다나 당시는 전두환 군사정권이었다. 김대중 정권하에서도 최장집 대통령자문정책기획위원회 위원장의 발언을 문제 삼아 '빨갱이'라며 온 나라가 발칵 뒤집혔다. 당시에 장기려가 정부 제안을 거

---

43 이기환, 위의 책, 321쪽.

44 손동길 전 청십자병원 마취과장과 2006년 8월 인터뷰.

절할 때 얼마나 큰 용기가 필요했을지는 짐작하고도 남는다.

권력에 맞서 원칙을 지키는 용기는 거창고등학교 이사로 있을 때도 다르지 않았다. 풀무원과 거창고등학교 이사장을 지낸 원경선은 두 가지 에피소드를 들려준다. 첫 번째는 1971년에 경남 교육감이 거창고 전영창의 교장직 승인을 취소하려고 했을 때 보여 준 용기다. 경남 교육위원회와 교육청은 정부 말을 안 듣고 뇌물 상납까지 안 하는 거창고를 집요하게 공격했다. 한나절이면 끝날 감사를 4일 동안 진행하여 세 가지 위반 사항을 지적했다.[45] 정원 초과, 무자격 교사 채용, 이사장 승인 없이 교장이 200만 원 기채(起債)한 것이 문제라고 했다. 교육청은 이사회에 교장 승인 취소를 지시하였다. 원경선 이사장과 장기려 선생은 교육감을 찾아가 상황 설명을 했다. 그러나 교육감은 받아들이지 않았다. 결국 교장 승인은 취소되었다. 이때 선생은 이사회에서 "우리도 법대로 하자! 승인 취소하면 행정소송하자. 그리고 하나님께 맡기자"라고 강하게 밀고 나갔다.

> 소송은 너무나 싱겁게 우리의 승리로 끝났다. 말도 안 되는 트집을 잡았기 때문에 쟁송 자체가 무의미했던 것이다. 교육청은 대법원에 상소까지 했지만 최종적으로 기각되는 바람에 우리는 거창고를 계속 지켜나갈 수 있었다.[46]

---

45 원경선, "거창고의 교육이념-나의 이력서 46", 「한국일보」, 2003년 11월 16일.

46 원경선, 위의 글.

원경선은 이 사건이 관행적인 뇌물을 주지 않아 발생한 문제로 봤다. 거창고가 뇌물 주는 관행과 대결하여 승리했다는 이야기다.[47] 1973년의 두 번째 사건은 거창고의 편법을 막아선 일이다. 세계적으로 유명한 가든 글로브 크리스탈 교회의 담임 로버트 슐러 목사는 전영창 거창고 교장과 동창이었다. 거창고 재정이 어렵다는 걸 알게 된 로버트 슐러는 돕겠다며 나섰다. 그러자 "지금 학교 재정이 곤란하니 당신이 미국 은행에서 10만 달러를 미국 이자로 빌려 주면 10년 후에 갚겠다"(한국 이자보다 미국 이자가 저렴함)고 약속하고 이사회에 기채승인 요청했다. 이사회에서 그 사실을 알게 된 장기려는 반대했다. '현행법에 한국인은 상업 외에는 달러를 소유할 수 없고 송금도 불가능한데 10년 후에 어떤 방법으로 달러를 입수하고 송금할 수 있단 말인가. 결국 불법을 해서 갚겠다는 게 아닌가. 우리가 어떻게 불법을 전제로 한 처사를 따를 수 있겠는가. 슐러에게 이유를 밝히고 그저 주면 받지만 갚는 조건이면 불가하다.' 이사회는 장기려의 제안을 수용했다. 이사회는 이런 사실을 로버트 슐러에게 알렸다. 미국으로부터 타협안이 나왔다. 전영창 교장이 미국으로 건너와서 방송을 통해 모금 캠페인을 벌여 10만 달러 문제를 해결하라는 요청이었다. 불의와 타협하지 않는 장기려의 태도는 거창고 역사의 한 페이지로 남았다.

---

47 원경선, "거창고등학교와 장기려 박사", '청도인' 네이버 블로그(https://blog.naver.com/kjyoun24/220065293029).

# 장기려의 눈에 비친 미국

장기려는 1977년 12월 5일부터 1978년 1월 3일까지 미국을 다녀왔다. 애초의 방문 목적은 청십자사회복지회의 특별회원 모집이었다. 그러나 오촌 조카 장혜원(전 컬럼비아 의대 교수)으로부터 조국의 여러 사회 단체, 교회, 학교로부터 자주 도움 요청을 받다 보니 훌륭한 자선사업이라도 짜증이 난다는 말을 듣고 단순 여행으로 바꿨다. 초청장을 보낸 김동백은 부산모임에 출석하던 중 70년대 초반 이민을 떠난 의사였다. 장기려는 초청장을 받자 1973년 이후 새로운 사명으로 느끼고 있던 '평화에 관한 일'을 미국 친구나 친척들과 나누고 싶어졌다.[48] 문제는 비자를 어떻게 받느냐였다. 신앙 간증이란 방문 목적으로 서류를 제출하자 미국 대사관은 1개월 안에 귀국한다고 누가 보장하겠느냐며 확인 서류를 요청했다. 보사부 장관과 국회의원을 역임한 정희섭 거제 보건협회장이 장기려 보증에 나섰다. 정희섭은 부산 복음간호전문학교장, 청십자병원장, 부산아동병원장, 거제도 보건원병원 외과 자문의로서 장기려가 1개월 내로 와야 한다는 확인서를 대사관에 제출했다. 그런데도 비자를 받기 위해 일곱 차례나 미국 영사관에 들어가야 했다. 세 번은 다섯 시간을

48 장기려, "미국을 다녀온 소감", 《부산모임》, 제63호, 1978년 2월호, 8쪽.

기다리고서야 담당관을 만났다.

> 이 일에 대하여 생각해 보니, 나보다 먼저 미국에 간 많은 장로들과 교역자들이 갔다 온다고 하고 돌아오지 아니하였으므로 신앙 간증이니, 종교 상담의 명목으로 초청하는 일에는 신용하기 어렵다는 태도였다. 나는 그와 같은 생각이 무리가 아니라고 인정했다. 나의 선배들이 정직하지 못한 벌을 내가 받는 것과 같은 기분을 느낀 것이다.[49]

어떻게든 미국만 가면 된다는 속셈으로 신앙을 팔아 비자를 얻는 교인들 때문에 선의의 피해자가 양산되고 있었다. 미국 대사관이 그런 이유만으로 다섯 시간씩이나 장기려를 기다리게 했을까. 그럴 거 같지는 않다. 비자는 12월 2일에 나왔다. 그러나 일본 항공 노동자 파업 때문에 12월 5일에야 출국할 수 있었다.

《부산모임》에 "미국을 다녀온 소감"이란 제목으로 세 차례에 걸쳐 기행문을 연재했다. 기행문은 장기려의 속마음을 들여다볼 수 있는 기회다. 평소와 달리 자기 감정을 잘 드러내기 때문이다. 제일 먼저 눈에 띄는 대목은 투명함이다. 67세의 나이와 그 정도 사회적 지위를 가진 사람이라면 결코 하지 않을 이야기를 아무렇지도 않다는 듯 쏟아낸다. 여행을 하며 누구에게 얼마를 받았는지, 그 돈을 어떻게 쓸 계획인지, 누구에게 어떤 선물을 받았으며 그때 선물을 준

---

49 장기려, 위의 글, 9쪽.

사람에게 어떤 이야기를 했는지를 숨김없이 드러낸다.

> 그날 두 자매가 큰 백화점에 가서 손가방을 하나 사 주어서 감사히 받았으며 일평생 가지고 다니면서 기억할 것을 다짐했다.[50]

> 성찬으로 잘 대접을 받고 익주 님 댁으로 돌아오니 11시였다. 내복 빨래를 조카딸 희용이에게 부탁하고 쉬었다.[51]

> 1월 2일은 귀국하여야 하는데 노스웨스트 항공편은 7일까지 만원이라는 것이었다. 김충남 목사 부인께서 상항(桑港) 공항까지 가서 노스웨스트 항공사의 확인을 얻어 가지고 일본 항공의 좌석을 예약해 주어서 어떻게 감사한지 '며느리'라고 부르고 싶다고 했더니 쾌히 허락해 주었다.[52]

살면서 누구나 이 정도의 여행 경험담을 주변 사람들에게 한다. 그러나 공적 매체에 발표라면? 장기려에게 그런 구분은 아예 없거나 있더라도 희박했다. 기행문에서 두 번째로 인상 깊은 점은 미국을 보면서 느꼈던 '날것 그대로'의 감정이다. 디즈니랜드나 헐리우드를 보

---

50 장기려, 위의 글, 11쪽.

51 장기려, "미국을 다녀 온 소감 3", 《부산모임》, 제65호, 1978년 6월호, 36쪽. 2020년 현재 시점에선 아무리 조카딸이라 해도 이런 부탁이 쉽지 않다. 워낙 우리 사회 분위기가 이런 문제에 예민하기 때문이다.

52 장기려, 위의 글, 38쪽.

면서 느낀 점 또한 대다수 사람들의 느낌과 별반 다르지 않다.

> 오후에는 김동백 의사의 안내로 헐리우드 촬영소를 보았는데 현대 예술의 허무맹랑함을 잘 느꼈다.[53]

> 12월 10일 아침에는 디즈니랜드에 가서 원구(조카 철용의 아들)와 같이 김동백 님 부부의 안내로 구경을 하였다. 총평을 한다면 구경하는 사람들로 하여금 동심(아이들의 기분)으로 돌아가게 하는 데 의의가 있을까, 무엇을 얻고 돌아오는 것은 없을 것 같았다.[54]

> 12월 13일(화)에는 오전에 샌디에이고에 가서 유명한 동물원과 수족관을 보았는데 고래와 물개가 사람과 어떻게 조화가 되도록 훈련되어 있는지 놀랐다. 다만 재간을 부린 다음에는 많은 먹이로 배를 채워 주는 것을 보고 식욕을 채워 주는 조건하의 조화임을 알 수 있었다. 이상적 조화라고는 느껴지지 않았다.[55]

로스앤젤레스 공항으로 마중 나온 김동백은 1973년 부산을 떠난 조광제와 연락하여 12월 6일 저녁의 크리스마스 축하예배에 함께 참석했다. 이 자리엔 "눈을 들어 하늘 보라"의 찬송가 작사가 석진

53 장기려, "미국을 다녀온 소감", 《부산모임》, 제63호, 1978년 2월호, 12쪽.

54 장기려, 위의 글, 11쪽.

55 장기려, 위의 글, 12쪽.

영 여사도 같이했다. 석진영은 한국전쟁 때 쓴 이 찬송 가사로도 유명하지만 1980년의 광주항쟁을 주제로 한 최초의 시집《빛의 바다》 동인이기도 했다.[56] 12월 7일에는 조카 장헌용과 연락이 닿아 그의 집에서 머물렀다. 이튿날은 신학자 박윤선 박사와 조신명 장로를 만나 저녁을 먹었다. 9일에는 롱비치를 구경하고 '청십자' 실무 주역의 한 사람인 조광제와 미국에 거주하는 부산 복음간호전문학교 졸업생들을 만났다.

12월 10일에는 디즈니랜드와 링컨 기념관을 구경할 예정이었으나 기념관 사정으로 디즈니랜드만 구경했다. 저녁에는『죽으면 죽으리라』의 저자 안이숙 여사와 그의 남편 김동명 목사가 시무하는 침례교회에서 "나의 일생과 하나님의 은혜"라는 제목으로 신앙 간증을 하였다. 자신이 수년 전부터 '평화에 관한 일'에 관심을 가지게 되었을 뿐 아니라 평화를 제2의 사명으로 여기며 살고 있다는 이야기가 강연의 핵심이었다. 청십자사회복지회를 운영하는 목적은 "긍휼의 마음을 일으켜서 긍휼이 심판을 이기고 자랑할 때에 그리스도의 긍휼을 힘입을 마음을 갖도록 함에 있다"고도 했다. 이날 강연은 성서 연구를 함께했던 부산모임 출신들이 주최하였고, 1940년까지 평양 기홀병원에서 일했던 간호사들, 평양 산정현교회에 다녔던 교우들, 부산복음간호전문대학교 졸업생들이 많이 참석했다.

11일에는 김동백이 나가는 교회에서 "요한의 사랑의 철학"이란 제목으로 설교했다. 월요일에는 헐리우드 관광을 했고 13일에는 샌

---

56 장영우,『소설의 운명 소설의 미래』, 새미, 199쪽.

디에이고에 있는 동물원과 수족관을 구경하고 현지 기독교 언론과 인터뷰했다. 저녁에는 로마린다대학병원 소아과 조교수 차철준 부부의 초청을 받았다. 그곳에서 체중 1-2.5킬로그램의 유아를 키우는 미국의 첨단 의학을 경험하였다. 점심 식사 후에는 포레스트 캐슬에서 예수의 수난과 부활·승천 그림을 관람하고 오렌지카운티 침례교회에서 "평화에 관한 일"이라는 제목으로 설교했다. 기행문에 쓴 설교 결론만 인용한다.

> 우리 개인은 하나님의 영이 거하실 성전이라 하셨다. 우리 속에 거하는 탐심과 정욕을 내어 쫓고 성령을 모시어 들이는 회개(혁명)가 '평화에 관한 일'의 근본이다. 또 그리스도의 몸 된 교회가 현실, 물질주의와 타협하여 돈이나 물질로서 교회를 해 나가겠다는 잘못된 생각을 버리고 온전히 성령의 인도에 순종할 때 평화는 임한다고 믿는다. 예수님의 이름으로 구원을 얻었다고 믿고 안일하게 지내며 사회정의에 관심 없이 지내는 신도는 당시 유대인들이 율법을 준수하여 구원을 얻었다고 자처하는 것과 무엇이 다를까. 과연 하나님의 심판대 앞에 설 때에 긍휼을 입을 수 있을까? 예수님의 구원을 믿기만 하고 그의 발자취를 따라가지 않는다면 "나는 너를 도무지 모른다"고 하실까 두렵다고 했다.[57]

12월 15일 LA 국제공항에서 김동백, 김재명, 장철용 부부의 전송

---

57 장기려, "미국을 다녀 온 소감 1",《부산모임》, 제63호, 1978년 2월호, 14쪽.

을 받으며 뉴욕행 비행기에 올랐다. 뉴욕 공항에는 1950년 부산에 처음 도착했을 때 찾아갔던 오촌 조카 장정용(당시 육군 소위)이 마중을 나왔다. 그 집으로 찾아온 22명의 친척(아이 포함)을 만나고는 "내 생전에 이렇게 많은 친척을 한자리에서 만나는 게 처음"이라며 즐거워했다. 17일에는 평양 김일성종합대학에서 교수 생활을 함께한 전영을 박사를 만났다. 전영을은 1950년 12월 3일 월남을 함께한 친구이다. 그는 유일하게 소신을 가진 신앙인이라며 장기려를 따랐던 의사였다. 그는 뉴욕 주에 거주하며 재향군인 의료원장을 맡고 있었다. 18일에는 뉴저지에 있는 한인교회에 출석했다. 오촌 조카와 남편 임순만 박사, 생활에 큰 도움을 주었던 애리 어머니, 신계식·박옥희 부부, 박재영 목사 모친과 동생들, 김경애 간호원, 그리고 이북에서 함께 근무했던 간호원을 만났다. 이곳과 브루클린 교회에서도 평화에 관한 사명을 간증하였다. 저녁에는 뉴저지 김정식 박사 집에서 송도고보 동창 김종인 박사를 만났다. 그날 저녁은 조카 장한용의 집에서 잤다. 장한용은 유고슬라비아에 거주하고 있었는데 선생의 도미 소식을 듣고 뉴욕으로 날아왔다.

19일은 뮬렌버그 병원의 병리과장 현봉학[58] 박사로부터 초대를

---

58 현봉학은 1950년 한국전쟁 당시 10만의 북한 주민을 남으로 피난케 한 소위 "흥남철수"의 숨은 공로자로 잘 알려졌다. 1944년 세브란스의전을 졸업하고 선생이 근무하던 평양 기홀병원에서 인턴생활을 했다. 1959년 펜실베니아 대학원에서 박사 학위를 받았다. 그 이후 중국 연변의대 명예교수, 토마스 제퍼슨 의대 교수, 뉴저지 뮐렌버그 병원 병리과장, 뉴저지 병리학회 학술위원 등을 거쳤다. 1976년부터는 서재필기념재단에서 이사장으로 활동하였다. 조국에 돌아와 후배 양성을 하다가 2007년 별세했다.

받았다. 그는 평양 기홀병원에서 장기려 지도 아래 인턴을 했고, 한국전쟁 때는 흥남대탈출에 결정적 기여를 했다. 12월 20일에는 부산 산정현교회 담임을 지낸 장상선 목사와 함께 필라델피아로 갔다. 그곳에서 예정에 없던 아인슈타인 병원 안정옥 의사와 전원의 영양사를 만났다. 21일은 김영자·조성희·장명자 간호원과 함께 화란인 농장을 구경했다. 그들은 현대문명을 거부한 채 마차를 타고 긴 옷을 입고 다니는 검소한 생활로 옛 청교도 믿음을 지키고 있었다. 그날은 서재필 기념병원의 책임자 윤두원 선생 집에서 잤다. 12월 22일에는 브루스 헌트(한국명 한부선) 선교사를 만났다. 장기려는 자신이 써 준 '신망애'와 '사랑은 오래 참고……' 액자가 서재에 걸린 걸 보고 기뻐했다. 23일은 처조카 사위인 강광원 의사의 메릴랜드 저택에 초대를 받았다. 24일은 저택 내에 있는 테니스장에서 테니스를 즐기고 필라델피아 제퍼슨 대학 심장학 교실의 정영구 교수를 만났다. 라디오 방송을 위하여 "기독교 이상주의로 산다"와 "요한의 사랑의 철학" 강연을 녹음했다.

24일에는 장상선 목사와 교회 식구들, 그리고 함께 병원 일을 했던 간호원들의 전송을 받으며 시카고로 떠났다. 평양 산정현교회 시절 장로로 봉사했던 유계준 장로 아들이자 평양 기홀병원 시절 제자 유기진 의사가 마중을 나왔다. 저녁에는 오하이오 주에 사는 김봉오 장로를 만나 공산 치하에서 압제받고 괴로운 일을 당하다가 탈출했던 옛 이야기를 늦게까지 나눴다. 세인트루이스로 떠나기 전 김봉오는 200달러를 내고 청십자사회복지회 특별회원이 되었다. 시카고에서는 평양 산정현교회 집사였던 김경진 장로와 마취의사

이동식 교수를 만났다. 27일은 김경진 장로 등과 미시시피 유역과 동굴을 관광했다.

29일에 샌프란시스코로 떠났다. 복음병원 내과과장을 지낸 한광설 박사의 셋째 처남의 마중을 받고 김충남 목사의 집에서 여장을 풀었다. 이날은 수요일이라 어떤 교인 가정에서 히브리서 11장 1-4절을 중심으로 "기독교 이상주의로 산다"는 제목의 설교를 했다. 12월 30일은 『사랑의 원자탄』의 저자 안용준 목사를 10년 만에 만났다. 오후에는 부산 복음의원 초기에 약사였던 김유감을 만났다. 12월 31일은 샌프란시스코에서 한광설 박사의 장인을 만나 금문교를 구경했다.

1978년 신년 주일 아침 예배는 김충남 목사가 시무하는 순복음교회에 참석하여 "죄가 더한 곳에 은혜가 더하였다"는 제목으로 설교했다. 저녁 예배는 침례교회 연합예배로 드렸는데 이때도 '평화에 관한 일'이란 주제로 설교했다. 예수께서 유대의 종교 지도자들을 보시며 우신 일과 성전 정화 사건이 평화에 관한 기본적인 일임을 강조했다. 종교의 타락은 정치, 경제, 교육, 문화의 부패 원인이고. 기독교가 정치, 경제, 교육, 문화를 올바로 지도해야 함을 역설키 위함이었다. 1월 2일 노스웨스트 항공편으로 귀국하였다. 장기려는 세 차례 여행기를 이렇게 끝냈다.

> 첫째, 미국은 넓고 큰 나라다.
>
> 둘째, 청교도들이 미국으로 건너가 이룩한 문화는 일상생활에 나타나 있는데 그 질서에서 발견된다. 도로의 발달, 사는 곳과 전화를

가진 자의 이름만 알면 그 번호를 가르쳐 주는 일, 주소(번지)를 알면 쉽게 찾아갈 수 있는 점, 도시나 시골이나 부엌 시설과 화장실 시설들이 다 똑같다는 점, 음식물의 해결, 물보다 휘발유를 더 많이 쓰는 점, 복지 사회의 제도들은 세계에서 제일 문명한 것이라고 하겠다. 그러나 자유가 지나쳤다고 생각되는 것은 대통령의 권고가 있음에도 불구하고 차 하나에 한 사람이 타고 다니는 것이 대다수인 점, 프리섹스의 상황, 청년의 퇴폐적인 풍조들은 세계의 사람들을 지도할 수 없음을 나타내고 있는 것 같았다. 국민의 대다수가 하나님의 사랑 안에서 떠나 있는 것 같아서 흑백의 문제도 자체 내 해결이 어렵지 않을까 염려되었다. 그리고 미국에 가 있는 한국 사람들도 정직하기만 하면 그 자비한 마음으로 미국 사회의 사람들에게 좋은 영향을 줄 수 있을 것이라고 믿게 되었고, 그곳에서도 좋은 지도자를 요구하고 있다고 보았다.[59]

59 장기려, "미국을 다녀 온 소감 3", 《부산모임》, 제65호, 1978년 6월호, 39쪽.

## 내면의 위기를 우정으로 극복하다

장기려는 1979년 막사이사이상 사회봉사 부문의 수상자로 선정된 후 「조선일보」 칼럼에 처음으로 늙어감의 비애를 드러냈다.

> 나는 늙어가며 눈이 어두워져 책을 잘 읽을 수 없게 되고 늘 하던 수술도 더 진보가 없게 되는 것을 느끼고 있다. 후배 신진 의사들은 새 학술을 많이 공부하고 의학의 각 분야에서 새로운 전문가들도 많이 나오게 돼 이제는 임상에서 은퇴하는 것이 옳겠다고 생각하면서 일하고 있기도 하다.[60]

늙어감의 위기는 1972년에 우연히 자신을 찾아온 경찰서장 외래환자 덕분에 넘어설 수 있었다. 경찰서장은 매일 아침 배가 아프고 곱똥이 나온다면서 먹고 있는 약보따리를 보여 주었다. 그런 증상이 언제 나타났는지, 그리고 그동안 어떤 변화가 있었는지 물었다. 20년 전부터 매일 똑같은 증세가 나타났다고 했다. 경찰서장의 건강한 체격과 힘찬 대답 소리를 듣고는 거의 반사적으로, "그런 병이 어디 있습니까? 병은 앓다가 죽든지 낫든지 하는 것이오. 그것은 병

60 장기려, "약이 필요 없는 병-의창(醫窓) 195", 「조선일보」, 1979년 8월 14일, 4면.

이 아니고 신경질(노이로제)입니다. 그런 신경질은 약을 떼야 낫습니다"라고 말해 주었다. 서장은 가벼운 웃음을 짓고는 진찰도 받지 않고 돌아갔다. 2년 후 도립병원 서귀포 분원 직원 모친의 위암 수술을 위해 친구들과 제주도에 갔다. 수술을 마치고 돌아가려고 비행장에 들어서자 공항 직원이 귀빈실로 안내했다. 2년 전 진료를 받았던 경찰서장이 장기려 제주행 소식을 듣고 공항 귀빈실에서 기다리고 있었다. 제주도 경찰국장이 된 그는 장기려에게 고마웠다며 악수를 청했다. 약을 떼야 병이 낫는다는 처방대로 실천했더니 배도 안 아프고 곱똥도 없어졌다고 했다. 장기려는 그 만남을 계기로 약을 떼어 주는 의사가 되겠다고 다짐했다.

> 병은 대다수(70퍼센트 가량)가 환자의 몸에서 생기는 기전으로 자연히 낫는다. 우리 의사는 그 병의 증상을 올바르게 지도만 하면 되며, 환자는 병이 나을 때까지 의사가 고쳐서 낫게 됐다고 생각한다. 의사가 진실로 친절로 환자를 대하면 자연히 유명한 의사가 되는 것이다.[61]

강의실에서 의대생들에게 종종 했던 가르침이다. 사실 약을 떼어 주는 의사가 되겠다는 다짐은 평소 학생들에게 가르치던 진리를 체험적으로 확인한 것에 지나지 않는다. 그런데도 경찰국장 환자를 통해 귀중한 깨달음을 얻었다. 늙거나 첨단 의학에 뒤처지더라도

61 장기려, 위의 글.

죽을 때까지 환자들에게 필요한 의사가 될 수 있음을 그 경찰국장 환자에게 배운 것이다.

> 의사는 진실과 동정을 가지고 환자를 대하면 죽을 때까지 남에게 필요한 존재로 일할 수 있을 것이라고 생각했다.[62]

날로 눈이 침침해지고, 외국에서 공부하고 들어온 젊은 의사들의 전문지식 때문에 은퇴를 고려하던 장기려에게 이 깨달음이 얼마나 삶에 큰 활력소가 되었을지 상상하기란 어렵지 않다. 그 확신은 그렇게 오래가지 못했다. 1984년이 되자 또다시 늙음 앞에서 초라해지는 자신을 보며 불안을 드러내고 있기 때문이다.

> 저와 같이 나이 늙어서 후배들이 다 나의 일을 대신하여 더 잘하게 되면 나는 할 일이 없어 은퇴할 수밖에 없게 됩니다. 그러면, 나는 살아야 할 아무 보람도 못 느끼게 됩니다.[63]

70세를 넘기면서 사회적 존재 의의를 잃었다고 생각했다. 의술이나 학식이 후배보다 떨어져서 자신은 쓸데없어졌으니 물러나야 한다고 생각한 것이다. 자포자기의 상태에 이르렀던 것 같다.

---

62 장기려, 위의 글.

63 장기려, "주님 안에서의 사귐", 《부산모임》, 제101호, 1984년 12월호, 2쪽.

나도 70세가 지난 후로는 나의 사회적 존재의 의의를 잃게 될때에 [중략] 즉, 나의 의술(醫術)이나 학식이 후배보다 떨어져서 쓸데없이 생각되어 물러나려고 할 때에…[64]

장기려가 늙어감의 비애를 이토록 깊게 느꼈을 뿐 아니라 그 사실을 이 정도로 솔직하게 표현했다는 점은 놀랍다. 그보다 더 힘든 고비를 겪으면서도 자신의 내면을 삼엄하게 통제했던 장기려 아니던가. 그는 자기 아픔을 아픔이라고 표현한 적이 거의 없다. 그런 의미에서 1984년《부산모임》에 발표한 "주님 안에서의 사귐"은 각별하다. 이 글을 쓴 목적이 진정한 우정, 곧 사귐 덕분에 자기 노년에 닥쳤던 존재의 위기를 어떻게 극복할 수 있었는지를 보여 주는 것이기 때문이다. 장기려는 요한일서를 깊이 묵상한 후 삶에서 우정이 얼마나 소중한지 배웠다. 장기려는 의사의 경험에서 터득한 진리, 즉 생명체가 사귐을 통해 유지된다는 점을 요한일서와 접목시켰다. 독실한 기독교 신앙을 가진 의사였기에 가능한 깨달음이었다.

생명체가 이 세상에 나타나 왔을 때에 그것을 진공관에 넣고 산소와 영양소를 계속 준다고 해도 살지 못합니다. 소위, 생리적 (적당한) 자극이 없으면, 반응할 수가 없어서 죽게 되는 것입니다. 이 반응은 교제(사귐)에 의하여 이루어지는 것입니다. 즉, 아기가 갓 태어나서 어머니의 젖을 빨고 오줌과 똥을 누는 그 쾌감으로 심신(心身)이 자라

64 장기려, 장기려, "주님 안에서의 사귐",《부산모임》, 제101호, 1984년 12월호, 2-3쪽.

면서 사는 것입니다.[65]

물론 장기려가 엄마 품에서 먹고 자는 것만으로 한 인격이 사람답게 살 수 있다고 주장하는 것은 아니다. 그는 한 아이가 '생리적 자극'과 함께 청장년에 이를 때까지 우정이 인격과 영적인 삶에 얼마나 중요한 영향을 끼치는지를 우리에게 이해시키려 노력한다. 장기려는 진정한 사귐이 신체의 성장을 넘어 노년에 맞딱뜨리는 삶의 위기 극복에도 결정적이란 사실을 힘주어 말한다. 친구 전종휘 박사로부터 그 점을 새롭게 배웠기 때문이다. 전종휘의 우정 어린 충고는 장기려에게 새로운 삶을 열어 줬다. 그의 제안은 자존감을 회복시킬 만한 탁견이었다.

> 나의 의술(醫術)이나 학식(學識)이 후배보다 떨어져서 쓸데없이 생각되어 물러나려고 할 때에 전 박사는 나더러 학생들 공부시간에 참여만 하여도 나의 역할을 하는 것이라고 인정해 줄 때에 나는 격려되어 학생들의 수강(受講) 시간에 참여하여 새 지식을 얻으므로 재미있게 살고 있습니다. 주님 안에서 서로 믿고 격려해 주는 것은 좋은 교제(사귐)가 되는 것입니다. 더욱이 형제가 실패하여 자포자기의 상태에 이르렀을 때에 사랑의 눈으로 보면 하나님의 사랑이 그를 구원하시려고 그 길을 열어 놓고 준비하시고 기다리시는 것을 알 수 있습니다.

65 장기려, 위의 글, 2쪽.

그 길을 보여 주면서 위로하고 격려할 수 있습니다. 얼마나 많은 우정(友情)이 사람을 구했는지 모릅니다. 아버지 하나님과 예수 그리스도 안에서의 사귐은 인격완성의 길입니다.[66]

66 장기려, 위의 글, 2-3쪽.

## 갑자기 날아든 북한 가족 소식

이산의 아픔을 짊어지고 평생 살아야 했지만 장기려가 믿은 하나님은 그렇게 무심하지 않았다. 가족들의 생사 문제만큼은 그때마다 꿈을 통해 보여 주었기 때문이다. 우선은 부친의 사망을 1953년에 알게 된 점이다. 부친은 휴전 협정이 성사되기 전에, 모친은 1968년 또는 1969년 10월 17일에 작고했다. 모친의 죽음 역시 꿈을 통해 알게 되었다.

> 어렸을 때 나더러 '배 복(腹), 배 복'이라는 말을 시키기 위해 자기 바지를 내려 배꼽 아래를 가리키던 아버님 친구 김광환(金光煥) 씨가 비몽사몽간에 나타나, "너의 아버님이 오신다"고 해서 마중을 나가려는데 옆에 5-6명의 낯익은 사람들이 검은 옷을 입고 앉아 있었다. 이날 아버님이 돌아가신 것으로 믿고 있다. 어머님은 68년인가 69년인가 기억이 엇갈리는데 음력 10월 17일에 돌아가셨다. 어머님 생일이 10월 10일이라 날짜를 정확하게 기억하고 있다. 학섭, 죽섭, 두 삼촌이 검은 테를 두른 어머님 사진을 들고 꿈에 나타난 것이다.[67]

1976년 「한국일보」에 연재한 "나의 이력서"에 아내와 장남 택용을 비롯한 아들딸들이 모두 살아 있음을 확신한다고 썼다. 근거는 역시 꿈이었다. 꿈속의 아내가 화가 난 얼굴로 나타났어도 "사랑하는 사람이 살아 있다는 증거로 느껴져" 하루 종일 기분이 좋다고 했다. 오죽 그리웠으면 화가 난 아내의 얼굴조차도 반가웠을까.

미국에 있는 조카 장혜원의 집에 잠시 들렀을 때의 일이다. 밝은 달 이야기를 주고받다가 자기는 미국에서는 밝은 달 볼 생각이 없다고 했다. 이유를 물으니, 한국에서 달을 볼 때는 북녘의 아내도 저 달을 함께 보겠지 생각하며 보았는데 미국에서 보는 달은 아내가 함께 볼 수가 없어 싫다는 것이다. 장혜원은 1984년 8월 1일 장기려의 첫째 딸 신용에게 쓴 편지에서 그때 이야기를 이렇게 썼다.

> 불행하게 이산가족이 되고만 여러분들이 북의 가족을 두고도 다시 만날 날이 눈에 보이지 않자 새로 가정을 가진 사람들이 거의 대부분이라 해도 과언이 아니지만 기려 삼촌은 모든 유혹을 물리치시고 끝내 혼자 사시면서 매일 삼촌 어머님과 두고 온 자식들을 생각하며 기도하셨다. 그리고 열심히 인술을 베푸시고 많은 어려운 사람들의 병을 고치시고 학생들을 가르치셔서 참 존경을 받고 계시다. 옛날이나 지금이나 삼촌은 욕심을 버리시려고 노력하시니까 재산은 없어도 마음이 풍부하시고 기쁘게 봉사하시는 생활을 하시는 거 같애. 지금부터 18년쯤 전에 삼촌이 '국제외과학회'에 간 수술에 관한 연구 발표를 하시러 미국(뉴욕)에 오셔서 우리 집에 묵고 가신 일이 있었어. 그때 삼촌이 문득 "나는 미국에 오니 달을 쳐다볼 재미가 없

67 장기려, "꿈에 본 가족-나의 이력서 25", 「한국일보」, 1976년 7월 20일, 4면.

다"라고 하셨어. 우리는 그게 무슨 뜻인지 몰라 왜 그러시냐고 물었더니 부산(고향)에서 달을 보면 삼촌 어머님도 북에서 높이 뜬 저 달을 보며 나를 생각하겠지 하면 삼촌 어머님과 마음이 통하는 거 같아 재미있었는데 미국은 경도선이 북조선과 달라 밤 시간이 틀리니까 같은 시간에 삼촌 어머님과 달을 동시에 볼 수 없으시다는 얘기여서 참 눈시울이 뜨거워졌다. 이것으로 삼촌이 평상시에 얼마나 마음으로 삼촌 어머님과 동생들을 그리면서 지내시고 계시다는 것을 알 수 있는 거 같애.[68]

장혜원은 1982년 북한에 들어가는 김성락[69] 목사에게 숙모 찾는 일을 부탁했다. 미국 조카가 편지를 보내놓고 기다리는 동안 장기려는 북한의 가족들이 무사하다는 소식을 뜻밖의 사람에게 들었다. 이 소식은 1983년에 날아들었다. 1983년 10월 8일부터 14일까지 스위스 제네바에서 제3차 적십자사연맹총회가 열렸다. 우리나라에서는 유창순 총재를 단장으로 전유윤 섭외부장, 김혜남 청소년부 차장 등 네 명을 대표단으로 파견하였다.[70] 그런데 대표단 네 명 중 한 사람이 누구로부터 들었는지 장기려 가족이 북한에 모두 잘 있다는 소식을 전해 주었다.

---

68 미국의 장혜원 박사가 북한의 장기려 둘째 딸 신용에게 보낸 1984년 8월 1일 편지.

69 미국에 거주하던 고(故) 김성락 목사는 숭실대 총장을 역임했다. 남한 출신 목사 중 최초로 1981년 6월 북한에 들어갔다. 미국에 있는 조국통일촉진회를 이끈 김성락 목사는 1981년 김일성 면담 후 '기독자간 대화'라는 단체를 만들었다.

70 《적십자소식》, 제214호, 1983년 10월 31일, 10면.

장혜원이 보낸 편지의 답장은 1년 뒤 캐나다에 도착했다. 북한에서 1984년 3월 16일에 쓴 서신을 캐나다에서 5월 10일에 받은 것이다. 편지 속에는 첫 아들과 셋째 아들, 그리고 둘째 딸의 소식이 들어 있었다. 한국전쟁 때 17살의 나이로 인민군 소위로 징집되었던 큰아들 택용은 약학박사가 되어 가끔 국제회의에 참석한다고 했다.[71] 훗날 둘째 아들 가용은 한 인터넷 신문과의 인터뷰에서, 어머니가 북한 사회에서 월남 가족이란 불리한 조건 속에서 부모님을 모시며 다섯 자녀를 모두 김일성대학에 보낼 수 있었던 이유로 두 가지를 꼽았다.

> 저희 형제들 모두 이북에서 김일성대학을 다녔어요. 사실 이북 체제하에서 우리 어머님이 애들 대학공부 못시킵니다. 김일성이 우리 아버님을 생각해서 봐 준 것 같아요. 우리 아버님이 여기서 딴사람을 돌봐 주면, 이북에 우리 가족을 딴사람이 돌봐 준다고 생각하셨어요. 그래서 이북에 가족들이 잘된 것 같아요.[72]

가족들이 살아 있다는 소식에 얼마나 기뻤을까. 상상의 나래를 펴기 전에 1983년 이 땅에서 어떤 일이 벌어지고 있었는지를 잠시 살펴보자. 1983년은 민족의 분단이 가져다준 상처와 고통이 얼마

---

71 한수연, 『할아버지 손은 약손–사랑의 의사 장기려 박사 이야기』, 영언문화사, 2004, 193-194쪽.

72 이병혜, "아들 장가용 박사의 눈으로 본 장기려 박사 3–장기려 박사의 '참그리스도인'으로서의 삶", 「업코리아」, 2003년 9월 13일.

나 질기고 고통스러운 것인지, 그리고 생이별한 가족의 몇십 년 만의 재회가 얼마나 큰 감격인지를 전 세계에 보여 주었다. 그와는 정반대로 동족의 가슴에 총부리를 겨누는 것이 얼마나 천인공노할 만행인지를 느끼게 만든 사건도 1983년에 발생했다. 몇 개월 동안 전 국민으로 하여금 눈물을 달고 살게 만든 사건이 이산가족찾기 생방송이었다면, 수백 명이 탑승한 민간 항공기를 미사일로 격추시킨 소련의 만행과 북한 군부에 의해 자행된 아웅산 테러는 전 세계를 경악시킨 사건이었다. 이 세 개의 사건은 1983년 6월 30일부터 10월 9일 사이에 일어났다. 세 사건이 직·간접적으로 민족의 분단과 연관되어 있다는 점에서 국민들, 특히 이산가족들은 비상한 관심을 가지고 사태의 추이를 살폈으리라. 이산가족찾기 방송과 KAL기 격추 및 아웅산 테러 사건의 여파가 아직 생생할 때 장기려는 이북에 있는 가족이 모두 무사하다는 소식을 들었다.

1983년 6월 30일 밤 10시 15분부터 KBS-1TV를 통해 생방송된 "이산가족을 찾습니다"는 당초 95분 분량의 기획이었다. 이 프로가 전파를 타는 순간 대한민국은 뒤집혔다. 150명을 초청한 방청석에는 1000명이 넘는 이산가족이 몰려왔고, 방송이 나가는 120분 동안 KBS는 업무가 마비될 정도로 전화통에 불이 났다.[73] 긴급대책회의를 열고 새벽 2시 30분까지 연장 방송을 하고 이튿날 계속하기로 했다. 첫날은 4시간 동안, 상봉 신청을 한 2천여 명 중 850가족이 출연하여 36가족이 혈육 상봉을 했다. 날이 밝자 1만여 명의 이

---

73 안국정, "이산가족찾기 생방송", 「조선일보」, 1999년 9월 15일, 23면.

산가족이 여의도 KBS로 몰려들었다. “이산가족을 찾습니다”는 그 다음 날 새벽 5시까지 강행되었다. 한국 방송사상 처음 있는 일이었다.[74]

7월의 첫 이틀 동안 23시간 생방송 진행 결과 총 300여 가족이 만났다.[75] 사나흘 새 전국은 요동쳤다. KBS는 모든 정규 방송을 중단하고 온종일 이산가족찾기 생방송을 진행했다. “이산가족을 찾습니다”는 11월 14일까지 방송되었다. KBS는 단 하나의 프로를 138일 동안 총 435시간을 방송하는 진기록을 세웠다. 상봉 신청을 했던 10만 952명 중 5만 3536명이 방송에 출연했다.

국민들의 반응도 폭발적이었다. 국민의 절반이 넘는 53.9퍼센트가 새벽 1시까지 이산가족찾기를 보았고, 88.8퍼센트는 눈물을 흘린 적이 있다는 설문조사가 나왔다. 10만 장의 벽보가 붙은 KBS 본관 건물 벽은 예루살렘 통곡의 벽을 연상시켰고, 20년 전 발표되어 사람들의 뇌리에서 완전히 잊힌 곽순옥의 “누가 이 사람을 모르시나요”는 장안의 히트곡이 되었다.

장기려는 약 5개월간 전 국민을 울렸던 이 감동의 드라마에 짧은 글을 남겼다. “하나님이 긍휼을 베풀어 주셔서 이산가족 1만여 명을 서로 만나게 됨으로 아직도 남한에는 인도주의가 살아 있음을 보여 주었다.” 사적인 감정이 배제된 소감이다. 북녘에 두고 온 가

74 장사국, “분단 아픔 재회 기쁨…4천만이 울었다”, 「스포츠서울」, 1999년 12월 15일, 19면.

75 장사국, 위의 글.

족에 대한 그리움이 너무 커 극도로 말을 아꼈던 것은 아닐까. 반면에 KAL기 실종과 아웅산 테러 사건에 대해서는 꽤나 상세한 소감을 남겼다. 269명을 태우고 뉴욕을 출발하여 김포로 오던 대한항공 여객기는 1983년 9월 1일 새벽 소련 영공에서 미사일에 격추되었다. 격추 사실은 워싱턴에서 제일 먼저 포착했다. 일본에 있던 미국 첩보기관은 "목표물 격추"라고 보고하는 소련전투기 조종사의 목소리를 감청했다. 당시 소련 정부는 처음에 KAL기 격추 사실을 부인하다가 남한 비행기가 첩보활동을 위해 소련 영공을 침범했기 때문에 격추했다고 말을 바꿨다.

장기려는 그해 12월에 마태복음 5장 44절을 근거로 "너희 원수를 사랑하며 너희를 핍박하는 자를 위하여 기도하라"는 제목의 글을《부산모임》에 기고했다. 모두가 북한에 공분을 느끼고 있는 시점에서 원수 사랑을 주제로 쓴 글이다. 그 이후로 장기려는 이북에 있는 사람들도 동포라고 여기며 기도를 시작했다. 장기려는 아웅산 테러 사건이 나기 전까지, 김일성 부자와 그 도당들은 동포로 여기지 않았다. 평화 통일은 김일성 부자와 그 도당들이 한국전쟁 대한 책임을 지게 될 때 비로소 시작된다 믿고 있었다. 그러나 아웅산 테러 사건은 장기려의 이런 생각을 바꿔 놓았다. 이 사건을 피해자는 물론 가해자의 입장에서 성찰했기 때문이었다. 1983년 12월 5일이라고 글 쓴 시점을 정확히 밝힌 이 글은, 민족의 가장 끔찍한 현실에 직면하여 장기려가 얼마나 깊게 자신을 성찰했는지를 보여 준다.

나는 그리스도를 구주로 믿는 한 사람으로서 날벼락을 만난 각료들과 나를 동일화하여 생각을 해 보게 되었고, 또 이 일을 저지른 사람들이 내 동포라고 생각할 때에 그 만행을 감행한 자들의 죄책도 나와 관련시켜 생각해 보게 된다. 나는 왜 공산주의자들을 위해서는 긍휼히 여기는 마음으로 기도하지 아니했던가 하고 회개하는 마음이 일어났다.[76]

장기려가 "김일성 부자와 그 도당들"까지 사랑하기를 맘먹고 기도를 시작하자 북한에 있는 가족들이 모두 무사하다는 소식을 접할 수 있었다. 예사롭지 않은 고백이다. 그 소식은 예상치 못한 순간, 예상치 못했던 사람을 통해 날아들었다. 그래서 장기려에게 이중삼중의 감격이었으리라.

76 장기려, "너희 원수를 사랑하며 너희를 핍박하는 자를 위하여 기도하라", 《부산모임》, 제95호, 1983년 12월호, 2쪽.

## 분단의 십자가를 짊어지고

1980년 10월에 열린 조선로동당 6차 대회는 통일 방안을 최종 확정했다. 이전에 가지고 있던 통일 방안은 과도기적 성격을 지닌 연방제였다. 고려민주연방공화국 통일 방안은 남과 북에 존재하는 제도 유지를 기본 골격으로 했다.[77] 이 방안은 내용보다 그걸 들고 나온 시점이 놀랍다. 북한은 미국을 등에 업고 총칼로 광주를 진압한 전두환 정권에 적대적이었다. 그런데도 광주항쟁 불과 5개월 만에 과거와 전혀 다른 통일론을 들고 나왔다. 물론 이렇게 파격적인 통일 방안을 조건 없이 제안하지는 않았다. 남한이 진정한 남북 화해와 사회의 민주화를 저해하는 반공법과 국가보안법을 폐지하고, 정전협정을 평화협정으로 바꾸며, 미국이 남한의 내정 간섭을 중지한다면 북한도 이전의 통일론을 포기하겠다는 조건부 발표였기 때문이다.

전두환은 1981년 1월 12일의 국정연설에서 "평화통일의 역사적인 계기를 마련하기 위한 남북한 당국 최고책임자의 상호방문을" 제안하였다. 김일성 주석이 조건 없이 서울을 방문하면 평양을 가

77 강만길 외, 『북한의 정치와 사회 2』, 한길사, 1995, 317-318쪽.

겠다는 선언이었다.[78] 북한에서 반응이 없자 전두환은 주미 한국대사관 손장래 공사에게 정상회담 성사를 지시했다. 김 주석의 독립운동을 존경하며 서울을 방문하면 성대하게 환영하겠다는 뜻을 전하라고도 했다.[79] 손장래는 유엔대사를 지낸 임창영을 찾아가 대북밀사직을 허락받았다. 임창영이 4년간 대북밀사로 활동했기 때문이었다. 임창영은 유엔대표부 북한 대사관의 외교행낭을 통해 전두환의 뜻을 전달했다. 꾸준히 서신을 주고받은 결과, 북한으로부터 서울올림픽 공동개최와 남북정상회담 동의를 얻어 냈을 뿐 아니라 정상회담에서 다뤄질 의제까지 검토하였다.

1982년 9월 10일 장혜원은 캐나다에 본부를 둔 해외교민이산가족찾기회를 통해 평양의 김봉숙에게 편지를 보냈다. 장기려 가족찾기는 이렇게 시작되었다. 편지 복사본 위에는 장기려가 한국전쟁 전에 살던 집 주소가 '신양리 180번지'라고 적혀 있다. 장기려가 평양 신양리에서 살았다는 건 알려졌으나 집이 180번지였다는 사실은 이 편지를 통해 처음 확인되었다. "김봉숙 삼촌 어머님께 드립니다"라는 제목의 편지는 이렇게 시작된다.

> 삼촌 어머님! 저는 장학섭 할아버님의 손녀, 기원 씨의 맏딸 혜원입니다. 다행이 이 편지가 삼촌 어머님 손에 닿을 때에는 건강하신

---

78 「동아일보」, 1981년 1월 12일, 1면.

79 손장래, "84년 전두환-김일성 정상회담 했으면 95년 통일됐다", 《말》, 1999년 1월, 140쪽을 강준만, 『한국현대사 산책-평화시장에서 궁정동까지』, 1970년대 편 3권, 인물과사상사, 2002, 301쪽에서 재인용.

모습으로 잘 지내시고 여러 동생들도 잘 있기를 바라면서 펜을 들었습니다.[80]

편지는 김봉숙을 마지막 만났을 때의 추억, 돌아가신 부친, 할아버님 및 친척들의 소식을 전하고 장기려를 이렇게 소개한다.

> 가용 동생은 의과대학 교수가 되었고 남매를 두고 지냅니다. 삼촌은 건강은 좋은 편은 아니시나 옛날이나 변함없이 철저한 신앙을 가지고 인술에 최선을 다하여 많은 사람을 돕고 계시며, 우리 겨레의 평화와 세계 평화를 위해 기도하며 사신 답니다.
>
> 우리 민족의 운명이 불행해서 한 가족 일가친척이 서로 생이별하여 소식조차 모르고 지나던 중 찾을 수 있는 고마운 기회가 있을지도 모른다 하여 삼촌 어머님을 찾아보려고 이 편지를 썼습니다. 이 소식 받으시고 꼭 회답과 함께 사진을 보내 주시면 참 반갑겠습니다. 삼촌 어머님을 그리면서 건강을 삼가 빕니다.
>
> 미국 뉴욕에서 조카딸 혜원

1983년 10월 9일 미얀마에서 발생한 아웅산 테러는 남북 관계를 급랭시켰다. 전쟁이 언제 터져도 이상하지 않을 긴장이 발생했

80 편지는 우리말 어법에 맞게 몇 단어를 수정했다. 이 편지는 해외교민 이산가족 찾기회를 통해 보내기 위해 장혜원이 1982년 9월 10일 작성했다.

다. 양측은 이렇게 나가다가는 민족 공멸 상황까지 갈 수도 있다는 데 동의했다. 이때 북측은 남북체육회담을 들고 나왔다. 남측의 수용으로 남북은 1984년 4월 9일부터 세 차례에 걸쳐 남북체육회담을 가졌다. 그해 9월의 홍수는 남북을 동시에 강타했다. 북한이 수재로 피해를 입은 남한 동포를 돕겠다며 엄청난 규모의 수재물자를 제공하겠다고 나섰다. 전두환 정권은 그 제안을 받아들였다. 한국전쟁 이후 처음으로 북한의 시멘트 10만 톤, 쌀 5만 섬, 옷감 50만 미터와 의약품이 우리 정부에 전달되었다. 북한의 수재물품 지원은 약 1년간 남북 대화에 적잖은 영향을 끼쳤다. 북한은 남북 정상회담 추진을 위해 손장래 공사를 평양으로 초청하겠다고 나섰다. 그러나 전두환이 거절했다. 판문점에서 진행 중인 적십자회담과 체육회담에 혼선을 줄 수 있다는 게 그 이유였다. 김일성은 12월에 임창영을 평양으로 불러 네 시간 넘게 남측 태도에 서운함을 드러냈다.

> 오지 못하는 이유로 판문점에서 현재 적십자회담, 경제회담이 진행되고 있으므로 혼선을 가져올 필요가 없다고 한다는데, 나는 그렇게 생각하지 않는다. 공개석상에서는 서로 선전을 유념하게 되며 거기는 정상회담이 논의될 곳이 아니다. 지난번 남쪽 수해 시 우리의 성의와 지원을 전 대통령이 흔쾌히 받아들인 것은 그분의 아량을 보이는 것으로 고맙게 생각했다. 서로 이런 좋은 분위기가 형성됐을 때 만나야 성과가 좋은 것이다. 나나 임 선생이나 얼마나 더 살겠느냐. 남북의 화해와 통일을 위하여 같이 열심히 일해 주길 부탁한다. [중략] 국제정세가 급변하고 언제 또 무슨 일이 생길지 모르는 일이니

이런 좋은 기회를 놓치는 일이 없도록 해야겠다.[81]

장기려 큰딸 신용이 대필한 김봉숙의 편지는 1984년 3월 16일에 발송됐다. 이 편지는 1984년 5월 10일경 미국에 도착했다. 편지를 보낸 지 18개월 만에 장혜원은 답장을 받은 셈이다. 공식적인 루트로 주고받았기 때문인지, 아니면 대필한 딸의 의도 때문인지 편지는 세 차례나 어버이 수령님과 지도자 동지의 영도로 잘 지낸다는 사실을 강조한다.

보고 싶은 혜원이에게

오늘 뜻밖에 조선해외동포위원회를 통하여 너의 소식을 듣고 까마득히 잊어지던 옛 친척들을 회상하게 되는구나. 기원 시형이 사망되었다니 섭섭하구나. 형님은 앓아 계신다는데 어떻게 모습이 변화되었는지 보고 싶구나. 너의 남편을 비롯하여 온 가족이 잘 있는지 자식들은 몇이나 두었는지? 너의 소식을 들으니 더욱 궁금해지고 보고 싶어지는구나.

어버이 수령님의 따사로운 품속에 조국에 있는 나는 택용, 신용, 성용, 인용, 진용 5남매를 두고 모두 대학을 졸업시키고 택용, 인용은 박사가 되었고 딸들도 연구사로 자기 맡은 일터에서 충실히 일하고 있다. 나는 나이 73살이지만 퍽 건강하여 인민반 사업에도 참가하고

81 손장래, 위의 글, 145쪽을 강준만 위의 책, 306쪽에서 재인용.

사회생활하는 자식들의 뒤를 잘 돌보아 주고 있다. 나는 네 편지를 받고 네가 어렸을 때 나를 본 기억을 생동하게 그렸고 또 친척들의 안부를 전해 주어 얼마나 감동되었는지 모른단다.

너와 정원이가 타향에서 어머님을 모시고 조국에 있는 친척들을 그리며 이렇게 편지까지 보내 주어 기특하고 정말 고맙구나.

참 너의 동생은 정원이었지. 그 밑에 동생은 나도 기억되지 않는다. 이제는 형님도 80세. 퍽 늙으셨구나. 기원 시형의 똑똑하던 모습과 우리하고 체격 좋던 형님, 명채돌던 너의 눈매며 곱게 생긴 딸 형제를 데리고 화목하게 생활하던 너의 가정을 다시 그려 보게 되는구나. 나와 나의 자식들은 다 위대한 수령님과 친애하는 지도자 동지의 육친적 배려에 의하여 비록 너의 삼촌과 헤어져 있지만 남부럽지 않게 5남매 자식이 서로 오가며 12명의 손자, 손녀들이 모두 최우등생으로 행복하게 자라나고 있다.

네가 그렇게 조국을 그리며 일가친척을 보고 싶어 하는데 나도 현재는 건강하지만 내 나이 73살. 조용한 시간이 차예지면 너의 삼촌과 가용 또 시가 친척들이 어떻게 살아가고 있는지 죽기 전에 한 번 볼 수 없겠는지 하고 생각이 깊어지곤 한다. 네가 무조건 금년 중에 친척들의 소식을 알아 가지고 어버이 수령님과 친애하는 지도자 동지의 령도 밑에 번영한 우리 조국에 한번 찾아오려마. 꼭 한 번 만나 보고 싶구나.

그때 너를 보는 것으로 우리 가족이 한 번 모여 앉아 몇십 년 헤어져 궁금하던 소식들을 다정히 나누어 보길 바란다. 꼭 기다리겠다.[82]

북측이 제안한 남북정상회담이 무산되었음에도 수재물자 지원으로 조성된 해빙 무드는 1985년 서울에서 열린 남북적십자 본 회담에서 이산가족 고향방문단과 예술공연단의 교환방문 합의를 이끌어 냈다. 서울과 평양에 각각 151명 규모의 고향 방문이 성사되었다. 정부는 홍성철 전 내무장관을 포함한 법인체 대표 19명, 지학순 주교를 비롯한 종교인 4명, 의사, 공무원 등 각계 대표 3명을 고향 방문단에 선정했다. 장기려도 대표 명단에 포함됐으나 거절하였다. 그런 특혜를 누리며 북한을 다녀오고 싶지 않고 모든 사람이 갈 수 있을 때 가겠다고 했다. 다급해진 전두환 정권은 청십자병원까지 당국자를 보냈다.

> 박사님, 이건 대통령 각하의 특별한 배려입니다. 이걸 거절하시는 것도 국가원수에 대한 예의가 아니지요. 어떻게 박사님 생각만 하십니까? 북쪽에 계신 사모님이나 자식들 생각도 해 주셔야죠. 박사님을 얼마나 뵙고 싶어 하겠습니까? 아무 말씀 마시고, 그저 저희가 하는 대로만 따라오십시오. 그럼 저희는 그러는 걸로 알고 이만 돌아가겠습니다.[83]

그 말을 듣자 장기려는 더 강경해졌다. 그 자리에 함께 있던 손동길이 들은 이야기는 다음과 같다.

---

82 김봉숙(대필 큰딸 신용)이 1984년 3월 16일에 쓴 편지.

83 김은식, 『장기려-우리 곁에 살다 간 성자』, 봄나무, 2006, 169쪽.

> 좋소. 억지로라도 보낸다면 별 수 있겠소? 그런데 이것 하나만은 알아 두시오. 나는 가족들을 만나면 다시는 헤어질 수가 없소. 그런데 아내와 자식들을 데리고 내려오는 것은 불가능할 테니까 내가 거기 눌러앉아 죽을 때까지 살거요. 내가 하나님을 믿는 사람이라 거짓말을 못해서 드리는 말씀이니, 그래도 좋겠거든 보내 주시오.[84]

장남 택용이 약학 관련 국제회의에 종종 참석한다는 이야기를 듣자 장혜원이 움직이기 시작했다. 미국 컬럼비아대학교에서 생화학으로 박사 학위를 받았지만 장혜원의 본래 전공은 약학이다. 그 점이 유리하게 작용했던지 약학 국제회의참석자 명단에 장택용 교수가 포함되어 있다는 정보를 사전에 파악할 수 있었다. 장혜원은 리스본 주재 북한 대사관에 연락했다. 마침 리스본 주재 북한 대사관 참사관 부인이 장기려 맏딸인 신용의 여고 동창이었다.[85] 그 덕에 장혜원은 참사관 부인을 통해 장택용과 여러 차례 서신 교환을 했다. 장혜원은 장기려 부인 김봉숙과 딸 신용, 성용과도 서신을 주고받았다. 수차례 연락 끝에 1985년 2월 23일부터 24일까지 리스본에서 장택용과 장혜원의 만남 약속이 정해졌다. 그러나 장택용은 본국의 급한 연락 때문에 평양으로 돌아갔다. 서둘러 귀국하면서 여동생 친구에게 육촌누나에게 전해 달라며 편지와 나일론 옷감을 맡겼다. 장택용의 편지 또한 영화에서나 나올 법한 가슴 아픈 사연

---

84 김은식, 위의 책, 169-170쪽.

85 이기환, 위의 책, 319쪽.

이다. 다음은 편지 전문이다.

그리운 누님에게

인편을 통하여 누님의 회답 편지를 받고 모두가 얼마나 기뻐했는지 모릅니다. 가용이와 공동리집 큰삼촌과 삼촌 어머님 그리고 철원집 삼촌 어머님의 사진도 반갑게 받아 보았습니다. 헤어져 35년 만에 처음 만나보고 눈시울이 뜨거워……. 이것이 아마 혈육의 정인가 봅니다. 그런데 아버님의 사진까지 있었으면 얼마나 더 좋았겠습니까.

저는 이곳에 와서 누님이 22일경에 오신다는 소식을 듣고 애타게 기다리던 중 이곳 대사관을 통하여 조국에서 급히 다녀가라는 급보를 받고 떠나게 됩니다. 누님의 전화번호라도 알았으면 오시지 말라고 전화를 하고 떠나야 하겠는데 그러지도 못하고 또 이리 편지를 써도 미리 도착하지 못할 것 같고 해서 할 수 없이 이곳 대사관 동지에게 부탁하고 떠납니다.

누님과 관계를 가지고 사업하던 동지는 지금 구라파에 나가고 없어서 그러니 이곳 다시 대사관 동지에게 부탁하실 말씀이 있으시면 전화해 주시면 됩니다.

참 발길이 떨어지지 않는 것은 국가사업이 더 중요하니 떠날 수밖에 없습니다. 이제 조국에 돌아가면 우리 어머니가 어떻게 만나보고 왔는가, 말을 하실 것을 생각하니 더더욱 발길이 떨어지지 않습니다. 그러나 앞으로 꼭 상봉하여질 기회가 있으리라 믿으면서 남겨 놓고 떠나게 됩니다.

그곳에 바쁘신 누님을 멀리 제3국까지 오시라고 불러놓고 떠나는 저의 마음은 죄송하고 안타깝기 그지없습니다. 널리 용서해 주십시오. 변변치 못한 선물이지만 이곳에 있는 동지 편에 남겨 놓고 떠나니 기념으로 받아 주십시오. 우리는 가까운 앞날에 꼭 만나게 될 기회가 있으리라고 확신합니다. 그때 저의 아버님과 가용이를 꼭 데리고 나오셔서 35년 동안 갈라져 서로 만나 보고 싶어 하는 저희들 친부자와 친형제의 상봉이 꼭 실현되도록 누님께서 적극 힘써 주시면 합니다.

누님과 매부님의 지성어린 노력에 의하여 우리의 상봉이 하루빨리 실현될 그날을 손꼽아 기다리겠습니다. 만일 아버지나 동생을 데리고 누님이 나오신다는 소식이 오면 어떤 수를 써서라도 우리 어머님을 모시고 내가 함께 나가서 상봉의 기회를 꼭 열어 볼까 합니다. 그때 우리 함께 감격적인 회포를 나누기로 합시다. [중략] 상봉의 그날까지 누님과 매부님께서 그리고 그곳에 계시는 친척들이 모두 강건하셔서 사업에서 큰 성과가 있기를 바랍니다.

이 편지와 함께 가지고 왔던 우리 가족 사진을 한 장 드리고 갑니다.

리스본을 떠나면서

동생 택용 올림

헤어진 지 30년이 훨씬 지난 시점에서 북쪽 가족이 무사하다는 것이 구체적인 물증으로 확인되는 순간이었다. 장혜원은 택용에게 전달해 달라며 선생과 차남 가용의 사진, 전자계산기, 시계 등을 맡기며 편지를 남겼다.

장기려는 1990년 9월 17일부터 10월 2일까지 미국에 다녀왔다. 방문 목적은 1984년부터 나가기 시작한 미국 '종들의 모임'을 둘러보기 위함이었다. 로스앤젤레스와 오리건 주의 포틀랜드에 있는 '종들의 모임'을 방문해 친밀한 교제를 나눴다. 9월 26일에는 로스앤젤레스에 온 것을 알고 조카 장헌용이 자기 집에 모셨다. 그 집에 나흘을 머물면서 신용이 장혜원에게 보낸 편지 사본을 읽었다. 이북에서 보낸 딸의 편지를 읽으며 육친의 정에 눈물을 흘렸다.[86] 이상한 점은 그때 읽은 편지가 1987년에 받은 편지라는 것이다. 왜 이 편지는 3년이 다 되도록 선생에게 전달이 안 되었을까.

언니, 우리 아버지가 남쪽에서 그렇게 훌륭한 일을 하신다니 얼마나 자랑스러운지 몰라요. 돈을 모으시지 않고 남을 돕는 데 쓰신다는 글을 읽으며 어머니는 이렇게 말씀하셨어요. "너희 아버지, 거기서도 여전하시구먼. 두 개 가지면 벌 받는 줄 아시는지 번번이 거지에게 옷 벗어 주고 퍼렇게 얼어서 들어오셨어. 내가 부엌에서 굶는 것도 모르시곤 길 가는 거지들을 불러와서 겸상 차려 먹이신 양반이지." 언니, 어머니 회갑 날의 이야기를 할게요. 저희들이 어머니 회갑상을 차리려고 했더니 어머니는 아버지 회갑상도 못 차렸는데 어떻게 상을 받겠냐고 하시며 통일되면 아버지와 같이 잔칫상을 받으시겠대요. 그리고 잔칫상 대신 노래나 부르자고 하셨어요. 성용이가 어릴 때 어머니에게서 "울 밑에 선 봉선화"를 배워 혼자 소꿉장난을 하

---

86 장기려, 1990년 9월 27일 일기.

며 곧잘 불렀답니다. 성용이가 이 노래를 시작하면 어머니가 일하시다 같이 부르고, 어머니의 목소리를 들으신 아버지가 노래의 마지막 부분을 부르셨답니다. 회갑상 대신 어머니는 이 노래를 부르셨어요. "울 밑에 선 봉선화야, 네 모양이 처량하다……." 아들들이 아버지 대신 어머니가 부르시던 노래의 마지막 부분을 부르자 저희 딸들은 눈물이 나서 모두 부엌으로 나와 버렸어요.[87]

1985년에 이북에 다녀오라는 제안을 거절하고 난 몇년 동안 장기려는 북한 가족의 생생한 다수의 정보를 얻었다. 그 중에는 딸들이 보낸 편지도 있었다. 가족을 만날 것 같은 분위기도 점점 조성되고 있었다. 1990년에는 또 한 차례 고향을 방문할 기회가 오는 듯했다. 1989년부터 진행된 남북회담 결과로 350여 명 규모의 제2차 고향방문단 교환 합의가 나왔고 실무접촉까지 마친 상태였다. 누구나 신청만 하면 갈 수 있는 길이 열리자 주변 친지들의 적극적인 권유에 못 이겨 방북 신청을 했다. 그러나 북한이 혁명가극 "꽃 파는 처녀" 상영을 끝까지 고집하는 바람에 가족 상봉의 꿈은 좌절되고 말았다. 연로한 이산가족들의 낙담은 이만저만이 아니었다.

이북에서 보낸 첫 편지를 받은 이후 장혜원은 활발한 서신 왕래를 했다. 캘리포니아에 사는 장혜원의 며느리 임친덕은 1991년에 북한에 들어가 장기려 가족을 만났다. 당시 김봉숙은 둘째 딸의 집에 머물고 있었기 때문에 상봉은 강계에서 이루어졌다. 임친덕은

87 한수연, 위의 책, 196-198쪽.

가족사진을 찍고 육성이 담긴 녹음테이프도 받아 돌아왔다. 장기려가 1991년 4월 26일 일기에 "가용 집에 가서 이북에 있는 택용 모(母)와 성용이에게서 온 편지를 읽었다"고 쓰고 있는 것으로 보면 임친덕의 미국행이 언제였는지 얼추 짐작이 간다.[88] 이 추정이 옳다면 선생이 아들의 집에서 읽은 아내의 편지는 아래의 것이 분명해 보인다.

> 기도 속에서 언제나 당신을 만나고 있습니다. 부모님과 아이들이 힘든 일을 당할 때마다 저는 마음속의 당신에게 물었습니다. 그때마다 당신은 이렇게 하면 어떠냐고 응답해 주셨고, 저는 그대로 따랐습니다. 잘 자란 우리 아이들, 몸은 헤어져 있었지만 저 혼자서 키운 것이 아닙니다. 꿈속의 당신이 무의촌에 갔다 오면서 주머니 속에서 쌀 봉투를 꺼내 주시면 저는 하루 종일 기뻤습니다. 당신이 거기에서도 당신답게 사신다는 것을 혜원의 편지를 받기 전부터 저는 알았습니다. 이산가족들의 만남이 하루 빨리 이루어진다면 얼마나 좋을까요? 팔십이 넘도록 살아 있음이 어쩐지 우리가 만나게 될 약속이 아직 남아 있기 때문인 것 같습니다.[89]

사랑하는 나의 친구 언제나 돌아오려나 썩은 나뭇가지에서 꽃이

---

88 그러나 선생은 1991년 9월에 진행된 「한국일보」와의 인터뷰에서 북측에서 온 아내의 사진을 91년 여름에 받았다고 증언한다. 이것이 단순한 착오인지, 아니면 91년 4월과 여름의 편지가 각각 다른 것인지는 분명치 않다.

89 한수연, 위의 책, 202-203쪽.

필 때에 오려나 일구월심 나의 맘에 그대 마음 간절하다 사랑하는 나의 친구 언제나 돌아오려나 암만 말하여도 안타깝기만 하여 이만 하고 당신과 가용이네 가족이 건강하여 만나게 될 그때를 기다리고 또 기다리겠으며 부디 옥체 건강하시기를 바라고 또 바라옵니다.

평양에서 김봉숙.[90]

장기려는 아내와 어린 자녀들과 헤어질 수밖에 없었음을 평생 자책했다.
부인 김봉숙과 딸 신용, 성용.

1991년 중순부터는 북한에서 보내는 편지를 전종휘 박사가 받았다. 그만큼 활발한 서신 왕래가 있었다는 반증일 테다. 장기려의 7월 30일 일기에는 전종휘 박사가 보낸 편지를 성용이 읽었다고 했고, 두 주간쯤 뒤에는 딸의 주소를 전 박사에게 물어보기도 했다.[91]

---

90 이병혜, 위의 글.

91 장기려, 1991년 8월 12일 일기.

이러한 안타까운 사정은 현봉학의 마음을 움직였다. 앞서 언급했듯 현봉학은 평양 기홀병원 시절 선생 밑에서 인턴을 한 제자였다.[92] 그는 한국에 들어오면 부산에 내려가 장기려를 만났다. 현봉학은 북한 김만유 병원 5주년 개원 학술대회에 초청을 받고 방북했다. 이때 보건부 부장 이종률, 장철 부총리를 만났을 뿐 아니라 평양 과학의학원 연구원 장성용을 만났다. 현봉학은 장가용이 쓴 편지를 성용에게 전했으나 김봉숙을 만나지 못했다. 그는 북한 당국자를 만나 장기려 이야기를 꺼냈다. 한국 정부에서 장기려 북한 방문을 허용한다면 환영하겠느냐고 물었더니 그런 훌륭한 학자는 과거를 묻지 않고 환영한다는 대답을 들었다. 서울을 방문한 현봉학은 장가용에게 북한 가족의 안부와 성용과 함께 찍은 사진을 주었다. 스승 장기려에겐 전화로 보고했다. 북측 정부가 환영한 이상 방북 신청을 하라고 권하자 "조금 생각한 후, '다른 사람들이 모두 다 가지 못하는데 내가 어찌 특별대우를 받아 가겠느냐? 모두 갈 수 있을 때 나도 가야지……'"라고 대답했다. 현봉학은 '이렇게 훌륭한 분이 세상에 다시 또 있을까'라고 생각했다.

선생은 1991년 8월 17일의 잊지 못할 사람을 기록해 놓았다. 그 첫째 인물은 이경심 할머니였고, 그다음으로는 아버님, 어머님, 박소암, 전종휘 박사의 순으로 이어진다. 박소암 박사(1911-2001)가 잊지 못할 다섯 명 중에 들었다는 사실은 좀 의외다. 선생이 그에 대한 이야기를 별로 한 적이 없기 때문이다. 박소암 박사는 세브란

92 현봉학, 『현봉학과 흥남 대탈출-한국의 쉰들러』, 경학사, 1999, 108쪽.

스의전을 나왔고, 해방 직전 선생이 황달에 걸려 죽음의 그림자를 느끼며 힘겨워할 때 완쾌하게 만들어 주었던 이비인후과 의사다. 1957년 대한이비인후과 학회가 결성될 때 서울지역의 간사를 맡았던 창립 멤버이기도 했다.[93] 전종휘 박사는 천막 복음의원 시절부터 선생의 몸을 책임지고 있었던 주치의였다. 그는 성사될 듯하다가 좌절된 남북회담이 선생의 말년 건강을 가장 크게 해쳤다고 보았다. 특히 1992년 10월 13일 청십자병원에서 발생한 세 번째 쓰러짐의 가장 큰 원인으로 노부모방문단의 좌절을 꼽았다.[94]

1992년이 되자 선생에게는 또 한 차례의 기회가 오는 듯했다. 1992년 5월 5일에 열린 제7차 남북 고위급 회담에서 '남북교류·협력 공동위원회 구성·운영에 관한 합의서'를 채택하였을 뿐 아니라 이산가족 노부모방문단 교환을 시범사업으로 실시한다는 데 합의했기 때문이었다. 정부는 70세 이상의 이산가족 중에서 300명의 남쪽 방문단을 선정했다. 그러나 북측이 장기수 이인모 씨의 송환과 한·미 군사훈련 중단을 물고 늘어지는 바람에 노부모방문단의 교환은 또다시 무산되었다.

---

93 장기려, "하나님은 사랑이다-나의 평양생활 10년간", 《부산모임》, 제122호, 1988년 6월호, 18쪽.

94 전종휘, "장기려 형님과의 만남", 성산장기려선생기념사업회, 『선생이 함께하신 발자취』, 125쪽.

## | 9부 |

# 장기려와 교회 개혁

"부산에서 소수의 신도들의 집단인 종들의 복음모임과 교제를 가지게 되었고, 우리들이 바라던 교회생활은 예수님이 제자들에게 분부하신 전도방식(마태복음 10장)을 그대로 따르는 저희들의 신앙생활임을 알게 되어, 기독교의 개혁은 저희들의 신앙생활과 예수님의 교훈으로 돌아가는 것이라는 생각이 들게 되었다. 이것이 또한 제가 바라던 기독교의 개혁의 방향이 아닌가 하고 생각하게 되었다. 그래서, 저는 저희들의 하는 방식으로 성경 하나로 만족하고 모임지를 종간하기로 하였다."

## 평생 이어진 교회 개혁 열망

장기려는 평생 예닐곱 교회를 다녔다. 할머니 등에 업혀 다녔던 장로교단 소속의 입암교회, 세례를 받았던 개성의 감리교회, 경의전 때의 숭2교회, 평양 기홀병원 시절의 신양교회와 평양 산정현교회, 피난 와서 다녔던 부산의 초량교회, 서울과 부산의 산정현교회 등이다. 장기려가 등록하고 다녔던 대다수 교회는 분열의 아픔을 겪었다. 서울에서는 둘로 쪼개진 후 그 아픔이 채 아물기 전의 숭2교회를 다녔다. 평양으로 옮긴 뒤 출석하던 신양교회가 일장기 앞에서 "우리는 皇國臣民(황국신민)이다. 忠誠(충성)으로 軍國(군국)에 報(보)한다"[1]는 의식을 거행하고 예배하자 교회 출석을 포기했다. 1년이 넘는 기간 동안 가정 예배를 드리다가 해방을 맞았다. 공산 치하에서는 평양 산정현교회에 등록했다. 그러나 이 교회도 밤낮으로 갈려져서 싸우다가 결국 쪼개졌다. 남한에 내려온 후 서울에 올 때마다 출석하던 산정현교회도 쪼개졌다. 두 교회가 각각 딴 살림을 차렸다. 한국 개신교를 보면서 장기려를 가장 크게 실망시킨 건 자본주의에 굴복한 맘몬화된 기독교였다.

장기려는 1973년의 '빌리 그레이엄 전도집회'와 1974년의 '엑스

1 김남식, 『신사참배와 한국교회』, 새순출판사, 1992, 66쪽.

폴로74 민족복음화대회'를 계기로 개신교 비판을 쏟아내기 시작했다. 두 집회 모두 100만이 넘는, 실로 세계 기독교 역사에서 그 유례를 찾기 힘든 양적 성공을 거둔 대회였다. 장기려는 양적 성공을 거칠게 비판했다. 예수 믿는 사람들이라면 성경적 방법으로 모여야 하는데 두 대회는 예수의 전도 방법과 닮은 데가 별로 없다고 했다.

이 대회에 참석했으나 진정으로 회개하고 올바른 생활을 결심하는 사람도, 도탄 중에 있는 이웃의 괴로움을 자기의 책임으로 느끼는 자도 찾아보기 어려웠다고 썼다. 비판의 핵심은 자본주의 방식으로 성장과 발전을 하려는 한국 개신교였다. 교회가 돈으로 큰일을 하겠다는 발상 자체가 문제라는 지적이다. 장기려는 초대형 전도집회의 엄청난 성공으로 한국 개신교가 들떠 있을 때 "제발 자본주의 기독교의 마지막이 되기를 바란다"고 호소했다.[2] '엑스폴로74 민족복음화대회' 직후와 1년 뒤에 쓴 한국전쟁 이후의 한국 기독교 비판을 읽어보자.

> 하늘을 찌를 듯하다는 고딕의 예배당도 나에게는 하나님의 영광이 느껴지지 아니하고, 사람의 예술품은 될지언정 맘몬의 재주인 듯하는 느낌이 든다. 또 우리는 이 세상에서 권세와 지위와 명예 그리고 사업의 번영들에 대하여 하나님의 축복이라고 생각하고 축하한다. 그러나 그것들이 과연 하나님의 영광을 사모하여 살던 사람들에게 내려 주시는 선물이었던가? 자기도 모르는 사이에 맘몬과 타협해

2 장기려, "엑스폴로74에 다녀와서", 《부산모임》, 제44호, 1974년 10월호, 12쪽.

서 산 결과로 된 것은 아니었는지 반성할 필요가 있다.[3]

이 교회가 그후[한국전쟁을 말함-저자] 어떻게 되었는가. 그리스도의 사랑으로 하나를 이루었는가. 아니다. 도리어 서로 나누이었다. 그것은 그리스도와 연합하여 살지 않고 현실주의와 타협했기 때문이다. 자본주의적 기독교에 머물러 있었고, 가난한 자가 하늘나라의 소유자라고 하는 진리를 외면하여 주님의 말씀에서 떠난 데 기인한다고 믿는다. [중략] 현재의 기독교로서는 인류를 구원하지 못하겠다는 것이 소위 뜻있는 사람들의 말이다. 이 형식과 타산, 효용에 치중하고 위선과 허식을 용납하는 불진실의 기독교는 생명이 없는 까닭이다. 기독교는 새 혁명을 요구하고 있다.[4]

교회 개혁을 향한 장기려의 의지가 얼마나 분명하고 확고했는지는 왜 부산모임을 시작했느냐를 밝힌 대목에서 또렷하다.

나는 일찍이 한국의 기독교는 혁신 개혁이 필요하다고 생각하였다. 그래서 1956년 서울에서부터 부산 의과대학 외과교수가 되어 내려온 후에 외과교실원들에게 일본 무교회지도자들의 성서 강해를 한국말로 번역하여 전했다. 교회의 형식은 약하고, 기도 후 성경말씀 강해의 전달로 들어갔다. 매주일 오후 3시에서 5시까지 성경말씀의

3 장기려, "하나님이냐 맘몬이냐", 《부산모임》, 제50호, 1975년 10월호, 13-14쪽.

4 장기려, "8·15의 소감", 《부산모임》, 제43호, 1974년 8월호, 3쪽.

논의를 계속했다.[5]

장기려는 개인 구원 차원에 머물렀던 신앙을 회개하면서 사회 구원의 문제에 책임있게 반응하기 위해 무교회주의와 김교신, 우치무라 간조, 함석헌, 퀘이커 등에서 배웠다. 그러나 1980년대 중반부터 장기려는 보다 근원적인 교회 개혁에 헌신키 위해 김교신과 우치무라 간조의 무교회주의와 함석헌의 퀘이커를 포함한 제도권 교회를 떠났다. 이제부터는 그가 찾은 진정한 신앙 공동체를 따라가 보기로 하자.

5 장기려, "한 늙은 의사의 이야기-신앙생활편", 1989년 다이어리 10월 2일 지면.

## "그런 사람들이 지금도 있느냐?"

부산 아동병원 외과 전문의 박영식은 1983년 12월의 어느 날 수술을 끝내고 손동길에게 물었다.

"하늘에 보물을 쌓으려면 어찌해야 되는데?"

"자식아 너는 예배당 장로가 되어서 그것도 모르냐? 헌금을 옳게 드리면 하늘에 보물을 쌓는다고 했잖아!"

"돈을 바쳐서 하늘나라로 간다면 돈이 보물이냐? 진실하게 하나님을 믿고 싶은 마음이 있으면 목요일 아침 7시 30분에 광복동에 있는 김봉희 이비인후과로 영어 성경 가지고 나와라."[6]

모임에 참석했던 손동길의 이야기를 들은 장기려는 "그런 사람들이 지금도 있느냐?"면서 교회로 초청해 듣자고 했다. 손동길은 외국인 선교사라 근사한 집을 예상하고 받은 주소로 찾아갔지만 그런 집은 없었다. 주소가 틀려 잘못 찾은 줄 알았다. 찾고 보니 어네스트

6 전 청십자병원 마취과장 손동길 선생과의 인터뷰(2005년 9월 23일). '종들의 모임'과 관련한 대부분의 내용은 손동길 선생의 증언에 크게 의존하였음을 밝혀 둔다. 때문에 이후에서는 다른 글의 출처와 인용만을 밝힐 뿐 손동길 선생의 증언 부분에 대해서는 따로 표기하지 않았다.

로빈슨(Ernest Robinson, 1935-) 선교사의 숙소는 나무 침대 하나 덜렁 놓인 조그만 방이었다. 초청을 수락한 로빈슨 선교사는 부탁했다. 설교를 하고 난 뒤 잠자리채로 헌금을 거두지 말고 강사 사례금은 받지 않겠다는 요청이었다. 초청 당일 곤란한 문제가 생겼다. 담임목사는 손동길에게 강사가 설교 때 가운을 입어야 한다고 했다. 그 문제는 가운을 입지 않고 소강단에서 설교하는 걸로 합의했다. 담임목사는 선교사가 어느 신학교 출신이냐고 물었다. 그 신앙 공동체에는 신학교가 없다고 하자 우리 교회는 "장로교, 성결교, 감리교, 침례교, 구세군이 아니면 강단에 세울 수 없다"고 했다. 약속했으면 지켜야 한다고 강하게 나가 겨우 설교를 허락 받았다. 당시 부산 산정현교회는 찬송을 부를 때 박수를 치지 않았다. 그러나 어네스트 선교사가 전한 '열 처녀의 비유' 설교가 끝나자 교인들이 일어나서 박수를 쳤다. 로빈슨은 3개월 동안 총 세 차례 더 설교했다. 어느 주일엔가 설교가 끝나자 학생회장이 십일조 문제로 질문했다. 강사는 대답을 하지 않고 한참을 가만히 서 있다가 무겁게 입을 열었다.

> 침묵 기도 중에 하나님께서 내게 주신 감동은 성경 말씀을 그대로 전하라는 것입니다. 주님께서는 그대로 이야기하면 다음 주부터 이곳에 초청받지 못할 것이라고 했습니다만, 그대로 하겠습니다. 성경 그대로 이야기하는 것일 뿐 제 말은 없습니다. 예수님도 할례를 받으시고 성전세도 내시다가 30세가 되어서 복음을 선포했습니다. 십자가에 달리셨을 때 예루살렘 성전의 휘장이 위아래로 찢어졌습니다. 그로 인해 우리는 율법에서 해방되었습니다. 사도행전부터 요한계시

록까지 십일조를 거두었다는 기록이 없는 이유입니다. 구약 시대의 성전은 없어졌고 지금은 우리 몸이 성전입니다. 너희 몸을 하나님이 기뻐하시는 산제사로 드리라는 말씀뿐입니다. 생활 전부를 드려야 합니다.

예배가 끝나자 담임목사는 손동길에게 "다음부터는 절대 모시고 올 수 없다"고 했다. "어긋나는 말씀이 있습니까?"라고 물었더니, "아니죠, 성경에 있는 대로 하셨죠. 그렇지만 신령한 축복에는 물질과 영적 축복이 있는데 로빈슨 선교사의 말대로 하면 영적으론 잘될지 모르겠지만 물질적 축복은 없습니다. 교회는 물질적인 축복이 없으면 안 됩니다"라고 했다. 이 말을 들은 손동길은 그해 연말에 교회를 떠났다.

## "내가 이제 진리를 찾았습니다"

장기려는 부산 산정현교회를 1987년 말까지 다니다 중대 결단을 했다. 결정적 계기는 막사이사이상 30주년 기념 수상자 회의 참석이었다. 필리핀 정부는 1987년 11월 11일부터 15일까지 역대 수상자를 초청하여 심포지엄을 개최했다. 장기려는 수상자 모임 참석을 구실로 세계 여러 나라에서 '그 진리'를 따라 사는 신자를 2개월 둘러 보기로 결정했다.

장기려는 손동길과 함께 필리핀 마닐라, 독일 베를린, 노르웨이 오슬로, 미국의 여러 도시를 둘러보기 위해 11월 11일에 출국했다.[7] 방콕 레젠트호텔에서 열린 심포지엄에서 장기려는 사회봉사 부문 수상자였기에 도시생활의 문제점을 다룬 제1심포지엄에 참여했다. 무슨 이유 때문인지 알 수 없으나 장기려는 한 달을 당겨 조기 귀국했다.[8] 돌아오자 부산 산정현교회는 기념강연회를 열었다. 평소라면 독창을 한 곡 하고 강연을 시작했으나 이날은 노래를 생략했다. 강연도 5분 정도 신상 발언만으로 끝냈다. 다음은 손동길이 전하는

---

7 장기려는 이 여행을 다녀온 뒤 《부산모임》 1988년 2월호에 "종들의 모임에 다녀와서"라는 자세한 여행기를 실었다.

8 '각종 소식', 《청십자》 제288호, 1987년 12월 14일.

그날 발언 요지다.

> 세계를 돌고 왔는데 하나님 나라는 동쪽이나 서쪽이나 똑같다는 걸 알았습니다. 한국에서 밀을 심으면 밀이 나오는 것처럼 서쪽에서도 밀을 심으니 밀이 나왔습니다. 내가 이제 진리를 찾았습니다. 오늘 이후로는 교회에서 날 보지 못할 것입니다. 나는 교회를 떠납니다. 1988년 첫 주부터 나는 확신한 '그 길'로 갑니다. 날 보고 싶은 사람이 있으면 거기로 오면 됩니다.[9]

폭탄선언이었다. 교회는 비상이 걸렸다. 담임목사는 남한에 와서 장기려가 직접 출산을 도운 아이들[10]을 네 팀으로 구성해서 일일 4교대로 보냈다. "할아버지, 우리를 버리지 마세요"라고 하며 매달렸다. 교회 중직자들도 코모도호텔로 장기려를 초대하여 돌아와 달라고 간청했다.

> "여러분들이 나를 존경한다 존경한다 하는데, 존경하는 사람이 택한 길이면 따라와야지 왜 안 따라옵니까. 너희가 존경했더라면 나를 따랐을 것이다, 이것은 예수님 말씀이 아닙니까.

그 이후 교회는 붙잡으려는 시도를 포기했다. 장기려의 제자이자

9 손동길 전 청십자병원 마취과장과 2006년 8월 인터뷰.

10 장기려는 전후에 출산을 돕는 일까지 했다. 당시는 의사 전문 과목이 없었다.

부산 산정현교회를 함께 다닌 강현진과 양덕호 박사는 손동길과 다소 엇갈리는 주장을 내놓았다. 두 사람은 "지금도 교회 기록상 원로 장로로 남아 있다면서 분명하게 교회를 떠나겠다고 선언한 적이 없다"고 했다.[11] 박광선 전 담임목사(현 원로목사) 역시 비슷한 주장을 했다.

> 교회가 괴정으로 이사를 했습니다. 교회가 멀어지니 연로하신 장로님께서 주일 저녁 예배와 수요 예배 참석하지 못하는 걸 양해해 달라고 하셨습니다. 회계 일을 보던 손동길 집사는 우리 예배 전에 '종들의 모임'에 참석하고 오느라 늦었습니다. 안수집사로 덕이 되지 않으니, 차라리 오후에 우리 교회에서 '종들의 모임'을 하는 게 어떠냐고 제안했습니다. 그럴 형편이 못 된다고 했습니다. 십일조 문제도 있었습니다. 그 뒤 손동길 집사는 자기 신념에 따라 교회를 떠났습니다. 장기려 장로님은 주일 저녁이나 남선교회 등에서 설교하는 일을 즐거워했습니다. 말씀 증거하다 죽는 것이 소원이란 이야기도 했습니다. 장로님 친구이자 저도 잘 아는 전종휘 박사로부터 질책을 들었습니다. 건강 안 좋은 분에게 설교시킨다고 말입니다. 장기려 장로님은 건강이 안 좋으셔서 못 나온 것일 뿐 교회와 갈등이 있었던 것은 아닙니다.

장기려가 정체 불명의 신앙 공동체에 참석한다는 소문은 고신대

---

11 강현진성형외과 원장.

학에서도 문제가 됐다. 구창수 박사 집에서 모이는 신앙 모임에 장기려가 나가자 인원이 크게 늘었다. 그래서 복음병원 옥상의 장기려 사택으로 장소를 옮겼다. 일요일마다 복음병원 옥상으로 신자들이 드나들자 사람들이 수군거렸다. 어느 주일엔가 고신 교단 총회장과 고신대학 학장 등 교단 지도자 네 명이 장기려를 방문했다.

"장기려 박사님, 여기만 진리입니까?"

손동길은 긴장했다. 말 한마디에 교단뿐 아니라 한국 교회가 시끄러워질 수 있기 때문이었다.

"이근삼 박사님, 내가 신학교에서 학생들에게 몇 년 가르쳤습니까?"

"십년 조금 안 되네요."

"그렇군요. 아, 곽 목사님 제가 삼일교회 가서 얼마나 설교했습니까?"

"헤아릴 수 없이 많지요."

"그렇지요? 내가 신학교에서 요한계시록을 가르쳤습니다. 교회 가서 설교도 많이 했습니다. 그때는 내가 하나님에 대해 뭘 아는 줄 알았습니다. 그런데 요즘은 내가 너무나 모른다고 생각하고 있습니다. 초등학교 1학년보다 못합니다. 그래서 지금 배우고 있는 중입니다."

장기려는 그들에게 "오늘 저녁 덕수예식장에서 모임이 있으니 함께 배우자"고 했다. 저녁에 목사들이 덕수예식장에 나타났다. 무더운 8월이라 외국인 선교사는 흰 남방 차림이었다. 그걸 본 목사가 함께 온 이들에게 이렇게 말했다.

"갑시다. 들어볼 것도 없겠습니다. 모르겠습니까, 넥타이도 안 매고 말이지."

말이 끝나자마자 목사들은 우르르 몰려나갔다. 모임을 마치자 장기려가 물었다.

"목사님들이 오셨던 것 같은데 잘 듣고 가셨나. 오늘 내용이 참 좋던데!"

손동길이 대답했다.

"넥타이 안 맸다고 들어볼 것도 없다며 모두 그냥 갔어요."

장기려가 말했다.

"넥타이를 믿는 사람들이 하나님 말씀 들을 자격 없지. 예수님이 넥타이 맸냐!"

그 이후 장기려의 이 모임 참석을 두고 이러쿵저러쿵 하는 교단 관계자는 없었다.

## 다시 받은 세례

1988년부터 장기려는 평생을 다녔던 제도권 교회를 등지고 어네스트 로빈슨 선교사가 복음을 전하는 작은 신앙공동체에만 나갔다. 그해 9월 4일은 그의 인생에서 꽤나 의미심장한 날이다. 그날 일기는 딱 한 줄이다. .

세례를 베풀고, 세례를 받다.[12]

장기려는 30대 초반에 무교회주의자들과 교류를 시작으로 60대에는 함석헌을 비롯한 퀘이커와 교제했다. 그랬기에 재세례파들이 다시 받은 세례 때문에 끔찍한 고문을 받고 이단으로 처형된 역사를 모를 리 없다. 다시 세례를 받은 날의 감회는 매우 특별했으리라. 하지만 일기는 주관적인 감정을 배제한 채 사실만을 짧게 언급한다. 이순신 장군을 떠올리게 만드는 일기다. 고문으로 만신창이가 되어 옥문을 나와 백의종군을 시작한 1597년 5월 16일에 이순신도 딱 한 줄 일기를 남겼다.

"맑음, 오늘 옥문을 나왔다."

---

12 장기려, 1988년 다이어리 9월 4일 지면.

경상수사 배설이 새벽에 탈영, 도주한 1597년 10월 12일의 일기도 "맑음, 오늘 새벽에 배설이 도망갔다"가 전부다. 소설가 김훈은 이런 일기를 쓸 때 장군의 내면은 삼엄했다고 썼다.[13] 다시 세례 받은 날의 내면은 어땠을까.

장기려는 제도권 교회를 등지고 말년에 선택한 작은 신앙 공동체는 이름도, 교단이란 조직도, 성직자를 양성하는 신학교도, 그 신앙 공동체가 언제 어디서 시작됐는지도 알 수 있는 공식 기록도 없다. 그러나 그런 건 장기려의 가장 중요한 신앙의 선택 앞에서 하나도 중요하지 않았다. 말년에 발견한 이 놀라운 신앙을 더 많은 사람들에게 알리려는 생각에 장기려는 이 신앙 공동체 소개를 위해 '종들의 모임'이란 이름을 부여했다. '주의 종'이나 '주님의 종'이란 호칭은 요즘 한국 개신교 내에서는 거의 들을 수 없다. 그러나 1980년대 당시에는 너나할 거 없이 목사를 '주님의 종'이라 부르기를 좋아했다. 장기려가 그 신앙 공동체를 '종들의 모임'이라고 명명한 것은 신약성서 마태복음 10장의 말씀을 곧이곧대로 실천하여 보수를 받지 않고 무소유를 실천하는 종들이 둘씩 짝을 지어 다니며 복음 전도를 했기 때문이었다.

13 김훈, 『자전거 여행』, 생각의나무, 2005, 191쪽.

## 한국 종들의 모임

장기려는 어네스트 로빈슨이 부산 산정현교회에서 마지막으로 말씀을 전하고 난 이후인 1984년 4월부터 그 신앙 모임에 나가기 시작했다.《부산모임》지에 이 신앙 공동체를 처음 소개한 것은 그로부터 꼭 2년 뒤인 1986년 4월이다.

> 최근에 나는 예배당에서 예배하지 않고 종으로 불리어서 하나님 나라가 가까웠다고 전하면서 둘씩(남자) 둘씩(여자) 짝지어 나가 환영하는 집에 들어가 유하면서 성경을 가르치는 종들과 교제하고 있다. [중략] 이분들은 하나님과 주님의 복음을 전하는 소명을 받았기 때문에 예수님이 제자들을 전도하라고 파견했을 때의 말씀을 실천하는 사람들이다. [중략] 임지에 가서는 환영하는 집에 들어가 거기서 주는 것을 먹고 그 집에서 필요한 일을 돕고 자기의 사명을 밝힌 뒤에 하나님의 나라가 가까이 있다고 말씀을 전한다. 그 종들은 이 세상에서 부귀영화에는 관심이 없다. 이 세상에 대한 애착이 없으므로 순결 생활을 한다.[14]

---

14 장기려, "그리스도인의 순결",《부산모임》, 제109호, 1986년 4월호, 12-13쪽.

장기려는 1년 6개월 뒤인 1987년 10월《부산모임》에 쓴 "사람의 생명"이란 제목의 글에서 '종들의 모임'을 다시 언급했다. 이 글의 주장은 매우 대범하다. 마르틴 루터, 칼뱅, 존 웨슬리, 퀘이커, 우치무라 간조 등의 종교개혁을 비판하고 있기 때문이다. 장기려는 완전하지 못한 종교 개혁의 원인으로 앞선 개혁자들이 "초대교회로 돌아가 생활하는 자가 극히 드물었다는 점을 꼽았다. 그러나 자신이 요즘 교제하고 있는 '종들의 모임'에서 복음을 전하는 종들은 아무 업적을 남기지 아니하고 오직 예수만을 전파한다면서, 기독교가 개혁되려면 저들처럼 초대교회의 전도 생활로 돌아가야 한다고 역설했다.[15] 1988년 말에 쓴《부산모임》'종간사'에는 이런 생각이 더 분명하게 드러난다.

> 우리들이 바라던 교회생활은 예수님이 제자들에게 분부하신 전도방식(마태복음 10장)을 그대로 따르는 저희들의 신앙생활임을 알게 되어, 기독교의 개혁은 저희들의 신앙생활과 예수님의 교훈으로 돌아가는 것이라는 생각이 들게 되었다. 이것이 또한 제가 바라던 기독교의 개혁의 방향이 아닌가 하고 생각이 되었다.[16]

'종들의 모임'은 1949년에 우리나라에 들어왔다. 이 땅을 처음 밟은 선교사는 미국 태생의 스프리올 데니오(Sproulie Denio, 1910-1964)

---

15 장기려, "사람의 생명",《부산모임》, 118호, 1987년 10월, 7-8쪽.

16 장기려, "종간사(終刊辭)",《부산모임》, 제124호, 1988.10-12호, 1-2쪽.

와 돈 갈란드(Don Garland)였다. 데니오 선교사는 1964년에 사망하여 서울 합정동 소재 양화진 외국인선교사묘역(H구역 49번)에 안장됐다. 한국사람 최초로 이 복음을 듣고 회심한 사람은 하와이에서 활동한 황혜수(黃惠壽, 1892-1984) 박사이다. 호놀룰루에서 한인 YWCA를 조직하였고, 1927년부터는 2세들을 위해 '형제클럽'을, 1938년에는 3세들을 위해 '해당화클럽'을 조직하여 한국 문화 전수에 주력했던 인물이다.[17] 그는 2019년 3·1운동 독립유공자로 인정받아 대통령 표창을 받았다.[18] 1949년 한국에 온 데니오와 돈 갈란드 선교사는 미국 하와이로 가서 황혜수에게 한국말을 배웠다. 그것이 계기가 되어 이 두 선교사를 통해 회심했다.

로빈슨은 1966년에 우리나라에 들어왔다. 한국기독교역사연구소에서 발행한 『내한선교사총람』에는 데니오를 '그리스도의 교회' 선교사로 기록했다. 1949년에 한국에 왔다가 1950년에 돌아갔다고 나온다.[19] 양화진 외국인선교사묘원 H구역에는 하나님의 종은 아니나 종들의 모임 교인인 로이드 해밀턴(Llyod Hamilton, 1904-1971)도 묻혔다. 건강이 안 좋았던 로이드는 한강맨션에 살면서 외국인들에게 자기 집을 개방했다. 여기서 오픈홈이란 브리스길라와 아굴라의 역할처럼 하나님의 종들이 쉴 곳을 제공하여 도움을 주었

17 이덕희, "잊혀진 하와이 그녀들! 독립운동은 남자만 했나?", 「뉴데일리」, 2015년 5월 2일.

18 김현민, "3·1절 100주년, 홍재택 선생 등 독립유공자 333명 포상", 「오피니언 뉴스」, 2019년 2월 26일.

19 양화진문화원, 『이보다 더 큰 사랑은 없나니-탁본으로 보는 양화진 선교사의 숭고한 생애』, 홍성사, 2015, 99쪽.

다는 의미다.

유한양행 창립자 유일한 박사의 막내동생이자 대한간호사협회 회장을 역임하고 부산 청십자복지회 부회장을 지낸 유순한은 양화진 외국인선교사묘역 F구역에 안장됐다. 양화진 외국인선교사묘원에는 세 명의 '종들의 모임' 무임 사역자와 '형제'가 안장됐다.

1988년 첫 주부터 장기려 선생은 '종들의 모임'에 나가기 시작했다. '종들의 모임'이라는 이름은 선생이 임의로 붙인 것이고 공식 이름도, 총회도, 총회 직영 신학교도 없이 160여 개국에 산재해 있다. 사진은 '종들의 모임' 2005년 한국 대회 모습.

'종들의 모임'은 2020년 현재 우리나라의 경우 서울, 부산, 대구, 인천, 광주, 대전, 제주, 목포, 춘천, 원주, 전주/군산, 진주/통영, 고양, 성남, 동해, 순천, 안동, 안양, 완도, 울산, 진해, 증평, 천안, 포항 등에서 모임을 갖고 있다. 우리나라 컨벤션은 서울에서 매년 두 차례 열릴 때 300여 명이 모이고, 진해와 또 다른 도시에서 모이는 컨벤션 때는 200명 안팎으로 참여한다. 종들의 모임은 전국에서 매주 500명 정도가 예배에 참석한다.

## '종들의 모임'의 역사

세계 160개 나라에서 복음을 전하고 있는 '종들의 모임' 은 1897년 아일랜드에서 윌리엄 어바인(William Irvine, 1863-1948)과 에드워드 쿠니(Edward Cooney, 1867-1960)가 시작한 개신교 신앙 공동체다. '종들의 모임'은 신약성서 마태복음 10장 5절에서 15절까지의 말씀을 교회, 복음전도, 복음 전도자의 원형이자 영원한 모델이라 주장한다. 주장할 뿐 아니라 곧이곧대로 두 명이 한 조가 되어 전도를 하며 무소유를 실천한다. '종들의 모임'은 초기부터 제도권 교회를 강하게 부정했다. 자신의 공동체를 표현해야 할 경우 이들은 '진리'(The Truth) 또는 '그 길'(The Way)을 따라가는 사람들이라고 한다.

1914년 이전의 종들의 모임은 국가에 등록된 합법적 종교 단체가 아닌 비제도권 소종파 모임이었다. 아나뱁티스트[20]나 퀘이커 같은 개신교 소종파 대부분이 그렇듯 종들의 모임도 세계 1차대전이 발발했을 때 신앙 양심상 총칼을 들고 전쟁에 참가할 수 없었다. 국가로부터 양심적 병역거부를 인정받으려면 종교단체로 등록을 해야 했다. 영국 '종들의 모임'은 군 면제를 위해 '예수의 증언'(The

20 전통적인 이름은 재세례파이다.

Testimony of Jesus)이란 이름으로 등록하여 그 문제를 해결했다.[21] 그러나 뉴질랜드와 미국은 '종들의 모임'의 양심적 병역거부를 인정받지 못해 많은 신자들이 감옥에 갇혔다.[22] 2차 세계대전 때도 종교단체 등록을 한 덕에 집총을 거부할 수 있었다.[23] 종교단체 등록은 양심적 병역거부뿐 아니라 세금 감면을 비롯한 각종 혜택을 제공했다.[24] 그러나 '종들의 모임' 신자의 절대 다수는 종교단체 등록을 위해 이름을 갖게 된 사실을 모른다. 이름을 갖고 종교단체로 등록하는 것에 이의를 제기한 일부 멤버는 출교를 당했다. '종들의 모임'은 미국, 캐나다, 호주에서는 '크리스천 컨벤션'(기독교 협약), 영국은 '예수의 증언', 스웨덴은 '스웨덴의 기독교인' 등의 이름으로 해당 국가의 종교단체 등록을 마쳤다. '종들의 모임'이 각 나라에 종교단체로 등록한 이름 이외에 공동체 밖의 시민이나 다른 교단 사람

---

21 St. Clair, William; St. Clair, John(2004). The Road to St. Julien: Letters of a Stretcher-bearer from the Great War. Barnsley, South Yorkshire, United Kingdom: Leo Cooper; Wikipedia "Two by Two"에서 재인용.

22 (I.N. staff) (26 September 1921). "Religious Group, Led by 'Tramp Preachers,' in State Convention". The Indianapolis News. Indianapolis, Indiana.; Wikipedia "Two by Two"에서 재인용.

23 Wilson, Elisabeth Kay(November 1994). Brethren Attitudes to Authority and Government: with Particular Reference to Pacifism(Thesis). Hobart, Tasmania: Department of History, University of Tasmania.; Wikipedia "Two by Two"에서 재인용.

24 Wilkens, Steve(2007). "A Church with No Name".The Original Dr. Steve's Almanac of Christian Trivia: A Miscellany of Oddities, Instructional Anecdotes, Little-Known Facts and Occasional Frivolity. Downers Grove, Illinois: InterVarsity Press.; Wikipedia "Two by Two"에서 재인용.

들은 자기들이 붙여준 이름으로 부른다. 국가에 등록된 공식 명칭은 아는 사람이 거의 없기에 이름보다 별칭이 더 유명하다. 1세기에 교회 밖 사람들이 쓰기 시작해 공식 명칭으로 굳어진 그리스도인이란 이름처럼 종들의 모임을 대표하는 별칭은 '투 바이 투스'(Two by Twos)다. 글로 쓸 때는 '2×2'로 표기한다. 하지만 '종들의 모임'은 현재까지도 자기 신앙 공동체와 관련하여 그 어떤 공식적 이름도 부인한다.

1920년대에 들어서자 종들의 모임은 자신들의 역사가 예수 시대까지 거슬러 올라간다고 주장하기 시작했고 지금까지 그 주장은 정설이다. 20세기 초가 되자 전 세계 신자가 60만 명으로 성장했고[25] 현재 전 세계 신도수는 300-370만으로 추정된다.

25 Irvine Grey, *"Two by Two"-The Shape of a Shapeless Movement?*, Heftet, 2013, p.5.

# *Two by Two*의 비평적 읽기

어바인 그레이의 *Two by Two*가 나오기 전에 '종들의 모임'의 기원과 역사를 주제로 몇 권의 책이 나왔다. 이 책들의 공통점은 저자나 그의 부모나 자식이 종들의 모임 신자였다는 점이다. 굿핸드 패티슨(Goodhand Pattison)이 쓴 『처음』(*Beginnings*, 1925)은 어바인의 초기 사역을 연대순으로 기록했는데 그의 두 아들은 '종들의 모임'의 복음 전도자(종)가 되었다. 패티슨은 이 책을 윌리엄 어바인이 '종들의 모임'을 시작한 아일랜드 티퍼레리 주 클라우이오르단(Cloghjordan)에서 썼다. 더글라스 파커와 헬렌 파커는 1982년에 『비밀 종파』(*The Secret Sect*)에서 20세기 초반의 '종들의 모임' 역사를 기록했다. 이들은 어린 시절 '종들의 모임'으로 개종한 부모 아래서 자랐다. 뉴질랜드 태생의 심리학자 린 쿠퍼는 1996년에 『이름 없는 교회』(*The Church With No Name*)를 썼다. 쿠퍼의 할아버지 할머니와 부모는 모두 종들의 모임 신자였다. 그는 '종들의 모임' 역사와 함께 왜 많은 기독교인이 제도권 교회를 버리고 이 공동체를 선택하는지를 중심으로 서술했다.

어바인 그레이(Irvine Grey)는 2013년에, "윌리엄 어바인과 에드워드 쿠니가 1897년 아일랜드에서 시작한 종교 운동에 대한 연구"라는 부제가 딸린 *Two by Two*를 출간했다. 어바인 그레이의 외할아버지와 할머니는 1935년에 종들의 모임으로 회심했다. 저자는 벨파스트 퀸즈대학교에서 신학과 맨체스터대학교에서 문학을 공부했다. 그는 부모와 자신이 모두 종들의 모임 신자였다는 점을 밝히며 *Two by Two*를 시작한다. 이제까지 나온 관련 문헌을 검토하고 Two by Twos의 기원과 역사, 특히 윌리엄 어바인과 에드워드 쿠니를 소개하였다. 종들의 모임의 구성과 1년에 한두 차례씩 모이는 컨벤션, '홈리스 무임 사역자와 형제'가 되는 과정, 그리고 데이트, 결혼, 성도덕, 장례식 등 사회적인 문제에 Two by Twos가 어떤 입장을 갖고 있는지를 서술했다. 어바인 그레이에 따르면 윌리엄 어바인과 에드워드 쿠니는 성서적 원칙에서 벗어나 타락과 타협적 태도를 취한 기존 교회들을 매우 강도 높게 비판했고, 마태복음 10장에서 소유와 물질로부터 자유한 떠돌이 설교가가 사역의 모형임을 강력하게 주장했다. 결혼을 하지 않고, 저금통장을 거부하고, 일정한 거처도 없이 떠돌면서 신자의 가정에서 예배를 인도하는 실천이 성서를 그대로 믿고 따르는 신앙 및 교회 생활이라 가르쳤고, 토마스 뮌처나, 퀘이커 운동, 후기 아나뱁티스트들 모두 어바인이나 쿠니와 유사한 입장을 취했다. 이들 모두는 성서에는 기존 교파들이 중시하는 삼위일체 교리, 예수의 신성론, 교회론이 비성서적인 인간의 산물이라 판단했다. 따라서 종교 개혁 이전의 소종파 개혁자들처럼 제도권 교회를 설득하는 일에 관심이 없었다. 리차드 니버의 표현을 빌리자면 종들의 모임은 '문화에 속한 그리스도'(Christ of Culture)의 관점이 아니라 '문화와 대립하는 그리스도'(Christ against culture)의 관점을 따랐다. 제도교회에 염오(染汚)를 느낀 그들은 문화적으로 소외된 농촌 지역에서 타락한 기존 종교를 대체하거나 극복할 수 있는 신앙의 길을 제시했다. 엄청난 희생과 포기가 요구된 신앙의 길이었다. 따라서 이들은 예수처럼 현세의 고난을 수용하고, 나그네처럼 이 세상을 살아갔다.[26]

어바인 그레이가 내린 이 책의 결론은 복잡하고 매우 비밀스러운 종들의 모임은 "자신들만이 예수님께서 지상 사역 중에 거룩하게 인정한 교회를 대표한다는 관념에 사로잡혀" 있고, 그리스도의 신성, 삼위일체, 그리스도의 십자가의 죽음을 거부했다.

> 정통 기독교의 입장에서 보면 기독교 비의종교(秘儀宗教)는 기독교적이라고 주장하면서도 삼위일체와 예수 그리스도의 신성과 같은 중심이 되는 교리적 신조를 거부하는 집단입니다. 그들은 성경과 기독교 세계의 역사적 신경에 명시된 교리적 규범에서 벗어납니다. 이 연구는 이 운동이 삼위일체, 그리스도의 신성과 같은 중심 교리를 거부하고 역사적 신조를 확인할 수 없다는 사실을 보여 주었습니다. 따라서 우리가 내릴 수 있는 유일한 합리적인 결론은 2×2 운동이 일종의 비의종교이며, 대단히 위험하다는 것입니다.[27]

---

26 박충구 전 감신대 교수 2020년 8월 이메일 서면 인터뷰.

27 Irvine Grey, *"Two by Two"-The Shape of a Shapeless Movement*, Heftet, 2013, p.160: "One simple and important definition of a cult of Christianity is, 'therefore for orthodox Christianity, cults of Christianity are groups that while claiming to be Christian deny central doctrinal tenets such as the Trinity and the deity of Jesus Christ. They deviate from the doctrinal norms set forth in the Bible and historical creeds of Christendom.' This research has shown that the movement

종들의 모임이 기존 개신교 종파들을 비판하며 본래의 기독교와 복음, 그리고 예수가 지시한 교회 공동체로 돌아가기 위해 설립되었음에도 저자 어바인 그레이는 전통적 신학의 틀과 잣대로 이 책을 서술했다. 박충구 전 감신대 교수는 이 책을 다음과 같이 비판했다.

> 그 비판의 결론은 신학적 빈약함, 사회적 관련성 상실, 분리주의적 원칙, 그리고 떠돌이 무임 설교자와 가정 교회에 근거를 둔 신앙운동에 대한 비판이 불가피하다는 것이었습니다. 기존 교회의 정치, 경제, 사회적 타협의 문제, 교리의 허구성 등의 문제는 언급조차 없습니다. 이런 점에서 다소 일방적인 비판서라는 생각이 듭니다.[28]

---

rejects central doctrines such as the Trinity, the deity of Christ and could not affirm the historical creeds. Therefore, the only reasonable conclusion one can reach is that the 2×2 movement is a cult and a particularly dangerous one."

28 박충구 전 감신대 교수 2020년 8월 이메일 인터뷰.

## 호주 종들의 모임 아동 성학대 사건

2020년 7월 4일 목포에서 '종들의 모임' 어네스트 로빈슨(1935- ) 선교사를 만났다. 로빈슨은 장기려에게 처음으로 복음을 전했을 뿐 아니라 세례를 베풀었고, 임종이 머지 않은 시점에 직접 장례식 집례를 부탁 받았던 인물이다. 그 만남의 자리에는 장기려의 말년 일기에 자주 등장하는 한국인 종(선교사)이 배석했다. 로빈슨을 만나야 했던 이유는 두 가지였다. 어바인 그레이가 2013년에 출간한 *Two by Two*와, 2019년 4월 호주에서 방영된 종들의 모임 관련 아동 성학대 사건 관련 입장을 취재하기 위함이었다.

2019년에 수면 위로 드러난 호주 종들의 모임 내부에서 벌어진 아동 성학대 사건은 장기려와 관련이 없다. 그가 10여 년 간 다녔던 부산 종들의 모임과도 무관하다. 호주에서 있었던 아동 성학대가 매우 예외적인 사건이었다면 장기려 평전에서 거론하는 게 그리 적절해 보이지 않는다. 그러나 호주 종들의 모임에서 벌어진 성적 범죄만 하더라도 수십 년 간 여러 건이 발생했고, 그런 불미스러운 유형의 성범죄는 로빈슨의 조국인 남아공, 미국, 그리고 한국에서도 확인됐다. 따라서 이 사건은 장기려와 직접 연관이 있느냐 없느냐, 이런 사건이 공동체 내부에서 있었음을 그가 인지했느냐 못 했느냐로 접근하기엔 사안이 심각하다. 로빈슨을 만난 이후 호주 아동 성학대 사건을 포함시키기로 결정한 이유다. 로빈슨이 확인해 준 바에 따르면 다행스럽게도 방송 당시 호주 종들의 모임 대표였던 엘런 키토는 얼마 후 직에서 물러났다. 이런 현실을 외면하고 긍정적 요소만으로 종들의 모임을 서술한다면 그건 옳지 않다.

앞서 언급했지만 장기려는 수 년 동안의 관찰과 검증 끝에 종들의 모임이 루터와 칼뱅으로 대표되는 16세기 종교개혁의 한계를 뛰어 넘는 신앙 공동체라고 확신했다. 비유하자면 '밭에 감추인 보화를 발견한 후 숨겨 두고 기뻐하며 돌아가서 자기의 소유를 다 팔아'(마태복음 13:44) 종들의 모임을 샀다. 제도권 교회를 등졌고, 치매 걸렸다는 소릴 두려워하지 않은 선택이었지만 그 공동체 역시 종들의 성적 범죄를 피해가지 못했다. 결국 지상의 교회는 아무리 아름답고 완전해 보이더라도 성자와 죄인들로 가득한 '혼합된 몸'(corpus permixtum)이다.[29] 아우구스티누스의 말처럼 지상 교회는 신앙과 불신앙을 넘어 '적그리스도'(anti-Christ) 요소를 벗어날 수 없다.[30] 장기려가 마지막으로 신중하게 선택한 신앙 공동체에서 충격적인 아동 성학대 사건이 반복적으로 일어난 사실에 포커스를 맞추면 실망을 넘어 좌절할 수밖에 없다. 그러나 지상의 그 어떤 교회도 완전할 수 없다는 진리에 굳건히 설 때 절망에서 벗어나 중심을 잡게 되리

---

29 피터 M. 스콧, 『정치신학 연구』, CLC, 2022, 589.

30 William T. Cavanaugh. (2011). "The Church as Political", in Migrations of the Holy: God, State, and the Political Meaning of the Church. Eerdmans. 140쪽, 손민석, '야전병원으로서의 교회'를 마음에 그린 정치신학자, 〈뉴스앤조이〉, 2020. 12. 16에서 재인용.

라 믿는다.

호주의 민영 방송 〈나인네트워크〉(Nine Network)의 인기 시사 프로그램인 "60분"은 2019년 4월 21일 저녁에 '진리'(The Truth)란 이름의 신앙 공동체가 연관된 아동 성학대 사건을 방영했다. 이 진리 공동체가 바로 한국의 종들의 모임이다. 〈나인네트워크〉는 시드니에 본사를 둔 민영 텔레비전 방송사이다. 이날 "60분"은 호주 내에서 1만 명 교인을 두고 있는 이 공동체에서 벌어진 충격적 아동 성폭행을 고발했다. '진리'는 '투 바이 투스'(Two by Twos), '그 길', '크리스천 컨벤션', '이름 없는 교회', '익명의 크리스천' 등등의 여러 이름으로 불린다. "60분"은 '진리'를 이렇게 소개했다.

> 사람들이 대부분 '진리의 교회'에 대해서 알 수 없는 이유는 엄격한 종교이고 비의종교(秘儀宗教)에서처럼 예배자를 조종하기 때문이다. 교인들이 매우 강력하게 결속되어 있다는 의미다. 전 세계에 걸쳐서 주로 시골 지역에서 강세를 보이는 '진리' 공동체는 텔레비전, 보석, 음악과 춤추는 것을 금한다. 여성 구성원들은 긴 치마를 입어야만 하고 머리카락 자르는 것을 금지한다.

"60분"은 린데 잉글랜드, 아만다, 루이스 개스, 리앤 왓슨, 레안의 이름과 얼굴을 공개하며 '투 바이 투스'의 사역자(workers), 친아버지, 그 공동체 교인에게 강간이나 그루밍 성추행을 당한 사실을 고발했다. 이들은 어린 시절의 성폭행 때문에 마약과 우울증으로 평생 고통을 받았다고 호소했다. "60분"은 아동 성학대를 조사한 호주 왕립위원회 발표를 인용해 호주 뉴사우스 웨일즈와 빅토리아의 '진리' 공동체에서 지난 20년간 방랑 사역자 노엘 하비와 어니 배리가 아동 성학대를 각각 19회와 5회, 카운셀링을 담당하는 크리스 챈들러와 제임스 브라이스가 각각 13회와 9회 저질러 유죄 판결 받은 사실을 보도했다. 교인인 칼 월랜드는 두 딸 린다 잉글랜드와 아만다의 성폭행으로 법원에서 15년형을 선고받았다. 이날 방송은 이렇게 드러난 피해자들보다 훨씬 더 많은 사건들이 비밀에 싸여 있을 수 있다는 의혹을 제기했다. 공동체 보호를 위해 일종의 은폐 문화가 형성돼 있기 때문이라고 분석했다. 이들이 '투 바이 투스'를 고발한 이유는 첫째, 공동체 사역자를 찾아가 피해를 호소했으나 믿지 않았을 뿐 아니라 오히려 출교하겠다는 협박을 당했고, 둘째, 법원으로부터 소아성애자 판결을 받은 남성 교인을 피해자와 같은 공동체에 계속 출입하도록 방치했기 때문이다. 피해자들은 사역자나 부모, 공동체 내의 교인에게 피해 사실을 알리며 도움을 요청해도 사건을 덮기에 급급했던 일에 극도의 실망감을 드러냈다. 그래서 일부가 공동체로부터 도망쳐 경찰에 호소했다. 린데 잉글랜드는 자신이 가장 신뢰하던 사역자 앨런 키토를 찾아갔다.

> 저는 그에게 도움을 청했어요. 아무 일도 하지 않으면 경찰에 갈 것이라고 그에게 말했지요. 저는 교회에서 자라고 길들여졌기 때문에 법을 개입시키지 않았어요. 왜냐하면 교회의 설교자들은 누구나 실제로 법 위에 있고 법과 분리된 존재라고 배웠기 때문이에요. 그런데 그는 출교할 거라고 저를 위협했어요.[31]

린데는 앨런 키토에게, "아버지가 일요일 아침 예배와 수요일 밤 예배에 참석하지 못하게 하는 것"이 자기가 할 수 있는 유일한 조치라는 이야기를 들었다며 분노했다. 앨런 키토는 "60분"을 내보내던 2019년 4월 당시 호주 뉴사우스 웨일즈와 빅토리아를 관장하는 종들의 모임 공동체의 대표였다. 그는 또 다른 성폭행으로 법원 판결을 받은 가해자의 공동체 출입도 막지 않았다. 〈나인네트워크〉의 인터뷰 요청을 거절하고 법원 판결이 나올 때까지 가해자의 공동체 출입을 금지시키겠다는 입장문만 보냈다. 그러나 가해자는 유죄 판결 이후에도 예배에 참석했다. 린데 잉글랜드와 또 다른 피해자는 아이들을 망친 앨런 키토에게 '대표 자리에서 물러나라!'고 요구했다.

이런 일은 어바인 그레이가 쓴 책에도 나온다. 미국은 '종들의 모임' 사역자가 아동 성범죄를 저지른 사실 때문에 불리한 평판으로 어려움을 겪기도 했다.[32] 다음은 이 고발 프로를 본 박충구의 입장이다.

> ("60분" 방송의 해당 프로그램은) 소위 소종파적 교회가 성추행이나 성

---

31 나인네트워크(Nine Network, 채널 9)의 인기 시사 프로그램인 "60분"은 2019년 4월 21일 방송. Linde: "I went to him for help. I said to him that if nothing is done that I will go to the police. And having been brought up in that church, you don't involve the law because we were taught that the preachers of that church everyone is actually above the law and separate to the law. And he threatened me with excommunication."

32 Irvine Grey, *"Two by Two"-The Shape of a Shapeless Movement*, Heftet, 2013, p. 81.

폭력 문제에 대하여 치리하기 어려워하는 현실을 보여 주었습니다. 이들이 가진 성자의 윤리(an ethic of saint)가 지켜지지 않을 때 제일 먼저 공동체가 신뢰와 권위 상실을 두려워했을 것입니다. 소규모의 비의종교는 타 집단의 부조리에 대해서는 날카롭게 비판하지만, 정작 자기 집단의 부조리에 대해서는 관대한 경향이 있습니다. 자칫 잘못하면 해체 위기를 겪게 될 것이므로 리더들이 약자보호보다 강자보호의 원칙을 적용합니다. 사건을 정당하게 다룰 경우 사회적 비난과 모임의 해체까지 각오해야 하는 데 그럴 여유가 없는 겁니다.[33]

33 박충구, 위의 이메일 인터뷰.

# 말년의 멘토 어네스트 로빈슨

어네스트는 1935년에 남아공에서 태어나 일찍이 '종들의 모임'에서 발견한 진리를 찾고 신앙을 고백했다. 쉘 석유회사를 다니며 결혼을 전제로 교제를 하던 중 하나님의 종으로 부르심을 받아 결혼을 포기하고 1966년 한국에 파송받았다. 1994년부터 2019년까지 25년간 한국 대표를 역임했다. 로빈슨을 통해 이제까지 알려지지 않은 장기려의 인간됨, 종들의 모임에서 두 번째 세례를 받기까지의 과정, 그의 임종을 성탄절에 맞추기 위한 임의 개입 의혹 등을 알게 되었다. 이날 만남의 중요한 성과는 종들의 모임의 기원과 관련한 사실 확인이었다. 두 분의 이야기를 종합하면 종들의 모임은 예수 시대에 시작됐기 때문에 1897년에 윌리엄 어바인과 에드워드 쿠니가 시작했다는 주장은 사실이 아니고, 이 신앙 공동체에 불만을 품고 나간 사람들이 쓴 이야기가 일부 사실이나 왜곡이 많다고 했다. 로빈슨은 호주 아동 성폭행 사건에 관해 자신이 알고 있는 내용뿐 아니라 묻지 않은 조국, 그리고 자신이 한국 대표로 있던 당시 발생한 성범죄 사건을 아는 대로 진술했다.

### 로빈슨이 본 장기려

지강유철: 장기려를 어떤 사람으로 기억하나?

어네스트 로빈슨(이하 어네스트): 모양만 아니라 겸손한 사람이었다. 내 후임으로 캐나다의 메이블 제이콥스(Mabel Jacobs) 선교사가 학생들을 위해 부산 서면 로터리에서 영어 성경 공부를 이끌었는데 장 박사는 그 모임 가는 걸 좋아했다. 메이블 선교사가 학생들 발음을 고쳐 주곤 했는데 어느 날 장 박사가 왜 내 발음은 안 고쳐 주냐고 따졌다. 그 이야기를 듣고 놀랐다. 언젠가 장 박사가 기독의사들 모임에 참석했다. 그런데 모임 중간에 더 중요한 모임이 있다며 일어났다. 의사 모임을 빠져나온 장 박사는 메이블 선교사가 인도하는 아이들 영어 성경 공부 모임에 참석했다. 또 한 번은 식사 후에 우리 종들의 구두를 닦아 준 일이 있었다. 장 박사는 그런 사람이었다.

지강유철: 장기려의 다이어리에서 1988년 9월 4일 세례 받았음을 확인했다. 그때 세례를 베푸셨다고 들었다.

어네스트: 그렇다. 그날 유순한 선생도 세례를 받았다. 장 박사께서 '이 길로 가겠다. 하나님을 섬기고 싶다'는 말을 들었을 때 걱정했다. 이분이 자세히 알고 결심한 것인지 알고 싶었다. 병원 꼭대기 사택에서 만났다. 장 박사 앞에서 나는 강아지만도 못한 사람이지만 하나님의 종으로 하나님과 장 박사에게 충성하고 싶다며 이렇게 말했다. "장 박사는 한국에서 존경받는 분이고, 존경받을 만한 분이다. 그런데 하나님의 길은 칭찬이 아니라 멸시와 천대받는 길이다. 이 길로 가면 치매 걸렸다, 그럴 것이다." 내 이야길 듣더니 이렇게 말했다. "다른 사람이 나를 어떻게 생각하는지는 (새끼손가락 마지막 마디 절반을 손으로 잡아 보이며) 요만큼도 관심 없다. 나는 하나님께서 날 어떻게 보시는지에만 관심이 있다." 그후에 주변에서 장 박사가 치매

걸렸다는 이야기가 들렸다.

지강유철: 기독교 역사에서 재세례는 삶과 죽음을 갈라놓는 중대 사건이었다. 다시 세례를 받기까지 장기려 선생에게 많은 고뇌가 있었을 텐데.

어네스트: 장 박사는 우리 모임에 나오던 초기에 문제가 하나 있다고 했다. 다시 세례를 받아야 한다면 '복음 모임'에만 나오겠다는 얘기였다.[34] 그건 걱정할 필요가 없다고 했다. 받고 싶더라도 결심할 준비가 되지 않았으면 우리가 침례를 안 드리기 때문이다. 시간이 지나서 "나는 더 이상 예배당에 안 나가고 여기만 오겠다"고 하시더라. 좋다고 했다. 확신이 서기 전까지 당분간 모임만 참석하고 기도와 간증은 하지 말라고 했다. 몇 개월 후에 장 박사는 간증하는 자리에서, "내가 받은 세례는 성경의 세례가 아니다. 내 세례와 성경 세례가 다르면 곤란하다. 그래서 나는 다시 세례를 받겠다"고 했다.

지강유철: 장 박사 임종을 지켰는가?

어네스트: 문병만 했다. 장 박사가 아브라함처럼 장가용 박사와 손동길 선생에게 자신의 허벅지 사이에 손을 넣고 맹세케 한 내용 중에 이런 이야기가 있다. 장 박사는 아드님에게 편히 죽게 연명 치료를 하지 말라는 약속을 받아 냈다. 그러나 장 박사는 연명 치료 장치를 달았다. 몹시 불편해하는 걸 내가 봤다. 그러나 어쩔 수 없었

34 '복음 모임'은 원하는 사람이면 누구나 참석이 가능하지만 종들의 모임의 주일 아침 모임에 참석하는 정회원이 되려면 다시 세례를 받고 제도권 교회로부터 떠나야 한다.

다. 힘도 없고, 말을 할 수도 없었다. 가족들은 꼭 성탄절에 돌아가시면 좋겠다고 해서 성탄절에 연명 치료 장치를 뺐다. 기분이 많이 안 좋았다.

### 부당한 조롱

지강유철: 2019년 4월 호주에서 네 번째로 큰 TV 방송에서 '진리 교회'( The Truth church) 내에서 벌어진 아동 성폭행 사건을 고발한 보도를 보았다. '진리 교회'가 '종들의 모임'이라고 알고 있다.

어네스트: 내용은 자세히 모르지만 호주에 문제가 있다는 이야긴 들었다. 나는 작년 5월에 대표 자리에서 물러났기 때문에 그 이후 일은 잘 모른다. 오래전에 내 조국 남아공에서도 그런 문제가 있었다. '형제'(교인) 사이의 불륜이 드러났다. 우린 가해자인 하나님의 종에게 복음을 전하지 못하게 했다. 철저하게 회개했다. 그 이후 결혼도 했다. 우리는 그런 사람을 밖으로 보내지 않는다. 지옥으로 보낼 수 없지 않나. 성경에도 성범죄를 저지른 사람 이야기가 많다. 예수님 제자들 가운데도 유다 같은 사람이 있었다. 유다도 처음에 모든 걸 버리고 예수를 따라갔다. 인간이기 때문에 그런 일이 있을 수 있다. 한 사람이 그런 실수를 한다고 우리가 다 낙심하는 게 아니다.

한국에서도 내가 책임자로 있을 때 그런 일이 있었다. 믿음 안에 있는 형제가 어린 남자 아이에게 성적으로 부적절한 일을 했다. 내가 한국인 선교사와 함께 가해자를 만났다. 모임에 오면 다른 사람들이 큰 상처를 받으니까 이 문제를 해결하지 못하면 모임에 안 나오면 좋겠다고 했다. 철저하게 회개하고 피해자와 가족에게 사과하고 용서받으면 함께할 수 있다고 했다. 그 사람은 그때 공동체를 떠났고 다시 돌아오지 않았다. 15년 전쯤 일이다. 우리에게 자비가 있어야 하지만 한 사람은 계속 자비를 받고 다른 사람들은 계속 피해를 보는 것은 옳지 않다. 우리는 무엇을 판단할 때 누가 무엇을 했는지로 판단하지 않는다. 예수께서 가르쳐 주신 거, 예수께서 온몸으로 보여주신 거, 그 외에는 없다.

지강유철: 호주 '투 바이 투스'(진리 교회)의 문제는 아동 성학대 그 자체가 아니었다. 문제는 아버지에게 자기와 동생이 성폭행을 당해 평소 신뢰하고 존경하던 앨런 키토 대표를 찾아가 도움을 호소했지만 출교 협박을 받았다는 사실이다.

어네스트: 작년 2월에 호주에 있는 큰 대회에 참석했다. 뉴질랜드와 호주 총책임자를 만났다. 작년 그 보도 때문인지는 알 수 없으나 앨런 키토는 이제 대표로 일하지 않는다. 내가 한국 대표로 있을 때 책임자 자리에서 물러났다. 누군가에게 계속 피해를 주고 있는데 방치하면 안 된다. 아까 말씀드렸듯 한국은 그렇게 안 한다.

지강유철: 어바인 그레이의 저서 *Two by Two*의 디테일한 내용은 생략하겠다. 책에서 여러 가지 문제가 보였다. 재정에 큰 비리가 있는 것처럼 말해 놓고 꼭 그렇다는 증거가 있는 건 아니라는 주장이 대표적이다. 평생을 하나님을 위해 모든 걸 버린 하나님의 종을 밖에 있는 사람들이 함부로 판단하는 거 옳지 않다. 그런 행동에 반대한다. 이제부터 드리는 질문에 답을 하고 싶지 않으면 안 하셔도 된다. 노코멘트도 답이다. 윌리엄 어바인과 에드워드 쿠니가 '종들의 모임'을 1897년에 아일랜드에서 시작했다는 주장을 어찌 생각

하나?

어네스트: 맞다. 함부로 판단하면 안 된다. 그렇지만 남에게 피해를 주고 있으면 내버려두면 안 된다. 그렇다고 무자비하게 할 수도 없다.

한국인 선교사: 나도 한 말씀 드려도 되겠나. 그 사람들이 쓴 게 사실이 아닌 게 많다. 창시자가 누구다? 그런 거 없다. *Two by Tow*는 멋대로 써 놓은 책이다. 대충 이야기를 들었다. 불만을 느껴 나가면 비방을 하지 않나. 우리 공동체는 예수 시대부터 왔기에 우리는 그 책에 나오는 이야기에 동의하지 않는다. 그 책을 읽고 낙심한 사람들이 있다.

지강유철: 책은 읽었는가?

한국인 선교사: 어떤 내용인지 대충 이야기만 들었다. 우리는 그 책에 나오는 내용을 믿을 수 없다. 동의할 수도 없다. 그런 책을 보고 사람들이 우리 모임이 그런 곳이었나 생각을 한다. 보셨다시피 편향적이고 깎아 내리고 오점을 남기고 그런 거 같다.

지강유철: 저자는 어떤 주장도 할 수 있다. 중요한 건 사실이다.

한국인 선교사: 문제는 그 책의 저자가 부분적으로 사실인 걸 확대해서 전부인 양 주장한 거다. 우리는 그 책의 많은 내용이 그런 식이라고 알고 있다.

어네스트: 그 책에 하나님의 종으로서 나쁜 짓을 했다는 이야기가 나온다.

지강유철: 딱 한 줄 나온다. "여자에 약점이 있었다"고.

어네스트: 그건 사실로 알고 있다. 그리고 그 사람(윌리엄 어바인)은

그 이후 선교사로 일하지 않았다. 물론 그 책에 사실인 것도 있다. 내가 이런 이야기를 가끔 한다. 누군가가 일부러 우리가 뭘 잘못했는지를 찾으면 잘못이 있다. 그러나 성경을 보면 끔찍한 것도 있다. 그렇다고 해서 그것 때문에 성경을 부인하지 않는다. 잘못된 사람들 있다. 잘못 판단하는 사람들이 있을지 모른다. 그런데 그것으로 전체가 잘못했다고 하는 건 아니다. 무엇을 이단이라 생각하시나?

지강유철: 역사 속에서 소위 주류 기독교가 정직한 신앙의 길을 가는 사람들을 이단으로 낙인을 찍어 정죄하고 화형시켜 죽인 일이 많았다. 장기려를 좋아한 건 그분이 평생 고신대 복음병원에 몸담았지만 교리에 얽매이지 않고 자유했기 때문이다. 나의 『장기려 평전』에서 종들의 모임을 길게 쓴 이유다.

한국인 선교사: 한문이 재미있다. 다를 리(異) 자에 단초할 때 그 단(端) 자다. 끝이 다른 게 아니라 처음 세운 것과 다른 것이 이단이다. 단 자에 설 립(立) 자가 붙지 않았나.

어네스트: '투 바이 투스'를 비판하는 책에 나는 이렇게 말하고 싶다. 예수가 제자들에게 복음을 전하라고 보낸 방법을 조롱하는 게 원망스럽다. 그걸 조롱하는 건 좋은 일이 아니다. 이단은 우리와 끝이 달라서 이단이 아니다. 예수께서 가르쳐 주신 것과 다르면 그게 이단이다.

초창기 공동 설립자 윌리엄 어바인과 에드워드 쿠니는 모두 출교를 당하여 종들의 모임을 떠났다. 종들의 모임의 역사가 예수 시대까지 거슬러 올라간다는 주장은 초창기에 없었다. 1920년대, 그러니까 윌리엄 어바인이 파문을 당하고 에드워드 쿠니까지 시니어 종들 그룹과 갈등을 겪고 있던 시기에 이런 주장이 나왔다는 점은 예사롭지 않다. 혹시 종들의 모임의 공동 설립자 두 사람의 흔적을 지우기 위해 자신들의 역사가 예수 시대부터 이어져 왔다고 주장하는 건 아닌지 합리적 의심이 든다. 종들의 모임 역사에서 윌리엄 어바인과 에드워드 쿠니가 지워진다고 해서 모임의 기원이 예수 시대까지 올라간다는 주장이 사실로 입증되는 건 아니다. 그 주장을 입증할 방법도 없다. 종들의 모임은 어떤 기록도 남기지 않는다는 자기 원칙에 충실했기 때문이다. 따라서 예수 시대부터 있었다는 종들의 모임의 일방적 주장은 그걸 입증할 팩트가 오직 말뿐이다.

반면에 윌리엄 어바인과 에드워드 쿠니는 언제, 어디서, 그리고 어떤 개신교단에서 복음을 전하다 결별했는지 역사의 기록이 다양한 형태로 남아 있다. 그 주변 사람들이 기록을 남겼고, 이들의 문제적 활동을 처리하기 위한 제도권 교단의 모임 기록도 존재한다. 당시 사회 언론도 이들의 활동을 기록했다. 게다가 종들의 모임을 직간접적으로 경험한 사람들이 1897년 이후 역사를 다양하게 서술했다. 예수 시대에 종들의 모임이 시작됐기에 두 사람의 설립자가 종들의 모임과 무관하다는 주장만으로 이제까지 나온 자기 공동체의 역사 서술을 모두 부정하는 건 바람직해 보이지 않는다. 그런 방식으로 부정하고 싶은 과거 역사가 지워지지도 않는다. 종들의 모임은 기록, 역사, 조직, 제도 등에 관심이 없지만 어두웠던 역사에서도 배울 수 있기를 기대한다.

# | 10부 |

# 말년의 나날들

"우리는 주 안에서 공동체입니다. 우리들의 개성은 달라도, 우리들의 직분은 각각 달라도 우리의 마음은 조국의 평화통일에 뭉쳐 있습니다. 이 소원을 이룩하기 위하여 개별적 회개를 통한 개별 신앙에 멎어 있을 것이 아니라, 단체적인 회개를 통한 공동체 신앙에서 살아야 하겠습니다. 우리는 개인적으로도 죄인입니다만 우리가 예수 그리스도를 구주로 믿음으로 해서 죄를 용서받았다 할지라도 내 이웃과 동포의 죄를 나의 죄로 느끼고 통회하는 눈물과 기도가 없다면, 그리스도의 지체라고 생각할 수 없습니다."

# 장기려, 그 사람

1988년에 부산모임을 접은 뒤 장기려의 공적 글쓰기는 현저히 줄었다. 《청십자뉴스》에 청십자의료보험조합 대표 자격으로 한 기고 말고는 눈에 띄는 글이 없다. 그러나 일기는 남겼다. 장기려는 1992년 10월 13일 일과성뇌혈관순환부전으로 세 번째 쓰러졌다. 오전 11시경에 몸의 이상을 느껴 손동길을 불렀다. 그때는 이미 펜을 잡은 손이 심하게 떨리고 있어 글씨를 쓰는 게 거의 불가능했다. 늘 그랬듯 일을 시작하기 전에 중요한 일들을 다이어리에 적고 있었다. 당일 다이어리 내용은 쓰러지는 과정이 손에 잡힐 듯하다.

> 10월 13일(화) 흐렸다.
>
> 읽은 성경: 예레미야 23장. 거짓 예언자를 벌하심
>
> -청십자병원 진료
>
> -모라복지관 도서관 이루어지다.
>
> -노춘택 형의 고려와 손동길 님의 힘씀으로 점심 후 서울행하려 다
>
> [다음 줄은 크게 흔들려서 분명치 않다]
>
> 백병원 전(종휘) 박사 내방

청십자병원에서 오전 진료를 준비하던 중 가슴이 답답하고 손발이 뜻대로 움직이지 않는 데다 발음장애까지 와서 서둘러 백병원에 입원했다. 6주간 전종휘 박사에게 치료를 받고 고신의료원으로 옮긴 뒤 1993년 초까지 치료를 받았다. 옆 사람의 부축을 받으며 걸을 수 있었고, 간략한 대화가 가능할 정도로 회복됐다. 몇십 년 동안 당뇨를 가지고 있었고, 세 차례나 일과성뇌혈관순환부전으로 쓰러진 사람 중 장기려만큼 회복한 경우는 많지 않다. 오랜 친구 전종휘에 의하면 두 번째 타격으로부터 10여 년 뒤에 세 번째 타격을 받은 경우는 상당히 예외적이다.[1]

그러나 3개월 투병 이후에도 오른손으로 글씨를 쓸 수는 없었다. 세 번째 쓰러졌던 1992년 10월 13일에서 일기는 멈췄다. 그 이후 꼭 필요한 경우 주변 사람에게 타이핑을 부탁했고, 다 되고 나면 사인을 해서 편지를 보냈다.

장기려의 일기는 몇 가지 형식적 틀이 있다. 우선은 날씨를 빠뜨리지 않는다. 서울에서 부산으로 이동할 경우는 서울과 부산의 날씨를 모두 적는다. 그날 읽은 성서 본문과 간단한 느낌이 뒤따른다. 이어지는 내용은 병원 진료 기록이다. 일기를 쓰던 시기는 복음병원과 청십자병원, 또는 청십자병원과 백병원을 함께 진료했다. 한 병원만 진료할 때가 거의 없었다. 1980년대 일기들은 청십자병원에서 몇 명, 백병원에서 몇 명 진료했다고 꼬박 기록했다. 다음으로

1 전종휘, "장기려 형님과의 만남", 『선생이 함께하신 발자취』, 성산 장기려 선생 기념사업회, 125쪽.

는 만남 기록이 나온다. 누구를 어디서 몇 시에 만나 무엇을 먹었는지 빠짐없다. 혹시 부산을 떠나 서울이나 여타 지방으로 출타를 할 때는 그 과정을 남긴다. 출발 및 도착 시간은 물론 관람한 내용 또한 마찬가지다. 날씨, 읽은 성경, 진료기록, 만남, 여행 등을 철저하게 기록한 걸 보면, 평생 무엇을 중요하게 여겼는지 짐작이 간다. 날씨를 빠뜨리지 않는 것이야 성격 탓으로 돌릴 수 있겠지만 거의 단 한 번도 거르지 않고 기록한 그날 읽은 성서와 진료의 기록은 의사와 신앙인으로서 자신에게 얼마나 철저했는지를 보여 주기에 모자람이 없다.

말년 일기의 또다른 특징은 늙어 가면서 육신의 피곤함이나 질병을 꾸준히 기록하고 있다는 점이다. 불면증으로 잠 못 이뤘거나 피곤해서 쉰 날은 어김없이 그 사실을 일기에 적었다. 설사를 했거나 수면제를 먹고 잠을 들었다는 이야기도 마찬가지다. 때문에 일기에서 숙면(熟眠)이나 안면(安眠)이라는 단어를 만나면 기분이 좋다. 이발이나 목욕에 대한 기록도 종종 눈에 띈다. 스포츠 빅게임을 시청했다는 기록도 심심찮게 나온다. 아시안게임, 올림픽, 월드컵 축구에 대해서는 우승과 준우승이 어느 나라인지 오늘은 누가 금메달을 땄는지를 적어 놓았다. 올림픽 경기를 보고는 시간을 헛되이 썼다고 하나님 앞에 용서를 빌고는 며칠 지나서 또다시 경기를 관람하고 오늘 누가 레슬링에서 금메달을 땄다고 썼다.

> 1988년 9월 17일 청(晴) 올림픽 개막
>
> -회개하다. 주님보다 Sports를 좋아함을!

1988년 9월 19일 운(雲)

-소총 사격 은메달

1988년 9월 21일

-김영남 레슬링에서 금메달

1988년 9월 26일 청(晴)

-유도에서 이정근이 금메달을 따다.

젊은 시절부터 축구와 테니스를 좋아했기 때문에 늙어서까지 스포츠에 대해 관심을 갖는 것은 이해 못할 바 아니다. 말년의 일기에서 TV 드라마를 보고 촌평까지 남긴 사실이 흥미롭다. 1988년 10월 5일과 6일에 드라마 "인현왕후"를 보았다. 단순히 본 정도가 아니라 "장희빈의 패망을 보다"라고 느낌까지 적었다. 더 재미있는 일은 선생이 "유혹을 받았다"거나 "유혹에 졌다"는 기록을 남길 때다. 구체적으로 어떤 유혹이라고 분명하게 기록하는 경우는 거의 없다. 유혹을 느낀 대상이 비싼 물건이거나 명예나 돈 따위는 아니었다는 점이다. 선생은 사람, 그것도 여성에게 유혹을 느낀 듯하다. 왜냐하면 유혹을 느꼈다는 짧은 기록 옆에는 대개 오늘 누가 방문을 했다는 내용이 뒤따르기 때문이다. 바로 이렇게 말이다. "……간호원 내방. 마귀 유혹에 지다."[2]

---

2 장기려, 1988년 다이어리 1월 29일 지면.

또 한 가지 감동적인 내용은 편두통과 불면증과 피곤을 토로하면서도 자기 책임을 게을리하지 않는다는 점이다. 의학과 관련한 책들을 읽거나 번역하는 일을 일기가 끝나는 1992년 10월까지 계속했다. 일기 속에 등장하는 책들은 다양하다. 전공 서적 이외에 가장 많이 읽는 글들은 함석헌 선생이 발행하던《씨알의 소리》와 무교회를 지향하는 지인들이 소량으로 펴내는 잡지들이다. 때로는 김용준이 번역한 하이젠베르크의『부분과 전체』를, 칸트와 기독교 철학에 관한 글을 읽고[3] 정리하기도 한다. 1980년대 후반과 1990년대 한국 기독교 지성인들에게 적지 않은 영향을 끼친 폴 투르니에의 책에 대해서는 상당한 관심을 가지고 읽었을 뿐 아니라 글도 남겼다. 흑인신학을 읽기도 하고 마틴 루터 킹 목사의 글을 꺼내 읽기도 한다.[4] 빈도수가 그렇게 높은 편은 아니나 선생의 일기 속에는 시사적인 사건들이나 태풍이나 홍수, 또는 가뭄에 대한 걱정도 묻어난다. 5공 청문회의 경우는 느낀 소감을 적나라하게 표현했고, 박종철 고문치사가 폭로되었을 때는 사건의 팩트를 비교적 소상하게 기록해 놓았다. 일기만큼 장기려의 인간적인 면모를 생생하게 전달해 주는 것도 별로 없지 싶다.

3 장기려, 1988년 다이어리 7월 15일 지면.

4 장기려, 1988년 다이어리 4월 1일 지면.

# 1989년

1989년 다이어리의 1월 2일이란 글씨 위에 '평화 촉구의 해'라고 쓰고 한 해를 시작했다. 1월에는 여러 차례에 걸쳐 경건한 사람이 되자는 다짐을 했다. 1월 내내 읽은 책은 *Psychosomatic Disorder Theory*(『정신신체장애』)였다. 1989년 초반에 가장 중요한 사건은 2월 4일에 있었던 함석헌의 소천이었으리라. 1월 초에는 서울에서 내려온 김용준 박사에게서《씨알의 소리》후원회장을 맡아 달라는 요청을 받았다.[5]

함석헌이 말년에 장기려와 어떤 관계였는지를 살펴보기 위해 잠시 1988년으로 되돌아가 보자. 함석헌은 1988년 4월까지 부산모임에서 정상적인 강연을 했다. 1988년 2월 14일의 부산모임을 "시국의 잘못에 대한 책임을 느끼자"는 짤막한 메모까지 곁들인 것으로 보아 함석헌의 그날 강연은 꽤나 감동적이었던 모양이다.[6] 3월 정기모임 때는 사도행전 4장 4절 이하의 말씀으로 강연했다.[7] 4월에는 같이 더불어 살자는 내용의 강연을 했는데 이것이 함석헌의 부

---

5 장기려, 1989년 다이어리 1월 9일 지면.

6 장기려, 1988년 다이어리 2월 14일 지면.

7 장기려, 1988년 다이어리 3월 20일 지면.

산모임 마지막 강연이었다.[8] 그 이후 기록은 모두 함석헌의 건강을 안타까워하거나 병문안 다녀온 이야기뿐이다.

1988년 11월 23일 새벽에는 함석헌이 작고하는 꿈을 꾸었다. 내용을 자세하게 기록하고 있지는 않지만 시간까지 써 놓은 것으로 보아 하나님께서 함석헌의 죽음을 미리 알려 주셨다고 판단한 듯하다. 장기려는 소천 소식을 듣고 1989년 2월 5일 오후 4시 새마을호로 상경했다.[9] 6일 빈소에 다녀왔고, 김용준 박사, 일본 퀘이커 교도로 함석헌을 존경했던 다나카(田中良子) 선생을 만났다.[10] 7일에도 함석헌 선생 빈소에 가서 노병례, 계훈제 선생 등을 만났다. 누구와 이야기를 한 것은 분명치 않으나 선생은《씨알의 소리》후원회 조직에 대하여 의견을 나누다 이견이 많아 중단했다. 오후 7시에는 입관식에 참여했다.[11]

장례식이 있던 날은 보슬비가 내렸다. 오산중고교 강당에서 거행된 장례식에는 1000여 명이 모였다. 장례식은 매우 길었다. 김용준을 비롯한 장례위원들은 문익환 목사에게 조사(弔詞)를 맡기면 틀림없이 길어질 것이라 생각하여 조시(弔詩)를 맡겼는데 30분이 넘게 걸리는 장문이었고, 안병무 박사는 몇 권의 책을 가지고 올라가 선생의 영정을 향해서가 아니라 조문객을 향해 강연 형식의 조사를

8 장기려, 1988년 다이어리 4월 10일 지면.

9 장기려, 1989년 다이어리 2월 5일 지면.

10 한승헌, "비폭력, 평화주의 선생",〈씨알의 소리〉, 1989년 4월호.

11 장기려, 1989년 다이어리 2월 7일 지면.

했다. 당시 국무총리 강영훈은 장례위원회가 조사를 거절하였음에도 불구하고 일반 조문객의 자리에서 두 시간이 넘는 시간 동안 눈물을 흘리며 자리를 지켰다. 다음은 일기에 적어 놓은 장기려의 대표 기도문이다.[12]

함석헌 선생 결별 기도

하늘에 계신 우리들의 아버지. 이제는 우리들의 육체의 제한 때문에 아버지께서 1901년 3월 13일에 이 세상에 보내셨다가 1989년 2월 4일에 데려가신 함석헌 선생과 결별을 고하는 시간이 되었습니다. 며칠 전까지 우리가 이제까지 아버님, 할아버님, 선생님, 선배님, 동창생, 동지 님, 씨알의 소리의 지도자라고 불렀던 함석헌 선생님과 결별을 고하게 되는 것은 슬픔을 금할 수 없습니다만 이와 같이 데려가심이 영생의 원리와 공도로 삼으셨으니 우리는 감사하며 순종하나이다. 함 선생은 일찍이 참을 깨닫고 찾으려다가 아버지 앞에 붙잡힘을 입고 발에 차여 다니라고 느끼고 살았사오며 죄의 고민에 신음하다가 어렸을 때부터 믿던 예수님을 구주님으로 다시 인식하고 스스로 예수 그리스도를 믿는 사람이라고 재삼 증언하였사오며, 그리스도보다 나은 인격자가 있으면 그에게로 가겠다고 하면서 예수님만이 구주이심을 다시 확증하여 간증하도록 하셨나이다. 또 성경 말씀과 고대 성현의 글과 역사서에서 성령의 역사를 확신하시고 '성

12 김용준, 『내가 본 함석헌』, 아카넷, 2006, 386-387쪽.

서적 입장에서 본 한국 역사'와, "씨알은 죽지 않는다. 어찌하여 죽으려 하는가? 하나님은 씨알의 생명에 자기의 생명을 넣어 주셨다"고 외치어 씨알의 소리의 지도자가 되게 하셨나이다. 넉 달 전에 "다음에 오는 새 시대에는 영의 사람이어야 하겠어!" 하시더니, 지금은 영의 사람이 되었사오며, 두 달 전에 부산모임에서, "주신 말씀은 없습니까" 물었더니 "글쎄, 금년까지는 평화"라 하시고 말문을 닫으시더니, 그 예언대로 1988년 음력 선달 마지막 전날 새벽에 가시도록 하여 주신 아버지께 영광을 돌립니다. 선생님의 정신과 믿음은 주님 안에서 살면서 우리 믿음 생애에 격려를 주십니다. 주님 재림 날에 영화롭게 만날 것을 믿사오며 영원하신 주님의 이름으로 기도드립니다.[13)]

장례식을 마치고 부산으로 돌아와 일상으로 복귀한 2월 10일 장기려는 청십자병원(20명), 복음병원(3명), 그리고 백병원에서 진료했다. 11일에는 수면제를 먹고야 잠자리에 들었다. 며칠 뒤에는 수면제를 먹었음에도 3시간 만에 깼다. 그런데도 청십자병원과 백병원 진료는 계속했다. 부산 기독의사회, 장미회, 그리고 장애자재활협회 운영회 등에도 꾸준히 참여했다. 이런 사실은 일기에서만 확인될 뿐이다. 하얏트호텔에서 열렸던 백병원 이사회에 참석하기 위해 서

13 함석헌 기념사업회 홈페이지에 실려 있는 선생의 기도문은 일기와 약간 차이가 있다. 그 차이가 실제 기도 때 선생이 보완한 것인지 아니면 함석헌 기념사업회에서 정리를 한 것인지는 분명치 않다.

울로 향했던 날의 일기에는 부시 대통령 방한을 짧게 메모했다.[14]

3월부터는 폴 투르니에의 『기독교 심리학』(*Reflections: A Personal Guide for Life's Most Crucial Questions*)을 몇 개월에 걸쳐 꼼꼼히 읽었다. 그다음에는 또 한 권의 저서 『서로를 이해하기 위하여』(*To Understand Each Other*)도 원서로 읽었다. 3월 31일에는 불면증이 다시 도졌다. 이날 한국 장애자재활협회 이사장 취임 승낙서를 작성했다. 4월에도 어김없이 장미회에 나가서 약을 나눠 주었다. 9일에는 불면증에서 벗어나 잘 잤다(안면安眠).

4월 12일부터 15일까지《씨알의 소리》를 읽고 "함석헌 선생의 사상의 위대함을 다시 기억"하였다.[15] 그로부터 사흘 뒤 석란에서《씨알의 소리》 후원회를 조직하기 위한 모임을 가졌다. 27일은 「국제신문」과 믿음 생활에 대해 인터뷰를 하고 일광욕을 즐겼다. 이 무렵 일기장에는 수수께끼 같은 메모가 하나 발견된다. 왜 선생은 한 여성의 방문을 받고 "마음 불안"이라고 썼던 것일까.

5월 3일부터 7일까지는 '종들의 모임' 진해대회에 참석했다. 5월 15일에는 시민회관에서 청십자의료보험 창립 21주년 행사가 있었고, 16일은 안상영 부산시장이 초대하는 원로회원 다과회에 참석하였다. 18일은 KBS 방송국에서 최하진 교수와 대담을 나누었다. 5월 20일은 서울로 올라가 김동길 박사 댁에서 함석헌선생기념사업회로 모였다. 5월의 마지막 주일은 좀 특별했다. 공개적으로 떠났

---

14 장기려, 1989년 다이어리 2월 27일 지면.

15 장기려, 1989년 다이어리 4월 15일 지면.

던 부산 산정현교회 저녁예배에 초대를 받아 "심판과 회개"라는 제목으로 설교했다. 열흘 뒤에는 서울에 다녀와야 했다. 김해 캠퍼스에서 열린 인제대학 개교 10주년 기념식에 참석하고 서울로 올라가 문태준 보사부장관을 만났다. 6월 초에는 청십자의료보험운영위원회를 '석화 그릴'에서 가졌는데 이날의 모임은 그리 유쾌하지 못했던 것 같다. "청십자의료보험조합이 해체될 때에 나봇의 포도원을 생각하다"라는 의미심장한 메모를 남겼기 때문이다.

구약시대의 인물인 나봇은 사마리아에 살았던 사람이다. 그의 포도원은 이스라엘 왕 아합 궁전 인접한 곳에 있었는데 왕은 포도원이 탐나서 어떻게든 빼앗고 싶었다. 처음에는 다른 포도원과 바꾸든지, 자기에게 팔라고 했다. 그러나 이스라엘에서 땅은 하나님이 기업으로 주시는 것이기 때문에 바꿀 수도 없었다. 매매란 상상도 못 할 일이었다. 나봇이 완강하게 버티자 사악한 왕비 이세벨의 사주를 받은 아합 왕은 나봇이 하나님과 왕을 저주했다고 거짓 혐의를 뒤집어 씌운 후 돌로 쳐 죽였다. 하나님은 이 일로 크게 진노했다. 때문에 아합은 그가 나봇을 죽인 것과 똑같이, 아니 그보다 더 처참하게 죽었다. 그 뿐만 아니라 왕비 이세벨의 죽음은 더 비참했다. 이런 사연이 서려 있는데 왜 청십자의료보험조합을 정리하는 운영위원회에서 나봇의 포도원을 떠올렸던 것일까. 그날 모임은 보사부에 보내는 청십자의료보험조합의 문건을 일부 수정했다. 조합 청산위원을 다시 선정해야 했기 때문이었다. 그렇다면 나봇의 포도원 이야기의 숨은 뜻은 청십자의료보험조합을 넘보는 사람을 의미할까.

6월 22일은 복음병원 창립 38주년 기념예배를 드렸다. 7월부터는 의사의 윤리 문제에 매달렸다. 전종휘 박사가 쓴 해당 분야의 책을 읽고, 꽤 여러 날에 걸쳐 "의사 윤리의 실제"라는 글을 썼다. 그랬기 때문일까. 7월 말에는 다른 때보다 피곤하다는 이야기가 일기에 많이 나온다. 28일은 수면제를 먹고 잠을 청하더니 29일 오전에는 2시간이나 낮잠을 잤다고 기록했다. 사실 장기려와 낮잠은 잘 어울리지 않는 조합이다. 평생을 그렇게 살았다. 낮잠을 잤던 날이 토요일이었기 때문이었을까. 모처럼 TV 영화를 한 편 시청했다. "우주인과 원숭이 영화를 TV에서 보다"라고 쓴 것을 보면, 프랭클린 샤프너 감독의 "혹성탈출"을 보았던 것 같다. 7월 30일 일기는 수해로 120명이 죽고 그 지역 농사의 4분의 1의 피해를 안타까워하였다. 31일 밤도 잠을 설쳤다. 많이 잔 것 같은데 깨고 보면 1시간이 지났다고 썼다. 그런 일을 반복하다가 3시 40분에 일어났다. 장기려는 자기 몸의 증상이 고혈당증(Hyperglycemia)이 아닌가 묻는다.[16) ]8월 4일은 금요일이었는데 집에서 휴식을 취했다! 이유는 알 수가 없으나 《씨알의 소리》를 읽으며 남북한 통일의 경제적, 종교적, 교육적 측면을 검토하였다. 8월 11일은 아이스크림에 대한 유혹을 뿌리치지 못했다가 혈당이 올라 고생했다. 이 대목을 읽으니 선생의 식탐 문제를 여성적인 시각에서 매우 날카롭게 표현한 최은숙 생각이 난다. 최은숙은 1996년에 장기려 선생의 전기 『아름다운 사람』을 썼다.

---

16 장기려, 1989년 다이어리 7월 31일 지면.

어느 날 장기려 박사를 찾아온 손님이 외국 여행에서 돌아올 때 사 온 거라며 초콜릿 한 상자를 선물했다. 아이들 간식용으로 주라는 거였다. 그 초콜릿은 보기만 해도 군침이 돌 정도로 오밀조밀한 모양새가 먹음직스러웠다. 아이들은 말할 것도 없거니와 장 박사에게도 퍽 입맛이 당기는 선물이었다. 손님이 돌아가고 나서 그는 며느리가 권하는 초콜릿 하나를 못 이기는 척 받아 입 안에 얼른 집어넣었다. 넣자마자 혀끝에서 사르르 녹는 맛이 말 그대로 일품이었다. 어렸을 때 나뭇가지에 열린 하얀 눈송이를 따먹었을 때의 맛과 비슷했지만, 그 맛은 이렇게 달콤하진 않았다. 그의 손은 어느새 체면도 없이 손자들과 나란히 초콜릿통을 드나들고 있었다. 이미 서너 개째 입에 넣고 우물거리고 있을 때, 갑자기 아들 가용이 그의 분주한 손놀림을 눈치 채고 가로 막았다.

"아버님, 그만 드세요. 이런 거 많이 드시면 안 되는 거 아시잖아요."

"내가 이거 하나 먹는 기 기래 아까운 기야?"

그는 괜히 맘에도 없는 어깃장을 한 번 내봤다. 그렇지만 그렇다고 포기할 장 교수가 아니었다.

"아버님, 당뇨병만 아니면 제가 왜 이러겠습니까? 그까짓 초콜릿 얼마든지 사 드릴 수 있어요."

"걱정 마. 나도 의사야. 니 나를 기러케 못 믿니?"

"아버님을 못 믿어서가 아니라……."

"허…… 됐다니까 기러네. 거 들고 있는 거나 마저 내놔 봐."

가용은 더 이상 할 말을 잃었다. 아버님이 이렇게 나올 땐 그야말로 미치고 펄쩍 뛸 노릇이었다. 화를 삭이지 못한 그는 결국 옆에 앉아 있던 아내에게로 화살을 튕겼다.

"당신은 다 알 만한 사람이 왜 그래? 아버님한테 이런 걸 권하면 어떡하냐구?"

"한 개 정도야 어때서 그래요?"

윤 여사는 갑작스런 남편의 흥분을 의아한 표정으로 막으며 말했다. 좀처럼 화를 내지 않는 남편이다 보니 이런 자잘한 일로 큰소리를 낸다는 게 이상했다.

"아버님 쓰러지시면 당신이 책임질 거야?"

"당신은 무슨 말을 그렇게 해요?"

그때까지 묵묵히 듣고 있던 장기려 박사가 팽하니 토라진 것은 바로 그때였다. "시끄럽다. 내가 쓰러지긴 와 쓰러지네? 그만들 둬. 내래 안 먹으면 그만이야."[17]

8월 25일에는 「부산일보」 편집국장실에서 부산대학교 대학원장 이원호 박사와 "사람답게 살자"라는 주제로 대담했다. 9월 2일은 부산기독의사회 주최 세미나에서 박종철 박사와 이건오 박사의 의료 선교 강연을 들었다. 세미나 참석 소감을 짤막하게 "인본주의가 되지 않기를 빌다"라고 썼다.

9월 6일 일기는 매우 특이하다. 자기의 평생에서 가장 잊지 못하는 사람 일순위인 이경심 할머니의 138주기 생일축하 파티를 청십

---

17 최은숙, 『아름다운 사람』, 문화문고, 1997, 33-34쪽.

자병원 식당에서 열었기 때문이다. 니체 탄생 150주년이니, 모차르트 탄생 250주년이니 하면서 각종 이벤트가 전 세계적으로 펼쳐지고 있는 세상을 우리는 살고 있다. 그렇게 생각하면 자기 할머니의 138주기 축하잔치를 베풀 수도 있다. 그렇더라도 장기려의 할머니 138주기 생일축하 파티는 낯설다. 요즘 세상에는 할머니의 추모일도 50년이 안 갈 텐데 138주기 생일축하 턱이라니! 이처럼 할머니를 존경하는 장기려의 마음은 우리의 상상을 뛰어넘는다. 위대한 영웅이니 자기 삶에 결정적인 영향을 끼쳤느니 하는 사람에게도 못할 정성을 할머니에게 쏟고 있으니 말이다.

6월부터 몇 달 동안은 대구계명대학 의과대학 학생회에 초대를 받고 의료윤리에 대한 글을 읽었다. 의사 된 지 60년이 넘었고, 한국 도규계(刀圭界)의 일인자라는 소릴 듣던 장기려가 의대 학생들에게 한 시간 강의를 하기 위해 몇 달 전부터 지극 정성으로 준비를 했다. 6월 12일 코모도호텔에서 있었던 복음병원 동문회에 참석해서는 강연이나 축사를 했던 것 같다. 그게 아니라면 그날 모임 촌평이었을까. 일기에는 이렇게 적었다.

> 경건한 인격자가 되라. 하나님으로부터 진실하다고 인정받는 자, 자기 양심에 이웃에게 사랑을 베풀었다고 자만할 수 있는 자가 되자.[18]

---

18 장기려, 1989년 다이어리 9월 12일 지면.

9월 13일에는 서울로 향했다. 함석헌선생기념사업회 모임을 위해서였다. 창경원 산보도 하고 스승 백인제 선생 사모님께 인사도 드렸다. 또한 해방 직전 자기의 목숨을 구한 박소암 박사를 만나 저녁식사를 대접받고 10만 원짜리 수표도 받았다. 9월 25일은 백병원 연구실에서 국사책을 읽었다. 국군의 날과 개천절, 그리고 한글날 소감을 쓰기 위함이었다. 이때 장기려는 "우리나라의 좋은 점과 현실의 불확실성에 대하여 생각"했다.[19] 9월의 마지막 날은 일신기독병원 100주년 축하모임과 부산 백병원 체전에 참석하였다. 또한 "윤리철학으로 본 현대 도덕부재의 원인과 그 대책"이란 논문도 썼다. 이를 위해 칸트의 공리주의, 윤리철학에 대한 글을 읽었다.[20] 윤리철학에 관한 논문 때문이었는지, 10월 19일 하이젠베르크의 『부분과 전체』를 읽었다. "윤리철학으로 본 현대 도덕부재의 원인과 그 대책"이란 논문은 24일 백병원 대학원에서 발표했다. 10월 30일에는 서울 상계백병원 개원식에 참여하기 위하여 하루 전날 서울행 열차에 올랐다. 그날 밤은 가슴의 답답함과 여러 증상을 느껴 약을 먹고서야 잠을 이룰 수가 있었다.[21]

11월 2일은 제14차 외과학회 총회 참석을 위해 상경했다. 4일 아침은《씨알의 소리》문제로 김용준, 김동길 박사와 롯데호텔에서 식사하였다. 12월 12일은 편두통으로 잠을 이루지 못했다. 편두통은

---

19 장기려, 1989년 다이어리 9월 26일 지면.

20 장기려, 1989년 다이어리 10월 2일 지면.

21 장기려, 1989년 다이어리 10월 30일 지면.

며칠간 지속되었다. 그 와중에 여전히 병원진료와 대학원 강의를 계속했다. 12월 25일은 함석헌의 90세 생일 소감을 썼다.

# 1990년

1990년 일기는 TV로 중계된 국회 청문회 시청 소감으로 시작한다. 1989년 12월 31일 있었던 전두환 전 대통령의 국회 증언이었으리라.

> 어제 저녁 청문회를 들었는데, 정치인에게 진실과 성실을 볼 수 없었고, 우리나라의 정치, 경제가 염려되다.

그리고 이어서 "작년의 잘못을 회개하고 새 출발하려고 하는 기색이 없다"라고 꼬집었다. 그도 그럴 것이, '1노 3김'이 야합하여 국회가 서면 질의에 전두환의 일괄 답변을 듣는 것으로 5공 특위를 끝낼 속셈 아니었던가.[22] 이날 일기에는 "내가 이해하는 그리스도인 함석헌 재고"라는 아리송한 메모를 남겼다.

1990년이면 장기려의 나이 팔십이다. 그런데 1월 2일 정신신체의학을 번역했다. 5일은 부산청십자의료보험조합 청산과 관련하여 김영환, 김용준과 김종인 보사부 장관을 만났다. 돌아오는 길에 스

---

22 강준만, 『한국현대사 산책-광주학살과 서울올림픽』, 1980년대 편 4권, 인물과사상사, 2003, 192쪽.

승 백인제 박사의 사모를 찾아가 세배를 드렸다. 8일은 「국제신문」 기자와 "노인에게 묻는다"라는 기사의 인터뷰를 했다. 21일은 동래 제1교회 청년회에서 "기독교 이상주의"라는 주제로 특강했다. 27일과 28일에는 곧 있을 함석헌 선생 추모사 작성에 매달렸다. 장기려는 1월 내내 정신신체의학의 번역에 매달렸다. 2월의 첫날은 복음간호전문대학 20회 졸업식에 참석하여 "시간을 아끼라"는 제목의 격려사를 하였고, "최태사 선생과 나"란 글을 썼다. 4일에는 함석헌 선생 1주기 추모 모임에 참석하여 추모문을 낭독했다. 3월 3일에는 손봉호 교수의 부탁으로 기독교윤리실천운동 부산지부 결성대회에 참석했다. 물론 단순한 참석은 아니었다. 이미 기독교윤리실천운동 본부의 실행위원으로 참여하고 있었기 때문이다. 이날 장기려는 로마서 12장의 말씀을 되새기며 적극적인 실천을 다짐했다. 단순히 이름만 빌려 주지 않고 솔선수범을 약속했다. 3월 13일에는 부산모임 회원들과 유스호스텔에서 별도의 함석헌 1주기 추도식을 가졌다. 서재관, 김종성, 김서민 등 많은 멤버들이 장기려와 함석헌을 동시에 존경하였기 때문이다. 함석헌의 위대한 비폭력 정신과 평화 사상은 예수를 믿었기 때문에 나온 것이라는 요지의 추모사를 했다.[23] 장미회 봉사는 1990년에도 계속했다. 토요일이었던 5월 11일, 간질환자들에게 약을 나눠 주고 식사를 함께 했다. 5월 16일부터 20일까지 '종들의 모임'의 1년 중 가장 중요한 모임인 진해 컨벤션에 다녀왔다. 의사와 교수로서의 사회적 책임을 하나님께 부탁하

23 장기려, 1990년 다이어리 3월 13일 지면.

고 전적으로 대회에 매 시간마다 참석하였다. 마지막 날에는 간증할 기회를 얻었다.

> 금년 대회에 사회책임을 하나님께 부탁하고 대회에 전적으로 참여하였더니, 종들의 입에서 나오는 말씀이 성령의 인도로 나오는 느낌이었음을 말하고, 예수님의 발자취를 따르려면 전적으로 성령의 인도에 순종할 것과 그것은 성경 말씀과 기도로 지속할 것이며, 그러기 위해서는 우리가 서로 위하여 기도할 것을 느꼈다. 어제 저녁 결신자들이 일어설 때에 나도 마음이 뜨거워지고 눈물을 흘렸음을 말하고, 성령의 역사가 되기를 빈다고 말했다.[24]

6월 12일에는 부산지방 외과학회 집담회가 메리놀병원에서 있었으나 피곤해서 출석하지 못했다. 일기에서 불참이란 단어를 만나기는 여간 어려운 일이 아니다. 15일은 이경수 장로 가정의 초대로 중국요리를 대접받았는데 과식으로 가슴이 막히고 답답하여 곤란을 겪었다. 16일 열렸던 부산청십자사회복지회 임시이사회에서는 흥분을 감추지 못했다. 자신이 책임을 못한 것 때문에, 그리고 위원들이 하나 되지 못해서였다. 그 때문이었을까. 또다시 가슴의 답답함을 느꼈다. 1990년부터 《씨알의 소리》를 열심히 읽었다. 함석헌선생기념사업회 이사장 직책과 무관치 않았을 듯하다. 7월 17일 서울에서 열린 세계기독의사대회에 참석했다. 일요일은 충현교회에서

---

24 장기려, 1990년 다이어리 5월 20일 지면.

예배를 드렸는데 손봉호의 고린도전서 12장 강의를 들었다. 저녁은 청와대에서 김영삼 대통령과 했다. 9월에 들어서는 '기독교 이상주의'에 대해 생각하고 또 생각했다. 사실 '기독교 이상주의'라는 주제는 기회만 있으면 강연하던 주제였다. 그런데도 9월 16일 고신의대 경건회 설교를 맡고 기독교 이상주의를 거듭 숙고했다. 수십 번 같은 주제로 강연을 하거나 글을 써서 거의 암기할 정도일 텐데 그럼에도 불구하고 2주간이나 '기독교 이상주의'를 생각했다. 주변의 배려 때문이었는지 8월 15일의 제2차 고향방문단의 평양행이 좌절되자 9월 17일부터 10월 2일까지 미국을 다녀왔다. 로스앤젤레스 지역과 포틀랜드의 '종들의 모임'을 둘러보았고, 조카 집에서 이북 식구들이 보낸 편지를 읽고 눈물을 흘렸다. 10월 4일이면 아직 시차 적응이 덜 되었을 법한데 북경 아시안 게임 권투 경기를 보다가 심장에 통증을 느껴 텔레비전 시청을 중단했다. 9월 5일은 서울에 있는 한국장애자재활협회에 노조가 결성되고 데모가 일어났다. 12월 중순에는 구창수 치과에서 위 틀니를 해 넣었다.[25]

25 장기려, 1990년 다이어리 12월 14일 지면.

# 1991년

장기려의 집은 신정 때마다 손님이 넘쳤다. 제자, 병원 식구들, 교회 식구들, 가족들로부터 세배를 받았다. 그러나 1991년은 조용했다. 적어도 다이어리 상에서는 그렇다. 어떤 사람이 찾아왔는지에 대한 기록이 없는 대신, 1991년 신정에는 점심 이후에 노래로 레크리에이션을 했다는 뜻밖의 이야기가 나온다. 말년에 가장 많이 식사를 나누고 목욕을 함께 다닌 사람은 손동길이다. 신정 연휴 둘째 날도 손동길과 목욕하고 저녁식사를 했다. 이날 일기에는 걸프전쟁에 대한 안타까운 마음도 눈에 띈다. "걸프전쟁은 치열하여 가고 이라크 사망자가 늘다." 이날은 푹 잤다.[26]

2월 3일 일요일에는 '종들의 모임'에 나가 왜 자신이 기성교회를 포기하고 이 모임에 참여하게 되었는지, 다시 세례를 받을 때의 느낌이 어땠는지 간증했다. 모임 후 집에서 휴식을 취하며 차남 가용 내외, 그리고 손자와 손녀인 여구와 예원을 생각하며 기도했다. 또한 편지로 '종들의 모임'에 나간 경위를 알렸다. 누구라고 지정하지 않은 것으로 보아 서울의 아들 내외와 조카들이 아니었을까 싶다. 9일은 감기에 걸려 기침과 재채기로 고생하면서도 장미회에 나가서

26 장기려, 1991년 다이어리 1월 2일 지면.

약을 나눠 주는 일만큼은 계속했다. 2월 14일은 서울로 올라갔다. 그날 일기에는 날씨도 안 적혔고, 늘 읽는 성경도 기록되지 않았다. 오로지 "서울 집안이 평안하다. 그러나 믿음의 기쁨을 가진 것 같지 아니하다"는 쓸쓸한 기록만 남겼다. 15일은 《씨알의 소리》 주간 김용준 박사를 만나 그간의 경과를 듣고 잡지를 돕는 사람들이 통일되지 못함을 슬퍼했다. 이날 오후부터 또다시 감기에 시달렸다. 그 고통이 어찌나 컸던지 "기침의 발작은 악마적이다"라고 썼다. 16일 일기 역시 아들과 손자의 신앙을 위해 기도하였다는 내용, 그리고 손자 여구에게 서울 '종들의 모임'에 나갈 것을 종용했다. 경련성 기침과 감기는 일주일 내내 계속되었다. 2월의 마지막 날은 사담 후세인의 쿠웨이트 퇴각과 고신의대 수련회에서 "윤리철학으로 본 현대 도덕의 부재와 그 대책"에 대하여 강의했다.

3월 22일에는 서울 신라호텔에서 호암상 사회봉사상을 수상했다. 24일 일요일은 부산 시내 성산교회에서 "기독교 이상주의로 산다"라는 주제로 강연했다. 29일부터는 "나의 생애 회고"라는 글을 시작하였다. 31일은 날씨도 안 적혀 있고 읽은 성경에 관한 기록도 없다. 만난 사람도 없다. 없는지, 안 적었는지는 알 수 없다. 오로지 "편지 쓰다"라고 딱 네 자를 썼을 뿐이다.

4월 4일, 본격적으로 회고록을 쓰기 시작하였다. 1940년부터 1950년 12월까지, 그러니까 경의전 강사직을 그만두고 평양 기홀병원 외과과장으로 근무를 시작하면서부터 한국전쟁으로 피난길에 올라 부산에 도착할 때까지의 여정을 썼다. 4월 12일은 전종휘 박사 부부, 유순한 선생과 코모도호텔에서 중국요리를 먹었으나 다른 때와 달리 잘 잤다. 과식의 욕망을 적절하게 통제했던 듯하다. 4월 18일까지 평양생활 10년과 피난 이야기를 끝내고 19일부터 복음병원 시대에 대한 회고록을 써 내려갔다. 4월 29일 있었던 코리아 탁구팀(장기려는 코리아 탁구팀 그 사이에 한반도 깃발처럼 한국 지도를 그려 넣었다)의 우승 소식에 기뻐했다.

1991년 5월 7일 아미동 까치고개의 이동기 씨가 어버이날에 위로 편지를 보냈다. 18일에는 오랜만에 텔레비전을 통해 권투선수 장정구의 재기전을 시청했다. 사력을 다해 싸워 놓고는 미련하여 이긴 경기를 놓쳤다며 아쉬워했다. 1991년에도 부산기독의사회 월례회는 계속되었다. 15일은 동아대학병원 개원 1주년 기념의학 강연회가 열렸는데 전종휘 박사와 의장이 되어 진행하였다. 복음병원 창립 40주년 기념예배를 6월 21일 오후 4시에 드렸다. 5시부터 1시간 동안은 김용준 박사의 기념 강연이 있었다. 26일에는 114 교환원들에게 교양 강의를 하였다.

7월 4일은 장애인고용촉진공단에 나가 격려사를 하였다. 격려사 요지는, 우리의 단점은 꾸준하지 못한 것이기 때문에 진실과 사랑을 꾸준히 하면 반드시 성공한다는 것이었다. 7월 12일은 고신의대생들이 박영훈 원장 물러가라는 시위를 하였다. 고신의대생들의 소요 사태는 갈수록 심해졌다.

> [부산=장일찬 기자] 부산 고신의료원(부산시 서구 암남동)이 의료원장의 사퇴를 요구하면서 전공의, 수련의들이 21일째 출근을 거부, 이에 동조한 의학부 학생 600여 명 중 500여 명이 법정 수업 일수인

16주를 채울 수 있는 마지막 날인 18일을 하루 앞둔 17일 현재까지 수업을 거부한 채 장기농성을 벌이고 있어 대거 유급사태가 우려되고 있다. 특히 16일 상오 학생회 간부 등 8명이 단식농성에 들어간 데 이어 학생 100여 명은 이날 하오부터 이사장실을 점거, 무기한 농성에 들어가 사태가 더욱 악화되고 있다. 학생들은 ▲박영훈 의료원장 사퇴 ▲원종록 재단이사장 퇴진 ▲교수, 학생들의 의사가 반영될 수 있는 제도적 장치 마련 등의 요구조건을 재단이사회가 받아들일 때까지 농성을 계속하기로 했다.[27]

7월 20일 일기는 복음병원 사태에 대하여 단호한 태도를 드러냈다. 교육부에서 고신대학 의과대학 학장에게 수업일수 미달자에게는 교육부 규정에 의하여 유급을 공포하라고 지시했다면서 "복음병원이 (하나님의) 심판 중에 있다"고 썼다.[28] 8월 1일에는 누군가가 고신의료원의 장래에 대해 물었는데 "하나님의 심판을 자초했으므로 망한다. 하지만 그루터기는 남는다"고 답했다. 8월 8일은 잠을 이루지 못했다.[29] 7일 신문들이 부산 고신대 의학부 동창회(회장 강종득·29)에서 1986년과 1988년 입시에서 1인당 3000만-5000만 원씩 모두 7억 5600만 원의 기부금을 받고 학생 18명을 입학(신입 15명 편

27 장일찬, "농성 고신의대생 5백명/유급 오늘이 고비/계속 땐 수업일수 부족", 「서울신문」, 1991년 7월 18일.

28 장기려, 1991년 다이어리 7월 20일 지면.

29 장기려, 1991년 다이어리 8월 8일 지면.

입 3명)시키는 부정을 저질렀다고 주장하며 서완선 전 이사장과 박영훈 의료원장을 부산지검에 고발했기 때문이다.[30]

8월에도 무의촌 진료를 다녀왔다.[31] 13일부터 나흘간, 이동기 씨가 쓴 소설 『오월의 환상』의 추천사를 썼다. 15일에는 원주로 가서 문창모 박사를 만나고 대전으로 향했다. '종들의 모임' 사람들을 만나 성령의 인도를 구했다고 쓰고 있을 뿐 구체적인 여행의 목적은 밝히지 않았다. 당일 부산으로 돌아와 숙면을 취했다. 17일에는 청십자의료보험조합 운영위원회가 열렸는데 청십자사회복지회가 운영위의 결정을 따르지 않아 마음이 상했다. 그날 평생에 잊지 못할 다섯 사람을 떠올렸다. 그런 사람이 청십자의료보험조합이나 청십자사회복지회에 없다는 아쉬움의 표시였을까. 알 수 없는 일이다. 며칠 뒤 열린 청십자사회복지회이사 간담회에서 다짐했다. 약속은 지켜지고 있는가, 회의록대로 시행하고 있는가, 사무국장 인선은 둘 중 한 사람을 택해야 한다.[32] 이날부터 "1945년 전후의 한국외과발전사" 논문을 작성하였다. 8월 25일, 구속된 박영훈 고신의료원장의 탄원서를 써 주었다. 31일은 송영선, 윤석옥 선생과 함께 해주냉면으로 저녁식사를 하면서 고신의료원 이야기를 들었다. 그들의 이야기를 들으며 장기려는 다시 한 번 이번 사태가 "하나님의 심판"

---

30 강창달, "고신대도 입시부정 18명에 7억 원 받아/의학부동창회 주장", 「조선일보」, 1991년 8월 8일, 23면.

31 장기려, 1991년 다이어리 8월 10일 지면.

32 장기려, 1991년 다이어리 8월 22일 지면.

임을 확신했다.

9월 2일에는 문국진 박사로부터 두 권의 책을 선물받고 감사 편지를 썼다. 그중 한 권은 7월에 출간된 『사회법의학』이었다. 1991년 9월 21일은 「한국일보」 장명수 편집국 차장과의 중요한 대담이 기사로 실렸다. 남북 유엔 동시 가입 이후 남북 관계를 전망하기 위한 대담이었다. 이 대담을 통해 남북한 유엔 동시 가입이 이산가족의 상봉에 기여하게 되길 희망했다. 그러나 이 대담 때문에 큰딸로부터 항의 편지를 받았다. 문제가 되었던 대목은 바로 이 부분이다.

-가족들의 사진과 편지를 어떻게 받으셨습니까?

미국에 살고 있는 조카가 3년 전 수소문하여 아내와 5남매가 모두 생존해 있다는 소식을 전해 주었습니다. 그 소식만으로도 감사했는데, 지난 여름 조카가 직접 북한에 가서 그들을 만났고, 사진과 편지를 받아다가 나에게 보내 주었습니다. 딸 하나는 평양에, 나머지 가족은 강계에 살고 있다는데, 5남매가 모두 잘 성장한 모습을 보니 꿈만 같습니다. 아내는 몰라 볼 만큼 늙었고 피골이 상접하게 말라 사진을 볼 때마다 가슴이 아픕니다. 우리가 헤어질 때 아내는 38살이었는데, 여자 혼자 다섯 아이를 키웠으니 얼마나 고생이 심했겠습니까. 아내의 편지는 그저 담담했는데, 그 편지를 읽는 내 마음도 스스로 놀랄 만큼 담담했습니다. 서로가 살아 있으리라는 것을 굳게 믿었고 서로의 사랑이 변치 않으리라는 것 역시 굳게 믿었기에 우리는 크게 놀라지 않았던 것 같습니다.[33]

사진 속의 아내가 "피골이 상접하다"는 표현을 읽은 큰딸 신용이 아버지에게 항의 편지를 보냈다. "아버지, 우리는 어버이 수령님 덕에 잘 살고 있는데 피골이 상접하다니 무슨 소립니까."[34]

9월 28일에는 부산기독의사회가 주최하는 모임에서 손봉호 교수 강의를 들었다. 10월 7일은 인제의대 연구실에서 후지이 다케시의 "패배의 승리"를 읽었다. 내용을 잘 알고 있는 후지이 다케시의 글을 왜 다시 읽었는지 구체적으로 밝히고 있지 않지만, 이유는 명백해 보인다.

이 무렵에 두 가지 사건이 있었다. 첫 번째 사건은 입시부정사건으로 기소된 서완선 전 이사장, 박영훈 의료원장, 이승도 의학부장, 서판수 재단사무국장 등이 10월 7일 집행유예로 풀려난 것이고,[35] 두 번째 사건은 고신재단 이사회가 9월 27일에 몰래 징계위원회를 열어 박영훈 원장의 퇴임을 요구하며 단식을 벌였던 서재관 교수를 비롯한 교수협의회(의장 서재관 교수) 소속 간부 9명의 징계를 논의하여 김용준 교수(예방의학 주임교수)를 파면하고 서재관 교수 등 2명의 해임을 결정했다.[36] 재단 측의 교수 무더기 중징계 조치는 고신대 의학부 학생들의 수업 전면 거부와 교수협의회 소속 교수들의 집단

---

33 장명수, "추석 앞두고 북 가족 그리는 '부산의 40년 인술' 장기려 박사", 「한국일보」, 1991년 9월 21일, 5면.

34 이기환, 『성산 장기려』, 한걸음, 2000, 325쪽.

35 「세계일보」, 1991년 10월 8일, 19면.

36 박재현, "교수 3명 극비 징계 고신대 1명 파면… 교수·학생 큰 반발", 「경향신문」, 1991년 10월 1일, 14면.

사직 결의를 불러왔다. 고신대 의학부 학생회는 7일 하오 전체 500여 명의 학생 중 295명이 참석한 임시학생총회에서 수업거부 여부에 대한 찬반투표 끝에 8일부터 수업을 전면 거부키로 결의했고, 교수협의회도 임시총회를 갖고 참석 교수 중 42명이 사표서를 작성하여 집행부에 맡겼다.[37]

서재관 교수가 누구던가. 장기려가 1970년 초반 복음병원 간부들의 반대를 무릅쓰고, 그 실력을 높이 평가하여 간부 의사로 청빙했던 인물이다. 이미 복음병원 사태가 하나님의 심판을 자초한 결과라고 확신하고 있었기 때문에 학교의 불의에 대해 단식으로 저항한 서재관 교수의 해임은 큰 고통이었을 것이다. 이때로부터 12월 초까지 "패배의 승리"를 계속 읽었다.

12월 4일 일기를 보면 후지이 다케시가 말한 "패배의 승리"의 의미를 확실하게 깨달은 것 같다. 서재관이 《씨알의 소리》에 기고한 글을 보면, 학교에서 해임당하고 찾아갔을 때 선문답처럼 "패배의 승리"에 대해 말했다고 했다. 그러니까 고신의료원 소속 교수, 레지던트, 인턴 등 100명이 결근하여 진료마비 상태가 오고, 그 결과 입원환자가 300여 명으로 감소하는 개원 이래의 최악의 사태를 통과하면서 "패배의 승리"를 붙들었다. 12월 4일 인제대학 총장을 만나 1992년 2월로 자문교수직을 그만두기로 약속했다. 한편 고신대 의대는 12월 13일 학내 분규를 수습하면서 교수협의회 소속 교수 8

37 박영기·박상기, "의학부 학생 수업거부-교수협 42명도 사직서", 「한국일보」, 1991년 10월 8일, 23면.

명에 대해 "본인의 원에 따라 늦어도 신학기 개시 전까지 적극 임용토록 노력한다"고 합의했다.[38] 이 합의로 고신의대 사태는 일단락되는 듯했다.

---

38 김기현, "책임교수 재임용 싸고-고신대 분규 재연 조짐", 「부산일보」, 1992년 3월 6일 21면.

# 1992년

1992년 새해 첫날, 집에 손님들로 넘쳤다. 백병원 소아과의 정우영 선생, 최 선생, 유 선생이 인사차 다녀갔고, 인제의대 의국원들도 단체로 찾았다. 복음병원 정기상 의료원장 대리를 비롯한 고신의료원 의사들도 인사차 들렀다. 서울의 아들도 내려왔다. 장기려는 집에 온 사람들에게 덕담으로 후지이 다케시가 말한 "패배의 승리"와 시편 1편이 말하는 지혜와 명철을 이야기했다. 후지이 다케시에 정통했고 누구보다 그를 존경했던 야나이하라 다다오는 "패배의 승리"란 짤막한 글을 자신의 책 『결혼·가정·직업 48가지 이야기』에 소개하면서, 그것은 공리주의적(功利主義的)으로 패하였다가 이긴다는 뜻이 아니라고 잘라 말했다. "패배의 승리"란 악한 세상에서 진실한 인간의 생애는 패배하지 않을 도리가 없지만 하나님이 보시기에 소중한 것은 진실한 생애일 뿐이므로 세상에서의 패배자야말로 영원한 승리자라는 의미로 해석했다. 그랬으니 부산 지역에서 논객으로 대접을 받았고, 그 지역 의사들 중 언론에 가장 많은 글을 쓰던 서재관도 "패배의 승리"를 선문답 같은 이야기로 들을 수밖에.

이 무렵 아들과 통화를 하다가 불같이 화를 냈다. 기독교 이상주의와 현실주의의 충돌이었다. 아버지는 예수처럼 살아야 한다고 아들에게 말했고, 아들은 그렇게 사는 게 현실에서 불가능하다고 맞셨다. 장기려는 아들이 아버지의 권위를 인정하여 일단 수긍해 준 후, 적당한 때에 자신의 생각을 말해 주길 원했다. 그러나 아들은 아버지의 생각에 순응하기보다는 그럴 수 없음을 계속 주장했다. 그래서 화를 참지 못하고 책임질 수 없는 저주의 말을 쏟아냈다. 전화를 끊고 나서야 자신이 아들에게 한 이야기가 얼마나 잘못된 것인지를 깨닫고 크게 낙담했다. 예수는 비록 기만과 위선을 책망하실 때가 있지만 그들의 죄책까지 짊어질 각오와 사랑을 가지고 야단을 치는데 자신은 그렇지 않았다는 사실에 충격을 받았다.

나는 화로다. 나는 화로다. 너는 불효자식이로다. 너는 불효자식이로다. 너는 불효자식이로다. 나는 자식을 저주하였으니 그 저주를 나의 몸에 받음이 마땅하도다. 주여 용서하소서. 나는 실패하였나이다. 패배에서 승리를 주시는 아버지께만 의지하나이다.

너는 사단이 되지 말라. 사단은 공중에 권세 잡은 자로서 새벽별과 같이 빛나며 자기를 광명의 천사로 가장하나니 그러므로 사단의 일꾼들도 자기를 의의 일꾼으로 가장하는 것이 또한 큰일이 아니니라. 저희의 결국은 그 행위대로 되리라. 고로, 스스로 반성하여 사단의 일꾼이 되지 않을 것을 늘 생각하라.[39]

1992년의 첫 장미회 봉사는 약을 나누어 주는 일에 더해 설교까

---

39 장기려, 1992년 다이어리 1월 5-6일 지면.

지 했다. 구습을 벗어 버리고 새롭게 되어 하나님의 의와 거룩함을 입은 새사람이 되라는 권면이었다.[40] 1월 13일 일기는 재미있다. 그 무렵 『할아버지 손은 약손』이란 책을 쓴 한수연과 여러 번 인터뷰했다. 그날 한수연에게 작심하고 '이삭' 이야기를 들려줄 참이었다. 주제는 양보였다. 아브라함의 아들 이삭의 특징은 양보였다. 중동 지방에서 우물은 생존에 가장 중요했는데 타 고향 사람 이삭이 너무 갑부가 되자 원주민들이었던 블레셋 사람들이 심기가 불편해져 우물을 빼앗아 버렸다. 하지만 그때마다 이삭은 우물을 양보하고 지역을 떠나 또다시 우물을 팠다. 이삭이 양보 때문에 하나님께 큰 복을 받았다면서 자신도 이삭처럼 평생을 양보하면서 살려고 노력했음을 이야기하려고 했다. 스스로 자신을 장이삭이라 생각한다는 이야기였다.[41] 팔십이 넘어서 저렇게 순수할 수 있다는 것이 놀랍다.

1월 27일은 부산기독실업인 모임에 참석하여 "현대 도덕 부재의 원인과 그 대책"을 강연했다. 28일에는 청십자사회복지회 모임이 있었다. 늘 시끄럽기만 한 이 모임에서 모든 것을 양보하는 태도를 보였다. 그것이 하나님의 뜻이자 선(善)이라고 생각했다. 청십자의료보험조합의 10억이나 되는 수익금을 청십자사회복지회로 이관하는 것이 얼마나 어려운 일이었는지를 일기에 생생하게 기록했다.

2월 20일에는 인제대학 총장과 약속을 지켜 남태령호텔에서 퇴

40 장기려, 1992년 다이어리 1월 11일 지면.

41 장기려, 1992년 다이어리 1월 13일 지면.

임식을 가졌다. 새 학기가 되었지만 고신대 재단 측은 당초 합의를 깨고 재임용을 희망한 7명의 해임 교수들의 재임용을 거부하였다. "내과 이시래 교수, 산부인과 정기묵 교수 등 4명은 주임교수들이 추천서를 써 주지 않았다는 이유로, 평교수협의회장을 맡았던 서재관 교수(56)는 학내 분규의 책임을 물어 임용을 거부했다. 간호학과 윤석옥 교수(38·여), 진단방사선학과 전병희 교수(42) 등 2명은 재단 측이 요구하는 각서를 쓰지 않았다는 이유로 모두 재임용을 거부" 했다.[42] 이로 인해 학교는 다시 술렁이기 시작했다.

4월 6일에는 오랜만에 서울에 올라갔다. 쉐라톤호텔에서 열리는 간 학회에 참석하기 위함이었다. 서울을 올라가면 늘 아들이 마중을 나왔는데 이날은 손자가 나왔다. 4월 11일은 어린이 동화를 쓰는 한수연에게 이동기를 만나게 해 주기 위하여 그의 두 자녀를 불렀다. 자기를 대신하여 한수연을 이동기 집까지 안내하게 하기 위함이었다. 때문에 한수연의 『할아버지 손은 약손』은 이동기와 관련된 대목이 생생하다.[43] 4월 15일에는 인제대학에 1억 원을 기증했다. 이 돈은 선생이 1979년부터 인제대학에서 1992년 초까지 강의료이다. 전종휘 박사만이 알고 있던 일을 장기려 사후에 공개했다.

> 인제의대 자문교수로 명예원장직에 있으면서 거의 매일 오후이면, 병원에 나오시어 외과 레지던트들을 보살펴 주시고 회진도 하시

42 김기현, 위의 글.

43 한수연, 『할아버지 손은 약손』, 영언문화사, 2004, 214-217쪽을 참고하라.

고, 또 많은 학술집회에 나와서 토론과 해명을 해 주시는 이분에게, 학교로서 매달 소액이나마 사례금을 드리기로 하였으나, 나는 이것을 장 형의 이름으로 대한투자신탁에 적금하여 내가 학교를 은퇴하기 좀 전에 총액이 1억 원이 넘게 되어, 장 형께 말씀드리어, 적절하게 보람 있게 쓰시라고 하였더니, 아들 가용 교수와 의논하시어, 인제장학재단 기금에 넣기로 하였다고 하기에 내가 가용 교수에게 알아보았더니, 아버님의 뜻에 따르기로 하였다고 하여, 그 장학기금 1억 원을 내 손으로 입금시킨 일이 있다. 널리 알리지 말라는 부탁이 있어서 별세하신 이후인 이제야, 내가 글로써 몇 자 적으나, 아마 많은 그분에 대한 흐뭇한 이야기들이 앞으로 더 나올 것이다.[44]

4월 25일 토요일 양산에서 있었던 양광교회 수양회에서 "기독교 이상주의"라는 주제로 강론하였다. "평화에 관한 일"과 "기독교 이상주의"는 교회 관련 모임에서 가장 많이 한 강연 주제였다. 왜냐하면 이 두 개의 강의 주제 안에 장기려의 세상을 대하는 태도와 목적이 모두 들어 있기 때문이었다. 야나이하라 다다오를 통해 배운 "기독교 이상주의"가 삶의 목적을 보여 준다면 "평화에 관한 일"은 두 번째 받은 사명의 내용을 가리킨다. 장기려는 야나이하라 다다오의 '기독교 이상주의'란 글을 1965년에 처음 읽었다. 4년 후에 "기독교 이상주의"라는 제목으로 글을 처음 썼다. 그 이후 장기려는 30년이

44 전종휘, "장기려 형님과의 만남", 『선생이 함께하신 발자취』, 성산장기려선생기념사업회, 125-126쪽.

넘는 동안 기독교 이상주의를 생각했고, 재삼재사 야나이하라 다다오의 글을 읽었다. 그 주제로 강연도 숱하게 했다. 물론 이 주제로 글도 꽤 여러 번 썼다. 그런데 25일 일기를 보면 1992년 버전의 "기독교 이상주의"가 실려 있다. 이전에 썼던 글과는 비교할 수조차 없게 짧다. 그러나 그렇게 쉽고 명료한 글이 양광교회 교인들에게 더 효과적이라고 생각한 듯하다.

**기독교 이상주의**

기독교는 예수님을 그리스도로 믿는 종교이다. 바꾸어 말하면 성경을 진리로 믿는 종교이다. 예수님은 종교를 일으키시지 않으시고 죄인을 회개케 하시어 구원을 얻게 하시려고 친히 죄 없이 십자가에 못 박혀 돌아가셨다가 부활하심으로써 하나님의 아들이심을 증거하셨다. 그래서 누구든지 그리스도를 믿고 영접하는 자에게 그리스도와 같이 부활하여 하나님 나라에서 영생을 얻게 하셨다.

이상은 현실 밑을 흐르고 있다. 개인의 이상인 하나님의 자녀가 되는 것은 예수 그리스도로 말미암아 성취되었으나 육을 입고 있는 동안에는 불완전하다. 육을 벗고 영체로 부활하여 완성되며, 또 가정과 사회의 이상은 예수님의 재림에 의하여 완성될 줄을 믿고 사는 주의이다. 사물의 본질은 현상계에 있는 것이 아니고 하나님의 나라에 존재한다. 이상과 현실의 관계는 이상이 현실을 지도하는 것이지 현실이 이상에 이를 수 없는 것이다. 우주와 만물은 창조된 것이어서 그것의 이상은 하나님 나라의 환경이 되는 데 있다. 하나님이 받으시는 예물은 믿음으로 사는 생활에 있다. 아벨의 예물과 같이.[45]

5월 7일과 8일에는 대한외과학회 춘계학술대회가 파라다이스호텔에서 열렸다. 둘째 날 오전에 "나의 외과의 60년"이라는 주제로 특강했다. 그 와중에 청십자병원에 들러 48명을 진료하였다. 5월 11일은 마틴 루터 킹 목사의 글을 읽고 숙면을 취했다. 6월 3일은 고신의대 채플 때 "기독교 이상주의"라는 제목으로 설교하였고, 오후에는 인제의대에서 제자 현봉학 교수의 강연을 들었다. 6월 9일은 왼쪽 윗다리의 근육이 아파 집에서 쉬면서 "기독교 이상주의"에 대해 다시 생각했다. 다행스럽게 잠은 잘 잤다.

7-8월은 비교적 건강했는데 9월부터는 첫 주간부터 수면제를 먹고 잠을 청해야 했다. 커피를 절제하지 못했기 때문이었다. 9월 6일 아침 '종들의 모임'에서 간증을 하였다. 선생은 8월에 남북의 70세 이상 노인들의 상봉이 끝내 좌절되어 크게 낙심하였다면서 책임을 절감한다고 고백했다.[46] 2학기에 접어들어 고신대 재단이사회가 1991년 8월 해임된 박영훈 전 의료원장을 고신 의료원장에 재임명하자 의대생 700여 명은 의료원장 퇴진을 요구하며 9월 17일부터 수업을 전면 거부한 채 집단 농성을 계속하기로 결의하였다.[47] 장기려는 9월 둘째 주에 설사로 내내 고생했다.

10월 12일은 「조선일보」 기자가 다녀갔다. 10월 13일은 서울대

---

45 장기려, 1992년 다이어리 4월 23, 24일 지면.

46 장기려, 1992년 다이어리 9월 5일 지면.

47 김기현, "의료원장 재임명 반발/고신의대생 수업거부", 「세계일보」, 1992년 9월 19일, 21면.

학교가 선정한 제1회 '자랑스러운 서울대인상'을 받기 위하여 오전 진료를 마치고 서울로 올라갈 계획이었다. 1990년에 미국 '종들의 모임'에 다녀온 후 무슨 일이든 절대 상을 받지 않으려고 했다. 이제까지의 수상도 잘못이기 때문에 앞으로는 받지 않겠다고 다짐한 것이다. 그 대신 하늘에 있는 상을 받고 싶었다. 아들은 동창들이 다 나오는데 아버지가 안 오시면 내가 뭐가 되며 사람들에게는 또 얼마나 망신이냐며 참석을 종용했다. 그래서 서둘러 환자를 보고 서울 갈 계획이었다. 일찍 출근해서 환자 볼 준비를 하다가 우측에 마비증상이 오기 시작했다. 한 번 약속한 것은 꼭 지켜야 하는 사람이었기에 그 몸으로 서울을 가려고 했다. 손동길은 자기 힘으로는 말릴 수 없다고 판단, 전종휘 박사에게 연락을 했다. 전종휘 박사가 고신의료원으로 와서 진찰한 후 입원시켰다. 훗날 김용준 박사에게 '자랑스러운 서울대인' 시상식에 참석하려던 날에 자신이 쓰러졌다는 이야기를 하면서 "그날 나에게 당신이 하나님의 뜻을 어겼기 때문에 하나님께서 내린 벌을 받은 것이라고 웃으면서 말했다."[48]

---

48 김용준, "내가 아는 장기려 박사", 《비평》, 제6호, 2001년 겨울호, 188쪽.

## 영원한 안식

1992년 10월 이후의 기록은 앙상하다. 1993년 한국청십자사회복지회 명예대표이사 추대, 1993년 7월 남북이산가족 생사확인 사업본부를 발족하며 장기려 본부장 추대,[49] 1994년 7월 김일성 주석 사망 관련 짧은 코멘트,[50] 1995년 11월 인도주의실천의사협의회가 수여한 제4회 인도주의 실천의사상을 받았다는 정도다. 그 이외에 행적을 추적할 수 있는 통로는 언론보도다. 가장 눈에 띄는 기사는 1993년 3월 26일 한완상 부총리 겸 통일원장관의 방문이다. 한 부총리는 그해 3월 19일 판문점을 통해 북으로 돌아간 이인모 씨에 대한 정부의 통일정책을 설명하기 위해 방문했다.[51] 북한이 한국전쟁 때 장기려 박사가 미군에 의해 납치되었으니 이인모 씨와 함께 송환하라는 요구를 했을 때도 기사가 났다. 1992년 8월의 당시 보도를 보자.

49 "남북이산가족 생사확인 사업본부; 발족", 「한겨레신문」, 1993년 7월 20일.

50 "남북 대화 계속 돼야", 「한겨레신문」, 1994년 7월 10일.

51 조민호·김기현·박상덕, "최 부총리, 납북어부 가족-장기려 박사 방문 이모저모", 「세계일보」, 1993년 3월 27일, 21면.

이인모 노인을 북으로 돌려보낸 후 정부의 대책을 설명하기 위하여 장기려 선생을 방문한 한완상 부총리.

북한은 2일 6·25 당시 월남한 장기려 박사(81·부산 청십자병원 명예원장)를 비전향 장기수였던 이인모 씨와 함께 무조건 송환해야 한다고 주장했다. 내외통신에 따르면 평양방송은 이날 장 박사 가족들의 좌담회 소식을 보도하면서 장 박사가 월남한 것이 아니라 미군에 의해 납치된 것이라고 강변하고 장 박사 아내인 김봉숙 씨 등 가족 전원이 조속한 송환을 기다리고 있다고 전했다. 이 방송은 장 박사 가족들이 이 좌담회에서 한국 측이 "이인모 씨와 장기려 박사를 정치적 목적에 악용하고 있다"고 비난하면서 "이산가족 고향정착사업 등을 제안하기에 앞서 아무런 전제조건 없이 장 박사를 이 씨와 함께 무조건 송환할 것"을 요구했다. 이에 대해 장 박사는 이날 「국민일보」와의 전화통화에서 "월남 당시 미군에 납치된 것이 아니라 둘째 아들을 데리고 자진 월남해 온 것"이라고 밝혔다.[52]

「국민일보」는 한국복음주의협의회가 교회갱신윤리위원회 조직을 위하여 11인의 교회갱신윤리위원에 장기려가 선정되었음을 1993년 3월 24일자로 보도했다.[53] 1994년에는 기독교윤리실천운동 7주년을 되돌아보면서 창립 때부터 최종 의결권을 가진 9인의 실행위원으로 참여했던 사실을 기사화했다.[54] 이 땅에서 마지막 언론 인터뷰는 1994년 6월 30일과 7월 10일, 「한국일보」와 「국민일보」에 실렸다. 「한국일보」와 가진 인터뷰는 남북정상회담에 대한 기대 속에서, 「국민일보」와는 김일성 주석의 사망 소식 이후 가진 대담 기사다. 불과 열흘 차이지만 대담 분위기는 사뭇 다르다. 「한국일보」와 가진 인터뷰에서, "44년 동안 간절히 바라던 남과 북의 진정한 만남이 이제 이뤄지는 듯해 가슴이 벅차다"면서 "북녘에 두고 온 처자의 모습이 손에 잡히는 것 같습니다"라며 설레는 감정을 숨기지 않았다. "사랑 앞에는 어떤 이념도 한낱 쓰레기에 불과하다"며 자신의 통일론을 이렇게 소개한다.

> 2차 세계대전 후 분단됐던 베트남과 독일은 모두 통일을 성취했으나 무력으로 통일한 베트남은 가난에 시달리고 경제력으로 통일한 독일은 국민 간의 갈등으로 고통받고 있다. [중략] 우리는 무력도 경

52 「국민일보」, 1992년 8월 4일, 18면.

53 「국민일보」, 1993년 3월 24일, 10면.

54 「국민일보」, 1994년 12월 10일, 38면.

제력도 아닌 오직 사랑으로 통일을 성취해야만 한다.[55]

반면 「국민일보」 인터뷰에서는, "며칠 전 남북 정상회담이 이뤄진다는 말을 들었을 때만 해도 이제야 이 민족도 제 길을 찾고 나 또한 평북 용천 고향땅을 밟아 오매불망 그리던 가족을 재회하려나 한 가닥 기대를" 했는데 "상황이 다시 한치 앞을 알 수 없게 됐지만 희망만은 결코 버리지 않겠다"고 했다. "갑작스런 김일성 주석의 사망 소식에 순간 아연"했지만 우리가 상상하는 만큼 크게 실망을 느끼지는 않았다. 아니 의연했다. 이유는 장기려가 김일성 주석이나 남북 정세에 따라 일희일비했던 사람이 아니라 역사는 하나님이 섭리하시고 통치하신다는 확실한 믿음 때문이었다.

> 하나님과 민족 앞에 진정한 회개 없이는 정상회담도 바람직한 결과를 얻지 못한다고 생각한 만큼 소망과 지혜를 저버리지 않는 한 우리가 잃을 것은 아무것도 없다고 생각합니다. [중략] 김 주석이 유명을 달리했어도 통일이라는 민족 지상 과제는 엄연합니다. 그러나 무력이나 경제력에 앞서 사랑을 토대로 한 평화통일만이 진정한 통일이라는 사실은 더욱 엄연합니다.[56]

---

55 김종훙, "내 고향 용천 땅 아내와 5남매, 생전에 보게 되려나", 「한국일보」, 1994년 6월 30일, 31면.

56 전인철, "전범 김일성 신앙 속에서 용서–44년 인고의 세월 장기려 박사", 「국민일보」, 1994년 7월 10일, 13면.

부정맥으로 쓰러졌다가 1993년 1월에 퇴원한 후부터는 부축을 받아야 움직일 수 있었다. 하지만 그런 몸을 가지고 청십자병원에 나가 매일 오전 10여 명의 환자를 진료했다. 세 번째 쓰러져서 오른쪽에 이상이 오기 전에도 '종들의 모임'에는 30분 일찍 도착했다. 한쪽 몸이 불편해진 다음에는 다른 신도들에게 불편 끼치는 게 싫다며 한 시간 전에 도착했다. 말년의 3년 동안 남의 도움을 받아야 거동할 수 있었지만 1시간 전에 '종들의 모임'에 도착할 만큼 신앙생활에 열심이었고, 부축을 받아야 했지만 의사로서의 사명에 최선을 다했다.

김용준과 1995년 5월 16일의 만남이 백병원 맨 위층 연구실에서 이뤄졌다고 회고하는 것을 보면,[57] 장기려는 이때까지도 백병원 연구실에도 나갔던 것 같다. 연구를 위한 것이었는지 아니면 진료를 위한 것인지는 확인되지 않았다. 사택과 '종들의 모임' 그리고 청십자병원을 반복적으로 오고가는 단순한 생활은 1995년 7월 고신의료원에 마지막 입원할 때까지 계속되었다.

이 시기에 에피소드가 하나 있다. 1995년의 일이다. 한 번은 양덕호 박사와 이경수 장로가 후일 장기려 동상을 만들기 위하여 사진 찍는 사람을 데리고 왔다. 동상을 제작하려면 8면에서 찍은 사진이 필요했다. 옆에서 이 모든 과정을 지켜본 손동길은 그때 상황을 이렇게 말했다.

57 김용준, 위의 글, 188쪽.

> "장 박사님, 우리가 나중에 기념하기 위해서 동상을 만들려고 하는데 5분도 필요 없습니다, 잠깐이면 됩니다." 그러더라고요. 그때 할아버지는 앉을 기운도 없어서 부축을 해 드려야 하는 어려운 형편이었는데 잠시 가만히 계시더라고요. 나는 몇십 년 동안 함께 살았기 때문에 화가 났다는 것을 알았지! 곧 벼락을 치겠다 싶었는데, 아니나 다를까! 손에 갑자기 힘을 딱 모으고는 벌떡 일어나 앉으시더라고요. 그러더니 한 손을 번쩍 들고, "내 동상을 만드는 그놈은 벼락을 맞아 죽어라!" 하시고는 뒤로 탁 쓰러지시는 거예요. 동상 찍으러 왔던 사람이 기겁하고 도망을 갔지요. 벼락을 맞으라는데 안 그러겠어요. 양덕호 박사나 이경수 장로도 슬그머니 나가 버렸지요.[58]

'자랑스러운 서울대인상' 수상을 비롯하여 과거에 국가나 사회로부터 이런저런 상을 받았던 것까지 가능하다면 무르고 싶어 했기에 동상을 만들겠다는 제안에 보였던 반응은 당연한 구석이 없지 않다. 하지만 남에게 싫은 소리 안 하기로 소문난 장기려가 사람을 세워 놓고 "저주를 받으라"는 극언을 했다니 놀랍다. 장기려의 타인을 향한 가장 심한 표현이었지 싶다. 저주 이야기를 하니 글 한 편이 생각난다. "우리가 버려야 할 세 가지 마음"이란 장기려의 글이다. 이 글에서 우리가 버려야 할 것으로 교만과 욕심과 거짓을 이야기했다. 거짓을 가리켜 "저주받을 거짓"이라고 했다.[59] 거짓을 어느

---

58 손동길 전 청십자병원 마취과장과 2006년 8월 인터뷰.

59 장기려, "우리가 버려야 할 세 가지 마음", 《청십자소식》, 제327호, 1988년 7월 4일.

정도로 혐오했는지를 알 수 있는 대목이다.

1995년 7월 부산 고신의료원에 입원했다. 아들의 뜻에 따라 11월 3일 서울 백병원으로 옮겼다. 이때 장기려는 서울로 가고 싶어 하지 않았다. 서울대학병원이든 백병원이든 낯선 서울보다는 부산이 편하다는 현실적인 이유도 작용했다. 과연 어느 병원 의사나 간호사들이 고신의료원 만큼 자신에게 친절할 수 있겠느냐고 손동길에게 말했다. 서울로 가지 않으려는 또 하나의 이유가 있었다. 의사로서 자신이 얼마 살지 못한다는 사실을 분명하게 알고 있었기 때문이다. 서울 가서 좀 더 나은 곳에서 치료를 받으면 회복될 것이라고 말하는 사람들에게 말했다.

"내가 의사야, 내 몸은 내가 알아."

자신이 곧 죽을 텐데 비싼 돈을 들여 가며 서울로 가는 것을 원치 않았다. 장가용이 언론 인터뷰에서 한 이야기지만 이미 10월, 그러니까 고신의료원에 입원해 있을 때 묘비에 "주님을 섬기다 간 사람"이라고만 쓰라는 유언을 남겼다.[60] 그러나 아들은 아버지를 회복시키기 위해 최선을 다했다. 가족이라고는 이남에 덜렁 자기 혼자인데 아버지를 부산에서 돌아가시게 할 수 없었던 듯하다. 이렇게 아버지와 아들의 실랑이가 길어지면서 손동길이 곤란했다. 나는 더 오래 살 수 없다면서 손동길 집에 가서 죽겠다고 떼를 썼기 때문이다. 고신의료원에 소속된 의사들도 마지막까지 모시고 싶어 했다.

---

60 김환용, "'예수 사랑' 실천…참 인술 한평생, 성탄절에 타계한 장기려 박사", 「서울신문」, 1995년 12월 26일, 23면.

그러나 11월 3일 아들의 뜻대로 서울 백병원에 입원했다. 하늘나라로 갈 때가 거의 다 되자 장기려는 아들 가용과 손동길을 불렀다. 두 사람의 손을 허벅지 아래 넣게 하였다. 구약에서 아브라함이 아들과 결혼할 여자를 구하러 가게 했을 때 사용했던 바로 그 맹세 방법이었다.[61] '두 아들'에게 두 가지를 약속받고 싶었다. 첫째는 장례식 문제였고, 또 하나는 매장 방식이었다. 장례를 가족장이든 사회장이든 그것은 가용이 결정하게 했다. 단 장례예배는 '종들의 모임'의 어네스트 로빈슨 선교사에게 맡기라고 했다. 시신은 화장하여 부산 앞바다에 뿌리라고 했다. '두 아들'의 손을 허벅지 아래에 넣게 하면서까지 약속하라니 안 할 도리가 없었다.

장기려는 1995년 12월 25일 새벽 1시 45분 서울 중구 저동 백병원에서 하늘의 부르심을 받았다. 그때 손동길은 부산에 있었기 때문에 임종을 지키지 못했다. 연휴 때인지라 연락을 받고 곧바로 올라 오기도 쉽지 않았다. 가족이 아닌 사람으로 제일 먼저 빈소를 찾은 이는 서초동 소재 산정현교회 김관선 담임목사였다. 새벽 기도회를 마치고 곧바로 달려갔는데 도착한 6시쯤에는 이미 방송국 중계차가 나와 있었고, 장례예배 순서지도 준비돼 있었다.[62] 손동길은 위독한 징후가 보이지 않았기에 성탄절을 부산에서 보내고 있었으리라. 그렇다면 장기려는 급작스럽게 성탄절 새벽에 별세한 것일까. 이를 두고 장기려가 장례식 집례를 맡겼던 '종들의 모임' 어네스트

61 창세기 24장 1-4절을 참고하라.

62 김관선 산정현교회(서울 서초동) 담임목사 2006년 7월 인터뷰.

로빈슨 선교사는 2021년 8월 인터뷰에서 믿기 힘든 두 가지 이야기를 들려주었다. 장기려가 분명하게 연명 치료 거부 의사를 밝혔음에도 가족 요구로 힘겹게 연명 치료 받는 걸 목격했고, 거기에 더해 성탄절에 맞춰 인공호흡기를 제거했다는 것이다. 취재 때 만났던 또 다른 인터뷰어에 따르면 고신대 의대 내에서는 장기려의 인공호흡기 인위적 제거 소문이 회자되었다고 한다. 그런 사실은 유족 측 한 인사와 인터뷰에서도 확인됐다!

미국에 있는 장기려 조카 장혜원 박사도 사촌 동생 장가용으로부터 삼촌의 별세 소식을 들었지만 성탄 시즌이라 비행기 티켓을 구하지 못해 장례식에 불참했다. 장혜원은 캐나다 해외동포원호회를 통해 별세 소식을 북한 가족에게 공식적으로 전하는 한편 장기려의 둘째 딸 성용에게 편지를 보냈다.

> 이제부터 전해야 할 소식이 북에 계신 가족들에게 얼마나 큰 타격과 슬픔, 아픔과 실망을 줄지 모른다는 생각을 하니 글이 만들어지지 않습니다. 캐나다의 해외동포원호회를 통해 내가 삼촌의 서거 소식을 보냈는데 받았는지요? 지난 12월 25일, 새벽 1시 45분에 서울의 백병원 중환자실에서 가용 동생과 손자 여구와 손녀 예원이가 지켜보는 가운데 평안하게 운명하셨대요. 백병원은 삼촌이 설립하는데 관계하신 큰 종합병원이고 지금 여구가 연수하는 의사로 근무하고 있는 병원이지요. 지난 7월 초에 부산에 있는 삼촌집에 가서 하룻밤 지내면서 뵙고 왔는데 중풍으로 인해 반신이 불편하신데도 불구하고 오전중은 계속 환자를 보시면서 보람 있게 화평하신 얼굴로 살

고 계신 것을 보고 우리도 큰 용기를 얻고 왔지요. 삼촌이 사시던 아파트는 고층 건물 병원 옥상 바로 앞에 송도 바다가 보이는 경치가 좋은 곳이었고 집에서는 아무 불편 없이 모든 일을 다 해주는 사람과 삼촌을 따르고 돌봐 드리는 사람들이 많았습니다. 물론 올케(여구엄마)나 예원이가 자주 가서 뵙지만, 그런데 그후 여러 가지 병의 합병증으로 인해 온갖 치료에도 불구하고 회복이 어려워지셨고, 서울로 모셔다가 갖은 치료와 간호를 다해 보았지만 종래 회복하시지 못하셨어요.

부음이 나가자 각계각층의 시민들과 모든 신문사에서 삼촌의 의로운 한평생의 인술의 삶을 칭송하며 이산가족 만남의 꿈을 실현하시지 못하는 한을 안고 떠나신 것을 몹시 안타까워했지요. 2일 동안에 조문객들이 1000여 명이나 왔다고 하며 가용 동생의 가족이 북조선에 있는 형제들을 대신해서 가족장으로 훌륭하게 장례를 치렀어요. 가용 동생이 사회장, 설립하신 여러 병원의 병원장 등으로 하자는 제안을 다 사양했다고 전화로 말하더군요. 내가 부음을 들은 것은 미국은 일요일이고 다음 날은 크리스마스 공휴일이라 비행기 표를 구할 수 없어 섭섭하게도 삼촌의 장례식에 참석하지 못했어요. 우리 아버님(장기원)이 1964년에 돌아가신 후에는 삼촌을 아버님 대신 의지하며 격려와 사랑을 받고 살아와서 말할 수 없는 허탈감에 빠져 있으니 북에 계신 가족은 오죽할지……. 모든 사람들이 삼촌의 일생을 평가하기를 '교훈적 삶을 이끌어 오신 의로우신 우리 사회의 한 도덕적 지표'라고 하는 존경을 받으신 훌륭하신 분이었으니 부디 위로받으시기 바래요. 그리고 삼촌 어머님, 부디 건강하셔서 그리운 아들, 가용 동생과 손자, 손녀, 며느님 만나시는 날을 위해 힘내 주세요.

통일의 날을 염원하면서 삼촌 어머님과 여러 동생 가족들의 안녕을 기원합니다.

미국에서 언니 장혜원[63]

장혜원이 보낸 편지를 장성용은 2월 2일에야 받았다. 비보가 40일 걸려 북한에 도착한 것이다. 그러나 편지가 도착하기 전인 1월 24일 평양 가족들은 그 소식을 먼저 접했다. 해외동포원호회로부터 소식을 받은 걸로 추정된다. 성용은 마음이 너무 아파 편지 쓸 용기가 나지 않았다며 두 달이 지나 장혜원에게 답장을 보냈다.

어머님은 물론 저희들 모두 아버님 만날 날만을 이렇게 기다리고 있는데 우리 아버님 저희들의 이 마음은 어떻게 하라고 그렇게 가셨을까요? [중략] 부산에서 세상 떠났다고 하기에 혹시 오빠가 아버님 곁에 없을 때 갑자기 잘못 되셨나 해서 더 가슴이 아팠는데 이번에 혜원 언니의 편지에서 가용 오빠와 여구와 지인이 엄마, 예원이가 다 지켜선 데서 평안히 가셨다고 해서 한결 저의 마음이 풀리는 것 같습니다. 형님, 여기서는 모두 잘 있습니다. 다만 어머님이 뜻밖에 너무 큰 마음의 충격을 받으셨는지 불면증이 와서 치료를 받으셨고 식

---

63 장혜원이 1996년 1월 6일에 북한으로 보낸 편지.

사도 제대로 드시지 않아 퍽 수척해지셨어요. 우리 애들이 할머님을 위로하느라 무척 애를 씁니다. 그리고 음력설에 여기 다섯 형제들이 우리 집에 모여 아버님을 경모하며 인사드렸습니다.

장기려가 별세하자 친구 전종휘 박사는 차남 장가용뿐 아니라 양아들 손동길에게 상복을 입혔다. 장례는 가족장으로 결정했고, 서울백병원은 장소가 비좁아 빈소를 서울대학병원으로 옮겼다. 이미 방송국과 40분 중계 약속을 했다는 이유로 유족은 로빈슨 선교사에게 장례예배 집례를 맡기지 않았다.

장기려의 죽음이 알려지자 각계각층에서 마지막 가는 길을 보기 위해 몰려왔다. 빈소 한 귀퉁이에는 1991년 조카로부터 받은 부인 김봉숙 여사의 사진이 놓여 있었다.[64] 김영삼 대통령을 대신하여 김광일 당시 비서실장이 빈소를 다녀갔고, 이수성 국무총리, 이현재, 강영훈 전 국무총리, 한완상 방송통신대 총장, 한승수 전 청와대 비서실장, 권근술 한겨레신문사 사장, 조완규 서울대 전 총장, 선우중호 서울대 총장 대리, 백낙조 인제학원 이사장, 박형규 목사, 김용준 고려대 명예교수, 조완규 전 교육부 장관, 이종찬 국민회의 부총재 등이 조화를 보내거나 조문했다. 교육부 장관에 임명된 지 닷새뿐이 안 된 안병영 장관은 일면식도 없었으나 빈소를 찾았다. 이순형 서울의대 학장과 의대 교수 100여 명은 병원에 출근하자마자 곧바

64 권혁범, "타계전 부인육성 테이프 받고 통곡-장기려 박사 빈소 표정", 「한국일보」, 1995년 12월 27일, 35면.

로 과별로 조문했다.

장례예배는 27일 오전 9시 30분에 시작했다. 유족으로는 장가용(60·서울의대 교수)과 아내 윤순자(윤안과 원장), 그리고 손자 장여구(30·백병원 레지던트)가 자리를 지켰고, 노신영, 이영덕 전 총리, 강영훈 대한적십자총재, 권이혁 전 문교부 장관, 박찬종 전 의원, 백낙환 인제대 총장, 손봉호 서울대 교수, 이건오 서안 복음병원 원장, 박영훈 전 고신의료원 원장 등 500여 명이 참석했다. 구산장로교회 김상호 원로목사(72)가 "선한 자의 부활"이란 제목으로 설교했고, 대표 기도는 부산 산정현교회 박광선 목사가 맡았다. 장례예배 도중에는 1976년 국민훈장 동백장을 수상하고 제자들이 마련한 축하만찬에서 했던 연설 중 일부를 1분가량 들었다. "자격도 없는데 큰 상을 준 것은 하나님 앞에서 본래의 약속을 지키며 살라는 뜻으로 받아들이겠다"는 내용이었다. 이날 조사는 백낙환 인제대 총장과 박영훈 전 고신의료원 원장이 맡았다. 김관선 목사(서초동 산정현교회)의 축도가 있은 후 참석자들이 영정 앞에 헌화했다. 유해는 영구차로 서울대병원을 떠나 경기도 남양주시 마석 모란공원묘지로 향했다. 유족을 비롯한 고신의료원 직원들, 부산 청십자의료보험조합 및 청십자사회복지회 직원들, 그리고 부산모임 멤버들은 세 대의 대형버스에 분승하여 장지까지 동행했다. 모란공원묘지에 안장된 시각은 12시 30분이었다. 이만열 교수는 기독교방송의 새벽 칼럼을 통해 장기려의 죽음을 애도했다.[65]

우리는 우리 시대의 위대한 성인 한 분을 잃었다. 그분에게 위대하다거나 성인이니 하는 말이 전혀 어울리지 않는다. 세상에 이름이 드러나기를 원치 않으셨고 오직 하나님께만 인정받기를 원하셨던 분이셨기 때문이다. 이 시간에 그 어른을 생각하는 것은 그분이야말로 이 민족의 분단의 상처를 가장 진지하게 지고 가신 분이셨고, 민족통일 문제와 함께 꼭 떠올려야 할 분은 바로 장기려 박사님이라고 생각하기 때문이다. [중략] 젊었을 때부터 그는 의료를 통해 예수를 닮아 가려고 노력하였다. 일제 치하에서나 해방 후 북한에서도 그는 그리스도의 정신을 어떻게 의료세계에 구현할 수 있겠는가를 고민하고 그것을 실천했던 분이었다.

[중략] 장기려 박사는 북에 두고 온 부인과 자녀들을 생각하면서 혼자서 그 외로움을 달래고 참았다. 이것은 곧 북에 있는 아내와 자녀들과 그 고통을 함께한 것이라고 생각된다. 영원한 사랑을 위하여 일시적인 고통을 참아야 한다는 것이 그분의 지론이었다. 남북에 있는 동포들이 서로를 위해 고통을 함께 나눌 수 있다면, 통일은 이미 이루어진 것이나 다름없다.

그분은 이렇게 북에 있는 자신의 가족들을 늘 생각하면서 민족의 아픔을 짊어지고 있었지만, 통일에 대한 자신의 견해는 좀처럼 표명하지 않았던 것으로 알고 있다. 그러나 필요한 때에는 시대적인 분위기와는 관계없이 과감하게 자신의 입장을 표명하였다. 1990년 문익환 목사의 방북운동으로 공안정국이 조성되고 있을 때였다. 기독교

---

65 이만열 교수는 장기려 10주기 추모 예배 이후 있었던 강연을 마무리 하면서 이 칼럼을 다시 읽었다.

계에서마저 문 목사에 대하여 심한 돌팔매질을 하고 있을 때, 장 박사님은 평소에 조용한 모습과는 달리 이 시대의 예언자적인 목소리를 발하였다. 그때 나는 장 박사님의 기고문을 읽으면서, 이것이야말로 가족들의 아픔을 통해 민족의 고통을 몸소 체험하고 있던 한 선각자의 경건한 신앙고백이요, 가슴 뭉클케 하는 뜨거움과 강렬한 호소력을 지닌 것이었다고 느꼈다. [중략] 1995년 7월 그를 일가상 수상후보로 정하고 부산 복음병원으로 찾아가서 수상을 권했다. 그러나 장 박사는 이 세상의 어떠한 상도 이제는 받지 않겠다고 하면서 불편한 거동으로 이른 저녁 성경 공부 모임에 참석하였다. 80 고령에도 불구하고 우리에게 선하게 비친 그 모습은 구도자의 간절한 모습 그것이었다. 장 박사가 떠나던 날, 누구보다 통일을 기렸던 그가 하나님 앞에서 담담하게 가는 것을 보면서 많은 사람들이 얼마나 울었는지 모른다. 그리고 기도했다. 저분같이 북쪽에 부인과 자식들을 두고 눈을 감아야 하는 애태우는 동족들이 더 이상 존재하게 해서는 안 된다고 말이다.[66]

66 2005년 12월 10일 서울대학병원교회에서 있었던 장기려 제10주기 추모기념 강연원고.

에필로그

# 장기려 정신으로 오늘을 산다는 건 어떤 의미일까

장기려를 다시 쓰면서 직접 연관되지 않은 역사를 너무 장황하게 끌어오는 게 아닌지 자문하면서도 계속 거기에 매달렸다. 시대와 역사 속에서 장기려를 보아야 한다는 생각을 포기할 수 없었기 때문이다. 우리 민족과 세계의 통사(通史)가 저 밖에서 홀로 겉도는 게 아니라 개인이나 작은 공동체의 역사와 어우러져야 한다고 거듭 자신을 의식화했다. "직접 연관되지 않은 역사가 이 대목에서 왜 거론되느냐"가 아니라 "우리 사회와 국가, 또는 세계사에 그런 일이 일어날 때 장기려는 무슨 생각을 했고 어떻게 반응했는지"를 상상했다. 시대가 사라진 장기려 서술이라는 함정에 빠지지 않게 조심하면서 그와 직접 연관되지 않은 사건에 장기려를 밀어 넣어 역사를 소설로 만들지 않아야 한다고 자신을 다그쳤다.

세상을 떠난 이듬해 1월, 정부는 장기려에게 국민훈장 무궁화장을 추서했다. 차남 장가용은 2000년 '8·15이산가족방문단'의 의료지원 특별 수행원 자격으로 방북했다. 이틀이 지난 8월 17일 오전 11시 평양 보통강호텔에서 어머니 김봉숙과 누이동생 신용, 성용, 남동생 인용을 만났다. 모자가 처음 상봉했을 때 김봉숙은 아들을 보고 아무 말 없이 울었다. 아들 손을 잡고 한참을 들여다보고 있던 어머니에게 아들이 "나를 기억하느냐"고 묻자 "이게 꿈이에요, 생시에요"라고 존댓말로 대답했다. 아들은 "야, 이놈이 왜 인제왔냐라고 때리지는 못할망정 왜 존대를 하시느냐" 했고, 어머니는 웃기만 하셨다. 김봉숙은 아들에게 증손자가 잘 자라느냐는 말 외에 별로 묻지 않았고 장가용은 편지와 전자수첩을 북의 가족에게 선물하고 세 시간만에 헤어졌다.[1] 김봉숙은 2004년 4월 93세에 세상을 떠났고, 아들 장가용도 2008년 1월 18일에 눈을 감았다.

과학기술부(현 과학기술정보통신부)와 한국과학기술한림원은 2006년 1월 장기려에게 '평생을 의술 발전과 의료 봉사에 헌신한 공로'를 인정하여 '과학기술인 명예의 전당'에 헌정했다.[2] 장기려 탄생 100주기를 기념해 문화선교원(대표자 임성빈)은 유한철이 연출(극본 한석화, 조재국)한 창작 뮤지컬 〈그 사람 바보 의사 장기려〉를 4월 24-27일까지 서울 대학로 문화공간 엘림홀에서 공연했다.[3] 부산 동구청은 2013년 4월 '청십자 의료협동조합'을 열었던 곳에서 800미터 떨어진 초량동 856-31번지에 장기려 박사 기념 '더 나눔' 센터를 오픈했다.[4] 부산 서구청은 2015년 3월 "알로이시오 기념병원 앞(감천로 215)에서 송도탑스빌 앞(감천로 298)에 이르는 822m 구간 도로"에 명예도로명 '장기려로'를 허가했다.[5] 과학기술정보통신부

---

1 평양공동취재단, "통일의 그날까지 부디 몸 건강히", 「경남신문」, 2000년 8월 18일.

2 강희종, "장기려 박사, 과학기술명예전당 헌정", 「메디포뉴스」, 2006년 1월 21일; http://medifonews.com/news/article.html?no=13029

3 노희경, "바보 의사 장기려, 창작 뮤지컬로 부른다", 「국민일보」, 2011년 4월 6일.

4 김상진, "어게인 1966년…달동네 장기려 센터", 「중앙일보」, 2011년 4월 1일.

5 안경진, "고신대복음병원 앞 '장기려로' 생긴다", 「메디칼 업저버」, 2015년 3월 18일;

는 2018년 국가 과학기술 발전에 이바지한 공적을 인정하여 '과학기술유공자 예우 및 지원에 관한 법률(법률 제 13579호)'에 의거, 고신대학교 복음병원 명예원장 장기려를 과학기술유공자로 선정했다.[6]

장기려를 존경하더라도 한 개인이 그의 정신에 따라 살아야 한다는 법은 없다. 장기려는 '종교'가 아니며 교리화된 경전은 더더욱 아니기에 그렇다. 그의 가르침을 어겼거나 모범을 따르지 않았다는 이유로 형벌을 받지 않는다. 그의 정신과 실천에 공감하는 만큼 삶에 적용하고 살면 된다. 그러나 장기려 정신을 표방하는 기관이나 공동체라면 이야기가 다르다. 기관의 존립 목적과 존재 이유를 장기려에 두고 있기 때문이다.

1995년의 어느 시점에 몇몇 복음병원 관계자가 동상 제작 준비 차원에서 장기려를 찾아 갔다. 방문 목적을 듣던 장기려는 그 자리에서 벌떡 일어났다. 한쪽 마비로 부축을 받아야할 처지였지만 힘을 다해 일어서더니, "내 동상을 만드는 그 놈은 벼락을 맞아 죽어라"고 소리쳤다. 사진 찍으러 왔던 사람들은 기겁하며 자리를 피했다. 그 이후 장기려 앞에서 누구도 동상 이야기를 다시 꺼내지 못했다. 세상을 떠나던 해 10월에 장기려는 아들 간청에 못 이겨 부산 고신대복음병원에서 서울 백병원(현 인제대학병원)으로 옮겼다. 그때 장기려는 '연명치료를 거부한다, 장례식 집례는 종들의 모임 어네

---

http://www.monews.co.kr/news/articleView.html?idxno=81499

6 고재우, "고 이종욱, 장기려 박사 등 6인 '과학기술유공자' 지정,「데일리메디」, 2019년 1월 28일; https://www.dailymedi.com/news/news_view.php?wr_id=839601

스트 로빈슨 선교사에게 맡긴다, 몸은 화장하여 부산 앞 바다에 뿌려달라'고 유언했다. 유족은 장기려의 세 가지 유지(遺志)를 하나도 받들지 못했다. 그게 끝이 아니었다. 성탄절 새벽에 인위적으로 인공호흡기를 뗐다는 의혹을 사고 있기 때문이다.

1997년 12월 24일에 고신대복음병원은 2주기 기념으로 장기려 간연구소 앞 벽에 그의 흉상 동판을 걸었다.[7] 동상 건립에 전혀 뜻이 없었던 걸 의식했기 때문인지 병원 측에서는 동상을 포기하고 아담한 크기의 흉상 동판을 제작했다. 그로부터 12년 뒤에 학교법인 인제학원은 인제대학교 설립 30주년 기념으로 '우웨이산(吳爲山)[8] 조소공원'에 민족 선각자 안창호, 서재필 등과 함께 장기려 동상을 건립했다. 의학 업적이 가장 빛났던 시절이라고 회고했던 부산대학교는 2012년 양산 캠퍼스 의과대학 건물 뒤편에 장기려 흉상을 건립했다. 부산외과학회는 2021년 10월 우리나라 외과 수술의 선구자 장기려 박사를 기리는 골프대회를 열었다. 행사 후에는 성산 장기려 기념사업회에 기부할 성금을 손자 장여구 교수에게 전달했다.[9] 골프를 즐기는 건 부도덕하거나 범죄가 아니다. 골프장 건

---

7 박문두·석동빈, '「한국의 슈바이처」 장기려 박사 2주기 추모식', 「동아일보」, 1997년 12월 24일.

8 우웨이산(1962-)은 난징사범대학교 미대를 졸업하고, 베이징대학교와 미국 워싱턴대학교 미술대학에서 공부했다. 2007년 인제대학교에서 명예철학박사 학위를 수여했다. 중국 전통 예술 사상인 사의정신을 잘 표현하는 조각가로 유명하다. 2012년 프랑스 루브르국제미술전 금상과 제1회 중화예술문화상을 수상했다. 김해 인제대학교에 그의 이름을 딴 조각 공원이 있다.

9 이홍곤, "부산외과학회, 장기려 박사 기념 골프 행사", 「국제신문」, 2021년 10월 4일

설로 환경이 훼손되거나 오염 문제로 부작용은 생기지만 말이다. 우리나라 외과 수술의 선구자를 기린다는 명목으로 여는 장기려 골프 행사는 이해가 어렵다. 장기려와 골프는 어떤 연결이 가능한가. 물론 의사단체도 골프를 칠 수 있다. '제1회 장기려 박사 기념 골프대회'라는 현수막을 앞세워 사진을 찍고, 언론을 통해 기사화하지 않았다면 뭐가 문제겠나.

성산 생명윤리연구소는 기독교 정신과 장기려가 지향했던 인간 생명의 윤리 확산을 목적으로 1997년 12월 창립했다. 최근 몇 년 동안의 활동은 성산 생명윤리연구소가 본래의 목적을 충실하게 따르고 있는지 살피게 만든다. 지난 4년 동안 연구소를 대표하다가 2023년 초에 물러난 소장은 극우 언론인 정규재 씨가 창간한 〈펜앤드마이크〉에 칼럼을 연재했다. 그 기고문의 상당수는 성산 생명윤리연구소 홈페이지에 '연구소 언론활동'으로 소개됐다. 그가 4년간 쓴 칼럼이나 인터뷰는 홈페이지에 등록된 '연구소 언론활동'의 절반에 육박한다.[10] 정규재는 우리나라 일본군 위안부가 자발적 매춘을 했다고 주장하는 하버드대 존 마크 램지어 교수를 옹호해 물의를 일으켰고[11], 그가 창간한 〈펜앤드마이크〉는 가짜 뉴스, 혐오 표현 등으로 종종 논란을 일으키는 매체이다.[12] 이런 매체에 연구소를

---

10 2023년 5월 현재 성산 생명윤리연구소는 이명진 소장의 재직(2019-2023) 기간 동안 80개가 넘는 글을 업데이트했다. 이 기간 동안 총 업데이트 건은 169개다.

11 박성호, [단독] "'위안부' 개입 말라"… 극우 인사들 미국에 메일 공세, 〈MBC〉, 2021년 2월 14일.

12 김미란, "이상호 기자, 보수매체 〈펜앤드마이크〉 고소.. 왜?", 〈고발뉴스〉 2019년 11월 18

대표하는 의사가 성산 생명윤리연구소장이라는 공식 직함을 표기하며 칼럼을 기고했다. 그 대목도 우려스럽지만 과격하고 선동적인 표현이 더 문제다. "젠더권력의 꿀을 빨며 독(毒)을 주입하려는 자들"[13], "성정치꾼을 솎아내자"[14] 등의 제목은 이 기관이 연구 단체인지 정치 결사체인지 헷갈리게 한다. 공부가 목적인지 정치적 주장이 본업인지 묻고 싶어진다. 건강가정법 일부 개정안을 낸 국회의원을 비판했던 칼럼 제목은 "짐승들의 세계에는 면허가 없다"[15]였다. 칼럼 결론을 "인간이 지켜온 존엄성과 가정의 가치를 짐승의 수준으로 떨어뜨리면 안 된다. 짐승들은 혼인신고를 하지 않는다"고 쓴 걸로 보면, 일부 법률 개정안을 낸 의원을 짐승에 비유했음을 알게 된다. 모름지기 연구자라면, 더군다나 장기려의 생명윤리 연구자라면 합리적으로 사실 관계를 밝히고 판단을 국민에게 맡기면 될 일이다. 굳이 해당 국회의원을 짐승으로 낙인 찍으면서까지 자기 주장을 할 이유가 없다. 이해하기 힘든 일은 현 정부 지지 칼럼을 성산 생명윤리연구소가 홈페이지 언론활동으로 인정한 것이다.

---

일; http://www.gobalnews.com/news/articleView.html?idxno=28911

13 이명진, "젠더권력의 꿀을 빨며 독(毒)을 주입하려는 자들", 〈성산생명윤리위원회 홈페이지〉, 2021년 6월 18일; http://bioethics.or.kr/press-1/?pageid=6&mod=document&uid=527

14 이명진, "성 정치꾼을 솎아내자", 위의 홈페이지, 2022년 6월 17일; http://bioethics.or.kr/press-1/?pageid=1&mod=document&target=content&keyword=%EC%84%B1%EC%A0%95%EC%B9%98%EA%BE%BC&uid=608

15 이명진, "짐승들의 세계에는 면허가 없다", 〈성산생명윤리위원회 홈페이지〉, 2021년 3월 18일; http://bioethics.or.kr/press-1/?mod=document&pageid=1&target=title&keyword=%EC%A7%90%EC%8A%B9&uid=487

윤석열 정부가 출범하고 두 달 뒤에 쓴 "공격형 무기와 수비형 무기"[16]란 제목의 칼럼은 "중국에 대한 굴욕외교, 인권을 가장한 이권팔이에 치를 떨며 문재인 정부를 거부"한 국민에게 새 정권은 "국민의 감성을 만지고, 우방들의 서운한 감정을 헤아리기 위해 힘쓰고 있다"고 치켜세웠다. "기존 기득권 세력들의 저항에 밀리거나 머뭇거"리지 말고 "소금의 맛을 잘 유지"하라는 덕담도 잊지 않았다.

성산 생명윤리연구소에 마지막으로 지적할 점은 형평성 문제다. 뒤에서 자세하게 언급하겠지만 황우석 줄기세포 조작을 최초 제보한 류영준(당시는 '제보자 닥터 K') 강원대 의대 교수와 수업 중 성희롱 혐의로 총신대에서 2019년에 해임당했던 이상원 교수는 모두 성산 생명윤리연구소 회원이었다. 류영준은 황우석의 줄기세포 조작을 MBC PD수첩에 제보했다가 다니던 병원에서 쫓겨나는 걸 시작으로 고발 당하고 , 2년간 도피하고, 전공을 바꾸고, 언론과 황우석 지지자들로부터 온갖 괴롭힘을 당했다. 끝난 줄 알았던 괴롭힘은 황우석이 명예훼손으로 류영준을 직접 고소함으로 극에 달했다. 류영준은 2019년 4월에야 무죄 확정 판결을 받았다. 14년 동안 온갖 불이익을 견디며 내부 고발자의 삶을 살았다는 이야기다. 그러는 동안 성산 생명윤리연구소는 공적으로 그의 아픔에 동참하거나 도를 넘는 언론과 권력과 지지자들의 괴롭힘에 함께 맞서지 않았다. 포

---

16 이명진, "공격형 무기 수비형 무기", 위의 홈페이지 자료실 연구소 언론보도, 2022년 7월 21일; http://bioethics.or.kr/press-1/?mod=document&pageid=1&target=title&keyword=%EA%B3%B5%EA%B2%A9%ED%98%95+%EB%AC%B4%EA%B8%B0&uid=611

럼에서 학문적으로 황우석 줄기세포의 문제점과 의료 윤리 위반을 비판했지만 류영준을 지지하거나 함께 싸운 기록은 쉽게 눈에 띄지 않는다.

반면에 성산 생명윤리연구소는 6대 소장을 역임한 이상원 교수 해임 건으로 성명서를 2회 발표하고[17], 기자회견을 열고[18], 3개월 동안 해임 징계 항의 집회에 참석하였다.[19] 당시 소장은 이상원 교수 징계 항의를 주제로 네 편의 칼럼을 발표하였다.[20] 이 같은 사실은 홈페이지에서 확인 가능하다. 이것이 과연 장기려 정신을 배우고 실천할 뿐 아니라 그의 생명윤리를 후세에 계승하려는 공동체의 선택이 맞는가.

장기려를 기리고 그 정신과 실천을 위해 설립된 기관이나 유족의 행보를 따라가다 보면 『카라마조프가의 형제들』에 나오는 한 대목이 떠오른다. 김기석 목사는 2019년 성탄절에 그 대목을 두고 이런 칼럼을 썼다.

> 예수가 재림하여 나타나자 대심문관은 그를 잡아 지하 감옥에 가

---

17 성산 생명윤리연구소는 2019년 11월부터 2020년 5월 22일에 성명서를 발표했다. 연구소 홈페이지 자료실, 연구소 언론활동을 참조하라.

18 2019년 12월 5일 서울 사당동 총신대 앞에서 기자회견을 하였다.

19 성산 생명윤리연구소 홈페이지 연혁의 2020년 활동보고를 참고하라.

20 성산 생명윤리연구소 소장 이명진은 2019년 12월 5일과 26일, 2020년 1월 6일과 5월 21일 총 4회에 걸쳐 글을 기고했다. 자세한 내용은 연구소 홈페이지 자료실 '연구소 언론보도'를 참조하라.

둔다. 한밤중에 그는 감옥으로 예수를 찾아와 '당신은 오지 말았어야 했다'고 말한다. 사람들은 자유가 아니라 빵을 원하고, 담담하고 한적한 평화보다는 신비를 원하고, 평화로운 공존보다는 권력을 원한다는 것이었다. 교회는 사람들의 자유를 담보로 잡은 대가로 그들이 원하는 것을 주고 있는데 당신의 등장으로 그런 질서가 교란될 수도 있다며 떠날 것을 종용한다. 예수는 아무 말 없이 그에게 입을 맞추고 그곳을 떠난다. [중략] 그 예수는 어쩌면 교회에서 침묵을 강요당하고 있는지도 모르겠다. 예수는 자신들의 권력욕을 믿음으로 포장하는 이들에 의해 이용당하고, 심지어 납치된 것은 아닐까? 우리는 어떤 예수를 기다리고 있나?[21]

사소한 호칭에서부터 유언에 이르기까지 장기려의 뜻과 바람은 가장 가까운 사람들로부터 외면당했고 지금도 그러하다. 교회에서 예수가 침묵을 강요당하고 있다면 고결한 삶과 뜻을 세상에 알리고 후대에 전하기 위해 세워진 단체들로부터 장기려도 떠나길 종용 받거나 이용당하고 있는 건 아닐까. 그래서 '장기려 정신으로 오늘을 산다는 건 어떤 의미일까' 자문하고 또 자문한다. "기독 의사의 삶을 온몸으로 보여준 장기려 선생"을 존경하며 따르고자 했던 한 의사를 소개한다.

---

21 김기석, '빈센트 반 고흐의 성탄절', 〈청파교회 홈페이지〉, 목사님 칼럼, 2019년 12월 28일; http://www.chungpa.or.kr/board/newtemp.php?contents=viewbody.php&code=writing&page=1&number=653&inum=4&keyfield=comment&key=%EB%B9%88%EC%84%BC%ED%8A%B8+%EB%B0%98+%EA%B3%A0%ED%9D%90

8년간 '제보자 닥터 K'로 알려졌던 류영준 강원대 의대 교수는 2002년 3월 황우석 교수 연구팀에서 줄기세포로 환자를 치료할 수 있다는 꿈을 안고 석사 과정에 입학했다. 3개월 만에 복제소 '영롱이'와 '진이' 논문이 없다는 사실을 확인한 뒤 2004년 3월 하순 황우석 팀을 나왔다. 원자력병원 레지던트 1년차로 근무하던 2005년 3월 검증되지 않은 줄기세포로 교통 사고를 당해 전신이 마비된 소년에게 황우석이 임상 실험을 약속했다는 사실을 전해 들었다. 임상 실험이 강행된다면 척수장애 소년은 암에 걸리거나 생명을 잃을 처지였다.[22]

소년의 체세포를 직접 뗐고, 줄기세포를 만들어 그 아이의 척수장애 치료를 다짐했던 류영준은 임상 실험을 막아야 했다. 류영준과 척수장애 소년은 각별했다. 2003년 소년의 체세포를 직접 떼어 왔고, 간호사 아내와 소년의 줄기세포만은 반드시 만들겠다고 다짐했기 때문이다. 그 아이 부모에게 사진을 받아 책상에 놓고 실험을 하기도 했다. 그러나 실험실을 떠날 때까지 줄기세포를 만들지는 못했다. 황우석의 줄기세포 약속을 들었을 때 "아이에게 닥칠 위험 때문에 두려웠다. 어떤 부작용이 있을지 아무런 검증이 안 된 상태이었기에 말이다."[23]

황우석이 노벨상이나 돈과 명예를 위해 "다른 사람의 목숨까지

22 이재명, "10살 소년 살리고 싶었다", 「한겨레신문」, 2014년 3월 4일.

23 이재명·손은민·오다인, "8년만의 고백, 내가 황우석 사기 제보한 이유는…", 「한겨레신문」, 2014년 3월 5일.

이용하는 상황을 알고도 묵인"할 수 없었다.[24] 미래를 포기해야 하는 위험천만한 일이었지만 줄기세포 조작을 세상에 알리겠다고 결심했다. 류영준은 "불의를 외치는 무리에게 진실을 말할 수 있는 사람이 될 수 있을지 고민하고 또 고민"했다.[25] 고민이 끝나자 제보를 믿고 보도해 줄 언론을 찾았다. 귀동냥 수준에서 피상적으로 찾지 않았음은 「미디어 오늘」 인터뷰에서 잘 드러난다. 조선·중앙·동아·한겨레·MBC 등 보수와 진보를 가리지 않고 알아 본 것은 기본이고 조사하는 언론사에 황우석과 선후배 관계나 광고 등으로 엮인 인물은 없는지도 꼼꼼하게 체크했다.

> 제보를 실어줄 언론을 찾는 기간이 상당했다. 당시 레지던트로 근무하며 틈틈이 언론을 물색하는 작업을 했다. 당연히 한국의 언론을 공부해야 했다. 중간에 '킬'하지 않을 언론사를 찾는 건 어려운 일이었다. 조선·중앙·동아는 황우석을 떠받치고 있었고 진보 언론도 노무현 정권에서 자유로울 수 없던 것 같았다. [중략] MBC 보도국의 경우 보도본부장이 황우석의 서울대 수의대 3년 후배였고, 소규모 인터넷 매체로는 안 되는 싸움이었다. 검찰, 국회도 생각해봤지만 제보는 불가능했다. 8-9개월 정도 물색하고 낙담하고를 반복했다.[26]

---

24 박상미, "제2의, 제3의 황우석은 언제든지 등장한다", 《주간경향》, 2015년 1월 12일.

25 이미영, "생명 조작 알고 묵인할 수 없었다", 「기독신문」, 2015년 1월 20일.

26 김도연, '황우석 제보자, "지금 PD수첩에 제보하라면? 그냥 죽죠', 〈미디어오늘〉, 2017년 7월 3일: http://www.mediatoday.co.kr/news/articleView.html?idxno=137671

우연한 기회에 류영준은 MBC 'PD수첩' 15주년 특집을 시청했다. "저희 〈PD수첩〉은 능력이 모자라서 제대로 비판하지 못한 적은 많았지만, 압력 때문에 피해 간 적은 없었다"는[27] 최승호 피디의 클로징 멘트를 유심히 지켜보고 난 후 PD수첩 관계자만 볼 수 있는 제보란에 글을 올렸다.

> 국제적인 망신이 될 수 있고 제보하는 저도 피해를 볼 수 있는 상황이지만, 부정한 방법으로 쌓은 명성은 한 줌 바람에 날아가고 진실은 언젠가 밝혀진다는 신념 하나로 이렇게 편지를 띄우니 부디 저버리지 마시고 연락 부탁합니다.[28]

MBC PD수첩은 6개월 취재 끝에 황우석 논문 조작 의혹을 보도했다. 많은 국민과 네티즌들은 '나라를 팔아먹은 역적'으로 PD수첩을 매도했다. 정부나 타 언론은 말할 것 없고 MBC 내부에서조차 보도를 막으려는 압력이 들어왔다. '제보자 닥터 K' 류영준에게도 혹독한 시련이 덮쳤다. 방송이 나가고 11일 뒤, 류영준은 강압에 못 이겨 원자력병원에 사표를 냈다. 황우석 지지자들의 악플은 도를 넘었고, 고발도 서슴지 않았다. 신변의 위협도 당했다. 한 방송사 기자는 류영준이 "나쁜 사람이라는 전제하에 무단 침입으로 집 안을 찍어" 모자이크 처리해 뉴스로 내보냈다. 기자가 '후회한 적 없

---

27 한학수, 『진실, 그것을 믿었다』, 사회평론, 2016, 36-37쪽.

28 위의 책, 33쪽.

느냐?'고 묻자, 이렇게 대답했다.

> 후회라는 건 후회할만한 선택지가 있어야 한다. 제 앞에는 선택지가 하나 밖에 없었다. 후회를 할 수가 없다.[29]

아포리즘급 어록을 남긴 것이다. 집과 병원은 기자들이 '뻗치기'를 하는 통에 2년간 도피 생활을 해야 했다. 그 와중에 PD수첩은 압력에 굴복하지 않고 보도를 이어갔다. 서울대 조사위원회(위원장 정명희)는 《사이언스》에 발표한 황우석의 논문 '조작'과 함께 난자 매매 및 연구원의 난자를 줄기세포 연구에 이용하는 등의 연구 윤리 위반을 밝혀냈다. 《사이언스》는 해당 논문을 철회했고 서울대는 황우석을 파면했다. 그러나 이 사건을 보도한 언론이나 정부는 류영준과 MBC를 상대로 보복을 멈추지 않았다. 이명박 정부 국정원은 'MBC 정상화 전략 및 추진방안'이란 문건에 따라 한학수 피디를 비롯한 언론인들을 스케이트장 관리 부서 등으로 쫓아냈다. 최승호 책임 피디는 2012년 부당 해고를 당하고 거리로 내쫓겼다.[30]

류영준은 2013년 12월이 되어서야 자기가 '제보자 닥터 K'였다고 인터넷 학술 커뮤니티 생물학연구정보센터 브릭(BRIC)에 커밍아

---

29 김은정, '오프 더 레코드' 류영준 교수 "황우석 줄기세포 조작 폭로…후회? 다른 선택지 없었다", 〈TV리포트〉, 2021년 11월 17일: https://tvreport.co.kr/broadcast/article/206032/

30 손가영, "김재철·안광한·김장겸, 반드시 검찰 포토라인에 서야", 「미디어 오늘」 2017년 9월 29일.

웃을 하며 감사를 표했다. 포털 '다음'의 해당 기사에 달린 1000개 중 90퍼센트 댓글은 "류 교수가 한국의 줄기세포 연구를 몰락시키고, 줄기세포 연구에서 외국이 한국을 추월하게 만들었으며, 국익을 해쳤다"[31]고 비난했다. 황우석 사태가 마무리되고 10년이 더 지났음에도 한국 사회는 별로 달라지지 않았음이 사실로 입증된 것이다. 2004년부터 2006년까지 그 많은 기자들이 〈PD수첩〉과 제보자를 비판했지만 황우석의 조작이 밝혀졌을 때 사과문을 게재한 대다수 언론사와 달리 기자는 단 두 명만 사과했다.[32] 2014년 한국생명윤리학회 국제연구윤리심포지엄은 황우석 사태 이후 한국 사회가 변하지 않았기에 언제든 제2, 제3의 황우석이 등장할 수 있다고 경고했다.[33]

류영준은 2014년 3월 「한겨레신문」과 첫 인터뷰를 하며 '황우석 사태를 거치며 누가 기억났냐'는 기자 질문에 제일 먼저 고신대 의대를 다닐 때 "온몸으로 기독 의사의 삶을 보여줬던 고(故) 장기려 박사"가 떠올랐다고 답했다.[34] 이어서 "어린시절부터 가까이서 정신적 가르침을 준 조계종 종정 진제 스님, 실제 함께 황우석 사건을 겪고 역사적 사실에 대한 해석과 판단에 가르침을 준 황상익 서울대 인문의학과 교수, 병리과 의사로서 의사의 길을 다시 걷게 해준 김한

31 안홍기, "'황우석 논문조작' 제보 류영준 '난 분노했다'", 〈오마이뉴스〉, 2014년 1월 30일.

32 김도연, 황우석 제보자 "지금 PD수첩에 제보하라면? 그냥 죽죠", 「미디어 오늘」, 2017년 7월 3일.

33 박상미 위의 기사

34 이재명, 위의 기사.

겸 고려대 병리학과 교수, 참여연대 시민과학센터 김병수 박사 가족, MBC 〈PD수첩〉 최승호·한학수·김보슬·김현기 PD, 그리고 아직 말할 수 없지만 많은 분들께 머리 숙여 감사드린다."[35]고 인사했다.

1991년 당시 고3이던 류영준은 병원 옥상에 홀로 사는 장기려 다큐멘터리를 공중파 TV에서 시청했다. "인자한 할아버지가 자신이 있는 곳으로 와 의학을 배우라고 손짓하는 느낌"을 받고 고신대 의대에 입학했다. 장기려는 이미 은퇴했기에 의학 수업은 듣지 못하고 채플 설교에 만족했다. 하지만 그때의 배움은 "아주 깊은 기억으로" 남았다. 류영준은 "어려운 상황에서 견디는 것이 무엇인지 말이 아닌 몸과 태도로 보여"준 장기려에게 용기를 얻어 끝까지 싸울 수 있었다. 장기려를 생각하며 "기독교인의 삶이 모든 사람에게 동의받는 때보다는 이해받지 못할 때가 더 많고, 다수이기보다는 소수일 때가 많다"는[36] 점을 거듭 마음에 새겼다. 자기가 믿는 하나님이 진실을 지키려는 이들의 고독한 싸움을 외면하지 않음을 장기려를 보면서 확인했던 것이다. 그러나 여기서 끝이 아니었다. 2017년 12월에 황우석은 서울 동부지검에 출판물에 의한 명예훼손 혐의로 류영준을 고소했다. 전후사정은 이렇다.

황우석은 2016년 4월 28일 청와대 수석실이 주관한 '생명공학 연구에 관한 법과 제도의 문제점'이라는 정책토론회에 참석하여 차병원의 체세포복제 배아줄기세포 연구를 승인해 달라고 요청했다.

---

35 이재명·손은민·오다인, 위의 「한겨레신문」 기사 박스 인터뷰.

36 류영준 교수가 지강유철에게 보낸 2017년 11월 이메일 서면 인터뷰.

당일 정책 토론회에 참석했던 복수의 전문가들로부터 이를 확인한 류영준은 박근혜 탄핵 열기가 타오르던 11월말 CBS 라디오 〈김현정의 뉴스쇼〉와 인터뷰했다. 4월 28일의 정책토론회 자리에서 황 우석이 했던 "법을 풀어달라, VIP와 독대했다, 나는 못하게 하더라도 차병원은 하게 해 달라"는 등의 발언을 폭로한 것이다. 12월 초순의 「머니투데이」 인터뷰에서도 줄기세포 연구 허가와 연구비 지원 결정권을 갖고 있는 정부와 의료계의 결탁으로 "차병원의 연구가 사작되면 금기시됐던 체세포복제 배아줄기세포 연구의 틈이 벌어지고, 황 박사 자신도 그 틈을 비집고 들어가 연구재개 등 뭔가 챙기려고 한 것 같다"[37]는 우려를 전달했다. 검찰은 류영준에게 징역 1년을 구형했으나 서울동부지방법원 형사33단독 조현락 판사는 2018년 10월 10일 류영준에게 무죄를 선고하였다. 다음은 판결문 요지이다.

> 기사 인터뷰 부분은 허위의 사실이 아니거나 중요한 부분에 관하여 허위의 사실이라고 보기에 부족하고, 설령 피고인이 허위의 사실을 인터뷰한 것으로 보더라도 피고인에게 피해자를 비방할 목적이 인정하기 어렵다. 또한, 공소사실 제3항 기재 2016년 12월 8일 토론회 발표 부분은 피고인이 청와대 '문고리 3인방', 최순실 등 비선실세와의 관계에 관하여 공고사실 기재와 같은 구체적인 발언을 하였다거나 그 내용이 허위라고 단정하기 어렵고, 설령, 피고인이 그러한

37 류영준의 명예훼손 사건 서울동부지법(2017고단3879) 1심 판결문 3쪽.

발언을 하였다고 보더라도 피고인에게 피해자의 명예를 훼손한다는 고의가 있었다고 보기에 부족하다.[38]

검찰은 1심 재판부가 사실을 오인하고 법리를 오해했다며 항소했다. 서울동부지법 형사항소1부(유남근 부장판사)는 2019년 4월 18일 검찰의 항소를 모두 기각하였다. 황우석의 항고 포기로 류영준은 무죄가 확정됐다. 2023년 현재 류영준은 강원대학교 의과대학·의학전문대학원 교수이고 강원대병원에서 뇌 부검과 진단업무를 담당하고 있다. 강원·충청지역 뇌은행장을 역임하였고, 한국생명윤리학회 산하 신경윤리연구회 간사, 정부 신경윤리 연구과제 총괄책임자로 활동하고 있다. 2022년 6월 과학기술정보통신부 뇌연구실무추진위원회 위원으로 위촉됐다.

건축가들은 묘비 디자인을 남에게 맡기지 않는다. 아돌프 로스(1870-1933)는 자기의 건축 철학을 '장식은 범죄다'라는 한마디로 요약했다. 최후 작품인 그의 묘비는 어떤 장식도 허용하지 않았고 묘비명과 생몰년도 표기까지 거부했다. 장기려는 친 아들과 양 아들에게 '내가 죽으면 화장(火葬)하여 부산 앞바다에 뿌리라'고 당부했다. 묘비에는 "주님을 섬기다 가신 분이 여기 잠들다"라고 새겼다. 무소유로 살다가 죽은 뒤에는 흔적조차 남기고 싶어하지 않았던 장기려가 떠오르면 로스의 묘비 사진을 들여다 보았다. 『장기려, 그

38 위의 판결문 15쪽.

사람』을 쓰던 처음 몇 년은 행복했다. 그러나 남북한 어디서든 뿌리 내릴 수 없었던 장기려 생각에 지난 4년은 종종 슬펐다. 슬프기에 복되다고 생각했다.

추천의 글

# 바보처럼 주님을 섬기다 간 사람

한희철/정릉교회 목사

윤 집사님, 이제쯤엔 귀래에도 여름의 기운이 가득하겠네요. 무더운 한낮에는 사방 뻐꾸기 울음 한가하겠고, 밤꽃 향기 진동하는 밤은 서로 부르고 대답하는 소쩍새 울음으로 지나가겠지요. 산벚꽃 피고 진 산도, 막 땅내를 맡은 논의 모도 온통 초록빛이겠다 싶습니다.

마당 한 구석 우물가에 선 앵두나무에선 올망졸망 앵두가 잘 익었을 테고요. 어디를 둘러봐도 초록빛 세상인데 어디에서 붉은빛을 길어 올린 것인지, 자연의 매 순간은 그저 경이롭고 신비로울 따름입니다.

귀래에서 원주로 넘어가는 양안치 고개에도 녹색의 기운은 넘치기 시작했겠지요. 자작나무에서 돋는 연초록 잎새들의 아우성이 얼마나 눈부실까, 손을 흔들듯 윤기로 반짝이던 작은 손길들이 눈에 선합니다.

여전히 바쁘시지요? 연락을 드릴까 하다가 행여 바쁜 일정에 누가 될까 그만둔 적이 두어 번 있었답니다. 그러고 보니 볕이 잘 드는 집사님네 거실에서 음악을 들으며 마음속 이야기를 나누던 시간이 그리움으로 떠오릅니다.

언제부터 시작이 된 것인지는 모르겠습니다만 한동안 '원주'하면 많은 사람들은 군인부대를 떠올렸습니다. 늠름한 품으로 자리 잡은 치악산보다도 군사도시를 먼저 떠올리고는 했지요. 그만큼 원주를 대표하는 이미지는 중심에서 벗어나 구석진 곳에 자리 잡고 있는 칙칙하고 답답한 도시였던 것 같습니다.

지난해 원주를 잠깐 방문하며 원주가 역동적인 모습으로 달라져 가고 있는 것을 보고 적잖이 놀랬습니다. 불과 몇 년 사이에 몰랐던 길들이 사방으로 뚫리고, 곳곳에 들어서고 있는 빌딩과 아파트 숲, 외형적인 변화도 대뜸 눈에 띄었지만 원주의 변화는 그렇게 드러난 겉모습만이 아니었습니다.

마치 시대에 뒤떨어진 낡고 갑갑했던 갑옷을 벗고 가볍고 상쾌한 옷으로 갈아입기라도 하듯 사람들의 기억 속에 남아있던 군사도시의 이미지에서 벗어나 첨단의료산업도시라는, 이름만 들어도 뭔가 생동감이 넘치는 도시로 탈바꿈되고 있었습니다. 새로 조성된 의료산업단지에는 수많은 업체들이 경쟁적으로 입주를 했고, 그들이 만든 첨단의 의료기기는 전 세계로 수출이 되고 있었습니다. 원주가 보여주고 있는 놀라운 잠재력과 가능성을 보고 국가에서는 다양한 지원을 하고 있었고, 벌써 꽤 많은 나라에서 견학을 다녀갈 정도였다니 군사도시로 인식되던 원주로서는 실로 놀라운 변화인 셈이지요.

그 변화의 중심에 집사님이 계시다는 이야기를 원주에 사는 이들에게서 들었을 때 마음이 뿌듯했습니다. 물론 집사님은 아니라고, 결코 혼자 한 일이 아니라고 손사래를 치겠지만, 누군가 한 사람이 한 도시의 묵은 이미지를 새롭게 바꿀 수 있다는 것은 여러 가지로 신이 나는 일이 아닐 수가 없습니다.

언젠가 집사님께 들었던, 무기를 개발하는 곳에서 일을 하다가 하나님을 믿는 내가 왜 사람을 죽이는 무기 만드는 일을 해야 하나, 그런 마음이 인생의 길을 의공학 쪽으로 돌리게 된 계기였다는 말을 지금도 소중하게 기억합니다. 아마도 그때 그 마음의 변화가 오늘날의 결실로 나타난 것이지 싶어 뿌듯한 마음이 더 크답니다.

집사님, 혹시 장기려 선생을 기억하시는지요? 연배는 달라도 동시대를 살았고, 집사님도 비슷한 길을 걷고 있어 공적으로든 개인적으로든 어떤 교분이 있지 않았을까 싶은 생각도 듭니다.

많은 사람들은 장기려 선생을 이산가족의 아픔을 겪은 분으로, 북에 두고 온 아내를 그리워하며 평생 혼자서 살아간 분으로 기억을 합니다. 지금의 시대가 가벼워서 그렇겠지요, 그런 삶이 얼마나 어렵고 드문 일인지를 잘 알기에 선생의 그런 모습이 더욱 애절하고 인상 깊게 남아있는 것 같습니다.

남북 간에 화해 분위기가 조성될 때 선생에게는 북한의 가족을 만날 수 있는 특별하고도 좋은 기회가 주어진 적이 있었습니다. 북한 정부도 환영한 일이어서 얼마든지 가능한 일이었음에도 끝내 선생은 거절을 합니다.

> "다른 사람들이 모두 다 가지 못하는데 내가 어찌 특별대우를 받아 가겠느냐? 모두 갈 수 있을 때 나도 가야지…."

그 일을 주선했고 들뜬 마음으로 소식을 전했던 현봉학 박사는 선생의 그런 모습을 보며 '이렇게 훌륭하신 분이 세상에 다시 또 있을까' 하며 눈시울을 적셨다고 합니다.

제가 최근에 읽은 『장기려 평전』이라는 책에는 그렇게 막연하게만 알고 있던 선생의 구체적인 모습과 그 시대가 가지고 있던 다양한 모습들이 꼼꼼하게 기록되어 있어 많은 것들을 새롭게 생각하게 했습니다.

신사참배 문제로 인해 생긴 교단의 분열과, 많은 순교자들을 배출하며 끝까지 신앙을 지켰지만 뒷수습을 하는 과정에서 서로의 견해가 달라 결국은 교회가 둘로 갈라진 평양 산정현교회 이야기는 마음이 아팠습니다.

주기철 목사의 부인 오정모에 관한 이야기는 순교의 의미를 다시 생각하게 해주었습니다. 산정현교회가 순교자 주기철 목사를 위해 교회 뜰에 순교기념관과 동상을 세우려고 했을 때, 절대 안 된다며 반대했던 이가 오정모였습니다.

> "교인들이 주일날 예배드리러 교회에 왔다가 하나님의 영광을 보고 하나님만을 찬양, 경배해야지 주 목사가 그것을 가리는 존재가 되어서는 안 된다."

교회가 유가족을 위해 땅을 사주겠다고 결의하였을 때에도, 김일성이 주 목사의 숭고한 정신에 감복했다며 금일봉과 적산가옥 문서를 보내왔을 때에도, 평양노회가 그동안 주 목사와 가족들에게 잘못했던 것을 사과하며 '주기철 목사 순교기념예배'를 드리겠다고 제안하였을 때에도 오정모는 그 모든 것을 다 거절합니다. 주 목사가 포상받기 위해 순교한 것이 아니라는 이유에서였습니다. 일제에 의해 목사관에서 강제로 쫓겨나 오 년 동안 열세 번이나 이사를 다니면서도 그 누구의 도움도 받지를 않았다고 합니다.

순교의 삶이란 법궤를 실은 수레를 울며 끌면서도 좌우로 치우침 없이 벧세메스까지 곧장 올라간 뒤, 마침내 제물로 바쳐지는 두 마리 암소와 같은 것임을 생각하게 됩니다.

오정모의 주치의로서 누구보다도 오정모의 삶을 잘 알았던 선생은 '그의 신앙은 지금도 살아서 히브리서 11장에 추가될 인물 중 하나로 말하고 있다고 믿는다'며 그에 대한 존경심을 아낌없이 표현하고 있습니다.

선생의 삶을 두고서는 한국의 슈바이처, 바보 의사, 작은 예수, 우리 시대의 성자 등 많은 헌사들이 있고 선생은 그런 말을 듣기에 충분하다 싶은 삶을 살았지만, 저는 그 많은 표현들보다 선생의 묘비에 적혀 있는 짧은 한 마디 말이 오히려 선생의 삶을 선명하게 나타내고 있다고 보입니다.

그 말 하나면 충분하다 싶을 만큼, 다른 말을 아끼고 싶을 만큼 선생은 마음을 다해 주님을 섬기는 삶을 살았습니다. 주님 품에 안기기 두 달 전 아들에게 남긴 유언은 자신의 묘비에 '주님을 섬기다 간 사람'이라고만 쓰라는 것이었습니다. 그 말이 정확한 것이라면 '주님만을'에서 '만'을 빼는 것이 선생의 삶을 더욱 진솔하게 하는 것이 아닐까 싶기도 합니다. 굳이 무엇을 따로 강조하지 않아도 좋은 분이었으니까요.

북한에서 받은 모범일꾼상(모범일꾼상은 당시 지식인이 받을 수 있었던 최고상이었다고 합니다. 자신이 기독교인이라는 것을 드러내면서도 그렇게까지 인정을 받을 수 있었던 것을 선생은 신앙의 승리라고 생각했습니다. 김일성이 자신의 혹을 떼어내는 수술을 할 적임자로 선생을 생각했고, 이인모 노인을 북송할 때 반드시 장기려 선생을 함께 보내야 한다고 주장했던 것을 보면 선생이 북쪽에서 받았던 신망이 얼마나 두터운 것인지를 느끼게 됩니다)을 비롯하여 막사이사이상, 국민훈장 무궁화장, 서울대가 선정한 제1회 자랑스러운 서울대인상 등 선생에게 주어진 상은 수없이 많았지만, 오직 하늘에 있는 상만을 위해 자신이 받은 모든 상을 무르고 싶어 했던 것이 선생의 마음이었습니다.

선생이 돌아가시던 해 제자들이 후일 선생의 동상을 만들기 위해 사진을 찍으려고 사진사를 대동하고 찾아오자 "내 동상을 만드는 그 놈은 벼락을 맞아 죽어라!" 벼락같은 소리를 질러 그들을 내쫓았다는 아름답고도 흔쾌한 일화도 있으니, 굳이 선생이 자신의 어떤 삶도 강조하진 않을 것 같은 생각이 듭니다.

주님을 섬기듯 이웃을 섬긴 선생의 삶은 한평생 이어졌습니다. 전쟁 후의 가난한 사람들을 돌보기 위해 시작한 무의촌진료, 버려진 행려병자에게 베푼 사랑, 우리나라 최초의 의료보험인 청십자의료보험의 태동, 간질환자들의 친구가 되어준 장미회 활동, 무료병원으로 시작한 복음병원 창설, 평양연합기독병원 원장, 김일성대학 의과대학교수, 부산복음병원 원장, 서울대 부산대 가톨릭 교수 등 분주하고도 막중한 직임을 맡으면서도 가난한 자들에 대한 선생의 관심은 멈춘 적이 없었습니다.

남편과 헤어져 북한에서 자식을 기르며 고단한 삶을 살아야 했던 선생의 부인 김봉숙은 선생이 남한에서 훌륭한 삶을 살고 있다는 이야기를 듣고는 딸들에게 이렇게 말했답니다.

> "너희 아버지, 거기서도 여전하시구먼. 두 개 가지면 벌 받는 줄 아시는지 번번이 거지에게 옷 벗어주고 퍼렇게 얼어서 들어오셨어. 내가 부엌에서 굶은 것도 모르시곤 길 가는 거지들을 불러와서 겸상 차려 먹이신 양반이지."

집사님, 선생의 삶속에서 제게 숙제처럼 와 닿는 부분이 있습니다. 선생은 평생토록 성서연구를 했고, 누구보다도 교회를 사랑하며 교회의 진정한 개혁을 열망했습니다. 일찍부터 김교신, 우치무라 간조, 야나이하라 다다오, 후지이 다케시, 함석헌, 주기철, 오정모, 손양원, 강원용, 채규철 등과의 교분을 통해 열린 마음을 지켜가고 있었습니다.

언젠가 선생은 자신의 일기에서 잊지 못할 다섯 사람의 이름을 적은 적이 있는데, 그 첫째 인물이 할머니 이경심이었습니다. 어린 자신을 늘 등에 업고 교회에 다녔고, 아침저녁으로 가정예배를 인도하며 선생을 위해 "이 금강석이 자라나 하나님의 나라와 현실 나라에서 크게 쓰여지는 일꾼이 되게 하소서." 기도하셨던 분, 선생의 믿음의 뿌리는 그렇게 오래전부터 깊게 내린 것이었습니다.

그럼에도 불구하고 결국 선생은 제도권 교회와 결별하게 됩니다.

신사참배 문제로 교단이 분열되는 것을 보았고, 복구를 둘러싼 갈등을 경험했으며, 신사참배를 했던 무리들이 교단을 장악하고, 믿을만한 교계 지도자들이 총회장이 되기 위해 금권선거를 자행하는 것을 보았고, 무엇보다도 점점 자본주의화 되어가는 교회의 모습이 선생을 통탄하게 만들었습니다.

그러던 중 주님의 가르침을 삶으로 온전히 따르고 있는 '종들의 모임'을 알게 되었을 때, 선생은 교회를 떠나 '종들의 모임'을 택하게 됩니다. 그때 선생의 나이 78세, 이제까지 걸어온 길을 보나 주변에 있는 이들의 면면을 보나 결코 쉽지 않은 결정이었을 텐데 선생은 세례까지 다시 받으며 기꺼이 새로운 길을 걸어가기 시작했습니다. 여전히 교회의 개혁이 시급하다고 여겨지는 이때 새로움이 어디에서 어떻게 시작될 수 있는 것인지, 선생이 보여준 결정은 큰 숙제처럼 다가옵니다.

집사님, 이미 집사님께서 잘 알고 있는 이야기를 제가 장황하게 한 것이 아닌지 모르겠습니다. 마음을 다해 주님을 섬긴 한 사람의 삶이 얼마나 많은 이들에게 주님의 사랑으로 다가갈 수 있는지를 장기려 선생을 통해 확인을 하며, 집사님을 통해서도 같은 은총이 나타나기를 비는 마음이 간절하답니다. 우리의 삶이 다만 주님을 섬기다 간 사람으로 기억될 수 있기를, 그것이 가장 복된 삶임을 같이 생각하고 싶었습니다.

새로운 옷으로 갈아입는 원주라는 도시가 어디까지 어떻게 변할 수 있을지 기대가 됩니다. 별이 좋은 어느 날, 집사님이 좋아하는 음악을 같이 들으며 주님을 섬기는 삶에 대해 이야기를 나눌 수 있게 되기를 또한 기대합니다. 내내 건강하시고요.

주 안에서 한희철 드림

## 장기려 연표

| | |
|---|---|
| 1911년 | 8월 14일, 평안북도 용천군 양하면 입암동 739번지에서 출생. |
| 1918년-7세 | 4월 1일, 의성소학교 입학. |
| 1923년-12세 | 의성소학교 졸업. |
| 1925년-14세 | 여름, 감리교 감독에게 세례를 받음. |
| 1928년-17세 | 3월 3일, 개성 송도고등보통학교 졸업. |
| | 4월 1일, 경성의학전문학교 입학. |
| 1932년-21세 | 3월 20일, 김봉숙과 약혼, 경성의학전문학교 졸업. |
| | 4월 9일, 서울 새문안교회에서 김봉숙과 결혼. |
| | 4월, 경성의학전문학교 외과 조수(1938년 4월까지). |
| 1935년-24세 | 첫 수술(급성담낭염 및 담도결석 증상을 보이는 36세의 여성 환자). |
| | 평양 계시던 부모님 서울로 모심. |
| 1938년-27세 | 경성의학전문학교 외과 강사(1940년 2월까지). |
| 1940년-29세 | 1월 초, 정릉에 있는 김교신의 집에서 열린 동기모임에 참석하여 김교신, 함석헌, 송두용 등을 만남. |
| | 3월 24일, 평양 연합기독병원(평양 기홀병원) 외과과장으로 부임. |
| | 5월, 로마서 강해를 위해 내한한 야나이하라 다다오를 서울에서 만남. |
| | 11월, 평양 기홀병원 원장 취임. |
| | 11월 14일, 나고야 대학에서 의학 박사 학위 취득. |
| 1941년-30세 | 2월, 평양 기홀병원 원장직에서 해임. |

2월 5일, 창씨개명한 이름(張村起呂)으로 의사 면허 취득.

1942년-31세 '성서조선 사건'에 연루되어 평양경찰서에 12일간 구류.

후배 민광식과 함께 "농흉에 관한 세균학적 연구"라는 논문을 《조선의학회》에 기고.

일본외과학회에 참석하여 논문 "근염의 조직학적 소견" 발표.

1943년-32세 우리나라 최초로 간암의 설상절제수술에 성공.

1944년-33세 신사참배에 반대하여, 출석하던 신양감리교회를 떠나 해방 때까지 가정예배를 드림.

1945년-34세 5월 16일, 황달과 불면증, 신경쇠약 등으로 묘향산 등지에서 요양생활.

8월 17일, 해방 소식을 듣고 평양으로 돌아온 다음 날 평남건준 위생과장직을 맡음.

9월 7일, 일제에 의해 강제 폐쇄되었다가 해방과 더불어 문을 연 평양 산정현교회에 등록.

11월, 평양도립병원 원장 취임.

1946년-35세 4월 21일, 유방암 판정을 받은 평양 산정현교회 오정모 사모(주기철 목사의 부인)의 주치의가 됨.

12월, 병원의 시설물 도난 사건에 책임을 지고 평양도립병원 원장직에서 해임.

1947년-36세 연초에 김일성대학 의과대학 강좌장(교수)으로 청빙받음.

2월 26일, 용암포에서 월남하는 함석헌과 만나 작별.

12월, 당시 지식인이 받을 수 있었던 최고상 모범일꾼상 수상.

1948년-37세 여름에 과학원으로부터 김두봉(언어학), 계응삼(농학), 최삼열(이학), 최명학 등과 더불어 북한에서 수여하는 최초의 박사 학위 수상자가 됨.

8월 14일, 평양 산정현교회 장로로 장립.

| | |
|---|---|
| **1950년-39세** | 6월, 공식 휴가를 얻어 묘향산에 가서 러시아어로 된 외과학 책을 번역하다가 한국전쟁 발발 직전 평양으로 돌아옴. |
| | 12월 3일, 후퇴하는 국군을 따라 차남 가용만 데리고 피난길에 올라 12월 18일 부산에 도착하여 제3육군병원에서 근무. |
| | 12월 24일, 주변 사람의 신고로 현 국군기무사에 해당하던 삼일사에 연행되어 강도 높은 수사를 받고 12월 31일 풀려남. |
| **1951년-40세** | 6월 20일, 한상동 목사, 전영창 선생과 만나 복음병원 설립 논의. |
| | 6월 21일, 복음병원 개원. |
| | 6월 30일, 제3육군병원 퇴직. |
| | 7월 2일 한상동 목사, 전영창 선생과 더불어 복음병원 복음진료소를 설립하고 초대 원장에 추대. |
| **1952년-41세** | 4월, 전쟁 중 부산으로 옮긴 서울대 의대 외래교수가 됨. |
| **1953년-42세** | 3월, 서울대 의대 외과교수가 됨. |
| **1956년-45세** | 9월, 서울대 의대 교수직을 그만두고 10월부터 부산의대 외과교수가 됨. |
| **1957년–46세** | 연초에 부산의대 의국원을 중심으로 성서연구를 위한 부산모임 결성. |
| **1958년-47세** | 부산 지역 외과학회 창립 주도. |
| **1959년-48세** | 한국 최초로 간암에 대한 대량 간 절제술 성공. |
| | 일신병원 설립자 매켄지, 이준철, 유기형 등과 함께 부산기독의사회 조직. |
| **1960년-49세** | 4월 7일, 보건의날 공로상 수상(부산시장). |
| **1961년-50세** | 10월, 부산의대를 그만두고 서울대 의대 외과교수가 됨 |
| | 10월 13일, 대한의학회 학술상 수상(대통령상). |
| **1962년-51세** | 9월부터 5개월에 걸쳐 첫 세계 여러 나라 여행. |
| **1965년-54세** | 3월, 서울 가톨릭의대 외과교수가 됨. |

1968년-57세 2월 25일, 성경 공부 모임 부산모임 소식지《부산모임》창간.

3월 25일, 복음간호학교 설립(교장 장기려).

4월 1일, 부산간호전문학교(현 고신대학교 간호대학) 초대 교장에 취임.

5월 13일, 부산 청십자의료보험조합을 설립하여 초대 조합장에 선출.

8월 10일, 청십자의료보험조합 소식지《청십자뉴스》창간.

1969년-58세 대학 교수로 3선 개헌 반대 서명.

12월, 간질환자들의 모임인 부산 '간질환자회'('장미회' 전신) 창립에 주도적 역할을 함.

1970년-59세 5월 19-20일, 서울 수유리 크리스천아카데미에서 "사회복지와 의료보험"이란 주제로 열린 세미나에 채규철, 김서민 등과 함께 참석.

11월, 부산 장미회 회장에 선임.

1971년-60세 3월 15일, 초량에 있던 복음의원에서 암남동 복음병원 내로 청십자의료보험 이전.

3월, 복음병원 청십자의료보험 가입.

7월 30일, MBC TV 생방송으로 '청십자' 보도.

거창고등학교가 행정 당국에 의해 부당하게 탄압을 받을 때, 풀무원 원경선 이사장 등과 함께 행정소송 참여.

1973년-62세 4월 17일, 복음병원 의사 분규 사태로 가톨릭대 교수직 사임.

10월 14일, MBC 선행상 수상.

1974년-63세 2월, 한국 간연구회 창립 및 초대 회장 취임.

1975년-64세 8월 4일, 부산 진구 수정동에 청십자의원을 설립하여 병원장으로 취임, 제1회 선한시민상 수상(부산직할시장).

1976년-65세 4월 7일, 제4회 보건의날에 국민훈장 동백장 수상.

6월 8일부터 「한국일보」에 "나의 이력서" 연재(7월 22일까지 27회 게재).

6월 25일, 부산 복음병원 원장에서 정년퇴임하고 명예원장에 추대, 거제도 고현보건원 봉사.

10월, 부산 아동병원장 겸 이사장으로 추대.

11월, 한국청십자사회복지회 설립, 대표이사 추대.

**1977년-66세** 12월 5일-1978년 1월 3일, 미국 여행.

**1978년-67세** 10월 27일, 인도장 금상 수상(대한적십자총재상).

**1979년-68세** 3월, 인제대 의과대학 부속 부산 백병원 명예원장에 추대.

8월 31일, 라몬 막사이사이상(사회봉사 부문) 수상.

**1980년-69세** 10월 5일, 제23회 부산시 문화상(지역사회개발부문상) 수상.

**1981년-70세** 9월 25일, 국제라이온스 인도상 수상.

12월, 부산 산정현교회 장로 은퇴.

**1982년-71세** 날짜는 확실히 알 수 없으나 5촌 조카 장혜원, 북한 방문하는 김성락 목사에게 장기려 부인 김봉숙(숙모) 찾는 일 부탁.

9월 10일, 장혜원, 해외교민이산가족찾기회를 통해 평양의 김봉숙(숙모)에게 편지 발송.

**1983년-72세** 3월, 청십자병원 원장에서 물러나 명예원장에 추대.

9월, 아웅산테러사건을 보면서 김일성과 그 일당들에 대해 용서하고 기도하지 못함을 크게 회개한 뒤 민족의 통일과 평화를 위해 더욱 헌신 다짐.

10월 8-14일, 스위스 제네바에서 열렸던 제3차 적십자사연맹 총회 및 대표자회의에 참석하여 북한에 있는 가족들이 모두 무사하다는 소식을 들음.

**1984년-73세** 3월 16일, 평양의 둘째 딸 장신용이 대필한 모친 김봉숙의 편지 캐나다로 발송.

**1985년-74세** 2월 5일, 고신대학 복음병원 옥상 방(당초는 전화교환원 거처로 내정되었던 방)으로 이사.

2월 23-24일, 조카 장혜원과 장남 장택용 포르투갈 리스본에서 상봉 예정이었으나 장택용의 급거 귀국으로 불발.

3월, 한국장애자재활협회 부산지부장 취임.

5월 10일, 장신용이 대필한 김봉숙의 편지 장혜원 수신.

9월 20-23일, 정부 이산가족 고향방문단 예술공연단 교환 방문 합의에 따라 151명 고향방문 대표에 선정됐으나 특혜를 받을 수 없다며 양보.

**1987년-76세** 연초에 청십자병원에서 위암 환자를 마지막으로 수술.

11월 11일, 라몬 막사이사이상 30주년 기념으로 필리핀 정부의 초청을 받아 세계 일주.

부산 산정현교회를 떠나 '종들의 모임'에 나감.

**1988년-77세** 9월 4일, '종들의 모임'에서 다시 세례 받음.

**1989년-78세** 2월 8일, 함석헌 선생의 장례식에서 대표기도. 이후 함석헌선생기념사업회 초대 회장에 추대.

**1990년-79세** 2월 27일, 인간 상록수상 수상(청년지역사회개발상록회).

9월 17일부터 10월 2일, 휴식과 '종들의 모임'을 둘러보기 위한 목적으로 미국 여행길에 올랐다가 북한에서 보내온 가족들의 편지를 읽음.

**1991년-80세** 3월 22일, 제1회 호암상(사회봉사 부문) 수상(삼성복지재단).

여름, 북한에 다녀온 조카며느리 임친덕을 통해 북한의 아내 김봉숙과 자녀들이 쓴 편지와 육성 테이프를 받음.

**1992년-81세** 2월 20일, 인제대 의과대학 교수 되임.

5월 7-8일, 대한외과학회 춘계학술대회에서 "나의 외과의 60년" 주제 특강.

10월 13일, 일과성뇌혈관순환부전으로 쓰러짐.

10월 14일, 서울대가 선정한 제1회 '자랑스러운 서울대인상' 수상.

1993년-82세 3월 26일, 한완상 부총리 겸 통일원 장관이 자택 방문.

4월 , 한국청십자사회복지회 명예대표이사.

7월, 남북이산가족 생사확인 사업본부 본부장으로 장기려 추대.

1995년-84세 7월, 고신대복음병원에서 입원 치료를 받다가 11월 3일 서울 백병원으로 옮김.

11월 18일, 제4회 인도주의실천 의사상 수상(인도주의실천의사협의회).

12월 25일, 새벽 1시 45분 소천.

12월 27일, 마석 모란공원 묘원에 묻힘.

# 참고문헌


**장기려 단행본**

장기려, 『외과학』, 한국외과학연구소, 1969.

장기려, 『간장 및 담 관계 질환』, 최신의학사, 1982.

**장기려 논문**

장기려, "치질환자의 식물신경 긴장 상태(강연초록)", 《조선의학회잡지》, 제23권 11호, 1933.

장기려, "수혈전후의 적혈구 침강 속도에 대하여", 《조선의학회잡지》, 제25권 11호, 1935.

장기려, "급성 충양돌기염 및 급성 복막염의 세균학적 연구", 《조선의학회잡지》, 제25권 11호, 1935.

장기려·민광식, "수암의 치험 例", 《조선의학회잡지》, 제30권 11호, 1940.

장기려·김동익, "간장질병(肝臟疾病)", 《육군의무장교단》, 1955.

장기려, "위장위과의 치료", 《최신의학사》, 1959.

장기려, "의학교육제도의 개선", 《대한의학협회지》, 1960.

장기려, "간장의 원발성암에 대한 간우엽절제술의 1례", 《최신의학사》, 1960.

장기려·오일휴·지선규·문상은·박영훈·문효중·전자식, "간기능장애와 혈액교류에 관한 실험적 연구", 《대한외과학회지》, 제4권 1호, 1962.

장기려·박영훈·전자식, "담도외과에 관한 조사", 《대한외과학회지》, 제4권 1호, 1962.

장기려, “외과적 감염증에 관한 일반적 고찰”,《대한외과학회지》, 1963.

장기려·윤세영, “일시적(상온하, 38분간) 간문혈류차단하, 실시된 간좌엽절제술의 1예”,《대한외과학회지》, 1964.

장기려·한심석, “담석증에 대하여”,《대한외과학회지》, 1964.

장기려, “간의 장기이식”,《대한의학협회지》, 1964.

장기려·이찬세, “폐결핵의 치료”,《대한외과학회지》, 1964.

장기려·이상문, “항암제 Methotrexate의 지속적 동맥내관입요법”,《대한외과학회지》, 1966.

장기려, “원발성 담도 계암”,《대한의학협회지》, 1967.

장기려, “先天性 腰「허니아」의 1례”,《대한외과학회지》, 1968.

장기려, “장기이식에 관하여”,《대한의학협회지》, 1968.

장기려, “한국에 있어서의 간(엽)절제술의 발전”,《대한의학협회지》, 1968.

장기려·박영훈, “간엽 절제술 35예의 임상적 고찰”,《대한의학협회지》, 1970.

장기려·이건호, “원발성 간암에 대한 임상적 고찰”,《대한의학협회지》, 1970.

장기려·박영훈, “췌장염을 수반한 담도질환의 임상적 고찰”,《대한의학협회지》, 1970,

장기려·박영훈, “간내담석증 55예의 임상적 고찰”,《대한의학협회지》, 1972.

장기려, “부산 시내 Rho(D) 음성자의 등록”,《대한의학협회지》, 1973.

장기려·김용일, “한국에 있어서 간흡충증과 원발성 간암과의 상관관계”,《서울의대잡지》, 1974.

장기려, “간흡충증의 외과적 합병증에 관한 임상적 고찰”,《대한의학협회지》, 1976.

장기려, “부산 청십자의원에 있어서 실시된 간 절제술 6례의 보고”,《부산의사회》, 1979.

장기려·강형진, “한국에 있어서의 간 대량 절제술”,《대한의학협회지》, 1980.

장기려·박영훈, “한국에 있어서의 간 대량 절제술”,《대한의학협회지》, 1980.

장기려 · 김명구, "Acute Phlegmonous Gastritis", 《대한의학협회지》, 1981.
장기려 · 박영훈, "원발성 간암의 간 절제에 관한 임상연구", 《대한의학협회지》, 1985.
장기려, "병원경영의 정신적 자세", 《대한병원협회》, 1985.
장기려, "의사의 윤리", 《부산의사회》, 1989.
장기려, "윤리철학으로 본 현대의 도덕부재의 원인 및 그 대책", 《부산의사회》, 1989.
장기려, "악성종양(암)에 대한 예후인자들", 《부산의사회》, 1991.

### 일반 참고문헌

강만길, 『고쳐 쓴 한국 현대사』, 창작과비평사, 2005.
강만길, 『20세기 우리 역사–강만길의 현대사 강의』, 창작과비평사, 2013.
강만길 외, 『한국사 21–북한의 정치와 사회 1』, 한길사, 1995.
강준만, 『한국현대사 산책–8 · 15 해방에서 6 · 25 전야까지』, 1940년대 편 1권, 인물과사상사, 2005.
강준만, 『한국현대사 산책–평화시장에서 궁정동까지』, 1970년대 편 3권, 인물과사상사, 2002.
강준만, 『한국현대사 산책–광주학살과 서울올림픽』, 1980년대 편 4권, 인물과사상사, 2003.
고신대학교출판부, 『고신의료원 50년』, 고신대학교출판부, 2001.
고지훈, 『현대사 인물들의 재구성–웃음과 감동이 교차하는』, 앨피, 2005.
고춘섭, 『명륜중앙교회 60년사』, 명륜중앙교회, 1987.
김동춘, 『전쟁과 사회–우리에게 한국전쟁은 무엇이었나』, 돌베개, 2000.
김두식, 『법률가들』, 창작과비평사, 2017.
김두한, 『김두한 자서진 2』, 메트로신문사, 2002.
김교식, 『다큐멘터리 박정희 4』, 평민사, 1990.

김병걸, 『실패한 인생, 실패한 문학–김병걸 자서전』, 창작과비평사, 1994.
김성보·기광서·이신철, 『사진과 그림으로 보는 북한현대사』, 웅진지식하우스, 2005.
김성수, 『함석헌 평전–신의 도시와 세속 도시 사이에서』, 삼인, 2001.
김승태 엮음,『한국기독교와 신사참배문제』, 한국기독교역사연구소, 1991.
김영삼, 『김영삼 회고록: 민주주의를 위한 나의 투쟁 2』, 백산서당, 2000.
김영재, 『한국 교회사』, 이레서원, 2004.
김요나, 『주기철 목사 순교 일대기: 일사각오』(증보판), 한국교회뿌리찾기선교회, 1992.
김용준, 『내가 본 함석헌』, 아카넷, 2006.
김은식, 『장기려–우리 곁을 살다간 성자』, 봄나무, 2006.
김정환, 『김교신–그 삶과 믿음과 소망』, 한국신학연구소, 1994.
김태우, 『폭격, 미공군의 공중폭격 기록으로 읽는 한국전쟁』, 창작과비평사, 2013.
김학준, 『북한 50년사–우리가 떠안아야 할 반쪽의 우리 역사』, 동아출판사, 1995.
김흥수 엮음, 『해방 후 북한교회사–연구·증언·자료』, 다산글방, 1992.
노평구 엮음, 『김교신 전집 1–인생론』, 부키, 2001.
민경배, 『한국기독교사회운동사』, 대한기독교출판사, 1990.
박도, 『나를 울린 한국전쟁 100장면–내가 겪은 6.25전쟁』, 눈빛, 2006.
박용규, 『한국기독교회사 2 1910–1960』, 생명의말씀사, 2005.
박홍규, 『함석헌과 간디–평화를 향한 같고도 다른 길』, 들녘, 2015.
박용규, 『한국 교회와 민족을 깨운 평양 산정현교회』, 생명의말씀사, 2006.
배평모, 『거창고등학교 이야기』, 종로서적, 1996.
보험미래포럼, 『건강보험의 진화와 미래』, 21세기북스, 2012.
백인제박사전기간행위원회, 『선각자 백인제』, 창작과비평사, 1999.
브루스 커밍스, 『브루스 커밍스의 한국전쟁–전쟁의 기억과 분단의 미래』, 현실문화, 2019.
브루스 커밍스, 『브루스 커밍스의 한국 현대사』, 창작과비평사, 2006.
서울대학교병원 병원역사문화센터, 『한국근현대의료문화사-1879-1960』, 웅진지식하우스, 2009.
서울대학교 한국의학인물사편찬위원회, 『한국의학 인물사』, 태학사, 2008.
서재관, 『인술과 산술 사이-서재관의 의창만필』, 빛남, 2004.
서중석, 『사진과 그림으로 보는 한국 현대사』, 웅진지식하우스, 2005.
셔우드 홀, 『닥터 홀의 조선회상』, 좋은씨앗, 2005.
손홍규, 『청년의사 장기려-평생 가난한 사람들과 함께했던 우리 시대의 마지막 성자』, 다산책방, 2008.
송규진 · 변은진 · 김윤희 · 김승은, 『통계로 본 한국 근현대사』, 아연출판사, 2004.
안문석, 『북한 현대사 1』, 인물과사상사, 2016.
와다 하루키, 『한국전쟁』, 창작과비평사, 2003.
야나이하라 다다오, 『결혼 · 가정 · 직업 48가지 이야기』, 한국문서선교회, 1998.
양화진문화원, 『이보다 더 큰 사랑은 없나니-탁본으로 보는 양화진 선교사의 숭고한 생애』, 홍성사, 2015.
여운학 엮음, 『생명과 사랑』, 규장문화사, 1980.
여운학 엮음, 『평화와 사랑』, 규장문화사, 1980.
여운학 엮음, 『장기려 회고록』, 규장문화사, 1985.
육군사관학교,『수정판 한국전쟁사부도』, 황금알, 2006.
윤사무엘, 『한국 교회의 경건 인물들-경건 신학과 경건 훈련 지침서』, 보이스사, 2002.
윤정란, 『한국전쟁과 기독교』, 한울, 2015.
이광찬, 『국민건강보장쟁취사』, 양서원, 2009.
이기환, 『성산 장기려』, 한걸음, 2000.
이기환, 『채규철-아버지의 얼굴』, 한걸음, 2002.

이동기, 『오월의 환상』, 성문출판사, 1991.
이만열, 『한국기독교사특강』, 성경읽기사, 1989.
이만열, 『한국기독교문화운동사』, 대한기독교출판사, 1989.
이만열, 『한국기독교의료사』, 아카넷, 2003.
이상이, 『복지국가는 삶이다』, 도서출판 밈, 2019.
이용각, 『갑자생 의사』, 아카데미, 1997.
이치석, 『씨알 함석헌 평전』, 시대의창, 2005.
이흥환 엮음, 『조선인민군 우편함 4640호-1950년 받지 못한 편지들』, 삼인, 2012.
장영우, 『소설의 운명 소설의 미래』, 새미, 1999.
전종휘, 『우리나라 현대의학 그 첫 세기』, 최신의학사, 1987.
정규진, 『한국정보조직』, 한울, 2013.
정승규, 『인류를 구한 12가지 약 이야기』, 반니, 2019.
정석기, 『서마전동 예수꾼』, 혜선출판사, 1984.
정운현 외, 『일제 침략사 65장면-운요 호 사건에서 일왕의 항복 선언까지』, 가람기획, 2005.
조영재, 『한국의 복지정책 결정과정』, 나남, 2008.
주광조, 『순교자 나의 아버지 주기철 목사님』, UBF 출판부, 1997.
지명관, 『한일관계사 연구-강점에서 공존까지』, 소화, 2004.
지유철, 『안티 혹은 마이너』, 우물이 있는 집, 2004.
채명신, 『사선을 넘고 넘어-채명신 회고록』, 매일경제신문사, 1994.
최수일, 『대한민국의 의료보험, 이렇게 만들어졌다?』, 대한민국CEO연구소, 2018.
최은숙, 『아름다운 사람』, 문화문고, 1997.
티모시 더들리, 『존 스토트 진정한 기독교』, IVP, 1997.
편집부, 『친일인명사전』, 민족문제연구소, 2009.

학교법인 송도학원, 『송도학원 80년사』, 학교법인 송도학원 송도중고등학교동창회, 1989.

한국기독교역사학회편, 『한국기독교의 역사 1』, 기독교문사, 2011.

한국기독교역사학회편, 『한국기독교의 역사 2』, 기독교문사, 2012.

한국기독교역사학회편, 『한국기독교의 역사 3』, 기독교문사, 2012.

한국기독교역사연구소 편집부, 『북한 교회사』, 한국기독교역사연구소, 2018.

한격부, 『그래도 남은 게 있는 사석 90성상』, 중앙문화사, 2002.

한수연, 『할아버지 손은 약손-사랑의 의사 장기려 박사 이야기』, 영언문화사, 2004.

한심석, 『관악을 바라보며』, 일조각, 1992.

한영우, 『다시 찾는 우리 역사 3-근대 · 현대』, 경세원, 2005.

한일여성공동역사교재편찬위원회, 『여성의 눈으로 본 한일 근현대사』, 한울아카데미, 2005.

한화룡, 『전쟁의 그늘-1950년, 황해도 신천학살 사건의 진실』, 포앤북스, 2015.

현봉학, 『현봉학과 흥남 대탈출-한국의 쉰들러』, 경학사, 1999.

홍성원, 『남과 북』, 문학과지성사, 2000.

황상익, 『1950년대 사회주의 건설기의 북한의료』, 서울대학교출판부, 2006.

Irvine Grey, *Two by Two-The Shape of a Shapeless Movement?*, Heftet, 2013.

# 찾아보기

## 주제어

### ㄱ

ㅇ

ㅋ



ㅌ



ㅍ



ㅎ

## 인명

ㄱ

## ㅇ

ㅈ

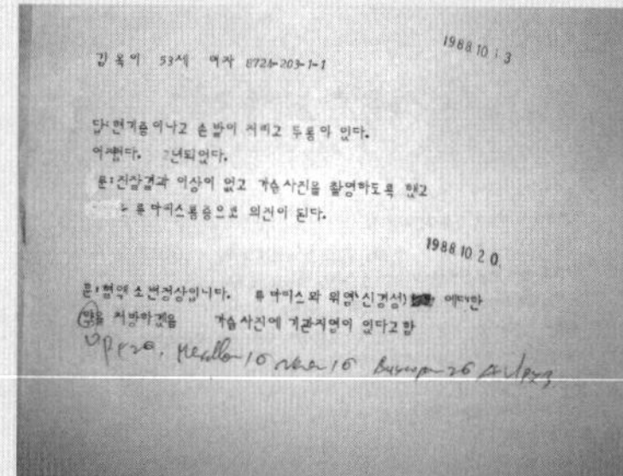
1988.10.13

김옥이 53세 여자 8724-203-1-1

답: 현기증이 나고 손발이 저리고 두통이 있다.
어지럽다. 2년되었다.
문: 진찰결과 이상이 없고 가슴사진을 촬영하도록 했고
루마티스통증으로 의견이 된다.

1988.10.20.

문: 혈액 소변정상입니다. 루마티스와 위염(신경성) 에대한
약을 처방하겠음 가슴사진에 기관지염이 있다고 함

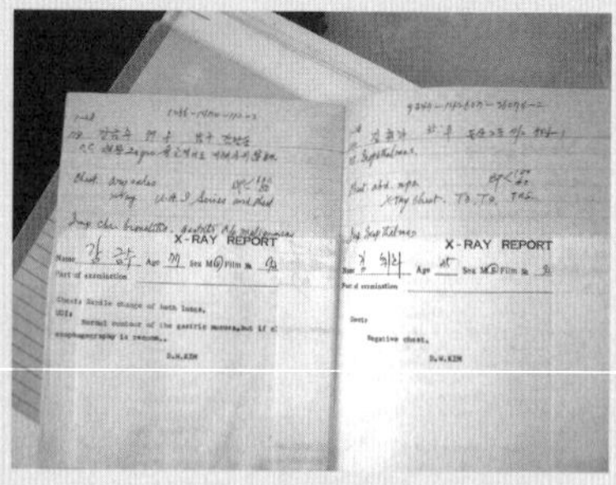
X-RAY REPORT

X-RAY REPORT

Negative chest.

고신대 복음병원 유택 신발장에는 '빽구두' 두 켤레가 남았다. 유택 안내를 맡았던 신동훈 교수는 당시 스승의 빽구두를 이해할 수 없었노라고 했다. 날라리들이나 신는 신발이라 생각했기 때문이다. 평생을 무소유로 일관했던 장기려도 빽구두를 신고 싶었던 낭만까지 포기할 수는 없었나 보다. 인간 장기려를 느낄 수 있어서 다행인 사진이다.

고신대 복음병원 옥답방 유택 진료 가방에 들어 있던 1988년도 진료 카드.

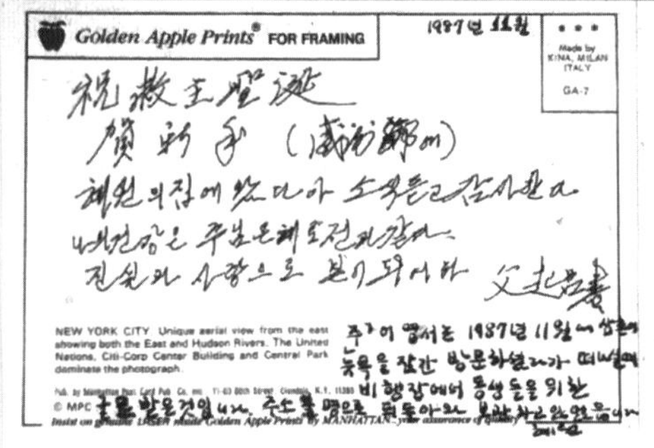
Golden Apple Prints® FOR FRAMING

1987년 11월

Made by KINA, MILAN ITALY

GA-7

祝救主聖誕

賀新年

혜원의 집에 왔다가 소식듣고 감사한다

나의 건강은 주님은혜로 전과 같다

진실과 사랑으로 본이 되어라 父 基呂 書

NEW YORK CITY Unique aerial view from the east showing both the East and Hudson Rivers. The United Nations, Citi-Corp Center Building and Central Park dominate the photograph.

© MPC

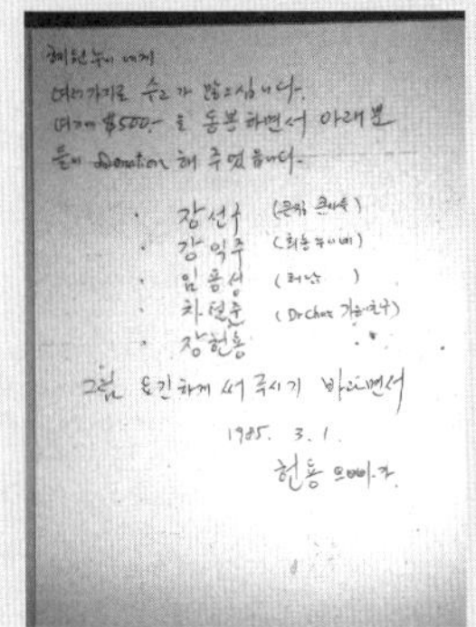
여러가지로 수고가 많으십니다.

여기에 $500-를 동봉하면서 아래분들에 donation 해 주었읍니다.

· 장선수

· 강익주

· 임용성

· 차현준 (Dr. Chae 가족연구)

· 장헌용

1985. 3. 1

1987년 11월에 미국을 방문한 장기려는 북한에 있는 딸들에게 짧은 성탄절 인사를 엽서에 적었다. "축 구주 성탄…혜원의 집에 왔다가 소식 듣고 감사한다. 나의 건강은 주님의 은혜로 전과 같다. 진실과 사랑으로 본이 되어라.
-부(父) 기려 서(書)" 그러나 이 엽서는 주소 불명으로 되돌아와 장혜원이 보관하고 있었다.

장기려의 오촌 조카 장정용은 한국전쟁 당시 육군 장교로 부산에 근무했다. 뉴욕에 살던 정용은 장기려가 뉴욕을 방문했을 때 마중나왔다. 장정용이 친척들을 위해 장혜원에게 보낸 500달러와 짧은 편지.

북한에 있는 장기려의 아내와 딸은 미국에 있는 사촌형의 딸 장혜원 박사와 서신을 주고 받으며 서로의 소식을 전했다. 북한에 있는 장기려 차녀 성용이 미국에 있는 사촌 언니 장혜원에게 보낸 편지 봉투.

장혜원은 1985년 2월 하순, 포르투칼 리스본에서 장기려의 장남 장택용을 만나러 갔다. 이때 장정용은 1945년에 마지막으로 만났던 장택용 이야기, 작은 여비를 보탠다는 등의 사연을 장혜원에게 보냈다.

장기려가 1990년 조카 장혜원과 남편 임순만 목사에게 보낸 성탄 카드. 1991년에 장혜원이 이화여대에서 1년간 연구할 수 있게 됨을 축하하면서 남북한이 동서독처럼 화해할 수 있기를 기원하고 있다. 성탄절 카드이다 보니 예수는 평화의 왕으로 오고 계시다는 이야기로 끝내고 있다.

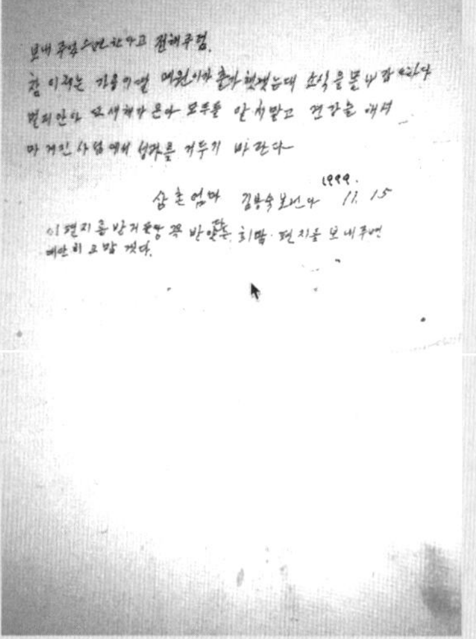
보내주었으면 하고 전해주렴.

성과를 거두기 바란다

삼촌엄마 김봉숙 보냄 1999. 11. 15

1999년 11월 북한의 김봉숙이 미국의 장혜원에게 보낸 편지.

Peace, joy and friendship
Paix, joie et amitié
Paz, júbilo y amistad
Мир, радость и дружба
和平 快乐 友谊

1986년 12월 11일 미국에 있는 장혜원 박사가 북한에 있는 장기려 선생 장남 택용과 따님 신용에게 연하장에 육필로 쓴 편지로 이 편지에서는 아직까지 알려지지 않은 장기려의 상록수를 만날 수 있다. 다음은 우리말 어법에 맞게 약간의 단어를 고친 장혜원의 편지다.

"그리운 동생 장택용, 장신용에게
어느덧 1986년도 저물어 갑니다. 북에 계신 삼촌 어머님 건강하시고 동생들 가족과 평안한지요. 미국에 있는 저의 어머님, 북경 집 삼촌 어머님 비롯 여러 친척들 다 잘 계십니다. 나는 금년 6월에 남조선에 있는 이화대학 100주년에 초청을 받고(내가 50년에 졸업했음) 학술강연할 겸 매부(임순만 박사-지강유철 주)와 같이 다녀왔습니다. 부산에 내려가서 기려 삼촌 계신 곳에서 이틀 밤 자고 반갑게 만나 지내다 왔지요. 내가 도착하자마자 삼촌이 방으로 들어가시더니 북의 가족에 대한 새 소식이 없나 해서 물으시는데 아무 새 소식이 없어 참 미안했습니다. 삼촌 사시는 데는 고신의과대학 부속병원 옥상에 지어져 있는 사택인데 옥상에 있는 북쪽 정원에 심어져 있는 5구의 상록수를 북에 있는 5형제 가족들이라 상징하시면서, 삼촌 말씀이 자기는 늘 바라보면서 산다고 하셔서 참 가슴이 뭉클했습니다. 아직도 환자를 보시는 것을 낙으로 삼고 지내시고 건강은 그만하시고 다리가 약해서 걸으시는 것이 불편하시답니다. 식사와 지내시는 것은 잘 돌봐 주는 사람들, 친구들이 있어 아무 염려 없으니 안심하세요. 가용 동생네는 서울에서 지내고… 부산에서 떠나 서울가고 싶어 하시지 않습니다. 지금은 의과대학까지 되고 큰 부속병원으로 자랐지만 옛날에 삼촌이 천막 치고 무료 환자 보면서 시작한 병원입니다. 그래서 지금은 원장을 은퇴하시고 명예원장으로 계셔서 그 병원에서 가족들이 상봉할 수 있는 원이 풀릴 날이 오기를 고대합니다. 삼촌 어머니 건강하시기 바랍니다.
1986년 12월 11일"

장기려의 40대 사진. 장기려가 차남을 데리고 월남하여 부산에서 복음병원을 설립하고 가난한 자들을 위해 마음껏 의사로 헌신하던 시절의 모습이다.

장기려를 이야기할 때 빠질 수 없는 이야기 중 하나가 가난한 이들을 위해 정부보다 먼저 시행한 청십자의료보험조합의 설립이다. 사진은 1968년 부산 청십자의료보험조합 현판식. 장기려 왼편에 김영환 당시 사무국장과 유순한 여사가 보인다.

조카 장혜원(전 컬럼비아 의대 교수)과 작고하기 6개월 전에 유택에서 찍은 사진.

복음병원 시절의 직원들과 봉사자들.

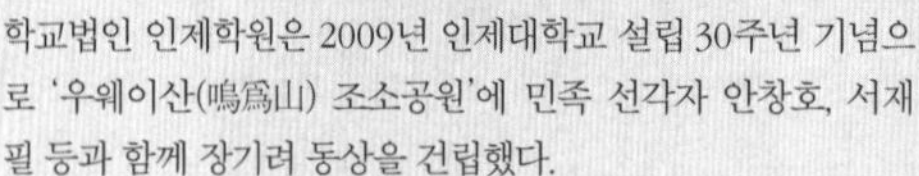

학교법인 인제학원은 2009년 인제대학교 설립 30주년 기념으로 '우웨이산(鳴爲山) 조소공원'에 민족 선각자 안창호, 서재필 등과 함께 장기려 동상을 건립했다.

장기려는 1928년에 경성의전을 입학하고 2년간 사촌형 장기원의 집에서 살았다. 이 사진은 2학년이던 1929년 사진으로 그 해에 사촌형은 일본 도호쿠제국대학 이공학부 수학과를 우리나라 사람 최초로 졸업하고 귀국해 공덕동에 집을 마련했다. 윗줄 왼쪽이 장기원 교수, 그 옆이 장혜원의 모친 김용무 여사, 앞줄에 여자 아기가 장혜원 박사다. 장혜원을 안고 있는 이는 장기려의 막내 삼촌 장일섭 옹이다. 장기려는 뒷쪽 오른편.

복음병원 최초의 미국선교회에서 기증한 앰뷸런스

장기려의 송도고보 4학년 때 촬영한 사진(앞줄 오른쪽) 뒷줄 오른쪽은 장기려 사촌형 장기수.

3.2 1987 제257호

# 청십자

건강할때 이웃돕고 병났을때 도움받자

청십자병원에서 무료 건강 진단을 받고 기뻐하는 양광일 조합원 가족

청십자의료보험조합에서 발행하던 소식지(1987년).

1980년 6월

# 부 산 모 임

제77호

제 13 권 제3호

차 례



장기려 선생이 32년간 이끈 소그룹 성서 연구모임인 부산모임의 잡지 《부산모임》은 비상계엄조치가 내려질 때마다 검열과 삭제라는 수모를 겪었다. 함석헌 선생이 이 모임에 월 1회 정기적으로 참석했고, 가끔씩 기고를 했기 때문이다.

고신대 복음병원 옥탑방의 장기려 유택 서재 책장에는 장준하의 『사상계』, 함석헌의 『씨알의 소리』 영인본, 『우치무라 간조 전집』, 『야나이하라 전집』, 노평구의 『성서신애』 등과 몇 개의 사전, 이태리와 독일 가곡집 등이 꽂혀 있었다.

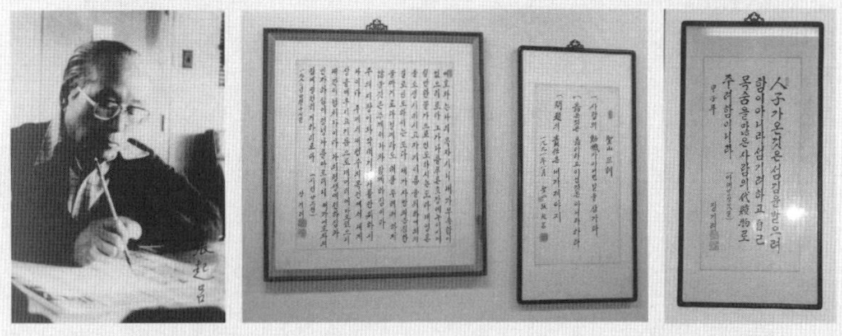

장기려는 붓글씨로 성경 구절이나 '신망애', '성산 3훈' 같은 자기 신념이 담긴 내용을 써서 많은 이들에게 선물하기를 즐겼다.

식탁 쪽에서 바라 본 장기려 선생 유택. 방문이 열려 있는 곳이 선생의 방이다.

1935년 7월 7일 촬영한 가족 사진. 앞줄에는 아버지 장운섭과 어머니 최윤경 장기려 큰 아들 택용. 뒷줄은 장기려 누이들과 아내 김봉숙.

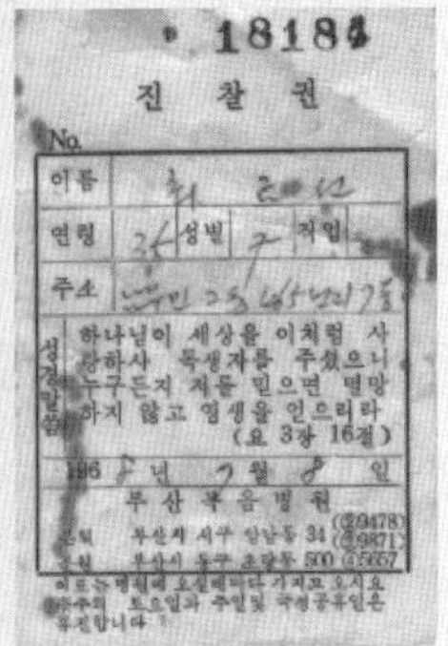

진 찰 권

No.

| 이름 | | | | | |
| --- | --- | --- | --- | --- | --- |
| 연령 | | 성별 | | 직업 | |
| 주소 | | | | | |

성경말씀 하나님이 세상을 이처럼 사랑하사 독생자를 주셨으니 누구든지 저를 믿으면 멸망하지 않고 영생을 얻으리라 (요 3장 16절)

196 년 월 일

부 산 복 음 병 원

본원 부산시 서구 암남동 34

분원 부산시 동구 초량동 500

인제대학교 의대에서 누군가의 발표를 경청하는 장기려 교수. 오른쪽은 복음병원의 1968년 진찰권.

1940년 장기려가 평양기홀 병원으로 떠나기 전 경의전 동료들과 찍은 사진. 가운데 장기려, 우측에는 스승 백인제가 보인다.

장기려와 서울에 함께 내려 온 차남 장가용 가족. 뒷줄 왼쪽은 손녀 예원과 여구. 장기려 오른쪽은 며느리 윤순자.

장기려 부모님과 찍은 사진. 사진 앞줄 왼쪽은 남한에 함께 내려 온 둘째 아들 가용, 그 옆이 부친 장운섭과 모친 최윤경, 장기려 아내 김봉숙과 큰 딸 신용과 장남 택용. 뒷줄에는 막내 삼촌 장죽섭과 장기려이 보인다.

1979년 8월 31일 장기려는 필리핀 마닐라에서 막사이사이상(사회부분)을 수상했다. 사진은 수상 장면.

서울 승2교회의 1938년 야유회를 마치고 촬영한 사진 장기려는 뒷줄 왼쪽 두 번째.

2000년 8월 17일 평양을 방문한 장기려 차남 장가용 어머니 김봉숙과 50년만에 상봉했다. 뒷줄 왼쪽은 장기려 큰 딸 신용(평양 제분공장 연구원)과 셋째 아들 인용(2004년 작고), 둘째 딸 성용(평양 암 연구소 연구원)

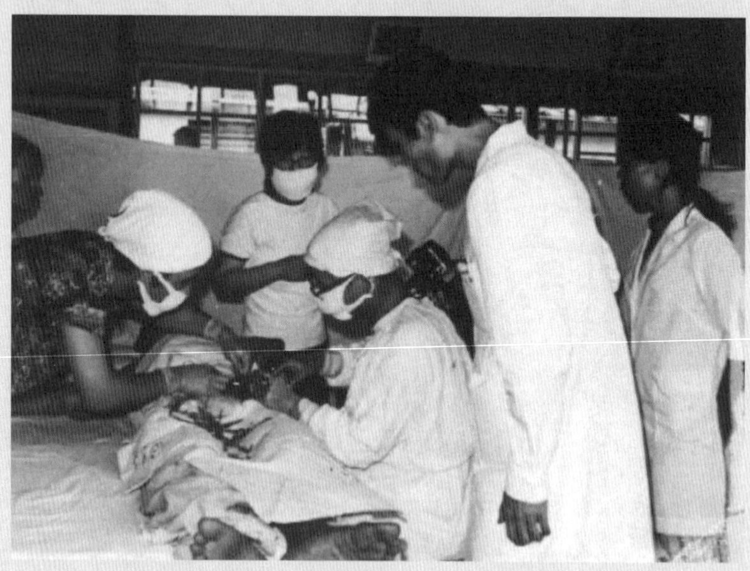

장기려는 의사가 되고 나서 죽을 때까지 무의촌 의료 봉사를 계속했다.

백인제 교수 조교시절 사진.

장기려는 송도고보 시절부터 테니스를 즐겼으며 자택에서 제자들과 성경공부 모임을 갖기도 했다.

장기려 평전

**초판 1쇄 발행** 2023년 7월 15일

**지은이** 지강유철
**펴낸이** 한종호
**디자인** 임현주
**제 작** 미래피앤피

**펴낸곳** 꽃자리
**출판등록** 2012년 12월 13일
**주소** 경기도 의왕시 백운중앙로 45, 207동 503호(학의동, 효성해링턴플레이스)
**전자우편** amabi@hanmail.net
**블로그** http://fzari.tistory.com



**ISBN 979-11-86910-46-7 03230**
**값 48,000원**